सिर्फ पत्रकारिता

सिर्फ पत्रकारिता

डॉ. अजय कुमार सिंह

सहायक प्रोफेसर, झारखण्ड केन्द्रीय विश्वविद्यालय, राँची
पूर्व विभागाध्यक्ष-पत्रकारिता एवं जनसंचार विभाग
नेहरू ग्राम भारती विश्वविद्यालय, इलाहाबाद

लोकभारती प्रकाशन

पहली मंजिल, दरबारी बिल्डिंग, महात्मा गाँधी मार्ग, इलाहाबाद-1

लोकभारती प्रकाशन
पहली मंजिल, दरबारी बिल्डिंग, महात्मा गाँधी मार्ग
इलाहाबाद-211 001
वेबसाइट : www.lokbhartiprakashan.com
ईमेल : info@lokbhartiprakashan.com
शाखाएँ : 1-बी, नेताजी सुभाष मार्ग, दरियागंज
नई दिल्ली-110 002
अशोक राजपथ, साइंस कॉलेज के सामने
पटना-800 006 (बिहार)

प्रथम संस्करण : 2013

इण्डियन प्रेस प्राइवेट लिमिटेड
इलाहाबाद-211002 द्वारा मुद्रित

SIRPH PATRAKARITA
by Ajay Kumar Singh

ISBN : 978-81-8031-768-2

मूल्य : ₹ 500

विषयानुक्रमणिका

प्राक्कथन

भूमण्डलीकरण के इस युग में पत्रकारिता पूर्णरूप से लोकतन्त्र के चौथे स्तम्भ के रूप में स्थापित हो चुकी है। आज मीडिया द्वारा दिये जा रहे समाचारों, सूचनाओं का सीधा प्रभाव आम जनमानस पर पड़ रहा है। वर्तमान परिप्रेक्ष्य में पत्रकारिता समाज के हर वर्ग को प्रभावित कर रही हैं। इण्टरनेट उपग्रह एवं अत्याधुनिक तकनीक के प्रयोग के कारण हज़ारों, लाखों मील की दूरी से सूचना एवं दृश्य कुछ ही क्षणों में प्राप्त करना सम्भव हो गया है। सूचना क्रान्ति के इस युग में जब पत्रकारिता के विविध आयामों का विस्तार हो रहा है और प्रशिक्षित पत्रकारों की आवश्यकता महसूस की जा रही है। ऐसे समय पत्रकारिता से जुड़ी ऐसी पुस्तकों की बहुत आवश्यकता है जो तकनीकी शिक्षा के साथ-साथ व्यावहारिक ज्ञान भी उपलब्ध करा सके। ऐसा प्रयास इस पुस्तक में किया गया है। नयी सदी की पत्रकारिता के समक्ष विभिन्न चुनौतियाँ हैं। मिशन पत्रकारिता का स्थान पेशेवर पत्रकारिता ने ले लिया है। ऐसे में वही समाचार पत्र, मीडिया हाउस और संवाददाता अपने को स्थापित कर पायेगा, जो प्रशिक्षण के साथ-साथ अत्याधुनिक तकनीकों में दक्ष होगा। पत्रकारिता के क्षेत्र में क्रान्तिकारी परिवर्तन के कारण जहाँ एक ओर प्रशिक्षण की आवश्यकता अनिवार्य हो चुकी है, वहीं दूसरी ओर मीडिया का प्रशिक्षण देने के लिए अनेक विश्वविद्यालयों की स्थापना भी हो रही है। वर्तमान में युवा पीढ़ी काफ़ी संख्या में पत्रकारिता का प्रशिक्षण ले रही है। यह पुस्तक पत्रकारिता के क्षेत्र में युवा समुदाय की आवश्यकताओं को ध्यान में रखकर लिखी गयी है। इस पुस्तक के माध्यम से विभिन्न विश्वविद्यालयों में चल रहे पत्रकारिता के पाठ्यक्रमों का अध्ययन करते हुए छात्रों के सामने आनेवाली समस्याओं का हल करने का प्रयत्न किया गया है। प्रस्तुत पुस्तक में संचार एवं जनसंचार के साथ समाचार-पत्रों के स्वरूप पर विचार करते हुए उनके सैद्धान्तिक विवेचन को भी प्रस्तुत किया गया है। इस पुस्तक में पत्रकारिता का अर्थ, स्वरूप, समाचार की परिभाषा एवं तत्त्व, समाचार संकलन एवं सम्पादन, समाचार प्रस्तुतीकरण, विशेषीकृत रिपोर्टिंग, प्रिण्ट पत्रकारिता समेत पत्रकारिता के विविध आयामों को सहज ढंग से समझाने का प्रयास किया गया है। यह पुस्तक विभिन्न विश्वविद्यालयों में पत्रकारिता में स्नातक (बी.जे.एम.सी.), स्नातकोत्तर (एम.जे.एम.सी.) एवं पत्रकारिता में डिप्लोमा (पी.जी.डी.जे.एम.सी.) कर रहे विद्यार्थियों के लिए समान रूप से उपयोगी सिद्ध हो, ऐसा प्रयास इस पुस्तक में किया गया है।

सर्वप्रथम इस पुस्तक की मूल प्रेरणा देनेवाले अपने गुरु एवं परमपूजनीय झारखण्ड केन्द्रीय विश्वविद्यालय के डीन एवं जन-संचार विभाग के अध्यक्ष प्रो. सन्तोष कुमार तिवारी एवं डॉ. अर्जुन तिवारी एवं के प्रति श्रद्धानवत हूँ जिन्होंने मुझे पत्रकारिता के विषय में व्यापक जीवनदृष्टि प्रदान की और उनके प्रगतिशील विचारों ने सदैव मेरे लिये ज्ञान का मार्ग प्रशस्त

किया। इसी क्रम में मैं डॉ. हरिमोहन, प्रो. रमेश जैन, डॉ. विजय कुलश्रेष्ठ और डॉ. संजीव भानावत का भी आभार व्यक्त करता हूँ, जिनके नवीन दृष्टिकोण से सम्पन्न ओजपूर्ण एवं सहयोगात्मक व्यक्तित्व ने इस पुस्तक को गति एवं दिशा प्रदान की।

मैं इलाहाबाद विश्वविद्यालय के कुलपति प्रो. ए.के. सिंह एवं झारखण्ड केन्द्रीय विश्वविद्यालय के कुलपति प्रो. डी.टी. खटिंग के प्रति कृतज्ञता ज्ञापित करता हूँ, जिनकी व्यापक जीवनदृष्टि ने इस पुस्तक लेखन का मार्ग प्रशस्त किया और उनके आशीर्वाद से ही यह कार्य पूर्ण हो सका। इसी क्रम में मैं उत्तर प्रदेश राजर्षि टण्डन मुक्त विश्वविद्यालय के कुलपति प्रो. ए. के. बख्शी का भी हृदय से आभार प्रकट करता हूँ जिनका परामर्श एवं सहयोग निरन्तर मुझे प्राप्त होता रहा। उत्तर प्रदेश राजर्षि टण्डन मुक्त विश्वविद्यालय के कुलसचिव डॉ. ए. के. सिंह एवं पुस्तकालयाध्यक्ष टी. एन. दुबे के प्रति भी हृदय से कृतज्ञता व्यक्त करता हूँ।

मैं लखनऊ दूरदर्शन केन्द्र एवं आकाशवाणी लखनऊ के निदेशक समाचार श्री आर. पी. सरोज का भी आभार व्यक्त करता हूँ जिन्होंने मुझे दूरदर्शन एवं आकाशवाणी से सम्बन्धित जानकारी उपलब्ध कराकर यथोचित सहायता प्रदान की। मैं झारखण्ड केन्द्रीय विश्वविद्यालय के पत्रकारिता विभाग के अपने सहयोगी असिस्टेन्ट प्रो. राजेश कुमार, रश्मि वर्मा, सुदर्शन यादव एवं परमवीर सिंह तथा इलाहाबाद एग्रीकल्चर इन्स्टीट्यूट के पत्रकारिता विभाग के विभागाध्यक्ष इंजी. राहत ख़ान का भी आभार व्यक्त करता हूँ।

मेरे वरिष्ठ व अग्रज की भाँति दिशा प्रदान करनेवाले हिन्दी दैनिक आज के श्री रामशंकर श्रीवास्तव, इलाहाबाद प्रेस क्लब के अध्यक्ष श्री रतन दीक्षित, सचिव श्री देवेन्द्र प्रताप सिंह, स्टार न्यूज के मो. मोइन का हृदय से आभार व्यक्त करता हूँ जिनके भरपूर सहयोग ने मुझे सदैव प्रोत्साहित किया। टंकणकर्त्ता सुधाकर मौर्य का भी मैं आभार व्यक्त करता हूँ।

मैं अपने परम पूज्य पिता स्मृतिशेष सुखराज सिंह के प्रति श्रद्धानवत हूँ जिन्होंने सदैव मुझे प्रोत्साहित किया, साथ ही मैं अपनी स्नेहमयी माता श्रीमती सरोज सिंह के प्रति भी कृतज्ञ हूँ जिन्होंने अनेकों कठिनाइयों के बावजूद असीम वात्सल्य एवं संरक्षण प्रदान करके मुझे इस योग्य बनाया। मैं अपने अग्रज अशोक कुमार सिंह के प्रति भावावनत हूँ जिन्होंने निरन्तर मुझे प्रोत्साहित किया। मैं अपनी धर्मपत्नी श्रीमती पूजा सिंह, पुत्र शिवांश और पुत्री आयुषी के प्रति भी कृतज्ञता ज्ञापित करता हूँ, जिन्होंने इस पुनीत ज्ञान यज्ञ के सम्पादनार्थ मेरा निरन्तर सहयोग एवं उत्साहवर्द्धन किया। उनके अमूल्य सहयोग एवं परिश्रम से ही यह पुस्तक प्रकाशन का कार्य सम्पन्न हो सका। अतः मैं इनके प्रति हृदय से आभार प्रकट करता हूँ।

अन्त में मैं लोकभारती के परम आदरणीय श्री रमेश ग्रोवर एवं आमोद महेश्वरी का भी हृदय से आभार व्यक्त करता हूँ कि जिनके बिना इतने अल्प समय में इस पुस्तक का प्रकाशन सम्भव नहीं था साथ ही श्री रमेश उपाध्याय जी का भी आभार व्यक्त करता हूँ जिन्होंने प्रूफरीडिंग में सहायता की।

पत्रकारिता के बहुत से विद्यार्थी इस क्षेत्र में दिखनेवाले ग्लैमर के वशीभूत होकर भी इस क्षेत्र में आते हैं और सफलता के लिए हमेशा शॉर्टकट की तलाश में रहते हैं। मेरी राय में सफलता के लिए निरन्तर प्रयास आवश्यक है। निरन्तर प्रयासों से मिलनेवाली सफलताएँ ज्यादा परिपक्व होती हैं। जीवन में महत्त्वकांक्षी होना सफलता का पर्याय है लेकिन सफलता केवल शैक्षिक उपलब्धियों पर ही निर्भर नहीं है यदि शिक्षा हमें ज्ञान देती है तो अनुभव प्रयास

और अनुसन्धान हमें पूरे आत्मविश्वास के साथ आगे बढ़ने का बुद्धि और विवेक प्रदान करते हैं। जीवन में संघर्ष पथ पर असफलताओं से डर कर भागना नहीं है बल्कि निरन्तर प्रयत्नशील रहते हुए अपने कर्तव्य पथ पर आगे बढ़ते जाना है। डा0 शिवमंगल सिंह सुमन के शब्दों का सहारा लूँ तो-

यह हार एक विराम है
जीवन महासंग्राम है
तिल-तिल मिटूँगा पर दया की भीख मैं लूँगा नहीं
वरदान माँगूँगा नहीं।

क्या हार में क्या जीत में
किंचित नहीं भयभीत मैं
संघर्ष पथ पर जो मिले यह भी सही वह भी सही
वरदान गाँगूँगा नहीं।

लघुता न अब मेरी छुओ
तुम हो महान बने रहो
अपने हृदय की वेदना मैं व्यर्थ त्यागूँगा नहीं
वरदान माँगूँगा नहीं।

डॉ. अजय कुमार सिंह

पत्रकारिता का स्वरूप

वर्तमान समय में पत्रकारिता सामाजिक स्तर पर लोगों की आवाज़ देश के सामने पूरी मज़बूती से रख रही है। चाहे वह भ्रष्टाचार के ख़िलाफ़ अन्ना हजारे का आन्दोलन हो या फिर दिल्ली के सड़कों पर लड़कियों की सुरक्षा का मामला हो, मीडिया ने उस पर चर्चा के लिए मंच उपलब्ध कराया। वहीं देश के राजनीतिज्ञों को भी पुनर्विचार करने पर मज़बूर कर दिया। असहायों को सम्बल, पीड़ितों को राहत, अज्ञानियों को ज्ञान-ज्योति एवं मदान्ध शासकों को सद्बुद्धि देनेवाली प्रभावकारी विधा में इसकी महत्त्वपूर्ण भूमिका है। समाज की चेतना समाज की भाषा में प्रतिध्वनित होती है। सांस्कृतिक पुनरुद्धार एवं राष्ट्रीय जागरण में भारत के भाषायी पत्र सदैव तत्पर रहे हैं। असमिया, उड़िया, उर्दू, कन्नड़, गुजराती, तमिल, तेलुगु, पंजाबी, बँगला, मराठी में प्रकाशित पत्रों ने भारत की अस्मिता को उजागर किया है। अंग्रेज़ी पत्रकारिता ने स्वतन्त्रता, समानता, बन्धुत्व की भावना को पुष्ट किया है।

हिन्दी के साहित्यिक एवं सांस्कृतिक पत्रों ने जहाँ जन-मानस को स्वस्थ बनाया वहीं भावी पीढ़ी के उन्नयन का मार्गदर्शन भी किया है। पत्रकारिता सत्य की खोज एवं मानवीय मूल्यों के शोध का सतत् संघर्ष है। पत्रकारिता कला, साहित्य, धर्म, संस्कृति के स्थानान्तरण का सशक्त माध्यम है जिसके द्वारा अतीत के पन्ने पलटने का अवसर प्राप्त होता है। 'सत्यम् शिवम् सुन्दरम् की शंखध्वनि ही पत्रकारिता है। पत्रकारिता समाज का अविभाज्य अंग है। इसके द्वारा ही आधुनिक समाज अपने अन्दर सामूहिक जानकारी और दृष्टिकोण का निर्माण करता है और भविष्य का मार्ग निश्चित करता है। यह जनता के विचारों का दर्पण भी है, क्योंकि इसकी भूमिका एकांगी नहीं है, यह समाज के विभिन्न विचारों को प्रतिबिम्बित करनेवाले समाचार प्रकाशित कर जनता के विचारों से सत्ता को भी परिचित कराती है। पत्रकारिता ऐसी सूक्ष्म शक्ति है जो परिवेश के आन्तरिक और बाह्य स्वरूप को निरूपित करती है। आज मानव-जीवन बहुत जटिल हो गया है। आये दिन कुछ-न-कुछ ऐसा घटित होता है जो करुण, भयावह और हृदयद्रावक होता है। ऐसे समय में मानवीय सम्बन्धों का सूक्ष्म और सशक्त निरूपण पत्रकारिता करती है तथा घटनाओं के मूल में छिपे कारणों का विश्लेषण समाज के समक्ष रखती है। पत्रकारिता सामाजिक घटनाओं के आन्तरिक और बाह्य परिवेश में मानव-सम्बन्धों की सतत क्रियाओं-प्रतिक्रियाओं का विश्लेषण प्रस्तुत करती है।

पत्रकारिता का अर्थ एवं परिभाषा

पत्रकारिता वास्तव में लोकमानस की अभिव्यक्ति की वह जीवन्त विधा है, जिससे सामयिक सत्य मुखरित होते हैं। समाज में सजग रहकर नागरिकों को उनके अधिकारों और

दायित्वों का बोध कराने की कला को पत्रकारिता कहते हैं। समाज हित में सम्यक् प्रकाशन को पत्रकारिता कहा जा सकता है। प्रारम्भिक काल में पत्रकारिता सिर्फ़ समाचारों का संकलन तथा प्रसारण करती थी जबकि वर्तमान परिप्रेक्ष्य में समाचार-पत्रों में समाचार प्रेषण, मुद्रण, कलात्मक पृष्ठसज्जा, भाषायी बदलाव और तकनीक के प्रयोग के कारण पत्रकारिता में क्रान्तिकारी परिवर्तन हुए हैं। वर्तमान में समाचार-पत्रों में पृष्ठों की आकर्षक साज-सज्जा, सुन्दर छपाई, आकर्षक शीर्षक और ख़बरों को त्वरित गति से पाठकों तक पहुँचाना और साथ ही विज्ञापन प्राप्त करना, पत्रकारिता की प्रमुख आवश्यकता बन गये हैं। आज पत्रकारिता एक ऐसा महत्त्वपूर्ण माध्यम बन गयी है जो समाज में फैली हुई कुरीतियों को दूर कर समाज एवं जनमानस में अपने अधिकारों के प्रति जागरुकता एवं सामाजिक मूल्यों की स्थापना करती है। पत्रकारिता आज न सिर्फ़ लोगों को पल-पल की घटनाओं का ज्ञान करा रही है, बल्कि व्यक्तिपरक जिज्ञासाओं को शान्त करने का कार्य भी कर रही है। पत्रकारिता समाज का वह दर्पण है, जो मानव-मन में उठ रहे विचारों, मूल्यों एवं आदर्शों को सही रूप में आम जनमानस के समक्ष रख रही है।

पत्रकारिता के लिए अंग्रेज़ी का शब्द है, 'जर्नलिज़्म' (Journalism)। 'जर्नलिज़्म' शब्द की व्युत्पत्ति 'जर्नल' शब्द से हुई है। 'जर्नल' शब्द का अर्थ दैनिकी, दैनन्दिनी, रोज़नामचा (उर्दू-शब्द) होता है। पत्रकारिता के सन्दर्भ में इसका अर्थ 'पत्र,' 'अख़बार' तथा दैनिक होता है।

17वीं-18वीं शताब्दी के पूर्व अंग्रेज़ी शब्द पीरिऑडिकल (Periodical) अर्थात् नियतकालीन का प्रयोग होता था। पश्चात् में इसका स्थान लैटिन शब्द 'डियूरनल' (Diurnal) और 'जर्नल' ने ले लिया। दैनन्दिन गतिविधियों और राजकीय क्रिया-कलाप का समावेश 'जर्नल' में होता है। इसके अन्तर्गत समाविष्ट विषयों को 20वीं शताब्दी में गम्भीरता प्रदान की गयी। समालोचना और शोध-विषयों के प्रतिनिधि के रूप में 'जर्नल' को मान्यता दी गयी है।

फ्रेंच भाषा का एक शब्द है 'जर्नी'। 'जर्नी' शब्द से भी जर्नलिज़्म शब्द की उत्पत्ति मानी जाती है। 'जर्नी' शब्द का अर्थ होता है, दैनन्दिन गतिविधियों अथवा घटनाओं की विवरण-प्रस्तुति।

'जर्नल' को व्यापकता प्रदान करनेवाला शब्द ' जर्नलिज़्म' बहुआयामी है। लेखन, सम्पादन, संकलन तथा इनसे सम्बद्ध संकायों को पत्रकारिता के अन्तर्गत स्थान दिया गया है। आकाशवाणी, दूरदर्शन, वीडियो, फ़िल्म इत्यादि मीडिया भी इसके अन्तर्गत आते हैं।

पत्रकारिता में अत्याधुनिक तकनीक के समावेश से इसकी क्षमता में असीमित वृद्धि हुई है। आज पत्रकारिता न सिर्फ़ समाज में फैली हुई कुप्रथाओं, विसंगतियों, अन्धविश्वासों तथा जड़ता पर प्रहार कर रही है, बल्कि वर्तमान जीवन की अनिवार्यताओं तथा आवश्यकताओं के यथार्थ का भी सही चित्रण करती है। पत्रकारिता के लिए अंग्रेज़ी शब्द जर्नलिज़्म का प्रयोग होता है जिसकी व्युत्पत्ति जर्नल शब्द से हुई है जिसका शाब्दिक अर्थ दैनिक है। दूसरे शब्दों में कहा जाय तो दैनिक जीवन में प्रतिदिन घटनेवाले क्रिया-कलापों, राजकीय गतिविधियों का विवरण जर्नल में रहता है। पत्रकारिता के सन्दर्भ में इसका अर्थ अंग्रेज़ी शब्द पीरिऑडिकल अर्थात् नियतकालीन का प्रयोग होता था। बाद में इसका स्थान लैटिन शब्द 'डियूरनल' और जर्नल ने ले लिया।

कुछ विद्वान् फ्रेंच भाषा के शब्द जर्नी से जर्नलिज़्म शब्द की उत्पत्ति मानते हैं। जर्नी का शाब्दिक अर्थ है 'दैनिक गतिविधियों अथवा घटनाओं के विवरण का प्रस्तुतीकरण'। इससे कहा जा सकता है कि जर्नल को व्यापकता प्रदान करनेवाला शब्द जर्नलिज़्म बहुआयामी है। लेखन, सम्पादन, संकलन, प्रकाशन एवं प्रस्तुतीकरण को पत्रकारिता की श्रेणी में रखा गया है। वर्तमान परिप्रेक्ष्य में समाचार-पत्र, रेडियो, टेलीविज़न, फ़िल्म, सीडी-डीवीडी, इण्टरनेट, मोबाइल फ़ोन इत्यादि भी मीडिया के अन्तर्गत आते हैं। संक्षेप में हम कह सकते हैं कि वह हर माध्यम जिसके द्वारा हम अपने मस्तिष्क में विश्व के बारे में समस्त सूचनाएँ संकलित करते हैं, मीडिया के अन्तर्गत आते हैं।

विभिन्न विद्वानों ने पत्रकारिता की भिन्न-भिन्न परिभाषाएँ दी हैं। आइये, उनके दृष्टिकोण से अवगत हों,

- "प्रकाशन, सम्पादन, लेखन एवं प्रसारणयुक्त समाचार माध्यम के संचालन केन्द्र व्यवसाय को पत्रकारिता कहते हैं।" पत्रकारिता मानव अभिव्यक्ति की एक वह मनोरम कला है जिसका कार्य जनता तथा जननेताओं के समक्ष लोक-कल्याण सम्बन्धी कार्यों की सूची प्रस्तुत करता है। *-चैम्बर और न्यू वेब्स्टर्स डिक्शनरी*
- सामयिक ज्ञान के व्यवसाय को पत्रकारिता कहते हैं। इस व्यवसाय में आवश्यक तथ्यों की प्राप्ति, सजगतापूर्वक उनका मूल्यांकन तथा सम्यक् प्रस्तुति होती है। *-सी.जी.मूलर*
- पत्रकारिता में सत्य को सूचक नहीं, प्रेरक होना चाहिए। *-रवीन्द्रनाथ टैगोर*
- पत्रकारिता सत्य के रस का स्रोत है। *-जातक*
- पत्रकारिता कोई पेशा नहीं, यह जनसेवा का माध्यम है। लोकतान्त्रिक परम्पराओं की रक्षा करने में तथा शान्ति और भाई-चारे की भावना को बढ़ाने में इसकी विशिष्ट भूमिका होती है। *-डॉ. शंकर दयाल शर्मा*
- कला, वृत्ति और जनसेवा ही पत्रकारिता है। *-डब्ल्यू.टी.स्टीड*
- प्रकाशन सम्पादन, लेखन अथवा प्रसारण-सहित समाचार माध्यम के संचालन के व्यवसाय को पत्रकारिता कहते हैं। *-न्यू वेब्स्टर शब्दकोश*
- पत्रकारिता का लक्ष्य सेवा करना है। *-महात्मा गाँधी*
- पत्रकारिता को मैं रणभूमि से भी अधिक बड़ी चीज़ समझता हूँ। यह कोई पेशा नहीं, बल्कि पेशे से कोई ऊँची चीज़ है। यह एक जीवन है, जिसमें मैंने अपने को स्वेच्छापूर्वक समर्पित किया। *-जेम्स मैकडोनल्ड*
- पत्रकारि..ा सार्वजनिक महत्त्व के मामलों में नागरिकों को शिक्षित करने का एक नितान्त महत्त्वपूर्ण साधन है। यह उन्हें देश के भाग्य का निर्णय करनेवाले शासकों के रूप में अपनी भूमिका निभाने के लिए आवश्यक फैसले लेने में सहायता करता है। *-द्वितीय प्रेस आयोग*
- पत्रकारिता वह धर्म है जो पत्रकार को उसके कर्म से इस तरह जोड़ती है कि वह सभी तात्कालिक घटनाओं और समस्याओं का सही तथा निष्पक्ष विवरण पाठकों तक प्रस्तुत करे और जन जागरण हेतु कार्य करे। *डॉ. भँवर सुराणा*

- पत्रकारों के कार्यों, कर्त्तव्यों और उद्देश्यों की विवेचना करने का माध्यम है पत्रकारिता। यह एक विधा है। जो अपने युग और अपने सम्बन्ध में लिखा जाय, वही पत्रकारिता है। *-डॉ. कृष्ण बिहारी मिश्र*
- पत्रकारिता पाँचवाँ वेद है, जिसके द्वारा ज्ञान-विज्ञान सम्बन्धी बातों को जानकर अपने बन्द मस्तिष्क को खोलते हैं। *- इन्द्र विद्यावाचस्पति*
- Journalism is literature in a hurry. *-Matthew Arnold*
- Mass Communication is unique and different from interpersonal communication as it is a special kind of communication in which the nature of the audience and the feedback is different from that of interpersonal communication. *-Dr. Ajay Kumar Singh*
- Journalism : The profession of conducting or writing for public Journals. *- Chambers Dictionary*
- Journalism is communication. It is the events of the day distilled into a few words, sounds of pictures processed by the mechanics of communication to satisfy the human curiosity of a word. *- David Wainwright*
- Journalism is the times and the guardian of daily mirror and the sun. *-Pt. Jawaharlal Nehru*
- Nothing less than the highest ideals, the most scrupulous anxiety to do right, the most accurate knowledge of the problems it has to meet, and a sincere sense of social responsibility will save Journalism. *-Joseph Pulitzer*

पत्रकारिता के विषय में विद्वानों के उपर्युक्त उद्धरणों में उसके स्वरूप के विभिन्न पक्षों पर विचार व्यक्त किया गया है। पत्रकारिता जहाँ एक ओर सूचनाओं और समाचारों का संकलन, सम्पादन, प्रकाशन और प्रेषण है तो वहीं दूसरी ओर वह वर्तमान समय की धड़कनों को महसूस करने का साधन भी है। पत्रकारिता लोगों की सेवा करती है, अन्याय और दमन का प्रतिरोध करती है एवं रचनात्मक प्रवृत्तियों को प्रोत्साहित करती है। व्यापक अर्थों में पत्रकारिता समाज में उच्च मूल्यों और आदर्शों को प्रतिष्ठापित करती है। पत्रकारिता समाज का दर्पण है। अतः विद्रोह, आक्रोश और आलोचना की विविध परिस्थितियों में भी अपना स्वस्थ स्वरूप बनाकर सामाजिक मूल्यों की नियामिका बनी रहती है। किसी भी स्तर पर उभरे विद्रोह, पारस्परिक राग-द्वेष, धार्मिक अन्धविश्वास, साम्प्रदायिक झगड़ों आदि का विश्लेषण करके तथा समाज में व्याप्त आक्रोश और आलोचना का विवेकपूर्ण और सतंर्क समाधान देकर समाज को सही दिशा-निर्देश करती है तथा सामाजिक मूल्यों का समर्थन करती है।

पत्रकारिता का उद्भव और विकास

विश्व-पत्रकारिता का उदय

विश्व स्तर पर पत्रकारिता का इतिहास अत्यन्त प्राचीन है। पत्रकारिता का इतिहास क़रीब हज़ार साल पुराना है। चीन में 'तांग वंश' के साम्राज्य के दौरान राजकीय न्यायालय की सूचनाएँ हाथ से लिखे काग़ज़ पर बाँटी जाती थीं तब तक प्रकाशन-पद्धति प्रकाश में नहीं आयी थी।

पुरातात्त्विक खोजें मुद्रण के इतिहास को ईसा की दूसरी शती तक ले गयी हैं। चीन में 175 ई. में ठप्पे से मुद्रित ग्रन्थ का कुछ भाग आज भी विद्यमान है। काग़ज़ बनाने की विधि 7वीं शताब्दी तक गुप्त रही लेकिन इसके बाद इसका प्रसार जापान और अरब में हुआ तथा 711 ई. में यह यूरोप पहुँचा था। 912 ई. में पहली बार एक लाख तीस हज़ार पृष्ठों का त्रिपिटक ग्रन्थ छपा। वर्तमान मुद्रण पद्धति की कहानी लगभग पाँच सौ वर्ष पुरानी है। अलग-अलग अक्षरों के धातु निर्मित टाइप सर्वप्रथम 1450 ई. में जर्मनी में शुरू हुई। धीरे-धीरे 1466 ई. में फ्रान्स में और 1477 ई. में इंग्लैण्ड में शुरुआत हुई।

चीन में ईसा से दो शताब्दी पूर्व सबसे पहले काग़ज़ बनाया गया था। चीन के बाद हाथ से समाचार लिखकर वितरित करने का काम यूरोप में होने लगा था और यूरोप का सबसे पहला **यूरोपियन न्यूज़पेपर** 1326 ई. में प्रकाशित हुआ था। जर्मनी में 1450 ई. के आस-पास छपाई के तरीक़े जब ढूँढ़े गये थे तब इसका असर तत्कालीन समाचार-पत्रों पर पड़ा था। 1453 ई. में कोलम्बस की सागर-यात्रा और नयी दुनिया की खोज की ख़बरें पहली बार छापी गयी थीं। तब समाचार-पत्र नियमित रूप से नहीं छपते थे। जब कभी कोई महत्त्वपूर्ण घटना घटती तब उसे लोक-मानस तक पहुँचाने के लिए समाचार-पत्र का प्रकाशन किया जाता था, जिसे कम-से-कम मूल्य पर बेचा जाता था।

1605 ई. में सबसे पहला साप्ताहिक समाचार-पत्र जर्मनी में प्रकाशित हुआ था, जिसका नाम 'एबिसो रिलेशन ओडर जीटिंग' था। इसे एडॉल्फ वनसाने ने प्रकाशित किया था। यह साप्ताहिक बहुत प्रचलित हुआ था। इसका प्रभाव यह हुआ कि साप्ताहिक समाचार-पत्रों के प्रकाशन का कार्य पूरे यूरोप में अत्यन्त तीव्र गति से विस्तार पाने लगा। यह माध्यम पढ़े-लिखे लोगों को घटनाओं से परिचित कराने का काम तो करता ही था, व्यापारियों के लिए दूसरे शहरों की व्यापारिक जानकारी देने में भी विशिष्ट भूमिका का भी निर्वाह करता था। परिणामस्वरूप समाचार-पत्रों की माँग तेज़ी से बढ़ती गयी और इसकी ज़रूरत महसूस की गयी। लन्दन में 1621 ई. में नथैलियन बटर ने एक अंग्रेज़ी समाचार-पत्र प्रकाशित किया था। 5 वर्षों के भीतर ही हॉलैण्ड में 100 से अधिक समाचार-पत्र प्रकाशित होने लगे थे, जिनमें विज्ञापन भी होते थे। इन डच अख़बारों का अनुवाद कर और इन्हें प्रकाशित कर समूचे यूरोप में बाँटा जाने लगा था।

पहले काग़ज़ को 'चर्म-पत्र' कहा जाता था, जो कच्ची लकड़ी, भूसा, कपड़े के वसे अथवा गूदे को पानी में सालकर, किसी भारी वस्तु से दबाकर और सुखाकर बनाया जाता था। काग़ज़ का आधुनिक रूप फ्रान्स के **निकोलस लुईस रॉबर्ट** ने 1778 ई. में बनाया था, जिसमें ब्रेयन डाकिन ने 1803 ई. में सुधार किया था। 19वीं शताब्दी में काग़ज़ की माँग हर तरफ़ बेहद बढ़ गयी थी। आज स्थिति यह है कि अकेले संयुक्त राज्य अमेरिका एक वर्ष में लगभग 700 लाख टन काग़ज़ का निर्माण करता है।

19वीं शताब्दी में समाचार-पत्रों के राजनीतिक अस्तित्व का पता चला था और इसे **फोर्थ इस्टेट** का नाम दिया गया था। उन दिनों ग्रेट ब्रिटेन के 'दी टाइम्स ऑफ लन्दन' ने ग्रेट ब्रिटेन की मध्यमवर्गीय जनता के बीच अपना प्रतिष्ठित स्थान बना लिया था। यह समाचार-पत्र ब्रिटिश संविधान-संशोधनों और कैथोलिकों के नागरिक-अधिकारों की वापसी का समर्थन करता था। शहरी श्रमिकों के बीच समाचार-पत्रों की बिक्री-प्रसार बढ़ाने के लिए 1833 ई. में 'न्यूयार्क

सन' का प्रकाशन कर, इसे सस्ते दर पर गलियों में बेचा गया था। 1850 ई. के बाद विद्युत् टेलीग्राफ़ के आविष्कार ने सभी समाचार-पत्रों के लिए अत्यन्त सुविधाजनक प्रणाली विकसित की थी, जिससे देश-विदेश की ख़बरें हर जगह पहुँचने लगी थीं। हाँ, तब तक समाचार-पत्र-पत्रिकाओं में चित्र छापने की विधि विकसित नहीं हुई थी। 1880 ई. में 'न्यूयॉर्क डेली ग्राफ़िक' ने सबसे पहले एक चित्र का प्रकाशन किया था। 1904 ई. में 'लन्दन डेली मिरर' ने लगातार चित्रों का प्रकाशन शुरू किया था। इसके 3 वर्षों के बाद यानी 1907 ई. में एक ऐसे यन्त्र का आविष्कार हुआ था, जिससे कुछ ही सेकेण्ड में चित्र एक स्थान से दूसरे स्थान पर पहुँच सकता है। इस यन्त्र का नाम है, 'फैसीमाइल ट्रान्समिशन।'

भारतीय पत्रकारिता का उद्भव और विकास

भारत में सर्वप्रथम 1550 ई. में पुर्तगाल के मिशनरियों ने गोवा में एक प्रेस की स्थापना की। इस प्रेस का उपयोग धार्मिक पुस्तकों के प्रकाशन के लिए किया जाता था। इसके पश्चात् 1660 ई. में बम्बई में और 1772 ई. में मद्रास में प्रेस की स्थापना हुई। अंग्रेज़ हम्फ्रीज ने बिना गवर्नर की अनुमति के 'इण्डियन हेराल्ड' (1772) निकाला तो उन्हें क़ैद कर लिया गया। बाद में वे इंग्लैण्ड भाग गये। 1779 ई. में कलकत्ता में प्रेस की स्थापना हुई। भारत में पत्रकारिता की दृष्टि से हॉलैण्डवासी विलियम बोल्ट्स ने सार्थक प्रयास किये। 1 सितम्बर , 1768 में कलकत्ता के कौन्सिल हॉल एवं प्रमुख स्थानों पर एक नोटिस चिपकाया गया था-

पत्रकारिता का क्रमबद्ध इतिहास

पत्रकारिता का काल विभाजन

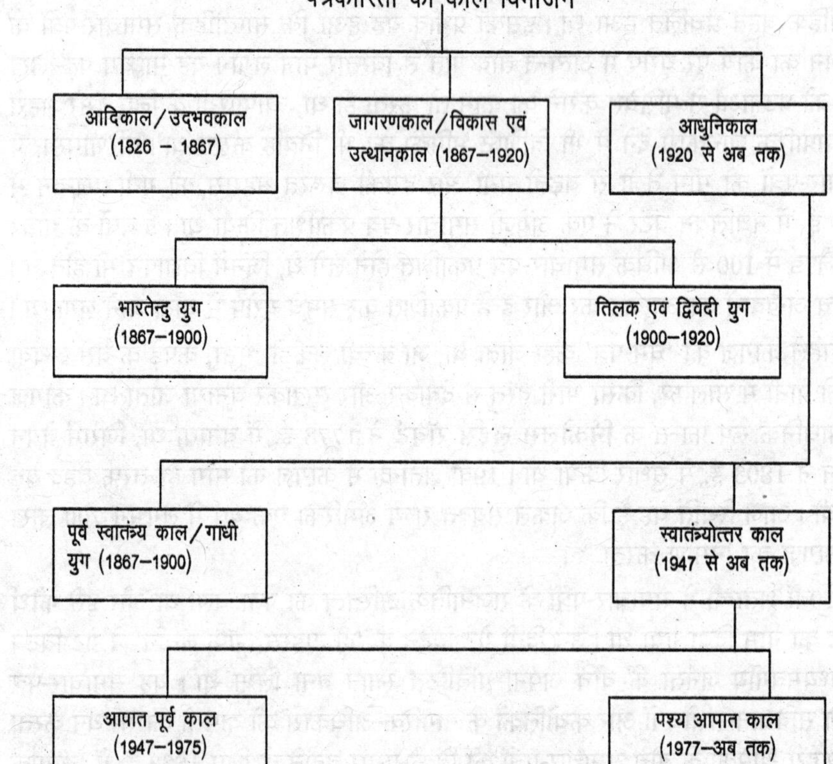

"श्री बोल्ट्स जनता को सूचना प्रदान करने के लिए तरीक़ा अपनाते हैं। इस नगर में छापाखाना न होने से व्यापारी वर्ग को बहुत नुकसान रहता है और समाज को वे समाचार दिये जाने अत्यन्त कठिन हैं, जिनमें हर ब्रिटिश प्रजा की दिलचस्पी है। इसलिए श्री बोल्ट्स उस या उन व्यक्तियों को सर्वाधिक प्रोत्साहन प्रदान करने को तैयार हैं, जो मुद्रण का कार्य जानते हैं, प्रेस टाइपों तथा अन्य सामान का प्रबन्ध कर सकते हैं।

इसके साथ ही वह जनता को सूचित करना चाहते हैं कि उनके पास लिखित रूप में ऐसी जानकारी है, जिसमें हर व्यक्ति की गहरी दिलचस्पी होगी। जो जिज्ञासु व्यक्ति चाहें, उन्हें श्री बोल्ट्स के घर में वह सामग्री पढ़ने और नक़ल करने की अनुमति होगी। एक व्यक्ति प्रायः दस से बारह बजे तक इच्छुक व्यक्तियों की सहायत के लिए रहेगा।"

इसके पश्चात् 29 जनवरी, सन् 1780 में जेम्स ऑगस्टस हिक्की के सम्पादकत्व में प्रथम भारतीय पत्र "हिक्कीज बंगाल गज़ट" (कलकत्ता जनरल एडवरटाइज़र) प्रकाशित हुआ। 4 पृष्ठों के इस पत्र में अंग्रेज़ शासकों के चरित्र का पर्दाफ़ाश करने तथा आपत्तिजनक और कटाक्षपूर्ण लेखों के प्रकाशन से तत्कालीन भारतीय गवर्नर ज़नरल वॉरेन हेस्टिंग्ज ने हिक्की के विरुद्ध कड़ी कार्यवाही कर उस पर 8,000 रु. का आर्थिक दण्ड लगाया और दण्ड राशि जमा न करने पर जेल भेज दिया। पोस्ट ऑफ़िस द्वारा डाक से पत्र भेजने पर प्रतिबन्ध लगा दिया गया। जेल में रहते हुए उसने अपने लेखों में ब्रिटिश सरकार की कटु आलोचना जारी रखी। जिसके कारण जनवरी, 1782 ई. में पुनः एक वर्ष की जेल और दो हज़ार रुपये के आर्थिक दण्ड की सज़ा दी गयी। जेम्स ऑगस्टस हिक्की ने कोलकाता उच्च न्यायालय के न्यायाधीशों के विरुद्ध भी अनेक प्रकरण अपने समाचार-पत्र में प्रकाशित किये थे। उसने सुप्रीम कोर्ट के न्यायाधीश मिस्टर इम्पे पर पक्षपात और न्याय का गला घोटने के गम्भीर आरोप लगाये। हेस्टिंग्स और इम्पे-जैसे निरंकुश सत्ता के शीर्ष व्यक्तियों से शत्रुता मोल लेने के कारण हिक्की पर एक साथ कई मुक़दमे दायर किये गये जो वर्षों तक चलते रहे। इसी बीच हिक्की जब अदालती जुर्मानों और अन्य आर्थिक दण्डों के भुगतान में असमर्थ रहा, तो उस पर दिवालिया होने का मुक़दमा भी चलाया गया। इन मुक़दमें के परिणामस्वरूप हिक्की की प्रेस को कब्ज़े में ले लिया गया और उसकी जो थोड़ी बहुत सम्पत्ति थी, उसे भी नीलाम कर दिया गया। मुक़दमे में हिक्की का छोटा-सा मकान, कुछ बीघा ज़मीन, कुछ चिकित्सा-सम्बन्धी उपकरण, कुछ दवाइयाँ और कुछ पुस्तकें सब कुछ बेच दिये गये। इस तरह हिक्की पूरी तरह बर्बाद हो गया। इसके पश्चात् उनका प्रेस ज़ब्त कर लिया गया अन्ततः 'बंगाल गज़ट' का प्रकाशन-मुद्रण बन्द हो गया और जेम्स ऑगस्टस हिक्की को पुनः कारावास की सज़ा हुई। हिक्की की परम्परा को सम्बध करनेवाला विलियम डुवानी था जिसने बंगाल गज़ट का सम्पादकत्व किया। बाद में उसने 'इण्डियन वर्ल्ड' नाम से उग्र स्वर के साथ स्वतन्त्र पत्र प्रकाशित किया तो उसे भारत से निष्कासित कर दिया गया। विपरीत परिस्थितियों में भारत का दूसरा साप्ताहिक पत्र 'इण्डिया गज़ट' नवम्बर, 1780 में पीटर रीड तथा बी. मैसिक ने आरम्भ किया, जिसे सरकार ने मुफ़्त डाक सुविधा प्रदान कर दी थी तथा उसे सरकारी संरक्षण एवं सरकारी विज्ञापन भी सुलभ थे। सन् 1784 में फ्रांसिस ग्लेविन ने 'कलकत्ता गज़ट' का प्रकाशन शासकीय संरक्षण में किया जिसमें सरकारी विज्ञापन तथा अन्य अधिसूचनाओं का प्रकाशन होता था। कासान और थॉमस जोन्स ने साप्ताहिक पत्र **'बंगाल जर्नल'** का सन् 1784

और 'कैलकटा एम्यूज़मेण्ट' मासिक पत्रिका का प्रकाशन किया। चेन्नई से 'मद्रास गज़ट' मद्रास कुरियर (1785) आरम्भकालीन पत्र थे, जिनके मुख्य सम्पादक प्रायः अंग्रेज़ थे तथा इनके पत्र सरकार के समर्थक थे। इसी वर्ष प्राच्य विद्याविद् विलियम जोन्स के सम्पादकत्व में ऐशियाटिक सोसायटी ऑफ बंगाल के जर्नल एशियाटिक मिसलनी का प्रकाशन हुआ। सन् 1786 में कलकत्ता से ही ए. अपलोन ने कलकत्ता क्रॉनिकल साप्ताहिक का प्रकाशन आरम्भ किया। सन् 1787 में इसका नाम एशियाटिक मिसलनी एण्ड बंगाल रजिस्टर हो गया जिसमें साहित्यिक रचनाओं के साथ-साथ भारतीय राजनीतिक पर भी संक्षिप्त टिप्पणियाँ प्रकाशित होती थीं। पर 1787 में इसके बन्द हो जाने के बाद इसके स्थान पर एशियाटिक रिसर्चस (1788 से) प्रकाशन आरम्भ हुआ। मुम्बई में समाचार-पत्रों का प्रकाशन 'बाम्बे हैराल्ड' (1789) से हुआ। फिर साप्ताहिक बॉम्बे कूरियर (1790), कोलकाता तथा चेन्नई के 'कलकत्ता गज़ट' और 'मद्रास कुरियर' की भाँति ही मुम्बई में 'बाम्बे गज़ट' (1791) आरम्भ हुआ। इसी वर्ष मुम्बई से साप्ताहिक पत्र 'रिकार्डर' भी प्रकाशित हुआ।

इस प्रकार ब्रिटिश सरकार द्वारा भारत में पत्रकारिता के मार्ग में अनेक प्रकार के अवरोध उत्पन्न करने के बावजूद भारत में पत्रकारिता की नींव पड़ी। 18वीं शताब्दी में भारतीय समाज में विधवा-विवाह निषेध, बाल-विवाह, छुआ-छूत, जाति प्रथा, पर्दा-प्रथा, स्त्रियों की सामाजिक और वैधानिक असमानता-जैसी अनेक कुप्रथाएँ समाज में प्रचलित थी जो प्रकारान्तर से समाज की जड़ों को खोखलाकर रही थीं। सामाजिक जीवन के उन्नयन के लिए इनका निराकरण अनिवार्य था। इस उद्‌देश्य की पूर्ति के लिए धार्मिक-सामाजिक सुधार आन्दोलनों के प्रणेताओं ने विचारों के आदान-प्रदान के लिए पत्रकारिता का शुभारम्भ किया। राजा राममोहन राय, रवीन्द्रनाथ टैगोर व अरविन्द घोष आदि ने तत्कालीन भारतीय जन-जीवन में आध्यात्मिकता तथा मानवीयता के प्रचार-प्रसार के लिए पत्रकारिता का मार्ग प्रशस्त किया। इस प्रकार भारत में समाचार-पत्रों के प्रकाशन का कार्य आरम्भ तो हुआ किन्तु अंग्रेज़ सरकार की दमन कार्य नीति चलती रही। वे सदैव ही भारत की भूमि से निकलनेवाले समाचार-पत्रों को शंका की दृष्टि से देखते थे। अंग्रेज़ों की इसी शंका के कारण भारतीय समाचार-पत्रों की स्वतन्त्रता पर अनेकानेक प्रहार किये गये। जिन समाचार-पत्रों का क्रिश्चियन मिशनरी द्वारा संचालन हुआ करता था उनको ब्रिटिश सरकार प्रोत्साहन देती थी। इसी प्रोत्साहन के बल पर हिन्दी के प्रमुख केन्द्रों से भी ईसाई पत्रों का प्रकाशन व प्रसारण होन लगा। ये मिशनरी पत्र ईसाई पत्रों का सम्मान करते थे और भारत के सांस्कृतिक गौरव का विनाश करना चाहते थे। इस तरह के अन्याय को राजा राममोहन राय सहन नहीं कर पाये। उन्होंने पत्र-प्रकाशन के अपने लक्ष्य को इस प्रकार स्पष्ट किया-

''मेरा उद्‌देश्य मात्र इतना ही है कि मैं जनता के सामने ऐसे बौद्धिक निबन्ध उपस्थित करूं जो उनके अनुभव को बढ़ायें और सामाजिक प्रगति में सहायक सिद्ध हों। मैं अपनी शक्तिभर शासकों को उनकी प्रजा की परिस्थितियों का सही-सही परिचय देना चाहता हूँ, ताकि शासक जनता को अधिक-से-अधिक सुविधा देने का अवसर पा सकें और जनता उन उपायों से अवगत हो सके, जिनके द्वारा शासकों से सुरक्षा पायी जा सके तथा अपनी उचित माँगें पूरी करायी जा सकें।''

राजा राममोहन राय के ऐसे विनयशील भाव से भी अंग्रेजी शासक द्रवित नहीं हुए और भारत में पत्र प्रकाशन के प्रति निरन्तर विरोध बनाये रखा। मद्रास के गवर्नर सर टॉमस मुनरो ने प्रेस को स्वतन्त्रता देना अपने लिए ख़तरनाक माना। उनके ही शब्दों में-

"प्रेस को आज़ादी देना हमारे लिये ख़तरनाक है। विदेशी शासन और समाचार-पत्रों की स्वतन्त्रता दोनों एक साथ नहीं चल सकते। स्वतन्त्रता प्रेस का पहला कर्त्तव्य क्या होगा? यही न कि देश को विदेशी चंगुल से स्वतन्त्र कराया जाय? इसलिए अगर हिन्दुस्तान में प्रेस को स्वतन्त्रता दे दी गयी तो उसका जो परिणाम होगा, वह दिखायी दे रहा है।"

प्रारम्भिक समय में जिन समाचार-पत्रों का प्रकाशन भारत में हुआ, उन पत्रों को अंग्रेज़ अंग्रेज़ी भाषा में छपवाते थे। इन समाचार-पत्रों का काम जनता के लिए मनोरंजन की सामग्री व सूचनाएँ देना था। वे पत्र राजनीति से सम्बन्धित नहीं होते थे। सन् 1818 से पहले भारतीय भाषाओं में समाचार-पत्र प्रकाशित नहीं हुए। पहला भारतीय समाचार-पत्र 'दिग्दर्शन' बंगाली भाषा में 1818 में प्रकाशित हुआ। उसके बाद 1822 में 'समाचार चन्द्रिका' प्रकाशित किया गया। उसके बाद कुछ और बंगाली समाचार-पत्र प्रकाशित हुए।

भारतीय पत्रकारिता के आदि प्रवर्त्तक राजा राममोहन राय ने अपने मित्र ताराचन्द दत्त और भवानीचरण बैनर्जी के सम्पादन में प्रथम देशी पत्र बाँग्ला भाषा में 'संवाद कौमुदी' (सन् 1820 ई.) प्रकाशित हुआ। पर ब्रिटिश सरकार देशी पत्रों पर सरकारी प्रतिबन्ध लगाकर उन्हें कठोर अनुशासन में रखना चाहती थी। इस प्रकार इस काल में पत्रकारिता की स्वतन्त्रता के सामने अनेक विघ्न थे। इन प्रतिबन्धों को देखते हुए राजा साहब ने अपने समाचार-पत्र मीरात-उल-अख़बार (आरम्भ 12 अप्रैल, 1822) के अन्तिम संस्करण (4 अप्रैल 1823) में लिखा था- "जो परिस्थिति उत्पन्न हो गयी है, उसमें पत्र का प्रकाशन रोक देना ही एकमात्र उपाय रह गया है।" सन् 1829 में राजा साहब ने अंग्रेज़ी में 'बंगाल हैराल्ड' निकाला जिसके सम्पादन के लिए उन्होंने राबर्ट मोण्टगोमरी मार्टिन को आमन्त्रित किया। पक्षपातरहित और औचित्य एवं यथार्थ के समर्थन के लिए 10 मई, 1829 को मित्ररतन हालदार के सम्पादकत्व में बंगदूत (बँगला, फ़ारसी और हिन्दी) का प्रकाशन भी आरम्भ किया। राजा राममोहन राय के प्रगतिशील विचारों और सुधारवादी कृत्यों का विरोध करने के लिए 'संवाद तिमिरनाशक' 'जान ए वुले' तथा 'समाचार चन्द्रिका'-जैसी पत्रिकाएँ भी प्रकाशित की जाने लगीं। लेकिन राजा राममोहन राय के समाचार-पत्रों में सामाजिक, धार्मिक और राजनीतिक हितों का समर्थन तथा सामाजिक उद्देश्य की प्रतिबद्धता निहित थी।

भारतीय स्वातन्त्र्य आन्दोलन के पक्ष में जनमत बनाने एवं पत्रकारिता के दायित्व निर्वाह में हिन्दी समाचार-पत्रों का बड़ा योगदान है। राष्ट्रीय आन्दोलन के समय हिन्दी के पत्रों का दृष्टिकोण देशभक्ति की भावना से ओतप्रोत रहा। 30 मई, 1826 को पं. युगलकिशोर शुक्ल ने देवनागरी में हिन्दी का पहला पत्र 'उदन्त मार्तण्ड' प्रारम्भ किया। यह पत्र पूर्णतः हिन्दुस्तानियों के हित में था। 'उदन्त मार्तण्ड' के प्रथम अंक में संस्कृत के दो श्लोक और ब्रजभाषा में दो दोहे थे, जो इस प्रकार थे-

"दिनकर-कर प्रगटत दिनहिं यह प्रकाश अठ याम।
ऐसो रवि अब उग्यो महि जेहि तेहि सुख को धाम।।

उत कमलनि बिगसित करत बढ़त चाव चित बाम।
लेत नाम या पत्र को होत हर्ष अरु काम।।"

यद्यपि 'उदन्त मार्तण्ड' हिन्दी का प्रथम समाचार-पत्र था, तथापि इसकी पत्रकारिता पहले अंक से ही काफ़ी पुष्ट थी। उन्हीं दिनों भारत के गवर्नर जनरल लॉर्ड एमहर्स्ट लखनऊ की यात्रा पर गये थे। लखनऊ में उस समय अवध के नवाब का शासन था। उनकी इस यात्रा का वर्णन 'उदन्त मार्तण्ड' के 19 दिसम्बर, 1826 के अंक में जिस ब्योरे के साथ प्रकाशित हुआ, उससे पता चलता है कि श्री शुक्ल जानते थे कि रिपोर्टिंग कैसे करनी चाहिए और कौन-कौन-सी चीज़ें हैं, जो पाठकों को आकर्षित कर सकती हैं। वे जिस भाषा में लिख रहे थे, वह मूलतः बोलचाल की भाषा थी। इसलिए स्वाभाविक है कि उसमें उसी प्रकार की हिन्दी का प्रयोग है, जो कानपुर, लखनऊ या कलकत्ता में बोली और समझी जाती थी। इस प्रकार का सुपाठ्य समाचार-पत्र भी, जिसमें बाज़ार भाव भी रहते थे और स्टीमरों के आवागमन की सूचना भी छपती थी, कलकत्ता के हिन्दीभाषी व्यापारियों का समर्थन नहीं पा सका। पत्र को बन्द करने से पूर्व 11 दिसम्बर, 1827 के अंक में सम्पादक ने अपनी जो 'अन्तर्व्यथा' लिखी, वह अन्तर्वेदना हिन्दी पत्रों की परम्परा का एक भाग बन गयी। शुक्ल जी को न तो सरकारी समर्थन मिला (जैसा कि 'समाचार दर्पण', 'जामे जहाँनुमा' तथा अन्य पत्रों को मिलता था) और न पाठकों ने ही समय पर चन्दा दिया। विज्ञापनों का उन दिनों कोई मतलब ही नहीं था। श्री शुक्ल जी ने 'उदन्त मार्तण्ड' के अन्तिम अंक में लिखा था-

"आज दिवस लौं उग चुक्यौ यह मार्तण्ड उदन्त।
अस्ताचल को जात है दिनकर दिन अब अन्त।।"

'उदन्त मार्तण्ड' के समाप्त होने के बाद कलकत्ता से ही एक दूसरा हिन्दी साप्ताहिक प्रकाशित हुआ। वैसे यह बहुभाषी पत्र था; जो अंग्रेज़ी, बँगला, हिन्दी और फ़ारसी में निकलता था। अंग्रेज़ी संस्करण अलग से 'हिन्दू हेराल्ड' के नाम से निकलता था और शेष 'बंगदूत' के नाम से। 'बंगदूत' 10 मई, 1929 की हेराल्ड प्रेस से साप्ताहिक पत्र के रूप में आरम्भ हुआ। इसने भी भाषा और शैली की दृष्टि से वही नीति अपनायी, जो 'उदन्त मार्तण्ड' की थी। लेकिन इसकी सबसे महत्त्वपूर्ण बात यह थी कि इसका सम्पादन एक बँगलाभाषी श्री नीलरत्न हालदार करते थे। यह पत्र राजा राममोहन रा की प्रेरणा से निकला था। राजा राममोहन राय हिन्दी के आदि गद्य लेखकों में गिने जाते हैं। वे पहले लेखक थे, जिन्होंने हिन्दी में प्रामाणिक गद्य लिखा। उन्होंने सन् 1875 में वेदान्तसूत्रों का बँगला व हिन्दी अनुवाद प्रकाशित किया और अगले वर्ष इस पुस्तक का अंग्रेज़ी अनुवाद छापा। राजा राममोहन राय ने जो हिन्दी लिखी थी, उसका मिलान उनसे पूर्ववर्ती और परवर्ती लेखकों की भाषा से करें तो पता चलता है कि वे एक मानक हिन्दी की दिशा में जा रहे थे, जो धार्मिक विषयों के प्रतिपादन की प्रचलित शैली बन गयी। लेकिन इससे अधिक महत्त्व की चीज़ वह नीति है, जिसकी पूर्ति के लिए 'बंगदूत' निकाला गया। इस पत्र के आदर्श वाक्य के रूप में लिखा गया-

"दूतनिकी या रीति बहुत थोरेमें भाषें।
लोगनिको बहुलाभ होय यहीते लाखें।।
बंगालाकों दूत पूत यहि वाको जानौ।
होय विदित सब देश क्लेषको लेष न मानौ।।"

'बंगदूत' सम्भवतः एक वर्ष के अन्दर ही बन्द हो गया; लेकिन 11 जून, 1846 को कलकत्ता से 'मार्तण्ड' नामक साप्ताहिक पत्र का प्रकाशन प्रारम्भ हुआ, जो पाँच भाषाओं में था। दस पृष्ठों के इस पत्र में पाँच कॉलमों में अंग्रेज़ी, हिन्दी, बँगला, फ़ारसी और उर्दू में सारी सामग्री छपती थी। मौलवी नसीरुद्दीन इसके प्रकाशक थे। उसी वर्ष कलकत्ता से हिन्दी का एक दूसरा पत्र भी निकला, जिसका नाम 'ज्ञानदीप' था। इसके प्रकाशक श्री अली थे।

उत्तर प्रदेश में भारत सरकार और राजाओं की मदद से उर्दू अख़बारों का चलन हिन्दी पत्रों से पहले प्रारम्भ हुआ। सबसे पहले आगरा से सन् 1833 में 'जोबदुत-उल अख़बार' निकलना शुरू हुआ जिसके प्रकाशक मुन्शी वाजिद अली ख़ाँ थे। महाराजा भरतपुर महाराजा अलवर, मथुरा के सेठ लक्ष्मीचन्द्र (जिन्होंने मथुरा में द्वारिकाधीश मन्दिर तथा वृन्दावन में रंग जी का मन्दिर बनवाया), झज्झर के नवाब, जोरा (जावरा) के नवाब और हैदराबाद के निज़ाम इसके संरक्षक थे। इसके पश्चात् आगरा कॉलेज से किन्हीं फिंक महोदय ने 'सदर-उल अख़बार' नामक फ़ारसी का दूसरा अख़बार निकाला। उस समय फ़ारसी राजभाषा थी और फ़ारसी पढ़नेवाले तेल नहीं बेचा करते थे। इसलिए क्या आगरा और क्या कलकत्ता, सभी जगह फ़ारसी के अख़बार निकलते थे। आगरा में सन् 1867 तक उपराज्यपाल का मुख्यालय था तथा सूबा आगरा की अपनी सदर दीवानी व सदर निज़ामत अदालतें थीं, जिनकी कार्रवाई फ़ारसी में ही होती थी। आगरा से फिंक महोदय ने फ़ारसी का 'सदर-उल अख़बार' निकाला, उसी तरह बरेली से बरेली स्कूल के सुपरिटेण्डेण्ट श्री ट्रेगर ने सन् 1847 में 'जामे-जमशेद' नाम का एक साप्ताहिक पत्र आगरा से निकला, जिसके प्रकाशक बाबू शिवचन्द्र थे। उत्तर प्रदेश में सन् 1850 में कई पत्र निकलते थे। इनमें बनारस से छपनेवाले 'जायरीने-हिन्द' और 'आफ़ताबे-हिन्दी' उर्दू के पत्र थे तथा 'काशीवार्त्ता प्रकाशिका' और 'चन्द्रोदय' बँगला के पत्र थे। 'चन्द्रोदय' के प्रकाशक बाबू केदारनाथ घोष 'मीरातुल उलूम' और 'बाग़ोबहार' भी उर्दू में निकालते थे। परन्तु हिन्दी का उस समय का सबसे अच्छा पत्र आगरा का 'बुद्धिप्रकाश' था, जिसके साथ 'नूरुल बसर' भी निकलता था। 'बुद्धिप्रकाश' की भाषा की तारीफ़ श्री रामचन्द्र शुक्ल ने भी कि उनके दोनों अख़बारों की दो-दो सौ प्रतियाँ सरकार ख़रीदती थी; जबकि उर्दू अख़बार के ग़ैर-सरकारी ग्राहक सैंतीस और हिन्दी के तो पंद्रह ही थे। उस समय दिल्ली, ग्वालियर और लाहौर से भी उर्दू के अख़बार निकल रहे थे। आगरा का 'जोबदुत-उल' अख़बार बीस साल तक चला। उत्तर प्रदेश से हिन्दी का पहला पत्र सन् 1845 में निकला। इस पत्र का नाम था—'बनारस अख़बार' और इसके प्रकाशक थे श्री गोबिन्द रघुनाथ थत्ते। इस पत्र की भाषा पर श्री अम्बिकाप्रसाद वाजपेयी ने आपत्ति करते हुए लिखा है कि यह नाम का हिन्दी पत्र होने पर भी वास्तव में उर्दू का अख़बार है, जो सन् 1845 में नागरी व हिन्दी अक्षरों में निकलता था। काशी से दूसरा पत्र 'सुधाकर' सन् 1850 में तारामोहन मैत्र ने प्रकाशित किया। पहले यह बँगला और हिन्दी भाषाओं में प्रकाशित होता था; सन् 1853 से केवल हिन्दी में छपने लगा। 'सुधाकर' को उत्तर-प्रदेश हिन्दी का पहला पत्र होने का गौरव प्राप्त है। 'बुद्धिप्रकाश' के पश्चात् आगरा से जो 'सर्वहितकारक' पत्र श्री शिवनारायण ने प्रकाशित किया, उसमें हिन्दी और उर्दू दोनों भाषाएँ होती थीं। लेकिन विशुद्ध हिन्दी का पत्र 'प्रजा हितैषी' था, जिसके सम्पादक राजा लक्ष्मण सिंह थे। वह सरकारी अधिकारी (डिप्टी कलेक्टर) थे। उन्होंने सन् 1855 में 'प्रजा हितैषी' निकालना शुरू किया था, जो बाद में फिर सन् 1861 में निकलने लगा। सन् 1857 में स्वतन्त्रता संग्राम के दौरान नानासाहब

पेशवा के मुख्य राजनीतिक सलाहकार श्री अजीमुल्ला ख़ाँ ने 'पयामे-आज़ादी' उर्दू में शुरू किया था; लेकिन शीघ्र ही उन्होंने इसे हिन्दी में प्रकाशित करना प्रारम्भ कर दिया।

'उदन्त मार्तण्ड' से भारत में हिन्दी पत्रकारिता का प्रादुर्भाव माना जाता है। इस पत्र के प्रकाश पुंज से प्रकाशन की विविध संस्थाएँ आलोकित एवं पल्लवित हुई एवं अनेक समाचार-पत्रों का प्रादुर्भाव हुआ जिन्होंने भारतीयों को जागरूक करने, बुद्धि-विवेक से काम करने एवं सतत् सावधान रहने का मन्त्र दिया। उदन्त मार्तण्ड से प्रेरणा प्राप्त कर 'बंगदूत' (1829) और ईश्वरचन्द्र गुप्त का **'बाँग्ला संवाद प्रभाकर' (1831)** में प्रकाशित हुआ। सन् 1834 में कलकत्ता से ब्रजेन्द्रनाथ बन्द्योपाध्याय के सम्पादन में साप्ताहिक **'प्रजा मित्र'** का प्रकाशन हुआ। सन् 1849 में कलकत्ता से ही द्विभाषी (बाँग्ला और हिन्दी) पत्र **'जगद्दीपक भास्कर'** आरम्भ हुआ था। पं. युगल किशोर शुक्ल के उदन्त मार्तण्ड को सरकारी दबाव के कारण का बन्द होना पड़ा था, पर तेईस वर्षों के बाद उन्होंने पुनः **'साम्यदण्ड मार्तण्ड'** नामक पत्र का प्रकाशन आरम्भ किया। सन् 1854 में कलकत्ता से ही श्यामसुन्दर सेन के सम्पादन में **'समाचार सुधावर्षण'** द्विभाषी (बाँग्ला और हिन्दी) में प्रकाशित हाने लगा। सन् 1837 में दिल्ली से प्रथम उर्दू पत्र मुहम्मद खा के सम्पादन में **'सैय्यद-उल-अख़बार'** आरम्भ हुआ। इसके बाद और भी कई उर्दू-पत्र निकले। सन् 1840 में मुम्बई से पहला मराठी समाचार-पत्र 'मुम्बई समाचार' और 1842 में पुणे से **'ज्ञान प्रकाश'** आरम्भ हुए। **'समाचार सुधावर्षण',** जिसे हिन्दी का प्रथम दैनिक कहा जाता है कलकत्ता से प्रकाशित हुआ। यह हिन्दी और बँगला भाषा में साथ-साथ छपता था; लेकिन मुखपृष्ठ पर पत्र का नाम पहले देवनागरी में और फिर बँगला लिपि में दिया जाता था। यह चार पृष्ठों का होता था। पहले दो पृष्ठ हिन्दी के तथा बाद के दो पृष्ठ बँगला में होते थे। इसके सम्पादक श्री श्यामसुन्दर सेन थे। इन्दौर से **मालवा अख़बार** का प्रकाशन हुआ जो हिन्दी और उर्दू दोनों भाषाओं का अख़बार था। इसका पहला अंक 6 मर्च 1849 को इन्दौर से प्रकाशित हुआ। हर पृष्ठ पर दो कॉलम होते थे बायाँ कॉलम हिन्दी में और दायाँ उर्दू में होता था। सन् 1856 में जयपुर से हेडमास्टर कन्हैयालाल के सम्पादन में एक द्विभाषी पत्र निकला, जिसका नाम था **'रोस्तुल तालीम'** या **'राजपूताना अख़बार'**। इसके पश्चात् **'सुधाकर'** (1850), **'बुद्धि प्रकाश'** (1852), **'मजहरुल सरूर'** (1852) का प्रकाशन हुआ।

सन् 1857 के प्रथम स्वतन्त्रता आन्दोलन के आरम्भ ने पत्रकारिता का गला ही घोंट दिया। लार्ड केनिंग ने समाचार-पत्रों की जनता में राजद्रोह फैलाने का दोषी बताया और कठोर क़ानून बनाकर कई समाचार-पत्रों पर मुक़दमें चलाये गये। कई मुद्रणालय बन्द हो गये। फिर भी नये समाचार-पत्रों, टाइम्स ऑफ इण्डिया (मुम्बई, 1861), पायोनियर (इलाहाबाद 1865) आरम्भ हुए। अंग्रेज़ी ट्रिब्यून (हरदयाल सिंह मजीठिया लाहौर- 1877) प्रकाशित होने लगा।

सन् 1876 में लार्ड लिण्टन भारत का वाइसराय बना तो उसने 1878 में 'वर्नाक्यूलर प्रेस ऐक्ट' एडम के अनुसरण पर लागू किया। जिससे सरकार को समाचार-पत्रों पर कठोर नियन्त्रण और सज़ा का हक़ मिल गया। जन-जागरण और स्वतन्त्रता से सम्बन्धित लेखों को राजद्रोह मानकर समाचार-पत्रों के विरुद्ध कठोर कार्यवाही की जाने लगी। कलेक्टरों और पुलिस अधिकारियों को विशेषाधिकार दे दिये गये। उसके बाद 1880 में लार्ड रिपन के वाइसराय

बनकर आने पर वर्नाक्यूलर क़ानून समाप्त कर दिया गया। उदार अंग्रेज़ विचारक सर ओ. ह्यूम ने 1885 में भारतीय राष्ट्रीय कांग्रेस की स्थापना की, जिसके कई भारतीय नेता पत्रकारिता से जुड़े थे। लेकिन ब्रिटिश सरकार समाचार-पत्रों पर अंकुश बनाये रखने में ही अधिक रुचि रखती थी। अतः पत्रकारों के कष्ट निरन्तर बढ़ते जा रहे थे, पर वे भी सरकार के बनाये गये काले क़ानून का विरोध करते रहे।

सन् 1905 में केशवचन्द्र राय ने भारत में 'एसोसिएटेड प्रेस' की स्थापना कर देश में प्रथम समाचार समिति आरम्भ की। समाचार एक स्थान से दूसरे स्थान पर तेज़ गति से पहुँचने लगे। इसके द्वारा व्यावसायिक पत्रकारिता का सूत्रपात हुआ। ब्रिटिश सरकार द्वारा किये गये बंगाल विभाजन का भारतीय पत्रकारों ने विरोध किया तथा जन-जागरण, अकाल, सरकारी दमन आदि के मामलों में पत्रकार अपना दायित्व जागरुकता से निभाते थे और जनता का पक्ष लेते थे। सन् 1908 में ब्रिटिश सरकार ने नया क़ानून बनाकर हिंसा भड़काने को भी गम्भीर मानकर समाचार-पत्रों को दण्डित किया जाने लगा। इसके अन्तर्गत ही प्रथम विश्वयुद्धकाल में सैकड़ों प्रेसों और प्रकाशकों को दण्ड दिया गया। यद्यपि पत्रों एवं पत्रकारों ने इसका विरोध किया तो सरकार को इस क़ानून की जाँच करने के लिए तेज़ बहादुर सप्रू की अध्यक्षता में एक समिति गठित करनी पड़ी। सप्रू समिति के कारण अधिनियम रद्द किया गया। यह निश्चित ही देश को साहसी और जुझारू पत्रकारों, पत्रों और प्रेस की विजय थी। अतः सरकार की गलतियों की आलोचना की जाने लगी। पत्रकार सरकार और रियासती शासकों के दमन का साहसपूर्वक विरोध करते थे और जनता के दुःख-दर्द को दूर करने में सहयोग करते थे।

सन् 1931 में प्रेस और स्वतन्त्रता का विरोध विलिंगटन वाइसराय बनकर आया, उसने कांग्रेस समिति को अवैध घोषित कर गाँधी जी को गिरफ़्तार कर लिया और प्रेस अधिनियम लागू कर दिया। देश के पत्रकारों और पत्रों ने स्वतन्त्रता आन्दोलन में खुलकर भागीदारी की। सरकारी नीतियों की आलोचना और जन आन्दोलन का समर्थन करने के कारण पत्रों पर कई प्रकार के प्रतिबन्ध और राष्ट्रीय नेताओं के साथ पत्रकारों पर भी दमन-चक्र आरम्भ कर दिया गया। अप्रैल 1932 में 'विदेश सम्बन्ध अधिनियम' लागू कर ब्रिटेन और उसके मित्र देशों के सम्बन्ध में विपरीत समाचार प्रकाशन को राजद्रोह घोषित कर पत्रों के विरुद्ध कठोर कार्यवाही की जाने लगी। समाचार-पत्रों की स्वतन्त्रता पर पुनः प्रहार हुआ और 13 जून 1857 ई. को प्रेस-सबन्धी एक क़ानून (गैगिंग ऐक्ट) बनाकर पत्रों की स्वीधीनता कुण्ठित कर दी गयी।

लॉड लिटन के शासनकाल में वर्नाक्यूलर ऐक्ट 1875 में पास हुआ, 14 मार्च को यह क़ानून बना और मद्रास के अलावा सभी प्रान्तों पर लागू हुआ। राष्ट्रीय नेताओं के साथ ही साथ उस समय के अनेक पत्रों ने खुलकर इस क़ानून का विरोध किया था।

नवजागरण काल में पत्रकारिता का उद्भव और विकास

नवजागरण का संचार-स्रोत भारतीय पत्रकारिता ही थी जिसने दिग्भ्रमित जनता को गन्तव्य पथ दिखलाकर एक राष्ट्रीय आवाज़ को जन्म दिया। पत्र-पत्रिकाओं में प्रदत्त ज्ञान के द्वारा भारतीयों ने एक अदम्य शक्ति का अनुभव किया। नवजागरण काल में पत्रकारिता के माध्यम से ही स्वाधीन भारत की पृष्ठभूमि निर्मित हुई। राष्ट्र में नवीन चेतना के प्रचार-प्रसार और उत्थान में पत्रकारिता ने अग्रणी भूमिका अदा की। राष्ट्रीय आन्दोलनों के संगठन, विकास में, प्रादेशिक

साहित्यों और नवीन संस्कृतियों की सृष्टि में पत्रकारिता में महत्त्वपूर्ण भूमिका निभायी। पत्रकारिता ने सशक्त जनमाध्यमों द्वारा जनभाषाओं में पुस्तकों, पत्र-पत्रिकाओं एवं अन्य ज्ञानात्मक अनूदित एवं मौलिक सामग्री के प्रकाशन से एक अभूतपूर्व जन-जागृति का सम्प्रेषण एवं विस्तार किया। विभिन्न देशों के साथ बन्धुत्व की स्थापना पत्रकारिता द्वारा ही सम्भव हो सकी।

प्रत्येक राष्ट्र की जीवनधारा में ज्वार-भाटे की तरह उत्थान-पतन-पुनरुत्थान का अनवरत क्रम चलता रहता है। विकट अन्धकार के पश्चात् आशा की किरण प्रस्फुटित होती है और मृत होते समाज में चमत्कारिक आत्मविश्वास चेतना उत्पन्न करती है।

नवजागरण काल में पत्रकारिता ने भारतीय लोक-मानस में नव-जागृति, अनुपम आत्म-गौरव एवं आत्मविश्वास के भाव उदित किये। भारतीय समाज में विभिन्न संस्कृतियों के सम्पर्क एवं समन्वय में नवचेतना का विकास कर एकसूत्र में पिरोया। आधुनिक हिन्दी पत्रकारिता का जन्म जनजागरण काल में ही हुआ। नवजागरण काल में सम्पूर्ण मानव-जाति की भौतिक-बौद्धिक समृद्धि, व्यक्तित्व की सुदृढ़ता तथा ज्ञान-सर्जना काल के समग्र पक्षों का विकास पत्रकारिता ने ही किया। इस संक्रान्ति काल में युग सर्जक की भूमिका भारतीय पत्रकारों ने निभायी। पत्रकारिता ने ही भारतीय समाज की विजातीय विषैले तत्त्वों और गुलामी की मजीरों से बाहर निकाला। उसने भारतीयों में वैज्ञानिक समझ विकसित की। इस काल में पत्र-पत्रिकाएँ परिमाण, गुणवत्ता तथा श्रेष्ठ प्रतिमाने की दृष्टि से अधिक समृद्ध हुई। उनमें राष्ट्रीय भाव तथा विद्रोही चरित्र उदित हुआ। तेजस्वी पत्रकारिता का स्वरूप उभरकर सामने आया।

जागरण कालीन पत्र-पत्रिकाओं में अतीत की ज्ञान-सम्पदा और गौरवमयी सांस्कृतिक विरासत के प्रति गहरा लगाव प्रतीत होता है। ये भारत की भौतिक प्रगति के लिए आधुनिक आविष्कृत मशीनों के प्रयोग और विस्तृत ज्ञानात्मक साहित्य तथा यान्त्रिक प्रगति का महत्त्व निरूपित करती हैं। उसने भारतीय स्वस्थ मूल्यों और श्रेष्ठ मान्यताओं को नकारकर पश्चिमीकरण की आधुनिकता का कभी अन्धानुकरण नहीं किया। पश्चिम से केवल वे ही तत्त्व ग्रहण किये जिनसे भारत को आधुनिक रूप देने और उसकी प्रगति की दौड़ में सहायता मिल सकती थी तत्कालीन पत्रों ने राष्ट्रीय उन्नति के लिए साहित्य के साथ-साथ स्वदेशी व्यवसाय, शिल्प, कला, शिक्षा एवं कृषि पर भी बल दिया।

सन् 1826 से 1857 तक के काल में अनेक पत्र प्रकाशित हुए। इनमें प्रमुख थे- बनारस अख़बार (काशी, 1845), मार्तण्ड (कलकत्ता, 1846), जगदीश भस्कर (कलकत्ता, 1848) मालवा अख़बार (इन्दौर, 1848), सुधाकर (बनारस, 1850), बुद्धिप्रकाश (आगरा, 1852), ग्वालियर गज़ट (ग्वालियर, 1856) आदि।

'पयामे आज़ादी' की क्रान्तिकारी भूमिका— इस दौर में जो प्रमुख पत्र प्रकाशित हुआ वह था पयामे आज़ादी। स्वातन्त्र्य आन्दोलन के नेता अजीमुल्ला ख़ाँ ने 8 फरवरी, सन् 1857 को दिल्ली से 'पयामे आज़ादी' का प्रकाशन किया। पहले यह पत्र हिन्दी-उर्दू में निकालता था किन्तु शीघ्र ही हिन्दी में निकलने लगा। इसका एक संस्करण झाँसी से मराठी में निकालने का विचार था। यह एक ऐसा शोला था जिसने अपनी प्रखर एवं तेजस्वी वाणी से जनता में स्वतन्त्रता का प्रदीप्त स्वर फूँका। अल्प समय तक निकलनेवाले इस पत्र ने तत्कालीन वातावरण में ऐसी

जलन पैदा कर दी जिससे ब्रिटिश सरकार घबरा उठी तथा उसने इस पत्र को बन्द कराने के लिए कोई कसर नहीं छोड़ी। जिस व्यक्ति के पास भी इस पत्र की कोई प्रति मिल जाती तो अनेक यातनाएँ दी जातीं। इसकी सारी प्रतियों को ज़ब्त करने का विशेष अभियान तत्कालीन सरकार ने चलाया लेकिन फिर भी इस पत्र ने जन-जागृति के क्षेत्र में सराहनीय योगदान किया। स्वतन्त्रता का शंखनाद करनेवाले इस पत्र ने तत्कालीन स्थितियों पर खुलकर लिखा तथा सरकार की नीतियों की निर्भीक आलोचना की। 8 अप्रैल, सन् 1857 को युवा क्रान्तिकारी मंगल पाण्डे को फाँसी लगा दी गयी। फलस्वरूप सशक्त जन-आन्दोलन ब्रिटिश सरकार के विरुद्ध उठ खड़ा हुआ।

'पयामे आज़ादी' के बाद अनेक पत्र-पत्रिकाएँ प्रकाश में आयीं। इनमें प्रमुख हैं-प्रजाहितैषी (आगरा, 1861), ज्ञानप्रदायिनी पत्रिका (लाहौर, 1866), अल्मोड़ा अख़बार (अल्मोड़ा, 1871) बिहारी बन्धु तथा हिन्दी दीप्ति प्रकाशन (कलकत्ता, 1872), सदादर्श (दिल्ली, 1874), आर्यमित्र (काशी, 1878), भारतमित्र (कलकत्ता, 1878), हिन्दी प्रदीप (प्रयाग, 1878), आर्य दर्पण (शाहजहाँपुर, 1878), मित्र विलास (लाहौर, 1878), सारसुधानिधि (1879), उचित वक्ता (कलकत्ता, 1880), सज्जन कीर्ति सुधाकर (उदयपुर, 1879-80) आदि।

भारतेन्दुयुगीन पत्रकारिता—सन् 1877 ई. से हिन्दी पत्रकारिता का दूसरा दौर आरम्भ हुआ। इस युग को हिन्दी साहित्य में भारतेन्दु-युग के नाम से जाना जाता है। यह युग हिन्दी गद्य निर्माण का युग भी माना जाता है। हिन्दी की अनेक पत्रिकाओं का प्रकाशन इसी युग में हुआ। तत्कालीन भारतीय समाज में व्याप्त रूढ़िवादिता, अन्धविश्वास, शासकों की ख़ुशामद और अपनी सभ्यता के प्रति हीनभावना-जैसी बुराइयों पर कुठाराघात करते हुए हिन्दी पत्रकारों की निर्भीक लेखन-शैली विकसित हुई। इस युग की पत्रकारिता राष्ट्रीय चेतना के विकास और उत्थान का सशक्त माध्यम थी। इस युग के पत्रों में पहली बार सरकारी अनौचित्य की आलोचना दिखायी पड़ी और युग के पत्रों ने पहली बार उग्र राष्ट्रीयता का पक्ष-समर्थन किया। व्यावसायिक विषयों की विज्ञप्तियाँ भी छपने लगीं, देशी-विदेशी समाचारों के साथ विभिन्न विषयों पर लम्बे-लम्बे लेख छपने लगे और लोकरुचि के परिष्कार का भी कार्य इसी युग के पत्रों ने किया। हिन्दी पत्रकारिता ने विदेशी शासन की कूटनीति के मनसूबों को ध्वस्त कर जनमानस में एक अभूतपूर्व जागृति उत्पन्न की। पत्रकारिता ने बौद्धिक-सांस्कृतिक, सामाजिक आन्दोलन, वैज्ञानिक प्रगति, ज्ञान एवं चिन्ता की परिधि को एक विस्मयकारी विस्तृत आयाम दिया। इस युग के प्रमुख पत्र इस प्रकार है—भारनेन्दु हरिश्चन्द्र 'कविवचन सुधा' (काशी, 1867), हरिश्चन्द्र मैगज़ीन (काशी, 1874), श्री हरिश्चन्द्र 'चन्द्रिका' (1874), 'बालाबोधिनी' 'स्त्री जन की' (1874), बालकृष्ण भट्टः 'हिन्दी प्रदीप' (प्रयाग, 1878), दुर्गाप्रसाद मिश्रः 'उचितवक्ता' (7 अगस्त, 1858), सन् 1877 में भारतवर्ष की राजधानी कलकत्ता नगर से पण्डित दुर्गाप्रसाद मिश्र, पं. छोटूलाल मिश्र, पण्डित सदानन्द मिश्र तथा बाबू जगन्नाथ खन्ना के उद्योग से 'भारतमित्र कमेटी' बनी जिसके द्वारा 'भारतमित्र' पत्र निकाला गया : 'भारतमित्र' (कलकत्ता, 17 मई 1878), पं. सदानन्द मिश्रः 'सारसुधा निधि' (कलकत्ता, 1878), बदरीनारायण चौधरी 'प्रेमघन' :'आनन्द कादम्बनी' (मिर्जापुर, 1881), देवकीनन्दन त्रिपाठी : प्रयाग समाचार (1882), देवकी-नन्दन खत्री : 'देवनागरी प्रचारक' (1882), प्रतापनारायण मिश्र : 'ब्राह्मण' (कानपुर, 1883), राजाराम पाल सिंह : हिन्दुस्तान 'कालाकाँकर, (1883), अम्बिकादत्त व्यास : 'पीयूष प्रवाह'

(1884), बाबू रामकृष्ण वर्मा : 'भारतजीवन' (1884), पं. रामगुलाम अवस्थी : 'शुभचिन्तक' (1888), पं. कुन्दनलाल : 'कवि व चित्रकार' (1891), योगेशचन्द्र बसु : 'हिन्दी बंगवासी' (कलकत्ता, 1890), देवकीनन्दन खत्री एवं बाबू जगन्नाथदास : 'साहित्य सुधानिधि' (1894), नागरी प्रचारिणी पत्रिका (1895) आदि।

तिलकयुगीन पत्रकारिता - 1905 से 1918 तक की भारतीय राजनीति का नेतृत्व लोकमान्य बाल गंगाधर तिलक के हाथों में था। इस अवधि को इतिहासकारों ने भारतीय स्वातन्त्र्य-संग्राम का तिलक युग कहा गया है। वे इस युग के सच्चे प्रतीक बाल गंगाधर तिलक थे जिन्होंने बड़े तेजस्वी स्वर में घोषणा की थी कि 'स्वराज्य हमारा जन्मसिद्ध अधिकार है' और पूरे देश में पूर्ण स्वराज्य की भूख उत्पन्न की थी, जिसके चलते अंग्रेज़ों की सत्ता भी लोगों को असह्य हो गयी। लोकमान्य तिलक के सक्रिय सहयोगियों में विपिनचन्द्र पाल, अरविन्द घोष और लाला लाजपतराय थे। उनके अनुगामियों में नयी पीढ़ी के वे सभी नवयुवक थे जिन्होंने परवर्ती राजनीतिक परिवेश को नयी दिशा दी, नेतृत्व दिया और कालान्तर में स्वातन्त्र्य-संग्राम के प्रमुख सेनानी बने। तिलक के पास लेखनी का बहुत बड़ा बल था। उनमें सभी वर्गों के लोगों के अपने निर्देशन द्वारा संगठित करने की अपार क्षमता थी। तिलक युग में उग्र राष्ट्रीयता की एक हिंसापरक राजनीतिक धारा का विकास हुआ। जिसने आतंकवादी आन्दोलन के रूप में कार्य किया। वे एक तेजस्वी पत्रकार थे। इस युग में प्रकाशित पत्रों ने खुलकर पूरी शक्ती के साथ स्वतन्त्रता संग्राम में क्रान्ति और वग़ावत की। देश की युवा पीढ़ी तिलक के साथ पूर्ण स्वराज के आन्दोलन में पूर्णतः समर्पित हो गयी। देशवासियों में राष्ट्र प्रेम और कर्त्तव्यनिष्ठा की भावनाओं को विकासित एवं जागृत करने का कार्य तत्कालीन पत्रों ने किया। स्वाधीनता आन्दोलन में तिलक की सक्रियता ने सम्पूर्ण वतावरण में जोश, उमंग और उत्साह का नवीन संचार किया। यह युग 'हिंसा और आतंक' का युग था। इस युग में प्रकाशित होनेवाले प्रमुख पत्र थे-अंग्रेज़ी 'मराठा' 2 जनवरी, सन् 1881 को तथा अंग्रेज़ी व मराठी में 'केसरी' 3 जनवरी, सन् 1881 को पूना से प्रकाशित किये गये। देव नागर (कलकत्ता, 1907), नृसिंह (कलकत्ता, 1907), विश्वमित्र (कलकत्ता, 1916), स्वदेश (गोरखपुर, 1919) आदि। इन पत्र-पत्रिकाओं ने स्वतन्त्रता का शंखनाद किया। ब्रिटिश शासन के ख़िलाफ़ आवाज़ उठानेवाले तथा प्रेस-स्वतन्त्रता को कुचलने के ब्रिटिश प्रयासों की कड़ी निन्दा करनेवाले पत्रों के सम्पादकों-प्रकाशकों को अनेक यातनाएँ दी जातीं, उन पर भारी ज़ुर्माने किये जाते तथा पत्रों के प्रकाशन बन्द करने के लिए बाध्य किया जाता।

गाँधी युग-सन् 1920 के बाद भारतीय राजनीति में फिर एक परिवर्तन दिखायी देने लगा। राजनीति की बागडोर अब 'अहिंसा के पुजारी' गाँधी जी के हाथों में आ गयी थी। गाँधी जी ने 4 जून, सन् 1903 को चार भाषाओं में 'इण्डियन ओपिनियन' साप्ताहिक पत्र का प्रकाशन शुरू किया, जिसके एक ही अंक में हिन्दी, अंग्रेज़ी, गुजराती और तमिल भाषा में छह कॉलम प्रकाशित होते थे। इस पत्र के सम्पादकों के रूप में मनसुख लाल नागर और मदनजीत के नाम प्रकाशित होते थे। ये सम्पादक नाममात्र के लिए ही थे। इसके सम्पादकीय आदि का दायित्व गाँधी जी पर ही था। कुछ समृद्ध गुजरातियों के सहयोग से प्रकाशित होनेवाले साप्ताहिक समाचार-पत्र 'यंग इण्डिया' का सम्पादन भार गाँधी जी ने ग्रहण करना स्वीकार कर लिया। शीघ्र ही इसका गुजराती संस्करण नवजीवन (जुलाई, सन् 1919 में) भी प्रकाशित होना प्रारम्भ हो गया। बाद

में गाँधी जी ने इसका हिन्दी नवजीवन भी प्रारम्भ किया। सन् 1922 में गाँधी जी पर कुछ सम्पादकीय लेखों के कारण मुक़दमा चलाया गया तथा छह माह के कारावास का दण्ड दिया गया। गाँधी जी की गिरफ़्तारी के कारण इन पत्रों की लोकप्रियता पर प्रतिकूल प्रभाव पड़ा। 3 अप्रैल, सन् 1924 से इन पत्रों का पुनः प्रकाशन गाँधी जी ने शुरू किया।

कालान्तर में गाँधी जी ने अछूतोद्धार तथा अस्पृश्यता विरोधी भावना के कारण 'यंग इण्डिया', 'नवजीवन' और 'हिन्दी नवजीवन' पत्रों के नाम **'हरिजन'** रख दिये। गाँधी जी इन पत्रों के माध्यम से एक सजग पत्रकार के रूप में भारतीय जनमानस पर छा गये। इन पत्रों के द्वारा उन्होंने अपने विचारों को जनसमाज तक पहुँचाने का भरसक प्रयास किया था। गाँधी जी के व्यक्तित्व ने जनता पर जादू-सा कर दिया था और उनकी एक आवाज़ पर देश के कर्मठ और स्वतन्त्रता-प्रेमी लोग मर-मिटने को तैयार हो गये। सामाजिक कुरीतियों और दूषित परम्पराओं के ख़िलाफ़ जहाँ गाँधी जी ने पत्रकारिता के माध्यम से आवाज़ उठायी वहीं भारतमाता की परतन्त्रता की बेड़ियों को तोड़ने के लिए देश में चल रहे आन्दोलन को नेतृत्व दिया तथा सत्याग्रह, असहयोग और भारत छोड़ो आन्दोलन को सक्रियता भी प्रदान की।

इस युग के कुछ प्रमुख पत्र थे-राष्ट्रभक्त बाबू शिवप्रसाद गुप्त : 'आज' (बनारस, सन् 1920), श्री अम्बिकाप्रसाद वाजपेयी : 'स्वतन्त्र' (कलकत्ता, 1920), 'कर्मवीर' (जबलपुर, खण्डवा, 1920), 'सैनिक' (आगरा, 1925), 'महारथी' (दिल्ली, 1925), 'संघर्ष' (1935), 'विप्लव' (लखनऊ, 1938), 'नवजीवन' (1939), 'प्रजामण्डल पत्रिका' (इन्दौर, 1940), 'जीवन' (ग्वालियर, 1940), 'संसार' (काशी, 1947) आदि। इन पत्रों ने स्वतन्त्रता-आन्दोलन के अन्तिम चरण में अपनी भूमिका का दायित्वपूर्ण निर्वाह किया। पत्र सम्पादकों-प्रकाशकों को जेल-यात्रा से लेकर अन्य ख़तरों और संकटों का सदा भय बना रहता किन्तु इन सबके बावजूद वे अपने कर्त्तव्य पथ से किंचित् भी विचलित नहीं हुए।

श्री अम्बिकाप्रसाद बाजपेयी ने 4 अगस्त, सन् 1920 को कलकत्ता से 'स्वतन्त्र' नामक पत्र का प्रकाशन प्रारम्भ किया जो गाँधी युग का अन्य तेजस्वी पत्र था। गाँधी जी के व्याख्यानों और भाषणों को इसमें प्रमुखता से छापा जाता था। राजनैतिक, व्यापारिक तथा साहित्यिक पत्रकारिता का व्यापक स्वरूप इसमें अत्यन्त प्रखरता के साथ उभरकर आया। 4 अगस्त, 1920 को ही काशी से दैनिक 'आज' का भी प्रकाशन हुआ। इसका सम्पादन कार्य श्री बाबू रावविष्णु पराड़कर करते थे। इलाहाबाद का 'अभ्युदय' प्रमुख हिन्दी पत्र था और अंग्रेज़ी का 'लीडर' तो प्रान्त का सबसे बड़ा पत्र माना जाता था। श्री सुन्दरलाल ने देश के नये तेवर को देखकर सन् 1919 में 'भविष्य' नाम से एक साप्ताहिक पत्र निकाला। उन्होंने इसका दैनिक सन् 1920 में निकाला।

दिल्ली की राष्ट्रीय दैनिक पत्रकारिता का श्रीगणेश सन् 1919 में दैनिक 'विजय' के प्रकाशन से माना जाता है। साप्ताहिक 'विजय' सन् 1913 में श्री हरिश्चन्द्र विद्यालंकार और श्री बलभद्र विद्यालंकार के सम्पादन में निकला था।

श्री माधवराव सप्रे ने श्री विष्णुदत्त शुक्ल और ठाकुर छेदीलाल सिंह के सहयोग से 'राष्ट्रसेवा लिमिटेड' नामक एक कम्पनी की स्थापना की और 17 जनवरी, 1920 से जबलपुर से साप्ताहिक 'कर्मवीर' का प्रकाशन प्रारम्भ कर दिया।

सन् 1916 में 'मतवाला' का प्रकाशन श्री महादेवप्रसाद सेठ ने किया। इस पत्र का आदर्श वाक्य इस प्रकार था-

'अमिय-गरल, शशि-शीकर, रवि-कर, राग-विराग भरा प्याला,
पीते हैं जो साधक उनका प्यारा है यह मतवाला।'

गाँधी-युग में राजनैतिक पत्रकारिता, साहित्यिक पत्रकारिता से स्पष्ट रूप से पृथक् हुई। अनेक साहित्यिक पत्रों का प्रारम्भ इस युग में हुआ। मतवाला, सुधा, चाँद, माधुरी, हंस, विशाल भारत आदि पत्रों ने इस युग की साहित्यिक चेतना को तो रेखांकित किया ही, साथ ही राजनैतिक परिवेश को भी अभिव्यक्ति प्रदान की। मार्च, 1930 को मुन्शी प्रेमचन्द ने हंस का प्रकाशन किया। 'हंस' भी गाँधी जी के विचारों से प्रभावित था। सन् 1920 में जबलपुर से 'कर्मवीर' साप्ताहिक का प्रकाशन हुआ। यह पत्र पं. माखनलाल चतुर्वेदी का था। माधवराव सप्रे तथा छेदीलाल ठाकुर इसके सम्पादक थे। श्री गणेशशंकर विद्यार्थी के शिष्य श्री कृष्णदत्त पालीवाल ने आगरा से सैनिक साप्ताहिक प्रकाशित किया। सन् 1925 में यह दैनिक हो गया। इस पत्र ने साहस, शौर्य और पराक्रम एवं सूझ-बूझ का परिचय दिया। उत्तर प्रदेश के जनजीवन को स्वाधीनता-आन्दोलन के प्रति सजग और प्रेरित करने में इस पत्र की उल्लेखनीय भूमिका रही। अक्टूबर, सन् 1938 को लखनऊ से प्रकाशित इस पत्र का प्रकाशन, ब्रिटिश सरकार द्वारा अधिक जमानत माँगे जाने के कारण जून, सन् 1940 में स्थगित कर दिया गया था। इसके बाद 'विप्लव ट्रेक्टो' के नाम से इसका प्रकाशन शुरू किया गया किन्तु सरकार ने जून, सन् 1941 में इस पर भी प्रतिबन्ध लगा दिया। सन् 1936 में नयी दिल्ली से दैनिक हिन्दुस्तान का प्रकाशन शुरू हुआ। इस दैनिक ने भी स्वतन्त्रता आन्दोलन की मशाल को जलाये रखा।

'पयामे आज़ादी' (1857), 'कविवचन सुधा' (1867), 'हरिश्चन्द्र मैगज़ीन' (1873), 'बाल बोधिनी पत्रिका' (1878), 'हिन्दी प्रदीप' (1877), 'भारतमित्र' (1878), 'सारसुधानिधि' (1879), 'उचितवक्ता' (1880), 'भारत जीवन' (1884) आदि पत्र प्रकाशित हुए, जिनके द्वारा 'तोड़ो गुलामी की जंजीरें', 'बरसाओ अंगारा' और 'सत्वनिज भारत गहे' का नारा बुलन्द किया गया। राष्ट्रीय चेतना के उद्‌बोधन एवं समाज के दिग्दर्शन हेतु हिन्दी पत्रकारिता का उद्‌भव हुआ। ब्रह्मसमाज, प्रार्थनासमाज, आर्य समाज, रामकृष्ण मिशन, आदि संस्थाओं ने पत्र-पत्रिकाओं के द्वारा 'कोउ नृप होंहि हमें का हानी' की रट लगानेवाले सुषुप्त अलसाये जन-मानस को चैतन्य किया। नूतन ज्ञान-विज्ञान से उद्‌दीपन कर पत्रों और पत्रकारों ने पराधीन भारतवासियों को स्वतन्त्रता-प्राप्ति के लिए आहूत किया। अतः सन् 1826 से 1884 ई. की अवधि में प्रकाशित पत्रों की आह्वानमयी प्रवृत्ति का आकलन कर इसे उद्‌बोधन काल के नाम से पुकारना उपयुक्त होगा क्योंकि पत्रकारों का स्पष्ट मत था कि दासतारूपी राष्ट्र रोग की ओषधि जनता की महाशक्ति का उद्‌बोधन है।

नवजागरण काल ने पत्रकारिता के चरित्र और सोच को नयी दृष्टि, आदर्श और गरिमा प्रदान कर उन्हें स्वाभिमानयुक्त जी ने की राह की और अग्रसर किया। फलतः पत्र-पत्रिकाओं में नयी जिजीविषा, अप्रतिहत कर्त्तव्यनिष्ठा, साहसिकता और स्वाधीनता का स्फुरण हुआ। स्वावलम्बन और स्वाभिमान के साथ सिर उठाकर जीना, और स्वाधीनता के लिए जूझना इनका मक़सद बन गया। उनमें राष्ट्राभिमान और संघर्ष में हटकर मुक़ाबला करने की दृढ़ता दिखायी

पड़ी। नव-राष्ट्रवादी चेतना ने पत्रकारिता को उज्ज्वल चरित्र की गरिमा प्रदान कर उत्कृष्ट बना दिया फलतः पत्रकारों ने अपने उच्च सिद्धान्तों से विचलित होकर कभी ग़लत समझौता नहीं किया और स्वाधीनता की लड़ाई में बड़ी ही तत्परता और निष्ठा के साथ लगे रहे। तत्कालीन पत्र-पत्रिकाओं ने पुरातन धारणा का विरोध कर पराधीन भारतीय प्रजा को प्रजातान्त्रिक पद्धति और मानवतावाद का पाठ सिखाया।

स्वातन्त्र्योत्तर काल में पत्रकारिता (1947 से अब तक)

15 अगस्त, 1947 में स्वतन्त्रता-प्राप्ति के पश्चात् भारत में पत्रकारिता के नवीन विविध आयामों का आगाज़ हुआ। स्वतन्त्र राष्ट्र के नागरिकों को सूचनाएँ प्राप्त करने का नैतिक अधिकार प्राप्त हो गया। समाज को उचित दिशा-निर्देश देने एवं सरकारी नीतियों का विश्लेषण व प्रसारण करना पत्रकारिता का दायित्व बन गया था। सर्वधर्मसद्भाव एवं सौहार्द की भावना एवं वसुधैव कुटुम्बकम् की भावना नागरिकों में पल्लवित करने का कार्य पत्रकारिता ने ही किया उस समय पत्रकारिता का पावन लक्ष्य राष्ट्र के कोने-कोने में जागरण, नवस्फूर्ति और नवनिर्माण का मन्त्र फूँकना था। इसके साथ ही समाज में मानव-मूल्यों की स्थापना करके जनजीवन को विकासोन्मुख बनाना था। आधुनिक पत्रकारिता सूचना देनेवाली एक ऐसी व्यवस्था के रूप में हुई जिसका क्षेत्र अत्यन्त व्यापक था। अब पत्रकारिता राजनैतिक, प्रशासनिक, आर्थिक जगत् से निकलकर विज्ञान, चिकित्सा, संस्कृति एवं सभ्यता, उद्योग, कृषि, खेल, फ़िल्म, फ़ैशन जगत् तक पहुँच चुकी थी। वर्तमान समय की विकसित मुद्रण प्रणाली एवं समाचार संग्रह के वैज्ञानिक संसाधनों ने पत्रकारिता के लिए प्रशिक्षण को अपरिहार्य बना दिया। नवीनतम आविष्कारों के चलते संवाद प्रेषण, मुद्रण एवं पत्र प्रसारण में क्रान्तिकारी परिवर्तन हुए विश्व में बेतार के तार की सेवाओं का जाल-सा बिछ गया। फलस्वरूप इलेक्ट्रॉनिक पत्रकारिता का जन्म हुआ। इलेक्ट्रॉनिक पत्रकारिता ने लोगों को सूचना देने के साथ-साथ उनकी रुचियों, प्राथमिकताओं और अभिवृत्तियों को प्रभावित किया। स्वातन्त्र्योत्तर काल में समाचार-पत्रों ने अभूतपूर्व प्रगति की। आधुनिक मुद्रण-प्रविधि, समसामयिक समस्याओं पर आलेख, फ़ीचर, रंगीन साप्ताहिक संस्करण आदि के साथ-साथ रंगीन छायाचित्रों, रेखाचित्रों/ग्राफिक्सों, व्यंग्यचित्रों और चित्रकथाओं आदि का प्रयोग कर पत्रकारिता को नयी दिशा और दशा प्रदान की। साक्षरता-दर में वृद्धि में, लोगों की क्रयशक्ति में बढ़ोत्तरी, नयी और उन्नत मुद्रण-प्रविधि के प्रयोग, परिवहन और टेलीप्रिण्टर लाइनों के जंजाल में वृद्धि तथा लोगों में समाचारों के प्रति बढ़ती लालायिकता ने पत्रकारिता को विकास की नयी ऊँचाइयों पर पहुँचाया।

स्वतन्त्रता-प्राप्ति के पश्चात् भारत में अंग्रेज़ी प्रेस को आधुनिकता के परिप्रेक्ष्य में तत्कालीन आवश्यकता के अनुरूप ढाला गया। इस नवगठित लोकतान्त्रिक देश में लोगों को प्रशासनिक, क़ानूनी एवं सरकारी विभागों की कार्यप्रणाली से परिचित करने के लिए प्रेस को नयी ज़िम्मेदारियाँ सौपीं गयी। अंग्रेज़ी प्रेस को हिन्दुस्तान एवं पाकिस्तान के बँटवारे के पश्चात् साम्प्रदायिक सद्भाव को बरक़रार रखने का महत्त्वपूर्ण कार्य करना पड़ा। इन्दिरा गाँधी द्वारा 1975 में लगाये गये आपातकाल के दौरान प्रेस को कई पाबन्दियों एवं कठिनाईयों का सामना करना पड़ा। अंग्रेज़ी के मुखर पत्रकारों को लाल फीताशाही का शिकार होना पड़ा। इसी बीच तमिलनाडु की विधान सभा ने हिन्दू अख़बार के संयुक्त सम्पादक को दण्डित करते हुए उनकी

गिरफ्तारी के आदेश जारी किये थे। द्वितीय प्रेस आयोग ने भी इसके बारे में अपनी रिपोर्ट में विस्तार से चर्चा की है। सरकार प्रेस को अपने नियन्त्रण करे या प्रेस खुद अपनी आचार संहिता द्वारा स्वयं को चलाये इस प्रश्न पर एक लम्बे समय से खींचातानी चली आ रही है।

पंचवर्षीय योजनाओं के कार्यान्वयन में सूचना-माध्यमों का उपयोग बढ़ गया। विविध कार्यों के सम्पादन हेतु जन-माध्यम अभिप्रेरक के रूप में कार्यरत हुए। राष्ट्र के नव-निर्माण में पत्रकारिता की भूमिका महत्त्वपूर्ण सिद्ध हुई।

पत्रकारिता समय और समाज का यथार्थ प्रतिबिम्ब होती है। समाज से प्रेरित होकर पत्रकार समाज की वस्तु-स्थिति, उसमें व्याप्त असंगति और विषमताओं की यथार्थ चर्चा करता है। स्वातन्त्र्योत्तर भारत के पत्रकारों ने उन कारकों की खोज की जिनसे समाज आन्दोलित हुआ। विभिन्न समास्याओं के निदान, समाधान की चेष्टा द्वारा हिन्दी पत्रों ने रचनात्मक भूमिका निभायी। स्वतन्त्रता प्राप्ति के पश्चात् राष्ट्र में नयी चेतना आयी। सामाजिक, राजनैतिक, धार्मिक, जगत् ने अँगड़ाई ली। सुषुप्त कुण्ठित चेतनाएँ जागरित हुईं जिसने नव-निर्माण हेतु संघर्षरत होने की प्रेरण दी। हिन्दी पत्रों ने भारतवासियों के मन में स्वाभिमान, आत्मरक्षा का भाव, अस्तित्व के लिए उद्बोधन और बौद्धिक क्षमता के सम्यक् विकास का भाव भरा। समानता, स्वतन्त्रता, भ्रातृत्व, सर्वोदय, सर्वधर्मसमभाव की नींव पर आदर्श राष्ट्र को गढ़ने में पत्रकारिता की अहम् भूमिका थी। भारतीय जनमानस में नवान्मेष, नवजाग्रति और नवनिर्माण के भाव भरकर राष्ट्र के समग्र विकास के लिए समर्पित हिन्दी पत्रों ने संजीवनी बूटी का कार्य किया। नवोदित देश के लिए पत्रकारिता प्राणधारा बन गयी।

ताज़े समाचार और सामयिक सन्दर्भों से सम्बद्ध दैनिक पत्र होते हैं। स्वाधीनता के पश्चात् दैनिक पत्रों के प्रकाशन एवं प्रसार संख्या में वृद्धि हुई। नवनिर्माण काल के कुछ श्रेष्ठ दैनिकों में 'नवभारत टाइम्स' (नयी दिल्ली, 47), 'नयी दुनिया' (इन्दौर, 1947), 'प्रदीप' (पटना, 1947), 'नव प्रभात' (ग्वालियर, 1948), 'युगधर्म' (नागपुर, 1951), 'स्वतन्त्र भारत' (लखनऊ, 1947) 'जागरण' (कानपुर, 1947), 'अमर उजाला' (आगरा, 1948), 'सन्मार्ग' (कलकत्ता, 1948), 'नवजीवन' (लखनऊ 1947), 'वीर प्रताप' (जालन्धर), 'वीर अर्जुन' (दिल्ली, 1954), 'पंजाब केसरी' (जालन्धर, 1964), 'राष्ट्रदूत' (जयपुर, 1951), 'राजस्थान पत्रिका' (जयपुर, 1956), 'देशबन्धु' (भोपाल, जबलपुर, रायपुर, 1956), 'आज' (वाराणसी), 'गाण्डीव' (वाराणसी), 'हिन्दुस्तान' (दिल्ली), 'स्वदेश' (इन्दौर, ग्वालियर, 1966), 'भास्कर' (ग्वालियर, 1958), 'नवीन दुनिया' (जबलपुर, 1956), 'दैनिक ट्रिब्यून' 'जलते द्वीप' (दैनिक नवज्योति) आदि सैकड़ों हिन्दी पत्र प्रकाशिक हुए जिनके द्वारा नवयुग की चेतना के निर्माण में महत्त्वपूर्ण भूमिका निभायी गयी। जीवन के ज्वलन्त प्रश्नों की गवेषणा द्वारा पत्रोंने मानव-कल्याण का प्रयास किया।

'धर्मयुग' (1950) 'साप्ताहिक हिन्दुस्तान' (1950), 'ब्लिट्ज'(1962) और 'दिनमान' (1965) साप्ताहिक पत्रों के अतिरिक्त हज़ारों पाक्षिक और मासिक पत्रों ने सन् 1948 से 1947 के मध्य भारत में साहित्य, राजनीति, शिक्षा, वाणिज्य, कृषि, विज्ञान, तकनीक, चिकित्सा, खेल, फ़िल्म, संस्कृति, धर्म के विविध पहलुओं पर प्रकाश डाला। स्वतन्त्रता संग्राम के योद्धा पत्रकारों ने स्वातन्त्र्योत्तर भारत के स्वर्णिम निर्माण हेतु पृष्ठभूमि पहले ही तैयार कर रखी थी जिसमें नवीन पत्रकारिता में नव उल्लास, उमंग, उत्साह, राष्ट्रोत्थान की भावना परिणत की। इस काल को हिन्दी पत्रकारिता का स्वर्णकाल कहा जाता है।

पत्र-पत्रिकाएँ सामाजिक, सांस्कृतिक, आर्थिक चेतना की दैनन्दिनी होती हैं। स्वातन्त्र्योत्तर हिन्दी पत्रकारिता ने मानव-मन में स्वाभिमान का भाव भरा, जन-जागरण का सन्देश प्रसारित किया तथा सुधार, परिष्कार, विकास का कार्य किया। समानता, स्वतन्त्रता और भाई-चारे की नींव पर नये भारत के नव-निर्माण की दिशा में पत्र-पत्रिकाओं ने उल्लेख्य भूमिका निभायी। साहित्यिक, सांस्कृतिक अभिरुचि के विकास के साथ ही आर्थिक वैज्ञानिक उन्नति के लिए भारत के पत्रों ने जिस समर्पित भावना से चतुर्दिक् सुधार-सम्बन्धी कार्यों को सम्पादित किया, वह अविस्मरणीय है।

पत्रकारिता के उद्देश्य

पत्रकारिता मानव अभिव्यक्ति का सशक्त माध्यम है। पत्रकारिता समाज को जागरूक एवं शिक्षित करती है। सूचनाओं का प्रचार-प्रसार करना पत्रकारिता का मुख्य उद्देश्य है। 'सत्यं, शिवं, सुन्दरमं' को चरितार्थ करना पत्रकारिता का परम उद्देश्य है। पत्रकारिता सूचनाओं का एक ऐसा तन्त्र है जो ख़बरों को संकलित करने, सम्पादित करने एवं प्रदर्शित करने का कार्य करता है। पत्रकारिता समाज के विभिन्न पहलुओं पर गहराई से चिन्तन कर उसकी चित्तवृत्तियों और अनुभूतियों को जनता के समझ प्रस्तुत करती है। पत्रकारिता का मूल उद्देश्य जनता का सही मार्ग दर्शन करना है। अपनी बहुमुखी प्रवृत्तियों के माध्यम से पत्रकारिता अग्रदूत बनकर जनकल्याण और विश्व-बन्धुत्व की भावना को विकसित एवं मुखरित करती है। पत्रकारिता का मुख्य उद्देश्य निम्नलिखित हैं–

1. सूचना देना।
2. मनोरंजन करना।
3. जनमत तैयार करना।
4. सामाजिक विकृतियों को दूर करना।
5. जन-जीवन का नियामक।
6. समाजिक मूल्य स्थापित करना।
7. सर्जनात्मकता पैदा करना।
8. दिशा-निर्देश देना।
9. लोक-चेतना पैदा करना।

पत्रकारिता का मूल उद्देश्य सूचना देना, शिक्षित करना तथा मनोरंजन करना है। इन तीन उद्देश्यों में सम्पूर्ण पत्रकारिता का सारतत्त्व समाहित किया जा सकता है। अपनी बहुमुखी प्रवृत्तियों के कारण पत्रकारिता व्यक्ति और समाज के जीवन को गहराई तक प्रभावित करती है। पत्रकारिता देश की जनता की चित्तवृत्तियों, अनुभूतियों और आत्म से साक्षात्कार करती हुई मानवमात्र को जीने की कला सिखाती है। सत्य की खोज में रत रहते हुए समाज में उदात्त मूल्यों की स्थापना की दिशा में पत्रकारिता की भूमिका विशेष उल्लेखनीय है। इसका मूल लक्ष्य ही अन्याय का उद्घाटन, दोषों का परिहार, असहाय और पीड़ितों की रक्षा एवं सहयोग तथा जनता का पथ प्रदर्शन करना है। तत्कालिक में शाश्वत, सामयिक में चिरन्तन तथा अनित्य में नित्य की खोज की महान् साथना में रत पत्रकारिता सामाजिक, सांस्कृतिक एवं राजनीतिक चेतना

की अग्रदूत बनकर जनकल्याण और विश्वबन्धुत्व एवं भ्रातृत्व की भावना को विकसित करने का सशक्त माध्यम है। प्राचीन जीवन की व्याख्या एवं विश्लेषण हम अपने साहित्य एवं इतिहास में पाते हैं किन्तु वर्तमान जीवन की सुन्दरता एवं कुरूपता का कटु यथार्थ हम सामयिक पत्रों में ही देख सकते हैं। पत्रकारिता के प्रमुख उद्देश्यों की चर्चा यहाँ की जा रही है-

1. सूचना देना : पत्रकारिता जन-जन को विश्व रंगमंच पर घटित होनेवाली घटनाओं की जानकारी कराती है। इसके माध्यम से जनता को सरकार की नीतियों तथा गतिविधियों के बारे में जानकारी मिलती रहती है। एक प्रकार से यह जनहितों की संरक्षिका है।

2. शिक्षित करना : सूचना के अतिरिक्त पत्रकारिता का प्रमुख कार्य शिक्षित करना भी है। पत्रकार जनता के आँख तथा कान होते हैं। पत्रकार जो देखता है, सुनता है उसे मुद्रित तथा इलेक्ट्रॉनिक माध्यम से जनता तक पहुँचाता है। पत्रकारिता सूचना के साथ-साथ जनमत निर्धारित करने की दिशा में महत्त्वपूर्ण आधार-भूमि तैयार करती है। सम्पादकीय स्तम्भों, अग्रलेखों, पाठकों के पत्र, परिचर्चाओं, साक्षात्कारों इत्यादि विविध तरीक़ों के द्वारा जनता को सामाजिक तथा महत्त्वपूर्ण विषयों पर जानकारी देकर उनकी मानसिक खुराक़ की पूर्ति की जाती है। देश की वैचारिक चेतना को पत्रकारित ही उद्वेलित करती है। इस प्रकार पत्रकारिता जन शिक्षण का प्रकार पत्रकारित जन शिक्षण का प्रमुख माध्यम है।

3. मनोरंजन करना : मनोरंजन रेडियो तथा दूरदर्शन का प्रमुख कार्य है। इसके अतिरिक्त समाचार-पत्र-पत्रिकाएँ भी इस दृष्टि से काफ़ी स्थान पाठकों के मनोरंजन-सम्बन्धी सामग्री के लिए सुरक्षित कर रही हैं। मनोरंजक सामग्री पाठकों को स्वाभाविक रूप से आकृष्ट भी करती हैं। मनोरंजन में कई बार शिक्षा का मार्मिक सन्देश भी छिपा रहता है। उदाहरणार्थ राजनीतिक कार्टून तथा ऐसे ही हास्य-व्यंग के स्तम्भ। इनके मूल में सामाजिक-राजनीतिक जीवन में स्वस्थ्य भावों का संचार करना ही होता है। मनोरंजन की दृष्टि से पत्र-पत्रिकाएँ जहाँ मनोरंजनक समाचारों के प्रकाशन में रुचि प्रदर्शित करती हैं वहीं फ़ीचर लेखों के माध्यम से इस कार्य का विशेष रूप से किया जाता है। मनोरंजन मानवीय रुचि का महत्त्वपूर्ण पक्ष है।

4. सामाजिक विकृतियों को दूर करना : सामाजिक कुरीतियों में दहेज-प्रथा, बाल-विवाह, अन्धविश्वास, विधवा विवाह, कन्या भ्रूण हत्या, बहू हत्या, बेरोज़गारी, अशिक्षा, महँगाई, भ्रष्टाचार इत्यादि विकृतियाँ हमारे समाज को दूषित कर रही हैं। स्वस्थ पत्रकारिता के माध्यम से इन बुराइयों को दूर करने का प्रयत्न किया जा रहा है और यह पत्रकारिता के उद्देश्य में समाहित है।

5. जन-जीवन का नियामक : सामाजिक, राजनैतिक, सांस्कृतिक एवं धार्मिक विचारों, क्रियाकलापों का आय जनमानस पर प्रत्यक्ष और अप्रत्यक्ष रूप से प्रभाव पड़ता रहता है। लूट, हत्या, चोरी-चकारी, आदि आपराधिक प्रवृत्तियाँ हमारे जन-जीवन को प्रभावित करती हैं। हमारे आस-पास आये दिन इस तरह की आपराधिक प्रवृत्तियाँ अपने पैर पखारती जा रही हैं। पत्रकारिता का एक अहम् उद्देश्य इन अपराधिक प्रवृत्तियों को रोकना और उनके बारे में जनता को बताना है।

6. सामाजिक मूल्यों की स्थापना : सामाजिक एवं धार्मिक रीति-रिवाजों, विभिन्न मेलों का आयोजन, संस्कृति एवं सभ्यता की जानकारी देना। सामाजिक परम्पराओं, विश्वासों, तरीक़ों,

तथा विचारों से परिचित कराना भी पत्रकारिता के उद्देश्य में समाहित है। भारतीय जीवन पद्धति, सांस्कृतिक गरिमा, सामाजिक ढाँचा व आस्था, विश्वास तथा दृष्टिकोण समाज में मानव-मूल्यों की स्थापना करके जन-जीवन को विकासोन्मुख बनाती है। जनता द्वारा ही समाज का सृजन होता है।

सामाजिक सन्दर्भ में उन सामाजिक आवश्यकताओं एवं बन्धनों के वातावरण को जानना अति आवश्यक है जिनमें, मानव प्राणी सम्प्रेषण की भागीदारी करता है।

7. सर्जनात्मकता पैदा करना : पत्रकारिता के एक ही मुद्दे पर विभिन्न सामाजिक राजनैतिक एवं धार्मिक बुद्धिजीवियों के विचारों को देखने व सुनने का अवसर प्रदान करता है। वाद-विवाद, तर्क-वितर्क के संगम एवं विभिन्न विचारों व दृष्टिकोण के माध्यम से समाज में सर्जनात्मकता पैदा करता है।

8. दिशा-निर्देश देना : पत्रकारिता समाज में सहमति, सहयोग, सामूहिक व्यवहार, विकास और गतिशीलता पैदा करने के लिए समय-समय पर आवश्यक दिशा-निर्देश देती है। जिससे समाज में नयी क्रान्ति व चेतना का विकास होता है। समाज को उचित दिशा में निर्देशित करना पत्रकारिता का अहम् उद्देश्य है।

9. लोकचेतना पैदा करना : लोकतन्त्र को सुदृढ़ और जागरूक बनाये रखने में, पत्रकारिता महत्त्वपूर्ण भूमिका अदा करती है। संकटकालीन परिस्थितियों में लोकतन्त्र का मनोबल बढ़ाना सर्वधर्मसद्भाव एवं सौहार्द भाव को पुष्ट करना एवं सामाजिक जनमत को अभिव्यक्ति देना, पत्रकारिता के दायित्वों लोकतान्त्रिक परम्पराओं की रक्षा करना, शान्ति और भाई-चारे की भावना को बढ़ाना पत्रकारिता का परम उद्देश्य है।

पत्रकारिता आज एक ऐसा माध्यम बन गयी है, जो विश्व भर की समस्त घटनाओं एवं गतिविधियों का दर्पण है। पत्रकारिता एक ओर समाज में व्याप्त भ्रष्टाचार, बेइमानी, अराजकता तथा जनहित की सूचनाओं को त्वरित गति से जनता तक पहुँचाती है तो दूसरी ओर सामाजिक जीवन के प्रगतिशील विचारों एवं तत्त्वों का निर्माण कर समाज में फैली कुरीतियों, अन्धविश्वासों, रूढ़िवादी परम्पराओं पर प्रहार भी करती है। समाज में पल-पल घटित हो रही धर्म राजनीति, अपराध युद्ध, विज्ञान, तकनीक, घटनाओं का विश्लेषण करते हुए समाज में नयी चेतना और विचारधारा को स्थापित करती है।

पत्रकारिता की विशेषताएँ :

1. विश्वसनीयता--विश्वनीयता पत्रकारिता का अनिवार्य तत्त्व है। पत्रकारिता का कोई भी साधन यदि विश्वसनीय है तो बहुत समय तक अपने पाठकों के हृदय में स्थान नहीं बना सकता है। यह सच है कि सबसे पहले समाचार देने की प्रतिस्पर्द्धा में आज बहुत-से न्यूज़ चैनल या समाचार-पत्र बिना समाचार की पुष्टि किये ही समाचार दे देते हैं। जिस कारण कई बार इन न्यूज़ चैनल/समाचार-पत्रों की विश्वसनीयता सन्दिग्ध हो जाती है जिससे उनकी साख तो गिरती ही है साथ-ही-साथ उनके पाठकों/दर्शकों की संख्या में कमी हो जाती है।

2. विश्लेषणात्मक प्रवृत्ति--पत्रकारिता ऐसी सूक्ष्म शक्ति है, जो परिवेश के अन्दर-बाहर के स्वरूप का विश्लेषण कर उसे निरूपित करती है। आज मानव जीवन बहुत जटिल हो गया है और हर क्षण कुछ-न-कुछ घटनाएँ घटित होती रहती हैं जो समाज को प्रभावित करती हैं।

ऐसे समय में पत्रकारिता मानवीय सम्बन्धों का सूक्ष्म और सशक्त निरूपण करती है साथ ही समाज में हो रही विभिन्न घटनाओं का विश्लेषण कर जनता के समक्ष सत्यता प्रस्तुत करती है।

3. पारदर्शिता--पत्रकारिता का वर्तमान स्वरूप भले ही नकारात्मक हो गया हो, लेकिन उसमें पूरी तरह नाकारात्मक सोच नहीं है। आज के युग में पत्रकारिता का महत्त्व बहुत बढ़ चुका है। आज पत्रकारिता सिर्फ़ अच्छे को अच्छा और बुरे को बुरा कहने का कार्य नहीं करती, बल्कि एक जनमत निर्माण का कार्य भी करती है। यह प्रत्येक घटना और तथ्यों की गहराई में जाकर समाज में फैली बुराई को दूर करने के मापदण्ड भी निर्धारित करती है। अन्तरराष्ट्रीय और राष्ट्रीय स्तर पर पत्रकारिता निषेधात्मक न होकर समस्याओं का बिना किसी विचारधारा से प्रभावित हुए निष्पक्ष विश्लेषण करती है।

4. सामाजिक मूल्य--पत्रकारिता समाज का दर्पण है। विद्रोह, आक्रोश और आलोचना के विविध परिस्थिति में भी अपना स्वस्थ रूप बनाकर समाजिक मूल्यों की नियामिका बनी रहती है। समाज में हो रहे पारम्परिक राग-द्वेष, किसी भी स्तर पर उभरे विद्रोह, धार्मिक अन्धविश्वास, साम्प्रदायिक झगड़ों का विश्लेषण करके समाज को सही दिशा में निर्देशित करते हुए सामाजिक मूल्यों का समर्थन करती है।

5. परिवेश साक्षात्कार--पत्रकारिता मनुष्य को उसके आस-पास के वातावरण व परिवेश से जोड़कर अन्तरराष्ट्रीय घटनाओं से परिचित कराती है और विभिन्न प्रकार की समस्याओं का साक्षत्कार कराकर सचेत करती है और उसे मानवीय सन्दर्भों से जोड़ती है। पत्रकारिता की एक महत्त्वपूर्ण विशेषता होती है कि वह व्यक्ति मात्र का अपने देश-परिवेश से ही साक्षात्कार कराके अपना दायित्व व भूमिका नहीं निभाकर बल्कि विश्व से साक्षात्कार कराके विश्वमानवता अन्य को एक सूत्र में पिरोने और अधिक-से-अधिक उदारता से विकसित करने की सम्भावनाओं से सभी का साक्षत्कार कराती है।

6. व्यापक क्षेत्र--पत्रकारिता का क्षेत्र बहुत व्यापक है, अतः उसे एक सीमित परिधि के रूप में रखकर नहीं देखा जा सकता या एक निश्चित पैमाना से मापा नहीं जा सकता। आज जीवन का कोई भी विषय हो वह पत्रकारिता से सम्बन्धित ज़रूर होगा। जीवन के किसी भी पहलू को पत्रकारिता से अलग नहीं रखा जा सकता। आज बाज़ार में प्रत्येक वर्ग और प्रत्येक विषय से सम्बन्धित पत्र-पत्रिकाओं का विशाल व अनुपम शृंखला देखने को मिलता है और हम आपको आसानी से प्राप्त हो सकता है। पत्रकारिता का स्वरूप सिर्फ़ रुचिकर समाचारों तक ही नहीं सीमित है। यह तो ज्ञान-विज्ञान, अनुसन्धान, साहित्य, फ़िल्म खेलकूद, ज्योतिष, तकनीकी, वाणिज्य, व्यवसाय, शेयर मार्केट, धर्म, ग्रामीण क्षेत्रों के विभिन्न पहलुओं पर अपना विस्तार पा चुकी है। यही नहीं समाज विरोधी तत्त्व, अपराध, नारी अत्याचार, दलितों का शोषण आदि विभिन्न विषयों तक अपनी पहुँच बनाकर पत्रकारिता ने अपने स्वरूप का बहुत विस्तार कर लिया है। इस तरह हम यह कह सकते हैं कि पत्रकारिता का कोई निश्चित दायरा नहीं है। समाज के विभिन्न क्षेत्रों में प्रभावपूर्ण ढंग से अवतरित है।

7. कुशल चिकित्सक--पत्रकारिता को हम कुशल चिकित्सक के रूप में देख सकते हैं। पत्रकारिता समाज की विभिन्न परिस्थितियों एवं विश्व के घटनाचक्र को एक चिकित्सक के रूप में नाड़ी परखकर सदैव उपचार करने में सक्षम होती है। वही पत्रकार सफल हो सकता है

जिसके पास तेज़ दृष्टि है, वह परिवेश के शरीर में दौड़ते हुए रक्त और रक्तचाप का परीक्षण हर क्षण करता है तथा समाज की धड़कनों को विकृति होने से बचाता है। पत्रकारिता कुशलतापूर्वक सामाजिक वातावरण परिवेश की एक्स-रे रिपोर्ट प्रस्तुत करने में अपनी सूक्ष्म भूमिका रखती है। फ़ोटो पत्रकारिता, पत्रकारिता का ऐसा ही स्वरूप है जो घटना की सत्यता प्रमाणित करने के साथ-साथ आखों देखी स्थिति का काम करती है तथा समाज में हो रही घटनाओं, स्थिति, विकृतियाँ और शक्तियों को प्रत्यक्ष करते हुए कुशल चिकित्सक की भूमिका निभाती है।

8. जागरूकता--पत्रकारिता किसी भी समाज के लिए प्रेरणा का स्रोत है और समाज में व्यापक जागरूकता का भी काम बड़े पैमाने पर करती हैं, क्योंकि पत्रकारिता का दायित्व सिर्फ़ समाचार का प्रकाशन नहीं है। बल्कि वह अपना मत और निर्णय प्रकाशित प्रसारित कर देश, सत्ताधिकारी और आम नागरिकों को सचेत करती है और उनको अभिप्रेरित करती है तथा उनके अपने अधिकार व दायित्व के प्रति जागरूक करती है।

8. प्रेरणादायक--समाचार-पत्रों में सम्पादकीय टिप्पणियों के माध्यम से पत्रकारिता राजनीति, आर्थिक जगत्, सामाजिक, धार्मिक व सांस्कृतिक स्थितियों पर विचार व्यक्त करती है जिसका प्रभाव जनमानस पर पड़ता है। पत्रकारिता पाठकों के लिए प्रेरणादायक बनकर उसका दिशा-निर्देश करती है।

9. सम्प्रेषण माध्यम--पत्रकारिता शासक और जनता के बीच सुदृढ़ सम्बन्धों की भूमिका निभाती है। इस स्वरूप में वह जीवन के विभिन्न क्षेत्रों की जनकारी देकर देश से लोगों को और लोगों को देश से जोड़ती है। यह तभी सम्भव हो सकता है। जब पत्रकारिता एक श्रेष्ठ सम्प्रेषण माध्यम बनकर सेतु का काम करती है। सरकारी रीत-रिवाज व समाज के हित में हो रहे सरकारी योजनाएँ, घोषणाएँ का समाचार-पत्र-पत्रिकाओं में प्रकाशित होती है। तभी जनता में अपनी समस्याओं और उनके लिए सरकार द्वारा प्रस्तुत समाधानों का पता चलता है तथा जनता में फैली हुई भ्रान्तियाँ का निराकरण होता है।

पत्रकारिता के कर्त्तव्य :

पत्रकारिता का परम लक्ष्य देश के कोने-कोने में नवजागरण, नवस्फूर्ति और नवनिर्माण के मन्त्र को फूँकना है। यह एक रचनाशील विधा है, जिससे समाज का आमूल-चूल परिवर्तन सम्भव है। समाज में जागृति लाने और नवनिर्माण करने में पत्रकारिता का कर्त्तव्य बढ़ जाता है।

1. समाज का उचित मार्गदर्शन करना।
2. जनता और पाठकों को स्वस्थ मनोरंजक सामग्री देना।
3. सामाजिक जनमत को अभिव्यक्ति देना।
4. सांस्कृतिक और धार्मिक पक्षों का दो टूक विवेचन करना।
5. सामाजिक कुरीतियों-जैसे विधवा उपेक्षा, बहू हत्या, दहेज, बाल-विवाह, वेश्यावृत्ति, अन्धविश्वास आदि को मिटाने की दिशा में प्रभावी क़दम उठाना।
6. सरकारी नीतियों का विश्लेषण व प्रसारण करना।

7. सामान्य जन को उनकी ही भाषा में उनके कर्त्तव्याधिकार समझाना।

8. कृषि, उद्योग, स्वास्थ्य, बाल विकास, महिला जगत्, क्रीड़ा, चलचित्र जगत् के विविध कार्यक्रमों का प्रचार-प्रसार करना।

9. स्वास्थ्य, परिवार कल्याण के प्रति नागरिकों को सचेत करना।

10. विद्यार्थी, शिक्षा, शिक्षक वर्ग को समीचीन मार्ग बतलाना।

11. संकटकालीन परिस्थितियों में राष्ट्र का मनोबल बढ़ाना।

12. सर्वधर्मसद्भाव एवं सौहार्द भाव को पुष्ट करना।

13. 'वसुधैव कुटुम्बकम्' की भावना का प्रसार करना।

14. अन्याय का प्रतिरोध कर लोगों को मित्रवत् मार्ग दिखाना ही पत्रकारिता है।

15. समाज में मानव-मूल्यों की स्थापना करके जन-जीवन को विकासोन्मुख बनाना।

भारतीय पत्रकारों ने समय-समय पर पत्रकारिता के उपर्युक्त कर्त्तव्यों का निर्वाह किया है। पत्रकारिता कोई पेशा नहीं, यह जन सेवा का मार्ग है। पूर्व राष्ट्रपति डा. शंकर दयाल शर्मा के अनुसार, 'लोकतान्त्रिक परम्पराओं की रक्षा करने, शान्ति और भाई-चारे की भावना को बढ़ाने में इसकी विशिष्ट भूमिका है।'

आज पत्रकारिता को युवा पत्रकारी ने एक मिशन के रूप में अपनाया है। सभी पत्रकारों का कर्त्तव्य होता है कि अपने आदर्शों एवं दायित्वों के प्रति सजग रहें।

पत्रकारिता का महत्त्व

पत्रकारिता एक ऐसा सम्प्रेषण माध्यम है जिससे सामान्य नागरिक अपनी अपेक्षाओं एवं जिज्ञासाओं का समाधान हो पाता है और लोकतान्त्रिक प्रणाली को पल्लवित और पुष्पित करता है। पत्रकारिता जनमानस की आवश्यकताओं और अपेक्षाओं का हल उपलब्ध कराती है। प्रगति-पथ पर अग्रसर अपने राष्ट्र में शिक्षा, कृषि, ग्राम्य-विकास, परिवार-नियोजन, प्राकृतिक आपदाओं से मुक्ति के कार्यक्रम, सामाजिक कुरीतियों के उन्मूलन, साम्प्रदायिक सौमनस्य, पिछड़े वर्गों के उत्थान, स्वास्थ्य-रक्षा एवं मानव-जीवन की विविध समस्याओं को दूर करने में पत्रकारिता अहम भूमिका निभाती है। पत्रकारिता समाज के विभिन्न विचारों को जनता के समझ सार्वजनिक रूप से प्रदर्शित करती है, जिससे आम जनमानस प्रभावित एवं लाभान्वित होता है। यह समाज की मान्यताओं और उसके लक्ष्यों को प्रस्तुत करती है। समाज में फैली रूढ़िवादी धारणाओं एवं विकृतियों के दूर कर जन-मानस में मंगलकारी मूल्यों की स्थापना करने में पत्रकारिता का महत्त्वपूर्ण स्थान है। पौराणिक युग में जिस प्रकार नारद मुनि स्वर्गलोक में सूचनाओं का आदान-प्रदान करते थे ठीक उसी प्रकार आज पत्रकारिता के माध्यम से सम्पूर्ण विश्व में सूचनाओं का प्रचार-प्रसार हो रहा है। *पत्रकारिता जन-सेवा के साथ लोगों को रोज़गार के नये अवसर भी प्रदान कर रही है। आकाशवाणी, दूरदर्शन, विभिन्न राष्ट्रीय एवं अन्तरराष्ट्रीय न्यूज़ चैनल, विभिन्न समाचार-पत्र, पत्रिकाएँ एवं प्रकाशन संस्थाएँ एवं पत्रकारिता के शिक्षक के रूप में पत्रकारिता निज नये रोज़गार उपलब्ध करा रही है।*

लोक जन-मानस को जागृत एवं दिग्दर्शित करने में पत्रकारिता सशक्त भूमिका अदा करती है। लोक शिक्षक मासिक के मुखपृष्ठ पर पं. जुगल किशोर चतुर्वेदी (जयपुर) प्रकाशित करते थे-

तिमिर आवृतलोक में नवज्ञान की नवज्योति भरने।
लोक-शिक्षक आ गया है, लोक में आलोक करने।।

इन्द्र विद्या वाचस्पति ने 'पत्रकारिता' को वर्तमान युग का सबसे प्रभावशाली आविष्कार कहा है। अकबर इलाहाबादी ने ब्रिटिश राज्य-काल में ही पत्रकारिता की महत्ता प्रतिपादित की थी-

खींचो न कमान को, और न तलवार निकालो।
जब तोप मुकाबिल हो तो अख़बार निकालो।।

लोकतन्त्र को जागरूक और सुदृढ़ बनाये रखने में पत्रकारिता अग्रणी भमिका निभाती है। पत्रकारिता एक ऐसा सशक्त अस्त्र है जो आलोचना के द्वारा सत्ता के दुरुपयोग पर लगाम लगाता है। यह भिन्न राजनैतिक विचारों एवं आलोचनाओं के आदान-प्रदान का माध्यम भी है। पत्रकारिता राष्ट्र की सुरक्षा क़ायम रखने, देश के अत्याधुनिक विकास में, राष्ट्र में एकता व अखण्डता बनाये रखने के साथ ही समाजवाद और धर्मनिरपेक्षता के भी प्रोत्साहन देती है।

पत्रकारिता मानव अभिव्यक्ति का अभिन्न अंग है। सूचना क्रान्ति ने पत्रकारिता के महत्त्व को विशेष गुणवत्ता प्रदान की है।

The Press is one of the vital organs of modern life especially in a democracy. The Press has tremendous powers and responsibilities. The Press must be respected.

- J.L. Nehru

पत्रकारिता का क्षेत्र

अपनी बहुमुखी प्रवृत्तियों के कारण पत्रकारिता व्यक्ति और समाज के जीवन को गहराई तक प्रभावित करती है। पत्रकारिता देश की जनता की चित्तवृत्तियों और अनुभूतियों से साक्षात्कार करती हुई मानवमात्र को जीने की कला सिखाती है। सत्य की खोज में रत रहते हुए समाज में उदात्त मूल्यों की स्थापना की दिशा में पत्रकारिता की भूमिका विशेष उल्लेखनीय है। इसका मूल लक्ष्य ही अन्याय का उद्घाटन, दोषों का परिहार, असहाय और पीड़ितों की रक्षा एवं सहयोग तथा जनता का पथ प्रदर्शन करना है। तात्कालिक में शाश्वत, सामयिक में चिरन्तन तथा अनित्य में नित्य की खोज की महान् साथना में रत पत्रकारिता सामाजिक-सांस्कृतिक एवं राजनीतिक चेतना की अग्रदूत बनकर जनकल्याण और विश्व-बन्धुत्व एवं भ्रातृत्व की भावना को विकसित करने का सशक्त माध्यम है। प्राचीन जीवन की व्याख्या एवं विश्लेषण हम अपने साहित्य एवं इतिहास में पाते हैं किन्तु वर्तमान जीवन की सुन्दरता एवं कुरूपता का कटु यथार्थ हम सामयिक पत्रों में ही देख सकते हैं।

समाचार-पत्र जनता की संसद् है जिसका अधिवेशन सदा चलता रहता है। समाचार-पत्र रूपी संसद् का कभी सत्रावसान नहीं होता है। जिस प्रकार संसद् में विभिन्न प्रकार की समस्याओं पर चर्चा की जाती है, विचार-विमर्श किया जाता है, सरकार का ध्यान आकृष्ट किया जाता है, उसी प्रकार समाचार-पत्रों का स्वरूप भी व्यापक तथा बहुआयामी होता है। पत्रकारिता भी विविध जन समस्याओं से जुड़ी होती हैं, समस्याओं को प्रशासन के सम्मुख प्रस्तुत कर उस पर रचनात्मक-बहस को भी प्रोत्साहित करती है। आधुनिक पत्रकारिता के पाँच महत्त्वपूर्ण भाग किये जा सकते हैं-

1. समाचार-पत्र-पत्रिकाएँ (Newspaper & Magazines)

2. रेडियो (Radio)

3. टेलीविज़न (Television)

4. फ़िल्म (Film)

5. विज्ञापन (Advertisement)

यहाँ हमारा मूल आशय समाचार-पत्र, रेडियो तथा टेलीविज़न की पत्रकारिता से है। वर्तमान पत्रकारिता के प्रमुख क्षेत्रों की चर्चा यहाँ की जा रही है-

1. आर्थिक पत्रकारिता : वर्तमान युग अर्थप्रधान युग है। तेज़ से होते औद्योगिकीकरण ने विश्वव्यापी अर्थव्यवस्था को प्रभावित किया है। कुछ वर्षों पूर्व भारत में आर्थिक समाचारों के प्रति न तो पत्र सम्पादकों की रुचि ही थी और न ही पाठकों की। हिन्दी समाचार-पत्रों की स्थिति तो और भी खराब थी। देश और विदेश के अर्थ जगत् से जुड़ी प्रत्येक गतिविधि आर्थिक पत्रकारिता का विषय हो सकती है। आर्थिक योजनाएँ बाज़ार आदि समाचार, मुद्रा बाज़ार, पूँजी बाज़ार, वस्तु बाज़ार आदि के समाचार अब पत्र-पत्रिकाओं में बहुतायत से प्रकाशित होने लगे है। सिर्फ़ अर्थ जगत् से जुड़े सम्पूर्ण समाचार-पत्र भी काफ़ी संख्या में प्रकाशित हो रहे हैं तथा पर्याप्त लोकप्रियता अर्जित कर रहे हैं।

2. वाणिज्यिक पत्रकारिता—भारत में वाणिज्यिक पत्रकारिता का शुभारम्भ ब्रिटिश मैनेजिंग एजेन्सियों के प्रोत्साहन से हुआ। सन् 1886 में 'कैपिटल' नामक प्रथम वाणिज्यिक पत्रिका कलकत्ता से प्रकाशित हुई थी। इसके लगभग 50 वर्ष उपरान्त बम्बई में कॉमर्स नाम से पत्र निकला। सन् 1928 एवं 1943 में दिल्ली से क्रमशः 'इण्डियन टाइम्स' एवं 'ईस्टर्न इकोनामिस्ट' प्रकाशित हुआ। हिन्दी के दैनिक पत्रों में वाणिज्यिक समाचारों को सर्वप्रथम प्रकाशित करने का श्रेय 'नवभारत टाइम्स', 'टाइम्स ऑफ इण्डिया', 'स्टेटसमैन', 'इण्डियन एक्सप्रेस' आदि महत्त्वपूर्ण दैनिकों को है जिनमें वाणिज्य से सम्बन्धित समाचार छपते तो थे लेकिन वर्तमान की भाँति उनकी स्थिति अथवा छवि कोई विशेष नहीं थी। परन्तु आज प्रत्येक दैनिक समाचार-पत्र चाहे वह किसी भी भाषा का क्यों न हो, व्यापार जगत् से सम्बन्धित समाचारों के लिए अलग से पृष्ठ निर्धारित करके बड़ी तन्मयता से इनको प्रकाशित करता है।

'विश्वमित्र' प्रथम समाचार-पत्र है जिसने वाणिज्यिक समाचारों को नियमित रूप से प्रकाशित करने का कार्य किया। दिल्ली से प्रकाशित होनेवाले 'नवभारत टाइम्स', 'हिन्दुस्तान', 'जनसत्ता' एवं 'पंजाब केसरी' नामक पत्रों में भी नेशनल न्यूज़ सर्विस द्वारा वाणिज्यिक समाचार दिये जाते हैं। राष्ट्रीय सहारा 'कारोबार' शीर्षक द्वारा वाणिज्यिक समाचार प्रकाशित किये जाते हैं। वाणिज्यिक समाचार अब नियमित रूप से अनेक पत्रों में स्थान पाने लगे हैं। लेकिन इसके संकलन एवं वितरण के लिए कोई व्यवस्थित प्रबन्ध नहीं हैं। 'प्रेस ट्रस्ट ऑफ इण्डिया', 'यू एन आई', 'यूनिवार्त्ता', नेशनल न्यूज़ सर्विस आदि समाचार समितियों के माध्यम से इसको प्रकाशित किया जाता है।

वाणिज्यिक समाचार प्रकाशित करनेवाले पत्र-पत्रिकाओं को प्रायः दो वर्गों में विभाजित किया जाता है। प्रथम तो वे दैनिक, साप्ताहिक, पाक्षिक अथवा मासिक पत्र जिनमें अन्य

समाचारों के साथ-साथ वाणिज्यिक समाचारों को भी स्थान दिया जाता है, द्वितीय वे पत्र है जिनमें केवल उद्योग व्यापार एवं वाणिज्य से सम्बन्धित गतिविधियों का प्रस्तुतीकरण होता है।

3. ग्रामीण पत्रकारिता (Rural Journalism) : ग्रामप्रधान देश है। देश की अधिकांश जनता गाँवों में निवास करती है। अतः देश की ग्रामीण जनता की समस्याओं, उनकी आशा-आकांक्षाओं को पत्रकारिता के माध्यम से प्रस्तुत करना समाचार-पत्रों का प्रमुख दायित्व है। खेद है कि इस ओर उचित ध्यान नहीं दिया जा रहा है।

एक परिभाषा के अनुसार जिन समाचार-पत्रों में 40 प्रतिशत से अधिक सामग्री गाँवों, कृषि, पशुपालन, बीज, खाद, कीटनाशक, पंचायती राज, सहकारिता आदि विषयों पर होगी, उन्हीं पत्रों को ग्रामीण पत्र माना जायेगा।

स्पष्ट है ग्रामीण आवश्यकताओं से जुड़े समाचार आलेख आदि ग्रामीण पत्रकारिता की विषय-वस्तु हैं। इन विषयों को इस प्रकार वर्गीकृत किया गया है-

- मृदा एवं कृषि रसायन (Soil & Agricultural Chemistry)
- कृषि अर्थशास्त्र (Agricultural Economics)
- कृषि कीटशस्त्र और जीव विज्ञान (Agricultural Entomology & Zoology)
- कृषि प्रसार (Agricultural Extension)
- शस्य विज्ञान (Agronomy)
- पशुपालन एवं दुग्ध उद्योग (Animal Husbandry & Dairying)
- वंशागति और पादप प्रजनन (Genetics & Plant Breeding)
- उद्यान शास्त्र (Horticulture)
- पादप रोग विज्ञान (Plant Pathology)
- पादप क्रियाशारीरिकी (Plant Physiology)
- भूमि-संरक्षण (Soil Conservation)

3. शैक्षिक पत्रकारिता (Educational Journalism) : शैक्षिक पत्रकारिता, पत्रकारिता का ऐसा उपेक्षित पक्ष है जिस पर समुक्षित पक्ष है जिस पर समुचित ध्यान आज तक नहीं दिया गया है। शैक्षिक पत्रकारिता को एक विधा के रूप में विकसित करने का प्रयास गत् कई वर्षों से एन.सी.ई.आर.टी. द्वारा किया जा रहा है। एन.सी.ई.आर.टी. ने देश के अनेक अंचलों में इस दृष्टि से उपयोगी गोष्ठियों और कार्यशालाओं का आयोजन किया है।

शिक्षा का पत्रकारिता से प्रत्यक्ष सम्बन्ध है। एक स्तर पर दोनों के उद्देश्यों में भी समानता है। जहाँ पत्रकारिता शिक्षा और सूचना का सार्थक माध्यम है, वहीं शिक्षा का भी यही उद्देश्य है। पत्रकारिता यदि सामाजिक परिवर्तन का सशक्त हथियार है तो शिक्षा की भी मानव-विकास में तथा उसे सामाजिक प्राणी बनाने में महती भूमिका है। शिक्षा पत्रकारिता का यह समन्वित संश्लिष्ट रूप शैक्षिक पत्रकारिता का यह समन्वित संश्लिष्ट रूप शैक्षिक और पत्रकारिता कहा जा सकता है। इस दृष्टि से विभिन्न शैक्षिक संस्थानों द्वारा चलायी जा रही शैक्षिक प्रवृत्ति, शिक्षा जगत् की घटनाओं तथा शैक्षिक समस्याओं को जनसंचार माध्यमों के द्वारा जनता तक पहुँचाना

शैक्षिक पत्रकारिता है। शिक्षा जगत् की विकासमान् प्रवृत्तियों के प्रति आम जनता की भागीदारी तभी सम्भव है जब शैक्षिक पत्रकारिता का समुचित विकास हो सके।

शैक्षिक पत्रकारिता, पत्रकारिता का वह सकारात्मक पक्ष है जिसके समुचित विकास से समाज में वैचारिक चेतना तो विकसित होगी ही, साथ ही, शिक्षण संस्थाओं के छात्र-अध्यापक समुदाय में आपसी सौहार्द तथा समझ का वातावरण भी उत्पन्न हो सकेगा। शिक्षा संस्थाओं में अन्तर्सम्बन्ध क़ायम करने का यह सशक्त माध्यम बन सकता है। उच्च शिक्षा को प्रत्यक्ष रूप से समाज तथा 'आम-जन' तक इसके द्वारा पहुँचाया जा सकता है।

4. व्याख्यात्मक पत्रकारिता (Interpretative Journalism) : पत्रकारिता के प्रारम्भिक दौर में घटना को यथातथ्य प्रस्तुत करना ही पर्याप्त माना जाता था। परिवर्तित परिस्थितियों में पाठक घटनाओं के मात्र प्रस्तुतीकरण से सन्तुष्ट नहीं होता। वह कुछ और भी जानना चाहता है। इसी 'और' की सन्तुष्टि के लिए आज संवाददाता घटना की पृष्ठभूमि के बाद समाचार का विश्लेषण भी करता है। इस विश्लेषणपरकता के कारण पाठक को घटना से जुड़े विविध मुद्दों का भी पता चल जाता है। टाइम्स ऑफ इण्डिया आदि कुछ प्रमुख पत्र नियमित रूप से न्यूज़ एनालिसिस-जैसे स्तम्भों का प्रकाशन भी कर रहे हैं। प्रेस स्वतन्त्रता पर अमेरिका के प्रेस आयोग ने भी यह स्वीकार किया था कि अब समाचार के तथ्यों को सत्य रूप से रिपोर्ट करना ही पर्याप्त नहीं है वरन् यह भी आवश्यक है कि तथ्य के सम्पूर्ण सत्य को भी प्रकट किया जाय।

5. विकास पत्रकारिता(Development Journallism) : आर्थिक, सामाजिक, सांस्कृतिक क्षेत्रों के बारे में रचनात्मक लेखन को विकास पत्रकारिता के रूप में माना जा सकता है। पत्रकार का मुख्य कार्य अपने पाठकों को तथ्यों की सूचना देना है। जहाँ सम्भव हो वहाँ निष्कर्ष भी दिया जा सकता है। अपराध तथा राजनीतिक संवाददाताओं का यह मुख्य कार्य है। तीसरा एक मुख्य दायित्व प्रसार का है। आर्थिक-सामाजिक जीवन के बारे में तथ्यों का प्रस्तुतीकरण ही पर्याप्त नहीं, लेकिन उनका प्रसार भी आवश्यक है। गम्भीर विकासात्मक समस्याओं से पाठकों को अवगत कराना भी आवश्यक है। पाठक को सोचने के लिए विवश कर इस प्रकार का लेखन सम्भावित समाधानों की ओर भी संकेत करता है। विकासात्मक लेखन में शोध का भी पर्याप्त महत्त्व है।

शुद्ध विकासात्मक लेखन के क्षेत्रों को 'रविवार' के तत्कालीन विशेष संवाददाता राजीव शुक्ल ने 18 भागों में विभक्त किया है- उद्योग, कृषि शिक्षा और साक्षरता, आर्थिक गतिविधियाँ, नीति और योजना, परिवहन, संचार जनमाध्यम, ऊर्जा और ईंधन तकनीक, रक्षा, रक्षा अनुसन्धान और उत्पाद तकनीक, परिवार नियोजन, स्वास्थ्य और चिकित्सा सुविधाएँ, शहरी विकास, ग्रामीण विकास, निर्माण और आवास पर्यावरण और प्रदूषण।

6. सन्दर्भ पत्रकारिता (Reference Journalism) : आधुनिक पत्रकारिता में सन्दर्भ पत्रकारिता अथवा सन्दर्भ सेवा का विशिष्ट स्थान है। सन्दर्भ सेवा का तात्पर्य सन्दर्भ सामग्री की उपलब्धता है। सम्पादकीय लिखते समय किसी सामयिक विषय पर टिप्पणी लिखने के लिए अथवा कोई लेख आदि तैयार करने की दृष्टि से कई बार विशेष सन्दर्भ की आवश्यकता होती है। ज्ञान-विज्ञान के विस्तार तथा यान्त्रिक युग की व्यस्तताओं में कोई भी पत्रकार प्रत्येक विषय को स्मरणशक्ति के आधार पर नहीं लिख सकता। अतः पाठकों को सम्पूर्ण जानकारी देने के लिए आवश्यक है कि पत्र-प्रतिष्ठान के पास सन्दर्भ पत्रकारिता विषयक लेख में सन्दर्भ सेवा

के आठ वर्ग किये हैं- कतरन सेवा, सन्दर्भ ग्रन्थ, लेख सूची, फ़ोटो विभाग, पृष्ठभूमि विभाग, रिपोर्ट विभाग, सामान्य पुस्तकों का विभाग और भण्डार विभाग।

7. संसदीय पत्रकारिता (Parliamentary Journalism) : संसद् तथा विधान-मण्डल समाचार-पत्रों के लिए समाचारों के प्रमुख स्रोत हैं। इन सदनों की कार्यवाही के दौरान समाचार-पत्रों के पृष्ठ संसदीय समाचारों से भरे रहते हैं। संसद् तथा विधानसभा की कार्यवाही में आम जन की विशेष रुचि रहती हैं। देश तथा राज्य की राजनीतिक, सामाजिक आदि गतिविधियाँ यहाँ की कार्यवाही से प्रकट होती रहती हैं जिसे समाचार-पत्र ही जनता तक पहुँचा कर उनका पथ-प्रदर्शन करते हैं।

संसदीय कार्यवाही की रिपोर्टिंग के समय विशेष दक्षता और सावधानी की आवश्यकता होती है। इनसे सम्बन्धित क़ानूनों तथा संसदीय विशेषाधिकार की जानकारी होना प्रत्येक पत्रकार के लिए आवश्यक है।

8. खेल पत्रकारिता (Sports Journalism) : खेलों का मानव-जीवन से काफ़ी पुराना सम्बन्ध है। मनोरंजन तथा स्वास्थ्य की दृष्टि से भी मनुष्य ने इनके महत्त्व को समझा है आधुनिक विश्व में विभिन्न देशों के मध्य होनेवाली प्रतियोगिताओं के कारण कई खेल व खिलाड़ी लोकप्रिय होने लगे हैं। ओलम्पिक तथा एशियायी आदि अन्तरराष्ट्रीय प्रतियोगिताओं के कारण भी खेलों के प्रति रुचि में विकास हुआ।

शायद ही कोई दिन ऐसा हो जब राष्ट्रीय तथा अन्तरराष्ट्रीय स्तर पर किसी-न-किसी प्रतियोगिता का आयोजन नहीं हो रहा हो। अतः खेलों के प्रति जन-जन की रुचि को देखते हुए पत्र-पत्रिकाओं में खेलों के समाचार तथा उनसे सम्बन्धित नियमित स्तम्भों का प्रकाशन किया जाता है। प्रायः सभी प्रमुख समाचार-पत्र पूरा एक पृष्ठ खेल जगत् की हलचलों को देते हैं।

आजकल तो खेल खिलाड़ी, खेल युग, खेल हलचल, स्पोर्ट्स वीक आदि अनेक पत्रिकाएँ प्रकाशित हो रही हैं जो विश्वभर की खेल हलचलों को अपने पत्र में स्थान देती हैं। ऐसी पत्रिकाओं के प्रकाशन से खेल पत्रकारिता को निश्चय ही प्रोत्साहन मिला है।

9. अन्वेषणत्मक पत्रकारिता (Investigative Journalism) : जब जहाँ कोई व्यक्ति या अधिकारी कोई तथ्य छिपाना चाहता हो अथवा कोई तथ्य अनुद्घाटित हो वहीं अन्वेषणात्मक पत्रकारिता प्रारम्भ हो जाती है। उस समाचार या तथ्य को प्रकाश में लोने के लिए पत्रकार तत्पर हो जाता है। अमेरिका का वाटरगेट काण्ड इस दृष्टि से उल्लेखनीय है। इस काण्ड के कारण सत्ता के परिवर्तन के बाद अन्वेषणात्मक पत्रकारिता को विशेष प्रोत्साहन तथा मान्यता मिली।

यदि अन्वेषणात्मक पत्रकारिता सही उद्देश्यों से अनुप्राणित होकर की जाये तो यह समाज और राष्ट्र के लिए बहुत बड़ी सेवा हो सकती है। यदि चरित्र-हनन तथा किसी व्यक्ति या संस्था का अपमानित या बदनाम करने की नीयत से ऐसी पत्रकारिता की जायेगी तो वह पीत पत्रकारिता की श्रेणी में आ जाती है। अन्वेषणात्मक पत्रकारिता का मूल उद्देश्य सामाजिक-राजनीतिक जीवन में शुद्धता होनी चाहिए।

10. अनुसन्धानात्मक पत्रकारिता (Research Journalism) : अनुसन्धनात्मक पत्रकारिता को स्पष्ट करते हुए लिखा गया है- अनुसन्धान पत्रकारिता, पत्रकारिता की वह विधा है जिसके

द्वारा किसी सासामयिक महत्त्व के विषय घटना, स्थिति या तथ्यों का वैज्ञानिक ढंग से अध्ययन, सर्वेक्षण और अनुसन्धान करके वास्तविक निष्कर्ष निकाले जाते हैं।

पत्रकारिता के इस क्षेत्र में जन माध्यम और पत्रकारिता से जुड़े विविध विषयों, प्रश्नों और समस्याओं का सर्वेक्षण किया जाता है। आज जन-माध्यम तथा पत्रकारिता का क्षेत्र इतना व्यापक एवं विस्तृत हो गया है कि इसमें काफ़ी अध्ययन-अनुसन्धान की सम्भावनाएँ बढ़ गयी हैं। इस दृष्टि से इस क्षेत्र में पाठक, श्रोता, दर्शक, विज्ञापन, जनमत, प्रकाशित सामग्री का विश्लेषण का स्तर आदि विविध विषयों पर अध्ययन-अनुसन्धान किया जा सकता है। जयपुर से प्रकाशित राजस्थान पत्रिका ने 'पत्रिका शोध प्रतिष्ठान' के माध्यम से इस प्रकार के कुछ अध्ययन कर प्रकाशित किये हैं। अन्वेषणात्मक पत्रकारिता और अनुसन्धान पत्रकारिता को स्पष्ट करते हुए लिखा गया है- "एक व्यापक अर्थ में अन्वेषणात्मक पत्रकारिता (Investigative Journalism) को भी अनुसन्धान पत्रकारिता का एक रूप या प्रकार कहा जा सकता है किन्तु अन्वेषणात्मक पत्रकारिता और अनुसन्धान पत्रकारिता में एक सबसे बड़ा अन्तर यह होता है कि अन्वेषणात्मक पत्रकारिता में किसी घटना या स्थिति का विधिवत योजनाबद्ध वैज्ञानिक रूप से अनुसन्धान पत्रकारिता में ऐसा करना अनिवार्य है।

11. साहित्यिक-सांस्कृतिक पत्रकारिता (Literarycultural Journalism) : डॉ. भास्कर राव ने 600 प्रकाशनों के आधार पर एक सर्वेक्षण प्रस्तुत किया है जिसमें कहा है—समाचार-पत्र जहाँ राजनीतिक के प्रति पूर्वाग्रह से ग्रस्त हैं, वहीं वे हिंसा अपराध तथा आन्दोलन के समाचारों का निराशाजनक रूप (Gloomy picture) प्रस्तुत करते हैं।

यह सही है कि हमारी पत्रकारिता पर राजनीति बुरी तरह हावी होती जा रही है। दिल्ली का राजनीतिक घटना-चक्र ही समाचारों का केन्द्र-बिन्दु बनकर रह गया है। ऐसी स्थिति में साहित्यिक-सांस्कृतिक समारोहों को स्थान या तो मिल ही नहीं पाता और यदि मिलता भी है तो काफ़ी कम तथा ऐसे स्थानों पर जो समाचार की दृष्टि से अधिक महत्त्वपूर्ण नहीं माने जाते।

अतः आवश्यक है कि समय-समय पर आयोजित प्रमुख विचार गोष्ठियों, बौद्धिक चर्चाओं, संगीत, नृत्य, नाटक आदि गतिविधियों को पत्रकारिता के माध्यम से उचित प्रोत्साहन दिया जाय।

12. फ़िल्म पत्रकारिता (Film Journalism) : फ़िल्मों से हमारा समाज आज काफ़ी प्रभावित है अतः हमारी पत्रकारिता भी फ़िल्मों से अछूती कैसे रह सकती है। फ़िल्मों की समीक्षा, फ़िल्मों कलाकारों के साक्षात्कार, उनकी गतिविधियों एवं फ़िल्मों पर समीक्षात्मक लेख आदि फ़िल्मी पत्रकारिता के प्रमुख पक्ष हैं। इस समय तो हिन्दी-अंग्रेज़ी भाषा में अनेक फ़िल्मी पत्रिकाएँ प्रकाशित हो रही हैं जिनकी पाठक संख्या भी काफ़ी अधिक है।

13. रेडियो पत्रकारिता (Radio Journalism) : रेडियो पत्रकारिता की दृष्टि से आकाशवाणी के वे कार्यक्रम महत्त्वपूर्ण हैं जिनमें समाचार कार्यक्रमों को तैयार करने का मुख्य दायित्व समाचार सेवा प्रभाग पर है। समाचारों के अतिरिक्त, सामयिकी, जिले अथवा राज्य की चिट्ठी, रेडियो न्यूज़रील, समाचार दर्शन आदि कार्यक्रम प्रमुख हैं जो पत्रकारिता की परिधि में आते हैं।

14. टेलीविज़न पत्रकारिता (Television Journalism) : रेडियो पत्रकारिता की भाँति टेलिविज़न कार्यक्रमों के समाचार कार्यक्रम टी.वी. पत्रकारिता का क्षेत्र है। इसके लिए विशेष तकनीकी ज्ञान की भी अपेक्षा है। लेखन शब्द ध्वनि, श्रव्य ध्वनि, दृश्य ध्वनि तथा फ़िल्म तकनीक का ज्ञान भी टी.वी. पत्रकार के लिए अपेक्षित है।

15. विज्ञान पत्रकारिता (Science Journalism) : हमारा दैनिक जीवन पग-पग पर विज्ञान के प्रभाव से प्रभावित हो रहा है अतः जन सामान्य की विज्ञान में रुचि होना स्वाभाविक ही है। विज्ञान सम्बन्धी अनुसन्धान तथा विज्ञान जगत् की हलचल विज्ञान पत्रकारिता के माध्यम से ही आम पाठक तक पहुँच सकती है। इसक लिए आवश्यक है। पत्रकार विज्ञान-जैसे तकनीकी, गम्भीर विषय को सरल, सुबोध ढंग से पाठकों तक पहुँचा सकें। वर्तमान समय में विज्ञान-सम्बन्धी पत्र-पत्रिकाओं ने विज्ञान पत्रकारिता के विकास में भी विशेष योगदान दिया है।

16. पीत-पत्रकारिता (Yellow Journalism) : ऐसे में, सहजता के साथ मस्तिष्क में एक प्रश्न कौंधता है, क्या समाचार-पत्रों को वास्तव में स्वतन्त्र और स्वाधीन बनाया जा सकता है? इसमें निश्चय ही सन्देह है, क्योंकि आजकल समाचार-पत्र बड़े-बड़े व्यापारियों के हाथ में हैं और ये आज 'उद्योग' बन गये हैं। अन्य सब उद्योगों की तरह इन्हें भी आज लाभ के उद्देश्य से चलाया जाता है और उन सभी तरीक़ों से चलाया जाता है; फिर आज उस प्रकार की पत्रकारिता भी है, जिसे कीचड़ उछालनेवाली पत्रकारिता, पीत पत्रकारिता अथवा अंग्रेज़ी में 'येलो जर्नलिज़्म' कहा जाता है। यही कारण है कि सही मायने में पत्रकारिता का उद्देश्य लेकर चलनेवाले पत्र प्रायः पूर्णतः सफल नहीं हो पाते।

इस पीत पत्रकारिता के सन्दर्भ में भी एक घटनाक्रम है, जो इस प्रकार है। संयुक्त राज्य अमेरिका में एक पत्रिका निकली थी। उसका काग़ज़ ही पीले रंग का था। उसका व्यावसायिक पक्ष यह था कि बच्चों की सहज सुप्रवृत्तियाँ विकसित हो जाती हैं, उन्हें पकड़कर वह पत्रिका निकली थी, जिसका परिणाम यह हुआ कि वह पत्रिका बच्चों में बहुत प्रिय हो गयी और उसका प्रसार बढ़ता ही गया। देखा-देखी कुछ अन्य पत्रिकाएँ भी निकलने लगीं। यहीं से पीत पत्रकारिता का जन्म हुआ। धीरे-धीरे ऐसा हुआ कि बजाय पीत पत्रकारिता के विरुद्ध आवाज़ उठने के, अधिकांश पत्र उसी रंग में रँगने लगे। इस प्रकार पीत पत्रकारिता 'भ्रष्ट पत्रकारिता' का पर्याय हो गयी।

दूसरी ओर 'पीत पत्रकारिता' का सन्दर्भ इस रूप में प्राप्त होता है-

"Yellow Journalism, a name given to the sensational journalism of America which developed about 1880. The term of a number of the 'New York World' in which a child in a yellow dress (The Yellow kid) was the central figure of the cartoon, this being an experiment in colour-printing designed to attract purchaser. The yellow press in a term applied in England to sensational periodicals.

Amid that press of yellow hue
one sheet was yellower yet"
It was (Great Heavens!)
The Oxford University Gazette.

- (A.D. Godley, in a Strange land)

इस प्रकार की पत्रकारिता केवल लोगों की एक ख़ास प्रकार की पसन्द को पूरा करती है और इस उद्योग के लाभ पर नज़र रखकर लोगों की कमजोरियों का लाभ उठाती है, अन्यथा ऐसी पत्रकारिता लोगों के मन पर दूषित प्रभाव ही छोड़ती है। इनके अलावा एक बात और भी है कि समाचार-पत्र राजनीतिक दलों का हित-साधन भी करते हैं। ऐसे समाचार-पत्रों की नीतियाँ भी उसी रंग में रँगी होती हैं, जो रंग उनके राजनीतिक दलों के होते हैं। ये पत्र उन्हीं दलों की विचार-धारा का प्रचार करते हैं। उनकी सारी काशिशें होती हैं कि अपने राजनीतिक दल के बदनुमा चरित्र को उज्ज्वल करके जनता के सम्मुख प्रस्तुत करें औऱ इसके लिए वे संगत-असंगत, हर उपाय को अपनाते हैं। कुछ समाचार-पत्र अपने राजनीतिक दल अथवा स्वत्वाधिकारी के स्वार्थों के लिए समाचार को उसी ढंग से कतर-छाँटकर प्रस्तुत करते हैं। समाचारों को अपने ढंग से रँगने के लिए कई तरीक़े हो सकते हैं। कई बार समाचार का शीर्षक इस ढंग से दिया जाता है कि वह समाचार का आशय ही बदल देता है। इससे समाचार को कभी मरोड़ा जाता है और कभी उसके अंश को दबा दिया जाता है। समाचार को दबाने की क्रिया भी बहुत दिलचस्प होती है। जो बिलकुल महत्त्वहीन अंश अथवा समाचार होता है, उसे मोटे-मोटे शीर्षकों के साथ मुख्य पृष्ठ पर दे दिया जाता है। अनेक ऐसी पाठक-पाठिकाएँ होती हैं, जिनके पास पूरा समाचार पढ़ने अथवा उसका विश्लेषण करने का समय ही नहीं होता और वे शीर्षक ही पढ़ा करती हैं। इसी प्रकार समाचार संवाद देने अथवा रिपोटिंग में भी पक्षपात किया जा सकता है। हम बहुत बार सुना करते हैं कि एशिया के कुछ समाचार-पत्र सही और निष्पक्ष समाचार दे ही नहीं सकते, क्योंकि उन्हें समाचार पश्चिमी देशों की समाचार एजेन्सियों से ही मिला करते हैं। एशिया में ऐसी बहुत-कम समाचार एजेन्सियाँ हैं, जो एशियाई समाचार-पत्रों की आवश्यकता का समझकर उन्हें पूरा कर सकें और एशियायियों की दृष्टि से समाचारों का अभिप्राय निकाल सकें।

कभी-कभी समाचार-पत्र किन्हीं अनिवार्य जिन्सों के अभाव के झूठे समाचार देकर बनावटी अभाव पैदा कर देते हैं। अभाव की ख़बरों के अलावा नये कर लगाने के समाचारों अथवा कुछ कारख़ानें बन्द होने की सम्भावनाओं की ख़बरों से भी उन वस्तुओं की माँगें बढ़ जाती हैं और कृत्रिम अभाव पैदा हो जाता है। इन बातों के साथ ही स्वतन्त्र समाचार-पत्र सामाजिक प्रगति के विषय में भी जनता को शिक्षित कर सकते हैं। रीति-रिवाज़ और पुरानी बातें लोगों के मन में इतनी गहरी बैठी रहती हैं कि उनके हर व्यवहार और कार्य पर उनकी छाप रहती है। कभी-कभी तो यह उनका स्वभाव ही बन जाया करता है और इसको बदलना अथवा मिटाना असम्भव होता है। लोग अपने सामाजिक रीति-रिवाज़ों से इतने जकड़े होते हैं कि यदि सारा समाज नष्ट भी हो जाय तो भी वे इन रीति-रिवाज़ों को छोड़ने के लिए तैयार नहीं होते।

इनके अतिरिक्त भी पत्रकारिता के अनेक क्षेत्र हो सकते हैं- जैसे राजनीतिक पत्रकारिता, वृत्तान्त (कमेण्ट्री) पत्रकारिता, बाल पत्रकारिता, ब्रेल पत्रकारिता, फ़ोटो पत्रकारिता इत्यादि।

समाज में पत्रकारिता का महत्त्व

पत्रकारिता का उद्‌देश्य मनुष्य के ज्ञान और विचारों का समीक्षात्मक विश्लेषण कर संचार के विभिन्न माध्यमों द्वारा जन-जन तक सूचनाएँ और जानकारी पहुँचाना है जिससे समाज में

समन्वय और विकास की भावना फलीभूत होती है। मनुष्य-समाज के प्रति कर्त्तव्य और समाज द्वारा मनुष्य की प्रगति एक-दूसरे पर निर्भर है। अतः समाज में मानव-मूल्यों जीवन की स्थापना के साथ जन-जीवन को विकासोन्मुख बनाना पत्रकारिता का मूल दायित्व है। पत्रकारिता में कला, विज्ञान और संस्कृति का संगम है। इन तीनों के सामन्जस्य द्वारा पत्रकारिता गौरवान्वित होती है। इसका लक्ष्य विश्व के कोने-कोने में जनजागरण, नवस्फूर्ति और नवनिर्माण करना है। पत्रकारिता ने राष्ट्र में नवीन राजनैतिक, सामाजिक, धार्मिक एवं सांस्कृतिक विचारों के आदान-प्रदान का मार्ग प्रशस्त किया। आज वर्तमान युग में पत्रकारिता लोकतान्त्रिक व्यवस्था का चौथा स्तम्भ है। पत्रकारिता लोकतान्त्रिक व्यवस्था को सुचारू रूप से चलाने एवं व्यवस्थित करने के लिए सत्ता को जनता से लगातार सम्पर्क में रखती है। समाज से गहरे जुड़े होने और उसका प्रतिबिम्ब प्रस्तुत करने के कारण पत्रकारिता को समाज का दर्पण कहा जाता है। पत्रकारिता सामाजिक जीवन में प्रतिदिन घटनेवाली घटनाओं का वास्तविक चित्रण और उन पर निष्पक्ष विश्लेषण प्रस्तुत करती है। पत्रकारिता समाज में नयी क्रान्ति और युगान्तरकारी परिवर्तन ला सकती है। यह एक ऐसा साधन है जिसके ज़रिये समाज की विभिन्न विचारधाराएँ सुदूर बैठे लोगों तक पहुँचती हैं। पत्रकारिता जन-आकांक्षाओं का प्रतिनिधित्व करती है। लोकतान्त्रिक देशों में समाजविरोधी नीतियों और उनके घातक कार्यक्रमों को नेस्तनाबूत करने में पत्रकारिता अपनी महत्त्वपूर्ण भूमिका निभाती हैं। यह जनता को निर्भीक और जागरूक बनाती है। रूढ़िवादी परम्पराओं के उन्मूलन जैसे जातिवर्ग, भ्रूण हत्या, दहेज हत्या, बाल विवाह रोकने तथा नवीन मूल्यों की स्थाना करने में पत्रकारिता का महत्त्वपूर्ण योगदान है। भारतीय जनजीवन, अन्धी परम्पराओं, थोथी मान्यताओं और पिछड़ी जीवन-पद्धतियों का आदी था। किन्तु पत्रकारिता द्वारा इनके विरुद्ध नियमित प्रचार-प्रसार होने से यहाँ के लोगों की विचार दिशा बदली और उन्हे प्रगतिशील तरीक़े से सोचने को बाध्य किया। फलस्वरूप धीरे-धीरे ही सही हमारे देश में अनेक रूढ़िवादी परम्पराओं का उन्मूलन हुआ। जाति-पाति और भेद-भाव-जैसी हीनभावना आज विकसित समाज में समाप्त होती दिख रही है। नवीन समाजिक विचारों के पोषण और स्वस्थ्य जीवन के प्रणाली के निर्माण में मीडिया ने सार्थक प्रयास किया और आज भी निरन्तर प्रयत्नशील है।

ममता व करुणा की प्रतिमूर्ति महिला को सशक्त और विकसित बनाने में पत्रकारिता ने अहम् भूमिका निभायी। आधुनिक युग में मीडिया क्रान्ति ने महिलाओं को उनके स्थिति से ऊपर उठाने का भरसक प्रयास किया जिससे महिलाओं ने प्रगति के नये आयाम का परचम लहराया। महिला ने अपने आपको पहचाना और समाज में अपनी उपस्थिति दर्ज़ करायी। वह शिक्षा, पोषण स्तर, स्वावलम्बन, आर्थिक निर्भरता, समाजिक प्रतिष्ठा इत्यादि विषयों पर पुरुषों के साथ कन्धे-से-कन्धा मिलाकर चलने लगी। उसने अपनी बुद्धिमत्ता और सृजनात्मक गुणों का प्रयोग कर विश्व की उन्नति में यथासम्भव योगदान दिया। मीडिया ने महिलाओं के शोषण के विरुद्ध उठनेवाले आन्दोलनों का व्यापक प्रचार-प्रसार किया। महिलाओं की दयनीय स्थिति व उनके मौलिक अधिकारों को कुचलने की प्रथा इत्यादि को पत्रकारिता ने ही विश्व पटल पर प्रचारित व प्रसारित किया जिससे सम्पूर्ण विश्व उनसे भावनात्मक रूप से जुड़ गया। महिलाओं ने समस्त विश्व में अपनी सुन्दरता के अतिरिक्त अपनी कुशल नेतृत्व क्षमता एवं बौद्धिक क्षमता का भी परिचय दिया। इन्दिरा गाँधी, चन्द्रिका कुमारी तुंगा, बेनजीर भुट्टो, ख़ालिदा जिया, कोडिलीज़ा

राइस, लारा बुश, मारग्रेट थैचर, सिरोमावो भण्डारनायके, एंजेला मार्केल, ऑग-सू-की, मदर टेरेसा इत्यादि ऐसे प्रमुख नाम है जिन्होंने विश्वस्तर पर महत्त्वपूर्ण उपलब्धि प्राप्त की और समाज के समक्ष एक आदर्श उदाहरण प्रस्तुत किया। मीडिया ने महिलाओं को सशक्त, प्रभावशील, संघर्षशील और सकारात्मक छवि प्रदान की। मीडिया द्वारा महिलाओं को दिया गया सकारात्मक मार्गदर्शन के प्रभाव के कारण आज महिलाएँ देश व समाज को प्रगति पथ पर अग्रसर करने में सराहनीय व सम्माननीय कार्य कर रही हैं। वे वामा के स्वरूप में अपने सौन्दर्यात्मक गुणों से समाज को सुन्दरता के नये प्रतिमान् से परिचित करा रही हैं, तो कहीं अपने आत्मबल व संघर्षात्मक गुणों से अबला के पर्याय को चरितार्थ करने में लगी है। बन्धन में बँधी नारी को स्वतन्त्रता दिलाने एवं उसकी आन्तरिक प्रतिभा को उजागर करने में मीडिया ने युद्धस्तरीय सार्थक प्रयास किया। आज समाज का कोई भी क्षेत्र महिलाओं की ओजस्वी काया से अछूता नहीं है। मीडिया ने महिलाओं में इस कदर चेतना का विकास किया कि आज की महिला अपने अधिकारों और कर्त्तव्यों के प्रति जागरूक और संवेदनशील हैं। मीडिया ने अपने संचार माध्यमों द्वारा महिलाओं को अपनी वास्तविक पहचान बनाने में शिक्षारूपी ब्रह्मास्त्र से सशक्त किया महिलाओं को शिक्षा का हक़ दिलाने में हर सम्भव प्रयास किया। मीडिया ने महिलाओं में चेतना का प्रसार कर उन्हें जागरूक किया उन्हें अपने अस्तित्व, सम्मान, पहचान एवं सजगता हेतु प्रेरित किया। जिसका लाभ उठाकर महिलाओं ने हर क्षेत्र में अपना वर्चस्व स्थापित करना आरम्भ कर दिया है। वर्तमान में भारतीय महिलाएँ समाज व राज्य की विभिन्न गतिविधियों में पर्याप्त सहभागिता कर रही हैं, परन्तु इससे उनके प्रति घरेलू हिंसा के अलावा कार्यस्थल पर, सड़कों एवं सार्वजनिक यातायात के माध्यमों में व समाज के अन्य स्तरों पर होनेवाली हिंसा में भी वृद्धि हुई है। इसमें शारीरिक, मानसिक व यौन सभी प्रकार की हिंसा सम्मिलित है। मीडिया ने महिलाओं का एक अच्छे हितैषी के रूप में साथ दिया है। उसने महिला को अबला से सबला बनाने का महत्त्वपूर्ण कार्य किया है। आज महिलाएँ प्रगति के हर क्षेत्र में अपना सकारात्मक योगदान दे रहीं हैं। चाहे वह राजनैतिक क्षेत्र हो, धार्मिक अथवा सांस्कृतिक क्षेत्र, फ़िल्म जगत्, खेल जगत्, वैज्ञानिक क्षेत्र, शैक्षिक जगत्, औद्योगिक एवं व्यावसायिक क्षेत्र इत्यादि हर क्षेत्र में महिलाएँ अग्रसर हैं। वे संवाददाता, लेखिका, सम्पादक, अभिनेत्री, एयर होस्टेस, शिक्षिका, जनसम्पर्क कर्त्री, डाक्टर, इंजीनियर, पायलेट, प्रशासनिक पदाधिकारी, वैज्ञानिक, अन्तरिक्ष वैज्ञानिक, इंजीनियर, सर्जन, निर्देशिका, सीमाप्रहरी, समाजसेविका, नेता, मन्त्री, मुख्यमन्त्री, राज्यपाल, प्रधानमन्त्री, राष्ट्रपति इत्यादि उच्च व शोभनीय पदों पर आसीन हैं।

शिक्षा-जगत् में पत्रकारिता का महत्त्व

शिक्षा मनुष्य की सर्वांगीण और सम्यक् विकास करनेवाली एक अप्रतिम शक्ति है। पत्रकारिता का उद्‌देश्य व्यक्ति को शारीरिक, मानसिक, बौद्धिक तथा प्रत्येक प्रकार के विकास द्वारा पूर्ण बनाना है। वह हमें जीवन-संग्राम के लिए प्रस्तुत करती है। पत्रकारिता शिक्षा में निहित दोषों को प्रकाश में लाती है। जैसे-पाठ्यक्रम की दुरूहता, शिक्षा का माध्यम, अध्यापकों की दयनीय स्थिति, उचित शिक्षण-व्यवस्था तथा आत्मनिर्भरता का अभाव, विद्यालय-भवन और सज्जा का अभाव, छात्रों की निर्धनता, शिक्षा में विशिष्ट योजनाओं और अध्यापकों के प्रशिक्षण के उचित प्रबन्धन का अभाव, व्यावसायिक, औद्योगिक शिक्षा तथा विशिष्ट विद्यार्थियों की शिक्षा की उचित व्यवस्था का न होना आदि। इन दोषों को देखते-समझते हुए, पत्रकारिता इस निष्पत्ति

पर पहुँचती है कि यदि किसी राष्ट्र का उत्थान करना है और उसे शृंखलामुक्त कर समृद्धिशाली और समुन्नत बनाना है तो शिक्षा-योजना के प्रचलित ढाँचे को बदल को अतिशय आवश्यक है।

देश-विदेश की दैनिक सामाजिक, राजनीतिक, आर्थिक, सांस्कृतिक घटनाओं, संघर्षों, नवीन योजनाओं तथा उनमें प्रगति और सुधार का ज्ञान पत्रकारिता द्वारा प्राप्त किया जा सकता है। ये जागृति और चेतना लाने में सहायक होते हैं। इनके द्वारा व्यक्ति निकटता का अनुभव करता है और एक-दूसरे की स्थिति तथा सभ्यता-संस्कृति से सपरिचित होता है। पत्रकारिता के द्वारा मनोरंजन के साथ-साथ ज्ञान की भी वृद्धि होती है। वैज्ञानिक, साहित्यिक, औद्योगिक, व्यावसायिक, मनोवैज्ञानिक, नवीन अन्वेषणों-अनुसन्धानों, तथ्यों तथा परीक्षणों का ज्ञान सरलता से इनके द्वारा व्यक्ति को हो सकता है। पत्रकारिता विद्यार्थी के बौद्धिक, मानसिक, नैतिक, सामाजिक, भावनात्मक तथा सांस्कृतिक जीवन के उत्थान में सहायक होती हैं। विद्यार्थी का दृष्टिकोण इनकी सहायता से व्यापक और उदार बनाया जा सकता है। भाव-प्रकाशन, भाषा की पकड़ तथा सामान्य ज्ञान की वृद्धि इनके माध्यम से सम्भव होती है। पत्रकारिता समाज के प्रत्येक घटक को संस्कारशील और विचारशील बनाती है। वह उचित-अनुचित, विकार-अविकार, स्वीकार्य-अस्वीकार्य तथा ग्राह्य-अग्रह्य का सम्यक् विश्लेषण स्थापित कराती है।

भारतीय समाज के ऐतिहासिक, सामाजिक, धार्मिक और सांस्कृतिक स्वरूप को जानने व समझने में पत्रकारिता ने अग्रणी भूमिका निभायी है। पत्रकारिता आधुनिक युग की एक अनिवार्यता बन गयी है। समाज को नियन्त्रित, संचालित और प्रभावित करने की दिशा में पत्रकारिता की महत्त्वपूर्ण भूमिका है। यह जीवन में सामञ्जस्य स्थापित करने और उसको विकास की ओर उन्मुख करने का कार्य करती है। विभिन्न राष्ट्रीय और अन्तरराष्ट्रीय गतिविधियों की झलक, पत्रकारिता के माध्यम से ही हमें मिलती है। यह कृषि, ग्राम्य-जगत्, शिक्षा, स्वास्थ्य, पर्यावरण और प्रौद्योगिकी के विकास के विभिन्न आयामों पर विश्लेषण एवं व्याख्या प्रस्तुत करती है। पत्रकारिता की सूचना प्रौद्योगिकी क्रान्ति ने आज सम्पूर्ण विश्व को ग्लोबल विलेज (विश्व ग्राम) के रूप में परिणत कर दिया है। आज राष्ट्रीय एवं अन्तरराष्ट्रीय सूचना व्यवस्था को समझकर विश्व की गतिविधियों के विविध आयामों से ही विश्व में संचार की नयी क्रान्ति का आगाज़ हुआ। सूचना क्रान्ति के इस दौर में संचार (Tele Communication) और कम्प्यूटर के समायोजन की तकनीकी ने नवीन प्रविधियों का विकास करके सूचना संग्रहण एवं सूचना पुनः प्राप्ति (Storage and retrivel of information) में अपार योगदान दिया है।

पत्रकारिता हमारे समाज के लिए दिशा-निर्देश देने के साथ-साथ विश्वस्त मित्र भी है। पत्रकारिता द्वारा उठाये गये मुद्दे हर हाल में आम आदमी के चिन्तन का विषय ही होते हैं। स्थानीय, राष्ट्रीय एवं अन्तरराष्ट्रीय महत्त्व के प्रत्येक मुद्दों में पर्यावरण आम आदमी से जुड़ा ऐसा गम्भीर मुद्दा है जिससे आज हर इन्सान प्रभावित है। पर्यावरण में प्रदूषण की मात्रा उसके कारण, उसकी घातकता उसके प्रारूप, तत्त्व इत्यादि को पत्रकारिता में बड़े ही सहज और स्वाभविक तरीक़े से हमारे समक्ष प्रस्तुत किया है। पर्यावरण के संरक्षण से सम्बन्धित सभी विषयों चाहे वह स्थानीय हो या फिर विश्वस्तर के पत्रकारिता ने उसे आम आदमी से जोड़कर बड़े ही अच्छे और प्रभावी ढंग से प्रकाशित और प्रसारित किया है जिससे हमारा समूचा समाज स्वच्छ पर्यावरण के प्रति जागरूक और सर्तक हो रहा है।

जब हम सम्पूर्ण पर्यावरण या समग्र प्रकृति की बात करते हैं तो उसमें नदी, जल, समुद्रजलीय जीव-जन्तु, जंगल, पहाड़, पशु-पक्षी व हवा ही नहीं आते, बल्कि हमारे सामाजिक-आर्थिक सरोकार और सांस्कृतिक, धार्मिक, राजनैतिक परिस्थितियाँ भी शामिल होती हैं। बेशक, प्राकृतिक पर्यावरण को पल्लवित और पोषित करती है। स्वस्थ प्राकृतिक पर्यावरण ही सभ्य मानव समाज की परिकल्पना को सुदृढ़ बनाता है। पर्यावरण में शामिल सभी घटकों का एक निश्चित सन्तुलन रहता है, किसी भी घटक का अपने अनुपात से बढ़ जाता या फिर घट जाना ही प्रदूषण कहलाता है। वर्तमान समय में जल-प्रदूषण, भूमि प्रदूषण, ध्वनि प्रदूषण, रेडियोधर्मी प्रदूषण आदि चिन्ता का विषय बने हुए हैं।

भोपाल गैस त्रासदी से लेकर गॉड पार्टिकल की खोज तक के सभी मामलों को पत्रकारिता के विविध आयामों ने बड़ी ही गम्भीरता से लिया और उसका उत्कृष्ट विश्लेषण और व्याख्या जनता के समक्ष प्रस्तुत किया। पत्रकारिता में पर्यावरण के क्षेत्र में महत्त्वपूर्ण भूमिका निभानेवाले महत्त्वपूर्ण व्यक्तियों को प्रोत्साहित करने के लिए उनकी गतिविधियों, कार्यों एवं आन्दोलनों को प्रकाशित व प्रसारित किया जाता है। गंगा मुक्ति आन्दोलन, पर्यावरण संरक्षण, ज्योतिष विज्ञान, चिपको आन्दोलन की समीक्षा एवं प्रस्तुतीकरण से जनता को रूबरू कराया जिसके परिणामस्वरूप गंगा मुक्ति अभियान या चिपको आन्दोलन में लाखों, करोड़ों लोगों ने प्रत्यक्ष एवं अप्रत्यक्ष रूप से बढ़-चढ़कर हिस्सा लिया। समाचार-पत्रों में अकसर ही स्वारथ्य एवं पर्यावरण से सम्बन्धित बड़े-बड़े अच्छे लेख छपते रहते हैं जिनसे आम जनता जागरूक और प्रभावित होती है, इन लेखों की प्रकृति इतनी रोचक और आकर्षक होती है कि ये सहज ही पाठकों के अन्तःकरण में समाहित हो जाते हैं। मुद्रित माध्यमों की तुलना में इलेक्ट्रॉनिक माध्यम की प्रभावोत्पादकता पर्यावरण जागरूकता के सन्दर्भ में अधिक प्रभावशाली हैं क्योंकि दर्शक समस्या को देख-सुनकर उससे अधिक प्रभावित होता है। पर्यावरण को लेकर आये दिन दर्शकों के समक्ष नये-नये रूपों में कार्यक्रमों का प्रस्तुतीकरण किया जा रहा है। इस दिशा में डाक्यूमेण्ट्र (वृत्तचित्र) फ़िल्मों ने एक ऐसी मिसाल क़ायम की है जिसका अत्यधिक प्रभाव हमारे समाज पर पड़ा है। मीडिया की पर्यावरण के प्रति सजगता के कारण कई परियोजनाएँ तो निरस्त कर देनी पड़ीं। समाचारों के माध्यम से मौसम के पूर्वानुमान का पता चल जाता है जिससे हम सचेत हो जाते हैं और अपने को सुरक्षित रखने का प्रयास करते हैं। मौसम सम्बन्धी जानकारियाँ कृषकों, नाविकों और मछुवारों के लिए अत्यन्त महत्त्वपूर्ण होती हैं। भविष्य में आनेवाले सम्भावित आँधी-तूफ़ान, वर्षा, ज्वालामुखी के फटने की आशंका इत्यादि जानकारियाँ पहले मिल जाती हैं।

संचार की अवधारणा एवं स्वरूप

विश्व में संचार का प्रादुर्भाव अत्यन्त प्राचीन है। संचार का वर्चस्व युगों-युगों से सदैव ही विद्यमान रहा है। भारतीय पौराणिक कथाओं के अनुसार नारद मुनि देवी-देवताओं, दैत्यों एवं मनुष्यों के बीच सन्देशों का आदान-प्रदान करते थे। नारद जी को आदि पत्रकार भी कहा जाता है। महाभारत के समय संजय अपनी दिव्य दृष्टि से धृतराष्ट्र को महाभारत युद्ध का आँखों देखा वर्णन सुनाते थे। इस प्रकार संजय एक पौराणिक युद्ध संवाददाता के रूप में प्रसिद्ध हैं। इन पौराणिक कथाओं से हमें ज्ञात होता है कि सृष्टि के आरम्भ से ही संचार का आगाज़ हो गया। प्राचीन युग में तन्त्र-मन्त्र संचार के लिए प्रयुक्त किये जाते थे। भारत के इतिहास का अवलोकन करें तो अनेक बुद्धिजीवों ने संचार के क्षेत्र में अभूतपूर्व योगदान दिया है। इनमें प्रमुख रूप से (चाणक्य) का नाम आता है जो कि चन्द्रगुप्त मौर्य के प्रमुख मन्त्री थे। उन्होंने तत्कालीन बड़े राजतन्त्र में गुप्तचरी की एक विशद एवं उत्कृष्ट व्यवस्था की स्थापना की जिसमें सूचनाओं का प्रचार-प्रसार बड़ी ही सजगता और सर्तकता से किया जाता था। उन्होंने ही सर्वप्रथम प्राचीन संचार-तन्त्र का सूत्रपात किया था। मौर्यकालीन शासन-व्यवस्था में प्रायः दूत, भाट, हरकारे, पुरोहित एवं मालिन समाचार वाहक के रूप में नियुक्त किये जाते थे। इसके अतिरिक्त घोड़े, कबूतर, हंस, काग आदि पशु-पक्षी सन्देशवाहक के रूप में प्रयुक्त किये जाते थे। इसी विकास क्रम में सम्राट् अशोक के शासनकाल में जनसंचार के लिए शिलालेखों एवं स्तम्भ लेखों का प्रयोग आरम्भ हुआ। अशोक के शिलालेख आज भी देश-विदेश के कई स्थलों पर विद्यमान् हैं। कालान्तर में, गुप्तकाल में भी संचार ब्यवस्था का व्यापक प्रचार-प्रसार हुआ। इस काल की विक्रमादित्य की बैताल पच्चीसी (बेताल की कथाएँ) एक उत्कृष्ट उदाहरण है। इसके पश्चात् मुगल साम्राज्य की स्थापना के बाद संचार साधनों के क्षेत्र में नये युग का शुभारम्भ हुआ। मुगलकालीन संचार-व्यवस्था में विभिन्न सूचनाधिकारियों की नियुक्ति की जाती थी। इस काल के संवाद लेखकों को 'वक़िया नवीस' व गुप्त समाचार भेजनेवालों को 'खूफिया-नवीस' कहा जाता था। मुगल वंश के बहादुरशाह के शासनकाल में हस्तलिखित सिराज उल अख़बार भी निकाला जाता था। अख़बार निकालनेवालों को 'अखबारनवीस' कहा जाता था। इसमें साहित्यिक विकास के फलस्वरूप संचार का अत्याधुनिक मार्ग प्रशस्त हुआ। हमारे प्राचीन उत्सव, मेले एवं बाज़ार संचार के प्रमुख साधन थे। देश के पारम्परिक लोक संचार माध्यमों ने संचार को अत्यधिक अर्थवान् तथा ग्राह्य रूप प्रदान किया। अतः प्राचीन भारत में भी संचार-व्यवस्था पर्याप्त विकसित व प्रचलित थी। संस्कृत में 'बहुजन हिताय, बहुजन सुखाय' का सूत्र भी इसी संचार की प्रक्रिया का द्योतक है। भरतमुनि ने अपने ग्रन्थ में 'नवरसों' का उल्लेख किया है जो कि

संचार-प्रक्रिया के महत्त्वपूर्ण साधन थे। संचार की प्रक्रिया के लिए सामाजिक भावनाओं का विकास किया जाना आवश्यक है। यह कार्य ऐसे सन्देशों के निर्माण से किया जा सकता है, जो सबके फ़ायदे के लिए हों, सभी प्रतिभागी उसमें अपना 'हित' देखें तभी वे प्रेरित भी होंगे और सहृदयी भी। संचार की सार्थकता केवल मनुष्य के जीवन में ही नहीं, पशु-पक्षियों के जीवन में भी बराबर की है। यहाँ कि पेड़-पौधे भी संचार की प्रक्रिया से गुज़रते हैं। एक अकेले पौधे को भले ही कितनी ही सही खुराक़ व समय पर पानी दिया जाय, वह समूह में रखे पौधों से सदा ही कमज़ोर दिखायी देगा। इसी प्रकार पशु-पक्षियों में प्रजनन क्रिया, एक प्रकार के संचार कार्य के तहत ही होती है। यदि यह कहा जाये कि संचार एक व्यावहारिक विज्ञान है, संचार एक कला है और संचार एक आवश्यकता है, तो इसमें अतिशयोक्ति न होगी।

आधुनिक युग में वैज्ञानिक तकनीकी के कारण एक नयी संचार क्रान्ति का जन्म हुआ। भूमण्डलीकरण के आधुनिक युग में संचार-व्यवस्था ने प्रसारण व्यवस्था ने एक ऐसा वातावरण तैयार किया है जिसने राष्ट्रीय, क्षेत्रीय और सांस्कृतिक भिन्नता का भेद मिटाया है। संचार की नयी टेक्नोलॉजी ने नये भूगोल की रचना की है जो धरती पर बनी सीमाओं के बजाय आकाश से प्रवाहित सूचनाओं और छवियों के प्रसारण पर आधारित है। ऐसे में प्रसारित तरंगें और बिम्ब नयी स्पेसिस् द्वारा नयी सीमाएँ बना रहा है। इण्टरनेट के विस्तार ने विश्व भर में अनगिनत वेब-साइट बिछा दिये हैं। परन्तु इन नयी 'प्रसारण-स्पेसिस' के साथ ही विशिष्ट स्थानीय प्रसारणों का भी उदय होने लगा है। इस प्रकार भूमण्डलीय इलेक्ट्रॉनिक समुदाय तथा स्थानीय धारणा का समागम हो गया है। समाज में संस्कृति एवं सभ्यता का विकास संचार से ही सम्भव होता है। आज संचार के सभी क्षेत्रों में तीव्रता से बदलाव आता जा रहा है। अपना अस्तित्व बनाये रखने के लिए संचार को प्रतिस्पर्द्धात्मक की आवश्यकता है। प्रतिस्पर्द्धात्मक बनने के लिए समाज की सभी घटनाओं व तथ्यों से अवगत रहना आवश्यक है। इन सभी तथ्यों को कम-से-कम समय में आवश्यकता के अनुसार सूचना में परिवर्तित करने की आवश्यकता है।

संचार का उद्‌भव एवं विकास

संचार का जन्म प्राकृतिक आवश्यकता के रूप में मानव अस्तित्व के साथ ही हुआ है। संचार के बिन संचार की कल्पना करना असम्भव है। संचार मानव-जीवन में विविध रूपों में विद्यमान है। संचार का समान अभिप्राय लोगों के विचारों, ज्ञान, भावना तथा अनुभवों का कुछ संकेतों के माध्यम से आदान-प्रदान होता है। संचार एक ऐसी गति या प्रक्रिया है जिसके बिना जनसंचार की सम्भावना ही नहीं रह जाती है क्योंकि उसका पहला काम व्यक्ति से व्यक्ति, व्यक्ति से समूह, समूह से समूह के बीच सम्बन्धों अथवा विचारों का आदान-प्रदान है। संचार की मुख्य क्रिया मानव व्यवहार पर प्रभाव डालती है। संचार दो व्यक्तियों के मध्य ऐसी वाणीगत एवं सांकेतिक प्रक्रिया है, जिसके अन्तर्गत प्रश्नों, शंकाओं, विचारों और अपेक्षाओं का समाधान होता है। इस प्रकार संचार व्यक्ति की मौनता तोड़ता है। संचार वास्तव में जीवन का यथार्थ है। यह एक ऐसी प्रक्रिया है जिसके द्वारा हम अपनी भावनाओं को अभिव्यक्त करते हैं। जिस प्रकार हमारे शारीरिक स्वास्थ्य के लिए भोजन आवश्यक है उसी प्रकार स्वस्थ समाज के लिए संचार की आवश्यकता होती है। मनुष्य का शारीरिक, मानसिक विकास पूरी तरह से संचार-प्रक्रिया से जुड़ा रहता है। यह मनुष्य के व्यक्तित्व को सँवारता व निखारता है। मानवीय

अनुभवों व विचारों का आदान-प्रदान ही संचार है। वास्तव में इस प्रक्रिया में मानव सम्बन्धों की नींव तैयार होती है।

संचार का अर्थ व परिभाषा

समस्त प्राणी जगत् संचार की एक लम्बी प्रक्रिया से जुड़ा है। संचार मानव-विकास की हर अवस्था से जुड़ा है। मानव जीवन में संचार देखने, सुनने, बोलने, पढ़ने, लिखने, सोचने और विचार-विमर्श के द्वारा होता है। एक मनुष्य दूसरे मनुष्य से एक समूह दूसरे समूह से और एक देश दूसरे देश से संचार के द्वारा ही जुड़ता है। संचार एक प्रक्रिया है जिसमें मनुष्य परस्पर वार्त्तालाप और आदान-प्रदान करते हैं। इसके अभाव में मनुष्य व समाज की प्रगति सम्भव नहीं है। यह संचार का ही अवदान है कि आज व्यापक विश्व एक छोटे-से गाँव में सिमट गया है और संचार सम्बन्ध जोड़ने का एक महत्त्वपूर्ण तकनीक बन गया है।

संचार शब्द संस्कृत की मूल धातु 'चर' से बना है जिसका अर्थ है 'चलना', 'बढ़ाना' या 'फैलाना'। किसी वस्तु के एक स्थान से दूसरे स्थान तक जाने की प्रक्रिया को संचार कहते हैं। संचार का अर्थ सन्देश के एक स्थान से दूसरे स्थान तक जाने से है। यह संचरण वाणी, हाव-भाव, इशारे या ध्वनि के माध्यम से भी हो सकता है। जब बोली, भाषा, व्याकरण का आविष्कार नहीं हुआ था तब भी इशारों, विभिन्न प्रकार की ध्वनियों व भित्ति-चित्रों के माध्यम से संचार होता था। संचार का पर्याय 'बहना' व 'चलना' भी है। अंग्रेज़ी में इसके लिए Share शब्द का प्रयोग होता है जिसका अर्थ है–बाँटना। संचार भावों व विचारों को बाँटने व प्राप्त करने की प्रक्रिया है। इस प्रक्रिया में सूचना देनेवाला व सूचना प्राप्त करनेवाला दोनों ही एक-दूसरे पर निर्भर रहते हैं। संचार अंग्रेज़ी भाषा के 'कम्यूनिकेशन' (Communication) शब्द का हिन्दी पर्याय है जो मूलतः लैटिन भाषा के शब्द 'कम्यूनिस' (कॉमन) से बना है, जिसका अर्थ-विचार, सूचना, सन्देश का संचरण या सम्प्रेषण है। इसके समकक्षी हिन्दी शब्द 'संवाद' और 'सम्प्रेषण' हैं। अतः संचार तथ्यों, विचारों, भावनाओं, संवादों एवं क्रिया के प्रेषण अथवा विनिमय को कहते हैं। विभिन्न विचारों एवं सूचनाओं के संचरण की प्रक्रिया को संचार कहते हैं। संचार का अर्थ एक-दूसरे को जानना, सम्बन्ध बनाना, सूचनाओं का आदान-प्रदान करना होता है। इसके माध्यम से मनुष्य के सामाजिक सम्बन्ध बनते और विकसित होते हैं। मानवीय समाज के संचालन की समस्त प्रक्रिया संचार पर आधारित हैं। प्रत्येक मनुष्य अपनी जाग्रतावस्था में संचार करता है। जब मनुष्य अपने हाव-भाव संकेतों और वाणी के माध्यम से सूचनाओं का आदान-प्रदान करता है तो वह संचार कहलाता है। इस प्रकार संचार का सामान्य अर्थ विचारों, मतों-अभिमतों, धारणाओं-अवधारणाओं, अनुभवों-अनुभूतियों का आदान-प्रदान है।'संचार' का सर्वप्रथम रूप व्यक्ति स्तर पर अपने आपसे बातें करना है। संचार के माध्यम से संवादकर्त्ता किसी सामनेवाले व्यक्ति को स्वकथन, स्वविचार एवं स्वकीय अभिवृत्तियों का उल्लेख जनसमाज के सामने करने की प्रक्रिया अपनाता है।

संचार अथवा सम्प्रेषण मुख्य रूप से वैचारिक धरातल पर सहभागिता अथवा साझेदारी स्थापित करना होता है। संचार द्वारा विचारों व जानकारियों को समाज के उन तमाम लोगों के लिए साझा करना है जो इनसे सम्बद्ध हैं या जिन्हें यह जानकारी पहुँचाना अपेक्षित है, जिससे सभी लोग इनसे अवगत हो जायँ अथवा इनसे लाभान्वित हो सकें। विभिन्न विद्वानों ने संचार

को अपने ढंग से विभिन्न रूपों में परिभाषित किया है, कुछ महत्त्वपूर्ण परिभाषाओं का उल्लेख निम्नवत् दृष्टव्य है-

विल्बर श्राम : संचार लैटिन भाषा के कम्यूनिस शब्द से ग्रहण किया गया है। जब हम सम्प्रेषित करते हैं तब हम अपनी सूचना विचार और अभिवृत्ति की भागीदारी का प्रयास करते हैं।

Communication comes from, the Latin Communis, common. When we communicate we are trying to share information, an idea, of an attitude.

-Wilbur Schramm

चार्ल्स ई. आसगुड : सामान्य अर्थ में जब कभी हम एक पद्धति से किसी स्रोत को दूसरे से प्रभावित करते हैं तो उनको जोड़नेवाले माध्यम द्वारा ही संकेतों के विकल्पों के कौशल से ही संचरण हमारा लक्ष्य होता है।

In the most general sense, we have to communicate whenever one system or a source, influences another, the destination, by manipulation of alternative signals which can be transmitted over the channel connecting them.

-Charles E. Osgood

विल्बर शेनन और वारेन वीवर : संचार यहाँ व्यापक अर्थ में प्रयुक्त है जिसमें वे समस्त प्रक्रियाएँ सम्मिलित हैं, जिससे एक मस्तिष्क दूसरे मस्तिष्क से प्रभावित होता है। वास्तव में यह लिखित या मौखिक रूप में ही नहीं, वरन् संगीत, सचित्र कलाओं, रंगमंच, नृत्यनाटिका और मानव व्यवहार को प्रभावित करने में भी निहित है।

The word communication will be used here in a very broad sense to include all procedures by which one mind may effect another. This of course, involves not only written and oral speech, but aslo music, the pictorial arts, the theatre, the ballet, and in effect all human behaviour. - *Shannon and Warren Weaver*

Commmunication is the sum of all the things on a person does when he wants to create understanding in the mind of another. Communication is a bridge of meaning. It involves a systematic and continuing process of telling, listening and understanding. *-Louid A. Allen*

Communication the mechanism through which human relations exist and develop and the symbols of the mind together with the means of conveying them through space and preserving them in time. - *Charles Cooley*

जे.पॉल. लीगनस : यह एक प्रक्रिया है जिसमें दो या दो से अधिक व्यक्ति ऐसे सभी विचारों, तथ्यों, अनुभवों अथवा प्रभावों का विनिमय करते हैं जिससे प्रत्येक व्यक्ति सन्देश का सामान्य ज्ञान प्राप्त कर लेता है। वास्तव में यह सम्प्रेषक और प्रापक के बीच किसी सन्देश अथवा सन्देशों की श्रृंखला प्राप्त करने के लिए की गयी सम्मिलित क्रिया है।

अमेरिकन सोसायटी ऑफ ट्रेनिंग डाइरेक्टर्स : आपसी समझ, विश्वास व बेहतर मानव सम्बन्ध स्थापित करने की दिशा में किया गया सूचनाओं व विचारों का आदान-प्रदान ही संचार है।

लीलैण्ड ब्राउन : मनुष्य के कार्यक्षेत्र, विचारों व भावनाओं के प्रसारण व आदान-प्रदान की प्रक्रिया संचार है।

थीयो हैमान : संचार वह प्रक्रिया है, जिसके द्वारा सूचना व सन्देश एक व्यक्ति से दूसरे तक पहुँचे। संचार मनुष्य की जानने व बताने की जिज्ञासा की पूर्ति करता है।

लेमिक बेगल : संचार एक प्रक्रिया है जिसमें सामाजिक व्यवस्था के द्वारा सूचना, निर्णय और निर्देश दिये जाते हैं और यह एक मार्ग है जिसमें ज्ञान, विचारों और दृष्टिकोणों को निर्मित अथवा परिवर्तित किया जाता है।

मैगीनसन : संचार समानुभूति की प्रक्रिया या शृंखला है जो एक संस्था के सदस्यों को ऊपर से नीचे तक और नीचे से ऊपर तक जोड़ती है।

हावलैण्ड : संचार एक शक्ति है जिसमें एक एकाकी सम्प्रेषण दूसरे व्यक्तियों को व्यवहार बदलने हेतु प्रेरित करता है।

राबर्ट एण्डरसन : वाणी, लेखन या संकेतों के द्वारा विचारों, अभिमतों अथवा सूचना का विनिमय करना संचार कहलाता है।

एण्डरसन एम. पी. : संचार वह प्रक्रिया है जिसमें हम दूसरों को समझने का प्रयत्न करते हैं और इस प्रयास में दूसरे हमें समझने का प्रयास करते हैं। यह गतिशील निरन्तर प्रयत्नशील तथा सम्पूर्ण परिस्थितियों में विभिन्न स्वरूप प्राप्त करनेवाली प्रक्रिया है।

स्मिथ, रिलर, सिम : संचार वह प्रक्रिया जिसके द्वारा सन्देश व्यक्ति या व्यक्तियों को इतने स्पष्ट रूप में प्रेषण किया जाता है कि प्राप्त करनेवाला व्यक्ति भेजनेवाले की इच्छा की अनुरूपता का पता चलता है।

जाल्टमन : संचार वह प्रक्रिया है जिसमें स्रोत द्वारा सन्देश गन्तव्य को भेजा जाता है।

गर्बनर जी. : संचार संवाद तथा प्रतीकों की सामाजिक अन्तःक्रिया है।

ए.एल. बरट्रेण्ड : संचार किसी भी संस्कृति का केन्द्र है। विस्तृत अर्थों में संचार वह प्रक्रिया है जिसके अन्तर्गत एक व्यक्ति से दूसरे व्यक्ति को सूचना और सांस्कृतिक तत्त्व सम्प्रेषित किये जाते हैं।

ऐमरी, आल्ट, एगी : मानव समाज में संचार वह कला है जिससे एक व्यक्ति से दूसरे व्यक्ति के बीच में सूचना, विचारों एवं मनोवृत्तियों का प्रेषण होता है।

लुण्डबर्ग, श्रेग, लारसन : संचार-प्रक्रिया व्यक्तियों के सम्पर्क के साथ प्रारम्भ होती है, पर सम्पर्क ही संचार नहीं है। संचार की प्रक्रिया के लिए अर्थों का प्रेषण होना आवश्यक है। वैकल्पिक पारस्परिक प्रेरणाओं एवं प्रेरणाओं के प्रत्युत्तरों के आधार पर ही संचार-प्रक्रिया पूरी होती है।

ब्राउन एल. : संचार तथ्यों, विचारों, भावनाओं एवं क्रिया के प्रेषण अथवा विनिमय को कहते हैं।

जॉण्डेन : एक व्यक्ति दूसरे व्यक्ति को सूचना, विचार और मनोवृत्ति प्रेषित करता है उसे ही संचार कहते हैं।

सिंह एवं सहाय : संचार एक प्रक्रिया है जिसमें स्रोत द्वारा सन्देश एक या अधिक गन्तव्य तक पहुँचाया जाता है।

मानव संचार को प्रतीकात्मक क्रिया द्वारा अर्थों के कार्य-व्यापार की सर्पिल या कुण्डलीदार प्रक्रिया के रूप में परिभाषित किया जा सकता है जिसमें लिखित, मौखिक एवं शब्दरहित सन्देशों को भेजने तथा प्राप्त करने से जुड़े सभी तत्त्व शामिल हैं। संचार एक प्रक्रिया है जिसमें सामाजिक व्यवस्था के द्वारा सूचना, निर्णय और निर्देश दिये जाते हैं और यह एक मार्ग है जिसमें ज्ञान, विचारों एवं दृष्टिकोणों को निर्मित अथवा परिवर्तित किया जाता है। संचार इस प्रकार का हो जिसे जनता आसानी एवं सुविधा से तथा बिना कठिनाई के समझ सके। इस प्रकार संचार वह गतिशील सम्प्रेषणीयता है जिससे प्राणियों में संवेदना का संचार सम्भव है। कहा जा सकता है कि संचार में साधारण जनता होती है, जो किसी वर्ग, रंग, लिंग, धर्म से सम्बन्धित होती है। संचार यानी सन्देश अथवा विचार सभी के लिए होता है। संक्षेप में कहें तो जनसंचार संगठित प्रचार होता है। यह प्रचार सरकार से लेकर व्यापार तथा समाज के सभी क्षेत्रों से सम्बन्धित होता है।

उपर्युक्त परिभाषाओं का विश्लेषण करने पर हमें ज्ञात होता है कि संचार एक गतिशील प्रक्रिया है जो सम्बन्धों पर आधारित हे। वह सम्बन्ध और व्यक्तियों को जोड़ने का एक बड़ा हथियार है- एक व्यक्ति को दूसरे व्यक्ति से, एक व्यक्ति को एक समूह से, एक समूह को दूसरे समूह से और एक देश से दूसरे देश से जोड़ने का काम भी संचार के आधार पर ही होता है। संचार में अनुभव एवं विचारों के आदान-प्रदान के साथ-साथ सामाजिक मान्यताओं का संचरण भी होता है।

संचार के कार्य एवं महत्त्व

संचार अपनी प्रकृति, स्वरूप, उद्देश्य के आधार पर भिन्न-भिन्न रूप से वृहद् समाज में अपने दायित्वों का निर्वाह करते हैं, इसमें इन्हें समुचित उद्देश्य प्राप्ति भी होती है। ये सभी साधन एवं माध्यम देश के सर्वांगीण विकास, सामाजिक सुरक्षा, भावात्मक एकता, साम्प्रदायिक सौहार्द्र, पर्यावरण संरक्षण, नैतिक शिक्षा एवं मानवीय मूल्यों की संस्थापना में महत्त्वपूर्ण भूमिका अदा करते हैं। संचार जीवन को परिपूर्ण बनाता है और जीवन का महत्त्वपूर्ण अंग है। जब हम अकेले सोचते हैं या जब हम अपने विचार दूसरों के सामने रखते हैं या परस्पर विचारों का आदान-प्रदान करते हैं तो निश्चित ही संचार होता है। यही नहीं, सोते समय सपने देखना भी संचार ही है। इस प्रकार संचार का मौलिक महत्त्व है। किसी भी सामाजिक व्यवस्था में संचार के मुख्य कार्यों को निम्न प्रकार पहचाना जा सकता है-

- **सूचना का प्रचार-प्रसार :** सूचना और संचार का अन्योन्याश्रित सम्बन्ध है। आज सूचना ही शक्ति बन गयी है। जिस व्यक्ति समूह के पास जितनी अधिक सूचनाएँ हैं वह उतना ही अधिक शक्तिशाली है। इसके अभाव में वह पिछड़ा और कमज़ोर है। सूचनाएँ हमें उपग्रहों के अलावा, इलेक्ट्रॉनिक एवं प्रिण्ट माध्यमों द्वारा मिलती हैं। सूचनाएँ कही की भी हो सकती हैं किन्तु हमारे काम की केवल नयी सूचनाएँ ही हो सकती हैं क्योंकि नयी सूचनाएँ ही हमें उद्वेलित करती है। सूचना पत्र-पत्रिकाओं, टेलीविज़न, टेलीफ़ोन, मोबाइल, रेडियो, दूरदर्शन, कम्प्यूटर, इण्टरनेट, फ़िल्मों इत्यादि संचार के विविध माध्यमों द्वारा हमें प्राप्त होती हैं। समाचारों का प्रसारण और प्रकाशन एक स्थान से दूसरे स्थान तक सूचनाओं अथवा जानकारियों को पहुँचाने का काम करते हैं। इसी प्रकार चित्रों, तथ्यों, सन्देशों, विचारों और समीक्षा आदि की

ओर व्यक्तिगत, पर्यावरण, देश-विदेश की परिस्थितियों की सही समझ व प्रतिक्रिया तथा उपयुक्त निर्णय लेने के लिए भी संचार आवश्यक सिद्ध होते हैं।

- **समाजीकरण** : संचार के माध्यम से जनसामान्य तक आवश्यक जानकारी पहुँचती रहती है। संचार ही सामाजिक प्रक्रियाओं, सम्बन्धों की आधारशिला है। संचार द्वारा व्यक्ति अपने स्नेह, प्रेम के साथ-साथ वेदना को अभिव्यक्त कर अपनी स्थिति अन्य तक सम्प्रेषित करता है। संचार कार्य से लोगों को अपने समाज के प्रभावशाली सदस्य के रूप में जीने में सहयोग करना तथा सामाजिक सम्बद्धता विकसित करना और सार्वजनिक जीवन में सक्रियता से सम्मिलित होने का अवसर उपलब्ध कराना है।

- **प्रेरणादायक** : प्रत्येक समाज के तात्कालिक एवं परम लक्ष्यों की प्राप्ति एवं निजी पसन्द तथा आकांक्षाओं को संचार प्रेरणा प्रदान करता है, क्योंकि एक के कार्य से दूसरे को कार्य करने की प्रेरणा उत्पन्न होती है। इसी प्रकार समस्त लक्ष्यों की खोज में व्यक्तिगत और सामूहिक कार्यों को विकसित करने की प्रेरणा संचार द्वारा ही प्राप्त होती है। अतीत से प्रेरणा लेकर आधुनिक समय की समस्याओं का निराकरण किया जा सकता है। संचार की प्रक्रिया के माध्यम से व्यक्ति की आशाएँ बलवती होती हैं और उन व्यक्तिगत या सामूहिक आशाओं को साकार रूप देने के लिए मनुष्य प्रयास करता है।

- **शिक्षा** : संचार के माध्यम से बौद्धिक कार्यक्रमों का प्रसारण होता है जिससे व्यक्ति का बौद्धिक विकास तथा चरित्र-निर्माण सम्भव होता है। शिक्षा के माध्यम से जीवन कलामय होता है और योग्याता का विकास होता है। संचार के कामों में शिक्षण भी निहित है। शिक्षा से ही समाज का मानसिक विकास सम्भव है। शिक्षा का प्रसारण जितना अधिक किया जायगा, उतना ही अधिक बौद्धिक विकास होगा तथा संचार की व्यापक भूमिका के रहते हुए चरित्र निर्माण, कलामय जीवन-व्यवस्था तथा जीवन के प्रत्येक क्षेत्र में योग्यता का विकास होता है और सांस्कृतिक विकास के अवसर मिलते हैं।

- **मनोरंजन** : संचार माध्यम मनोरंजन प्रदान करने का कार्य भी करते हैं। संचार का महत्त्व मनोरंजन के क्षेत्र में भी अपना स्थान रखता है। मनोरंजन के विविध साधनों यथा-नाटक, नृत्य, साहित्य, संगीत, कॉमेडी, खेलकूद आदि का विविध संकेतों, चिह्नों, ध्वनियों तथा चित्रों द्वारा विकास करने की दशा में संचार का योगदान बहुत महत्त्व रखता है। व्यक्तिगत तथा सामूहिक रूप में संचार के कारण ही मन-बहलाव तथा आनन्द प्राप्त होता है। संचार व्यक्ति की मानसिक एवं शारीरिक थकानों का दूर करके पुनः कार्य में लग जाने के लिए तरोताज़ा करता है।

- **एकीकरण** : जीवन में संचार के कारण ही विविध पक्षों में एकीकरण का महत्त्व बढ़ जाता है। उन सभी लोगों, समूहों तथा देशों तक विविध सन्देशों को पहुँचाना, जिन्हें एक-दूसरे को समझने तथा दूसरों के रहन-सहन, विचारों तथा आकांक्षाओं का मूल्यांकन करने की आवश्यकता है। यह कहा जाता है कि व्यक्तिगत तथा सामूहिक रूप में संचार के कारण ही मन-बहलाव तथा आनन्द प्राप्त होता है।

- **प्रत्यायन जनसम्पर्क** : संचार या संचार माध्यम जनप्रत्यायन तथा प्रोपेगेण्डा के उपकरण की तरह कार्य करता है जो सरकार, संस्था तथा व्यक्ति के बीच इसके द्वारा अपने

सम्बन्धों को स्थापित तथा रूपान्तरित करने का प्रयत्न करता है।

• **बाज़ार तथा वितरण :** वर्तमान व्यवस्था में बाज़ार तथा वितरण के लिए संचार का उपयोग किया जाता है। विज्ञापन के माध्यम से जनता को नयी उपभोक्ता वस्तु की जानकारी देने और विश्वास पैदा करने में महत्त्वपूर्ण सहायता मिलती है। विज्ञापन के द्वारा जनता को नये उत्पाद (प्रोडक्ट) की जानकारी दी जाती है। आर्थिक व्यवस्था में मार्केटिंग तथा वितरण प्रक्रिया में जनसंचार माध्यम बड़े कारगर सिद्ध हुए हैं। विज्ञापन के द्वारा उत्पादन की विशेषता, उसका मूल्य एवं उसे ख़रीदने के लिए प्रेरित किया जाता है।

• **संस्कृति एवं सभ्यता का प्रचार-प्रसार :** संचार से ही हम देश-विदेश की संस्कृति से परिचित होते हैं। सांस्कृतिक तत्त्वों का आदान-प्रदान भी संचार द्वारा ही सम्भव होता है। इस प्रकार विभिन्न संस्कृतियों के प्रचार-प्रसार, पल्लवन, पोषण एवं संवर्द्धन का कार्य भी संचार करता है। संस्कृति एवं सभ्यता के प्रचार-प्रसार द्वारा अतीत की परम्परा को सुरक्षित रखा जाता है।

• **विचार-विमर्श :** विचार-विमर्श के द्वारा विचारों-भावों का आदान-प्रदान होता है। परस्पर समीपता आती है। विचार-विमर्श के द्वारा व्यक्ति स्वयं आनन्दित होता है, लाभान्वित होता है और दूसरे भी। विचार-विमर्श से विचारों, सूचनाओं में एकरूपता व परिपक्वता आती है और यहीं विचार-विमर्श मनुष्य की प्रगति का आधार बनता है।

• **भावात्मक एकता :** सूचनाओं, विचारों, सुझावों, सांस्कृतिक गतिविधियों, निर्देशों प्रभृति से मानव समुदाय में एकरूपता बनती है और यह क्रिया भावात्मक एकता की जननी होती है। भावों को व्यक्त करने की तकनीक के बिना मुनष्य की पूर्णता सम्भव नहीं। इस प्रकार संचार भावात्मक एकीकरण का महत्त्वपूर्ण कार्य भी करता है।

• **सामूहिक सत्ता की अपेक्षा :** सामूहिक सत्ता तथा समुदाय के लिए संचार एक प्रकार से आवश्यक अपेक्षा बन गयी है। सामूहिक सत्ता तथा समुदाय के लिए संचार एक आवश्यक अपेक्षा है। वह समाज पूर्ण रूप से जीवन्त नहीं बना रह सकता जहाँ के लोग ढंग से राजनीतिक मामलों, विदेश तथा स्थानीय घटनाओं या अपने परिवेश के बारे में जानकार नहीं हैं।

• **विश्वास-अर्जन :** संचार के द्वारा व्यक्ति अपने विचारों भावों का परस्पर आदान-प्रदान करता है। इस प्रकार व्यक्ति-व्यक्ति के प्रति विश्वास बढ़ता है। समाज में विश्वास और भरोसे की नींव मज़बूत होती है। यह प्रक्रिया व्यक्तिगत जीवन से लेकर हमारे काम करने के स्थान, कार्यालय, संस्था, सार्वजनिक जीवन आदि हर जगह चलती रहती है। सरकारी, अर्द्धसरकार, ग़ैरसरकारी संस्था, समाचार-पत्र, टेलीविज़न, चैनल, कारख़ाना, व्यापारिक इकाई, राजनीतिक, ग़ैर-राजनीतिक पार्टी अथवा संगठन अपनी विश्वसनीयता में वृद्धि चाहते हैं।

• **निर्देश :** निर्देश एक व्यक्ति से दूसरे व्यक्ति के लिए भी हो सकता है और जनसमुदाय के लिए भी। मोबाइल फ़ोन से एक व्यक्ति को निर्देश पत्र लिखकर पत्र-पत्रिकाओं के माध्यम से भी दिया जा सकता है। एक व्यक्ति द्वारा दूसरे व्यक्ति तक निर्देश को पहुँचाने का कार्य संचार द्वारा होता है।

• **परिवर्तन :** परिवर्तन किसी भी रूप में हो सकता है। कोई भी व्यक्ति जीवन में नीरसता नहीं चाहता। टेलीविज़न या सिनेमा देखना, क्लब या पार्टी में भागीदारी, डिस्को जाना

आदि जीवन में परिवर्तन के ढंग हैं। व्यापक रूप में परिवर्तन चाहे कुछ हो और किसी भी क्षेत्र-सामाजिक, आर्थिक, राजनीतिक या व्यक्तिगत में एक व्यवस्था के स्थान पर जब दूसरी व्यवस्था अपनाते हैं, नये नीति-नियम अपनाते हैं तो ऐसे समय में वार्त्ताओं, मन्त्रणाओं, आन्दोलनों, क्रान्तियों के अवसर भी आते हैं। ये सब प्रक्रियाएँ संचार के विशिष्ट कार्य के रूप में जाने जाते हैं।

- **नियन्त्रण एवं निगरानी** : हैराल्ड लैसवैल ने संचार कार्य के रूप में नियन्त्रण और निगरानी (कण्ट्रोल एवं मॉनीटरिंग) को ऐसा कार्य बताया है जो समाज के विभिन्न घटकों-सामाजिक, सरकारी, ग़ैर-सरकारी, निजी संस्थान आदि पर नियन्त्रण और निगरानी द्वारा ही संचार सम्भव है।
- **मानवीय संवेदनाओं की अभिव्यक्ति एवं तुष्टीकरण**- मनुष्य की अभिवृत्ति, अभिव्यक्ति एवं व्यवहार में परिवर्तन करना, उनको शिक्षित एवं ज्ञानवान् बनाना, रूढ़ियों से दूर रहते वैज्ञानिक ढंग से समुचित जानकारी देना, सामाजिक व नैतिक स्तर ऊँचा उठाना, सामाजिक उन्नयन करना है।
- **पर्यावरण संरक्षण**—कौन-सी घटनाएँ समाज के स्वस्थ वातावरण को प्रदूषित कर सकती है, उन आशंकित ख़तरों से समाज को सचेत करता है। समाज एवं देश के अस्तित्व पर जिस किसी कारण या घटना की आशंका हो उसे संचार जनता तक पहुँचाकर सजग करता है।
- **व्यावसायिक कार्य**-वाणिज्य और औद्योगिक उत्पादनों के विज्ञापन के द्वारा प्रचार-प्रसार का कार्य जनसंचार माध्यम द्वारा सुचारु रूप से निष्पादित किया जा सकता है। इस दिशा में संचार माध्यमों ने क्रान्तिकारी व्यावसायिक दूत का कार्य किया है। औद्योगिक उत्पादन में वृद्धि, बैंक सेवा, राजनीतिक दल, एयरलाइन कम्पनियों, विश्वविद्यालयों एवं शोध संस्थानों में परस्पर आवश्यक सूचनाओं का आदान-प्रदान करना संचार के अन्तर्गत आता है।
- **समाज के विभिन्न अंगों में सह-सम्बन्ध**-समाज में कई गतिविधियाँ समयानुसार परिवर्तित होती रहती है। परिवर्तित परिस्थितियों में वैचारिक भिन्नता स्वाभाविक है, इन विभिन्न विचारों का सामञ्जस्य जनसंचार माध्यम भली-भाँति बिठा सकते हैं। संचार माध्यम समाज की बदलती हुई परिस्थितियों में विचारों का समवाय, सामञ्जस्य और सेतु का कार्य करता है। साथ ही समाज की जो भी व्यवस्था है उनमें भी परस्परिक मत विभिन्नताओं को जोड़ने का सफल कार्य संचार के साधन भली प्रकार करते हैं।
- **संस्कृति हस्तान्तरण**-सामाजिक विरासत में प्राप्त सांस्कृतिक तत्त्वों को जनसंचार के साधन विभिन्न रूपों में प्रस्तुत करते हुए संस्कृति की धरोहर को एक पीढ़ी से दूसरी पीढ़ी तक पहुँचाने का महत्त्वपूर्ण कार्य करते हैं।

संचार समाज में होनेवाली घटनाओं के विभिन्न पहलुओं को उजागर कर उनकी व्याख्या करते हैं तथा लोगों को उसकी महत्ता एवं प्रभाव की जानकारी देते हैं। विभिन्न गतिविधियों पर नियन्त्रण रखने का दायित्व भी संचार पर ही होता है, तभी समाज और देश में नैतिक व्यवस्था स्थापित रखी जा सकती है। संचार माध्यम समाज एवं देश की सेवा में निरन्तर संलग्न रहता है। यह माध्यम कुरीतियों, अन्धविश्वासों का उन्मूलन, मानव-मूल्यों की स्थापना, समाज द्वारा अपेक्षित व्यवहार की सीख प्रदान करता है। वृहद् समाज शासन के कार्यों को चलाने एवं परिवर्तित परिस्थितियों के नये स्वरूप से अवगत कराता है।

संचार की विशेषताएँ :

संचार एक गहन प्रवृत्ति है। यह देखने, सुनने, पढ़ने, लिखने, सोचने और विचार-विमर्श के द्वारा होता है। यह सम्बन्ध जोड़ने का एक महत्त्वपूर्ण तकनीक भी है। संचार में विश्वसनीयता, सन्दर्भ, विषय-वस्तु, स्पष्टता, नैरन्तर्य, माध्यम, श्रोताओं की क्षमता का बहुत बड़ा हाथ होता है। संचार के मुख्यतः तीन कार्य हैं—सूचना, समूह एवं प्रसार, सूचना विश्लेषण और सामाजिक ज्ञान और मूल्यों का प्रेषण। सम्प्रेषक, सन्देश, संचार माध्यम संकेतीकरण, संकेतवाचन, संग्राहक और प्रतिपुष्टि संचार के प्रमुख तत्त्व हैं। व्यक्ति का जुड़ाव संचार के विभिन्न प्रकारों से है। संचार के ये प्रकार क्रमशः स्वगत संचार, अन्तर्वैयक्तिक संचार, समूह संचार और जनसंचार के रूप में प्राप्त होते हैं। संचार के विभिन्न प्रकारों या रूपों के द्वारा व्यक्ति अपनी भावनाओं, विचारों या अर्थपूर्ण बातों का परस्पर आदान-प्रदान करता है। जहाँ संचार का उद्देश्य सूचनाओं और अनुभवों को परस्पर बाँटना, विचारों की अभिव्यक्ति, जिज्ञासाओं का समाधान दूसरे को प्रोत्साहन और परिवर्तन है, वहीं संचार की निम्नांकित विशेषताएँ उल्लेखनीय हैं-

1. संचार जटिल, प्रतीकात्मक समस्यायुक्त एवं विरोधाभासी प्रकृति का होता है। सामान्य रूप में संचार-प्रक्रिया तब व्यवहृत होती है जब कोई-न-कोई सन्देश सम्प्रेषित किया जाता है, प्राप्त तथा विश्लेषित किया जाता है। इस प्रकार संचार सन्देश और ग्राह्यतायुक्त प्रक्रिया है।

2. संचार का प्रभावी होने के लिए उसका सार्थक होना भी आवश्यक है। प्रभावी तथा सार्थक होकर ही संचार उत्प्रेरक होता है। इसके अन्तर्गत अनुभवों का आदान-प्रदान किया जाता है। यह आदान-प्रदान की क्रिया प्रत्यक्ष एवं परोक्ष रूप से सम्पन्न होती है। सन्देश में अनुभव, वर्तमान व्यवहार एवं भविष्य की आवश्यकता निहित है। इस प्रकार सम्प्रेषण से दो व्यक्तियों में सार्थकता का निर्माण होता है।

3. सन्देश-प्रेषण से पूर्व सम्प्रेषक को स्वतः उस सूचना, तथ्य और विचार को हृदयंगम कर लेना चाहिए, तत्पश्चात् श्रोताओं की पसन्द और संचार-माध्यम पर ध्यान देना चाहिए।

4. संचार में सफलता की प्राप्ति के लिए संग्राहकों (प्रापकों) के लिए उपयुक्त भौतिक वातावरण उपस्थित करना चाहिए।

5. संग्राहक (प्रापक) पर सन्देश के प्रभाव का मूल्यांकन अपेक्षित है।

6. संचार में विषय-वस्तु की जानकारी एक व्यक्ति से दूसरे तक पहुँचायी जाती है। इस जानकारी को पहुँचाने के तरीक़े भी पृथक्-पृथक् होते हैं जैसे- व्यक्तिशः से व्यक्तिशः, सामूहिक से सामूहिक, व्यक्तिशः से सामूहिक एवं सामूहिक से व्यक्तिशः।

7. संचार में अन्तःक्रिया होती है। सन्देश स्रोत से प्रारम्भ होकर गन्तव्य तक पहुँचता है, पुनः गन्तव्य से स्रोत तक प्रतिक्रिया पहुँचती है। इस प्रकार स्रोत से गन्तव्य तक सन्देश की आदान-प्रदान की यात्रा होती है।

8. संचार में प्रेरणा-स्रोत का भी महत्त्वपूर्ण स्थान होता है। संचार करनेवाले दोनों ही व्यक्ति एक दूसरे की बात को जानना चाहते हैं, यदि दोनों में प्रेरणा नहीं है तो संचार सम्भव नहीं माना जा सकता। प्रेरणा का यह स्रोत 'इच्छा' और 'अनुरूपता' से सम्बन्धित है। संचार में प्रेरणा व्यक्ति अपने अनुभवों से स्वयंमेव प्राप्त करता है। संचार बाह्य घटनाओं, पर्यावरण एवं वातावरण से प्रभावित होता है।

9. संचार समय के साथ सम्बद्ध होता है। स्रोत समय को ध्यान में रखकर सन्देश को स्वरूप में बाँधता है। सन्देश भेजने और प्राप्त करने की प्रक्रिया में दोनों ही पक्ष समय के घटनाक्रम से प्रभावित होते हैं। गन्तव्य सन्देश को अनुकूल या प्रतिकूल पाता है। इसमें भी समय का परिप्रेक्ष्य जुड़ा हुआ रहता है।

10. संचार में प्रतिक्रिया फीडबैक आवश्यक होता है। स्रोत सन्देश को गन्तव्य तक पहुँचाता है, गन्तव्य सन्देश को समझकर स्रोत को प्रतिक्रिया से अवगत कराता है। इस आदान-प्रदान में प्रतिक्रिया के फलस्वरूप संचार में सुधार होता है।

11. संचार में विकृति और छानना प्रभावी भूमिका रखते हैं, अपूर्ण संचार में सन्देश के स्वरूप को तोड़-मरोड़ देना या उसे आंशिक भी परिवर्तित कर देने' से सन्देश विकृत हो जाता है। घटना पूरी की पूरी न बताकर संक्षिप्त में बताने से सन्देश छनकर पहुँचता है। स्रोत के पास 'पर्याप्त' या 'स्पष्ट' जानकारी नहीं होने से सन्देश विकृत हो सकता है। स्रोत ने जो सन्देश दिया है वह 'सही', 'प्रभावशाली' और उन 'प्रतीकों' में न हो जो गन्तव्य को भेजा गया है तो वह असफल हो जाता है। 'सन्देश' यदि यथासमय प्रेषित न हो तो उसकी प्रतियोगिता कम या समाप्त हो सकती है। यदि गन्तव्य प्राप्त सन्देश के अनुसार कार्य न करे या अपेक्षित परिणाम प्राप्त न कर पाये तो तब भी सन्देश विकृत हो जाता है।

12. संचार में मूल्यांकन भी महत्त्वपूर्ण होता है। मूल्यांकन स्रोत गन्तव्य और सन्देश के स्तर पर किया जाता है तथा संचार के प्रभाव से किया जाता है। मूल्यांकन में 'पूर्व संचार' देखा जाता है।

13. प्रत्येक संचार का एक स्वरूप होता है। यह स्वरूप मौखिक या लिखित हो सकता है। प्रमुख स्वरूपों में भाषा, चिह्न, प्रतीक, मुख मुद्रा, चित्र, चार्ट, कार्टून, पोस्टर आदि हो सकते हैं। स्वरूप में ही सन्देश प्रेषित किया जाता है।

14. सन्देश प्राप्त करनेवाला गन्तव्य कहलाता है। सन्देश प्रभावशाली होना चाहिए। गन्तव्य ही सन्देश का मूल्यांकन करता है और सन्देश पर प्रतिक्रिया करता है। लासवेल ने गन्तव्य को किसको कहा है।

15. लक्ष्य जब भी मानव संचार होता है, उसका एक लक्ष्य होता है। बिना लक्ष्य के संचार निरर्थक माना जा सकता है। इसका उद्देश्य लक्ष्यपूर्ण होता है। उद्देश्य से ही सन्देश के परिणामों की प्राप्ति सम्भव है।

16. संचार की शैक्षणिक, सामाजिक, सांस्कृतिक, आर्थिक, राजनैतिक, धार्मिक, भौगोलिक एवं मनोवैज्ञानिक परिस्थितियाँ या अवस्थाएँ ही सन्दर्भ कहलाती हैं, जिसके अन्तर्गत संचार-प्रक्रिया निष्पादित होती है।

17. संचार का समस्त घटनाक्रम पर प्रभाव पड़ता है, इसके प्रभाव से ही संचार पुनः प्रभावित होता है। संचार से प्राप्त परिणाम से ही प्रभाव ज्ञात होता है।

सफल संचार के लिए आवश्यक सेवन 'सी'

(EFFICIENT COMMUNICATION SHOULD INCLUDE 7CS)

1. Credibility
2. Content
3. Context
4. Clarity

5. Continuity and Concistency 6. Channels of Communication

7. Capability of Audience

संचार की सफलता के लिए निम्नलिखित सात 'सी' का होना अति आवश्यक है-

1. विश्वसनीयता (Credibility) - संचार का आधार विश्वास होता है और यह विश्वास सम्प्रेषणकर्त्ता की इच्छाशक्ति पर निर्भर करता है। अतः संचार उसकी इच्छाशक्ति से प्रभावित होता है। वह श्रोता को कितनी सूचना प्रदान करना चाहता है इसके लिए श्रोता का सूचना-प्रेषक में पूरा विश्वास होना चाहिए और श्रोता को स्रोत की शक्ति पर भी भरोसा होना चाहिए।

2. सन्दर्भ (Context) - सन्दर्भ और सन्देश में विरोधाभास परिलक्षित नहीं होना चाहिए। सन्दर्भ सन्देश को सुनिश्चित करे। इसमें भागीदारी एवं पुनरावृत्ति की व्यवस्था होती है।

3. विषयवस्तु (Content) – विषयवस्तु के अनुसार ही श्रोताओं को निर्धारित किया जाता है। इसलिए भेजा गया सन्देश पानेवाले के लिए सार्थक और उसके विश्वास के अनुरूप हो।

4. स्पष्टता (Clarity) – सन्देश सरल भाषा में सुस्पष्ट और बोधगम्य हो। शब्द-चयन उपयुक्त और एक ही अर्थ देनेवाला हो जिससे वक्ता और श्रोता सन्देश से एक ही अर्थ ग्रहण कर सकें।

5. निरन्तरता एवं एकमतता (Continuity and Consistency) – सम्प्रेषण समाप्त न होनेवाली एक प्रक्रिया है। सन्देश को श्रोता तक पहुँचाने के लिए उसकी लगातार आवृत्ति करनी पड़ती है अतः सन्देश की हर पुनरावृत्ति में एकरूपता आवश्यक है।

6. संचार के माध्यम (Channel of Communication) - उन्ही स्थापित माध्यमों का ही मात्र उपयोग होना चाहिए, जिसे सन्देश पानेवाला सार्थक और उपयोगी समझता हो। नये माध्यमों का चयन प्रायः कठिन होता है और कई बार वह प्रभावहीन भी होता है।

7. श्रोताओं की क्षमता (Capability of Audience) - सम्प्रेषण में श्रोताओं की भाषा, संस्कृति आदि का ध्यान रखना ज़रूरी होता है। यदि श्रोताओं की क्षमता और आवश्यकताओं का ध्यान नहीं रखा जायगा तो सन्देश व्यर्थ हो जायगा।

संचार के तत्त्व :

संचार हेतु सन्देश जिस स्थान, व्यक्ति, संगठन और परिस्थितियों से जारी होता है, उसे स्रोत कहा जाता है। संचार के स्रोत को संचारक भी कहा जाता है। यह स्रोत एक संगठन से सम्बद्ध होता है। संगठन में व्यापक श्रम विभाजन होता है जिससे यथासमय कार्य निष्पादित हो सके। स्रोत द्वारा गन्तव्य तक 'विचार', सूचना या सन्देश पहुँचाना, यही विचार सन्देश कहलाता है। सन्देश को संचारक का संगठन तैयार करता है। सन्देश को गन्तव्य तक यथासमय तत्परता से पहुँचाना होता है अतः सन्देश समय की सीमा में ही पूर्ण कर लेना पड़ता है। प्रत्येक सन्देश सोद्देश्य होता है। सन्देश तैयार करने में निहित उद्देश्य सामाजिक, शैक्षिक, नैतिक, राजनैतिक, आर्थिक, धार्मिक, मनोवैज्ञानिक, वैज्ञानिक आदि होते हैं। सन्देश का प्रकाशन या प्रसारण शब्द, रेखाचित्र, प्रतीक, चित्र, संगीत, शब्दचित्र, नाटक, रूपक, चलचित्र के रूप में होते हैं। संचार में सन्देश बड़े समाज या विस्तृत मिश्रित जनसमूह तद्नन्तर उसका विवेचन आम आदमी को ध्यान में रखकर किया जाता है जिसमें समाज के सभी वर्गों का प्रतिनिधित्व होता

है। संचार में सन्देश जिन व्यक्तियों, वृहद् समाज तक पहुँचाया जाता है उसे गन्तव्य कहते हैं। इसे प्रापक भी कहते हैं। ये गन्तव्य या प्रापक पाठक श्रोता एवं दर्शक होते हैं। प्रापक भिन्न-भिन्न प्रकृति के होते हैं। संचार उद्देश्य-प्रधान तथा लक्ष्यप्रधान होता है। यह लक्ष्य सामाजिक, शैक्षणिक, आर्थिक, राजनैतिक, सांस्कृतिक, भौगोलिक आदि किसी भी प्रकार का हो सकता है। संचार द्वारा घटना को तत्परता से प्रापक तक पहुँचाने के लिऐ नवीनतम जानकारियों से प्रापक को अवगत कराना होता है।

1. सम्प्रेषक या संचारक या स्रोत (Communication or Sources)
2. सन्देश (Message or Content)
3. संचार माध्यम या संचार-सारणि (Communication Channels)
4. संकेतीकरण (Encoding)
5. संकेत वाचन (Decoding)
6. गन्तव्य (Destination)
7. स्वरूप (Form)
8. सन्दर्भ (Context)
9. संचार बाधा (Communication Noise)
10. संग्राहक/प्रापक अथवा प्राप्तकर्त्ता (Receiver)
11. प्रतिक्रिया (Feed back)

संचार-प्रक्रिया के प्रमुख तत्त्वों का उल्लेख इस प्रकार है-

सम्प्रेषक या संचारक या संचार-स्रोत : संचार-प्रक्रिया को कार्यान्वित करने का मुख्य कार्य सम्प्रेषक या संचारक होता है। अतः प्रथम संचार तत्त्व के रूप में सम्प्रेषक या संचार-स्रोत का उल्लेख ही किया जाता है। इसी रूप में वक्ता, कार्यकर्त्ता, नेता, अधिकारी, विशेषज्ञ, सम्बन्धी, मित्र, पड़ोसी की भूमिका सम्प्रेषक के रूप में देखी जा सकती है। सम्प्रेषक को सन्देश की पूर्ण जानकारी होती है या जानकारी रखना अनिवार्य हो जाता है। सम्प्रेषक या संचारक सन्देश के परिणाम और उसके मूल्यांकन, संचार-प्रक्रिया, संचार-माध्यमों के प्रयोग के प्रति सतर्क रहता है। संचारक या सम्प्रेषक ही संचार-प्रक्रिया आरम्भ करता है वही सन्देश का स्रोत होता है तथा संचार की रचना इस अभिप्राय से करता है कि जिससे वांछित प्रतिक्रिया पैदा हो और लोग प्रभावित हों। सम्प्रेषक या संचारक में चार प्रकार के प्रभावी गुण होते हैं—संचार निपुणता, मनोवृत्ति, ज्ञान का स्तर एवं सामाजिक सांस्कृतिक आचरण।

प्रथम सम्प्रेषक गुण के रूप में संचार-निपुणता या कौशल के लिए आवश्यक है कि सम्प्रेषक के पास पाँच प्रकार का शाब्दिक संचार-कौशल होता है-लिखना और बोलना (एनकोडिंग) पढ़ना और सुनना (डिकोडिंग) तथा तर्क करना। इसके अतिरिक्त रंग-चित्र बनाना संकेत करना आदि भी संचार-कौशल का अंग है। सही, स्पष्ट और सटीक सन्देश लिखने तथा विचारों को व्यक्त करने के लिए पर्याप्त शब्दावली आवश्यक होती है। अतः भाषायी कौशल संचार-प्रक्रिया में एक महत्त्वपूर्ण उपकरण है। इसके अभाव में सम्प्रेषक अपने विचारों को सोच, कह या लिख नहीं सकता और संचार-प्रक्रिया प्रभावहीन हो जाती है।

संचारक का दूसरा गुण उसकी मनोवृत्ति है। यह मनोवृत्ति संचार पर तीन प्रकार से प्रभाव डाल सकती हैं- 1. उसका अपने प्रति व्यवहार 2. जैसे-सार्वजनिक भाषण के समय भय के कारण पैरों का काँपना 3. विषय-वस्तु के प्रति उसकी धारणा।

सम्प्रेषक या संचारक का तीसरा गुण उसके ज्ञान का विस्तार है। संचारक या सम्प्रेषक के ज्ञान का प्रभाव उसके संचार सम्बन्धी व्यवहार पर पड़ता है। अतः संचारक या सम्प्रेषक को विषय-वस्तु की अच्छी समझ, सही मनोवृत्ति, उचित माध्यम का चुनाव तथा प्रापक की विशेषता की जानकारी संचार को प्रभावी बनाती है।

सम्प्रेषक का चौथा गुण उसका सामाजिक एवं सांस्कृतिक आचरण है। कोई भी सम्प्रेषक या संचारक सामाजिक-सांस्कृतिक व्यवस्था में अपनी स्थिति से प्रभावित हुए बिना स्वतन्त्रता से संचारण नहीं कर सकता। भिन्न वर्ग में या भिन्न सांस्कृतिक पृष्ठभूमि से आये लोग अलग-अलग ढंग से आचरण करते हैं। फ्रान्सीसी तथा चीन एक ही सन्देश की अभिव्यक्ति भिन्न प्रयोजक को अभिव्यक्त करने के लिए करते हैं जिसका परिणाम सम्प्रेषक के सन्देश के प्रति अनुकूल प्रतिक्रिया के रूप में सामने आता है।

सन्देश (Message) : संचारक बोलकर लिखकर, चित्र बनाकर या संकेत से अपने विचारों या सूचना या अपील या भाव आदि को प्रस्तुत करता है, तब वह सन्देश में सामान्य विचार प्रस्तुत करता है। सन्देश सूचनाओं का बण्डल (पैकेज) होता है। सन्देश ऐसी सूचना है जिसे संचारक या अपने दश्रोपा (दर्शक-श्रोता-पाठक) द्वारा ग्रहण करने, समझने, स्वीकृत करने या उस पर क्रियान्वयन करना चाहता है। सम्प्रेषक जो कुछ प्रापक या संग्राहक को बतलाया है, वह सन्देश है।

सन्देश और विषय-सामग्री में अन्तर होता है। सन्देश विषय-सामग्री के अनुरूप नहीं होता, अपितु सन्देश वह होता है जिसके विषय में विषय-सामग्री कुछ कहना या बताना चाहती है।

सन्देश की विशेषताएँ निम्नलिखित हैं -

1. सन्देश उद्देश्यपूर्ण होता है।
2. इसमें सत्य, सन्तुलित, वैज्ञानिक दृष्टिकोण का समावेश होता है।
3. सन्देश प्रापक या संग्राहक की आवश्यकतओं, क्षमताओं और मान्यताओं के अनुरूप होता है।
4. सन्देश समयानुसार होता है।
5. यह व्यावहारिक होता है ताकि प्रापक उसका प्रयोग कर लाभन्वित हो सके।

सन्देश का संचारण करते समय सम्प्रेषक को निम्नलिखित बातों पर ध्यान देना आवश्यक होता है-

सन्देश संकेत (Message Direction) : संचारक या सम्प्रेषक सदैव अत्यधिक स्पष्ट ओर सरल सन्देश के लिए सन्देश-संकेत या कोड चयन करता है। संकेत को प्रतीकों द्वारा सार्थक बनाया जा सकता है। यदि भाषा के प्रयोग सन्देश-सम्प्रेषण हेतु किया जाता है तो भाषा ही 'सन्देश-संकेत' के रूप में काम करती है तथा वह श्रोताओं के मानसिक धरातल के अनुरुप सुरुचिपूर्ण एवं सरल भाषा का प्रयोग होता है, जिससे श्रोतागण प्रभावित होते हैं।

सन्देश की विषय-वस्तु (Content) : सम्प्रेषक या संचारक किसी भी सन्देश की विषय-वस्तु (Content) का चयन प्रयोजन के अनुरूप करता है। विषय-वस्तु को देश-काल-परिस्थिति के अनुरूप बनाकर सन्देश को विश्वसनीय बनाया जा सकता है।

सन्देश प्रतिपादन (Treatment) : सन्देश प्रतिपादन के अन्तर्गत संचारक या सम्प्रेषक अपना सन्देश अपनाने के लिए प्रतिवदन करता है। यह सन्देश लिखने की प्रविधि (तकनीक) बोलने की शैली और ठीक-ठीक ढंग से संचार-सामग्री का प्रयोग करके सन्देश के विषय में प्रेरणा देता है।

संचार-प्रक्रिया में यह परमावश्यक है जो भी सन्देश प्रेषित किया जाय, उसको ठीक समय पर उपयुक्त व्यक्तियों तक पहुँचाया जाय। जो भी सन्देश उसका सही प्रतिवेदन हो तथा श्रोताओं तक सन्देश पहुँचने के लिए प्रभावकारी संचार माध्यम प्रस्तुत होना चाहिए।

सम्प्रेषक अपने सन्देश को प्रभावी बनाने के लिए कुछ प्रश्नों के उत्तरों को अच्छी तरह ज्ञात होना चाहिए। कोई भी संचारक या सम्प्रेषक सन्देश को प्रभावकारी बनाने के लिए निम्नलिखित प्रश्नों के उत्तर भली प्रकार जान लेता है-

1. वह कौन-सा सन्देश है? जो सर्वाधिक महत्त्वपूर्ण है।
2. वह सबसे अच्छी कौन-सी विधि है, जिसके द्वारा सन्देश का प्रतिवेदन किया जा सकता है?
3. सन्देश को पहुँचाने के लिए आप क्यों प्रयास करतें हैं?
4. कौन-कौन से संचार माध्यम हैं? जिनके द्वारा 'दश्रोपा' तक सन्देश सरलता से पहुँचाया जा सकता है।

संचार माध्यम या संचार-सरणि (Channel of Communication) : संचारक और प्रापक के मध्य माध्यम या सरणि अथवा चैनल सेतु पुल का कार्य करता है। माध्यम या सरणि या चैनल कुछ भी हो सकता है जिसे संचारक अपने को प्रभावी प्रापक से जुड़ने के लिए प्रयोग करता है, जैसे-आपसी बातचीत, व्यक्तिगत सम्पर्क, पत्राचार, सभाएँ या बैठकें, टेलीफ़ोन, टेलीविज़न, रेडियो, समाचार-पत्र, पुस्तकें, बुलेटिन, वीडियो फ़िल्म, ई.-मेल, इण्टरनेट चैटिंग, टेली मैसेज, साहित्य आदि। ये सभी माध्यम या सरणियाँ सन्देश को अपने प्रापक तक पहुँचाने में सहायक होते हैं। इस तरह माध्य या सरणि (चैनल) संचार का एक महत्त्वपूर्ण अस्त्र है जो इसकी प्रक्रिया के सभी तत्त्वों को प्रभावी ढंग से जोड़ता और तालमेल बिठाता है।

संचार के सभी माध्यम या सरणियाँ महत्त्वपूर्ण एवं उपयोगी हैं और अपने आप में बेजोड़ हैं, लेकिन उनकी अपनी कमजोरियाँ भी हैं। अतः यह कह पाना कठिन है कि कौन-सा माध्यम अच्छा है या कौन-सा बुरा है। सन्देश कितना भी महत्त्वपूर्ण क्यों न हो, माध्यम या संचार सरणि के उपयुक्त चयन एवं प्रयोग के बिना प्रापक तक नहीं पहुँच सकता और इस प्रकार संचार का प्रयास असफल हो जाता है।

संचार की सफलता उसके लिखित चयनित माध्यम पर निर्भर करती है। निश्चित ही यह एक कठिन कार्य है, क्योंकि संचारक को एक ऐसे माध्यम या चैनल का चयन करना होता है जो सर्वश्रेष्ठ हो और अपने सन्देश को सफलतापूर्वक प्रापक तक पहुँचा सके।

संचार माध्यम या सरणि (चैनल) का चयन करते समय संचारक को निम्नलिखित बिन्दुओं पर ध्यान देना आवश्यक है-

1. सन्देश के तत्त्व और उसके स्वभाव को ध्यान में रखकर संचार माध्यम का चयन

2. दश्रोपा (दर्शन, श्रोता और पाठक) तक सरलता से पहुँचनेवाले माध्यम को प्राथमिकता

3. दश्रोपा को एक से अधिक ज्ञानेन्द्रियों के प्रयोग करने के लिए बाध्य करनेवाला माध्यम

4. संचारक को उचित समय पर माध्यम की उपलब्धता

5. प्रभावशीलता के आधार पर माध्यम पर कम व्यय का निर्धारण

यह ध्यान रखना भी आवश्यक है कि सम्यक् निदेशन तथा सम्यक् लक्ष्य सिद्धि के प्रयुक्त संचार माध्यम (चैनल) ही सफल होते हैं। अतः माध्यम (चैनल) का चयन करते समय संचार माध्यम की क्षमता का विश्लेषण कर लेता है।

संकेतीकरण (Encoding) : संचार माध्यम या चैनल से होता हुआ सन्देश ज्यों-का-त्यों प्रापक तक नहीं पहुँचता। प्रापक के पास पहुँचने से पूर्व संचारक के भावों, विचारों या सन्देशों को संकेत-विशेष में परिवर्तन करना होता है, जिसे संकेतीकरण या इनकोडिंग क्रिया कहा जाता है। शब्द संचार, क्रिया का मुख्य माध्यम है, लेकिन शब्द तभी तक प्रभावशाली होते हैं, जब इनके साथ संकेत जैसे-चित्र, पोस्टर, ग्राफ, कला आदि का भी प्रयोग हो। कोई भी शब्द तब तक सार्थक नहीं होता, जब तक कि उसका सही अर्थ न ज्ञात हो। शब्द संकेत इसी दिशा में सहायक होता है। अर्थ की अज्ञानता के कारण अच्छे-से-अच्छे शब्द निरर्थक और अनुपयोगी हो जाते हैं। शब्दों का महत्त्व श्रोताओं की समझ में निहित है। संचार-प्रक्रिया को सफल बनाने के लिए ऐसे संकेतों का चयन आवश्यक है जो विचारों को सही रूप में व्यक्त कर सकें और जिसका अर्थ संचारक और प्रापक ढंग से परिवर्तित करता है, जिसे संकेतीकरण कहते हैं।

संकेत वाचन (Decoding) : आज अनेक समस्याओं के उत्पन्न होने का कारण मात्र यह है कि जिस सन्दर्भ में जो कुछ कहा गया, सम्प्रेषित किया गया उसका संकेत सही रूप में ग्रहण नहीं किया गया था, यह कहें कि संकेत का अर्थ उलटा या विपरीत लगा लिया गया। संचार-प्रक्रिया में सन्देश का जो संकेतीकरण किया गया था, वह सम्प्रेषक की योग्यता पर ही निर्भर था तथा प्रापक की क्षमता पर उसका संकेत वाचन भी निर्भर करता है। यह भी कहा जा सकता है कि यदि प्रापक की योग्यता और क्षमता में कोई कमी होगी तो वांछित सन्देश का अर्थ भी अपेक्षित रूप में प्राप्त नहीं होगा। अतः प्रापक सूचना या सन्देश देने से पहले उसे अपने तरीक़े से समझता तथा उसे ग्रहण करता है तथा उसका संकेत वाचन (डीकोडिंग) सही होता है। संकेत वाचन (डीकोडिंग) की अगली क्रिया भी अत्यन्त महत्त्वपूर्ण है। प्राप्त सन्देश, सूचना, भाव-विचार आदि का संकेत वाचन करते ही उसको व्याख्यायित तथा सुस्पष्ट करके सन्देश का सही विवेचन ग्रहण किया जा सकता है। इसके लिए यह भी बहुत आवश्यक है कि निर्देश तन्त्र प्रभावी हों ताकि वे सभी कारण या परिस्थितियाँ अर्थानुमान में सहायक हों। कई संस्थाएँ संचार-प्रक्रिया के लिए स्वनिर्मित निर्देश तन्त्र (सेल्फमेड फ्रेम ऑफ रिफरेन्स) का प्रयोग करती हैं।

गन्तव्य (Destination) : संचार में सन्देश जिन व्यक्तियों, वृहद् समाज तक पहुँचाया जाता है उसे गन्तव्य कहते हैं। इसे प्रापक भी कहते हैं। ये गन्तव्य या प्रापक पाठक, श्रोता एवं दर्शक होते हैं। प्रापक भिन्न-भिन्न प्रकृति के होते हैं। इनकी विशेषताएँ इस प्रकार हैं-

1. प्रापक विभिन्न सामाजिक वर्ग के होते हैं, उन सभी की प्रकृति, संस्कृति, भाषा, रुचि, ज्ञान, शिक्षा आदि भिन्न होती है। प्रापक समरूप न होकर भिन्न होते हैं।

2. प्रापक प्रायः अज्ञात होते हैं। संचारक सामान्यतया विशिष्ट व्यक्ति विशेष को जिसके लिए वह सम्प्रेषण कर रहा है, उन्हें नहीं जानता। दोनों एक दूसरे से प्रायः अज्ञात ही होते हैं। अज्ञात होते हुए भी संचारक को सामान्य प्रापक की विशेषताओं के बारे में सामान्य जानकारी अवश्य होती है।

3. प्रापक विशाल जन समुदाय होता है जो कि बहुत आंशिक समय के लिए मीडिया के प्रभाव में आता है। अतएव संचारक सदस्यों से पारस्परिक क्रिया-प्रतिक्रिया नहीं कर पाता।

4. प्रापक अपनी रुचि के अनुसार मीडिया की रचनाओं को सुनता, पढ़ता, देखता या ग्रहण करता है। लेज़रफेल्ड ने इसे चयनित (Selectivity) कहा है।

5. संचारक और प्रापक शारीरिक तौर पर पृथक्-पृथक् होते हैं, इनके बीच सम्बन्ध अप्रत्यक्षतः ही होता है।

स्वरूप (Form) : प्रत्येक संचार का एक स्वरूप होता है। यह स्वरूप मौखिक, लिखित या सांकेतिक भी हो सकता है। प्रमुख स्वरूपों में भाषा, चिह्न, प्रतीक, मुख मुद्रा, चित्र, चार्ट, कार्टून, पोस्टर आदि हो सकते हैं। स्वरूप में ही सन्देश प्रेषित किया जाता है।

सन्दर्भ (Context) : संचार की शैक्षणिक, सामाजिक, सांस्कृतिक, आर्थिक, राजनैतिक, धार्मिक, भौगोलिक एवं मनोवैज्ञानिक परिस्थितियाँ या अवस्थाएँ ही सन्दर्भ कहलाती है, जिसके अन्तर्गत संचार-प्रक्रिया निष्पादित होती है। संचार उद्‌देश्यप्रधान तथा लक्ष्यप्रधान होता है। संचार का उद्‌देश्य ही उसका सन्दर्भ होता है।

संचार-बाधा या शोर (Noise) : सन्देश के स्तर पर जनसंचार माध्यमों में शोर या बाधा की सम्भावनाएँ अधिक हैं, जो मात्र माध्यम में ही नहीं जनसंचार-प्रक्रिया में किसी भी बिन्दु पर प्रकट हो सकती हैं। सन्देश जब किन्हीं अड़चनों, बाधाओं, अवरोधों के कारण अभीष्ट (प्रापक) तक नहीं पहुँचता अथवा उसमें किसी प्रकार व्यवधान आ जाता है, संचार क्रिया विविध कारणों से बाधित होती है तो वह संचार बाधा या संचार विघ्न कहा जाता है। किसी सभा में सभी श्रोताओं का एक साथ उपस्थित न होना, सन्देश पढ़ने की अक्षमता, संचार साधनों के संचालन में त्रुटि, भौतिक बाधाओं से रुकावट आदि अनेक ऐसे तत्त्व हैं, जिनसे संचार बाधा की स्थिति उत्पन्न हो जाती है और सन्देश प्रापक को प्राप्त नहीं होता। इसमें कोई सन्देह नहीं कि जनसंचार-प्रक्रिया को सफल बनाने के लिए प्रापक के सन्दर्भ में निम्नलिखित जानकारी रखना आवश्यक है—

1. प्रापक की आवश्यकता और रुचि
2. प्रापक का परम्परागत रीति-रिवाज़ और सामाजिक मूल्य,
3. प्रापक की आयु एवं मानसिक स्तर

किसी नयी वस्तु, उत्पाद की ओर उपभोक्ता (संचार के स्तर पर दश्रोपा) अधिक आकर्षित होते हैं। प्रापक निम्नलिखित स्तरों को पार करके ही किसी वस्तु, उत्पाद या सन्देश के प्रति एकाग्र हो पाता है-

संग्राहक या प्रापक (Receiver) : सन्देश प्राप्त करनेवाला संग्राहक या प्रापक या रिसीवर कहा जाता है। प्रापक सर्वज्ञ अथवा अल्पज्ञ हो सकता है। वह धैर्यपूर्वक सुननेवाला अथवा स्पष्ट रूप से सोचने-समझनेवाला अथवा भ्रमित दश्रोपा हो सकता है। वह स्त्री, पुरुष, वृद्ध, युवक आदि के अतिरिक्त विविध समुदायों के रूप में भी हो सकता है। वह व्यक्ति और समूह या जनसमूह के रूप भी हो सकता है। संचारक या सम्प्रेषक का सन्देश पानेवाला यह प्रापक या दश्रोपा (दर्शक-श्रोता-पाठक) वर्ग में संचार शृंखला के अन्तिम छोर पर होता है। वास्तव में प्रापक जितना ही संचारक के समरूप होता है, संचार उतना ही प्रभावी होता है तथा प्रापक संचारक की भाँति ही संचार-प्रक्रिया में महत्त्वपूर्ण स्थान रखता है। सन्देश-ग्राह्यता प्रापक के इस स्तर पर निर्भर करती है कि संचारक ने सन्देश किस प्रकार बनाया है? सन्देश बनाते समय उसने प्रापक की अवहेलना तो नहीं की है? संचारक की भाषा के साथ-साथ प्रापक की भाषा, सभ्यता, मान्यताएँ आवश्यकताएँ, रुचियाँ आदि क्या हैं-आदि का ज्ञान प्राप्त करके ही संचारक को सन्देश रचना करना अनिवार्य हो जाता है। अतः प्रापक का पूरी संचार-व्यवस्था में अत्यन्त महत्त्वपूर्ण स्थान है और उस तक सन्देश पहुँचाना ही आवश्यक नहीं, अपितु उस सन्देश को उसे समझना और ग्रहण करना भी उतना ही आवश्यक है।

प्रतिक्रिया (Feedback) : संचार का अन्तिम महत्त्वपूर्ण उसकी प्रतिक्रिया या प्रतिनिवेशन (फीडबैक) है। प्रापक जब सन्देश प्राप्त या ग्रहण करता है, तब सन्देश पर उसकी प्रतिक्रिया किसी पर किसी रूप में प्रत्यक्षतः दिखायी देती है। उसकी अभिव्यक्ति ही प्रतिक्रिया, प्रतिपुष्टि अथवा फीडबैक कहलाता है। निर्विघ्न संचार-व्यवस्था के लिए प्रतिक्रिया या फीडबैक का बहुत महत्त्व है, क्योंकि संचार की गति उससे नियन्त्रित होती है तथा वही संकेतों को सही रूप में सम्प्रेषित करके आगे भेजता है। संक्षिप्त रूप में एकपंक्तीय आशय है-प्रतिक्रिया या प्रतिपुष्टि अथवा फीडबैक ग़लती (त्रुटि) सुधारने का सर्वाधिक सुलभ यन्त्र है और वह शोर या संचार बाधा पर क़ाबू पा सकता है। संचार-प्रक्रिया की स्थिरता तथा सन्तुलन के लिए प्रतिक्रिया या प्रतिनिवेशन बहुत ही आवश्यक है। संचार के स्तर पर वह शीघ्र ही प्राप्त की जा सकती है, परन्तु जनसंचार के स्तर पर प्रतिक्रिया पर्याप्त समय लेती है।

संचार-प्रक्रिया

संचार-प्रक्रिया में संचार के प्रमुख तत्त्व सम्मिलित होते हैं। संचार के इन तत्त्वों की संचार-प्रक्रिया को सम्पूर्ण बनाने में महत्त्वपूर्ण भूमिका होती है। प्रषेक वह व्यक्ति या संस्था होती है, जिसे अपनी बात जनसमूह या जनता से कहनी होती है। वह व्यक्ति/संस्था अपनी लक्षित जनता की प्रकृति, उसकी समझ, उसकी शैक्षिक योग्यता, उसकी सामाजिक स्थिति आदि को ध्यान में रखकर सन्देश का निर्माण करता है। फिर वह व्यक्ति/संस्था अपनी जनता के अनुकूल माध्यम का चुनाव करती है। जैसा कि हम जानते हैं आज जनसंचार के विभिन्न माध्यम हमें उपलब्ध हैं। ये माध्यम हैं—रेडियो, टेलीविज़न, इण्टरनेट, समाचार-पत्र-पत्रिकाएँ, पुस्तकें, पोस्टर, बैनर आदि। माध्यम ऐसा चुना जाना चाहिए, जो उसे लक्षित जनता तक पहुँचाता हो। उदाहरण के लिए अगर ग्रामीण जनता तक सन्देश पहुँचाना है तो रेडियो एक उचित माध्यम हो सकता है। यह सन्देश फिर लक्षित जनता तक पहुँचता है। जैसा कि ऊपर दिये गये मॉडल से विदित है कि सन्देश और माध्यम के बीच में व्यवधान भी आ सकता है। सन्देश किस रूप में पहुँचा

और जनता ने उसे किस रूप में लिया जब तक इसका पता नहीं चल जाता तब तक संचार की सक्रिया अधूरी रहती है। इसके लिए हम प्रतिक्रिया का सहारा लेते हैं। जनसंचार में फीडबैक या प्रतिक्रया हमेशा देर से मिलती है। प्रतिक्रिया प्राप्त करने के लिए बहुत सारे औपचारिक व अनौपचारिक तरीक़े अपनाये जा सकते हैं। अक्सर स्वतः स्फूर्त ढंग से भी हमें प्रतिक्रिया मिली है। उदाहरण के लिए किसी नेता ने सघन चुनाव प्रचार किया। अगर वह मतदाताओं को अपने पक्ष में प्रेरित करने में सफल रहता है, तो उसे अधिक मत मिलते हैं और वह चुनाव जीत जाता है। यही संचार की सफलता भी है। किसी समाचार-पत्र में छपे विज्ञापन को किनते लोगों ने पढ़ा यह जानने के लिए कम्पनियाँ अक्सर प्रतियोगिताएँ आयोजित करती हैं, जिसमें प्राप्त प्रविष्टियों से उन्हें पता चल जाता है कि उनके द्वारा प्रकाशित कराये गये विज्ञापनों को कितने लोगों ने पढ़ा या फिर उसमें रुचि दिखायी। यदि सन्देश लोगों की समझ में नहीं आता है या फिर सन्देश लोगों को प्रेरित करने में असफल रह जाता है, तो इस बात का पता भी प्रतिक्रिया के द्वारा ही लग जाता है।

संचार-प्रक्रिया का सामान्य मॉडल

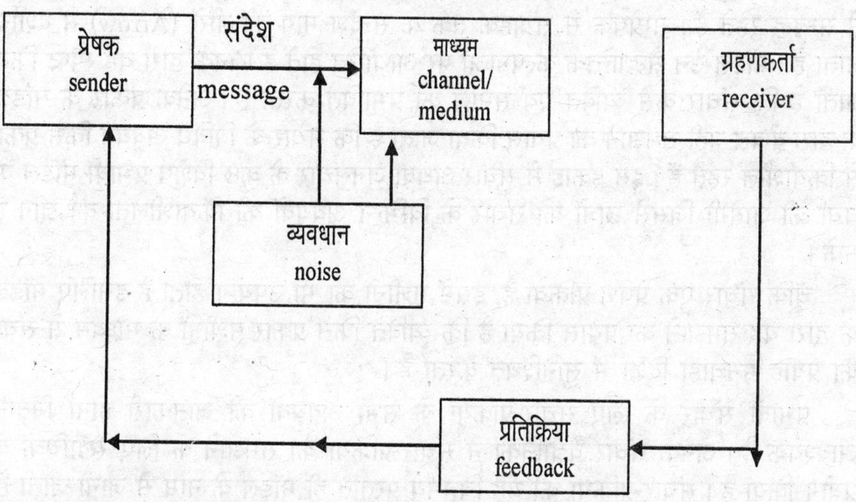

संचार मॉडलों का विकास

पिछले कई दशकों से दार्शनिकों, मनोवैज्ञानिकों, समाजशास्त्रियों, राजनीतिज्ञों और मानवशास्त्रियों ने संचार-प्रक्रिया को स्पष्ट करने के लिए अनेक मॉडल प्रस्तुत किये हैं। संचार-प्रक्रिया को सरल तरीक़े से समझाने के लिए संचार विशेषज्ञों ने रेखाचित्रों का प्रयोग किया। जनसंचार-प्रक्रिया की इस चित्रमय व्याख्या को ही मॉडल कहा जाता है। कुछ मॉडल सरल हैं जबकि कुछ क्लिष्ट। मॉडलों की यह भिन्नता इसके प्रस्तुतकर्त्ताओं के विशेषीकृत ज्ञान के आधार पर है। इस बात पर सभी विशेषज्ञ एकमत हैं कि संचार एक प्रक्रिया है परन्तु प्रक्रिया की प्रकृति वे अपने ढंग से व्यक्त करते हैं इसी कारण मॉडलों में भिन्नता है। सभी विशेषज्ञ अपने तरीक़े से इस मानवीय प्रक्रिया की व्याख्या करते हैं।

संचार के प्रारम्भिक मॉडल सरल किन्तु अपर्याप्त हैं। उदाहरण के लिए अरस्तू ने संचार का सबसे सरल मॉडल प्रस्तुत किया है जिसमें मात्र तीन तत्त्व-वक्ता, भाषण और श्रोता हैं।

इस मॉडल का मुख्य आधार आमने-सामने संचार अर्थात् अन्तर्वैयक्तिक संचार है। दूसरा मॉडल द्वितीय विश्वयुद्ध के दौरान विकसित किया गया। इस मॉडल की यह अवधारणा है कि संचार एक जादू अथवा गोली है जो एक दिमाग़ से दूसरे दिमाग़ तक सम्प्रेषित होती रहती है। उदाहरण के लिए 'क' सम्प्रेषण ने 'ख' संग्राहक को एक सन्देश प्रेषित किया और मान लिया कि जो सूचना जिस रूप में वह सम्प्रेषित कर रहा है संग्राहक ने उसे उसी रूप में ग्रहण किया और फिर दूसरी, तीसरी सूचना सम्प्रेषित कर दिया। इस प्रकार यह प्रक्रिया चलती रहती है।

इसके पश्चात् इस अवधारणा का विकास हुआ कि संचार एक द्विपक्षीय गतिशील प्रक्रिया है। 1950 के बाद संचार के अपेक्षाकृत विकसित मॉडलों का प्रस्तुतीकरण हुआ जिसमें संचार के अन्य सभी तत्त्वों के साथ प्रतिपुष्टि को भी शामिल किया गया। अर्थात् यह जानने का प्रयास कि प्राप्त सन्देश का संग्राहक पर क्या प्रभाव पड़ा इस प्रकार के मॉडल सर्वप्रथम हेराल्ड डी. लास्वेल द्वारा प्रस्तुत किया गया। इसके पश्चात् जनसंचार के अनेक विकसित मॉडल प्रस्तुत किये गये।

मॉडल संचार-प्रक्रिया की वह क्रमवत् प्रस्तुति है जिसके द्वारा यह समझाने का प्रयास किया जाता है कि संचार के विविध अवयव किस प्रकार कार्य करते हैं और आपस में कैसे एक-दूसरे से सम्बद्ध रहते हैं। सम्प्रेषक से संग्राहक तक के सन्देश मार्ग को तीरों (Arrow) से दर्शाया जाता है। मॉडल उन सैद्धान्तिक कल्पनाओं पर आधारित होते हैं जिनके द्वारा यह स्पष्ट किया जाता है कि संचार कैसे व्यक्ति एवं समाज को प्रभावित करता है। अनेक प्रकार के मॉडलों के द्वारा केवल यही समझाने का प्रयास किया जाता है कि संचार के विविध अवयव किस प्रकार से क्रियाशील रहते हैं। इस इकाई में संचार अथवा जनसंचार के कुछ विशेष प्रभावी मॉडल की चर्चा की जायेगी जिससे छात्रों को संचार के विभिन्न अवयवों की क्रियाशीलता का ज्ञान हो सके।

चूँकि संचार एक प्रेषण प्रक्रिया है, इसमें मशीनों का भी उपयोग होता है इसलिए मॉडलों के द्वारा यह समझाने का प्रयास किया है कि व्यक्ति किस प्रकार मशीनों के माध्यम से संचार का प्रवाह मनचाही दिशा में सुनिश्चित करता है।

प्रभावी संचार के लिए संचार-प्रक्रिया के सभी अवयवों की जानकारी होना नितान्त आवश्यक है। अनेक संचार वैज्ञानिकों ने संचार-प्रक्रिया को समझाने के लिए रेखाचित्रों की प्रयोग किया है। संचार-प्रक्रिया की यह चित्रमय प्रस्तुति ही मॉडल के नाम से जानी जाती है। मानव संचार-प्रक्रिया के यान्त्रिक प्रस्तुतीकरण के द्वारा इन मॉडलों के माध्यम से यह समझाने का प्रयास किया जाता है कि संचार-प्रक्रिया कैसे कार्य करती है।

संचार के महत्त्वपूर्ण मॉडल

अनेक संचार वैज्ञानिकों एवं विशेषज्ञों ने अपने-अपने तरीक़े से जनसंचार की प्रक्रिया को स्पष्ट करते हुए मॉडल प्रस्तुत किये हैं। उनमें से कुछ महत्त्वपूर्ण मॉडल इस प्रकार से हैं—

एरिस्टॉटल मॉडल

जनसंचार-प्रक्रिया का यह प्राचीन मॉडल समाज और सामाजिक संरचना पर आधारित है। इस मॉडल के अनुसार सम्प्रेषक और सन्देश प्राप्तकर्त्ता के बीच ही जनसंचार को पूर्ण मान लिया जाता है।

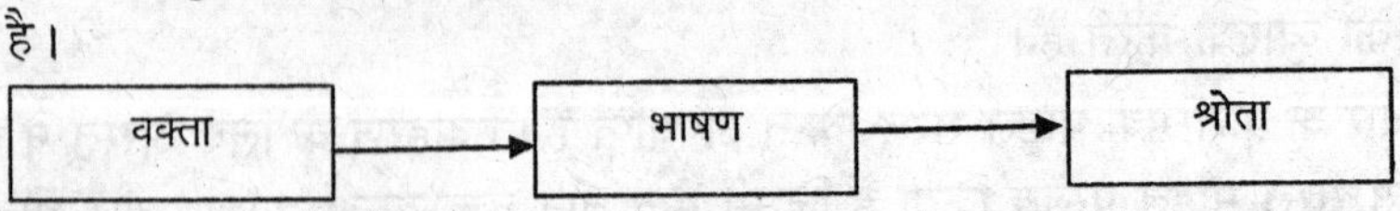

इस मॉडल के अनुसार सम्प्रेषक द्वारा प्रसारित सन्देश ग्रहणकर्त्ता तक पहुँचता है। प्राप्तकर्त्ता के ऊपर प्राप्त सन्देश का क्या प्रभाव पड़ा, इसे जानने की आवश्यकता ही नहीं महसूस की गयी। माध्यम जैसे महत्त्वपूर्ण तत्त्व को भी इसमें शामिल नहीं किया गया। यह कहा जा सकता है कि वर्तमान सामाजिक परिवेश में संचार का यह मॉडल अपूर्ण है।

कैनेथ ब्रुक मॉडल

संचार विशेषज्ञ कैनेथ ब्रुक ने संचार का जो मॉडल संचार-प्रक्रिया को स्पष्ट करने के लिए प्रस्तुत किया उसमें भी फीडबैक-जैसे महत्त्वपूर्ण तत्त्व को कोई स्थान नहीं दिया गया है किन्तु संचार किन चरणों में पूर्ण होता है उसे समझाने का प्रयास अवश्य किया गया है।

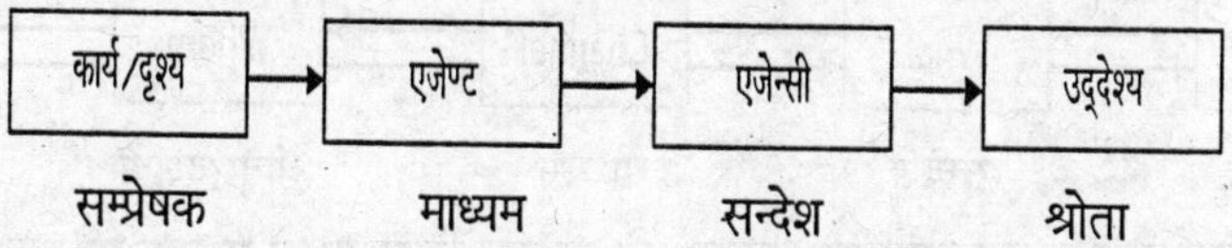

प्रस्तुत मॉडल द्वारा यह समझाने का प्रयास किया गया है कि किसी कार्य अथवा दृश्य को जिसे हम सम्प्रेषक कह सकते हैं एजेण्ट (माध्यम) के द्वारा एजेन्सी (सन्देश) से गुज़रते हुए उद्‌देश्य (श्रोता/दर्शक) तक पहुँचता है। उद्‌देश्य-प्राप्ति की सफलता अथवा विफलता को मापने का कोई पैमाना (फीडबैक) न होने के कारण इस मॉडल की प्रासंगिकता वर्तमान समय में नहीं रह गयी है।

लीगन्स का मॉडल

संचार वैज्ञानिक लीगन्स ने संचार-प्रक्रिया को स्पष्ट करने के लिए जो मॉडल प्रस्तुत किया वह पूर्ण रूप से प्रतिपुष्टि पर आधारित है। लीगन्स ने संचार-प्रक्रिया को स्पष्ट करते हुए बताया है कि सम्प्रेषक द्वारा प्रेषित सन्देश संकेतीकृत होकर माध्यम तक पहुँचते हैं तथा माध्यम द्वारा श्रोता तक। श्रोता प्राप्त सन्देश की प्रतिक्रिया या प्रभाव की जानकारी सीधे सम्प्रेषक को पहुँचाता है। जैसा कि चित्र में स्पष्ट है-

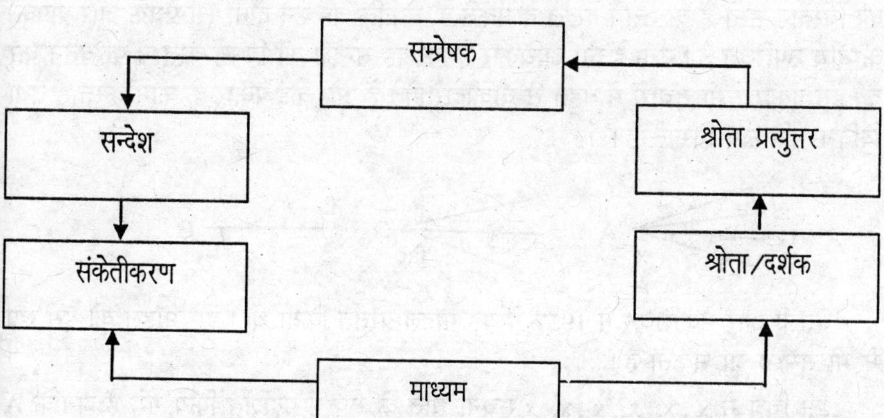

चित्र के अनुसार सम्प्रेषक द्वारा सन्देश संकेतीकृत होकर माध्यम तक पहुँचता है। माध्यम उक्त सन्देश को श्रोता/दर्शक तक पहुँचाता है। श्रोता अपनी प्रतिक्रिया सीधे सम्प्रेषक तक पहुँचाता है। इस प्रकार संचार एवं प्रतिपुष्टि की प्रक्रिया पूर्ण होती है।

लास्वेल का मॉडल

विश्वप्रसिद्ध संचार विशेषज्ञ एवं मनोवैज्ञानिक प्रो. हेराल्ड लास्वेल ने संचार-प्रक्रिया को स्पष्ट करने के लिए प्रश्नों की एक शृंखला प्रस्तुत की। उनका कहना था कि 'किसने कहा, क्या, किस माध्यम से, किसे और क्या प्रभाव पड़ा।' इन प्रश्नों की शृंखला हम निम्नलिखित चित्र के द्वारा मॉडल के रूप में प्रस्तुत कर सकते हैं।

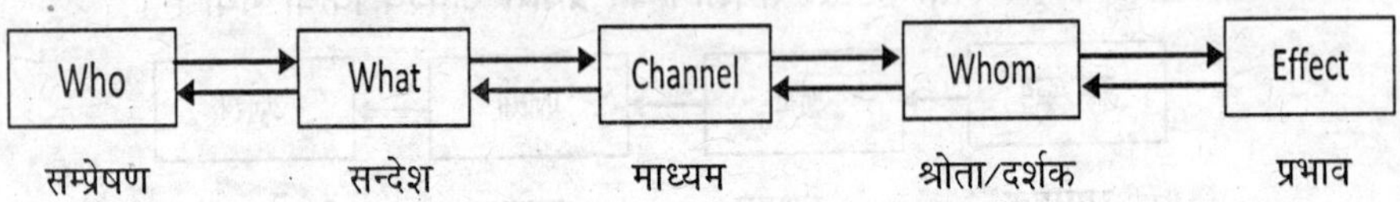

लास्वेल के अनुसार सम्प्रेषण सन्देश को माध्यम के द्वारा श्रोता तक पहुँचाता है और उसके द्वारा प्रेषित सन्देश का श्रोता के ऊपर क्या प्रभाव पड़ा यह जानने का प्रयास करता है। श्रोता के ऊपर पड़नेवाले प्रभाव की जानकारी सम्प्रेषण तक उसी मार्ग के द्वारा पहुँचती है जिस मार्ग से उस तक सम्प्रेषक सन्देश पहुँचाता है। फीड-बैक की अवधारणा के साथ लास्वेल के मॉडल को संचार-प्रक्रिया के लिए उपयुक्त माना जा सकता है।

वैस्टले-मैक्लीन मॉडल

वैस्टले-मैक्लीन ने एक महत्त्वपूर्ण एवं उपयोगी मॉडल तैयार किया है। इस मॉडल में सम्प्रेषक सन्देश के संचरण की व्यवस्था करता है किन्तु उसके मार्ग में कई चौकीदार या गेटकीपर की भूमिका को भी महत्त्व दिया है। इस मॉडल में ऐसे रास्तों की कल्पना की गयी है, जिनमें मीडिया व्यवस्था में व्यक्ति तथा संगठन यह तय करते हैं कि क्या सन्देश सम्प्रेषित किया जायगा तथा क्या विषय-वस्तु रूपान्तरित की जायगी या निकाली जायगी। चौकीदार या गेटकीपर प्रापक के एजेण्ट का काम करते हैं जो सूचना चयन करते हैं तथा स्रोत से प्रापक तक पहुँचाते हैं। सम्प्रेषक का सन्देश प्रापक तक पहुँचाने से पहले चौकीदार (गेटकीपर) सन्देश का विस्तार करते हैं या उसमें दखल दे सकते हैं, क्योंकि वह उन दोनों (सम्प्रेषक और प्रापक) के बीच उपस्थित है। उन्हें इतना अधिकार है कि वह सन्देश की विषय-वस्तु में परिवर्तन कर दें। इस प्रकार सभी संचारों में बहुत से चौकीदार होते हैं और कई प्रकार के काम करते हैं तथा विविध भूमिकाएँ निभाते हैं।

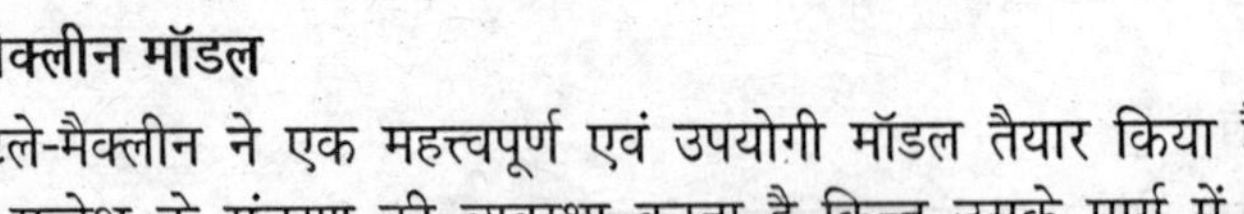

वेसली और मेकेलियन ने 1957 में यह मॉडल प्रस्तुत किया था। इस मॉडल को इस रूप में भी समझा जा सकता है।

इस चित्र में x_1, x_2, x_3, x_4, x_5, x_6 सूचना स्रोत के रूप में प्रदर्शित किये गये हैं जबकि A सम्प्रेषक, C गेटकीपर और B प्राप्तकर्ता के रूप में, तथा f प्रतिपुष्टि के रूप में प्रदर्शित है। वेसली और मेकेलियन का मानना है कि असंख्य स्रोतों से सूचनाएँ सम्प्रेषक A तक पहुँचती

हैं। A उसे माध्यम C के द्वारा संग्राहक B तक पहुँचाता है। वेसली और मेकेलियन का मानना है कि वर्तमान समाज में माध्यम गेटकीपर का कार्य करते हैं। वे संग्राहक तक उन्हीं सूचनाओं को प्रसारित करते हैं जो उनके लिए ग्राह्य होती हैं। जनमाध्यम सूचनाओं में वांछित संशोधन भी करते हैं। उदाहरण के लिए हम समाचार-पत्र में वही सूचना या विचार पढ़ पाते हैं जिसे सम्पादक अथवा रिपोर्टर प्रस्तुत करता है और जिस ढंग से प्रस्तुत करता है उसी रूप में हम उसे पढ़ते हैं। यही स्थिति रेडियो, टीवी और सिनेमा-जैसे जनमाध्यमों के साथ होती है।

इस मॉडल का नकारात्मक पक्ष यह है कि यह केवल जनमाध्यमों की कार्यप्रणाली स्पष्ट कर पाता है। इस मॉडल में जनमाध्यमों के अतिरिक्त परिवार, स्कूल, समाज और अन्य संचार-प्रक्रिया को स्पष्ट नहीं कर पाता। इसमें संचार-प्रक्रिया के विभिन्न घटकों की परस्पर निर्भरता अथवा अन्तर्सम्बन्ध की कोई व्याख्या नहीं की गयी है। इसमें केवल जन माध्यमों की निर्भरता ही स्पष्ट की गयी है।

वेसली और मेकेलियन का विकसित मॉडल-

वेसली और मेकेलियन द्वारा प्रतिपादित मॉडल को विकसित मॉडल इसलिए कहा जाता है कि इसमें फीडबैक के हर सम्भावित तरीक़े को स्पष्ट रूप से प्रदर्शित किया गया है। इस मॉडल में फीडबैक के विविध स्तरों को दर्शाया गया है, जिसमें श्रोता (प्रापक) द्वारा सन्देश का फीडबैक सम्प्रेषक तथा सलाहकार (माध्यम/चौकीदार) दोनों को दिया जाता है। वेसली-मेकेलियन का नवीन मॉडल पूर्ववर्ती मॉडलों की तुलना में अधिक जटिल एवं विस्तृत है। यह मॉडल विभिन्न संचार माध्यमों की संचार-प्रक्रिया को दर्शाने में उपयुक्त है।

वेसली और मेकेलियन का विकसित मॉडल

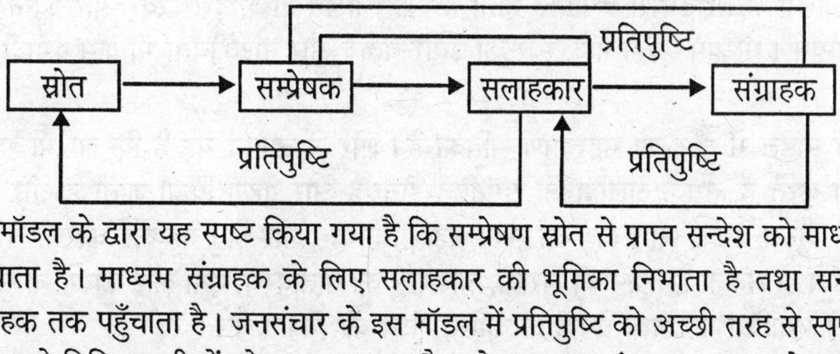

इस मॉडल के द्वारा यह स्पष्ट किया गया है कि सम्प्रेषण स्रोत से प्राप्त सन्देश को माध्यम तक पहुँचाता है। माध्यम संग्राहक के लिए सलाहकार की भूमिका निभाता है तथा सन्देश को संग्राहक तक पहुँचाता है। जनसंचार के इस मॉडल में प्रतिपुष्टि को अच्छी तरह से स्पष्ट करते हुए इसके विभिन्न तरीक़ों को समझाया गया है। श्रोता अथवा संग्राहक प्राप्त सन्देश के प्रभाव की जानकारी सीधे सम्प्रेषक तक पहुँचा सकता है। स्रोता/संग्राहक सलाहकार तक अपनी प्रतिक्रिया पहुँचाता है और सलाहकार उस प्रतिक्रिया को सीधे स्रोत अथवा सम्प्रेषक अथवा दोनों तक पहुँचा सकता है। इस प्रकार फीडबैक की प्रक्रिया भी पूर्ण होती है।

शेनन और वीवर का मॉडल

सी.ई. शेनन और डब्लू. वीवर ने सर्वप्रथम मानव संचार को तकनीकी रूप में मॉडल के रूप में प्रस्तुत किया। उनका यह मॉडल टेलीफ़ोन संचार पर आधारित है। ये दोनों ही इन्जीनियर थे और टेलीफ़ोन कम्पनी में कार्यरत थे। संचार माध्यम के रूप में टेलीफ़ोन का आधिकाधिक और सार्थक प्रयोग हो सके इसके लिए उन्होंने इस मॉडल को प्रस्तुत किया। उनके द्वारा व्यक्त संचार-प्रक्रिया को इस प्रकार दर्शाया गया है।

शेनन-वीवर मॉडल

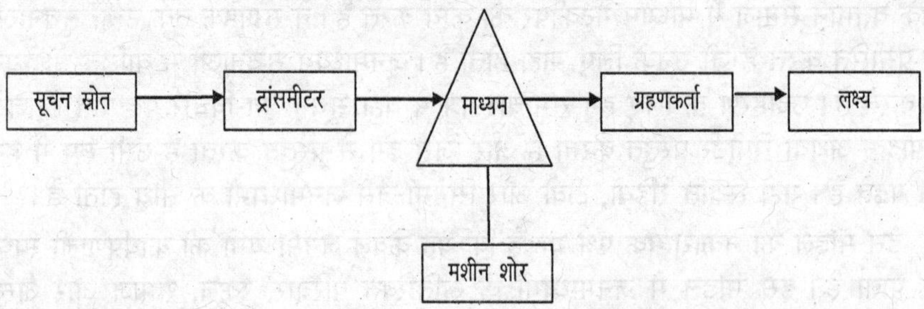

इस मॉडल के अनुसार सूचना स्रोत से सन्देश ट्रान्समीटर के द्वारा संकेतीकृत किया जाता है। संकेतीकृत सन्देश जनमाध्यमों द्वारा सम्प्रेषित किये जाते हैं। संकेतीकरण और माध्यम द्वारा ग्रहणकर्त्ता तक सन्देश पहुँचने के बीच में बाहरी शोर सन्देशों को प्रभावित करते हैं। यह शोर स्वतः मशीनों द्वारा उत्पन्न होते हैं। कभीं-कभीं। अवांछित सूचना को ग्रहणकर्त्ता तक न पहुँचने देने के लिए भी शोर उत्त्पन्न किये जा सकते हैं। लक्ष्य तक पहुँचने पर सन्देश का जो प्रारूप होता है उसका आकलन गणितीय आधार पर किया जाता है। सूचना की अवधारणा का इस सिद्धान्त में महत्त्वपूर्ण स्थान है। जब संकेत द्वारा सूचना सम्प्रेषित की जाती है तो उसमें दोहरे अर्थ की सम्भावना निहित होती है। प्रापक उसमें से अधिकतम सम्भाव्यतावाला अर्थ ग्रहण करता है। सम्प्रेषित सन्देश की उपयुक्तता अपने अनुभव और सन्दर्भ पर आधारित होती है। माध्यम की भूमिका को भी नहीं भुलाया जा सकता, जो भाषा या उपकरण है। उनसे सम्प्रेषण प्रक्रिया अलग-अलग ढंग से प्रभावित होती है-एक लिखित शब्द, दूसरे स्वर और ध्वनि और तीसरे सम्प्रेषण माध्यम। यही नहीं, स्वर का उतार-चढ़ाव और नाटकीयता भी कम प्रभावी नहीं होते।

इस मॉडल में शोर की महत्त्वपूर्ण भूमिका है। शोर से तात्पर्य यह है कि जो भी सन्देश सम्प्रेषित करते हैं, उसके अलावा जो सम्प्रेषित होता है और ग्रहण किया जाता है और जिसे सम्प्रेषित करना प्रेषक (संचारक) का लक्ष्य नहीं होता, वह शोर हो। यह कई कारणों से और कई रूपों में हो सकता है-तकनीकी ख़राबी, आसपास का वातावरण, ऐसा कोई कारण जो सन्देश ग्रहण को प्रभावित करे तथा प्रेषक के वांछित लक्ष्य को विकृत करे।

जॉन फ्रिस्क ने जॉर्ज गर्बनर के सिद्धान्त की चर्चा सम्प्रेषण-प्रक्रिया के रूप में की है। इस सिद्धान्त में संचार की प्रक्रिया की जटिलता समझने का प्रयास है। इस सिद्धान्त में सन्देश को यथार्थ के साथ जोड़कर देखा गया है जिससे इस यथार्थ की अभिव्यक्ति के द्वारा जो अनुबोधन होता है उसके अर्थ को समझ सकें। इस सिद्धान्त में माना गया है कि जो बाहरी यथार्थ है उसके ही हिस्से के रूप में इस वस्तु की अभिव्यक्ति होती है, जिसे मीडिया सम्प्रेषित कर रहा है, लेकिन सम्प्रेषण से पूर्व ग्रहण किये जाने पर वह वस्तु एक-सी नहीं रहती यानी जो सम्प्रेषित किया जाता है और जो ग्रहण किया जाता है, वह अलग-अलग होता है। प्रश्न यह उपस्थित होता है कि सन्देश ग्रहण करनेवाला कौन है? यदि वह कोई यन्त्र है, जैसे कैमरा माइक्रोफ़ोन तो अनुबोधन (परसेप्शन) भी यन्त्र निर्धारित होगा और यदि प्रापक मनुष्य है तो यह अनुबोधन और भी जटिल होगा। यन्त्र के द्वारा सन्देश का ग्रहण उसकी नकीनकी विशिष्टता से निर्धारित

और नियन्त्रित होगा, लेकिन मनुष्य में यह प्रक्रिया सन्देश और मनुष्य के बीच अन्तक्रिया और संवाद द्वारा तय होगी। यह अपेक्षाकृत जटिल प्रक्रिया है, क्योंकि इसमें मनुष्य के विचार और अवधारणाओं की भूमिका होती है जो यन्त्र की भाँति नियत नहीं होती। इस प्रक्रिया में मनुष्य जो कुछ भी ग्रहण करेगा, उसी से वह उस सन्देश को अर्थ देगा।

संचार के विश्लेषण के आधार पर इस मॉडल के प्रस्तुतकर्त्ताओं ने त्रिस्तरीय समस्या का वर्णन किया है। अ- तकनीकी स्तर, ब- अर्थ विषयक तथा स- प्रभाव। शेनन और वीवर का मानना है कि यदि जन माध्यमों के तकनीकी स्तर में सुधार होगा तो शेष दो स्वयं परिष्कृत हो जायँगे। इस मॉडल में फीड-बैक-जैसी अनिवार्य अवधारणा को कोई स्थान नहीं दिया गया है। तकनीक के क्षेत्र में होनेवाले नये-नये प्रयोगों का उद्‌देश्य होता है कि सम्प्रेषण अधिक-से-अधिक सही रूप में सम्प्रेषित या प्रक्षेपित किया जाय, लेकिन अर्थगत समस्याओं को हल करना अपेक्षाकृत कठिन होता है, क्योंकि इसमें कई बाहरी घटक भी अपनी भूमिका निर्वाह करते हैं। यदि संकेतों से जुड़े सन्दर्भों से दश्रोपा (दर्शक, श्रोता, पाठक) परिचित नहीं है तो उसके लिए अर्थ ग्रहण करने में कठिनाइयाँ उपस्थित हो जाती हैं। अर्थ सन्देश में निहित होता है। इस प्रकार विसंकेतीकरण (डीकोडिंग) को सुधारकर अर्थ को अधिकतम सीमा तक ठीक-ठीक सम्प्रेषित किया जा सकता है। अर्थव्यंजना में सांस्कृतिक घटकों की भी महत्त्वपूर्ण भूमिका होती है और सन्देश का विसंकेतीकरण उस सांस्कृतिक परिधि के अन्तर्गत होता ही है।

गर्बनर का मॉडल

जॉर्ज गर्बनर ने संचार के सामान्य उद्‌देश्य का मॉडल प्रस्तुत किया है जिसमें संचार-प्रक्रिया को सन्देश सम्प्रेषण के रूप में दर्शाया गया है। यह मॉडल पूर्ववर्ती मॉडलों से दो प्रकार से भिन्न है। यह सन्देश का वास्तविकता से सम्बन्ध स्थापित करता है और इस प्रकार ज्ञान और अर्थ का बोध होता है। इसके अतिरिक्त संचार-प्रक्रिया को दो वैकल्पिक अक्षों- अवधारणात्मक अक्ष और माध्यम अक्ष के रूप में दर्शाया गया है। इस मॉडल को निम्नलिखित चित्र के अनुसार समझा जा सकता है।

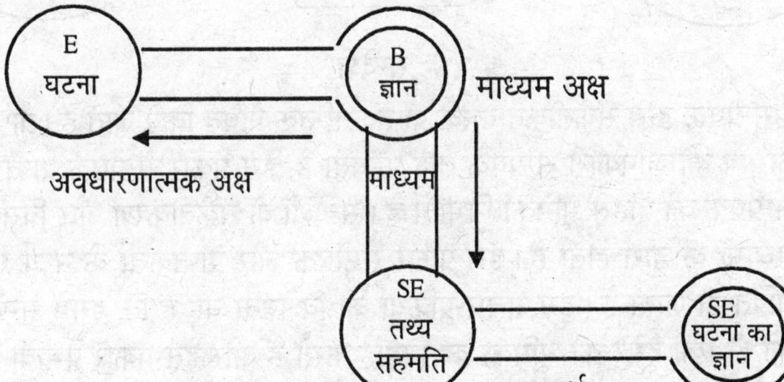

चित्र के अनुसार संचार-प्रक्रिया की व्याख्या तीन स्तरों पर की जा सकती है। प्रथम चरण अवधारणात्मक अक्ष के रूप में है। इसका किसी घटना E से होता जो व्यक्ति M को ज्ञात होती है। M घटना की जानकारी के आधार पर E अवधारणा का निकास करता है चूँकि अवधारणात्मक ज्ञान एक जटिल प्रक्रिया है जिसमें अन्तःक्रिया और वार्त्ता शामिल है। इस प्रकार वाह्य घटना का ज्ञान अवधारणा उत्पन्न करता है।

द्वितीय चरण में उस अवधारणात्मक ज्ञान को किसी भी संचार के माध्यम के द्वारा संकेतीकृत किया जाता है जो सन्देश कहा जाता है। इसमें एक सरल वाक्य के रूप में घटना की प्रस्तुति होती है। यहाँ पर माध्यम का चयन एक महत्त्वपूर्ण कार्य है। संचार माध्यम विशेषकर टेलीविज़न महत्त्वपूर्ण होता है क्योंकि यह घटना की विशेष आभिजात्य वर्ग की प्रस्तुति होती है। प्रक्रिया का तीसरा चरण पुनः क्षैतिज होता है। M2 कोई घटना नहीं है किन्तु Se घटना की संकेतात्मक प्रस्तुति है। यहाँ प्रक्रिया का प्रथम चरण पुनः दोहराया जाता है। सन्देश का मतलब समझने हेतु प्राप्तकर्त्ता और सन्देश के मध्य विचार-विमर्श होता है। M2, Se को सन्देश की सांस्कृतिक पृष्ठभूमि से अवगत करता है और इस प्रकार सन्देश का वास्तविक मतलब प्राप्तकर्त्ता तक पहुँचता है।

आसगुड का मॉडल

सी. ई. ऑसगुड द्वारा संचार का यह मॉडल अपने पूर्ववर्ती मॉडलों से भिन्न है। इसमें संचार की पारम्परिक प्रक्रिया का पालन नहीं किया गया है जिसमें सम्प्रेषक द्वारा माध्यम से होते हुए संग्राहक तक पहुँचता है। आसगुड का मानना है कि संचर एक गतिशील प्रक्रिया है जिसमें सन्देश और प्रतिक्रिया का निरन्तर प्रवाह होता रहता है। ऑसगुड का मानना है कि संचार-प्रक्रिया के प्रत्येक बिन्दु पर जिस प्रकार सन्देश सम्प्रेषित किया जाता है उसी प्रकार प्राप्त भी किया जाता है।

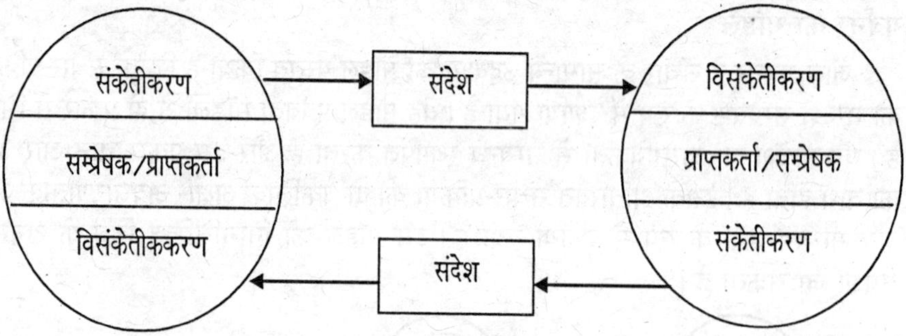

सन्देश

सन्देश सम्प्रेषक द्वारा संकेतीकृत करके प्राप्तकर्त्ता तक प्रेषित किये जाते हैं। प्राप्तकर्त्ता भी सन्देश के अभाव की जानकारी सम्प्रेषक तक पहुँचता है, इस प्रकार सम्प्रेषक प्राप्तकर्त्ता तथा प्राप्तकर्त्ता सम्प्रेषक की दोहरी भूमिका निभाता है। सन्देशों के संकेतीकरण और विसंकेतीकरण का काम माध्यमों के द्वारा होता है। इस प्रकार सम्प्रेषक और प्राप्तकर्त्ता के मध्य एक अन्तः सम्बन्ध स्थापित हो जाता है। इस संचार-प्रक्रिया की विशेषता यह है कि इसमें सम्प्रेषक और संग्राहक दोनों ही एक दूसरे की भूमिका का निर्वाह करते हैं और इस प्रकार प्रभावी संचार की प्रक्रिया पूर्ण होती है।

सी.ई. आसगुड द्वारा विकसित मॉडल परम्परित और रूढ़िग्रस्त मॉडलों का अनुसरण नहीं करता। यह मॉडल प्रेषक या संचारक माध्यम द्वारा प्रापक (रिसीवर) तक सक्रिय प्रक्रिया को महत्त्व देता है तथा यह भी संचार घटना-उद्दीपक प्राप्ति के साथ आरम्भ की जा सकती है। ऑसगुड ने इस बात पर भी महत्त्व दिया है कि संचार-प्रक्रिया में प्रत्येक भागीदार-सन्देश भेजने

और प्राप्त करने-के दोनों काम करते हैं तथा इस भाँति सन्देश का एनकोड और डीकोड तथ्रर व्याख्या करते हैं। यह संचार-प्रक्रिया की सक्रियता का प्रमाण है, क्योंकि स्त्रोत तथा प्रापक के बीच इस प्रकार के सक्रिय सम्बन्धों के कारण एक क्षण में एक व्यक्ति स्त्रोत बन जाता है तथा दूसरे क्षण वही प्रापक और फिर स्त्रोत। यह अन्तर्वैक्तिक संचार में विशेष रूप से सही भी है।

ऑसगुड द्वारा चक्रीय मॉडल के रेखीय चित्रण का काम विल्बर श्राम ने किया था। आसगुड के अनुसार संचार एक गत्यात्मक प्रक्रिया है तथा कोई भी संचार घटना-उद्दीपक को प्राप्त करने के साथ आरम्भ होती है। इस संचार-प्रक्रिया में प्रत्येक प्रतिभागी सूचना को भेजने तथा प्राप्त करने के अतिरिक्त कूट लेखन का संकेतीकरण (इनकोडिंग), संकेत-वाचन या कूट व्याख्या अथवा विसंकेतीकरण (डीकोडिंग) तथा सूचना की व्याख्या भी करता है। ऑसगुड का यह मॉडल अन्तर्वैयक्तिक संचार पर विशेष रूप से लागू होता है तथा सम्प्रेषक व प्रापक के मध्य अन्तः क्रियात्मक सम्बन्ध निरूपित करता है। संचार की गत्यात्मक एवं परिवर्तनशील प्रक्रिया में एक समय पर सम्प्रेषक ही दूसरे समय प्रापक बन सकता है और पुनः वह सम्प्रेषक हो सकता है।

ऑसगुड के मॉडल को तैयार करने में विल्बर श्राम के सहयोग के कारण उसे ऑसगुड-श्राम मॉडल भी कहा जाता है इस मॉडल की आलोचना में यह कहा गया है कि संचार के स्रोत, शक्ति तथा दिये गये समय में कई बार असन्तुलन होता है, ऐसी स्थिति में एक समान तथा बराबरी की प्रक्रिया पर आधारित मॉडल द्वारा संचार को नहीं समझा जा सकता। इस मॉडल में फीडबैक का तत्त्व कमज़ोर व अनुपस्थित होने के कारण यह मॉडल अनुपयोगी सिद्ध हुआ है।

विल्बर श्राम का मॉडल

विल्बर श्राम एक प्रख्यात संचार विशेषज्ञ रहे हैं। उन्होंने 1971 में संचार-प्रक्रिया को स्पष्ट करने के लिए एक मॉडल प्रस्तुत किया। उन्होंने आभ्यन्तर संचार, समूह संचार एवं जनसंचार की प्रक्रिया को मॉडल द्वारा प्रस्तुत किया। उन्होंने यह स्पष्ट किया कि संचार के सभी तत्त्व किस प्रकार से इन चारों प्रकार के संचार में क्रियाशील रहते हैं वास्तव में श्राम का योगदान इतना महत्त्वपूर्ण है कि उसके आधार पर आगे चलकर संचार-प्रक्रिया की अनेक अवधारणात्मक व्याख्या प्रस्तुत हुई जो सर्वमान्य है। विल्बर श्राम ने शेनन और बीबर के संचार मॉडल का अनुकरण करते हुए संकेतीकरण (इनकोडिंग) विसंकेतीकरण (डीकोडिंग) प्रतिपुष्टि और शोर की दोहरी व्याख्या प्रस्तुत की।

श्राम ने शोर और प्रतिपुष्टि को संचार-प्रक्रिया का आवश्यक अंग बताया। प्रतिपुष्टि के द्वारा यह पता करने में आसानी होती है कि प्रेषित सन्देश का प्राप्तकर्त्ता के मस्तिष्क पर क्या प्रभाव पड़ा। उन्होंने इसकी चित्रमय प्रस्तुति इस प्रकार से की-

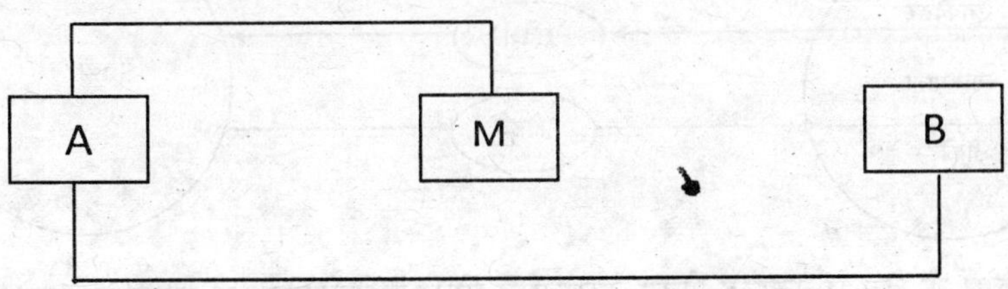

चित्र में प्रदर्शित संचार मॉडल अन्तर्वैयक्तिक संचार का मॉडल है। इसमें दो व्यक्तियों A और B की संचार-प्रक्रिया स्पष्ट चलती रहती है। इस अवस्था की संचार-प्रक्रिया में प्रतिपुष्टि की महत्त्वपूर्ण भूमिका होती है क्योंकि इसी से यह पता चलता है कि सम्प्रेषक द्वारा प्रेषित सन्देश

कैसे कार्य करता है, कैसे प्राप्तकर्त्ता तक पहुँचता है और प्राप्तकर्त्ता उससे किता प्रभावित होता है। प्राप्तकर्त्ता के प्रभाव की जानकारी होने पर सम्प्रेषक संचार हेतु अपने को सुव्यवस्थित करता है और सन्देश में तद्नुरूप परिवर्तन करता है। आमने-सामने के अन्तर्वैयक्तिक संचार में प्रतिपुष्टि अति महत्त्वपूर्ण होती है।

संचार-प्रक्रिया में शोर की उपस्थिति सन्देश अथवा संचार का प्रभाव कम कर देती है। मानव संचार-प्रक्रिया में जब किसी प्रकार का माध्यम प्रयुक्त होता है, विशेषकर इलेक्ट्रॉनिक का तो माध्यमजनित शोर होता, है, राहगीरों को शोर, यातायात का शोर या अन्य किसी प्रकार का बाहरी शोर भी हो सकता है। शोर के कारण प्रेषित सन्देश की प्रभाव क्षमता कम हो जाती है। शोर से बाधित सन्देश विसंकेतीकरण और प्राप्तकर्त्ता की व्याख्या दोनों को प्रभावित करती है।

विल्बर श्राम के अनुसार प्रतिपुष्टि का सर्वोत्कृष्ट उदाहरण आभ्यन्तर संचार में देखने को मिलता है। जब हम स्वतः अपने से संचार करते हैं तो उसकी जो स्वतः प्रतिक्रिया उत्पन्न होती है वही प्रतिपुष्टि है। उदाहरण के लिए हम अपने उच्चरित शब्दों को सुनकर उसकी ग़लती दूर करते हैं। अपनी लिखी हुई बातों को देखकर मात्रा, भाषा एवं वर्तनी की त्रुटियाँ सुधारते हैं यही भी एक प्रकार की प्रतिपुष्टि है। इस प्रकार की प्रतिपुष्टि की प्रक्रिया की चित्रमय प्रस्तुति निम्नलिखित प्रकार से है।

फीडबैक शब्द इलाक्ट्राय क्षेत्र से लिया गया है। इसे मानव-संचार में प्रयोग किया जाता है। विल्बर श्राम ने फीडबैक या प्रतिक्रिया को संचार-प्रक्रिया के अनिवार्य तत्त्व के रूप में ग्रहण किया है। जिसका अर्थ सम्प्रेषक के द्वारा संचरित सन्देश पर प्रापक की प्रतिक्रिया है। इसको पूर्व में प्रचारित अपने मॉडल के स्थान पर प्रस्तुत किया है-

विल्बर श्राम ने नये मॉडल में दूसरे तरीक़े का फीडबैक प्रयोग किया है, जिसमें सन्देशों से फीडबैक या प्रतिक्रिया प्राप्त करता है यानी प्रेषक अपनी आवाज़ भी सुन सकता है। काग़ज़ पर लिखते हैं, उसे देख सकते हैं और ग़लत अक्षरों को सही कर सकते हैं या शैली को बदल सकते हैं। श्राम ने संचार-प्रक्रिया को एक जटिल उपस्थिति की भाँति व्यक्तिगत, सामाजिक तथा सांस्कृतिक उपकरण के सन्दर्भ में देखा है। उन्होंने संचार की कल्पना मुख्यतः अनुभवों में भागीदारी की प्रक्रिया के रूप में की है। अनुभव किस तरह से संगठित किया जाता है तथा आपस में बाँटा जाता है यह एक कठिन प्रक्रिया है। श्रम का नया मॉडल द्रष्टव्य है—

विल्बर श्राम का मॉडल

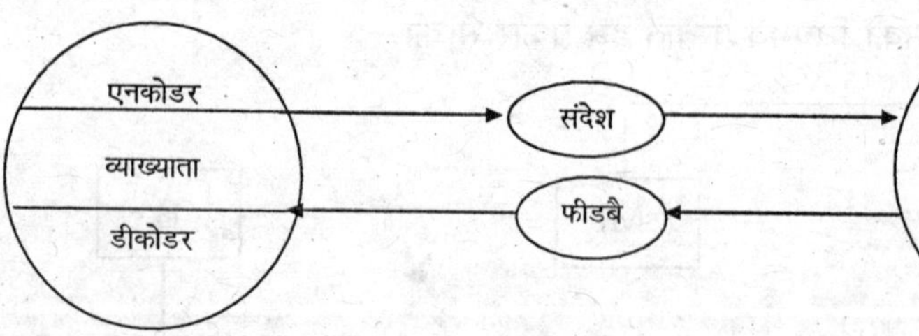

संचार के क्षेत्र में क्लाउड शेनन और वारेन वीवर ने टेलीफ़ोन पर आधारित मानव-संचार का अभियान्त्रिक मॉडल विकसित किया है। इस गणितीय संचार मॉडल में शैनन-वीवर ने संचार-प्रक्रिया को तकनीक, अर्थ प्रसारण, प्रभाव एवं श्रोता के स्तरों पर विश्लेषित किया है। इस मॉडल में प्रतिपुष्टि (फीडबैक) का उल्लेख नहीं होने के कारण, इसे एकतरफ़ा संचार-प्रक्रिया

की अभिव्यक्ति का मॉडल कहा गया है, लेकिन इस मॉडल की महत्त्वपूर्ण देन यह है कि इस मॉडल ने प्रथम बार 'शोर' (न्वॉइज़) या बाधा की अवधारणा स्थापित की, जो संचार मार्ग में होनेवाले व्यवधान का सूचक है।

इस मॉडल में नौ प्रमुख संघटकों की व्यवस्था की गयी है जो मूलतः विद्युत् संचार की कुछ समस्याओं को सुलझाने के प्रयास में नेपथ्य से आनेवाले संकेतों में एक संकेत को दूसरे से भिन्न करता है ताकि कूटबद्ध सन्देशों को कम अशुद्धियों तथा तीव्रता के साथ शोरयुक्त संचार मार्ग से गन्तव्य तक पहुँचाया जा सके। इस मॉडल को सन्तान्त्रिक सिद्धान्त (साइबरमैटिक थ्योरी) के आधार पर प्रयोग किया गया। फीडबैक के बिना भी यह संचार मॉडल आधुनिक संचार-प्रक्रिया का स्वरूप लिये हुए है।

शैनन-वीवर ने सबसे पहले संचार मॉडल विकसित किया था, जिसे टेलीफ़ोन मॉडल भी कहा जाता है, क्योंकि यह टेलीफ़ोन संचार को बड़ी आसानी से समझाता है। मानव-संचार भी इस मॉडल में संचार/सम्प्रेषक/स्रोत से आरम्भ होता है जो संचार की रचना करता है और उसे सम्प्रेषित करता है। वह भी एक माध्यम द्वारा एक प्रापक (रिसीवर) को भेजता है। वह भी सन्देश की पुनर्रचना करता है जिसे दूसरा व्यक्ति प्राप्त कर सके। एक बहुत ही महत्त्वपूर्ण तत्त्व शैनन-वीवर के मॉडल में जोड़ा हुआ है, वह शोर (न्वॉइज़) है। इसकी संकल्पना इसलिए की गयी है कि माध्यम में जब सन्देश प्रसारित होते समय बाधा आती है तथा भिन्न संकेत देने लगता है और वही तो प्रापक प्राप्त करता है।

यह मॉडल मानव-संचार के मॉडल के रूप में भी समझा जा सकता है। लेकिन इसमें मानव-संचार-प्रक्रिया के कुछ तत्त्व सम्मिलित नहीं किये गये हैं, जिन्हें अन्तर्वैयक्तिक संचार (इण्टरपर्सनल कम्यूनिकेशन) के लिए बहुत महत्त्वपूर्ण समझा जाता है।

हेराल्ड लेसवेल मॉडल

हेराल्ड लेसवेल ने एक कठोर शाब्दिक मॉडल प्रस्तुत किया है जो संक्षिप्त है। संचार का लेसवेलियन मॉडल पाँच ककारों पर आधारित है-**कौन** कहता है, **क्या, किस** माध्यम में, **किसको** और **क्या प्रभाव** है। लेसवेल प्रेषक यानी कौन पर संचार में सन्देश (क्या) में प्रवेश कराता है और 'किसको' यानी प्रापक पर-जो सन्देश प्राप्त करता है—ज़ोर दिया है। उनके अनुसार संचार-प्रक्रिया में स्रोत (सम्प्रेषक) की प्रकृति तथा प्रापक की प्रकृति एक महत्त्वपूर्ण उपकरण है। लेसवेल ने प्रभाव का तत्त्व अपने मॉडल में समाहित किया है जो अर्थपूर्ण संचार की रचना करता है तथा वह प्रापक के मस्तिष्क पर प्रभाव डालने के लिए ही की जाती है। वास्तव में यही संचार है।

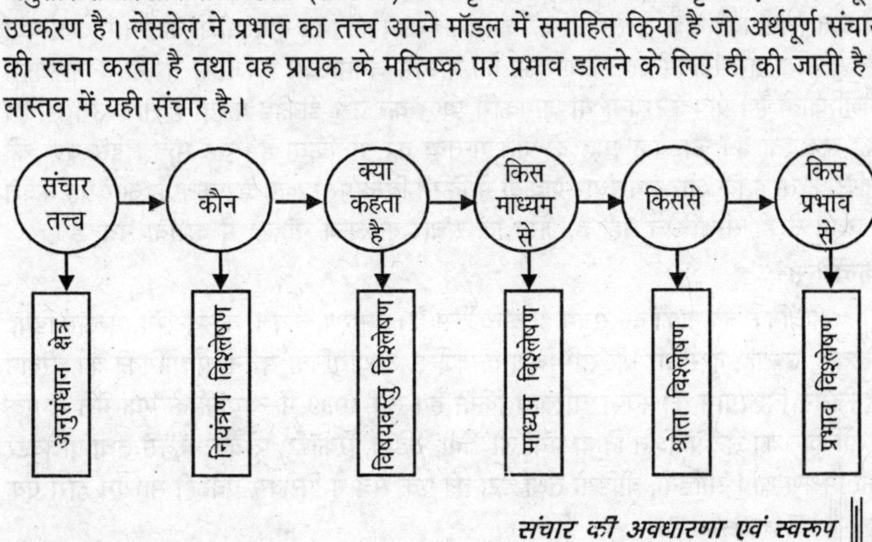

लेसवेल मॉडल में महत्त्वपूर्ण बात यह है कि वे प्रभाव को महत्त्व देते हैं तथा संचार को सूचनाओं का आदान-प्रदान मानते हैं। इस प्रकार के रेखीय मॉडल चित्र में प्रक्रिया द्वारा ही श्रोताओं पर संचार के होनेवाले प्रभाव को समझा जा सकता है। लेसवेल अपने मॉडल द्वारा पहली बार 'संचय तथ्य' के निर्णायक बहुत-से तत्त्वों को निश्चित एवं स्पष्ट ढंग से निरूपित करते हैं।

मिशेल बुहलर ने लेसवेल के मॉडल को पुनः प्रस्तुत करते हुए सम्प्रेषक और प्रापक तथा उनकी परिस्थितियों के विश्लेषण के लिए मानव-विज्ञान के सिद्धान्तों का अनुसरण किया, जबकि सूचना उद्दीपक अथवा कथन तथा प्रभाव, उत्तर से ससम्बन्धित परिस्थितियों को भैतिक विज्ञान पर विश्लेषित किया है। मिशेल बुहलर मॉडल द्रष्टव्य है-

मेल्विन डे फ्लूयर मॉडल

जनसंचार माध्यम उपकरण

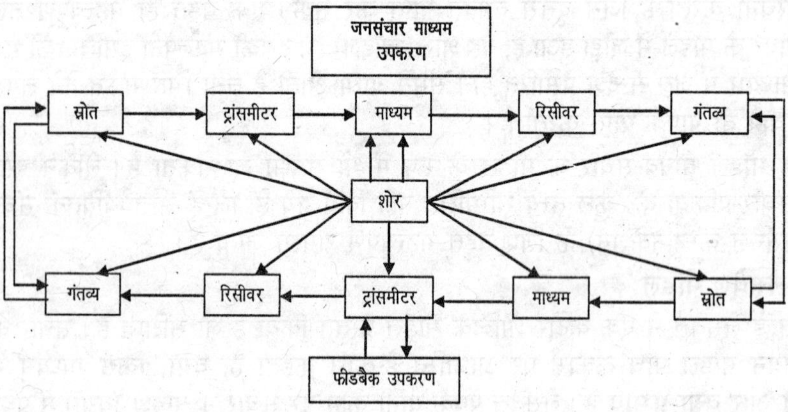

मेल्विन डे फ्लूयर का मॉडल सम्पूर्ण जनसंचार की प्रक्रिया प्रस्तुत करता है। इस मॉडल में स्रोत (सम्प्रेषक) तथा ट्रान्समीटर को जनसंचार कार्य की भिन्न अवस्थाओं के रूप में देखा गया है जो स्रोत द्वारा क्रियान्वित किया हुआ है। माध्यम जनमाध्यम है जिससे सूचना व जानकारी भेजी जाती है। प्रापक सूचना या जानकारी प्राप्त कर उसे डीकोड करता है तथा उसे सन्देश का रूप देता है। फीडबैक स्रोत के प्रति गन्तव्य की प्रतिक्रिया है। यह मॉडल इस बात की पुष्टि करता है कि शोर जनसंचार-प्रक्रिया में किसी बिन्दु पर दखल दे सकता है और यह केवल माध्यम से ही सम्बन्धित नहीं है, जैसा कि संचार के अन्य मॉडलों में दर्शाया गया है।

कन्वेर्जेन्स-

आधुनिक तकनीकों का संगम ही कन्वर्जेन्स है। प्रसारण, केबल, कम्प्यूटरिंग, मल्टीमीडिया, नेटवर्क, उपग्रह, दूरसंचार का सम्मिश्रण कन्वर्जेन्स अत्याधुनिक सूचना प्रौद्योगिकी का वरदान है जिसने विश्वग्राम का स्वप्न चरितार्थ किया है। सन् 1939 में न्यूयॉर्क के एक मेले में एक टेलीविज़न का सेट प्रदर्शित किया गया जो टीवी, रेडियो, रिकॉर्डर, प्लेबैक, फैक्स तथा प्रोजेक्टर का मिश्रण था। ऑडियो, वीडियो तथा डेटा को एक सूत्र में पिरोकर एक ही माध्यम द्वारा एक

ही स्रोत से उपलब्ध करा पाने में सक्षम प्रक्रिया को ही कन्वर्जेन्स कहा जाता है।

कन्वर्जेन्स टेलीकम्यूनिकेशन, ब्रॉडकास्टिंग तथा कम्प्यूटर नेटवर्किंग को सम्मिलित कर एक ऐसे एकल डिजिटल नेटवर्क का निर्माण करता है जिसके द्वारा उपभोक्ता की आवश्यकताएँ—टेलीफ़ोन, फैक्स, टीवी, इण्टरनेट, वीडियोफ़ोन, मूवी, संगीत, मनोरंजन आदि एक ही स्रोत से पूरी की जाती हैं। कन्वर्जेन्स का प्रमुख उद्देश्य उपलब्ध विभिन्न जनोपयोगी तकनीकों को समेकित कर एक ऐसे एकल माध्यम द्वारा उपभोक्ताओं तक पहुँचाना है जिस पर कन्वर्जेन्स की सहायता से विभिन्न सेवाएँ एक साथ प्रदान की जा सकें। इसके अतिरिक्त डिजिटल मनोरंजन भी इसका एक प्रमुख हिस्सा है। अब जो कन्वर्जेन्स तकनीक प्रचलन में है उसमें इण्टरनेट द्वारा वीडियो, मूवी, संगीत आदि का लुत्फ अपने होम थियेटर यानी कम्प्यूटर पर लिया जा रहा है।

1980 से 1990 तक के दशक को संचार का दशक कहा जाय तो 1991 से 2000 तक के दशक को सूचना क्रान्ति का दशक इलेक्ट्रॉनिक कन्वर्जेन्स (ई-कन्वर्जेन्स) कहा जाता है क्योंकि इसमें कई प्रकार की सेवाओं का पूरे तालमेल के साथ समन्वय हो जायगा। कन्वर्जेन्स का अर्थ है सभी स्तरों पर परिवर्तन यानी टेक्नोलॉजी, अन्तर्वस्तु, प्रसार-क्षेत्र और विपणन-जैसे विभिन्न क्षेत्रों में बदलाव। कन्वर्जेन्स को सूचना समाज के निर्माण में सहायक माना जाता है, इसमें समाज पर दूरगामी प्रभाव डालने की क्षमता है।

कन्वर्जेन्स के विकास में मनोरंजन या इण्टरटेनमेण्ट कण्टेण्ट महत्त्वपूर्ण है। वर्ल्ड वाइड वेव ने इस बात की आवश्यकता पर बल दिया कि किस प्रकार इसे कम्प्यूटरों के दायरे से निकालकर मोबाइल फ़ोन या टीवी सेट पर भी पहुँचाया जाय। साथ ही तकनीक विकास की उत्तरोत्तर वृद्धि के कारण इसने नये-नये एप्लीकेशनों द्वारा नये-नये प्रकार के फॉरमेटों में नये-नये प्रकार के कण्टेण्ट के विकास के नये मार्ग खोले। इसने कण्टेण्ट (डेटा, वीडियो, ऑडियो आदि) के नियन्त्रण से लेकर पैकेजिंग तक के कार्य के लिए अनेक आयाम उत्पन्न कर दिये। उपभोक्ता वांछित संगीत आसानी से डाउनलोड कर मुफ़्त में सुन सकता है। परन्तु अब कन्वर्जेन्स से कण्टण्ट की अपेक्षा प्लेटफॉर्म (कम्प्यूटर, टीवी सेट, मोबाइल फ़ोन तथा अन्य इलेक्ट्रॉनिक उपकरणों) की उपलब्धता ने उपभोक्ताओं के समक्ष चयन की गुंजाइश प्रदान की है। जैसे-जैसे कन्वर्जेन्स विकसित हो रहा है वैसे-वैसे लोग अपनी-अपनी रणनीति निर्धारित कर रहे हैं।

मीडिया तथा संचार तकनीकों के साथ-साथ इलेक्ट्रॉनिक उद्योग में आये तकनीकी परिवर्तनों ने कन्वर्जेन्स की अवधारणा को साकार रूप दिया है। सूचनाओं, संगीत, मनोरंजन या ध्वनि आदि को प्रसारित करने के लिए एक ऐसे एकल माध्यम की आवश्यकता पर बल दिया जा रहा है, जिसके द्वारा गुणवत्तायुक्त सूचनाएँ, वीडियो, आडियो आदि को उपभोक्ता तक ब्रॉडकास्टिंग तकनीकों का समागम कर उद्योग जगत् के साथ-साथ उपभोक्ताओं को नये अवसर प्रदान किये हैं। भारत में कन्वर्जेन्स की दिशा में सकारात्मक प्रयास जारी है, जिसमें सरकार द्वारा जारी कन्वर्जेन्स बिल- 2000 अत्यन्त महत्त्वपूर्ण है। कन्वर्जेन्स ने आम उपभोक्ता की जीवनचर्या में अभूतपूर्व परिवर्तन लाने के साथ-साथ विभिन्न सेवाओं को एक ही माध्यम पर सस्ते दामों पर उपलब्ध कराने की आशा उत्पन्न की है।

संचार का कन्वर्जेन्सनॉडल (Convergence Model of Communication)-

संचार के इस मॉडल को किनकेड (Kincaid) ने 1979 में विकसित किया। किनकेड ने फीडबैक की धारणा को विकसित करते हुए सुझाव दिया कि संचार में फीडबैक संचारक व प्रापक का तुलनात्मक स्थान निर्धारित करती है। संचार एक प्रापक का तुलनात्मक स्थान निर्धारित करता है। संचार एक ऐसी प्रक्रिया है जिसमें शामिल सभी प्रतिभागी (संचारक, प्रापक) अपना-अपना स्थान बदलते हुए सूचना बनाते और साझा करते हैं। हरेक चरण पिछले चरण पर निर्भर करता है।

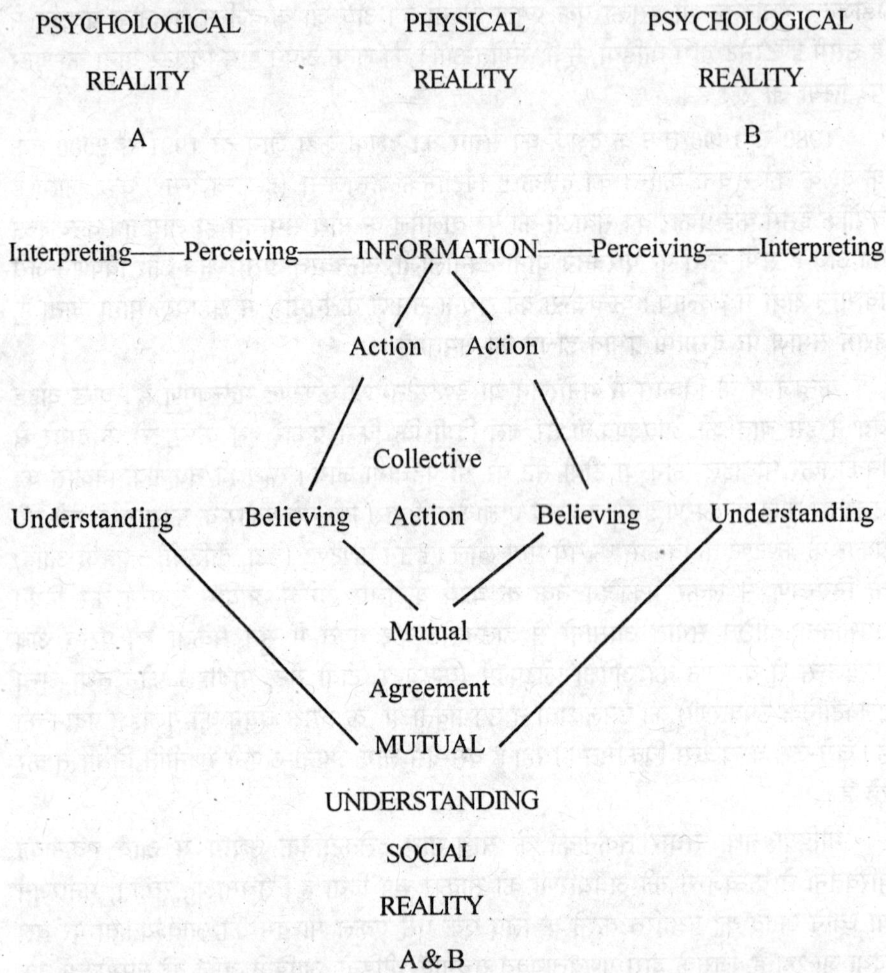

इस मॉडल के मूल तत्त्व और उनकी पारम्परिक क्रिया को इस प्रकार चित्रित किया गया है-

कन्वेर्जेस मॉडल

चित्र में दिखाया गया है कि कैसे सूचना का आदान-प्रदान करके आपसी सहमति बनायी जाती है।

इस मॉडल में दिखाया गया है कि प्रतिभागी 'A' सूचना 'i' का निर्माण करता है जिसको प्रतिभागी 'B' अपने ढंग से दृष्टिगत करता है व उसकी व्याख्या करता है। 'B' अपनी सूचना का निर्माण करके उसे 'A' के साथ साझा कर सकता है। 'A' उस सूचना को दृष्टिगत करके उसी विषय-सम्बन्धी एक और सूचना I_3 बनाता है और उसे व्यक्त करता है। इस प्रकार यह प्रक्रिया चलती रहती है। (I_3, I_4, I_5........) जब तक एक प्रतिभागी उस विषय के बारे में सन्तुष्ट नहीं हो जाता। प्रत्येक प्रतिभागी अपनी सूचना की व्याख्या करके अपने को व्यक्त करता है। प्रभावशाली फीडबैक सूचनाओं को एक बिन्दु पर एकत्रित करती है। (Convergence) जबकि फीडबैक के प्रभावहीन होने से सूचानाएँ एक उद्देश्य से भटक जाती हैं (Divergence)। कन्वर्जेस की प्रक्रिया आपसी समझ (Mutual Understanding) बनाने में सहायता होती है। इस प्रकार मानवीय संचार में आपसी समझ स्थापित करने के लिए सूचना का निर्माण व उसकी साझेदारी की जाती है।

संचार का यह एक आधुनिक मॉडल है जो मानवीय संचार में आपसी समझ स्थापित करने की प्रक्रिया का वर्णन करता है और जिसका प्रयोग संचार शोध व सिद्धान्त (थ्योरी) बनाने में किया जाता है।

संचार के विविध रूप

संचार के विविध रूपों का उल्लेख निम्न प्रकार से किया जा सकता है-

1. अन्तरावैयक्तिक संचार (Intra-personal Communication)-अपने-आप से किया गया वार्त्तालाप एवं अपने मन-मस्तिष्क में उठे विचार अन्तरावैयक्तिक अथवा वैयक्तिक संचार के अन्तर्गत आते हैं। यह ऐसा संचार है (सम्प्रेषण) है जिसमें कोई दूसरा व्यक्ति सम्मिलित नहीं होता। जब कोई व्यक्ति किसी भी मुद्दे पर अपने आप से बात करता है और विचार करता है तो इस प्रक्रिया को वैयक्तिक संचार (पर्सनल कम्यूनिकेशन) कहते हैं। वैयक्तिक संचार सभी मानव-संचार रूपों का आधार है। किसी भी तथ्य पर कोई व्यक्ति अपने विचार तब तक प्रकट नहीं कर सकता जब तक कि वह वैयक्तिक संचार की प्रक्रिया से न गुज़रे अतः वह अन्तरावैयक्तिक संचार के माध्यम से सोच-विचारकर तथ्य का विश्लेषण एवं व्याख्या अपनी प्रतिक्रिया द्वारा व्यक्त करता है। अन्तरावैयक्तिक संचार की प्रक्रिया हमारी ज्ञानेन्द्रियों द्वारा ही सम्भव है। ज्ञानेन्द्रियाँ हमें जो सूचनाएँ पहुँचाती हैं, हम अपने मस्तिष्क में उन पर विचार करते हैं और फिर उस पर अपनी प्रतिक्रिया प्रकट करते हैं। इस प्रकार संचार की प्रत्येक प्रक्रिया इसी अन्तरावैयक्तिक प्रक्रिया द्वारा ही सम्भव है। जब एक व्यक्ति दूसरे व्यक्ति की बातें सुनता है तो उसके कान दूसरे की बात पर और दूसरे की आँख पहले के चेहरे पर टिकी रहती है। कान में पड़नेवाले शब्दों को कहनेवाले व्यक्ति के चेहरे पर जो भाव आते हैं उससे कही हुई बातों का अर्थ समझ में आता है। यह संचार हमारी श्रद्धा और चक्षु इन्द्रियों द्वारा सम्पन्न होता है और उस पर प्रतिक्रिया इसी सम्प्रेषित सन्देश पर मानसिक प्रतिक्रिया से तय होती है।

2. अन्तवैंयक्तिक संचार (Inter-personal Communication)-प्रत्यक्ष या आमने-सामने किया गया वार्त्तालाप अन्तर्वैयक्तिक संचार कहलाता है। इसमें दो व्यक्तियों के बीच साक्षत् संचार होता है। वाणी, संकेतों, चेहरे के हाव-भाव व शरीर की भाषा (Body Ianguage) का इस्तेमाल इस प्रकार के संचार में किया जाता है। इसमें किसी प्रकार के बाहरी माध्यम या

व्यवधान की गुंजाइश नहीं होती। इस प्रक्रिया में फीडबैक तत्काल मिल जाता है। संचार का सर्वाधिक सुपरिचित और सफल स्वरूप अन्तवैयक्तिक संचार होता है जिसके अन्तर्गत एक व्यक्ति दूसरे व्यक्ति से प्रश्न पूछता है, दूसरा उत्तर देता है। इस प्रकार दोनों के बीच वार्त्तालाप का क्रम आरम्भ होता है और दोनों आमने-सामने बैठकर आपस में बातचीत करते हैं। संचार यह रूप ही अन्तर्वैयक्तिक संचार (इण्टरपर्सनल कम्यूनीकेशन) कहलाता है, क्योंकि यह संचार एक से अधिक व्यक्तियों के बीच होता है। अन्तर्वैयक्तिक संचार में स्रोत, सन्देश, श्रोता, प्रभाव, फीडबैक मुख्य तत्त्व होते हैं। अन्तर्वैयक्तिक संचार की प्रक्रिया में दोनों सहभागी एक-दूसरे तक अपनी बात भी पहुँचाते हैं। दोनों भागीदारों की भाषा एक होने पर ही अन्तर्वैयक्तिक संचार सम्भव रहता है। दोनों ही सहभागियों में भाषा, भावभंगिमा, संकेत एवं इशारो के माध्यम से संचार की प्रक्रिया होती है।

3. समूह संचार (Group Communication)-अन्तर्वैव्यक्तिक संचार का ही विस्तृत रूप समूह संचार है। इन दोनों में अन्तर केवल इतना ही है कि इसमें दो से अधिक व्यक्तियों की भागीदारी अनिवार्य है। समूह संचार में संचारकर्त्ता (Communicator) और कई व्यक्तियों (समूह) के बीच वार्त्तालाप होता है। इसमें फीडबैक तत्काल परन्तु मिश्रित होता है और शोर की गुंजाइश अधिक रहती है। समूह संचार में समूह के लोगों की संख्या असीमित नहीं हो सकती, लेकिन समूह संचार में लोगों की संख्या जिसे नियन्त्रित करना सम्भव न हो, वहाँ का इस संचार प्रकार काम नहीं आता। समूह संचार बहुत प्रभावी होता है, क्योंकि इसमें महत्त्वपूर्ण व्यक्तित्व खुलकर सामने आते हैं तथा सदस्यों को अपने-अपने निजी क्षेत्रों में जन-अभिव्यक्ति का अवसर मिलता है। समूह संचार किसी भी उपर्युक्त सामाजिक परिवेश में सम्प्रेषित हो सकता है, जैस-स्कूल, कॉलेज, प्रशिक्षण केन्द्र, रंगमंच, चौपाल, संगोष्ठी हाल।

समूह संचार में विविध तथा विस्तृत विषय-वस्तु का चयन किया जाता है। ये विषय सभी के हित में तथा सामान्य रुचि के होते हैं। इस प्रकार के संचार में संचारक का सम्प्रेषण प्रभावी तो होता ही है, साथ ही, एक ही समय में कई लोगों तक सन्देश पहुँचाया जा सकता है तथा महत्त्वपूर्ण निर्णय लिया जा सकता है। समूह संचार में स्रोत, सन्देश, श्रोता समूह, प्रभाव एवं फीडबैक मुख्य तत्त्व होते हैं। आधुनिक काल में फ़िल्म, फोरम, सामूहिक चर्चा या वाद-विवाद, नाट्यशालाओं में सामूहिक अवलोकन, समूह संचार के ही रूप हैं।

समूह संचार की निम्नलिखित विशेषताएँ होती हैं—

1. समूह संचार में परस्पर विचारों का आदान-प्रदान होता है और परस्पर विचार-विमर्श के मध्य समूह द्वारा समस्याओं का हल या समाधान खोजा जाता है।

2. समूह संचार अन्तर्वैयक्तिक संचार की भाँति ही कुछ व्यक्तियों या श्रोतावर्ग के मध्य होता है, जिनके मध्य सामान्य उद्‌देश्य के प्रति सतर्कता पायी जाती है।

3. समूह संचार की प्रक्रिया सरल होती है जिससे समस्याओं का निर्धारण, विश्लेषण, स्पष्टीकरण और समाधान सम्भव होता है। यह प्रक्रिया मूल रूप में स्थान, देश, जाति, भाषा आदि की सीमाओं में ही होती है।

4. समूह संचार का उद्‌देश्य भी समान ही होता है।

5. समूह संचार में सम्प्रेषक और प्रापक के हित एकरूप ही होते हैं और उनके मध्य फीडबैक भी उन्हीं के अनुरूप हो जाता है।

6. समूह संचार की प्रक्रिया अन्तर्वैयक्तिक संचार की भाँति अति सरल नहीं होती, फिर भी जनसंचार की प्रक्रिया की भाँति जटिल भी नहीं होती है।

7. फीडबैक के लिए समूह संचार की प्रक्रिया में कभी-कभी परोक्ष ढंग भी अपनाना पड़ता है। गोष्ठियों में पर्ची या स्लिप से सहमति का रूप फीडबैक का परोक्ष रूप ही है।

8. समूह संचार के श्रोता और सम्प्रेषक के मध्य स्थायी निकटता आवश्यक रूप में होती है। पूर्व सूचना के आधार पर पूर्व निश्चय के कारण ही समूह एक स्थान-विशेष पर एकत्रित होता है।

9. समूह संचार में प्रत्येक सदस्य या श्रोता सम्प्रेषक से प्रत्यक्ष या परोक्ष रूप में परिचित होता है।

4. पारम्परिक संचार (Tradinational Communication) : पारम्परिक संचार लोकजीवन के व्यापक फलक की ऐसी देन है जिसे विज्ञान के विविध प्रकार के विस्तार भी आज झुंठला नहीं पाये हैं। लोक-परम्परा या ट्रेडीशनल संचार के स्तर पर जितने सहज और स्वीकार्य हैं वे उतने ही जनसामान्य के निकट हैं। इस स्थिति में यह देखा जा सकता है कि पारम्परिक संचार जनसमुदाय के विशालतम रूप तक जुड़ा है। समाज में प्रचलित धार्मिक और सांस्कृतिक पक्ष से सम्बन्धित या लोकोत्सवों से युक्त पारम्परिक संचार और अपनी विषय-वस्तु की समृद्धि और सहज अभिव्यक्ति के गुरुतर भार से सम्पुष्ट होता है और लोक-जीवन में प्रभावी भूमिका रखता है।

इन पारम्परिक जनसंचार के क्षेत्र में लोकगीत, लोकनाट्य, लोककथाएँ, लोकनृत्य की अबाध परम्परा उपलब्ध है, जो जाति, क्षेत्र, भाषा, संस्कृति की भिन्नता और भौगोलिक सीमाओं में रहते हुए भी जनसंचार का सशक्त एवं सक्षम माध्यम हे। पारम्परिक जनसंचार के क्षेत्र में एक सार्थक माध्यम कठपुतली या पुतली है जिसकी विधा नाटकीय और सहज सम्प्रेषणीयता लिए है। संचार माध्यामें की निकटता, स्थानीयता और लोक-विश्वसनीयता अतर्क्य है। सम्प्रेषक से लेकर प्रापक तक प्रभावशाली ढंग से संचार में सक्रिय भूमिका के कारण ही वैज्ञानिक साधनों के विकास होने पर भी पारम्परिक संचार ग्राम्य संस्कृति या लोक संस्कृति की देन है। विश्व के किसी भी क्षेत्र में चले जायँ चाहे वह देश कितना ही समृद्ध और वैज्ञानिक रूप से सक्षम क्यों न हो, उसकी अपनी लोक परम्पराएँ हैं और पारम्परिक संचार के साधन कबीलियाई स्तर पर आज भी प्रचलित हैं। इन साधनों के साथ जनसंचार प्रविधियों के सामञ्जस्य को भी अनदेख नहीं किया जा सकता।

इन क्षेत्र में लोककलाएँ भी पीछे नहीं रही हैं, वे संचार का सशक्त माध्यम हैं। विविध लोकोत्सवों और लोकानुष्ठानों के अवसर पर गेरू, खड़िया, चावल पीसकर बनाये गये ऐपन द्वारा चौक, वेदी, भित्तियाँ माँड़ने आदि बहुमुखी सन्देशवाही माध्यम हैं। यह कहना भी अधिक उचित होगा कि पारम्परिक संचार अधिकांश रूप में मौखिक संचार हैं जो रूक्ष भाषण से श्रोताओं को दबाते नहीं हैं, बल्कि अपने पार्श्व में खींचते हैं। आज भी पारम्परिक संचार की संचार-प्रक्रिया में महत्त्वपूर्ण भूमिका है। संचार चाहे जिस रूप में हो रेडियो, टेलीविज़न या फ़िल्म इन सभी में पारम्परिक माध्यम अपनी श्रेष्ठ भूमिका में होते हैं। श्रव्य माध्यम रेडियो पर लोकगीत एवं लोकनृत्य के स्वर जनमानस को मोह लेते हैं तो टेलीविज़न पर श्रव्यता और दृश्यांकन के कारण उनकी सार्थकता व्यापक सिद्ध होती है। फ़िल्म-जैसे संचार के माध्यम में लोकगीत, लोकनृत्य, लोक-संस्कृति, लोकानुष्ठान, लोकाचार, लोकनाट्य के विविध रूपों को फ़िल्माया जाता है, क्योंकि लोकजीवन के आकर्षण का केन्द्र ये संचार माध्यम हैं।

पारम्परिक जनसंचार की विशेषताएँ निम्नांकित हैं-

1. लोक की भाषा में अपने जन या लोक की बात सहज गले उतरना
2. पारम्परिक साधन अपने अतिनिकट और विश्वसनीय लगना
3. लोकाभिव्यक्ति की सहजता का निर्वाह
4. प्रापक के मानस पर गहरा प्रभाव
5. लोकचेतना की अपरिवर्तनशील प्रवृत्ति के कारण विश्वसनीयता
6. किसी भी प्रकार की तकनीकी शिथिलता का अभाव
7. भाषिक अन्तर हो जाने पर भी लोकसंचार की सुगमता

5. जनसंचार (Mass Communication)- इसमें यन्त्रों (चैनल/माध्यम) का सहारा लेकर व्यापक जनसमूह तक सन्देश पहुँचाये जाते हैं। इस प्रक्रिया में फीडबैक देर से या नहीं भी प्राप्त हो सकता है। चैनल में व्यवधान हो सकता है। पब्लिक एड्रेस सिस्टम हैं। यन्त्रों की ख़राबी, रेडियो पर साफ आवाज़ न आना, उच्चारण दोष, टेलीविज़न पर चित्र का साफ न आना, छपाई में त्रुटियाँ, धुँधलापन आदि शोर या व्यवधान के कुछ उदाहरण है। कोई भी यन्त्र जो सन्देश को बढ़ाता है तथा एक साथ एक बहुत बड़े मिश्रित जनसमूह को पहुँचाता है, उसे जनसंचार कहते हैं। जैसे-रेडियो, टी.वी., फ़िल्म, समाचार-पत्र, किताबें आदि। यह एक संस्था है जो सन्देश को बनाने तथा उसको सम्प्रेषित करने में लगी रहती है। जनसंचारक एक संगठित संचार है। एक बहुत बड़ा संगठन संचार शृंखला में शामिल किया गया है, जिसमें संचारक एक अकेला लेखक या कलाकार नहीं है बल्कि एक जटिल संगठन के माध्यम से काम करता है। इसमें भारी खर्च तथा व्यापक श्रम-विभाजन है।

अधुनिक माध्यमों के महँगा होने से संचारक जनसंचार को मनचाहे ढंग से इस्तेमाल नहीं कर पाता। जन माध्यमों की जटिलता भी जनसंचारक पर प्रभाव डालती है। जनसंचारक स्वतन्त्र रूप से काम नहीं कर सकता क्योंकि यन्त्रचालित संचार माध्यम में सन्देश सामूहिक प्रयास से सम्प्रेषित होता है। उदाहरण के लिए, समाचार-पत्र में ख़बर देने में सम्पादक, सहायक सम्पादक, सह-सम्पादक, रिर्पोटर, फ़ोटोग्राफ़र, प्रिण्टर आदि कई लोगों को योगदान होता है और एक समाचार-पत्र के पीछे हज़ारों पेशेवर और तकनीशियन सम्मिलित हैं। यही बात रेडियो, टी. वी, किताबों तथा फ़िल्मों पर भी लागू होती है। इस तरह जन माध्यम में बहुत-सारे संचारक हो सकते हैं।

सन्देश-जनसंचार में सन्देश एक बड़े मिश्रित जनसमूह को एक साथ सम्बोधित करने लिए होता है। इसीलिए इसकी विषय-वस्तु का चयन व विवेचन आम प्रापक (मिश्रित) को ध्यान में रखकर किया जाता है, इसलिए सन्देश व्यक्तिगत नहीं होता। इसके अलावा जन माध्यम द्वारा सन्देश जिनती तेज़ी से प्रापक तक पहुँचाया जाता है उतनी ही जल्दी उसकी खपत भी होती है। इस विशेषता के कारण सन्देश अस्थायी है यानी प्रापक सन्देश प्राप्त तो कर लेता है, लेकिन स्थायी रिकार्ड नहीं रखता (वीडियो फ़िल्म, रेडियो प्रतिलिपि को छोड़कर)। अतः अन्तर्वैयक्तिक संचार की तुलना में जनसंचार में सन्देश कम व्यक्तिगत, कम विशेषज्ञ, ज़्यादा शीघ्र और ज़्यादा अस्थायी होता है।

प्रापक-अन्तवैंयक्तिक संचार की तुलना में जनसंचार में प्रापक कई तरह के हैं, सुननेवाले, पढ़नेवाले तथा देखनेवाले। प्रापक समरूप न होकर मिश्रित हैं यानी वे विभिन्न सामाजिक वर्ग

के हैं : उनकी संस्कृति, भाषा, रुचि आदि भिन्न हैं। प्रापक अपेक्षाकृत गुमनाम है। संचारक सामान्यतः विशिष्ट व्यक्ति को जिससे वह सम्प्रेषण कर रहा है, नहीं जनता, हालाँकि उसे सामान्य प्रापक की विशेषताओं के बारे में जानकारी होती है। प्रापक की संख्या बहुत बड़ी है, जो कि बहुत थोड़े समय के लिए मीडिया के प्रभाव में आता है। फलस्वरूप संचारक सदस्यों से पारस्परिक क्रिया नहीं कर सकता जैसे कि आमने-सामने सम्भव है। अपनी आदत तथा रुचि के अनुसार ही प्रापक मीडिया की रचनाओं को चुनता है और स्वयं को इसके प्रभाव में लाता है। बाकी रचनाएँ छोड़ देता है जो व्यर्थ हो जाती हैं। प्रापक शारीरिक तौर पर संचारक से पृथक् है। यह दूरी दिक्काल तथा समय के सन्दर्भ में भौतिक है।

फीडबैक-इसके अलावा जनसंचार में फीडबैक तथा शोर-जैसे तत्त्वों की अहम् भूमिका है। इसमें फीडबैक धीमा तथा कमज़ोर होता है या फिर देरी से मिलता है तथा बिखरा हुआ है। उदाहरण के लिए टी.वी. या रेडियो प्रोग्राम में प्रस्तुतकर्त्ता यह नहीं जान पाता कि प्रापक ने प्रोग्राम पूरा देखा या आधे में ही छोड़ गया, सम्पादक अपने समाचार-पत्र के बारे में लोगों की प्रतिक्रिया नहीं जान पाता, हालाँकि कुछ प्रापकों के पत्र उसे मिलते हैं, लेकिन उनकी संख्या प्रापकों की संख्या से बहुत कम होती है। जनसंचार में अधिक फीडबैक प्राप्त करने के लिए समय-समय पर प्रापक का सर्वे होना आवश्यक है, जिसका मीडिया कार्यकर्त्ता अक्सर कर देते हैं। फलस्वरूप फीडबैक के अभाव में संचार मीडिया बहुत प्रभावशाली नहीं हो पाता।

शोर-जनसंचार में शोर की सम्भावनाएँ अधिक हैं जो माध्यम में ही नहीं जनसंचार-प्रक्रिया के किसी भी बिन्दु पर प्रविष्ट हो सकती है। उदाहरण के लिए टी.वी व रेडियो में वायुवेद्युत क्षोभ, बेकार छपा समाचार-पत्र, फ़िल्म का घिसा-मिटा प्रिण्ट, पढ़ते-सुनते समय घर या बाहर से शोर आदि का आना। ये सब रुकावटें हैं, जिनसे सन्देश प्रदूषित होता है तथा प्रापक तक नहीं पहुँच पाता। यदि सन्देश विकृत अवस्था में पहुँच भी जाता है तो प्रापक की समझ में नहीं आता। अतः सारा संचार प्रयास विफल हा जाता है।

संचार का प्रवाह समाज के हर व्यक्ति को छूता है। कुछ को जानकारी अन्तवैंयक्तिक माध्यम से मिली है तो कुछ को जन माध्यम से। जानकारी किसी तरह भी मिली हो, प्रापक यह देखता है कि वह उस पर कितना विश्वास करे तथा उसको कितना इस्तेमाल कर सकता है। कभी-कभी तो यह मालूम करना कठिन हो जाता है कि लोगों को ख़बर व सूचना किस प्रकार के संचार से मिली है। होता यूँ है कि कोई भी सन्देश जनसंचार से उस संचार के प्रवाह में प्रवेश कर जाता है। व्यक्तिगत माध्यमों द्वारा सन्देश की पुनर्व्याख्या होती है, उसे फिर से बताया जाता है एवं अनुप्रेषित होता है। यदि विचार-विमर्श की ज़रूरत पड़ी तो वह भी होता है और यदि प्रापक के मन में कोई शंका है तब वह जनसंचार के पारा आश्वासन व पुष्टिकरण के लिए आता है। इस तरह जनसंचार तथा अन्तर्वैयक्तिक संचार आपस में एक-दूसरे को प्रभावित तथा कमी को पूरा करते हैं। उदाहरण के लिए जनसंचार लोगों को अवगत कराने के लिए है। अन्तर्वैयक्तिक संचार मूल्यांकन के लिए है और जब पुष्टिकरण की ज़रूरत होती है तब दोनों प्रकार के संचार की ज़रूरत पड़ती है।

6. औपचारिक संचार (Formal Comunication) : औपचारिक व्यवस्था के अन्तर्गत संचार में सन्देश का संचरण निश्चित रूप में नियोजित किया जाता है। औपचारिक संचार लिखित और मौखिक दो रूपों में होता है, परन्तु यह किसी संस्था में व्यक्ति के पद या स्तर के आधार पर होता है। औपचारिक संचार में संस्था के अधिकारी अपने पद या स्थिति के आधार पर विभिन्न नियमों और कार्यविधियों की औपचारिकताओं में बँधे रहते हुए, अपने अधीनस्थों

को आवश्यक निर्देश देने की स्थिति में संचार माध्यम द्वारा (थ्रू प्रॉपर चैनल) विधि संस्था स्तर पर संचार के रूप में सक्रिय रहता है।

औपचारिक संचार की निम्नलिखित विशेषताएँ हैं—

1. औपचारिक संचार का मुख्य उद्देश्य संस्थागत उद्देश्यों की प्राप्ति है।
2. औपचारिक व्यवस्था प्रायः क्रमबद्ध, सुपरिभाषित एवं नियन्त्रित होती है।
3. औपचारिक संस्थाओं में सूचनाओं के संचरण का मार्ग सुनियोजित होता है।
4. औपचारिक संचार में त्रुटिपूर्ण सूचनाओं एवं अफवाहों को कोई स्थान नहीं है।
5. औपचारिक संस्थाओं में अधिकारियों के मध्य सम्बन्ध भी नियमों, कार्यविधियों एवं कार्य-निर्देशों के आधार पर संचरित होते हैं।
6. संवार संचरण में एकरूपता निहित होती है तथा पक्षपात का कोई महत्त्व नहीं होता।
7. औपचारिक संचार में शक्ति एवं अधिकारों का अस्तित्व बना रहता है। अतः अधिकारियों कर्मचारियों के मध्य सम्मान भावना का प्रसार रहता है।

7. अनौपचारिक संचार (Informal Comunication) : अनौपचारिक संचार-व्यवस्था सम्प्रेषक या संचारक और प्रापक के मध्य अनौपचारिक सम्बन्धों पर निर्भर करती है। अनौपचारिक संचार अभिव्यक्ति भावभंगिमाओं, संकेतों, हाव-भावों या मूकता के रूप में व्यक्तिगत या समूह स्तर पर हो सकता है। लीलैण्ड ब्राडन का कहना है कि अनौपचारिक संचार समय की बचत करता है। इसमें तात्कालिक प्रतिक्रिया सम्भव है तथा निर्णय के लिए प्रतिपुष्टि प्रदान करता है, तभी यह अधिक प्रभावी रहता है, क्योंकि इसके अन्तर्गत सूचनाओं का संचरण त्वरित गति से सही और अफवाहपरक दोनों रूपों में सम्भव होता है, इसमें औपचारिक संचार की भाँति समान उच्च एवं अधीनस्थ अधिकारियों का कोई परानुक्रम नहीं होता और न ही इसमें नियमों एवं कार्य-प्रणाली का कोई बन्धन होता है। वास्तविकता यह है कि अनौपचारिक संचार सामान्यतः व्यक्तिगत भिन्नता, अन्तर समूह, संस्थागत सदस्यता या सामाजिक घटना के कारण बने समूहों के मध्य भी होता है।

अनौपचारिक संचार की निम्नलिखित विशेषताएँ हैं—

1. अनौपचारिक संचार सामान्य मामलों के सम्पादन में सामूहिक मनोबल को ऊर्जा प्रदान करता है।
2. अनौपचारिक संचार में सूचनाओं के विनिमय में कम समय लगता है।
3. अनौपचारिक संचार में प्रतिपुष्टि सामाजिक अन्तःक्रियाओं के बीच तुरन्त सम्भव है।
4. प्रभावी जनसम्पर्क के लिए अनौपचारिक संचार सर्वाधिक उपयोगी है।
5. अनौपचारिक संचार में नवीन विचारों और सुझावों को प्रोत्साहन मिलता है।
6. अनौपचारिक संचार प्रबन्धन में एक प्रभावी यन्त्र के सदृश कार्य करता है तथा दूसरों की अभिवृत्तियों एवं व्यवहारों को प्रभावित करता है।
7. अनौपचारिक संचार में शुद्ध सूचनाओं का सम्प्रेषण त्वरित गति से होता है।
8. अनौपचारिक संचार सम्बन्धों में एकरूपता बनाये रखने, समस्याओं के निवारण में और विलगता की भावना को दूर करने में प्रभावी है।

संचार के सिद्धान्त

वर्तमान समय में संचार एक स्वतन्त्र विषय के रूप में प्रतिष्ठित हो चुका है। विभिन्न देशों के संचार विशेषज्ञों, समाजशास्त्रियों, मनोवैज्ञानिकों तथा अर्थशास्त्र, राजनीतिशास्त्र, मानवशास्त्र

के विद्वानों ने संचार की प्रक्रिया और मानव व्यवहार का सूक्ष्म अध्ययन करके जनसंचार के कुछ सर्वमान्य सिद्धान्तों की रचना की। उन सिद्धान्त में से कुछ महत्त्वपूर्ण हैं–

1. प्रेस के चार सिद्धान्त

अमेरिका के प्रख्यात समाजवैज्ञानिक एवं संचारविशेषज्ञ जी.एफ. साइबर्ट, टी.पीटर्सन और डब्लू. श्राम ने विश्व की प्रमुख राजनीतिक सामाजिक व्यवस्था के आधार पर प्रेस के चार सिद्धान्त निरूपित किये हैं। उनका मानना है कि जिस देश की शासन-व्यवस्था जैसी होगी वहाँ की संचार-व्यवस्था का स्वरूप भी वैसा ही होगा। इस सिद्धान्त के निम्नलिखित चार स्वरूप हैं।

1. सर्वसत्तावादी सिद्धान्त (Authoritarian Theory)--इस सिद्धान्त का यह मानना है कि ऐसे राज्यों में जहाँ अधिनायकवादी शासन-व्यवस्था होती है, वहाँ पर संचार माध्यमों को स्वतन्त्रता या स्वायत्तता नहीं प्राप्त होती है। समाज और जनमाध्यम एक-दूसरे के पूरक होते हैं। समाज की प्रकृति के अनुरूप ही जनमाध्यमों की प्रकृति निर्धारित होती है। जनमाध्यमों द्वारा प्रसारित सन्देश सामाजिक परिवर्तन की प्रक्रिया को प्रभावित करते हैं, समाज की प्रकृति को निर्धारित करने में भी महत्त्वपूर्ण योगदान करते हैं। संस्कृति, तकनीक, सरकारी व्यवस्था और सामाजिक विकास इन चारों तत्त्वों से समाज और जनमाध्यम दोनों प्रभावित होते हैं। जिस देश की संस्कृति, तकनीक विकसित होती है, किन्तु वह सरकारी व्यवस्था द्वारा संचालित होती है वहाँ सामाजिक विकास की गति तीव्र होती है। किन्तु विकास की गति पर शासकीय नियन्त्रण होने के कारण उसमें अधिनायकवादी तत्त्वों की विशेष प्रधानता रहती है। ऐसे देशों में जनमाध्यम शासन एवं सरकार के हित साधन में बँधकर रह जाते हैं। उचित-अनुचित का भेद न करके केवल सरकारी प्रचारतन्त्र के रूप में कार्य करते हैं। जनमाध्यम सरकारी व्यवस्था का अंग बन जाते हैं। और उस स्थिति में जनमाध्यमों के गुण-दोष का मूल्यांकन नहीं हो पाता।

2. स्वतन्त्रतावादी सिद्धान्त (Liberterian Theory)--जी.एस. साइबर्ट ने लिबर्टेरियन सिद्धान्त का प्रतिपादन किया है। इस सिद्धान्त के अनुसार ऐसे दशों जहाँ लोकतन्त्रात्मक शासन-व्यवस्था है वहाँ संस्कृति, तकनीक और सामाजिक विकास भले ही उन्नत न हो किन्तु जनमाध्यम शासकीय नियन्त्रण से पूर्णतया मुक्त होते हैं। इन देशों में नागरिकों को अभिव्यक्ति की स्वतन्त्रता का अधिकार संविधान द्वारा प्राप्त होता है। गुण दोष का मूल्यांकन करके विकास के नये आयामों को तैयार करते हैं। ऐसे देशों के संचार माध्यम प्रायः एक स्वतन्त्र उद्योग अथवा स्वायत्तशासी संगठन के रूप में कार्य करते हैं। अभिव्यक्ति की स्वतन्त्रता क़ानून द्वारा संरक्षित होने के कारण वे ग़लत शासकीय नीतियों तथा दोषों की खुलकर आलोचना करते हैं। इन देशों में जनमाध्यमों का प्रायः सूचनाएँ, स्वस्थ मनोरंजन और सद्शिक्षा प्रदान करने की ओर विशेष ध्यान रहता है।

3. साम्यवादी सिद्धान्त (Communist Theory)--इस सिद्धान्त के अनुसार जिन देशों में साम्यवादी शासन-व्यवस्था है वहाँ पर मार्क्स तथा लेनिन के समाजवादी सिद्धान्त को अपनाया गया है। उन देशों के जनमाध्यम भी व्यवस्था के अनुरूप कार्य करते हैं। ऐसे देशों में जनमाध्यम सरकार की नीतियों और लोककल्याणकारी कार्यों का प्रचार-प्रसार करते हैं। इन देशों के जनमाध्यम जनता के मन में सरकार के प्रति निष्ठा, आस्था और विश्वास जगाने का काम करते हैं। जनमाध्यमों के प्रसारण/प्रकाशन विकास से ओत-प्रोत रहते हैं। यहाँ के जनमाध्यम उन सूचनाओं एवं विचारों के प्रकाशन/प्रसारण से बचते हैं, जिसमें शासकीय नीतियों की आलोचना रहती है।

4. सामाजिक उत्तरदायित्त्व का सिद्धान्त (Social Responsibility Theory)--जन माध्यम लोकतान्त्रिक व्यवस्था में अपने सामाजिक दायित्वों का निर्वहन करने में महत्त्वपूर्ण भूमिका निभाते हैं तथा अपने-आपको शासकीय व्यवस्था से अलग रखते हैं। ऐसे देशों में संचार माध्यम सामाजिक विकास में सहायक सूचनाओं, समाचारों और विचारों को ही विशेष महत्त्व देते हैं। इस सिद्धान्त के अनुसार जनमाध्यम केवल समाज के दर्पण ही नहीं बल्कि उसके कुछ दायित्व भी समाज के प्रति होते हैं। विकासपरक कल्याणकारी योजनाओं की सूचनाएँ प्रचारित, प्रसारित करना तथा विकास के मार्ग में आनेवाली बाधाओं को दूर करने का प्रयास करना जनमाध्यमों का प्रथम दायित्व होता है।

जनसंचार का मानक सिद्धान्त

संचार के सिद्धान्त

संचार वैज्ञानिक संचार के तीन सिद्धान्तों का संकेत करते हैं, जिसका आधार है-

(क) सन्देश, (ख) माध्यम, (ग) सम्प्रेषक।

प्रथम सिद्धान्त के अनुसार संचार में मात्र प्राणतत्त्व सन्देश है। सन्देश ही जनसंचार-प्रक्रिया का केन्द्र बिन्दु है। इस सिद्धान्त के अनुसार न तो सम्प्रेषक का महत्त्व है और न माध्यम का। विशेषज्ञ मानते हैं कि 'सन्देश' यदि उत्तम है तो वह जन-जन में प्रभावकारी सिद्ध होगा ही। इसके विपरीत संचार के द्वितीय सिद्धान्त के पोषक माध्यम को ही अपरिहार्य मानते हैं। वे माध्यम को ही सन्देश कहते हैं। मार्शल मैकलुहान के मतानुसार-सन्देश से बढ़कर सन्देश देनेवाला महत्त्वपूर्ण है। वे टेलीविज़न को शीतल माध्यम मानते हैं, क्योंकि बिना मस्तिष्क पर ज़ोर दिये ही सन्देश का अर्थ समझ लिया जाता है। समाचार-पत्र, पुस्तक, पत्रिका आदि को ये विशेषज्ञ गर्म माध्यम मानते हैं, क्योंकि इनसे अर्थ निकालने में मस्तिष्क पर ज़ोर देना पड़ता है।

तृतीय सिद्धान्त के पोषक सन्देश और माध्यम की अपेक्षा सम्प्रेषण या संचार को महत्त्वपूर्ण मानते हैं। वक्ता ही अपने मोहक, रोचक और चमत्कारपूर्ण भाषणों से जनसामान्य को प्रेरित करता है। हिटलर, गोल्वेज अपनी वाक्पटुता से झूठ को भी सच में बदलने की शक्ति रखते थे। सुभाषचन्द्र बोस और अटलबिहारी वाजपेयी की वक्तृत्व-कला सर्वविदित है जिससे वे जनमत को अपने पक्ष में करने की दिशा में सफल रहे हैं।

1. **जनसंचार** : जनसंचार संचार का वह रूप है, जो एक साथ अनगिनत लोगों के लिए हो, जैसे-किसी स्थान विशेष पर नेता द्वारा दिया गया भाषण या रेडियो पर प्रसारित समाचार या टेलीविज़न पर दिखाये जानेवाले धारावाहिक, जिन्हें अधिसंख्यक देखते-सुनते हैं। जनसंचार में ध्यान देने योग्य यह है कि उसके लिए किसी-न-किसी माध्यम या साधन की आवश्यकता होती है। संचार के विराट् रूप के कारण ही जनसंचार शब्द की आवश्यकता अनुभव की गयी।

वर्ष 1939 में हर्बर्ट ब्लूमर ने 'मास' या 'जन' शब्द को भीड़, समूह और जनता से भिन्न मानकर कहा था कि जन (मास) इन सबसे भिन्न अर्थ रखता है। जन का अर्थ उस दृष्टि से वह वृहत जनसमुदाय है जिसे सन्देश प्रेषित किया जाता है जो किसी भी रूप में एकत्र न होकर बिखरा हुआ होता है।

जनसंचार एक सघन प्रवृत्ति अपितु जटिल प्रक्रिया है। आधुनिक जीवन में जनसामान्य के मध्य सांस्कृतिक, आर्थिक, सामाजिक व्यवस्थाओं के ताने-बाने जनसंचार माध्यमों द्वारा ही

बुने जाते हैं। अतः जनसंचार के माध्यम से ही जनता, समाज और राष्ट्र के सजग प्रहरी के रूप में कार्यरत बने रहते हैं तथा समाज और संस्था की गति-प्रगति के साथ ही किसी देश और समाज की सभ्यता और संस्कृति के माध्यम बनते हैं।

डेनिस मेक्वेल के अनुसार मानक सिद्धान्त के अन्तर्गत निम्नलिखित छह सिद्धान्त आते हैं-

1. सर्वसत्तावादी सिद्धान्त (Authoritarian theory)
2. स्वतन्त्र अभिव्यक्ति का सिद्धान्त (Free Press theory)
3. सोवियत मीडिया (साम्यवादी) सिद्धान्त (Soviet Media theory)
4. सामाजिक उत्तरदायित्त्व का सिद्धान्त (Social Responsibility theory)
5. जनमाध्यमों का विकास सिद्धान्त (Development Media theory)
6. जनतान्त्रिक सहभागिता सिद्धान्त (Democratic-Participant theory)

'मानक' से तात्पर्य यह है कि मीडिया का स्वरूप कैसा होना चाहिए, जनमाध्यमों से क्या अपेक्षाएँ होती हैं? और व्यवहार में क्या है? इसके साथ ही जनमाध्यमों के राजनीतिक, सांस्कृतिक और आर्थिक सन्दर्भों का भी अध्ययन करना है। इस सिद्धान्त के मूल में यह तथ्य निहित है कि जन माध्यमों का स्वरूप राज्य के स्वरूप के अनुसार ही होता है।

1. **सर्वसत्तावादी सिद्धान्त**- ऐसे राज्य में जहाँ अधिनायकवादी शासन-व्यवस्था है वहाँ पर संचार माध्यमों को स्वतन्त्रता या स्वायत्तता प्राप्त तो नहीं होती है बल्कि इस बारे में सोचा भी नहीं जा सकता। समाज व जनमाध्यम एक-दूसरे के पूरक होते हैं। समाज की प्रकृति के अनुरूप जनमाध्यमों की प्रकृति निर्धारित होती है। जनमाध्यम द्वारा प्रसारित सन्देश सामाजिक परिवर्तन को प्रभावित कर समाज की प्रकृति को निर्धारित करने में अपना बहुमूल्य योगदान करते हैं। संस्कृति, तकनीक, सरकारी व्यवस्था, सामाजिक विकास इन चारों तत्त्वों से समाज और जनमाध्यम दोनों प्रभावित होते हैं। जिस देश की संस्कृति, तकनीक विकसित होती है किन्तु वह सरकारी व्यवस्था द्वारा संचालित होती है वहाँ सामाजिक विकास की गति तीव्र होते हुए भी शासकीय नियन्त्रण के कारण उसमें अधिनायकवादी तत्त्वों की विशेष प्रधानता रहती है। ऐसे देशों में जनमाध्यम शासन एवं सरकार के हित साधन में बँधकर रह जाते हैं। उचित-अनुचित का परित्याग करके ये जनमाध्यम मात्र सरकारी प्रचारतन्त्र बनकर रह जाते हैं और परोक्ष रूप से शासकीय व्यवस्था का अंग बन जाते हैं। ऐसी स्थिति में जनमाध्यमों के गुण दोष का मूल्यांकन सम्भव नहीं हो पाता है।

2. **स्वतन्त्र अभिव्यक्ति का सिद्धान्त**-साइबर्ट के लिबर्टेरियन थ्योरी को ही मेक्वेल डेनिस ने फ्री प्रेस थ्योरी की संज्ञा दी है। उन देशों में जहाँ लोकतान्त्रिक शासन-व्यवस्था है वहाँ संस्कृति तकनीक और सामाजिक विकास की स्थति भले ही उन्नत न हो किन्तु जनमाध्यम शासकीय नियन्त्रण से पूर्णतया मुक्त होते हैं। इन देशों में नागरिकों को अभिव्यक्ति की स्वतन्त्रता का अधिकार संविधान द्वारा प्रदत्त होता है। इन देशों में जनमाध्यम व्यापक लोकहित और जन-कल्याण के लिए गुण-दोष का मूल्यांकन करके विकास के नये आयामों को तैयार करते हैं। ऐसे देशों में जनमाध्यम प्रायः स्वतन्त्र उद्योग अथवा स्वायत्तशासी संगठन के रूप में काम करते हैं। ऐसे देशों में अभिव्यक्ति की स्वतन्त्रता क़ानूनों द्वारा संरक्षित होती है जिससे जन माध्यम ग़लत शासकीय नीतियों तथा दोषों की खुलकर ओलोचना कर सकते हैं। इन देशों के

जनमाध्यमों की प्रायः सत्य सूचनाएँ, स्वस्थ मनोरंजन और शिक्षा प्रदान करने की ओर विशेष ध्यान होता है।

3. साम्यवादी सिद्धान्त-इस सिद्धान्त को सोवियत मीडिया सिद्धान्त भी कहा जाता है। जिन देशों में साम्यवादी शासन-व्यवस्था है और मार्क्स, एंजिल्स तथा लेनिन के समाजवादी सिद्धान्त को अपनाया गया है वहाँ के जनमाध्यम भी उसी के अनुरूप कार्य करते हैं। ऐसे देशों में जनमाध्यम सरकार की नीतियों और लोककल्याणकारी कार्यों का प्रचार-प्रसार करते हैं। इन देशों के जनमाध्यम शासितों के मन में शासकों के प्रति निष्ठा, आस्था और विश्वास जगाने का काम करते हैं। विश्व के विभिन्न साम्यवादी-समाजवादी देशों में जनमाध्यमों के इस रूप का प्रचलन है। विकास तथा कल्याणकारी सूचनाओं की प्रधानता होती है और उन सूचनाओं/विचारों को भरसक दबाने का प्रयास किया जाता है, जिसमें शासन-प्रणाली शासन के सिद्धान्त एवं उसकी नीतियों की आलोचना होती है। उन देशों के जनमाध्यम समाजवादी विचारधारा से ओत-प्रोत रहते हैं।

4. सामाजिक उत्तरदायित्व का सिद्धान्त—कुछ देशों में जनमाध्यम अपने-आपको शासकीय व्यवस्था, उसकी नीतियों अथवा सिद्धान्तों से अलग करके मात्र अपने सामाजिक दायित्वों का निर्वाहन करते हैं। ऐसे देशों में जनमाध्यम सामाजिक विकास में सहायक सूचनाओं, समाचारों और विचारों को ही विशेष महत्त्व देते हैं। इस सिद्धान्त में जनमाध्यम केवल समाज के दर्पण ही नहीं होते बल्कि उनके कुछ सामाजिक दायित्व भी होते हैं। प्रायः जनमाध्यमों पर समाज में हिंसा, अपराध-जैसी बुराइयों को बढ़ावा देने का आरोप लगता रहा है। जवाब में जनमाध्यमों से सम्बद्ध लोगों का तर्क होता है कि समाज में घटित घटनाओं को ही ये ईमानदारी से पेश करते हैं। इस सन्दर्भ में अमेरिका में हिंसा के कारण और निवारण (U.S. Commission on causes and prevention of violence) कमीशन के समक्ष आर.डी. केस्मेयर ने कहा था कि इसमें कोई शक़ नहीं कि टीवी काफ़ी हद तक समाज का दर्पण है, साथ ही, यह जनता के संस्कारों एवं प्राथमिकताओं का दर्पण होता है। फ्रैंक स्टेंफन का कथन था कि जनमाध्यम समाज के दर्पण के रूप में कार्य करते हैं और उसे इस रूप में पेश करने की कोशिश करते रहते हैं। इसी क्रम में डेविड ब्रिफले की टिप्पणी थी कि 60 के दशक में टीवी ने अमेरिकी लोगों को वे चीज़ें दिखायी जो उन्होंने पहले कभी नहीं देखी थी, लेकिन इनमें से किसी की भी रचना टीवी ने नहीं की थी।

धीरे-धीरे जनमाध्यमों से सम्बद्ध लोगों ने इस तथ्य को स्वीकार किया कि जनमाध्यमों का कार्य समाज में घटी घटनाओं की तस्वीर पेश करना मात्र ही नहीं है बल्कि उसके कुछ सामाजिक दायित्व भी हैं। जनमाध्यमों का यह दायित्व होता है कि अपने कार्यक्रमों के माध्यम से समाज में व्याप्त कुरीतियों को दूर करने, शिक्षा का प्रसार, साम्प्रदायिक सद्भाव और एकता क़ायम करने व राष्ट्रीय हितों की रक्षा करने में समाज की सहायता करें। जनमाध्यमों को केवल जनता की इच्छा से नियन्त्रित नहीं होना चाहिए कि वह क्या देखना, सुनना और पढ़ना चाहती है बल्कि एक अच्छे पथ-प्रदर्शक के रूप में यह निर्णय करना चाहिए कि क्या देखना, सुनना और पढ़ना समाज के हित में है।

5. जनमाध्यमों का विकास-सिद्धान्त- जनमाध्यमों के इस सिद्धान्त का मुख्य आधार आधुनिक युग की मूलभूत आवश्यकता है। इस सिद्धान्त के अनुसार जनमाध्यमों को बुरे और

हिंसात्मक समाचारों से परहेज़ रखते हुए ऐसे समाचारों को प्रकाशित-प्रसारित करना चाहिए जो विकासशील राष्ट्रों से प्रतिस्पर्द्धा करते हैं। वहाँ के जनमाध्यमों को साकारात्मक प्रसारण के द्वारा विकास की गति बढ़ाने में सहयोग करना चाहिए। यह सिद्धान्त देश की सांस्कृतिक और आर्थिक पहचान बनाने में अधिक सक्षम हैं।

6. **जनतान्त्रिक सहभागिता सिद्धान्त**–यह सिद्धान्त अनेक सैद्धान्तिक तत्त्वों का मिश्रण है। इस सिद्धान्त में स्वतन्त्रतावाद (Libertarianism), कल्पनावाद (Utopiaism), समाजवाद (Socialism), समतावाद (Egalitarianism), क्षेत्रवाद (Localism), मानवतावाद के साथ मानव अधिकार आदि के तत्त्वों को समाविष्ट किया गया है। लोकतान्त्रिक व्यवस्था में माध्यमों द्वारा सम्प्रेषण का अधिकार समान रूप से सभी को प्राप्त हो यही इस सिद्धान्त की मूल अवधारणा है। यह सिद्धान्त जनमाध्यमों के स्वामित्व के केन्द्रीयकरण का विरोध करता है और दर्शक, श्रोता के मात्र ग्रहणकर्त्ता होने के कथन को भी अस्वीकार करता है। जनमाध्यमों को उत्तरदायी होना चाहिए, सरकारी अथवा बड़े ओद्यौगिक घरानों के नियन्त्रण से मुक्त रहना चाहिए। यह सिद्धान्त जनतान्त्रिक विकास में आम जन की सहभागिता सुनिश्चित करने में महत्त्वपूर्ण भूमिका निभाता है।

7. **लोकप्रिय सांस्कृतिक दृष्टिकोण**--जनमाध्यमों के सन्दर्भ में इस अवधारणा को प्रतिपादित करनेवाले विद्वान् मुख्य रूप से साहित्य से सम्बद्ध रहे हैं। इन विद्वानों का मानना था कि जनमाध्यमों–विशेषकर प्रेस द्वारा सन्देश प्रसारित कर किसी समाज के सांस्कृतिक स्तर में परिवर्तन किया जा सकता है। समाजीकरण के द्वारा समाज के नये समूहों/सदस्यों को सांस्कृतिक चेतना की जानकारी प्रसारित की जाती है। जनमाध्यम इस प्रक्रिया में महत्त्वपूर्ण भूमिका निभाते हैं। जनमाध्यम समाज के अपेक्षाकृत अधिक शक्तिशाली समूह की संस्कृति को कम शक्तिशाली समूह में सम्प्रेषित कर उनका सांस्कृतिक स्तर ऊँचा करते हैं। इसी प्रकार उच्च सांस्कृतिक स्तरवाले समाज के सांस्कृतिक स्तर में गिरावट भी ला सकते हैं।

8. **संवेदी विस्तार सिद्धान्त**--इस सिद्धान्त के प्रवर्तक हर्बर्ट मार्शल मैकलूहन के अनुसार माध्यम ही सन्देश है। माध्यम स्वयं सम्प्रेषक है और मनुष्य एवं समाज पर बाध्यकारी प्रभाव डालता है चाहे सन्देश कुछ भी हो। मैकलूहन का तर्क है कि कार्यक्रम चाहे जो भी हो लोग टीवी अवश्य देखेंगे क्योंकि यह किसी अन्य माध्यम की तुलना में अधिक आकर्षक होता है। इलेक्ट्रॉनिक मीडिया मानव-जीवन के प्रत्येक क्षेत्र को परिवर्तित कर रहा है और सभ्यता की पुनर्संरचना कर रहा है। ऐसा सन्देशों की विषय-वस्तु के कारण नहीं वरन् टीवी, सिनेमा, कम्प्यूटर और अन्य माध्यमों की प्रकृति के कारण हो रहा है। जनमाध्यम संवेदी संगठन और विचारों को बदल देते हैं और इस प्रकार वे समाज को भी बदल देते हैं। इस सिद्धान्त के अनुसार जनमाध्यम मनुष्य की क्षमताओं और संवेदनाओं का विस्तार है जो संवेदी सन्तुलन को प्रभावित करते हैं।

इलेक्ट्रॉनिक जनसंचार के सिद्धान्त

1. **गणितीय सिद्धान्त (Mathematical Theory of Mass Communication)**--इस सिद्धान्त के प्रतिपादक सी0ई. शेनन और डब्लू. वीवर के अनुसार जनमाध्यमों को प्राप्त सभी सन्देशों में से वांछित सन्देशों का चयन करके उसे प्रसारित करते हैं। ये दोनों ही इंजीनियर

थे और टेलीफ़ोन कम्पनी में कार्यरत थे। संचार माध्यमों का अधिकाधिक और सार्थक प्रयोग हो सके इसके लिए उन्होंने इस सिद्धान्त और इसी के आधार पर मॉडल को विकसित किया।

इसमें सन्देश चयन की प्रक्रिया गणितीय आधार पर की जाती है। चयनित सन्देश को ट्रान्समीटर संकेत में परिवर्तन कर जनमाध्यमों में प्रेषित किया जाता है। ऐसी स्थिति में बाहरी शोर सन्देशों को प्रभावित करते हैं। यह शोर स्वतः मशीनों द्वारा उत्पन्न होते हैं। कभी-कभी अवांछित सूचना गन्तव्य तक न पहुँचने देने के लिए भी शोर उत्पन्न किये जा सकते हैं। लक्ष्य तक पहुँचने पर सन्देश का जो प्रारूप होता है उसका आकलन गणितीय सिद्धान्त के आधार पर किया जाता है।

संचार के विश्लेषण के आधार पर इस सिद्धान्त के प्रतिपादकों ने त्रिस्तरीय समस्या का वर्णन किया है। अ-तकनीकी स्तर, ब-अर्थ विषयक, स-प्रभाव। शेनन और वीवर का मानना है कि यदि जनमाध्यमों के तकनीकी स्तर में सुधार होगा। शेष दो स्वयं परिष्कृत हो जायेंगे। इस सिद्धान्त में फीडबैक-जैसी अनिवार्य अवधारणा को कोई स्थान नहीं दिया गया है जबकि फीडबैक के द्वारा सन्देश और संचार की अवस्था दोनों में ही परिष्कार किया जा सकता है।

2. सर्वशक्तिमान् माध्यम का सिद्धान्त (Media is All Powerfull)—इस सिद्धानत के प्रणेता कार्ल हालैण्ड थे। उन्होंने 1940 के आस-पास इस सिद्धान्त को प्रतिपादित करते हुए बताया कि जन सम्प्रेषण में माध्यम सर्वाधिक महत्त्वपूर्ण होता है। सम्प्रेषक जनमाध्यमों के द्वारा सन्देश प्रसारित कर अपने सन्देशों का वांछित प्रभाव ग्रहणकर्त्ता पर छोड़ता है क्योंकि ग्रहणकर्त्ता निष्क्रिय होता है।

3. कार्यसूची आधारित कार्य का सिद्धान्त (Agenda Setting Function)—इस सिद्धान्त के प्रतिपादकों के अनुसार किसी भी व्यक्ति के व्यवहार में तीन स्तरों पर परिवर्तन सम्भव हैं।

1. वह स्तर जिस पर किसी विषय पर सूचना अथवा जानकारी मनुष्य को प्राप्त होती है।
2. वह स्तर जिस पर व्यक्ति प्राप्त सूचना का अपने अनुसार मूल्यांकन करता है।
3. वह स्तर जिस पर व्यक्ति प्राप्त सूचनाओं में से कुछ को व्यवहार में लेता है तथा उनके अनुसार कार्य करता है।

व्यवहार परिवर्तन के इन तीन स्तरों में जनमाध्यम केवल प्रथम स्तर पर ही प्रस्तुत होते हैं परन्तु व्यवहार परिवर्तन में उनकी भूमिका महत्त्वपूर्ण होती है। जनमाध्यम विशेषकर अख़बार, पत्रिकाएँ, रेडियो, टेलीविज़न, इण्टरनेट आदि विभिन्न सूचनाओं के द्वारा जनता के व्यवहार में परिवर्तन लाने का प्रयास करते हैं।

4. जनमाध्यमों के प्रभाव का द्विस्तरीय सिद्धान्त (Two step flow theory of Media influence)--इस सिद्धान्त के प्रणेता पॉल लेजर्सफील्ड के अनुसार संचार एकांगी न होकर द्विस्तरीय प्रक्रिया है। इसमें सम्प्रेषक ग्रहणकर्त्ता तक सन्देश तो संचारित करता ही है, साथ ही ग्रहणकर्त्ता की प्रतिक्रिया में भी अपनी रुचि रखता है। जन प्रतिक्रिया से ही जनसंचार प्रभावी सिद्ध होता है। उन्होंने जनसंचार की अपेक्षा व्यक्तिगत संचार को अधिक प्रभावी माना है।

पॉल लेजर्सफील्ड और उनके सहयोगियों ने जनमाध्यमों के प्रभाव को अधिक परिष्कृत रूप से अपनी पुस्तक The Poeple`s Choice में प्रस्तुत किया है। उन्होंने 1940 के राष्ट्रपति चुनाव

में आहियों के मतदाताओं के एक वर्ग के मतदान व्यवहार का अध्ययन किया। इस अध्ययन से यह ज्ञात हुआ कि कुछ ही लोगों ने अपने मतदान का निर्णय अन्तर्वैयक्तिक संचार अर्थात् मित्र, पड़ोसी, परिवार के सदस्यों या नेताओं के साथ परस्पर बातचीत के आधार पर किया। जिन थोड़े से मतदाताओं ने मतदान-सम्बन्धी सूचनाओं को जनमाध्यमों से प्राप्त किया उन्होंने मित्रों तथा पड़ोसियों से बातचीत के दौरान जनमाध्यमों से प्राप्त सन्देश को उन तक पहुँचाया। ऐसे लोगों को लेजर्सफील्ड ने मतनेता (ओपीनियन लीडर) का नाम दिया। फील्ड का मानना है कि प्रायः सन्देश जन माध्यमों से ओपीनियन लीडर तक और ओपीनियन लीडर द्वारा आबादी के अपेक्षाकृत कम सक्रिय हिस्से तक प्रवाहित होते हैं। इसे ही जनमाध्यमों के प्रभाव का द्विस्तरीय सिद्धान्त कहा जाता है।

हाल के शोध अध्ययन से यह निष्कर्ष सामने आया है कि द्विस्तरीय प्रवाह सिद्धान्त पूर्णरूप से सही नहीं है। जनमाध्यमों के प्रभाव की सही व्याख्या बहुस्तरीय प्रवाह (Multi step flow) सिद्धान्त के द्वारा की जा सकती है।

5. बहुस्तरीय सिद्धान्त—इस सिद्धान्त के प्रवर्तकों का मानना है कि संचार एक द्विस्तरीय नहीं बल्कि बहुस्तरीय प्रक्रिया है। इस सिद्धान्त के अनुसार व्यक्ति अपनी रुचि के अनुसार जनमाध्यमों का प्रयोग करता है। उदाहरण के लिए कुछ लोग राजनीति, अर्थ व्यवस्था, फैशन, मनोरंजन और बाज़ार व्यवस्था में ज़्यादा रुचि रखते हैं। इन्ही क्षेत्रों की सूचना एवं जानकारी प्राप्त करने के लिए जनमाध्यमों का काफ़ी प्रयोग करते हैं। ये लोग अपने विचारों को ठोस रूप प्रदान करने के लिए आपस में संचार करते हैं। ये समाज के शीर्ष स्तर के नेता होते हैं और अपने विचारों को निचले स्तर के नेताओं तक पहुँचाते हैं। यद्यपि निचले स्तर के नेता भी जन माध्यमों का प्रयोग करते हैं लेकिन ऊपर के नेताओं से कम। वे जनमाध्यमों से प्राप्त सूचनाओं एवं विचारों तथा मतनेताओं से प्राप्त विचारों एवं सूचनाओं का तुलनात्मक अध्ययन करने के बाद अपने विचार नीचे के स्तर के लोगों तक पहुँचाते हैं। इस स्तर के लोग जनमाध्यमों का या तो बिल्कुल प्रयोग नहीं करते और यदि करते भी हैं तो बहुत कम। इस प्रकार की संचार-प्रक्रिया में मतनेताओं की एक लम्बी श्रृंखला बन जाती है जो अनेक स्तर पर सन्देश की गति बढ़ाते हुए प्राप्तकर्त्ता को प्रभावित करते हैं। इस प्रकार व्यक्ति-सम्प्रेषक से संग्राहक तक अनेक स्तर पर संचार माध्यमों से प्रभावित होते हैं।

6. निर्भरता सिद्धान्त (Dependency Theory)—इस सिद्धान्त के द्वारा इस बात की व्याख्या की गयी है कि ग्रहणकर्त्ता किस प्रकार संचार माध्यमों पर अपनी निर्भरता महसूस करते हैं। विद्वानों का मानना है कि समाज में जितनी अनिश्चितता होती है लोगों की सन्दर्भ संरचना (Frame of references) उतनी ही कम स्पष्ट होती है, जिसके कारण ग्रहणकर्त्ता (Audience) की माध्यमों पर निर्भरता बढ़ जाती है। माध्यम विश्लेषकों का मानना है कि जनमाध्यमों द्वारा प्रसारित सन्देशों की प्रभावोत्पादकता उस समय बढ़ जाती है जब वे कई विशिष्ट एवं केन्द्रीय सूचना प्रणालियों के रूप में कार्य करते हैं। माध्यम जगत् में सूचनाओं के जितने कम स्रोत होंगे माध्यमों द्वारा हमारे मस्तिष्क, चिन्तन, दृष्टिकोण और व्यवहार को प्रभावित करने की सम्भावना उतनी ही अधिक होगी। अतः ग्रहणकर्त्ता के मस्तिष्क पर विकासात्मक प्रभाव डालने में सन्देशों की गुणवत्ता महत्त्वपूर्ण होती है न कि उनकी मात्रा।

माध्यम आडिएन्स को प्रभावित करते हैं यह सत्य है लेकिन यह एकांगी प्रक्रिया नहीं है। माध्यम भी आडिएन्स की प्रतिक्रिया से प्रभावित होते हैं। संज्ञानात्मक संरचना में माध्यमों की भूमिका निम्नलिखित मानी गयी है–

1. अस्पष्टता का समाधान और परिस्थितियों की व्याख्या के क्षेत्र को सीमित करना ताकि आडिएन्स इसे आसानी से समझ सके।
2. दृष्टिकोण का निर्माण।
3. कार्यक्रमों का निर्धारण।
4. लोगों की आस्थाओं का विस्तार करना।
5. मूल्यों का स्पष्टीकरण।

विद्वानों का मानना है कि भावात्मक प्रभाव को समझे बिना दृष्टिकोण निर्माण के संज्ञानात्मक प्रभावों का अनुमान लगाना कठिन है। तीव्र सामाजिक टकराव के समय जनमाध्यमों के चित्रण के आधार पर शासन उन समूहों के बारे में विभिन्न दृष्टिकोणों का निर्माण कर उचित कार्यवाही कर सकता है। इसके अतिरिक्त लोगों को उनके सामाजिक लक्ष्यों की ओर सक्रिय अथवा निष्क्रिय करने दोनों तरह की भूमिका निभा सकते हैं।

7. खेल सिद्धान्त (Play theory)–जनता जनमाध्यमों का इस्तेमाल एक खेल के रूप में भी करती है। जनमाध्यमों की एक लोक सेवा आमोद-प्रमोद (Fun) है। अतः बहुत लोगों के लिए जनमाध्यम खाली समय व्यतीत करने का उत्तम साधन भी है। कुछ लोग इसका उपयोग अपनी मानसिक एवं सामाजिक आवश्यकताओं की पूर्ति के लिए करते हैं। अर्थात् यह व्यक्ति की इच्छा पर निर्भर करता है कि वह जनमाध्यमों का प्रयोग किसलिए करता है। जनमाध्यम उन स्थितियों के प्रतिरोधक हो सकते हैं, जो उत्सुकता या चिन्ता पैदा करते हैं। जनमाध्यम लोगों को चिन्तामुक्त कर जीवन की कठिनाइयों को कम करते हैं। विभिन्न जनमाध्यमों द्वारा खेल एवं मनोरंजन हमारे जीवन तक पहुँचता है। आधुनिक युग में वीडियो गेम एवं कम्प्यूटर गेम बहुत लोकप्रिय हो रहे हैं। आज बच्चे घर बैठे अपने कम्प्यूटर पर विभिन्न ग्राफ़िक, गेम्स का लुत्फ उठा रहे हैं। आज बाज़ार में हर स्तर के बच्चों के लिए विभिन्न प्रकार के खेलों से सम्बन्धित सी.डी. एवं डी.वी.डी. उपलब्ध हैं। इण्टरनेट गेम्स में 3डी ऐनीमेशन गेमों का चलन तेज़ी से बढ़ रहे हैं। इसके अतिरिक्त टीवी पर विभिन्न कार्टून नेटवर्क चैनल भी बच्चों का ख़ूब मनोरंजन कर रहे हैं। आज सेटेलाइट की आधुनिक तकनीकियों द्वारा विभिन्न राष्ट्रीय एवं अन्तरराष्ट्रीय खेलों का सीधा प्रसारण हम टीवी व मोबाइल पर देखकर अपना मनोरंजन करते हैं।

8. बुलेट सिद्धान्त (Bullet theory)–द्वितीय विश्वयुद्ध के दौरान इस सिद्धान्त का प्रयोग किया गया। द्वितीय विश्वयुद्ध के समय मित्र राष्ट्रों ने जनमाध्यमों का प्रचार माध्यम के रूप में व्यापक स्तर पर किया। मीडिया जनता को प्रभावित करनेवाला एक शक्तिशाली माध्यम है। जनमाध्यमों द्वारा प्रसारित सन्देश गोली की तरह ग्रहणकर्त्ता के दिमाग़ को प्रभावित करते हैं। इसका अर्थ यह है कि मीडिया सर्वशक्तिमान् साधन है और इसके उपयोगकर्त्ता एक सशक्त सन्देशवाहक। इस सिद्धान्त का मानना यह है कि आडिएन्स का निर्माण भिन्न-भिन्न जनसमूहों द्वारा होता है और आडिएन्स का प्रत्येक सदस्य प्राप्त सन्देशों की एक समान प्रतिक्रिया व्यक्त करेगा। यदि ऐसा सम्भव हो सका तो लोग युद्ध, दुर्घटना, बीमारी अथवा भयानक फ़िल्मों को

देखकर मीडिया को प्रति अधिक संवेदनशील होकर भावनात्मक रूप से जुड़ जायेंगे। जनमाध्यमों का बुलेट सिद्धान्त अपनी उत्पत्ति के समय भले प्रभावी रहा हो किन्तु वर्तमान परिवर्तित परिवेश में संचार का यह सिद्धान्त प्रभावी नहीं है।

9. षड्यन्त्र सिद्धान्त (Conspiracy Theory)--इस सिद्धान्त के प्रवर्तकों को मानना है कि जनमाध्यम संगठन उन लोगों के मनोनुकूल कार्यक्रम तैयार करते हैं, जिनका उन पर स्वामित्व या नियन्त्रण होता है या जो दबाव समूह अस्तित्व एवं विकास के उनके लक्ष्य में सहायक होते हैं। इस प्रकार जनमाध्यम उन लोगों के प्रति एक तरह से षड्यन्त्र करते हैं, जिनका इन माध्यमों पर कोई प्रभाव नहीं होता। सन्देशों का निरूपण इस प्रकार से किया जाता है जो उच्च मध्य वर्ग या अभिजात्य वर्ग के विचारों के अनुकूल होता है तथा सम्पूर्ण समाज से उसका बहुत कम सरोकार होता है। इस प्रकार के माध्यम संगठन प्रायः व्यवस्था के समर्थक होते हैं तथा सरकार की राजनीतिक संरचना के कारण उन्हें समानान्तर संगठनों से अधिक प्रतिस्पर्द्धा का सामना नहीं करना पड़ता। ऐसे माध्यम संगठन आम जनता, जिनका मौजूदा सामाजिक राजनीति प्रणाली में कोई ख़ास असर नहीं होता, के प्रति ग़ैर ज़िम्मेदार बन जाते हैं। जनमाध्यम उनके हितों एवं मूल्यों को उजागर नहीं करते और उनकी समस्याओं पर कोई ध्यान नहीं देते जिससे उनका समाधान नहीं हो पाता। इस प्रकार जनमाध्यम आम जनता के प्रति एक प्रकार का षड्यन्त्र करके अपना हित साधन करते हैं।

10. सामाजिक प्रभाव या एकात्म सिद्धान्त (Social influence or Identification Theory)--यह सिद्धान्त जनमाध्यमों के परिवर्तनकारी प्रभाव से सम्बद्ध है। आडिएन्स अपने नायकों के महामानवीय चरित्र के साथ अपनी पहचान स्थापित करते हैं तथा पर्दे पर दिखाये गये चरित्र के अनुकूल आचरण करने का प्रयास करते हैं। यह अनुकरण कुछ समय के लिए श्रोता एवं दर्शक की व्यवहार शैली को प्रभावित करता है और यदि इस प्रभाव को सामाजिक व्यवस्था का समर्थन प्राप्त होता है तो वह अभिरुचि का रूप ले लेता है। एकात्मीकरण जन माध्यमों की गतिविधियों का प्रमुख मुद्दा रहा है। एकात्मीकरण का तात्पर्य किसी मनपसन्द व्यक्ति के गुण को अपने चरित्र में शामिल करना है। संचार के द्वारा होनेवाला अभिरुचि परिवर्तन सामाजिक प्रभाव की तीन प्रतिक्रियाओं अनुपालन (Compliance), एकात्मीकरण (Identification), और अन्तरीकरण (Internalisation) से सम्बन्धित होता है।

अनुपालन का अर्थ किसी पुरस्कार या सम्मान की आशा अथवा किसी दण्ड से बचने के लिए प्रभावों को स्वीकार करना है जो सामान्य मानवीय प्रवृत्ति होती है। एकात्मीकरण की प्रक्रिया तब होती है जब कोई किसी दूसरे व्यक्ति के व्यवहार को इसलिए स्वीकार करता है क्योंकि वह व्यवहार उस व्यक्ति के या समूह के स्व को सन्तुष्ट करता है। कोई प्रभाव इस बात पर निर्भर करता है कि प्रक्रिया के इन दो चरणों में उसे कितना सामाजिक समर्थन मिलता है।

परिवर्तन को अंगीकार किये जाने के बाद अन्तरीकरण की प्रक्रिया तब होती है जब व्यक्ति किसी समस्या समाधान के सन्दर्भ में उसे उपयोगी पाता है क्योंकि वह उसके मूल्यों की आवश्यकता के अनुरूप होता है। अतः माध्यमों द्वारा प्रसारित कार्यक्रमों का सांस्कृतिक एवं सामाजिक मानदण्डों पर व्यापक प्रभाव होता है। इस सिद्धान्त द्वारा रचनात्मक एवं विकासात्मक पक्ष में जनमाध्यम महत्त्वपूर्ण भूमिका निभाते हैं। इस सिद्धान्त के अनुसार समाज में हिंसा एवं आपराधिक गतिविधियों में वृद्धि का कारण जनमाध्यमों द्वारा ऐसे कार्यक्रमों को प्रचुरता से

प्रसारित करना है। जिस समाज में जन माध्यम सरकारी नियन्त्रण से मुक्त हैं वहाँ इस प्रकार का प्रभाव अधिक दिखायी देता है।

11. उपयोग एवं सन्तृप्ति सिद्धान्त (Uses and Gratification theory)—यह सिद्धान्त सामाजिक प्रभाव सिद्धान्त की अवधारणा के बहुत क़रीब है। इस सिद्धान्त के अनुसार जन-माध्यम अपने आडिएन्स को इस बात के लिए उत्प्रेरित करते हैं कि वह अपनी आवश्यकताओं की सन्तुष्टि के लिए उनका अधिकतम उपयोग करें। माध्यमों का उपयोग दो प्रकार से किया जा सकता है। क्षतिपूरक (Compensatory) और अनुपूरक (Supplementory) शिक्षा, सामाजिक स्तर या सफलता की कमी को पूरा करने के लिए जनमाध्यमों का प्रयोग क्षतिपूरक उपयोग है। अनुपूरक उपयोग में आडिएन्स माध्यमों का प्रयोग अपने वर्तमान ज्ञान के अनुपूरक के रूप में करता है। जनमाध्यम जिनकी सन्तृप्ति करते हैं वे निम्नलिखित चार प्रकार के होते हैं-

1. विषयान्तर - भावात्मक राहत की प्राप्ति के लिए जीवन के नीरस और उबाऊ दिनचर्या से पलायन।

2. व्यक्तिगत सम्बन्ध - ऐसे व्यक्तिगत सम्बन्ध जो जनमाध्यम की सामाजिक उपयोगिता के जरिये बनते हैं।

3. व्यक्तिगत पहचान - व्यक्तिगत पहचान की भावना की सन्तृप्ति व्यक्तिगत अभिरुचियों के पुनर्बलन से होता है।

4. निगरानी - जनमाध्यम भावी घटनाक्रमों के बारे में आडिएन्स को सूचित करते हैं और इस प्रकार उनका समाधान करने के लिए मानसिक रूप से तैयार करते हैं। इस प्रकार जनमाध्यम आडिएन्स के चिन्तन के लिए पोषक का कार्य करते हैं।

इस सिद्धान्त के अनुसार जनमाध्यम संघर्ष एवं तनाव की स्थिति में राहत प्रदान करते हैं और मूल्यों के टकराव की स्थिति में पुनर्बलन करते हैं।

12. परावर्ती प्रक्षेपीय सिद्धान्त (Reflective Projective theory)—यह सिद्धान्त जनसंचार के अन्य सिद्धान्तों की तुलना में अधिक व्यापक है और इसमें जनसंचार के प्रायः सभी पक्ष सम्मिलित हैं। इस सिद्धान्त के अनुसार जनमाध्यम जनसंचार के समाज के दर्पण के रूप में माना जा सकता है जो उसकी ऐसी छवि पेश करता है जिसमें प्रत्येक प्रेक्षक अपनी नज़र से स्वयं को और समाज को देखता है। यह सिद्धान्त जनसंचार के सामाजिक एवं व्यक्तिगत महत्त्व के अन्तर को स्पष्ट करता है।

प्रसारण रूपी दर्पण किसी समाज की वास्तविक या विकृत छवि का प्रक्षेपण कर सकता है और ऐसी छवि प्रतिबिम्बित कर सकता है जो अस्पष्ट एवं अनेकार्थी हों और सुस्पष्ट भी हों। यह समाज की अनेक तस्वीरें पेश करता है। किसी कैमरे की भाँति इसे सीमित या व्यापक क्षेत्र में फोकस किया जा सकता है। पूर्व के सिद्धान्तों के विपरीत यह सिद्धान्त विभिन्न प्रकार के प्रसारणों की अनुमति प्रदान करता है। शैक्षणिक प्रसारण समाज के व्यापक एवं सम्पूर्ण प्रतिबिम्बन में सहायक है। इसी के साथ यह सिद्धान्त इसके लिए भी आगाह करता है कि हमें शैक्षणिक टीवी या लोक प्रसारणों के प्रति अधिक आशान्वित नहीं रहना चाहिए क्योंकि ये केवल परावर्तीय प्रक्षेपण कार्य ही कर सकते हैं। लोक माध्यम किसी नयी संस्कृति का निर्माण नहीं कर सकते क्योंकि वे किसी ऐसी चीज़ का प्रतिबिम्बन नहीं कर सकते जो समाज में मौजूद नहीं है।

परावर्ती प्रक्षेपणीय सिद्धान्त इस तथ्य के अनुरूप है कि प्रसारण सामयिक संस्कृति का महत्त्वपूर्ण अंग है। कोई देश या समाज नक्शों या भौगोलिक सीमाओं से नहीं बनता बल्कि समान हितों, विचारों एवं संस्कृति से बनता है जिसकी अपनी एक छवि एवं दृष्टि होती है किन्तु यह समान दृष्टि एवं छवि ऐसी होनी चाहिए जिसे सभी लोग स्वीकार कर सकें।

13. संगति या सन्तुलन सिद्धान्त (Congruence or BalUnce theory)—इस सिद्धान्त के अनुसार जब मूल्यांकन या दृष्टिकोण में परिवर्तन होता है तो यह वर्तमान सन्दर्भ संरचना से अधिक संगति स्थापित करता है और इस धारणा की अन्य किसी व्यक्ति द्वारा पुष्टि होती है तो इसे संगति कहा जायगा।

न्यूकोम ने अपनी पुस्तक An Approach to the Study of Communicative Act में लिखा है कि संचार क्रिया की विशेषता यह होती है कि उसका रुझान सन्तुलन और सुसंगति की ओर होता है। इससे इस तथ्य की पुष्टि होती है कि हम उसी बात को ग्रहण करते हैं जिसे हम पसन्द करते हैं। इस अवधारणा के अनुसार सम्प्रेषक के लिए यह आवश्यक है कि संचार की क्रिया में समानुभूति का ध्यान रखें।

8. उदारवादी लोकतान्त्रिक सिद्धान्त या स्वतन्त्रावादी सिद्धान्त (Liberal democratic theory)--इस सिद्धान्त का दार्शनिक आधार व्यक्तिवादी विचारधारा है। विकास के लिए स्वतन्त्रता का होना आवश्यक है। स्वतन्त्रता में अभिव्यक्ति की स्वतन्त्रता भी शामिल है जिसका अर्थ होता है अपने विचारों को व्यक्त करने के लिए प्रत्येक व्यक्ति स्वतन्त्र है। राज्य को व्यक्ति के कार्यों में हस्तक्षेप नहीं करना चाहिए ताकि वे निर्भय होकर स्वतन्त्रतापूर्वक अपनी क्षमताओं का प्रयोग कर सकें। व्यक्तिवाद का उदय 18वीं सदी के अन्तिम चरण में हुआ। अर्थशास्त्रियों ने उद्योग तथा व्यापार में पूर्ण स्वतन्त्रता प्राप्त करने के लिए सिद्धान्त का प्रबल समर्थन किया। आज विश्व के अधिकांश देशों में लोकतान्त्रिक शासन-व्यवस्था है। लोकतान्त्रिक व्यवस्था की सफलता इस बात पर निर्भर करती है कि वहाँ की जनता अपने अधिकारों एवं कर्त्तव्यों के प्रति कितनी सचेत है। जनता में इस प्रकार की चेतना जागृत करने का कार्य जनमाध्यमों द्वारा किया जाता है। इसके अतिरिक्त लोकतान्त्रिक शासन प्रणाली में समाज बहुलवादी होता है। अर्थात् एक समय में अनेक वैचारिक समूह समाज में सक्रिय रहते हैं। जनमाध्यम इन विविध वैचारिक समूहों को अभिव्यक्ति के लिए मंच प्रदान करते हैं। लोकतान्त्रिक शासन प्रणाली की सफलता के लिए आवश्यक है कि सरकार के कार्यों पर नज़र रखी जाय तथा ग़लत नीतियों पर आलोचना के माध्यम से अंकुश लगाया जाय। जनमाध्यम इस कार्य में सजग प्रहरी की भूमिका निभाते हैं। जनमाध्यमों के इस दायित्व निर्वहन के लिए यह आवश्यक है कि वे शासकीय नियन्त्रण से मुक्त रहें।

सांस्कृतिक उत्पादों पर आर्थिक प्रक्रियाओं के दो प्रभाव होते हैं। प्रथम, उत्पादों की विविधता कम हो जाती है क्योंकि व्यावसायिक दृष्टि से जो अच्छे नहीं होते वे पिछड़कर समाप्त हो जाते हैं। जैसे-जैसे केन्द्रीयकरण बढ़ता जायगा मीडिया के क्षेत्र में विचारों की विविधता कम होती जायगी। दूसरा, जिनके पास आर्थिक शक्ति एवं संसाधन नहीं होंगे उनकी आवाज़ समाप्त हो जायगी। माध्यमों के क्षेत्र में जो पहले से कार्यरत हैं वे उत्पादन-प्रक्रिया को योजनाबद्ध तरीक़े से इतना महँगा कर देते हैं कि कम पूँजीवालों का सांस्कृतिक बाज़ार में प्रवेश कठिन हो जाता

है। अतः जनमाध्यमों के द्वारा उन्हीं का वर्चस्व स्थापित होता है जो इसे चुनौती देकर अपने विचारों को उत्कृष्ट ढंग से बलपूर्वक जनता के सामने प्रस्तुत करते हैं।

इस प्रकार विभिन्न जनसंचार सिद्धान्तों में समाज की भूमिका और उस पर पड़नेवाले प्रभाव का विश्लेषण किया जाता है। जनमाध्यम समाज में कैसे कार्य करते हैं और किस प्रकार सामान्य जनमाध्यमों का प्रयोग अपने तथा समाज के हित में कर सकते हैं, इसका अध्ययन किया जाता हैं। विभिन्न परिस्थितियों में मानव व्यवहार के निर्धारण का स्वरूप भी इससे स्पष्ट होता है। जनमाध्यमों का प्रयोग सुनिश्चित कर सन्देश प्रेषित करके वांछित परिणाम प्राप्त किये जाते हैं। सिद्धान्त प्रायः मानव-व्यवहार पर ही आधारित होते हैं।

•

समाचार-जगत्

पत्रकारिता की आधारशिला समाचार है। समाचार मनुष्य की ज्ञान पिपासा शान्त करने का एक माध्यम है। पत्रकारिता का प्राण शान्त करने का एक माध्यम है। पत्रकारिता का प्राण-तत्त्व समाचार में निहित होता है। घटनाओं से सम्बन्धित तथ्यों के तटस्थ भाव से सुस्पष्ट प्रदर्शन को समाचार कहते हैं। समाचार मूल रूप से ख़बरों के चयन, सम्पादन और वितरण का साधन है।

समाचार का अर्थ एवं परिभाषा- सामान्यतः यदि कहीं पर कोई घटना, दुर्घटना या विवाद हो जाय तो यह जिज्ञासा होती है कि कहाँ पर, किस वजह से, क्यों, कब, कैसे हुआ यह जानने की इच्छा हमारे अन्दर बरबस ही उठ जाती है और हम सब-कुछ जानने का प्रयास करते हैं। सब कुछ जानने की जिज्ञासा का विकल्प हमें समाचार द्वारा मिलता है। समाचार के शब्दार्थ का विश्लेषण करने पर हम यह कह सकते हैं कि चारों दिशाओं से एकत्र सूचनाओं को समाचार कहते हैं। समाचार एक ऐसा माध्यम है जिसके द्वारा देश-विदेश से जुड़ी सभी तात्कालिक जानकारियाँ हमें मिलती रहती हैं। समाचार को अंग्रेज़ी में News (न्यूज़) कहते हैं, जो New (न्यू) का बहुवचन है जो लैटिन भाषा के 'नोवा' शब्द से बना है, जिसका अर्थ होता है नवीन अथवा नया। न्यूज़ शब्द संस्कृत के 'नव' से बना है जिसका अर्थ होता है जो नित्य नूतन अर्थात् जो नित्य नूतन हो वही समाचार है। न्यूज़ (News) के चार अक्षर में N-North (उत्तर) E-East (पूर्व) W-West (पश्चिम) S-South (दक्षिण) है अतः उत्तर, पूर्व, पश्चिम और दक्षिण चारों दिशाओं की घटनाओं, परिवर्तनों एवं सूचनाओं का विश्लेषण ही समाचार होता है। समाचार शब्द की व्युत्पत्ति 'सम्+आ+चर+घत्र्' है जिसका अर्थ होता है सम्यक् आचरण करना या व्यवहार बताना। सम्यूक आचरण के अनुरूप जब हम निष्पक्ष रूप से किसी घटना की सही जानकारी देते हैं, तो वह समाचार कहलाता है। वृतान्त, ख़बर, संवाद, विवरण, प्रवृत्ति, उदन्त, वार्त्ता एवं वृत्ति समाचार के पर्यायवाची शब्द हैं इन सभी शब्दों से किसी घटना या तथ्य की पूरी जानकारी देने का आशय प्रकट होता है। वास्तव में समाचार सूचनाओं का ऐसा संकलन है जिसे हर आम और ख़ास आदमी हर हाल में जानना चाहता है। समाचार वह है जो हमारे चारों ओर घट रहा है, घटने जा रहा है या घट चुका अथवा भविष्य में उसके घटने की उम्मीद है।

सूचना प्रौद्योगिकी के इस युग में समाचार की कोई निश्चित परिभाषा नहीं रह गयी है। समाचार को समझने के लिए निम्नलिखित विद्वानों की परिभाषाएँ प्रस्तुत की जा सकती हैं-

- "अनेक व्यक्तियों की अभिरुचि जिस सामयिक बात में होती है, वह समाचार है। सर्वश्रेष्ठ समाचार वह है जिसमें बहुसंख्यक लोगों की अधिकतम रुचि हो।"

प्रो. विलियम जी. ब्लेयर

- "समाचार सामान्यतः वह उत्तेजक सूचना है जिससे कोई व्यक्ति सन्तोष अथवा उत्तेजना प्राप्त करता है।" *प्रो. चिल्टन बुश*
- "समाचार किसी घटना, परिस्थिति, स्थिति या रूप की सही और सामयिक सूचना है- ऐसी सूचना जिसमें इन लोगों की जिनके लिए वह अभिप्रेत हो, दिलचस्पी है।" *डाउलिंग लैदरखुड*
- "प्रत्येक चीज़ समाचार है, लगभग कोई भी चीज़ बड़ा समाचार बन सकती है, यदि वह यह दिखा सके कि वह किसी भी रूप में विस्तृत, रोचक, बहुत अधिक समझदारी लेकिन सार्वजनिक रूप में गहरी सावधानी से तैयार की गयी है।" *जी.बी. डिबली*
- "समाचार सबसे पहले देना चाहिए किन्तु सबसे अधिक जल्दबाजी में नहीं।" *लन्दन टाइम्स*
- "समाचार की नवीनता इसी में है कि वह परिवर्तन की जानकारी है यह जानकारी चाहे राजनीतिक हो या सामाजिक अथवा आर्थिक परिवर्तन में भी उत्तेजना है।" *मनुकौडा चेलापति राव*
- "समाचार किसी अनहोनी या असाधारण घटना की अवलम्ब सूचना को कहते हैं, जिसके बारे में लोग प्रायः पहले कुछ न जानते हों, लेकिन जिसे तुरन्त ही जानने को अधिक से अधिक लोगों में रुचि हो।" *मानचेस्टर गार्डियन द्वारा पुरस्कृत परिभाषा*
- "समाचार गतिशील साहित्य है।" *प्रेमनाथ चतुर्वेदी*
- "समाचार कोई घटना, विचार या समयानुकूल मत है जिसमें लोगों को प्रभावित करने की ओर रुचि उत्पन्न करने की क्षमता हो, वह लोगों को पूरी तरह से समझ में आ जाये।" *एम.एल. स्पेन्सर (पूर्व अध्यापक वाशिंगटन विश्वविद्यालय)*
- "दुनिया में कहीं भी किसी समय कोई छोटी-मोटी घटना या परिवर्तन हो उसका शब्द में जो वर्णन होगा, उसे समाचार या ख़बर कहते हैं।" *श्री रामकृष्ण रघुनाथ खाडिलकर*
- "समाचार समयानुकूल घटना, तथ्य और विचारों का लेखा-जोखा है, जिसमें जो रुचि ले।" *विलियम रीवर्स, वरिष्ठ लेखक*
- "समाचार किसी वर्तमान विचार, घटना या विवाद का ऐसा विवरण है जो उपभोक्ताओं को आकर्षित करे।" *वूल्सल और कैम्पवेल*
- "समाचार कोई ऐसी चीज़ है जिसे आप कल (बीते हुए) तक नहीं जानते थे।" *टर्नर कैटेलिज*
- "पर्याप्त संख्या में मनुष्य जिसे जानना चाहे वह समाचार है, शर्त यह है कि वह सुरुचि तथा प्रतिष्ठा के नियमों का उल्लंघन न करे।" *जे.जे. सिण्डलर*
- "समाचार अति गतिशील साहित्य है। समाचार-पत्र समय के करघे पर इतिहास के बहुरंगे बेलबूटेदार कपड़े को बनानेवाले तकुए हैं।" *हार्पर लीच और जान सी. कैरोल*
- "घटना समाचार नहीं, बल्कि वह घटना का विवरण है, जिसे उनके लिए लिखा जाता है जिन्होंने उसे देखा नहीं है।" *मैन्सफील्ड*

- ''समाचार किसी सामयिक घटना का, महत्त्वपूर्ण तथ्यों का परिशुद्ध तथा निष्पक्ष विवरण होता है, जिससे उस समाचार-पत्र में पाठकों की रुचि होती है जो इस विवरण को प्रकाशित करता है।'' *के.पी. नारायणन्*
- ''समाचार समान्यतः वह उत्तेजक सूचना है जिससे कोई व्यक्ति सन्तोष या उत्तेजना प्राप्त करता है।'' *प्रो. चिल्तनबरा*

मनष्य एक सामाजिक प्राणी है और समाज में रहकर वह निज नये आयाम हासिल करता है। अतः समाज का सीधा सम्बन्ध मनुष्य से होता है, इसीलिए समाज में घटनेवाली हर घटना की जानकारी मनुष्य को मिलनी चाहिए और यह सम्भव होता है समाचार के द्वारा। जनता को शिक्षित अथवा जागरूक करने में समाचार अहम् भूमिका निभाते हैं। हमारे लोकतान्त्रिक देश में हर आदमी को 'जानने का अधिकार' अथवा 'सूचना की स्वतन्त्रता' है। हमारे मौलिक अधिकारों को बचाने के लिए जानने के अधिकारों का होना बहुत ज़रूरी है।

समाचार का उद्भव एवं विकास

विगत चार-पाँच दशकों में भाषायी पत्र-पत्रिकाओं ने आश्चर्यजनक प्रगति की है। लगभग सभी प्रमुख भारतीय भाषाओं में छपनेवाले पत्रों यथा- दैनिक, पाक्षिक, साप्ताहिक एवं मासिक त्रयमासिक पत्रों ने अंग्रेज़ी पत्र-पत्रिकाओं के वर्चस्व को तोड़कर अपना विस्तार किया है। पहले जहाँ महानगरों से प्रकाशित होकर प्रमुख नगरों में बिकनेवाली अंग्रेज़ी पत्र-पत्रिकाएँ सबसे अधिक प्रसार-संख्या का दावा करती थीं, वहाँ आज विभिन्न भारतीय भाषाओं में निकलनेवाली पत्र-पत्रिकाएँ हर क्षेत्र में अग्रणी हैं। 'ईनाडू', 'आन्ध्र प्रभा', आन्ध्र पत्रिका' (सभी तेलुगु), 'मलयाला मनोरमा', 'केरल कौमुदी', 'मातृभूमि' (सभी मलयालम), 'आनन्द बाज़ार पत्रिका', 'जुगान्तर', 'वसुमती' (सभी बँगला), 'लोकसत्ता' (मराठी), 'दिनमणि' (तमिल), 'अकाली पत्रिका' (पंजाबी) दैनिक जागरण, भास्कर, 'पंजाब केसरी', 'हिन्दुस्तान', 'नवभारत टाइम्स', 'अमर उजाला', 'नयी दुनिया', 'राजस्थान पत्रिका', 'आज' (सभी हिन्दी) आदि कुछ ऐसे दैनिक-पत्र हैं, जिन्होंने पिछले वर्षों में सफलता के नये कीर्तिमान् स्थापित किये हैं। अपने कार्यों के प्रति समर्पित इन पत्रों ने आधुनिक मुद्रण-कला और सम्पादन-कला दोनों क्षेत्रों में अंग्रेज़ी पत्रों के वर्चस्व को तोड़ा है। आधुनिक मुद्रण प्रविधि, रंगीन साप्ताहिक संस्करण, समसामयिक समस्याओं पर आलेख, अग्रलेख, फ़ीचर, रिपोर्ताज आदि के साथ-साथ रंगीन छायाचित्रों, चित्रकथाओं, कार्टूनों आदि का प्रयोग कर इन्होंने व्यापक प्रतिष्ठा अर्जित की है।

भारतीय भाषाओं के समाचार-पत्रों ने न केवल भारत में पत्रकारिता के विकास में अपनी महत्त्वपूर्ण भूमिका निभायी, बल्कि विदेशों में भी अपनी उपस्थिति दर्ज़ करायी है। स्वतन्त्रता-संग्राम में इनका योगदान ऐतिहासिक महत्त्व का रहा है। 19वीं शताब्दी के पूर्वार्द्ध में इसने देश के सांस्कृतिक पुररुत्थान के लिए कार्य किया। तब समाज-सुधारकों के हाथों का यह सबसे मज़बूत हथियार था। राजा राममोहन राय, ब्रह्मानन्द केशवचन्द्र सेन, महादेव गोविन्द रानाडे, देवेन्द्रनाथ टैगोर, ईश्वरचन्द्र विद्यासागर, ईश्वरचन्द्र गुप्त आदि सुधारकों ने भाषायी पत्रों के माध्यम से समाज और देश को नयी दिशा दिखायी। कालान्तर में जब देश में राष्ट्रीय चेतना का विकास हुआ, तब राष्ट्रीय नेताओं ने भाषायी पत्रों का ही सहारा लिया। भाषायी पत्रों ने स्वतन्त्रताकामी चेतना का विस्तार किया और इस प्रकार स्वतन्त्रता आन्दोलन को दिशा और सफलता प्रदान की।

आज जब सैटेलाइट टीवी के प्रादुर्भाव से भारत का युवावर्ग पश्चिमी संस्कृति एवं जीवन-मूल्यों को हृदयंगम कर भारत की मूल संस्कृति से दूर होता जा रहा है, समाचार-पत्र ऐसे समय में भारतीय कला एवं साहित्य का संवर्द्धन कर भारत की आत्मा को पोषित करने का कार्य कर रहे हैं। भाषायी पत्र लोगों की संवेदना को गहराई से स्पर्श करते हैं। अंग्रेज़ी के पत्र ऐसा प्रभाव छोड़ने की स्थिति में कभी आ ही नहीं सकते, क्योंकि स्वयं अंग्रेज़ी भाषा ही विदेशी होने के कारण प्रत्येक भारतीय के मन-मस्तिष्क तक नहीं पहुँच सकती।

प्रस्तुत इकाई में हम इन्हीं सब विषयों की चर्चा करेंगे अर्थात् यह देखेंगे कि भारत-जैसे बहुभाषी देश में भाषायी पत्रकारिता का क्या महत्त्व है? भाषायी पत्रकारिता का उदय कैसे हुआ? और स्वतन्त्रता संग्राम में इसने क्या भूमिका निभायी? आज विभिन्न भाषाओं की पत्रकारिता की स्थिति क्या है? साक्षरता में वृद्धि, क्रयशक्ति में बढ़ोत्तरी, तकनीकी विकास आदि ने भाषायी पत्रों को कैसे प्रभावित किया है? और भाषायी पत्रकारिता का भविष्य क्या है? उपर्युक्त प्रश्नों को केन्द्र में रखकर हम इस इकाई का अध्ययन करेंगे और भारत में भाषायी पत्रकारिता की भूमिका को समझने का प्रयास करेंगे। भारत आदिकाल से बहुभाषी देश रहा है। इतिहास के विभिन्न कालखण्डों में कई बार विदेशी सत्ता ने भारत की बहुभाषी परम्परा पर प्रहार किया, उसे छिन्न-भिन्न करने की कोशिश की, लेकिन भारतीयों के भाषिक संस्कार को मिटाया न जा सका। यद्यपि अरबी, फ़ारसी, उर्दू और अंग्रेज़ी को राजनीतिक कारणों से प्रश्रय दिया गया और मैकाले के मानसपुत्रों की वजह से अंग्रेज़ी आज भी राज कर रही है, लेकिन देशी भाषाओं यथा- तमिल, तेलुगु, कन्नड़, मलयालम, मराठी, गुजराती, पंजाबी, कश्मीरी, असमिया, मणिपुरी, बँगला, उड़िया, हिन्दी आदि के महत्त्व को कम न किया जा सका।

समाचार के तत्त्व

हमारे सामाजिक परिवेश में हो रहे नये-नये परिवर्तन, राजनीतिक हलचलें, सम-सामायिक घटनाएँ एवं सामाजिक गतिविधियों की जानकारी हमें समाचार के माध्यम से मिलती है। समाचार के निम्नलिखित तत्त्व होते हैं–

1. सामयिकता
2. प्रमुखता
3. नवीनता
4. विश्वसनीयता
5. आत्मीयता
6. विचित्रता
7. महत्ता
8. समयबद्धता
9. आकार और संख्या
10. विवाद
11. मनोभाव
12. संघर्ष

13. समयानुकूलता

14. वैयक्तिकता

15. समीपता

16. संशय और रहस्य

17. परिणाम

1. सामयकिता--सामयिकता अथवा तात्कालिकता समाचार का सबसे महत्त्वपूर्ण तत्त्व है। अकस्मात् ही जब कोई घटना अथवा दुर्घटना हो जाती है तो उससे सम्बद्ध सूचनाओं का विशेष महत्त्व होता है जो समाचार के द्वारा ही सम्भव हो पाता है। जिस भी घटना अथवा तथ्य से सम्बन्धित समाचार दिया जाना है उस घटना तथा समाचार देने के समय में न्यूनतम अन्तर होना चाहिए। ऐसी कई ख़बरें होती हैं जिन्हें तत्काल प्रस्तुत करना आवश्यक होता है जैसे- कोई बड़ी दुर्घटना अथवा किसी बड़े नेता का असामयिक निधन आदि। ऐसी ख़बरों के बारे में तुरन्त जाने की दर्शकों व पाठकों में अधिक रुचि होती है। इसलिए ऐसी ख़बरों को तत्काल प्रदर्शित करना आवश्यक होता है।

2. प्रमुखता--कई समाचार ऐसे होते हैं, जो आम दर्शकों अथवा पाठकों को भी प्रभावित करते हैं। ऐसे में समाचार की संरचना के लिए यह आवश्यक होता है कि कौन-सी घटना या तथ्य जनमानस के विशाल समूह को प्रभावित कर रही है। जैसे राजनीतिक और आपराधिक घटना से जुड़ी बड़ी ख़बरों से सम्बन्धित समाचार, जनता बड़ी ही उत्सुकता और रुचि से देखती हैं। इसका कारण यह है कि इनका प्रभाव और सम्बन्ध सार्वभौमिक होता है और ये बिना किसी पूर्वाग्रह के सभी के लिए ग्राह्य होते हैं। उदाहरण के लिए संसद् में जब बजट पेश होता है तो देश भर में सभी की नज़रें बजट समाचार पर ही होती हैं उस समय उन्हें और कोई समाचार नहीं देखना होता। इसी प्रकार समय और जनता की माँग पर समाचारों में प्रमुखता का तत्त्व महत्त्वपूर्ण हो जाता है।

3. नवीनता--समाचार का सबसे प्रमुख तत्त्व नवीनता है। प्रतिपल घटती घटनाओं की जानकारी दर्शकों एवं पाठकों को आकर्षित करती है। देर से ख़बर मिलने पर वह प्रभाव शून्य हो जाती है। समाचार का लक्ष्य होता है कि वह पाठकों या दर्शकों को अविलम्ब और तत्काल ही घटनाओं की जानकारी दें। दर्शक और पाठक भी यही चाहता है कि उसे हर पल नयी, राजनैतिक गतिविधियों, कार्यकलापों व निर्णयों आदि की जानकारी समाचार के द्वारा मिलती रहे। समाज और उसके आस-पास हो रही सभी नवीन घटनाओं और तथ्यों की जानकारी से सम्बन्धित समाचार उसे मिलता रहे।

4. विश्वसनीयता--किसी घटना का शत्-प्रतिशत एवं परिशुद्ध सन्तुलित विवरण समाचार को विश्वसनीय बनाता है। विश्वसनीयता समाचार की आत्मा होती है अतः असत्य ख़बरें समाचार की आत्मा को नष्ट कर देती हैं। किसी भी घटना के सभी तथ्यों जाँच-परखकर ही समाचार में सम्मिलित किया जाता है। एक भी तथ्य के ग़लत होने पर समाचार निर्थक हो जाता है। समाचार में असत्य तत्त्वों को प्रदर्शित करके जनता का विश्वास और भरोसा नहीं जीता जा सकता, उसके लिए आवश्यक है कि जो भी समाचार प्रसारित हो वह सत्य एवं विश्वसनीय तथ्यों पर आधारित हो।

5. आत्मीयता--आत्मीयता समाचार का एक प्रमुख तत्त्व है। समाचार से जुड़ी घटनाओं से पाठक व दर्शक जितनी आत्मीयता पाता हैं, वह उसमें उतनी ही रुचि लेता है। व्यक्ति यह देखने में अधिक उत्सुक होता है कि समाचार में उसके विशेष के लिए क्या है? वह अपनी निजी जानकारियों और ख़बरों के लिए भी समाचार देखता व सुनता है। इसलिए समाचार में आत्मीयता का गुण होना भी आवश्यक हो जाता है।

6. विचित्रता--विचित्रता भी समाचार का विशेष तत्त्व है। समाचार में हैरतअंगेज़ व आश्चर्यचकित घटनाओं से उसका महत्त्व और भी अधिक बढ़ जाता है। संशय और रहस्य से परिपूर्ण समाचार पाठकों में अधिक जिज्ञासा उत्पन्न करता है। समाज में जहाँ कहीं भी कुछ असामान्य घटित होता है वह समाचार बन जाता है। जैसे- किसी महिला को 4 बच्चे पैदा होना, किसी बच्ची का सामूहिक बलात्कार, बाप द्वारा बेटे की हत्या इत्यादि। समाज के हर पहलू से जुड़ी विषम परिस्थितियों से सम्बन्धित ख़बरें इसी दायरे में आती है।

7. महत्ता--महत्ता समाचार का महत्त्वपूर्ण तत्त्व है। राष्ट्रीय एवं अन्तरराष्ट्रीय ख्याति प्राप्त व्यक्ति, सामाजिक प्रतिष्ठा प्राप्त व्यक्ति, खेल, साहित्य, शिक्षा, संगीत, कला आदि क्षेत्रों में श्रेष्ठता प्राप्त करनेवाले व्यक्ति समाचारों के लिए महत्त्वपूर्ण विषय हो सकते हैं। इसके अतिरिक्त महत्त्वपूर्ण घटनाओं की तिथियाँ, महत्त्वपूर्ण दिवस, महत्त्वपूर्ण स्थान भी समाचारों के लिए प्रमुख विशेषता रखते हैं। राजनीतिक अभियान, महत्त्वपूर्ण यात्राएँ, चुनावी ख़बरें, अभियोग एवं हत्याकाण्ड के बारे में भी लोग विशेष रुचि रखते हैं और इनसे सम्बन्धित ख़बरें बड़ी ही उत्सुकता से देखते व सुनते हैं।

8. समयबद्धता--प्रत्येक समाचार की कुछ निश्चित समय-सीमा होती है। आज की ख़बरें कल पुरानी हो जाती हैं और लोग उन ख़बरों की अपेक्षा ख़बरों के लिए उत्सुक रहते हैं, किसी भी घना और दुर्घटना के बारे में वह नयी-नयी जानकारियाँ हासिल करना चाहते हैं। पुरानी ख़बरों में उन्हें कोई दिलचस्पी नहीं होती। समाचार में प्रत्येक ख़बर के लिए कुछ निश्चित समय निर्धारित होता है जिसके भीतर ही उस ख़बर से सम्बन्धित सभी जानकारियाँ उसे देनी होती है। इसके लिए यह आवश्यक होता है कि समाचार को इस प्रकार तैयार किया जाय कि निर्धारित समय में ही घटना से सम्बन्धित सभी जानकारियाँ दर्शकों को प्राप्त हो जाय।

9. आकार और संख्या--आकार और संख्या का समाचार में महत्त्वपूर्ण स्थान होता है। यदि किसी दुर्घटना में अधिक संख्या में मृतकों और घायलों का पता चलता है तो वह बड़ी ख़बर के रूप में मुख्य समाचारों में प्रदर्शित होता है इसके विपरीत यदि मृतकों और घायलों की संख्या कम हो तो वह घटना समाचार की दृष्टि से अपेक्षित रूप में गौण ही मानी जायगी। यदि समाचार चुनाव सम्बन्धी है और मतदान के प्रारम्भ में कम संख्या में लोग मतदान केन्द्र पहुँचते हैं तो समाचार गौण ही रहेगा और यदि बड़ी संख्या में लोग मतदान केन्द्र पहुँचते हैं तो आकार और संख्या की दृष्टि से तात्त्विक रूप में अच्छा समाचार होगा। इसी तरह यदि किसी चुनावी जनसभा अथवा रैली में भारी संख्या में लोग पहुँचते हैं तो यह समाचार की दृष्टि से अच्छा होगा और यदि कुछ ही लोग रैली में भाग लेते हैं तो ऐसा समाचार गौण रहेगा।

10. विवाद--समाचारों में विवाद का विषय बहुत प्रमुख है और लोग इस विषय में अधिक रुचि भी लेते हैं। समाज का कोई भी पहलू विवादों से अछूता नहीं रहा है। राजनीति के गलियारे

से लेकर फिल्मों की चकाचौंध दुनिया और खेल-जगत् सभी जगह विवाद उपजते हैं और जनता उसका बड़ी ही उत्सुकता और रुचिपूर्वक देखती है। आरोप-प्रत्यारोप, विभिन्न आन्दोलन, कार्यवाही, बहिष्कार, समझौता, धरना-प्रदर्शन, हड़ताल, ज्ञापन सौंपना, सरकारी हस्तक्षेप इत्यादि समाचार की सुखियाँ बनते हैं। अनिल अम्बानी और मुकेश अम्बानी के बीच का विवाद कई दिनों तक समाचार की सुर्खियों में बना रहा।

11. मनोभाव--कुछ घटनाएँ और गतिविधियाँ ऐसी होती हैं, जो सीधे मानवीय संवेदनाओं से जुड़ी होती हैं। इन्हें समाचार के रूप में प्रस्तुत करने से पाठकों व दर्शकों के मनोभाव स्पष्ट होते हैं। मनुष्य के भीतर लोभ, मोह, काम, क्रोध, प्रेम, अहंकार, दुःख, विषाद, खुशी आदि मनोभाव से जुड़ी ख़बरों को प्रस्तुत करने का चलन बहुत तेज़ी से बढ़ रहा है। सूचना क्रान्ति के इस युग में समाचार के क्षेत्र में भी बहुत परिवर्तन हो गया है आज प्रेम प्रसंग और सेक्स से जुड़े समाचारों को प्रस्तुत करने के लिए अलग पृष्ठ और समाचार चैनलों में विशेष कार्यक्रमों की व्यवस्था की गयी है। उदाहरण के रूप में प्रिन्स चार्ल्स और प्रिन्सेस डायना के प्रेम-प्रसंगों की चर्चा या फिर खेल-जगत् और फ़िल्मों सितारों के अफेयर की ख़बर ही लोग इन सब ख़बरों को बड़े ही चाव से देखते और सुनते हैं। हमारे सामाजिक परिवेश से जुड़े हर मार्मिक दृष्टान्त को जनता बड़े ही गौर से देखती और सुनती है।

12. संघर्ष--विभिन्न राष्ट्रीय अथवा अन्तरराष्ट्रीय स्तर पर चलनेवाले संघर्ष सदैव सुर्ख़ियों में बने रहते हैं। दो देशों के बीच होनेवाले युद्ध के समाचारों को प्रमुखता से प्रस्तुत किया जाता है और श्रोता अथवा दर्शक भी बड़ी ही उत्सुकता से ऐसे समाचारों को पढ़ते और देखते हैं। बात फिर चाहे लादेन की हो या भारत-पाकिस्तान के बीच वैमनस्य अथवा समझौते के समाचारों की। लोग आँखे गड़ाये ऐसी ख़बरों को देखने का इन्तजार करते हैं। बाढ़, तूफ़ान, आँधी, भूकम्प, अग्निकाण्ड, दंगे, आमरण अनशन, धरना-प्रदर्शन, हड़ताल आदि से विशाल जन-समुदाय प्रभावित होता है और इन विपरीत परिस्थितियों में उसके द्वारा किया जा रहा संघर्ष ख़बरों का रूप ले लेता है, जिसे समाचार के रूप में प्रस्तुत करना आवश्यक हो जाता है।

13. समयानुकूलता--किसी भी समाचार की प्रस्तुति में इस बात का ध्यान अवश्य रखना चाहिए कि अमुक समाचार उसके प्रकाशित होने के समयानुकूल है कि नहीं। जैसे चुनाव सम्बन्धी ख़बरें चुनाव के दौरान ही दिखायी जा सकती हैं। किसी विशेष पर्व से जुड़ी ख़बरें भी उसी समय दिखायी जा सकती हैं। इसलिये कहा जाता है कि देश, काल और परिस्थिति के अनुसार ही समाचार की प्रस्तुति होनी चाहिए।

14. वैयक्तिकता--किसी बड़े राजनेता का भाषण, उच्च पदों पर आसीन व्यक्तियों का भाषण, मन्त्रियों व उच्चाधिकारियों का भाषण अथवा प्रतिक्रिया समाचार बन जाती है। इसके अतिरिक्त ख्याति-प्राप्त व्यक्ति सिने-जगत् के सितारे, किसी कला से जुड़ा ख्याति-प्राप्त कलाकार, खेल-जगत् के बड़े सितारों से जुड़ी ख़बरें भी समाचार बन जाती हैं। जैसे क्रिकेटर युवराज सिंह की बीमारी और उनके इलाज़ से सम्बन्धित ख़बरें लगातार समाचारों की सुर्ख़ियों में बनी रहीं। इसके अतिरिक्त यदि किसी आम व्यक्ति ने कोई हैरतअंगेज़ कारनामा कर दिखाया तो वह भी समाचार बन जाता है।

15. समीपता--हर व्यक्ति जिस शहर अथवा कस्बे में रहता है उससे जुड़ी ख़बरों को प्रमुखता से देखता है। यही कारण है कि आज प्रादेशिक न्यूज़ चैनलों की भरमार है। अधिकांश

राष्ट्रीय न्यूज़ चैनलों का एक-एक प्रादेशिक न्यूज़ चैनल भी होता है जिसमें उस प्रदेश से जुड़ी हर छोटी-बड़ी ख़बर प्रसारित की जाती है। समाचार-पत्रों में भी शहर की ख़बरों और उसके आस-पास के जिलों की ख़बरों के लिए अलग से पृष्ठ प्रकाशित किया जाता है। जिससे हर व्यक्ति के अपने आस-पास घटनेवाली घटनाओं की जानकारी मिल सके।

16. संशय और रहस्य--संशय और रहस्य से जुड़ी ख़बरें हमेशा ही सुर्ख़ियों में रहती है जैसे चुनाव के बाद कौन-सी पार्टी की सरकार बनेगी? कौन मुख्यमन्त्री बनेगा? कौन प्रधानमन्त्री बनेगा? या फिर किस मन्त्री को कौन-सा मन्त्रिमण्डल मिलेगा? ये सब संशय और रहस्य समाचारों की सुर्खियाँ बटोरते हैं और इनसे जुड़ी अटकलें समाचारों में प्रमुखता से दिखायी जाती हैं। सामाजिक, राजनीतिक, सांस्कृतिक, साहित्यिक, राष्ट्रीय, अन्तरराष्ट्रीय घटनाओं से जुड़ी दुविधाएँ भी समाचार बनती है।

17. परिणाम--समाचार के माध्यम से घटनाओं के भुक्तभोगियों, प्रत्यक्षदर्शियों व विषय विशेषज्ञों की राय पाठकों व दर्शकों तक पहुँचायी जाती है। विभिन्न संक्रामक रोगों के दुष्परिणाम, उनसे बचाव की जानकारी भी समाचार द्वारा दी जाती है। चुनावी नतीजे हों या फिर किसी परीक्षा का परिणाम समाचार के माध्यम से इसकी जानकारी समय-समय पर मिलती रहती है।

समाचार के प्रकार

1. महत्त्व के आधार पर-1. अति महत्त्वपूर्ण, 2. महत्त्वपूर्ण, 3. कम महत्त्वपूर्ण, 4. सामान्य।

2. तथ्यों के आधार पर- 1. धार्मिक एवं सांस्कृतिक तथ्य, 2. सामाजिक एवं मानवीय तथ्य, 3. राजनैतिक तथ्य, 4. आर्थिक तथ्य, 5. अन्तरराष्ट्रीय तथ्य 6. वैज्ञानिक तथ्य।

3. क्षेत्र व स्थान के आधार पर-1. राष्ट्रीय, 2. प्रान्तीय, 3. जनपदीय, 4. स्थानीय, 5. ग्रामीण।

4. नवीनता के आधार पर-1. कल, 2. आज, 3. आनेवाले कल।

5. समाचार की प्रकृति के आधार पर-1. आसामाजिक तत्त्वों की गतिविधियाँ, 2. राजनैतिक गतिविधियाँ, 3. न्यायिक समाचार, 4. प्राकृतिक व आकस्मिक घटनाएँ व दुर्घटनाएँ, 5. औद्योगिक व व्यावसायिक समाचार, 6. राष्ट्रीय, अन्तरराष्ट्रीय गतिविधियाँ, 7. सामाजिक गतिविधियाँ, 8. मौसम से सम्बन्धित ख़बरें, 9. सुरक्षा और आतंकवाद से जुड़ी ख़बरें, 10. महत्त्वपूर्ण फैसले और संसदीय गतिविधियाँ, 11. अपराध जगत् की ख़बरें, 12. फ़िल्म जगत् की ख़बरें, टेलीविज़न के ख़बरें, 13. साक्षात्कार, 14. वाद-विवाद।

6. जन-संचार माध्यमों के आधार पर-1. रेडियो, 2. टेलीविज़न, 3. इण्टरनेट, 4. समाचार-पत्र, 5. पत्रिकाएँ।

रेडियो समाचार-साक्षर-निरक्षर, नेत्रहीन-नेत्रयुक्त सभी को न्यूनतम घटनाओं की जानकारी देने का कार्य रेडियो करता है। कम-से-कम समय में अत्यन्त महत्त्वपूर्ण समाचारों का विश्वसनीयता के साथ प्रसारण करनेवाला रेडियो ही होता है। 15.10 और 5 मिनटों के प्रसारित होनेवाली बुलेटिनों में मुख्य-मुख्य समाचार नपे-तुले शब्दों में पढ़ना पड़ता है। सम्पादक हेडलाइंस तैयार कराता है। देखा जाता है कि सबसे अन्त में तैयार समाचार सबसे पहले सुनाये

जाते हैं। हेडलाइंस में समाचारों का सार-तत्त्व दिया जाता है। सम्पादक के निर्णयानुसार प्राथमिकता के साथ दिन का सर्वाधिक महत्त्वपूर्ण समाचार जिसे 'लीड स्टोरी' कहते हैं, प्रसारित होता है। समाचार-पत्रों के 'कल' और 'बीते समय' के समाचारों के स्थान पर 'आज के' और 'अभी प्राप्त नवीनतम सूचनाओं' की प्रामाणिक जानकारी हेतु रेडियो समाचार ही आधार रह गया है।

टीवी समाचार—दृश्य, ध्वनि और गत के माध्यम से घटना का प्रामाणिक विवरण टीवी समाचार द्वारा ज्ञात होता है। बाढ़, अग्निकाण्ड, विमान-दुर्घटना तथा समारोह के समाचार 'पढ़ने' और 'सुनने' की अपेक्षा 'देखना' अधिक लाभप्रद होता है। टीवी समाचार में कम-से-कम टीका-टिप्पणी के साथ अधिकतम चित्रों का रसास्वाद कराया जाता है।

इण्टरनेट समाचार-सूचना तकनीकी के अधिकाधिक प्रयोग और विशेष रूप से इण्टरनेट के फैलाव के कारण सारी दुनिया के दृष्टिकोण में तेज़ी से बदलाव आ रहा है। इण्टरनेट के विस्तार के साथ ही बड़ी संख्या में पोर्टल और वेबसाइटों पर समाचार और विविध सामग्री दिखायी देती है। समाचार-पत्र की प्रमुख ख़बरें कम्प्यूटर पर इलेक्ट्रॉनिक अख़बार में पढ़ी जा सकती हैं। सूचनाओं के विश्वव्यापी तन्त्र 'इण्टरनेट' ने अब यह सम्भव बना दिया है कि घर बैठे-बैठे विश्व के सभी पाठकों तक पहुँचाने की महत्त्वाकांक्षी योजना का नाम ही 'इलेक्ट्रॉनिक अख़बार है। इसके अन्तर्गत विश्व के समाचार-पत्र, पत्रिकाओं को घर बैठे पढ़ा जा सकता है। इसकी ख़ास विशेषता यह है कि अपनी इच्छा से सूचनाओं को कम्प्यूटर की याददाश्त में दर्ज़ भी किया जा सकता है।'

7. विषय के आधार पर-1. राजनीतिक, आपराधिक, खेल-जगत्, आर्थिक, साहित्यिक, न्यायिक, जन-समस्यात्मक, स्वास्थ्य, विज्ञान और आविष्कार, पर्यावरण, शैक्षिक, सामाजिक समस्याएँ, फ़िल्म और टेलीविज़न।

8. सांस्कृतिक मूल्यों से जुड़ी ख़बरें—1. विकास, 2. फैशन जगत्, 3. सेक्स, 4. भ्रष्टाचार 5. मनोरंजन।

9. समय और कालक्रम के अनुसार—1. प्रातःकाल, 2. मध्याह्नपूर्व, 3. मध्याह्न, 4. सायंकाल, 5. रात्रि।

10. समाचार के आधार पर—(1) सीधा समाचार (Straight News), (2) व्याख्यात्मक समाचार (Interpretative News)।

सीधा समाचार सरल तथा सुस्पष्ट विधि से घटनाओं का सही-सही तथ्यात्मक विवरण है। इसमें तथ्यों को तोड़ा-मरोड़ा नहीं जाता तथा ऐसे समाचारों में आरोप लगाने, निष्कर्ष निकालने एवं सम्मति देने का प्रयास नहीं होता। व्याख्यात्मक समाचारों में घटना की गहरी छानबीन की जाती है, उसे समग्र रूप में उद्घाटित किया जाता है। घटना के परिवेश, पूर्वापर सम्बन्ध तथा उसके वैशिष्ट्य परिणाम को लिखा जाता है ताकि पाठक सरलता से सभी बातें समझ जाय।

12. घटना के आधार पर-1. विशिष्ट समाचार (Special News) 2. व्यापी समाचार (Spraid News) 3. तात्कालिक समाचार (Spot News)

1. विशिष्ट समाचार-जैसे बड़े पैमाने पर दंगा, अपराध, गम्भीर किस्म की डकैती, चोरी या कत्ल, जिसमें क्षेत्र के किसी प्रमुख व्यक्ति की गिरफ़्तारी, आग्नेयास्त्रों के उपयोग, डाक की

लूट आदि की तरह की घटनाएँ हों, विपत्तियाँ, दुर्घटनाएँ जिनमें जनजीवन की क्षति हुई हो, राजनीतिक हलचलों से सम्बन्धित गम्भीर झगड़े आदि।'' चोरी, डकैती, अपहरण, बलात्कार, हत्या, तस्कर-व्यापार, भ्रष्टाचार, चोर-बाज़ारी, घूसखोरी और अनेक समाज-विरोधी घटनाओं से नियमित प्रकाशन की स्पर्द्धा में भारत के पत्र आगे निकल चुके हैं। स्थिति यही है कि 'को बड़ छोट कहत अपराधू।' कुछ पत्र इन अनैतिक समाचारों के सचित्र और विशद विवरण द्वारा पाठकों को सच्चाई के तकाजे के नाम पर दिग्भ्रमित कर रहे हैं। 'न ब्रूयात् सत्यमप्रियम्' पर ध्यान नहीं है। समाज के सबसे बड़े हितैषी समाचार-पत्र सामाजिक अभ्युदय और जनचेतना लाने का कार्य कर रहे हैं।

2. व्यापी समाचार (Spread News)-अधिक समय तक अधिकाधिक व्यक्तियों को प्रभावित करनेवाला समाचार व्यापी कहा जा सकता है। अपने महत्त्व तथा विस्तृत प्रभाव के चलते ऐसे समाचार पूरे पृष्ठ पर छाये रहते हैं, जिनका विस्तार बड़ा होता है। व्यापी समाचार के खण्डन-मण्डन हेतु अन्य समाचारों को भी स्थान दिया जाता है।

3. तात्कालिक समाचार (Spot News)- पूर्वाभासरहित अकस्मात् ही जब घटना घट जाती है तो उससे सम्बद्ध समाचार का विशेष महत्त्व होता है। वे गरमागरम अद्यतन होते हैं। अपनी विशिष्टता के कारण ऐसे समाचार मुख्य पृष्ठ पर प्रमुख स्थान पा जाते हैं। कोई बड़ी दुर्घटना अथवा विश्वविश्रुत नेता के असामयिक निधन सम्बन्धी समाचार इस कोटि में आते हैं।

13. राष्ट्र की सुरक्षा और राजनैतिक गतिविधियों के आधार पर-1. चुनाव, चुनाव में दलील विजय और हार, नयी सरकार का गठन

2. प्रधानमन्त्री, मुख्यमन्त्री, राष्ट्रपति का चुनाव, 3. मन्त्रिमण्डल का गठन, विभागों का वितरण, 4. संसदीय गतिविधियाँ, महत्त्वपूर्ण फैसले और विधेयक, 5. सरकार का पतन, मन्त्रियों के त्यागपत्र और निष्कासन, गृहयुद्ध, सैनिक विद्रोह, 6. सीमा-सुरक्षा और आतंकवाद

7. लोकतन्त्र की स्थापना व राजतन्त्र का पतन, 8. राजनीतिक, आर्थिक एवं सांस्कृतिक समझौते, 9. अन्तरराष्ट्रीय सम्बन्ध, 10. शीतयुद्ध, 11. कूटनीतिक सम्बन्ध और वार्त्ता, 12. युद्ध-घोषणा, सीमा संघर्ष, स्थल एवं जल, सीमान्त की गतिविधियाँ, 13. विमान अपहरण, 14. जासूसी काण्ड, 15. अन्तरराष्ट्रीय व राष्ट्रीय ख्यातिनाम व्यक्ति का अपहरण, हत्या, अपदस्थाता, 16. प्रमुख जासूसी संगठन, 17. कम्यूनिष्ट और ग़ैर-कम्यूनिष्ट देशों की महत्त्वपूर्ण गतिविधियाँ, 18. राष्ट्रसंघ के कार्यकलाप, 19. विश्व स्वास्थ्य संगठन, 20. विदेशी अतिथि, 21. वैज्ञानिक उपलब्धियाँ एवं वैज्ञानिक परीक्षण, 22. दो राष्ट्रों के मध्य सैन्य समझौते एएवं उसके अन्तर्गत अस्त्र-शस्त्र देना, 23. शक्ति सन्तुलन, 24. विदेशी पूँजी बाज़ार, 25. बहुराष्ट्रीय कम्पनियाँ एवं भारत में निवेश, 26. तीसरी दुनिया के देश तथा भारत की भूमिका।

14. सामाजिक अभिरुचि एवं जागरुकता के आधार पर—उपरोक्त प्रकारों के अतिरिक्त सामाजिक अभिरुचि एवं जागरुकता के आधार पर समाचारों का वर्गीकरण किया जा सकता है-

- भाषण, वक्तव्य और विज्ञप्तियाँ- जनतान्त्रिक व्यवस्था में सार्वजनिक कार्यकर्त्ताओं, अधिकारियों के भाषणों, प्रेस वक्तव्यों तथा विज्ञप्तियों का विशेष महत्त्व होता है इनके आधार पर बनाये गये समाचार प्रतिदिन जनमाध्यमों में प्रयुक्त होते हैं।

- असामाजिक तत्त्वों की गतिविधियाँ- बलात्कार, हत्या, मारपीट, अपहरण, छेड़छाड़, चोरी, डकैती, गिरहकटी जुआ, चाकूबाज़ी, फ़ौज़दारी, ज़हरखुरानी, आत्महत्या आदि।
- अदालती गतिविधियाँ- ज़मीन-जायदाद से सम्बन्धित एक ही परिवार के सदस्यों, साझेदारों में मारपीट, महत्त्वपूर्ण मामलों के फैसले, ज़मीन-जायदाद और धोखाधड़ी तथा अपमान के निर्णय। मीसा, डी.आई.आर. और 144 के अन्तर्गत की गयी गिरफ़्तारियाँ और उनके निर्णय। स्थानीय, क्षेत्रीय, प्रान्तीय महत्त्व के मामले तथा निर्णय।
- आर्थिक अपराध- सेलटैक्स, इनकमटैक्स, स्मगलिंग, एक्साइज आदि से सम्बन्धित सनसनीखेज़ घटनाएँ।
- अशान्ति और उपद्रव- साम्प्रदायिकता, जातीयता, प्रान्तीयता, क्षेत्रीयता अथवा राजनैतिक कारणों से प्रेरित लड़ाई-झगड़े, अग्निकाण्ड, तोड़-फोड़ आदि।
- यातायात और मार्ग दुर्घटना- पैदल, साइकिल, रिक्शा, इक्का, ताँगा, स्कूटर, कार, बस, ट्रक, नौका, जलयान और वायुयान सम्बन्धी दुर्घटनाएँ।
- प्राकृतिक दुर्घटना- आँधी, पानी, तूफ़ान, वर्षा, सूखा, जाड़ा, गर्मी, हिमपात, बाढ़, भूकम्प आदि से सम्बन्धित विशेष घटनाओं-दुर्घटनाओं के समाचार।

8. समाचार की प्राप्ति के आधार पर-1. प्रत्याशित, 2. अप्रत्याशित, 3. डाक समाचार

1. प्रत्याशित समाचार-विविध समारोहों, गोष्ठियों, जन-सभाओं, विधानसभा, विधान-परिषद्, लोकसभा और राज्यसभा के ऐसे समाचार जो सुनियोजित ढंग से प्राप्त होते हैं उन्हें प्रत्याशित अथवा डायरीं समाचार कहा जाता है।

2. अप्रत्याशित अथवा आकस्मिक समाचार-अप्रत्याशित समाचार को 'आकस्मिक समाचार' अथवा गर्म समाचार (Hot News) के नाम से भी जाना जाता है। हत्या, ट्रेन-बस दुर्घटना, घोर अव्यवस्था और प्राकृतिक आपदा सम्बन्धी बातें जो आकस्मिक रूप में घट जाती हैं, जो अनपेक्षित होती हैं, 'गर्म समाचार', के अन्तर्गत आती हैं। वास्तव में मानव-जीव की विविधता से ही समाचार की विभिन्नता सम्बद्ध हैं।

3. डाक समाचार-नगरों से दूर स्थित संवाददाता डाक के द्वारा संवाद भेजते हैं जो कुछ विलम्ब से कार्यालय में पहुँचता है। दूरस्थ व्यक्तियों के सुख-दुःख को सुनने, जानने की ललक में पाठक ऐसे समाचार पढ़ना चाहते हैं फलतः सम्पादक ऐसी ख़बरों को बासी होने पर भी समादृत करते हैं। दूर और देर से प्राप्त विविध समाचारों के सम्पादन में भाषा की एकरूपता पर विशेष ध्यान दिया जाता है। किसी घटना के स्थानीय रंग एवं स्थानीय महत्त्व को आँखों से ओझल नहीं किया जा सकता। अपमानजनक समाचार, अनर्गल प्रलाप तथा महीनों बाद समाचार छापना पत्र को हर तरह से संकट में डाल देना होता है।

समाचार का चयन–समाचार के प्रस्तुतीकरण में ख़बरों के चयन का बहुत महत्त्वपूर्ण स्थान होता है। समाचारों के चयन में विश्वसनीयता और तात्कालिकता आवश्यक गुण है। समाचारों के चयन में तथ्यों का विश्लेषण धैर्य, आत्मविश्वास और विवेक के साथ किया जाता है।

1. जनाकर्षण
2. विश्वस्तरीय तथ्य

3. सामाजिक चेतना

4. आवश्यक तात्कालिक तथ्य

5. राष्ट्रहित सूचनाएँ

6. समाचार की प्रकृति

1. जनाकर्षण—समाचार के चयन में जनता की अभिरुचि और आकर्षण का ध्यान रखना बहुत महत्त्वपूर्ण होता है। जनता की पसन्द और न पसन्द रखकर ही समाचारों का प्रकाशन होना चाहिए।

2. विश्वस्तरीय तथ्य—समाचार संकलन में विदेशी समाचार समितियों और विदेशी संवाददाता से विभिन्न विश्वव्यापी ख़बरें एकत्रित की जाती हैं। फिर इन ख़बरों को आवश्यकता एवं महत्ता के अनुरूप चयन किया जाता है।

3. सामाजिक चेतना—अपने देश, सरकार, प्रदेश और नगर के विभिन्न क्षेत्रों की ऐसी ख़बरें जो सामाजिक चेतना पैदा करनेवाली हों उन ख़बरों को प्रमुखता से प्रकाशित किया जाता है।

4. आवश्यक तात्कालिक तथ्य—किसी भी समाचार के प्रकाशन में तात्कालिकता को ध्यान में रखकर ही समाचार प्रकाशित किया जाता है। जब कोई घटना अकस्मात् ही घटित हो जाती है तो उससे सम्बद्ध समाचार का विशेष महत्त्व होता है। समाचार के चयन में तात्कालिकता का गुण विशेष महत्त्वपूर्ण होता है।

5. राष्ट्रहित सूचनाएँ—केन्द्र सरकार का योजनाओं, नीतियों एवं उनकी गतिविधियों से जुड़े समाचार विशेष उल्लेखनीय होते हैं। इन ख़बरों को समाचार-पत्र में प्रमुखता से प्रकासित किया जाता है।

6. समाचार की प्रकृति—समाचार की प्रकृति के आधार पर समाचार का चयन किया जाता है। जैसे—साधारण, असाधारण, महत्त्वपूर्ण और कम महत्त्वपूर्ण समाचार, विश्वव्यापी, समाचार अन्यायपूर्ण घटनाएँ, दुर्घटनाएँ, सार्वजनिक हित के समाचार, ज्ञान-विज्ञान क्षेत्र की प्रगति के समाचार, संशय और रहस्य के समाचार, आर्थिक व सामाजिक विकास से सम्बद्ध समाचार, विभिन्न क्षेत्रों के महत्त्वपूर्ण और ख्याति प्राप्त व्यक्ति से सम्बन्धित समाचारों को प्रमुखता से प्रकाशित करने के लिए चयनित किया जाता है।

समाचार का महत्त्व—समाचार डेस्क पर प्रतिदिन समाचारों का ढेर लगा रहता है, पर समाचार का महत्त्व निधारित कर उसे पत्र में स्थान देने का काम जहाँ उपसम्पादक या डेस्क सम्पादक का है, वहीं संवाददाता का ही प्रारम्भिक कार्य है कि वह समझे कि समाचार का क्या महत्त्व है? समाचार का महत्त्व निर्धारण के लिए अग्रलिखित बिन्दु ध्यान में रखना आवश्यक होता है कि समाचार में -

- मानवीय दृष्टिकोण उभरता हो।
- शीघ्रता से प्रकाशन की अपेक्षा हो।
- तात्कालिकता एवं सामयिकता उभरती हो।
- व्यक्ति विशेष का महत्त्व आम जनता में उभरता हो।

- जनरुचि निहित हो।
- उच्चाधिकारी, जनप्रतिनिधि या महत्त्वपूर्ण व्यक्ति के आचरण-विरुद्ध कार्यकलापों का उल्लेख हो।
- नवीनता और असामान्यता निहित हो।
- वैज्ञानिक आविष्कारों अथवा युवा वैज्ञानिकों के कृतित्व का उल्लेख हो।
- सूचना तकनीक के क्षेत्र में स्थानीय उपलब्धि की सूचना हो।
- अल्प साधनों से जुटाये गये नवीनतम उत्पाद की सूचना हो।
- किसी भी प्रकार की अप्रत्याशित घटना का उल्लेख हो।

समाचार के स्रोत

जिन व्यक्तियों, स्थानों अथवा संगठनों से समाचार के लिए अपेक्षित विचार, घटना या वस्तु की जानकारी प्राप्त होती है उसे 'समाचार-सूत्र' अथवा 'समाचार-स्रोत' (News Source) कहते हैं। कुछ समाचार स्रोत ऐसे होते हैं जिनसे केवल समाचार बनाने की प्रेरणा और एक-दो सहायक तत्त्व ही प्राप्त होते हैं, जबकि कुछ सूत्रों द्वारा पूर्ण समाचार-सामग्री प्राप्त हो जाती है। पत्रकारिता के क्षेत्र में प्रवेश करनेवाले नये संवाददाताओं के सामने सबसे बड़ी समस्या समाचारों के लिए अपेक्षित सूत्रों का पता लगाने की होती है। जब संवाददाता यह ज्ञात कर लेता है कि समाचार में कौन-कौन से गुण होते हैं तो वह धीरे-धीरे अपने अध्ययन, मनन, चिन्तन तथा वरिष्ठ संवाददाताओं के सम्पर्क से 'समाचारों के मूल्य' को समझने का प्रयास करता है। 'समाचार-मूल्य' (News Value) से तात्पर्य यह जानना है कि कौन-सा समाचार कितना अधिक महत्त्वपूर्ण है और उसके लिए अपेक्षित पूरक सूचना-सामग्री किन-किन सूत्रों से मिल सकती है।

समाचार-पत्र-पत्रिकाओं के संवाददाता अपने साथ जेब में रखने के योग्य एक छोटी नोटबुक और पेंसिल शार्पनर हर समय रखते हैं। रेडियो-संवाददाता नोट-बुक पेन्सिल के साथ-साथ अपने साथ टेपरिकार्डर और टेलीविज़न संवाददाता अपने साथ ध्वनि चित्र लेखन। कभी सूत्र-स्थान तक पहुँचने के पूर्व ही कोई बड़ा समाचार अकस्मात् मिल सकता है। यह सच है कि कोई भी समाचार संवाददाता की कल्पनामात्र की ही उपज नहीं हो सकता। किन्तु यह भी सच है कि समाचार मूल्य और समाचार-गुणों को समझने में संवाददाता की कल्पनाशक्ति की हीं विशेष भूमिका होती है। समाचार-सूत्रों को कुछ संवाददाता 'समाचार-स्रोत' भी कहते हैं। इन स्रोतों में एक विशेष प्रकार के व्यावहारिक बुद्धि-विवेक की आवश्यकता होती है। कोई भी संवाददाता चाहे वह कितना ही सक्रिय, बुद्धिमान्, परिश्रमी और प्रभावशाली क्यों न हो, प्रत्येक घटना के समय घटना पर आँखों देखा हाल लिखने के लिए उपस्थित नहीं रह सकता। फलतः उसे कानों-सुने समाचारों को प्राप्त करके उनका सत्यापन करने के लिए दूसरे व्यक्तियों पर निर्भर रहना पड़ता है। इन व्यक्तियों को भी समाचार-सूत्र (News Sources) कहा जा सकता है।

समाचार-प्राप्ति के निम्नलिखित तीन स्रोत हैं-

(1) प्रत्याशित स्रोत- पुलिस स्टेशन, नगरपालिका, अस्पताल, संस्थाएँ, श्मशान, विविध समितियों की बैठकें, संसद् और विधानसभा, पत्रकार सम्मेलन, सार्वजनिक वक्तव्य, संस्थाओं के सम्मेलन एवं विभिन्न सभा-स्थल ये सभी समाचार के प्रत्याशित स्रोत हैं।

(2) पूर्वानुमानित स्रोत—गन्दी बस्तियाँ, शिक्षा-संस्थान, कल-कारख़ाने और कार्यालयों के सन्दर्भ में पहले से अनुमान लगाकर समाचारों को खोज निकाला जा सकता है।

(3) अप्रत्याशित स्रोत—समाचार-चेतना, तर्कशक्ति, अनुभव और दूरदृष्टि के बल पर पत्रकार असंगत एवं अप्रत्याशित घटनाओं से समाचार ढूँढ़ लेते हैं जिसका उदाहरण पत्रकारप्रवर कमलापति त्रिपाठी ने अपनी पुस्तक, 'पत्र और पत्रकार' में दिया है-''कुछ वर्ष की बात है कि काशी के एयरोड्रोम से 'आज' कार्यालय में सम्पादक के नाम टेलीफ़ोन आया।'' 'क्या आप कोई ऐसा प्रबन्ध कर सकते हैं कि मुझे 15-16 गैलन पेट्रोल मिल जाय?'' असंगत प्रश्न से सम्पादक की उत्सुकता उत्तर मिला, 'मैं टाटानगर का हूँ और टाटा के विमान का संचालक हूँ। जमशेदपुर से अपने विमान में पण्डित जवाहरलाल नेहरू को लेकर लखनऊ जा रहा था। अन्धड़ के कारण रास्ता भूल गया और व्यर्थ ही लम्बा चक्कर लगाना पड़ा। इसमें मेरा पेट्रोल खत्म हो गया फलतः यहाँ बनारस में अभी उतरा हूँ। मुझे पेट्रोल की टंकी भर लेनी है और पण्डित जी को लेकर उड़ जाना है। मैं जानता नहीं कि पेट्रोल कहाँ मिलेगा इसलिए आपको टेलीफ़ोन किया है।' सम्पादक ने पेट्रोल का प्रबन्ध किया और असंगत टेलीफ़ोन वार्त्ता से एक अप्रत्याशित समाचार भी प्राप्त कर लिया।

समाचार-समितियाँ

समाचारों के अढ़तिये के रूप में समाचार-समितियों को जाना जा सकता है। सामूहिक रूप से विस्तृत क्षेत्रों के संवादों के संकलन, सम्पादन और प्रसारण की अपेक्षाकृत सस्ती एवं द्रुत व्यवस्था करनेवाली कुछ समाचार-समितियाँ हैं जिनका लक्ष्य होता है कि निष्पक्ष, सर्वतोन्मुखी तथा सत्य समाचार-पत्र और रेडियो को सुलभ करावें। सम्प्रति संसार में पाँच महत्त्वपूर्ण समाचार-समितियाँ हैं। रायटर (ब्रिटेन), ए.पी. (अमेरिका), यू.पी.आई. (अमेरिका), ए.एफ.पी. (फ्रान्स) और तास (सोवियत संघ)। तास सोवियत मन्त्रिपरिषद् के अधीन कार्यरत है। ए.एफ.पी. 1957 से एक स्वशासी संगठन के रूप में काम करता है जिसे सरकार से वार्षिक अनुदान प्राप्त होता है। रॉयटर का संचालन संयुक्त रूप से ब्रिटेन की न्यूज़पेपर पब्लिकेशन्स एसोसिएशन, प्रेस एसोसिएशन, आस्ट्रेलिया के एसोसिएटेड प्रेस और न्यूज़ीलैण्ड की प्रेस एसोसिएटेड करते हैं। रॉयटर प्रति वर्ष चार करोड़ पाउण्ड से भी अधिक मूल्य का समाचार देता है जबकि एसोसिएटेड प्रेस 10 करोड़ डॉलर का।

1935 ई. में फ्रान्स में 'हावास' नाम की संस्था के साथ संसार में समाचार-समितियों की शुरुआत हुई। प्रारम्भ में यह समिति व्यापारियों के लिए बाज़ार भाव दिया करती थी। इसी संस्था के एक कर्मचारी ने 1950 ई. में रायटर आरम्भ की जो लन्दन स्थानान्तरित हुई। अमेरिका में 1848 ई. में ए.पी. का जन्म हुआ जिसे न्यूयार्क के 6 अख़बारों ने मिलकर चलाय। जिसका काम युद्ध के समाचार देना था। रायटर का प्रसार ब्रितानी साम्राज्य के साथ हुआ क्योंकि उसे सर्वत्र सुविधा दी गयी। एक एमय में तो संसार के अन्तरराष्ट्रीय समाचारों पर रायटर का एकाधिकार हो गया था जिसे बाद में ए.पी. ने तोड़ा। दूसरे विश्वयुद्ध में फ्रान्स पर जर्मनी के अधिकार के कारण हावास संस्था संकट में पड़ गयी परन्तु इन दिनों स्थापित भूमिगत एजेन्सियों ने ही ए.एफ.पी. का रूप ले लिया।

भारत में 1990 में श्री केशवचन्द्र राय ने कलकत्ता के स्टेट्समैन और मद्रास के मेल तथा रायटर के मेलजोल से एक संवाद समिति 'एसोसिएटेड प्रेस ऑफ इण्डिया' का गठन किया

परन्तु नौ वर्ष बाद ही यह रायटर के कब्ज़े में आ गयी। तत्पश्चात् एस. सदानन्द नाम के व्यक्ति ने 'फ्री प्रेस ऑफ इण्डिया' शुरू की। 1927 से 1935 तक कार्यरत इस संस्था को बन्द करना पड़ा। 1933 में यूनाइटेड प्रेस ऑफ इण्डिया की स्थापना हुई जो 15 वर्षों तक चली। भारत के स्वतन्त्र होने के साथ 1947 में 'प्रेस ट्रस्ट ऑफ इण्डिया' का गठन हुआ।

प्रमुख अन्तरराष्ट्रीय समाचार-समितियाँ

अरब न्यूज़ एजेन्सी : अरब, तास : रूस, रॉयटर : ग्रेट ब्रिटेन, एसोशिएटेड प्रेस : ग्रेट ब्रिटेन, इण्टरनेशनल न्यूज़ एजेन्सी : संयुक्त राज्य अमेरिका, यूनाइटेड प्रेस इण्टरनेशनल : संयुक्त राज्य अमेरिका, न्यू चाइना न्यूज़ एजेन्सी : चीन, सिन्हुआ : चीन, अन्तरा : इण्डोनेशिया, सेल्फ : चेकोस्लोवाकिया, एजेन्सी फ्रान्स : फ्रान्स, मोण्टसामे : मंगोलिया, क्योदो : जापान, कोरियन सेण्ट्रल न्यूज़ एजेन्सी : उत्तरकोरिया, योनहॉप : दक्षिणकोरिया, वियतनाम न्यूज़ एजेन्सी : वियतनाम, थाइ न्यूज़ एजेन्सी : थाइलैण्ड, फिलिपीन्स न्यूज़ एजेन्सी : फिलीपीन्स, बनीमा : मलेशिया, लंका अपुवाथ : श्रीलंका, बाँग्लादेश न्यूज़ एजेन्सी : बाँग्लादेश, प्रेस ट्रस्ट ऑफ इण्डिया : भारत, यूनाइटेड न्यूज़ ऑफ इण्डिया : भारत, भाषा : भारत, वार्त्ता : भारत, समाचार भारती : भारत, हिन्दुस्तान समाचार : भारत, पंजाबी समाचार सेवा : भारत, इरना : ईरान, बख्तर : अफ़गानिस्तान, अनाडोलू : टर्की,

भारत में समाचार-समितियाँ और उनकी स्थिति

1905 ई. में एक समाचार-समिति की स्थापना की थी। **समिति का नाम रखा गया, 'एसोसिएटेड प्रेस ऑफ इण्डिया' (Associated Press of India : A.P.I.)**। समिति की स्थापना तत्कालीन प्रतिष्ठित पत्रकार केशवचन्द्र राय का सक्रिय सहयोग प्राप्त हुआ था। यह **'प्रथम भारतीय समाचार-समिति' है।**

केशवचन्द्र राय ने ऊषानाथ सेन के सहयोग से 'प्रेस समाचार ब्यूरो (Press News Bureau: P.N.B.)' नामक एक समाचार-समिति स्थापित कर दी थी।

भारत में समाचार सम्प्रति समितियाँ निम्नलिखित हैं—

- प्रेस ट्रस्ट ऑफ इण्डिया (Press Trust of India : P.T.I.) अंग्रेज़ी माध्यम
- यूनाइटेड न्यूज़ ऑफ इण्डिया (United News of India : U.N.I.) अंग्रेज़ी-माध्यम
- हिन्दुस्तान समाचार (हि. स.) हिन्दी-माध्यम
- समाचार भारती (स. भा.) हिन्दी-माध्यम
- यूनीवार्त्ता (वार्त्ता) : हिन्दी-माध्यम

प्रेस ट्रस्ट ऑफ इण्डिया

27 अगस्त, 1974 ई. को प्रतिष्ठित भारतीय क्रान्तिदर्शी लौह-पुरुष सरदार वल्लभ भाई पटेल की पहल पर 'प्रेस ट्रस्ट ऑफ इण्डिया (P.T.I.)' का अस्तित्व उभरा था। सितम्बर 1948 ई. में सरदार वल्लभभाई पटेल की सलाह पर 'रॉयटर' से एक समझौता किया गया था, जिसके तहत 'रॉयटर' के अधीनस्थ 'एसोसिएटेड प्रेस ऑफ इण्डिया' को भारतीय समाचार-पत्रों के स्वामियों ने ख़रीद लिया था। प्रारम्भ में, इस समिति का स्वरूप 'एसोसिएटेड प्रेस ऑफ इण्डिया' का था। 1949 ई. में 'रॉयटर के साथ एक समझौता हुआ था।' 1 फरवरी, 1949 ई. से 'प्रेस

ट्रस्ट ऑफ इण्डिया' ने अपना काम करना आरम्भ कर दिया था। धीरे-धीरे, इस समिति ने अपनी जड़ें जमानी शुरू कर दी थीं और एक समय ऐसा आया, जब भारत ही नहीं, समूचे एशिया महाद्वीप में इसका अस्तित्व विस्तार और गहराई पाता गया।

'प्रेस ट्रस्ट ऑफ इण्डिया' सर्वाधिक प्रतिष्ठित भारतीय समाचार-समिति है। सम्प्रति इस समाचार-समिति के 11 विदेशी क्षेत्रीय कार्यालय हैं, जहाँ अनेक संवाददाता कार्य करते हैं। यह समिति विभिन्न विषयों पर पृष्ठभूमि (पत्रिकानुमा) भी तैयार कर अनुबन्धित पत्र-पत्रिकाओं को प्रेषित करती थी। संयुक्त राष्ट्र संघ, मॉस्को, न्यूयॉर्क, बीजिंग, इस्लामाबाद, ढाका, नैरोबी, लन्दन, क्वालालम्पुर, कोलम्बो, काठमाण्डू इत्यादि स्थानों पर इस समिति के क्षेत्रीय कार्यालय है।

आज भी इस समिति के 'रॉयटर' के साथ अन्तरंग सम्बन्ध हैं। जहाँ 'रॉयटर' समिति 'पी. टी. आई.' को अन्तरराष्ट्रीय समाचार सम्प्रेषित करती है वहीं पी. टी. आई. समिति 'रॉयटर' को भारतीय गतिविधियों के समाचार देती है। इस भारतीय समाचार-समिति की समूचे भारत में 120 शाखा-कार्यालय हैं। वे कार्यालय 90,000 किलोमीटर लम्बी दूरमुद्रक लाइन से जुड़े हुए हैं। इनके अरिरिक्त 32 देशों की राजधानियों में पी. टी. आई. के संवाददात नियुक्त हैं।

एक नयी अंग्रेज़ी-समाचार-समिति बनायी गयी थी। उसका नाम था, यूनाइटेड न्यूज़ ऑफ इण्डिया' 10 नवम्बर, 1959 ई. को इस समाचार-समित का पंजीकरण हुआ था। 'यूनाइटेड प्रेस ऑफ इण्डिया' के खाली पड़े दूरमुद्रक यन्त्रों पर इसका कार्य होने लगा था। 21 मार्च, 1961 ई. से इस समाचार-समिति ने अपना काम शुरू कर दिया था।

इस समाचर-समिति का ध्येय-वाक्य है, ''सच्ची ख़बरें और आपकी भाषा में ख़बरें।''

अपनी स्थापना के प्रथम दिन 'यूनाइटेड न्यूज़ ऑफ इण्डिया' ने मात्र दो समाचार प्रसारित किये थे। स्थापना के प्रथम वर्ष में इसके द्वारा अनुबन्धित समाचार-पत्रों की कुल संख्या 13 थी। वर्तमान में 14 भाषाओं के लगभग हज़ारों समाचार-पत्र-पत्रिकाएँ इसके द्वारा अनुबन्धित हैं। 500 स्थानों पर इसके संवाददाता कार्य कर रहे हैं।

पत्र सूचना कार्यालय (Press Information Bureau)—पत्र सूचना कार्यालय (पी. आई. बी.) भारत सरकार की एक अग्रणी एजेन्सी है, जो लेख-माध्यमों और इलेक्ट्रॉनिक माध्यमों को सरकार की नीतियों, कार्यक्रमों और उपलब्धियों के बारे में सूचनाएँ प्रेषित करती है। इसका कार्य प्रमुखतः मीडिया और सरकार के बीच सेतु का काम करना है। यह कार्यालय सरकार को संचार माध्यमों में प्रकाशित/प्रसारित सरकार से सम्बन्धित समाचारों और विचारों से भी अवगत कराता है। देशभर में इसके आठ क्षेत्रीय कार्यालय तथा 32 शाखा कार्यालय एवं सूचना केन्द्र है। सूचनाओं और समाचारों के सम्प्रेषण के लिए यह संचार के विभिन्न साधनों का उपयोग करता है। कार्यालय प्रेस विज्ञप्तियों, प्रेस नोट, फ़ीचर लेख, सन्दर्भ-सामग्रियाँ आदि समाचार-माध्यमों को उपलब्ध कराता है। इसके अलावा प्रेस ब्रीफिंग, भेंटवार्त्ताओं, संवाददाता सम्मेलनों तथा प्रेस-भ्रमण के कार्यक्रमों के आयोजन का दायित्व भी पत्र सूचना कार्यालय का है। साथ ही, संवाददाताओं को संवाद संकलन की सुविधाएँ मुहैया कराना, उन्हें मान्यता प्रदान करना आदि भी इसके कार्यों में शामिल है। यह कार्यालय केन्द्र सरकार की समस्त आधिकारिक गतिविधियों की सूचनाएँ संचार माध्यमों को उपलब्ध कराने की ज़िम्मेदारी निभाता है। कार्यालय हिन्दी, अंग्रेज़ी और उर्दू सहित देश की विभिन्न तेरह भाषाओं में देश भर के सात हज़ार समाचार-पत्रों

और समाचार माध्यमों को सूचना-सामग्री उपलब्ध कराता है।

पत्र सूचना कार्यालय का मुखिया प्रधान सूचना अधिकारी (Principal Information Officer) व भारत सरकार का विशेष सचिव (प्रेस) होता है। सरकार द्वारा चलायी जा रही विभिन्न कल्याणकारी नीतियों, गतिविधियों और योजनाओं की जानकारी देने के लिए पत्र सूचना कार्यालय संचार के परम्परागत एवं अत्याधुनिक साधनों का प्रयोग करता है। डाक, एअरमेल, फैक्स, ई-मेल तथा कार्यालय के अपने इलेक्ट्रॉनिक नेटवर्क के माध्यम से सूचनाएँ संचार माध्यमों तक पहुँचायी जाती हैं। पी. आंई. बी. की अपनी एक वेब साइट भी है, www.pib.nic.in इस वेबसाइट पर केन्द्र सरकार की गतिविधियों से सम्बन्धित समाचार, फ़ीचर, लेख, सन्दर्भ-सामग्री तथा फ़ोटोग्राफ़ उपलब्ध रहते हैं। देश-विदेश में कहीं भी इन सूचनाओं/फ़ोटोग्राफ़ को डाउनलोड किया जा सकता है। पी. आई. बी. के 22 क्षेत्रीय केन्द्र दिल्ली मुख्यालय से वीडियो कान्फ्रेन्सिंग सिस्टम से जुड़े हैं। इस तन्त्र के माध्यम से देश के इन क्षेत्रों के संवाददाता मुख्यालय में चल रही प्रेस कान्फ्रेंस में भाग ले सकते हैं। और प्रश्न पूछ सकते हैं।

पत्र सूचना कार्यालय का दूसरा प्रमुख कार्य संचार माध्यमों में प्रकाशित/प्रसारित जन-प्रतिक्रिया, सरकारी नीतियों और कार्यक्रमों के बारे में मीडिया में की गयी टीका-टिप्पणियों, सम्पादकीय में सरकार के पक्ष/विपक्ष में व्यक्त किये गये विचारों को संकलित करके उसके बारे में सरकार को सूचित करना है। इसके लिए पत्र सूचना कार्यालय में एक अलग 'फीडबैक-सेल' है। यह सेल देश भर में संचार माध्यमों में प्रकाशित/प्रसारित सरकार की नीतियों और कार्यक्रमों पर जन-प्रतिक्रियाओं से सम्बन्धित समाचारों, सूचनाओं, सम्पादकीय व अन्य सामग्री का संकलन करता है। पत्र सूचना कार्यालय को प्राप्त फीडबैक सम्बन्धित मन्त्रालयों और विभागों को भेजा जाता है, जिससे वे जनता की प्रतिक्रिया से अवगत हो सकें।

फ़ोटो प्रभाग
(Photo Division)

प्रेस रिलीज सरल तथा सुस्पष्ट लिखित सूचना या समाचार से सम्बद्ध वह अभिलेख है जिसे पत्रों को छापने के लिए दिया जाता है। शासकीय समाचारों से सम्बन्धित प्रेस रिलीज चार प्रकार के होते हैं-

(1) प्रेस कम्यूनिक्स (Press Communiques)—शासन के अति महत्त्वपूर्ण निर्णय जैसे मन्त्रिमण्डल का हेर-फेर, विदेशी राज्याध्यक्षों के साथ हुए समझौतों और अन्य विशिष्ट मसलों पर प्रेस कम्यूनिक्स जारी होते हैं। इस प्रकार के समाचार में औपचारिकता अधिक होती है। प्रेस रिलीज़ के बायें और सबसे नीचे कोने पर सम्बन्धित विभाग का नाम, स्थान और दिनांक लिख रहता है। विशेष सम्पादन की इसमें आवश्यकता नहीं होती। शीर्षक और उपशीर्षक भी नहीं दिया जाता।

(2) प्रेस नोट्स (Press Notes)—प्रेस कम्यूनिक्स की अपेक्षा यह काम औपचारिक होता है। कराधान सम्बन्धी परिवर्तन, रेल भाड़ा अथवा ब्याज दर में वृद्धि से सम्बन्धित प्रमुख शासकीय मसलों पर इसे जारी किया जाता है। इसे सम्पादक घटा-बढ़ा सकता है तथा शीर्षक उपशीर्षक देकर छापा जा सकता है। प्रेस इन्फॉर्मेशन ब्यूरो की कोई जवाबदेही प्रेस कम्यूनिक्स और प्रेस नोट्स के प्रति नहीं होती।

(3) **हैण्ड-आउट (Hand-out)**—दिन-प्रतिदिन के विविध विषयों, मन्त्रालयों के क्रिया-कलाप, प्रमुख राजपुरुषों के भाषण और संसद् के प्रश्नोत्तर आदि मसलों पर हैण्ड-आउट जारी किये जाते हैं। इसे शासन के अधिकृत प्रवक्ता द्वारा नहीं निर्गत किया जाता है अपितु प्रेस इन्फॉर्मेशन ब्यूरो या अन्य किसी रिलीजिंग एजेन्सी द्वारा किया जाता है। इसे सुसम्पादित कर शीर्षक और उपशीर्षक से सुशोभित किया जाता है।

(4) **अनऑफिसियल हैण्ड-आउट (Unofficial Hand-out)**—मौखिक वक्तव्यों के पूरक के रूप में इसे निर्गत किया जाता है। इस प्रकार किसी रिलीजिंग एजेन्सी का नाम नहीं रहता। हैण्ड-आउट को सामयिक, सरल, सारगर्भित होना चाहिए।

(5) **नॉन न्यूज़ रिलीजेज (Non-News Releases)**—सरकार अथवा किसी संगठन के विषय में स्वस्थ जनमत के निर्माण हेतु व्यक्तित्व-चर्चा, फ़ीचर, न्यूज़ लेटर, संशोधन सम्बन्धी प्रपत्र जारी किये जाते हैं।

अन्य स्रोत

उपरोक्त वर्णित स्रोतों के अतिरिक्त स्थानीय समाचारों के अलग स्रोत हैं जो समाचार-पत्र के लिए अति महत्त्वपूर्ण होते हैं। अंग्रेज़ी की अपेक्षा हिन्दी समाचार-पत्रों के स्थानीय संवाददाता या विभिन्न जनपदों और क्षेत्रों में नियुक्त संवाददाता अभी बहुत-कम स्रोतों से समाचार-दोहन कर पाते हैं। सामान्यतः प्रत्येक नगर या जनपद के निम्नलिखित सूत्रों से समाचार प्राप्त किये जा सकते हैं।

राजनीतिक दल के नेता, राजनीतिक दलों के कार्यालय, पुलिस के थाने-चौकियाँ, चिकित्सालय, न्यायालय परिसर, महापालिका और उसके अनुविभाग, न्यायालय, पालिका-कार्यालय और सदस्य, अग्निशामक दस्ता, स्कूल-कॉलेज, क्लब, आर्थिक संगठन, सामाजिक संस्थाएँ, साहित्यिक संस्थाएँ, धार्मिक संस्थाएँ, हवाई अड्डा, बस स्टेशन, रेलवे स्टेशन, विभिन्न उद्योगों के श्रमिक संगठन, कर्मचारी संगठन, जिला सूचना कार्यालय, शिक्षक संघ, बार एसोशिएशन, चार्टर्ड एकाउण्टेण्ट्स एसोसिएशन, सरकारी, अर्द्ध सरकारी तथा ग़ैर सरकारी जन सम्पर्क अधिकारी, पुलिस अधिकारी, शव परीक्षा केन्द्र, नाइट क्लब, काफ़ी हाउस, जलपान गृह, युवक संगठन, महिला संगठन, विद्यार्थी यूनियन, जिला जेल, हवालात, विश्वविद्यालय, सेण्ट्रल एक्साइज और कस्टम, इनकम टैक्स कार्यालय, सेल्सटैक्स कार्यालय, सेवा समितियाँ, चेम्बर ऑफ कामर्स, मेडिकल एसोसिएशन और पदाधिकारी, विभिन्न उद्योगों-व्यवसायों के संगठन और उनके पदाधिकारी, रोटरी क्लब, लायन क्लब, लियो क्लब, लाज, धर्मशालाएँ, मुसाफ़िरख़ाने, अनाथालय, महिला आश्रम, भूतपूर्व तथा वर्तमान एम.पी., एम.एल.ए., एम.एल.सी., कारपोरेटर, म्युनिसिपल कमिश्नर, चेयरमैन, जिला बोर्ड के सभासद, अध्यक्ष आदि, श्रमिक नेता, भ्रष्टाचार विरोधी संगठन, युवक छात्र नेता, वैज्ञानिक प्रयोगशालाएँ, लोकसभा, राज्यसभा, विधानसभा, विधान-परिषद्, सभा, सम्मेलन, सार्वजनिक कार्यक्रम, जिला परिषद्, नोटीफाइड एरिया कार्यालय और सदस्य, टाउन एरिया कार्यालय और सदस्य, विकास खण्ड, ग्राम सभा, ग्राम पंचायत, जिला नियोजन कार्यालय, जिलाधीश, अतिरिक्त जिलाधीश, जिला स्वास्थ्य अधिकारी, तहसीलदार, जिला उद्योग कार्यालय, उद्योग कार्यालय, स्वास्थ्य निदेशालय, जिला विद्यालय निरीक्षक, जिलापूर्ति कार्यालय, प्रेस नोट, समाचार बुलेटिन, पत्रक (हैण्ड आउट्स), श्रमिक संगठन, पर्यटन

कार्यालय, बन्दरगाह, प्रमुख व्यवसायी/उद्योगपति, वकील, बाज़ार, बैंक, वित्तीय और औद्योगिक निगम।

अनुवर्तन (Follow-up)—एक दिन पूर्व प्रकाशित हो चुके किसी समाचार के आधार पर उसी समाचार से सम्बन्धित और नये तथ्यों को प्राप्त करने के प्रयास को अनुवर्तन (Follow-up) कहते हैं। अनुवर्तन शब्द का शाब्दिक अर्थ होता है-पीला करना। यह अनुवर्तन कार्य संवाददाता के लिए इतना आवश्यक होता है कि इसकी उपेक्षा नहीं की जा सकती। पूर्व प्रकाशित समाचार भेजने की जल्दी या अपूर्ण जानकारी की स्थिति में लिखे जाने के कारण भी निर्बल या महत्त्वहीन-सा हो सकता है। घटना के घटित होने के बाद कभी-कभी वास्तविक कारणों तथा तथ्यों को एकत्रित करना सम्भव नहीं हो पाता। इसलिए अनुवर्तन से जो समाचार बनता है वह पूर्व प्रकाशित उसी घटना या विषयवस्तु से संयन्त्रित समाचार से अधिक रोचक और महत्त्वपूर्ण हो सकता है।

समाचारों का पीछा करना संवाददाताओं का मुख्य कार्य है जिससे पत्र की प्रतिष्ठा बढ़ती है। गत दिवस के समाचारों की अगली और नवीन सूचना-प्राप्ति की प्रक्रिया को समाचारों का अनुवर्तन कहा जाता है। प्रभावकारी ढंग से तथ्यों का अन्वेषण एवं उनका उद्घाटन करनेवाला पत्र लोकप्रिय होता है और जन-सेवा भी अधिक करता है। 'आज' ने 'चौरी-चौरा काण्ड' को लगभग एक वर्ष तक लगातार प्रकाशित कर समाचारों के अनुवर्तन का अच्छा उदाहरण प्रस्तुत किया। सन् 1922 ई. में 'आज' के पन्नों में चौरी-चौरा काण्ड पीड़ितों की व्यथा-कथा, गवाही की प्रक्रिया तथा दण्डित व्यक्तियों की सूची देखी जा सकती है।

प्रतिवर्ष वार्षिक बजट प्रस्तुत करने के एक माह पूर्व और उसके एक माह बाद तक नये करों की सम्भावना और बाज़ार में क़ीमतों की स्थिति से सम्बन्धित समाचारों का अनुवर्तन लोक-कल्याणकारी होता है। बाढ़, सूखा-जैसी प्राकृतिक आपदा के समय समाचारों का फॉलो-अप पत्र-पाठकों की जिज्ञासा को शान्त करता है।

अनुवर्तन के लिए मूल समाचार सूत्र सामान्यतः समाचार-पत्रों को ही माना जाता है। किन्तु यदि कोई संवाददाता चाहे तो अन्य सूत्रों को भी अनुवर्तन का आधार बना सकता है। जिस प्रकार दैनिक तथा साप्ताहिक पत्र-पत्रिकाओं को पढ़कर समाचार अनुवर्तन की प्रेरणा मिल सकती है। उसी प्रकार रेडियो और टेलीविज़न समाचारों को सुनकर भी अनुवर्तन किया जा सकता है। समसामयिक विषयों पर प्रकाशित पुस्तकों, 'अफवाहों', राजनीतिक क्षेत्रों में चलनेवाली चर्चाओं, समसामयिक विज्ञापनों आदि से सभी अनुवर्तन समाचार बन सकते हैं। कुछ घटनाएँ-बड़ी-बड़ी रहस्यपूर्ण हत्याएँ, अपहरण, 'सेक्स-स्केण्डल' आदि। ऐसी हो सकती हैं जो स्वयं प्रेरक सूत्र होती हैं। जिस समाचार के प्रति पाठकों के मन में विशेष उत्सुकता या जिज्ञासा का भाव हो उसे तब तक अनुवर्तित करना चाहिए जब तक कि रोचकता या महत्त्व समाप्त न हो जाय। इस रोचकता के कारण ही बड़ी-बड़ी घटनाओं के अनुवर्तन कई-कई दिनों, सप्ताहों तथा महीनों लगातार क्रमबद्ध ढंग से चलाये जाते हैं। इन अनुवर्तन समाचारों को लेखन शैली भी ऐसे अपनाना आवश्यक होता है जिससे घटना का क्रमिक विकास हो और पढ़नेवाले के मन में अन्य का अनुवर्तन पढ़ने की भी उत्सुकता और जिज्ञासा बनी रहे। कुछ अनुभवी संवाददाता बड़े-बड़े अपने कथानक का क्रमिक विकास करते समय पाठक की रुचियों और

जिज्ञासाओं का उतना ही ध्यान रखता है जितना मनोवैज्ञानिक और सक्षम जासूस रख सकता है।

संवाददाता-अर्थ, महत्त्व

समाचारों से सम्बन्धित जन माध्यमों-दैनिक तथा साप्ताहिक समाचार-पत्र-पत्रिकाओं, समाचार और फ़ीचर एजेन्सियों, रेडियो, टेलीविज़न आदि के लिए समाचार संकलित करके भेजनेवालों को संवाददाता कहते हैं। संवाददाताओं का काम कार्यालय से बाहर ही होता है। किसी-किसी समाचार-कक्ष का मुख्य संवाददाता भी विशेष घटनाओं तथा कार्यक्रमों की रिपोर्टिंग के लिए कार्यालय से बाहर जाता है। सामान्य रूप से मुख्य संवाददाता कार्यालय में ही रहकर अपने सहयोगी संवाददाताओं के लिए कार्य निर्धारित करता है। जो संवाददाता स्थानीय समाचारों की रिपोर्टिंग के लिए नियुक्त किये जाते हैं उन्हें नगर संवाददाता (City Reporter) और जो बाहर रहकर डाक-तार या टेलीफ़ोन से अपने कार्यालय को समाचार भेजते हैं उन्हें संवाददाता (Correspondent) कहते हैं। जो संवाददाता अपने कार्यालय में नियमित वेतनभोगी कर्मचारी न होते हुए भी समाचार भेजते हैं उन्हें अंशकालिक संवाददाता (Part time Correspondent) या सन्देश वाहक कहते हैं। ये कई-कई समाचार-पत्रों को समाचार भेजते हैं जिसके रिटेनर (Retainer) के रूप में प्रति समाचार या कॉलम की दर से इन्हें पारिश्रमिक दिया जाता है।

समाचार प्रधान जनमाध्यम के संवाददाताओं की भी विशेष महत्त्वपूर्ण भूमिका होती है। जिस जनमाध्यम में जितने विशिष्ट संवाददाता होते हैं उस जनमाध्यम की उतनी ही अधिक लोकप्रियता होती है। संवाददाता का सीधा सम्पर्क जनता के विभिन्न वर्गों के साथ होता है इसलिए कार्यालयों की परिधि में काम करनेवाले पत्रकारों की तुलना में संवाददाता को अधिक महत्त्व प्राप्त रहता है। कार्यालयों में काम करनेवाले पत्रकारों के प्रतिदिन के कार्य की एक समय सीमा होती है। उसी समय सीमा में रहकर वे अपना कार्य करते हैं और प्रायः तनाव से मुक्त रहते हैं किन्तु कार्यालय के बाहर रहकर समाचार संकलन करनेवाले संवाददाता को रात-दिन के चौबीसों घण्टों अपने कर्त्तव्य के प्रति जागरूक रहना पड़ता है। जिस प्रकार पुलिस के सिपाही और सेना के जवान हर समय अपने कर्त्तव्य स्थल पर जाने के लिए कमर कसे तैयार रहते हैं, उसी प्रकार जन माध्यमों के संवाददाता भी हर समय, प्रत्येक दशा में अपने कर्त्तव्य पथ पर चलने के लिए तैयार रहते हैं। पत्रकार मोरिस फेगेंस के अनुसार संवाददाता का कार्य समाचार को शीघ्रता से एकत्र करना, स्पष्टता के साथ व्याख्या (Interpret) करना तथा शुद्धता (Accuracy) के साथ उसे समझ में आने या जानने योग्य बनाना है। संवाददाता का समस्त क्रिया-कलाप इन्हीं तीन मुख्य स्तम्भों पर आधारित होता है। यह कार्य इतना सरल नहीं होता जैसा कि ऊपर से दिखायी देता है। संवाददाता को एक जासूस के समान अच्छे गुणों की आवश्यकता पड़ती है तथा एक मनोवैज्ञानिक के गुणों की भी आवश्यकता पड़ती है जिससे कि वह मनुष्यों से मिलकर उससे सार तत्त्व निकाल सके और उसमें एक विधिवेत्ता के गुणों का होना भी अनिवार्य है, जिससे कि तथ्यों से तर्कपूर्ण अनुमान निकल सके। संवाददाता प्रतिभा से अपने में कुछ विशेष विचार प्रक्रियाओं का विकास करता है। मोरिस फेगेस ने नये संवाददाताओं को सावधान करते हुए आगे यह भी कहा है कि वे अपने मूलभूत कच्चे माल (समाचार) के महत्त्व को समझने का प्रयास करें, क्योंकि इसके बिना एक 'अफवाह' भी 'दंगे' का रूप धारण कर लेती है। इसके

साथ ही भ्रम, अनिश्चितता तथा ख़राबी भी उत्पन्न हो सकती है। अकुशल हाथों में तो यह समाचार डाइनामाइट से भी ज़्यादा ख़तरनाक हो सकता है।

संवाददाता की योग्यताएँ

एक अच्छे संवाददाता में समाचार सूँघने की क्षमता (A Nose for News) होनी चाहिए। भावनाओं, व्यक्तिगत/जातिगत/साम्प्रदायिक दुराग्रहों को पर रखकर रिर्पोटिंग करने की क्षमता हो और वह तनाव व उत्तेजना के क्षणों में अपना धैर्य बरक़रार रख सके। उसे समसामयिक घटनाओं की अद्यतन जानकारी हो एवं विश्लेषण की क्षमता हो। उसे समाज/समुदाय-विशेष की रुचियों की जानकारी हो, स्टोरी के पाठकों पर पड़नेवाले प्रभाव की जानकारी हो और स्टोरी को पाठकों की रुचियों के अनुरूप विकसित करने की क्षमता हो। वह शुद्धता और निष्पक्षता का पक्षधर हो और दबाव में भी तेज़ी वा शुद्धता के साथ कार्य करने की शारीरिक योग्यता हो। क़ानूनों विशेषकर प्रेस क़ानूनों के बारे में जानकारी हो। संवाददाता को अपनी आँख व कान खुले रखने चाहिए। महत्त्वपूर्ण बातों को नोट करना, सूचनाओं को खोजना, प्रश्न पूछना, सूचनाओं की जाँच एवं पुष्टि करना एवं अपनी तर्कशक्ति के आधार पर प्राप्त सूचनाओं का उचित विश्लेषण एवं व्याख्या करनी चाहिए। एक कुशल संवाददाता में निम्नलिखित गुणों का होना आवश्यक है-

समाचार ज्ञान—संवाददाता की समाचार ज्ञान पहली अर्हता है। क्योंकि बिना समाचार ज्ञान के समाचार की गहराई में जाना सम्भव नहीं है। समाचार व विज्ञापन का फ़र्क भी अच्छी तरह से संवाददाता को मालूम होना चाहिए। पत्रकारिता की इस अर्हता के बिना कोई संवाददाता अपने लक्ष्य में सफल नहीं हो सकता। प्रतिभा के साथ अनुभव होना बहुत महत्त्वपूर्ण बात है। समाचार के वर्गीकरण की पहचान होनी चाहिए। समाचार के महत्त्व के अनुसार प्रिण्ट मीडिया में स्थान निर्धारित करना चाहिए। सफल संवाददाता वही है जो सैकड़ों समाचारों में से पाठक की रुचि के अनुसार समाचार निकालकर सम्प्रेषित कर सके। संवाददाता को समाचार संकलन करने से पहले समाचार-स्रोतों का पता होना अनिवार्य है।

जिज्ञासु—सतर्कता ही संवाददाता की अस्मिता की प्रमुख रक्षक है। संवाददाता के पग-पग में काँटे बिछे हुए होते हैं ज़रूरत है उन पर सम्भलकर चलने की। थोड़ी-सी असावधानी से समाचार-पत्र को बहुत ही नुकसान हो सकता है अपने व्यक्तित्व पर प्रश्नचिह्न लग सकता है। इसलिए संवाददाता को हर समय सतर्क, सावधान एवं स्फूर्तिमान् होना चाहिए। अतः कुल मिलाकर यही कहना उचित है कि उसे बिल्ली के समान चतुर और शेर के समान सतर्क होना चाहिए।

दूरदृष्टि—संवाददाता की दूरदृष्टि ही एक अर्हता है जो उसे त्रिकालदर्शी बना देती है। यानी भूत, वर्तमान एवं भविष्य का आकलन करना सिखाती है। संवाददाता दूर की बात सोच सकता है, घटना के गर्भ में जाकर उसके परिणाम एवं मूल्यांकन को पकड़ सकता है। इस अर्हता से संवाददाता स्वयं समाचार का स्रोत बन सकता है। किसी घटना के महत्त्व को दूरदृष्टि के आधार पर परखा जा सकता है।

स्पष्टवादिता—पत्रकारिता एक मिशन है, इसलिए संवाददाता को स्पष्टवादी होना अति आवश्यक है। संवाददाता सत्य को निर्भीकता से प्रेषित करता है तो वह अपने व अपने व्यवसाय

के प्रति न्याय कर पाता है। अपने पाठकों का विश्वास जीत सकता है। पाठकों की संख्या बढ़ा सकता है। उसका सामाजिक सरोकर का दायरा बढ़ सकता है। स्पष्टवादिता संवाददाता का प्रमुख गुण है। इससे वह सच्चाई को उगलवा सकता है। यदि उसने सच्चाई को गोलमोल करके प्रस्तुत किया तो पाठकों का विश्वास टूट जायगा। वर्तमान समाज में हर व्यक्ति अपनी महत्ता एवं विश्वसनीयता को प्रदर्शित करने के लिए मीडिया का सहारा लेता है। वह संवाददाता को प्रलोभन भी देता है। किन्तु संवाददाता को प्रलोभन त्याग करके सत्यता का साथ देना चाहिए। तभी उसकी लेखनी में स्पष्टता आयेगी। संवाददाता किसी राजनीतिक दल/संगठन से जुड़ा हो सकता है। समाचार का सम्बन्ध इनसे हो सकता है और रिश्तेदार, मित्र से भी इसलिए उसे व्यक्तिवाद से हटकर अपने व्यवसाय की तरफ कार्य करना चाहिए।

गतिशीलता—संवाददाता जितना अधिक गतिशील होगा उतना ही वह अपने रचना-कर्म में सफल होगा। ख़बर की सूचना मिलते ही उसकी खोज में निकल पड़ना संवाददाता की प्रमुख अर्हता मानी जाती है। आलस्य का इस तकनीक में कोई स्थान नहीं होता। इसका ध्यान बगुले की तरह समाचार पर रहना चाहिए। सही अर्थ में गतिशीलता ही संवाददाता की सफलता की कुंजी है।

संशयालु—संवाददाता संशयालु प्रवृत्ति का होना चाहिए। संशय ही समाचार की कसौटी है। यह बात सही है कि विज्ञापनी युग में हर व्यक्ति चालाक होता है। वह व्यक्तिगत स्वार्थ के लिए संवाददाता का हर तरह से दुरुपयोग करने की कोशिश करता है। संशय ही उसको चालाक आदमी के चंगुल से बचाती है। कभी-कभी उसे विश्वसनीय सूत्र भी ग़लत सूचना दे देते हैं। यानी राजनीतिक दल/सामाजिक संगठन/व्यावसायिक लोग ग़लत तथ्यों को पेश करके भ्रमित करने की कोशिश करते हैं। इसलिए उसे हर समय, हर पल, हर व्यक्ति को, हर सूचना को संशय की दृष्टि से देखना चाहिए।

निर्भयता—निर्भीक संवाददाता ही समाज व राष्ट्र का हितैषी हो सकता है। अपने व्यवसाय के प्रति सच्चा वफ़ादार हो सकता है। समाज, राष्ट्र व व्यवसाय हित के लिए अच्छा समाचार प्राप्त करने के लिए वह अपनी जान को जोखिम में डाल सकता है। संवाददाता को न तो किसी से डरना चाहिए और न ही झुकना चाहिए। उसे हमेशा समाज व राष्ट्रहित में कार्य करना चाहिए।

व्यक्तित्व की कुशलता—संवाददाता पत्रकारिता में एक ऐसा व्यक्ति होता है जिसे मन्त्री-संत्री से लेकर छोटे-बड़े अधिकारी एवं संवेदनशील व्यक्तियों से संवाद स्थापित करने पड़ते हैं, इसलिए इसका व्यक्तित्व मुखर होना चाहिए। दब्बू क़िस्म का व्यक्ति एक कुशल संवाददाता कभी नहीं बन सकता। वाक्पटु होना इसका दूसरा गुण माना जाता है।

व्यवहारकुशलता—संवाददाता को अपने कार्य में दक्ष होने के साथ-साथ व्यवहारकुशल होना चाहिए। बड़ों के प्रति मान-सम्मान, राहगीरों के साथ भाईचारा एवं छोटों के साथ स्नेह का भाव रखना चाहिए। जहाँ मानवीय संवेदनाओं की प्रतिष्ठा होती है वहीं सामाजिकता की दृष्टि में व्यवहारकुशलता का बड़ा महत्त्व है। संवाददाता का व्यवहार ही उसकी फ़ोटोकॉपी होता है। सच्चाई को उगलवाना व्यवहारकुशलता का दूसरा सूत्र है।

अनुशासनात्मकता—वैसे तो अनुशासन जीवन के हर पहलू में महत्त्वपूर्ण भूमिका अदा करता है। पर पत्रकारिता में इसका विशेष महत्त्व है। संवाददाता अपने आत्मनियन्त्रण से ही

आत्मानुशासन स्थापित कर सकता है। दूसरों के लिए भी प्रेरणास्रोत बन सकता है। सत्य को उद्घाटित कर सकता है। पाठकों का विश्वास जीत सकता है। कठिन-से-कठिन कार्य को आसान बनाकर उस पर सफलता प्राप्त कर सकता है।

समयबद्धता—समयबद्धता ही अनुशासन की दूसरी अर्हता है। सम्मेलन/संगोष्ठी एवं समारोह में विलम्ब से पहुँचना अपने कर्त्तव्य के प्रति ठीक नहीं है। किसी स्रोत से मिलने के लिए निर्धारित समय पर नहीं पहुँचने पर संवाददाता संकट में पड़ सकता है। या दोनों के लिए परिस्थितियाँ अहितकारी हो सकती हैं। समय के प्रति निष्ठावान् व प्रतिबद्ध न होगा तो वह समाचार के स्रोत तक नहीं पहुँच सकेगा। ऐसी स्थिति में वह कल्पना का सहारा लेगा। बिना तथ्य व वास्तविकता के समाचार लिखेगा तो वह पाठकों का विश्वास खो बैठेगा। सूचना एवं प्रौद्योगिकी के विस्फोट में समयबद्धता का होना अनिवार्य है।

कार्य के प्रति उत्सुकता—जिस संवाददाता में समाचार संकलन और लेखन कार्य के प्रति आरम्भ से ही अटल उत्सकुकता का भाव नहीं होता वह परिस्थितिवश कुछ समय के लिए संवाददाता का कार्य भले ही करने लगे, किन्तु ऐसे लोगों को जब शारीरिक और मानसिक दृष्टि से थका देनेवाले कार्य से पाला पड़ता है तो बीच में ही काम छोड़कर चले जाते हैं। इससे स्पष्ट है क संवाददाता वही बन सकता है जो अपनी दृढ़ संकल्पशक्ति को लेकर इस कार्य क्षेत्र में आता है। यदि कार्य के प्रति अटल उत्सुकता न हो या ऐसे व्यक्ति को चाहे वह कितना ही योग्य क्यों न हो, उसे संवाददाता का कार्य नहीं दिया जा सकता।

शारीरिक और मानसिक स्वस्थता—संवाददाता को अपने कर्त्तव्यपालन के लिए बिना किसी शर्त के सदैव तत्पर रहना पड़ता है। संवाददाता को किसी भी समय आँधी, पानी, तूफ़ाम की स्थिति में भी कार्यालय से बाहर काम पर जाना पड़ सकता है। ऐसी स्थिति में यदि वह शारीरिक दृष्टि से मज़बूत और मानसिक दृष्टि से पूर्ण सक्षम नहीं है तो समाचार संकलन और लेखन का काम नहीं कर सकता।

अनन्त जिज्ञासा वृत्ति—संवाददाता की अनन्त जिज्ञासा ही उसे हर समय कुछ-न-कुछ जानने और खोजने के लिए प्रेरित करती है। इस जिज्ञासा भावना के कारण ही वह अनेक नये-नये क्षेत्रों में निर्भयता और आत्मविश्वास के साथ प्रवेश करता है और अपने कर्त्तव्य का पालन करता है।

समाचार तत्त्व की समझ—समाचार तत्त्व को समझने और पहचाननेवाले संवाददाता को किसी 'तिल' की ओट में छिपे पहाड़ को भी खोज निकालने में कोई कठिनाई नहीं होती। समाचार-तत्त्व को समझे बिना लिखा गया कोई भी विवरण चाहे कितना ही बड़ा क्यों न हो उसका कोई महत्त्व नहीं होता। यदि समाचार तत्त्व दो-चार पंक्तियों में ही लिखा गया तो तब भी संवाददाता का श्रम सफल हो जाता है।

भाषा पर अधिकार—संवाददाता को अपनी भाषा पर भी पूरा-पूरा अधिकार होना चाहिए। यदि भाषा का भण्डार न हो तो समाचार तत्त्व की समझ होते हुए भी उसके द्वारा अपेक्षित, प्रभावशाली और यथानुरूप वास्तविक अर्थ देनेवाला विवरण नहीं प्रस्तुत किया जा सकता। कुछ समाचार तो ऐसे ही हाते हैं जिनको उत्तम भाषा और उचित शैली में ही प्रस्तुत किया जा सकता है।

वर्तमान घटनाक्रम का सामान्य ज्ञान—संवाददाता के लिए अपने क्षेत्र से वर्तमान घटनाक्रम का सामान्य ज्ञान होना आवश्यक है। स्थानीय विशिष्ट व्यक्तियों की गतिविधियों, राजनीतिक परिस्थितियों और उनके आन्तरिक संघर्षों तथा कारणों की पूर्ण जानकारी के बिना संवाददाता के लिए अपेक्षित कर्त्तव्यपालन करना सम्भव नहीं हो सकता।

अध्ययनशीलता—जन माध्यमों में कार्यरत संवाददाता के सामने अब नित्य नये-नये समाचार क्षेत्रों के विस्तार से उसके लिए विविध विषयों का अध्ययन करना आवश्यक हो गया है। विविध विषयों के अध्ययन से संवाददाता के सामान्य ज्ञान में जो वृद्धि होती है उससे उसे अपना काम करने में सुविधा होती है। भेंटवार्त्ता तथा संवाददाता सम्मेलन में उन्हीं संवाददाताओं की स्थिति सम्मानपूर्ण मानी जाती है जो विषय-सीमा में रहकर ही अत्यन्त सावधानीपूर्वक अपने प्रश्न प्रस्तुत करते हैं।

व्यावसायिक नैतिकता—जिन संवाददाताओं को अपने व्यवसाय के गौरव तथा गरिमा का ज्ञान नहीं होता वे कर्त्तव्य के लिए अपेक्षित आचारसंहिता का पालन नहीं कर सकते। संवाददाता को अपने जनमाध्यम तथा समाज में प्रतिष्ठापूर्ण स्थान प्राप्त करने के लिए पत्रकारिता हेतु आवश्यक आचारसंहिता का पालन करते हुए व्यावसायिक नैतिकता का निर्वाह अवश्य करना चाहिए।

विश्वासपात्रता—विश्वासपात्रता एक ऐसा विशेष गुण है जिसके कारण संवाददाता अपनी अनेक कमियों के बावजूद लोकप्रिय होते हैं। अविश्वसनीयता का अवगुण संवाददाता को जन माध्यम तथा समाज में सर्वत्र अप्रिय बना देता है। जो संवाददाता अपने लिए निर्धारित कार्य को करने में हर समय तत्पर रहते हैं, अपनी निष्ठा तथा ईमानदारी पर अटल रहते हैं, विघ्न-बाधाओं को पार करते हुए निर्धारित कर्त्तव्य का पालन करते हैं, वे सर्वत्र विश्वसनीय और आदरणीय होते हैं।

संवाददाता के उत्तरदायित्व—एक बार भारत के भूतपूर्व राष्ट्रपति वी.वी. गिरि ने संवाददाता के उत्तरदायित्वों के विषय में अपने विचार व्यक्त किये थे कि "मेरी यह दृढ़ मान्यता है कि जनता में चेतना-जाग्रति लाना और परिवर्तन के मार्ग प्रेस का कर्त्तव्य है। मुझे यह देखकर बड़ी निराशा होती है कि हमारे समाचार-पत्र राजनीति और राजनीतिक कार्यक्रमों को अनावश्यक महत्त्व देते हैं। आर्थिक और सामाजिक क्षेत्रों में जो भारी बदलाव हो रहे हैं उनका विशेष रूप से प्रकाशन होना चाहिए। इस ओर अधिक सचेत रहकर प्रेस जनता को सहभागी बनाकर उन परिवर्तनों की गति तेज़ और सहज कर सकता है। आधुनिक समाचार-पत्रों की शक्ति असीम है- वह भली भी है और बुरी भी। उस शक्ति का हित प्रयोग किया जाय तो उसे जनमानस का साधुवाद प्राप्त होगा।"

संवाददाता के महत्त्वपूर्ण कार्य

- समाचार संकलन करना।
- घटना-प्रसंग का निरीक्षण करके परीक्षण करना।
- निर्भय होकर सत्य को उजागर करना।
- वक्ताओं के शब्दों में समाचार-लेखन करना।
- तथ्यों की निष्पक्ष व्याख्या करना।

○ घटना की रोचक व सजीव प्रस्तुति करना।

○ अपने पूर्वाग्रहों को त्यागकर समाजहित व देशहित पर समाचार-लेखन करना।

संवाददाता के विविध स्वरूप

प्रारम्भ में प्रायः सभी संवाददाता समाचार-संकलन के लिए नियुक्त किये जाते हैं। कालान्तर में कुछ संवाददाता अपनी विशेष रुचि, क्षमता तथा प्रापत अवसर के अनुसार विशेष क्षेत्रों में कार्य करते हैं और उन्हीं कार्यों के अनुरूप उन्हें सम्बोधित किया जाता है। क्षेत्रों की अनेकता के कारण उनमें कार्यरत, अनेक प्रकार के विशेष संवाददाता हो सकते हैं।

विशेष संवाददाता अपने-अपने क्षेत्रों के निकट सम्पर्क में रहने के कारण उनकी भीतर-बाहर की अनेक गतिविधियों से भी भली-भाँति परिचित होते हैं। इसलिए जनमाध्यम कार्यालयों के इन विशेष संवाददाताओं के द्वारा प्रेषित संवादों को विशेष महत्त्व देकर प्रकाशित किया जाता है। यदि कोई समाचार किसी समाचार-एजेन्सी से भी आता है और विशेष संवाददाता भी उसका विवरण भेजता है तो सम्पादकीय विभाग स्वभावतः अपने विशेष प्रतिनिधि संवाददाता के संवाद को प्रमुखता देता है। विशेष संवाददाता एक अनुभवी विशेषज्ञ के समान केवल घटना का विवरण मात्र ही नहीं देते, वे उस घटना-संवाद की व्याख्या करते हुए उसके सम्भावित निष्कर्ष भी निकालते हैं और आगे की घटनाओं का अनुमान लगाकर उसकी सूचना भी पाठकों को देते हैं। जो संवाददाता अपने क्षेत्र-विशेष का जितना अधिक जानकार होता है उसका संवाद भी उतना ही अधिक प्रभावशाली होता है। समाचार-पत्र-पत्रिकाओं के विशेष संवाददाताओं के संवाद उन पाठकों के लिए भी आकर्षक, उपयोगी तथा महत्त्वपूर्ण होते हैं जो रेडियो-टेलीविज़न से पहले ही उन्हें सुन और देख चुके होते हैं।

संसदीय संवाददाता

संसद् के दोनों सदनों लोकसभा और राज्यसभा तथा प्रदेश के विधान मण्डलों, विधान सभा एवं विधान परिषद् की कार्रवाई में नागरिकों की विशेष रुचि होती है। जनतान्त्रिक शासन व्यवस्था में नागरिकों के लिए क़ानून तथा योजनाएँ बनाने से लेकर सामान्य समस्याओं के समाधान तक के कार्य जनता द्वारा चुने गये संसद् सदस्यों तथा विधायकों द्वारा ही किये जाते हैं। जन-प्रतिनिधियों के संसदीय आचार-विचार तथा व्यवहार को जानने के लिए जनतान्त्रिक देशों की जनता पत्रकारों पर ही निर्भर रहती है, परन्तु संसदीय समाचारों का संकलन अत्यन्त कठिन व दायित्वपूर्ण कार्य है। संसदीय रिपोर्टों से सरकार व जनता दोनों लाभान्वित होती है। चाहे रिपोर्ट लोकसभा राज्यसभा से हो अथवा विधान सभा व विधान परिषद् से, इन स्थानों से मिलनेवाले समाचारों का महत्त्व जनता के लिए इस कारण बढ़ जाता है क्योंकि इन्हीं स्थानों से क़ानून बनते-बिगड़ते हैं। संसदीय संवाददाताओं के कन्धे पर देश की जनता का विश्वास टिका होता है इसलिए संसदीय संवाददाताओं को संसद् की कार्यवाहियों का विवरण बहुत समझ-बूझकर देना चाहिए। संसदीय या विधानमण्डलीय कार्यवाही की रिपोर्टिंग केवल मान्यताप्राप्त पत्रकार ही कर सकते हैं। मान्यता के लिए निर्धारित आवेदन-पत्र संसद् के लिए सूचना मन्त्रलय तथा प्रदेश विधानमण्डलों के लिए प्रदेश के सूचना विभाग से प्राप्त होता है। संसद् की कार्यवाही की रिपोर्टिंग करने के लिए इससे जुड़े क़ानूनी प्रश्नों की जानकारी संसदीय रिपोर्टर के लिए अतिआवश्यक होती है। भारत के संविधान की मौलिक जानकारियाँ एवं संसद्

से सम्बन्धित विविध प्रावधानों की जानकारियाँ भी आवश्यक होती हैं। संसद् में संविधान के अन्तर्गत सभी प्रकार की बातें समय-समय पर होती हैं इसलिए संसदीय संवाददाता को संविधान की सारी व्यवस्थाओं से भलीभाँति परिचित होना चाहिए।

संसदीय कार्यवाही के प्रारम्भ में प्रायः एक घण्टे का समय काल का होता है। प्रश्न काल समाचारों की दृष्टि से अन्यन्त महत्त्वपूर्ण होता है। जन समस्याओं और जनहित से जुड़े अनेक प्रसंग इस अवधि में उठाये जाते हैं, जिनमें 1. तारांकित प्रश्न, 2. ग़ैर तारांकित प्रश्न, एवं 3. अल्प सूचना के प्रश्न होते हैं। प्रश्नोत्तर काल के बाद शून्यकाल का समय होता है। इस काल में सदस्य अध्यक्ष की अनुमति लेकर तात्कालिक महत्त्व के विषयों की ओर सरकार और सदन का ध्यान आकृष्ट करते हैं, जिन्हें स्थगित या ध्यानाकर्षण प्रस्ताव के रूप में नहीं उठाया जा सकता।

संसद् का अपना क़ानून होता है जिसे **संसदीय कार्यवाही ऐक्ट** के नाम से जाना जाता है। संविधान के अनुच्छेद 105 (3) और 194 (3) और सातवीं अनुसूची की प्रविष्ट और द्वितीय सूची की 31वीं प्रविष्ट के अन्तर्गत संसद् की अपनी ही शक्तियों और विशेषाधिकारों के बारे में नियम बनने की शक्ति है। विधानसभाओं को यही शक्ति अनुच्छेद 108 के अन्तर्गत है। संसदीय संवाददाता को इन नियमों की जनकारी होना भी आवश्यक है, क्योंकि समाचार-पत्रों में संसद् व विधान सभाओं की रिपोर्टिंग का महत्त्वपूर्ण स्थान होता है।

संसद् में वरिष्ठ पत्रकारों की एक प्रेस दीर्घा होती है। इस दीर्घा के सदस्य एक वर्ष के लिए अध्यक्ष द्वारा मनोनीत किये जाते हैं। पत्रकारों को प्रेस दीर्घा में प्रवेश देने की मान्यता इस दीर्घा की समिति की अनुशंसा पर ही की जाती है। जो पत्रकार 10 वर्ष या उससे भी अधिक की संसदीय रिपोर्टिंग का अनुभव रखता है उन्हें संसद् के केन्द्रीय सभागार और मतदान-कक्ष में जाने के लिए स्पेशल पास जारी किया जाता है। संसद् भवन के केन्द्रीय सभागार में दोनों सदनों लोकसभा अथवा राज्यसभा के संयुक्त अधिवेशन होते है, इसमें दोनों सदनों के सदस्यों की अनौपचारिक बैठकें, व्यक्तिगत मुलाकातें और गोष्ठियाँ भी प्रायः होती रहती है। इसलिए संवाददाताओं को प्रायः अनेक महत्त्वपूर्ण समाचार इसी केन्द्रीय सभा-कक्ष से प्राप्त हो जाते हैं। प्रेस दीर्घा से अग्रिम स्थानों पर रेडियो, टेलीविज़न समाचार एजेन्सियों तथा प्रमुख समाचार-पत्रों के प्रतिनिधि बैठते हैं। सभी संवाददाताओं के लिए हेडफ़ोन होते हैं जिनकी सहायता से संसद् सदस्यों द्वारा दिये गये किसी भी वक्तव्य का हिन्दी अंग्रेज़ी में अनुवाद (लाइन बाई लाइन ट्रान्सलेशन) सुना जा सकता है। संसदीय संवाददाता अपने अन्य सहयोगियों से मिलकर थोड़ी-थोड़ी देर के लिए रिपोर्टिंग का समय निर्धारित करते हैं।

देश की राजनीति में संसद् और विधानसभाओं का स्थान महत्त्वपूर्ण होने से राष्ट्रीय संसद् और राज्यों के विधान मण्डलों की कार्यवाही में आम जनता की विशेष रुचि होती है।

संसदीय संवाददाताओं के लिए निम्न दिशा-निर्देश आवश्यक होते हैं—

- भारतीय संसद् ने संसद् कार्यवाही प्रकाशन संरक्षण अधिनियम 1956 बनाया है। यह अधिनियम सदन की रिपोर्टिंग करनेवालों के लिए पथ प्रदर्शक का काम करता है। प्रत्येक रिपोर्टर को इस अधिनियम का अध्ययन करना चाहिए।
- सदन के प्रत्येक सदस्य से पहचान स्थापित करके उसके बैठने के लिए निर्धारित स्थान से अवगत होने से रिपोर्टिंग में सुविधा होती है। कौन सदस्य किस दल से

सम्बन्धित है या निर्दलीय है इसकी जानकारी रखनी चाहिए जो कि रिपोर्टिंग में मदद करती है।

- सदन के अध्यक्ष जिस कार्यवाही या उसके किसी अंग को अमान्य कर दें या गुप्त रखने का आदेश दें उसे प्रकाशनार्थ न भेजा जाय।
- किसी प्रस्ताव पर हुए मतदान के समय पक्ष और विपक्ष में प्रकट किये गये महत्त्वपूर्ण विचार का उल्लेख आवश्यक है। मतदान के बाद पक्ष और विपक्ष में पड़े मतों की संख्या के साथ ही यदि आवश्यक हो तो समर्थकों, विरोधियों और तटस्थ रहनेवाले सदस्यों का नाम दिया जाना चाहिए।
- ग़ैर सरकारी प्रस्ताव पर यदि सत्तारूढ़ पक्ष का कोई सदस्य भी अपना समर्थन व्यक्त करता है तो प्रस्ताव विपक्ष या सदस्य के नाम का उल्लेख करते हुए सत्तापक्ष के समर्थक सदस्य के नाम का उल्लेख अवश्य किया जाना चाहिए।
- समाचार-पत्र में एक सीमित स्थान रहता है। संसदीय संवाददाता को चाहिए कि वह सम्पूर्ण संसदीय कार्यवाही को संक्षिप्त करके प्रस्तुत करे। वह संसदीय कार्यवाही का यथसम्भव सही चित्र प्रस्तुत करे और उसमें सभी सदस्यों को उचित स्थान दे जिन्होंने चर्चा में भाग लिया हो।
- संसदीय संवाददाता को अपने विचार लिखते समय किसी भी दल का पक्ष नहीं लेना चाहिए। उसका वास्तविक दायित्व यह होना चाहिए कि वह अपने पाठकों को यह बताये कि संसद् में आज क्या कुछ महत्त्वपूर्ण हुआ।
- संसद् की रिपोर्टिंग पर मानहानी या अवज्ञा (कण्टेण्ट) के क़ानून वैसे ही लागू होते हैं जैसे कि सामान्य-मामलों में। इसलिए पत्रकारों को संसद् या संसद् सदस्यों और राज्य विधानमण्डलों या विधायकों की प्रतिष्ठा और सम्मान का पूरा ध्यान रखना चाहिए। संसद् का एक नियम यह भी है कि जब तक कोई विधेयक या रिपोर्ट संसद् में पेश नहीं हो जाये उसका समाचार अग्रिम में प्रकाशित नहीं हो सकता।

खेल संवाददाता

खेल समाचार की रिपोर्टिंग करने के लिए एक ऐसे संवाददाता की आवश्यकता होती है जिसे खेल से सम्बन्धित तमाम जानकारियाँ हासिल हों। खेल-समाचारों का लेखन सामान्य समाचारों से थोड़ा अलग होता है। खेल-समाचारों की भाषा लच्छेदार एवं वर्णनात्मक होती है।

खेल संवाददाता हेतु आवश्यक दिशा-निर्देश निम्नलिखित हैं-

- जिस खेल-समाचार की रिपोर्टिंग की जाय उस खेल के इतिहास तथा उससे सम्बन्धित तमाम जानकारियों का ज्ञान हो।
- खेलों से सम्बन्धित नियमों एवं दिशा-निर्देश का व्यापक ज्ञान होना चाहिए।
- खेल से सम्बन्धित दोनों पक्षों के बारे में विविध जानकारियाँ हासिल होनी चाहिए।
- खेल-समाचारों में खिलाड़ियों के नाम के आगे आदरसूचक शब्द लगाने की परम्परा नहीं है अतः इस परम्परा को ध्यान में रखकर खेल-समाचार की रिपोर्टिंग करनी चाहिए।

- खेल समाचार लिखते समय में विजयी टीम को पहले स्थान और पराजित टीम को दूसरा स्थान देना चाहिए।
- प्रत्येक खेल में उसके अनुकूल भाषा एवं शब्दावली का प्रयोग होता है। खेल-समाचारों में प्रयुक्त व्याख्यात्मक शब्दावली भी वहीं होना चाहिए जिसका प्रयोग अधिकृत रूप से किया जाता है। कहीं ऐसा न हो जाय कि क्रिकेट की शब्दवली से अनभिज्ञ होने के कारण आप खिलाड़ी को आउट कर दें, पर वह आगे रन बनाता रहे। फुटबाल को 'किक' लगाया जाता है जबकि हॉकी में 'हिट' किया जाता है। किसी खेल में सेट होता है तो किसी में फ्रेम। अतः हर शब्द के बारे में जानकर ही लिखना चाहिए।
- खेल निर्णयों की आलोचना करना उचित नहीं होता, साथ ही, खेल नियमों, खेल संघों में होनेवाले चुनाव, निर्णायक की योग्यता आदि का मज़ाक नहीं उड़ाना चाहिए।
- खेल समाचार के इण्ट्रों में ये बाते मुख्य रूप से देनी चाहिए। विजेता का नाम, उसके द्वारा किया गया स्कोर और खेल का विशेष आकर्षण, खेल का स्तर कैसा रहा, किस खिलाड़ी ने अधिक स्कोर किया और किसने कम, दोनों टीमों के प्रमुख खिलाड़ियों का अंशदान कैसा रहा। यह भी बताना चाहिए कि सम्बन्धित टीमें और उसके खेल तुलनात्मक दृष्टि से कैसे रहे।
- दर्शकों की संख्या और उनके व्यवहार के बारे में भी बताना चाहिए।
- खेल संवादाताओं को प्रमुख राष्ट्रीय प्रतियोगिताओं की जानकारी होना भी आवश्यक है। आज क्रिकेट, हॉकी, फुटबाल, टेनिस, तैराकी, बैडमिण्टन, एथेलेटिक्स, जिमनास्टिक इत्यादि सभी प्रमुख खेल हैं। आप इन खेलों के बारे में अधिक-से-अधिक जानकारी एकत्र कर उसे खेल की बारीकियों को जानें जिससे आप उस खेल के विशेषज्ञ रिपोर्टर बन सके।

  हॉकी—रंगास्वामी कप, जूनियर राष्ट्रीय हॉकी, बम्बई गोल्ड कप, नेहरू कप।

  क्रिकेट—रणजी ट्राफी, ईरान ट्रॉफी, दिलीप ट्रॉफी, देवधर ट्रॉफी तथा महिलाओं की राष्ट्रीय क्रिकेट चैम्पियनशिप।

  -बैडमिण्टन—इण्डियन मास्टर्स बैडमिण्टन प्रतियोगिता, राष्ट्रीय बैडमिण्टन चैम्पियनशिप।

  - टेनिस—राष्ट्रीय लॉन टेनिस चैम्पियनशिप।

  -बॉस्केट बाल—नेशनल बॉस्केट बाल चैम्पियनशिप, जूनियर बॉस्केटबाल चैम्पियनशिप इत्यादि।

  -फुटबाल—सन्तोष ट्राफी, फेडरेशन कप, डा. पी. सी. राय ट्राफी, डी. सी. एम. कप, रोवर्स कप, डूरण्ड कप, आई. एम. ए. कप इत्यादि।

इसी प्रकार बालीबाल, शतरंज, टेबल टेनिस आदि विभिन्न प्रतियोगिताओं में राष्ट्रीय चैम्पियनशिप की प्रतियोगिता आयोजित की जाती है। एथलेटिक्स, कुश्ती आदि की भी प्रतियोगिता समय-समय पर आयोजित की जाती है।

कृषि संवाददाता

कृषक, कृषि वैज्ञानिक एवं उपभोक्ता के बीच सहयोग और तालमेल बैठानेवाली सशक्त विद्या कृषि पत्रकारिता है जो राष्ट्र की सम्पूर्ण अर्थव्यवस्था की रीढ़ है। कृषि-जगत् की

बहुआयामी पहलुओं की विविध प्रवृत्तियों से सम्बद्ध कृषि पत्रकारिता राष्ट्रीय विकास का दर्पण है। नित-नूतन हो रहे कृषि अनुसन्धान सम्बन्धी तथ्यों की वाहिका यही कृषि पत्रकारिता है जिससे विकास के नये क्षेत्र बन रहे हैं तथा किसानों में नयी संकल्पनाओं का सृजन होता है। कृषि पत्रकारिता के माध्यम से कृषि विषयक समाचारों को विभिन्न संचार माध्यमों की सहायता से किसानों तक और किसानों की समस्याओं को उपयुक्त स्थानों तक पहुँचाया जाता है। खेतीबाड़ी से सम्बद्ध सूचना, जानकारी और विविध अनुसन्धान, उपलब्धि से अधिकाधिक लोग कैसे परिचित हों, पत्र-पत्रिका परम्परागत संचार माध्यम तथा इलेक्ट्रॉनिक मीडिया द्वारा कृषि क्षेत्र में संचार रिक्तता को कैसे दूर किया जाय, इन प्रश्नों के उत्तर हेतु कृषि पत्रकारिता की ओर सबकी दृष्टि जाती है।

पेरिस में सन् 1743 में कृषि पत्र 'किसान गज़ट' के नाम से फ्रान्सीसी भाषा में छपा। इस पत्र में कृषि विज्ञान पर चर्चा की गयी थी। इसका मुख्य उद्देश्य किसानों को कृषि विज्ञान में हो रहे नये-नये प्रयोगों से परिचित कराना था। भारत में पहला 'कृषि सुधार' 1914 में और 'कृषि' 1918 में आगरा से छपा। 1934-35 में बंगाल से कृषि-सम्बन्धी पत्र-पत्रिकाएँ बंगला भाषा में छपीं और अंग्रेज़ी भाषा में 1940 में 'फार्मर' के नाम तथा दूसरा पत्र 'एग्रीकल्चर गज़ट' नाम से निकला।

- बँधुआ मज़दूरों की समस्या और उनकी रिहाई, पुनर्वास की समस्या, भूमि-स्वामित्व, हदबन्धी-जैसे विषयों को मुखपृष्ठ पर लाना।
- सामाजिक कुरीतियों, भूमि का असमान वितरण, ज़मींदारों द्वारा शोषण तथा कृषि की सफलता-असफलता, मज़दूरों के गुण-दोषों का भी सम्यक् आकलन करना।
- सरकार के कार्यक्रमों में गाँवों की प्राथमिकता स्पष्ट है या नहीं, इस ओर भी लोगों का ध्यान आकृष्ट करना ताकि ग़रीब किसानों तथा शोषितों के बारे में भी लोग जान सकें।
- सरकारी योजनाओं, ग़रीबी-उन्मूलन, श्रम-कल्याण, पंचायती राज, जवाहर रोज़गार-योजना, शिक्षा और स्वास्थ्य-योजनाएँ वास्तविकता से मेल खाती हैं या नहीं; गाँवों के विकास के लिए उपयुक्त हैं अथवा किसी नयी पहल की आवश्यकता है, इनको भी प्रकाशित करना चाहिए।
- रोज़मर्रा की आवश्यकताओं, जैसे-कृषि के विकास में ग्रामीणों की आवश्यकता पर सरकार ध्यान दे रही है अथवा नहीं; खेती के व्यवहृत उपकरण उपयुक्त हैं अथवा नहीं; मौसम में किस चीज़ की पैदावार अच्छी है और किस चीज़ की बुरी! कब किस क़िस्म के बीज प्रयोग में लाये जायँ और किस क़िस्म के नहीं, किसानों के लिए कौन-सी फसल सस्ती पैदावार दे सकती है कौन-सी नहीं। इत्यादि की जानकारी ग्रामीण के समक्ष प्रस्तुत करनी चाहिए। कृषि से उत्पन्न ज़मीन-जायदाद की लड़ाई, क़ानूनी दाँवपेंच, क़ानूनी सामग्री और दस्तावेज़ का सन्दर्भ देकर दमनकारी ताक़तों को आतंकित किया जा सकता है। इसी प्रकार असहाय किसानों को समतावादी परिवर्तन द्वारा न्याय दिलाना और जनजागरण पैदा करना ग्रामीण संवाददाता का उत्तरदायित्व होता है।
- गाँवों में ज़्यादातर सामान्य टूटी-फूटी सड़कों, गन्दगी का साम्राज्य, बिजली की समस्या, सिंचाई सुविधाओं की कमी अस्पताल में डॉक्टरों का न होना अथवा सरकारी दवा के वितरण में धाँधली इत्यादि समस्याएँ रहती हैं। ग्रामीण पत्रकारों का यह दायित्व है कि वह

इन समाचारों को प्रमुखता से छापें और यह देखें कि सम्बन्धित विभागों ने समाचार छपने के बाद उस दिशा में कोई कार्य किया है अथवा नहीं। यदि विभाग ने वास्तव में समस्या का हल कर दिया है तो उसकी भी एक ख़बर लगाती चाहिए।

- ग्रामीण संवाददाताओं को मिट्टी, जलवायु, सिंचाई साधनों, मानसून के संकेत, जंगलों की स्थिति, फसलों आदि की पूरी जानकारी रखनी चाहिए। इसके अतिरिक्त सरकार द्वारा किसानों को दी जानेवाली सुविधा अथवा योजनाओं की जानकारी भी होनी चाहिए, जिससे वे यह देख सकें कि सरकारी योजनाओं का लाभ किसानों तक पहुँच रहा है अथवा नहीं।

आर्थिक संवाददाता

भारत में आर्थिक पत्रकारिता का प्रारम्भ सन् 1961 में हुआ। आर्थिक पत्रकारिता आर्थिक गतिविधियों पर ही निर्भर होती है। उपज बढ़ाने से ज्यों-ज्यों आर्थिक गतिविधियाँ तीव्र होती गयी, आर्थिक पत्रकारिता का महत्त्व भी बढ़ता गया। स्टाक एक्सचेंज बाज़ारों के विस्तार के कारण आर्थिक समाचार-पत्र लोकप्रिय होने लगे क्योंकि शेयर बाज़ार में धन लगाने के इच्छुक लोग कार्पोरेट सेक्टर के विषय में उचित जानकारी रखना चाहते हैं। कौन-सी कम्पनी पूँजी बाज़ार में ऊँची जा रही है, कौन-सी कम्पनियाँ अधिक मुनाफ़ा कमा रही हैं, कौन-सी कम्पनियाँ भविष्य में मुनाफा कमा सकती हैं, कोई कम्पनी कैसे आगे बढ़ती है, कुछ विशेष कम्पनियों के आगे आने की क्या कार्य योजना है, तथा बाज़ार भाव और लाभांश बढ़ाने के लिए कम्पनी क्या तरीक़े अपना रही हैं आदि अनेक प्रकार के प्रश्नों के उत्तर जानने में लोगों की उत्सुकता थी। न्यूयार्क से प्रकशित होनेवाला 'द वाल स्ट्रीट जनरल' और लन्दन का 'द फाइनेन्शियल टाइम्स' दो प्रमुख समाचार-पत्र हैं जो बाज़ार के विस्तार का सीधा लाभ पाने में सफल रहे जिससे उनकी माँग भी बढ़ती गयी। जैसे-जैसे व्यापार देश की सीमाओं के बाहर निकलकर अन्तरराष्ट्रीय रूप लेता गया, इन दोनों समाचार-पत्रों की माँग भी बाहर के देशों में बढ़ती गयी।

सन् 1961 में भारत में आर्थिक पत्रकारिता का उदय हुआ। इसके कई कारण रहे। प्रथम, भारत में यह क्षेत्र काफ़ी विस्तार से बढ़ा, दूसरे उद्यमी वर्ग बहुत तेज़ी से बाज़ार में पैसा लगाने के लिए आगे आया, इसके साथ ही यहाँ का एक वर्ग अंग्रेज़ी भाषायी पत्रों में भी रुचि रखता था। एक समय था जब भारत में आर्थिक समाचारों को एक वर्ग-विशेष के लिए रुचिकर माना जाता था। आम जनता का उसमें कोई रुझान नहीं था। आज स्थितियाँ बदल गयी हैं। देश की आर्थिक योजनाओं में, आर्थिक विकास में तथा अर्थतन्त्र में जन रुचि निरन्तर बढ़ने लगी है। शेयर बाज़ार में तो यह रुचि इतनी ज़्यादा हो गयी है कि घर-घर में इन पर चर्चा सुनने को मिलने लगी है। सामान्य व्यक्ति भी शेयर में अपनी पूँजी लगाने लगा है। इसके अतिरिक्त सरकार की विविध बचत योजनाओं के प्रति भी जन आकर्षण बढ़ने लगा है। यही कारण है कि आज के समाचार-पत्र भी आर्थिक जगत् की हलचलों को प्रमुखता से प्रकाशित कर रहे हैं।

- विभिन्न मण्डियों या क्षेत्रों से प्राप्त सूचनाओं के आधार पर दरों और भावों के उतार-चढ़ाव और उनके अनुमानित झुकावों की जानकारी तथ्यों और आँकड़ों के रूप में दी जाती है। कम-से-कम स्थानों में अधिक-से-अधिक जानकारी के समाचार देकर जनता को सूचित करने का कार्य किया जाता है। इसके लिए आँकड़ों के प्रयोग एक विशिष्ट शैली में दिये जाते हैं।

- मण्डियों में दरों के दैनिक उतार-चढ़ाव को दृष्टिगत रखते हुए साप्ताहिक, पाक्षिक एवं अन्य किसी निश्चित अवधि में सामान्यतः अनाज, कपास, सोना, चाँदी अन्य कच्चे माल एवं सेवाओं के भावों की क्या स्थिति रही, भाव में चढ़ाव रहा अथवा उतार इसकी जानकारी लेकर उस पर विशेष लिखा जाता है। इस प्रकार के विश्लेषणात्मक लेखों को पढ़कर पाठक भविष्य के बाज़ार की स्थिति की समीक्षा करने में सफल होते हैं, एवं व्यापारिक क्षेत्रों में पैसा लगाना है अथवा नहीं इसका निर्णय लेते हैं।
- सन् 1991 में भारतीय अर्थव्यवस्था में भारी परिवर्तन हुआ। वह ख़ास ढाँचा जो नियमों से नियन्त्रित होता था, लाइसेन्स परमिट आदि पर टिका था, तोड़ दिया गया। पूरी व्यवस्था बाज़ार पर टिक गयी। कारपोरेट क्षेत्र अत्यन्त महत्त्वपूर्ण हो गया। सरकार ने विदेशी पूँजी निवेश का नियन्त्रण हटा दिया। बाहर की अधिक पूँजी और तकनीक को आकर्षित करने के लिए सीमा शुल्क में भारी कमी कर दी गयी। इस परिवर्तन से आर्थिक पत्रकारिता के क्षेत्र में एक नया अध्याय जुड़ गया जिससे आर्थिक पत्रकारिता को और भी प्रोत्साहन मिला।

1. वाणिज्यिक संवाददाता : वाणिज्य समाचार **संवाददाता** की प्रतिभा अन्य समाचार **संवाददाताओं** की अपेक्षा भिन्न होती है। वाणिज्यिक समाचारों की रिर्पोटिंग करते समय निम्न अर्हताएँ प्रमुख होती हैं–

- वाणिज्यिक संवाददाता को देश-विदेश की आर्थिक नीतियों और भौगोलिक गतिविधियों का विशेष ज्ञान होना चाहिए। देश-विदेश के अतिरिक्त पत्रकार को क्षेत्रीय आर्थिक एवं भौगोलिक गतिविधियों की भी जनकारी आवश्यक है।
- वाणिज्य संवाददाता को हमेशा यह ध्यान देना चाहिए कि जिस पत्र में ये समाचार दिये जा रहे हैं वह किस क्षेत्र के पाठकों तक पहुँचता है? मुख्यतया समाचार-पत्र के प्रसार क्षेत्र को ध्यान में रखकर उसे पूरे क्षेत्र से सम्बन्धित समाचारों का होना ज़रूरी समझा जाता है क्योंकि पाठक सर्वप्रथम अपने आसपास की गतिविधियों, बाज़ार भावों, उत्पादनों आदि के बादे में जानने का इच्छुक होता है। और यही उसके लिए आवश्यक भी है।
- व्यापारिक समाचारों के चयन के पश्चात् उनको विधिवत यप से प्रस्तुत करने की बात आती है। पाठक् को विविध समाचार एक साथ मिल जायँ तो उसके लिए सुविधा हो जाती है। विभिन्न समाचारों के यत्र-तत्र बिखरे रहने से उनको मुख्य-मुख्य समाचारों को इधर-उधर ढूँढ़ने में परेशानी हो सकती है। आज लगभग सभी पत्रों के वाणिज्यिक संवाददाता इस बात का ध्यान देते हैं और अलग पृष्ठ के रूप में इन समस्त समाचारों को प्रकाशित कर पाठक का समय बचाते हुए इनको सुविधा प्रदान करते हैं।

(2) राजनीतिक संवाददाता : कुछ पत्रों में विधायिका संवाददाताओं से ही राजनीतिक संवाददाताओं का भी काम लिया जाता है। जिन दिनों सदनों की बैठकें नहीं चलतीं-प्रायः उन दिनों ये विशेष संवाददाता राजधानी की राजनीतिक गतिविधियों, राजनैतिक दलों की बैठकों, आन्तरिक गुटबन्दियों, समझौता-प्रयासों तथा देश की वर्तमान और भावी राजनीति पर घटनाओं और तथ्यों के साथ अपने व्याख्यात्मक विचार व्यक्त करते हैं। ये राजनैतिक संवाददाता राजनीतिज्ञों के निरन्तर सम्पर्क में रहते हैं और इस क्षेत्र से प्राप्त जानकारी के आधार पर संवाद लिखते हैं।

(3) सांस्कृतिक संवाददाता : इस श्रेणी के विशेष संवाददाता प्रायः स्थानीय स्तर पर ही नियुक्त किये जाते हैं। इनका काम नगर में होनेवाले सांस्कृतिक कार्यक्रमों, कवि-सम्मेलन, नाटक, नृत्य तथा संगीत आदि से सम्बन्धित समाचार देना होता है। इनके संवादों में एक विशेषज्ञ की तरह कला-समीक्षा के भी तत्त्व निहित होते हैं। कुछ सांस्कृतिक संवाददाता तो अपने आस-पास के क्षेत्र में कलाकारों के पथ-प्रदर्शक के रूप में भी प्रसिद्ध होते हैं।

(4) खेल संवाददाता : खेल संवाददाता नगर में आयोजित होनेवाले खेल-कूद-सम्बन्धी कार्यक्रमों के समाचार देते हैं। रेडियो-टेलीविज़न, कुछ बड़े समाचार-पत्रों तथा समाचार एजेन्सियों की ओर से इन्हें नगर से बाहर आयोजित होनेवाली प्रमुख क्रीड़ा-प्रतियोगिताओं के समाचार देने के लिए भेजा जाता है।

(5) अपराध संवाददाता : प्रायः ये संवाददाता स्थानीय स्तर पर ही काम करते हैं। जहाँ कहीं हत्या, डकैती, लूट-पाट आदि की कोई घटना होती है उसके सम्बन्ध में घटना स्थल, पुलिस तथा सम्बन्धित व्यक्तियों से जानकारी प्राप्त करके उसके आधार पर पूरा समाचार देते हैं। छोटे दैनिक पत्रों के अपराध संवाददाता ही न्यायालय संवाददाता का भी काम करते हैं जबकि कुछ बड़े समाचार-पत्र न्यायालय-समाचारों के लिए एक पृथक् विशेष संवाददाता की नियुक्ति भी करते हैं।

(6) विदेश संवाददाता : जो संवाददाता बड़े समाचार-पत्रों, समाचार एजेन्सियों और रेडियो-टेलीविज़न आदि की ओर से विदेश के समाचार भेजने के लिए नियुक्त किये जाते हैं उन्हें विदेश संवाददाता कहते हैं। ये संवाददाता अधिकतर ऐसे समाचार भेजते हैं जो स्वदेशवासियों की आवश्यकता, जिज्ञासा तथा रुचियों के अनुकूल होते हैं।

(7) युद्ध संवाददाता : युद्ध संवाददाता युद्ध क्षेत्र के समाचारों के लिए नियुक्त किये जाते हैं। देश और विदेश दोनों ही क्षेत्रों के युद्ध क्षेत्र के समाचार चयन के पूर्व कुछ विशेष औपचारिकताओं की पूर्ति के पश्चात् ही स्वदेश या विदेश सरकार की ओर से युद्ध संवाददाता को मान्यता दी जाती है। बिना शासकीय पूर्व स्वीकृति तथा अपेक्षित प्रशिक्षण प्राप्त किये कोई व्यक्ति चाहे जितना ही सक्षम और सुयोग्य पत्रकार क्यों न हो, उसे युद्ध संवाददाता नहीं बनाया जाता।

(8) बाज़ार संवाददाता : दैनिक तथा साप्ताहिक समाचार-पत्रों में भी जब बाज़ारों से सम्बन्धित समाचारों को प्रमुखता के साथ प्रकाशित किया जाता है। ऐसे समाचारों के लिए बाज़ार-व्यवस्था के अच्छे जानकार संवाददाता नियुक्त किये जाते हैं जो नियमित रूप से दैनिक बाज़ार भाव देते हैं और साप्ताहिक समीक्षा भी लिखते हैं। बाज़ार भाव रेडियो से भी प्रतिदिन प्रसारित किये जाते हैं।

(9) श्रम संवाददाता : भारतीय नगरों में श्रम संवाददाताओं का भविष्य उज्जवल है। श्रमिक समस्याओं, श्रम क़ानूनों, ट्रेड यूनियनों के क्षेत्र में काम करनेवाले श्रम संवाददाता श्रमिकों के साथ उद्योग-व्यवस्था से सम्बन्धित नागरिकों को भी महत्त्वपूर्ण जानकारी देनेवाले समाचार लिखते हैं। रोज़गार, वेतन, बोनस, महँगाई भत्ता तथा भविष्यनिधि सम्बन्धी जानकारी भी इन्हीं संवाददाताओं से मिलती हैं।

(10) विज्ञान संवाददाता : वैज्ञानिक क्षेत्रों में होनेवाले दिन-प्रतिदिन के आविष्कारों तथा घटनाओं से सम्बन्धित समाचारों के प्रति जब शिक्षित नागरिकों में विशेष जिज्ञासा पायी जाती

है। इस जिज्ञासा को तृप्त करने के लिए अब भारतीय पत्र-पत्रिकाओं के लिए विशेषज्ञ विज्ञान-संवाददाता नियुक्त किये जाते हैं।

(11) औद्योगिक संवाददाता : औद्योगिक क्षेत्रों की नित नयी सम्भावनाओं, नये उद्योगों की स्थापना, कच्चे माल तथा पूँजी की स्थिति, उत्पादकता, नयी औद्योगिक नीतियों आदि के लिए विशेष संवाददाताओं की नियुक्ति की जाती है। ये संवाददाता औद्योगिक प्रबन्ध तथा श्रमिक क्षेत्रों के भी समाचार देते हैं। नगर में आनेवाले नये उद्योगों और उनसे प्राप्त होनेवाली रोज़गार स्थिति की जानकारी भी महत्त्वपूर्ण होती है।

(12) आर्थिक संवाददाता : अन्तरराष्ट्रीय, राष्ट्रीय और स्थानीय स्तर की अनेक ऐसी महत्त्वपूर्ण आर्थिक गतिविधियाँ होती हैं जिनके संवादों में केवल सीधे सम्बन्धित व्यक्तियों की ही नहीं, सर्वसाधारण की भी रुचि हो सकती है। आर्थिक संवाददाता यदि स्वयं अर्थशास्त्र की मूलभूत जानकारी रखते हों तो वे देश की विभिन्न आर्थिक समस्याओं के समाचार विख्यात अर्थशास्त्रियों के सम्पर्क तथा आर्थिक मन्त्रालय और पूँजी योजक संस्थाओं तथा बैंक क्षेत्रों से भी अनेक महत्त्वपूर्ण आर्थिक समाचार संकलित कर सकते हैं।

(13) विशेष संवाददाता : विशेष संवाददाता अपने विषय-क्षेत्र का विशेषज्ञ होता है। सभी समाचार-पत्र समूह अपने कार्यालय में विशेष संवाददाता की नियुक्ति करते हैं। विशेष संवाददाता अपने विशिष्ट ज्ञान और अनुभव के साथ जब किसी समाचार की प्रस्तुति करता है तो वह सत्य, तथ्यपरक होने के साथ पाठकों को भी रुचिकर लगता है। समाचार-पत्रों में विशेष संवाददाता का महत्त्वपूर्ण स्थान होता है। यदि कोई समाचार एजेन्सी से प्राप्त हुआ हो और उसी समाचार को विशेष संवाददाता द्वारा प्रेषित किया गया हो तो सम्पादक विशेष संवाददाता के समाचार को ही प्राथमिकता देता है। अन्वेषणात्मक और खोजी पत्रकारिता विशेष संवाददाता का प्रमुख गुण होता है इसलिए समाचार-पत्र में उसका विशेष और महत्त्वपूर्ण स्थान होता है।

(14) युद्ध संवाददाता : युद्ध क्षेत्र के समाचारों के प्रति पाठकों में विशेष आकर्षण होता है इसलिए साधन सम्पन्न समाचार-पत्रों और समाचार एजेन्सियों द्वारा इन समाचारों के संकलन के लिए संवाददाता नियुक्त किये जाते हैं। विदेशों में होनेवाले युद्धों के संवादों की तुलना में अपने देश के साथ किसी देश के युद्ध-समाचारों के प्रति निकटता के कारण पाठक अधिक जागरूक होते हैं।

युद्ध के क्षेत्र में समाचारों के संकलन का कार्य जितना महत्त्वपूर्ण और ख़तरनाक होता है उतना ही उत्साहवर्द्धक भी होता है। कच्चे दिल का डरपोक संवाददाता संवाद लेखन में चाहे कितना ही याुग्य क्यों न हो, यदि उसमें भी सैनिक के समान साहस, सूझ-बूझ और दृढ़ता नहीं होती तो वह युद्ध संवाददाता का कार्य नहीं कर सकता। युद्ध संवाददाताओं को शारीरिक तथा मानसिक दृष्टि से पूर्ण स्वस्थ तथा सूझ-बूझ का धनी होना चाहिए। युद्ध संवाददाताओं के लिए अपने पूर्ववर्ती युद्ध संवाददाताओं द्वारा लिखे गये संस्मरण तथा जीवन-वृत्त भी विशेष प्रेरक हो सकते हैं।

युद्ध संवाददाता बनने के लिए सर्वप्रथम अपने देश के रक्षा मन्त्रालय से मान्यता प्राप्त करके आवश्यक प्रशिक्षण प्राप्त करना पड़ता है। इस प्रकार के प्रशिक्षण को एक प्रकार के

अनौपचारिक सैनिक प्रशिक्षण की संज्ञा दी जा सकती है। उसे कुछ शर्तों के पालन करने का आश्वासन शासन को देना पड़ता है। यदि किसी दूसरे देश के युद्ध-समाचार प्राप्त करने के लिए जाना हो तो वहाँ की सरकार से भी इसकी पूर्वानुमति लेना आवश्यक होता है। सामान्यतः युद्ध संवाददाता को निम्नलिखित बातों का अपने मुख्य कर्त्तव्य के रूप में पालन करना पड़ता है।

(1) गोपनीयता सम्बन्धी प्रत्येक आदेश का अक्षरशः पालन करना।

(2) दिये गये रैंक के अनुसार सैनिक शिष्टाचार का पालन करना और तदनुसार ही वर्दी आदि पहनना।

(3) समाचार प्रकाशन के पूर्व सेना के गुप्तचर विभाग के अधिकारी को समाचार दिखाना और उसकी अनुमति के पश्चात् ही समाचार भेजना।

(4) सैनिक क्षेत्र से सम्बन्धित कोश-शब्दों की जानकारी प्राप्त करना।

(5) जनता के मनोबल को बढ़ानेवाले उत्साहवर्द्धक समाचार लिखना।

(6) युद्ध संवाददाता अपने पत्रकारोचित कर्त्तव्य पालन के साथ-साथ देश तथा नागरिकता के प्रति अपने कर्त्तव्य का निर्वाह नहीं भूलता। देश के प्रति परम निष्ठा के कारण ही वह युद्ध-क्षेत्र से कभी अपनी पराजय के समाचार इसलिए नहीं भेजता कि कहीं जनता का मनोबल टूट न जाये और विजय की रही-सही सम्भावना भी समाप्त न हो जाय।

युद्ध-क्षेत्र के समाचार देने के लिए सेना के विभागीय वरिष्ठ सूचना अधिकारी भी होते हैं। युद्ध संवाददाताओं को युद्ध-क्षेत्र तक ले जाने का दायित्व भारत सरकार के प्रशिक्षित सूचना अधिकारियों पर ही होता है। ये सूचना अधिकारी इस बात की पूरी-पूरी जानकारी रखते हैं कि किसी स्थान तक युद्ध संवाददाताओं को निरापद रूप में ले जाया जा सकता है। इसके बावजूद भी यह नहीं कहा जा सकता कि युद्ध संवाददाता अपने को सदैव सुरक्षित समझकर काम करें। शत्रु सेनाओं द्वारा किसी भी समय कहीं पर भी किसी प्रकार का आक्रमण हो सकता है और इस आक्रमण से बचाव के लिए युद्ध संवाददाताओं को वे सभी उपाय अपनाने होते हैं जो प्रशिक्षण के समय बताये जाते हैं।

युद्ध संवाददाता का कार्य एक विशेष प्रकार का साहसिक कार्य है और इस कार्य में वही संवाददाता सफल होते हैं जो सामयिक सूझ-बूझ और साहस के धनी होते हैं।

संवाददाता-सम्मेलन (प्रेस कॉन्फ्रेन्स)

पत्रकार सम्मेलन (Press Conference) अथवा संवाददाता सम्मेलन समचारों के महत्त्वपूर्ण स्रोत होते हैं। इस प्रकार के छोटे सम्मेलनों को समाचार-गोष्ठी (News Conference) भी कहा जाता है। कुछ देशों के शीर्षस्थ नेता नियमित रूप से पाक्षिक, मासिक, त्रैमासिक, षट्मासिक या वार्षिक निश्चित अवधि में बराबर पत्रकार सम्मेलन आयोजित करके कुछ नयी महत्त्वपूर्ण घोषणाएँ करते हैं, अपने देश तथा विदेश के सम्बन्ध में ऐसी जानकारियाँ देते हैं जो सर्वाधिक महत्त्वपूर्ण समाचारों का रूप धारण करके केवल देश में ही नहीं, अपने महत्त्व-क्षेत्र के अनुसार विदेशी समाचार-पत्रों तक में महत्त्वपूर्ण स्थान में प्रकाशित की जाती हैं।

समय-समय पर विभिन्न सरकारी, अर्द्ध-सरकारी तथा वैयक्तिक संस्थानों या कल-कारख़ानों के अधिकारों या जनसम्पर्क अधिकारी भी अपना दृष्टिकोण जनसामान्य के समक्ष रखने के लिए

या नवीनतम घटनाओं और कार्य-कलापों की सूचनाएँ देने के लिए संवाददाता सम्मेलनों का आयोजन करते हैं।

जिलाधीश द्वारा भी समय-समय पर स्थानीय स्तर पर ऐसे सम्मेलन आयोजित किये जाने की एक परम्परा वैसी चली आ रही है। प्रायः अधिकांश सम्मेलनों के पूर्व पत्रकारों की जानकारी के लिए आवश्यक पाठ्य-सामग्री भेज दी जाती है और इसी के आधार पर चर्चा की जाती है।

साक्षात्कार का व्यापक रूप पत्रकार-सम्मेलन है। किसी पत्र के संवाददाता ने समालाप्य व्यक्ति से सम्पर्क कर आमने-सामने प्रश्न-परिप्रश्न द्वारा जो तथ्य प्राप्त किया वह किसी एक पत्र की थाती रहती है। पत्रकार-सम्मेलन में स्थान-विशेष के सभी मान्यता प्राप्त संवाददाताओं को आहूत किया जाता है। शासन के प्रवक्ता, राजनीतिक दलों के प्रमुख नेता, संगठनों के अधिकारी तथा विशिष्ट व्यक्तियों के लिए पत्रकार सम्मेलन आयोजित होता है ताकि पत्र-पत्रिकाओं से भेंट कर अपना पक्ष प्रस्तुत किया जा सके।

वक्तव्यों से सम्बद्ध प्रश्नों को उठाकर पत्रकार विषय का सूक्ष्म अध्ययन कर लेता है, कभी-कभी वे तथ्य उजागर हो जाते हैं जिन पर पर्दा डाला जाता है। पत्रकार-सम्मेलन की सफलता हेतु सुझाव प्रस्तुत है-

1. पत्रकार-सम्मेलन में जाने के पूर्व उसके उद्देश्य से सुपरिचित होवें। प्रश्न को लिख लें।
2. स्वयं कम बोलें, दूसरों की अधिक बातें सुनें।
3. खण्डन-मण्डन या उग्र विवाद से बचें।
4. अपने सहधर्मियों को भी अवसर दें।
5. व्यक्तिगत आक्षेप न करें। जिन प्रश्नों के उत्तर देने में प्रवक्ता झिझकता हो, उन्हीं प्रश्नों को घुमा-फिराकर बार-बार न पूछें। शिष्टाचार का सदैव पालन करें। प्रवक्ता द्वारा 'ऑफ द रिकार्ड' बतलाने पर दी हुई सूचना को प्रकाशित न करें।

संवाददाता सम्मेलन हेतु तैयारी

संवाददाता सम्मेलन में भाग लेनेवाले पत्रकार में अध्ययनशीलता, संवेदनशीलता और विषय से सम्बन्धित प्रश्न पूछने का गुण होना चाहिए। पत्रकार-सम्मेलन में भाग लेने के पूर्व सम्बन्धित विषय अथवा प्राप्त सामग्री का भली-भाँति अध्ययन किया जाय। पत्रकार-सम्मेलन के आयोजक या मुख्य वक्ता को राई तथा अपने को पर्वत कदापि न समझा जाय। बिना समझे-सोचे बोलने या टिप्पणी करने की अपेक्षा चुप रहना ही श्रेयस्कर है। बुद्धिमत्ता की धाक जमाने के चक्कर में मूर्खवत् आचरण करना ठीक नहीं। कम-से-कम बोलकर अधिक-से-अधिक सुनना चाहिए। अपने सहधर्मियों को भी कुछ जानने-पूछने का अवसर अवश्य देना चाहिए। अपने तथा दूसरे के समय का ध्यान रखना चाहिए। यदि सम्मेलन का विषय ज्ञात हो तो अपेक्षित जानकारी के लिए दो-तीन प्रश्न पहले से ही निर्धारित कर लेना चाहिए। कोरे खण्डन-मण्डन या विवाद की भावना से बचना चाहिए। भाषा और व्यवहार में पत्रकारोचित शालीनता अवश्य होनी चाहिए। किसी भी प्रश्न पर अनेक पहलुओं के विचार करके अपने प्रश्न को इस प्रकार तर्कसंगत बनाकर प्रस्तुत करना चाहिए जिससे कि किसी की बात को ज्यों-का-त्यों मानकर मौन न रहना पड़े। हम निरुत्तर न हों, वह हो जो सामने है। किसी अन्य

व्यक्ति द्वारा पूछे गये प्रश्न को पुनः कदापि न पूछा जाय। हाँ, यदि उत्तर में कोई स्पष्टीकरण अपेक्षित हो तो संकोच नहीं करना चाहिए। पत्रकार-सम्मेलन के आयोजन के उद्देश्य को पहले से ही जान समझ लेना चाहिए। यथासमय ही पहुँचना चाहिए, यदि किसी विशेष कारण से विलम्ब से पहुँचा जाय तो पहले की कार्यवाही पर प्रश्नोत्तरों को अपने किसी सहधर्मी से अवश्य जान लिया जाय।

संवाददाता-सम्मेलन में सावधानी

सामान्यतः समाचार गोष्ठी (News Conference) में लगभग 20 या 30 मिनट का समय पर्याप्त होता है। इससे अधिक समय किसी विशेष स्थिति में ही लग सकता है। गोष्ठी में भाग लेनेवाले प्रेस प्रतिनिधि और जन प्रतिनिधि दोनों का ही समय मूल्यवान् होता है। अतः समय की बर्बादी और गोष्ठी के सदुपयोग का दोनों पक्षों को ध्यान में रखना आवश्यक है। इसके लिए कुछ सामान्य नियमों का भी पालन करना पड़ता है। प्रत्येक पत्र प्रतिनिधि के लिए आवश्यक है कि वह निर्धारित समय पर निर्धारित स्थान पर पहुँच जाय। जब तक अन्तिम प्रश्न का अन्तिम उत्तर न समाप्त हो, तब तक गोष्ठी में नहीं उठना चाहिए।

आधुनिक समाचार गोष्ठी के आयोजन में सुविधाजनक समय तथा स्थान का भी विशेष महत्त्व है। यह स्थान ऐसा होना चाहिए जहाँ पर टेप रिकार्डर, स्टेनोटाइप रिकार्डर, दूरदर्शन तथा सामान्य फ़ोटोग्राफ़ी में असुविधा न हो। गोष्ठी में समाचार सूत्र या उसके प्रतिनिधि को अपनी बात अधिक-से-अधिक कहने का अवसर दिया जाता है। उसकी न सुनकर प्रश्न या जानकारी के नाम पर ही सही, अपनी कहने को आतुर पत्र-प्रतिनिधि आदर्श नहीं माने जाते। दी गयी जानकारी में कोई जटिलता या अस्पष्टता हो तो उसके लिए संक्षिप्त और शिष्ट शब्दों में प्रश्न करना चाहिए। अनावश्यक वार्त्ता न करना, हँसी-मज़ाक न करना, कठोर भाषा का प्रयोग न करना ये कुछ मूलभूत नियम हैं, इनका पालन करना आवश्यक है। समाचार सूत्र के लिए आवश्यक नहीं है कि वह सब-कुछ जानता हो- उसी प्रकार, जैसे पत्र-प्रतिनिधि भी सर्वज्ञ नहीं होता। यह भी आवश्यक नहीं है कि समाचार-पत्र का सब-कुछ कहा हुआ समाचार ही नहीं होता। जिस प्रकार गोष्ठी के टेपरिकार्डर और दूरदर्शन उपकरण समाचार सूत्र की सावधानी बरतने को प्रेरित करते हैं उसी प्रकार पत्र-प्रतिनिधियों को भी मूल तथ्यों तक ही सीमित रखना चाहिए।

साक्षात्कार अर्थ, महत्त्व एवं प्रकार

साक्षात्कार शब्द अंग्रेज़ी के इण्टरव्यू (Interview) का हिन्दी रूपान्तर है। मूल अंग्रेज़ी शब्द 'इण्टरव्यू' दो शब्दों 'इण्टर+व्यू' (Inter+View) से बना है। 'इण्टर' शब्द का अर्थ होता है 'आन्तरिक' और 'व्यू' शब्द का अर्थ देखना है। इस प्रकार साक्षात्कार का शाब्दिक अभिप्रायः 'आन्तरिक रूप' से देखना होता है।

पत्रकारिता में साक्षात्कार प्रणाली का सर्वाधिक महत्त्व होता है। पत्रकारिता के अन्य क्षेत्रों में साक्षात्कारदाता स्वयं अपने-आप भी कुछ विशेष प्रकार की सूचना या जानकारी प्रदान करता है, जो संवाद बनाने में सहायक होती है। पत्रकारिता के क्षेत्र में किसी प्रकार की अध्ययन-सामग्री के निरीक्षण और सत्यापन में भी साक्षात्कार की महत्त्वपूर्ण भूमिका होती है। साक्षात्कार को व्यावहारिक दृष्टि से एक प्रकार की 'मौखिक प्रश्नावली' की भी संज्ञा दी जा सकती है। इसमें

साक्षात्कारकर्त्ता साक्षात्कारवार्त्ता से आमने-सामने मौखिक उत्तर प्राप्त करता है। अनुसन्धान के क्षेत्र में साक्षात्कार को एक सार्थक और श्रेष्ठ उपकरण माना जाता है। जो व्यक्ति किसी कारण से लिखित रूप से गुप्त सूचनाएँ नहीं देना चाहते उनसे भी साक्षात्कार द्वारा सूचनाएँ प्राप्त हो जाती हैं। प्रश्नावली में कुछ प्रश्न प्रश्नकर्त्ता से भी छूट सकते हैं, और लिखित उत्तरदाता भी प्रश्नों की उपेक्षा कर सकता है। कभी-कभी प्रश्न का समुचित उत्तर भी नहीं मिल पाता। इस प्रकार की कमियाँ साक्षात्कार में नहीं होती, साक्षात्कार कर्त्ता अपने उद्देश्य को समझाकर मूल सूचनाएँ प्राप्त कर सकता है, और आवश्यकतानुसार पूरक प्रश्न भी कर सकता है। इससे किसी एक ही प्रश्न के विभिन्न अवस्थाओं में उत्तर प्राप्त करके उसकी विश्वसनीयता ज्ञात की जा सकती है। साक्षात्कार से अनुसन्धानकर्त्ता अशिक्षितों, बच्चों, अल्प बुद्धिवालों अथवा भाषा को कम समझनेवालों से भी अपने अपेक्षित उत्तर प्राप्त कर सकते हैं। इसीलिए अनुसन्धानकर्त्ता साक्षात्कार प्रणाली का अधिकाधिक उपयोग करते हैं। यदि एक अनुसन्धानकर्त्ता पत्रकार यह जानना चाहता है किसी स्थिति, समस्या, घटना अथवा तटस्थ के सम्बन्ध में लोग क्या अनुभव करते हैं, क्या स्मरण करते हैं, उनके उद्वेग, प्रेरणाएँ और क्रियाएँ-प्रतिक्रियाएँ क्या हैं-तो उनका साक्षात्कार करके ही ज्ञात किया जा सकता है।

साक्षात्कार के समय 'औपचारिकता' का 'पर्दा' भी अनुसन्धान की प्रमाणिकता में बाधक होता है। 'साक्षात्कार' केवल दो व्यक्तियों (साक्षात्कर्त्ता और साक्षात्कारदाता) के आमने-सामने मिलने, बैठने तक ही सीमित नहीं रहता, अपितु प्रत्यक्ष या अप्रत्यक्ष रूप से उनमें परस्पर 'उत्तेजना' या 'सहयोग' जैसी कुछ भावात्मक अनुक्रियाएँ भी आरम्भ हो जाती हैं। एक अनुभवी साक्षात्कारकर्त्ता साक्षात्कार के समय अपने प्रश्नों के उत्तर प्राप्त करते समय उत्तरदाता की अभिव्यक्तियों, प्रेरणाओं, इच्छाओं, तनावों तथा आर्थिक सामाजिक, पारिवारिक या राजनीतिक पर्यावरण के प्रभाव का भी अध्ययन करता है। कभी-कभी उसके अध्ययन का मूल उद्देश्य उसके प्रश्नों में निहित न होकर उत्तरों के समय सक्रिय होनेवाली किन्हीं मनःस्थितियों से भी सम्बन्धित होता है। साक्षात्कारकर्त्ता वस्तुनिष्ठ तथ्यों-जैसे आर्थिक स्थिति, सन्तान संख्या, वायु इत्यादि तक ही सीमित न रह कर, उसके व्यक्तित्व, प्रवृत्तियों, राग-द्वेषों का भी पता लगाता है। ऐसी जानकारी उत्तरदाता की शारीरिक क्रियाओं और वार्त्तालाप के द्वारा प्राप्त हो जाती है। साक्षात्कारकर्त्ता समय-सीमा का ध्यान रखते हुए ऐसे प्रश्न करना उचित नहीं समझता जिनके उत्तरों की जानकारी अन्यत्र से भी प्राप्त हो सकती है।

साक्षात्कार विधि से अनुसन्धान कार्य करनेवाले पत्रकार को अपने सामान्य व्यावसायिक साक्षात्कारों के लिए अपेक्षित सभी गुणों से युक्त होना चाहिए। इसके अतिरिक्त उसे अपने अध्ययन की आवश्यकताओं के अनुरूप परिणाम प्राप्त करने के लिए भी पूर्ण तैयारी कर लेनी चाहिए। सर्वप्रथम पत्रकार को यह निश्चित कर लेना चाहिए कि उसे किन-किन बातों पर विशेष ज़ोर देना है और किन-किन दिशाओं की ओर साक्षात्कारदाता को ले जाना है। इस प्रकार के निश्चय का लाभ तब होता है जब साक्षात्कारदाता मुख्य विषय से बहुत दूर हट जाता है। ऐसी स्थिति में अनुभवी साक्षात्कारकर्त्ता उत्तरदाता को अपने मूल विषय पर लाने में सफल होता है। अपरिचय की स्थिति को समाप्त करने के लिए अनुसन्धानकर्त्ता या अनुसन्धान आयोजित करनेवाली संस्था की ओर से एक पूर्व सूचना-पत्र साक्षात्कारदाता को भेजा जा सकता है। अनुसन्धानकर्त्ता स्वयं भी अपना प्रामाणिक परिचय-पत्र यथासमय उपस्थित कर सकता है।

साक्षात्कार के प्रकार

कार्य एवं उद्देश्य के अनुसार साक्षात्कार कई प्रकार के होते हैं। इनमें निम्नलिखित प्रमुख हैं-

(1) कारक परीक्षक साक्षात्कार- इस प्रकार के साक्षात्कार किसी गम्भीर समस्या या घटना के कारणों का पता लगाने के उद्देश्य से किये जाते हैं। जैसे, हड़तालों, शिक्षित बेरोज़गारी, अनुशासनहीनता इत्यादि के कारणों का पता लगाना।

(2) उपचार साक्षात्कार- इस प्रकार के साक्षात्कार का उद्देश्य किसी समस्या के समाधान के लिए उपयुक्त सुझावों की जानकारी प्राप्त करना होता है। जैसे-समाजशास्त्रियों, अर्थशास्त्रियों, शिक्षाविदों, जेल अधिकारियों, न्यायाधीशों से समय-समय पर किसी समस्या के समाधान के उपाय ज्ञात करना।

(3) अनुसन्धान साक्षात्कार- इस प्रकार का साक्षात्कार किन्हीं विषयों या घटनाओं से सम्बन्धित तथ्यों या कारकों की जानकारी के उद्देश्य से किया जाता है। ऐसे साक्षात्कार में प्रश्नों को पहले से ही निर्धारित कर लिया जाता है।

(4) औपचारिक साक्षात्कार- इस प्रकार के साक्षात्कार में सूचनादाता से निश्चित प्रश्न ही किये जाते हैं, और उत्तरों को भी निश्चित ढंग से ही लिखा जाता है। ऐसे साक्षात्कार में साक्षात्कारकर्त्ता प्रश्नों या उनकी भाषा-शैली में भी परिवर्तन नहीं कर सकता। इसीलिए ऐसे साक्षात्कारों को नियन्त्रित, नियोजित, निर्देशित या व्यवस्थित साक्षात्कार भी कहा जाता है।

(5) अनौपचारिक साक्षात्कार- इस प्रकार के साक्षात्कार में पूर्व निर्मित अनुसूची का उपयोग नहीं किया जाता। समाचारकर्त्ता को प्रश्नों के क्रम, शब्दावली तथा आकार-प्रकार के बदलने या घटाने-बढ़ाने की स्वतन्त्रता रहती है। साक्षात्कार देनेवाला किसी वर्णन या कहानी के रूप में अपनी बात कहता है, उसमें से साक्षात्कारकर्त्ता अभीष्ट बातें ग्रहण कर लेता है। मनोवैज्ञानिक और पूर्वगामी अध्ययन में ऐसा साक्षात्कार विशेष उपयोगी होता है।

(6) व्यक्तिगत साक्षात्कार—इस प्रकार के साक्षात्कार में एक ही व्यक्ति से सम्पर्क किया जाता है। इसमें कभी-कभी द्विपक्षीय प्रश्नोत्तर भी होते हैं। ऐसे साक्षात्कार में समय अधिक लगता है और प्रश्नों के उत्तर लिखने तथा उनका विश्लेषण करने में भी पक्षपात की सम्भावना रहती हैं। इन दोषों के बावजूद ऐसे साक्षात्कार से उत्तर अधिक स्पष्ट किये जा सकते हैं तथा भावात्मक और विवादात्मक प्रश्नों के उत्तर भी प्राप्त हो जाते हैं। भावनाओं के उत्तेजना से मिलनेवाली सूचनाएँ प्राप्त करना भी सम्भव है।

(7) समूह साक्षात्कार—इस प्रकार के साक्षात्कार में साक्षात्कारकर्त्ता एक ही समय और स्थान में अनेक सूचनादाताओं से साक्षात्कार करता है। ऐसे साक्षात्कार विवादात्मक होने पर कुछ उत्तरदाता मौन हो सकते हैं, और कुछ अन्य व्यक्तियों द्वारा व्यक्त किये गये विचारों का विरोध या समर्थन भी कर सकते हैं। ऐसे साक्षात्कार में उत्तरदाता के व्यक्तिगत स्वभाव, दृष्टिकोण, भावना या विचारधारा का पता नहीं लग पाता। गोपनीयता भी नहीं रहती। प्रायः उनके उत्तर एक-दूसरे के प्रत्युत्तर या प्रतिक्रिया-जैसे हो जाते हैं। प्रायः साक्षात्कार एक विचार- गोष्ठी का रूप ले लेता है। किन्तु इस विधि से अनेक व्यक्तियों से सम्पर्क हो जाता है और प्राप्त उत्तर भी विश्वसनीय हो जाता है। धन तथा समय की बचत के साथ-साथ व्यापक तथ्यों को एकत्रित करने में भी सुविधा हो जाती है।

(8) अनिर्देशित साक्षात्कार–इस प्रकार का साक्षात्कार अनौपचारिक या अनियन्त्रित साक्षात्कार से साम्य रखता है। इसमें किसी पूर्वयोजित अनुसूची या प्रश्नावली के अनुसार प्रश्न न पूछकर स्वतन्त्र रूप से वार्त्तालाप चलता है। सूचनादाता व्याख्यात्मक विवरण के रूप में अपने विचार प्रकट करता जाता है। सूचनादाता पूर्ण स्वतन्त्र होता है और भावावेग में मन की अनेक बातें कह डालता है। साक्षात्कारकर्त्ता बीच में कुछ बोले बिना अपने मतलब की बात लिख लेता है। इस विधि से किसी अध्ययन के लिए प्रश्नों को तैयार करने की प्रेरणा भी मिल सकती है।

(9) केन्द्रित साक्षात्कार–इस प्रकार का साक्षात्कार उन्हीं व्यक्तियों से सम्बन्धित होता है जो किसी विशेष परिस्थिति में रह चुके होते हैं। इसमें सूचनादाता को युक्तिपूर्वक प्रत्यक्ष या अप्रत्यक्ष रूप से विषय से बाहर नहीं बोलने दिया जाता है। भय, तनाव अथवा भावात्मक क्रियाओं या प्रवृत्तियों का अध्ययन करने में यह प्रणाली विशेष उपयोगी होती है। किसी व्यक्ति के अन्तर्गत अनुभवों और धारणाओं का ठीक पता लगाने के लिए यह साक्षात्कार पथ-प्रदर्शिका (Interview Guide) के अनुसार ही होता है।

(10) पुनरावृत्ति साक्षात्कार- इस प्रकार के साक्षात्कार को बार-बार दोहराया जाता है। इससे यह ज्ञात किया जाता है कि कोई व्यवहार सामाजिक परिस्थिति या मनोवैज्ञानिक प्रक्रिया किन-किन कारकों, क्रियाओं और अभिवृत्तियों से प्रभावित या उत्पन्न हुई है। इस प्रकार पाल लैजार्सफील्ड (Paul Lazarsfield) और उनके सहयोगियों ने यह पता लगाया था कि अमेरिकी नागरिकों को राष्ट्रपति के चुनाव के सम्बन्ध में अपनी राय या अभिमत बनाने में मतदाता के रूप में उनका मस्तिष्क किन-किन स्थितियों से गुज़रता है।

(11) अल्प सम्पर्क साक्षात्कार– इस प्रकार का साक्षात्कार आकस्मिक या अनायास रूप से रास्ता चलते, यात्रा में, होटल, रेलवे स्टेशन, बस स्टेशन, पान की दुकान इत्यादि किसी भी स्थान पर किसी भी समय हो सकता है। इस प्रकार के साक्षात्कार में कभी-कभी बहुत थोड़े समय या थोड़े धन के व्यय से ही बड़ी-बड़ी महत्त्वपूर्ण सूचनाएँ अकस्मात् प्राप्त हो जाती हैं। अल्प सम्पर्क साक्षात्कार से प्राप्त कुछ सूचनाएँ अन्य महत्त्वपूर्ण सूचनाओं को प्राप्त करने में पथ-प्रदर्शक का भी काम करती हैं।

(12) दीर्घ सम्पर्क साक्षात्कार–इस प्रकार का साक्षात्कार किसी गम्भीर सूक्ष्म अथवा रहस्यपूर्ण समस्या स्थिति या घटना का अध्ययन करने के उद्देश्य से किया जाता है। इसमें अधिक समय लगाना आवश्यक होता है। आदिम जातियों के कार्य-कलापों, प्रवृत्तियों, अपराधी अथवा अविवाहित स्त्रियों की मनोवृत्तियों, विशिष्ट व्यक्तियों द्वारा रचे गये षड्यन्त्रों, आर्थिक घोटालों, यौन-व्यवहारों अथवा इसी प्रकृति की अन्य गोपनीय स्थितियों का पला लगाने में लम्बे साक्षात्कार ही सार्थक होते हैं।

साक्षात्कार की कार्यप्रणाली

अनुसन्धान पत्रकारिता के लिए साक्षात्कार की कार्यप्रणाली बहुत व्यापक और जटिल होती है। सामान्य संवाददाताओं या पत्रकारों के साक्षात्कार और अनुसन्धान पत्रकारिता के क्षेत्र के लिए अपेक्षित साक्षात्कार प्रणाली में अन्तर होता है। सामान्य साक्षात्कार कामचलाऊ और अवैज्ञानिक भी हो सकता है। किन्तु किसी अनुसन्धान पत्रकार द्वारा किया गया साक्षात्कार सुनिश्चित उद्देश्यों, लक्ष्यों और आदर्शों से प्रेरित होता है। यह एक वैज्ञानिक कला भी है।

इसीलिए इसके लिए एक विधिवत् कार्यप्रणाली बनाकर पहले ही निर्धारित कर लेना चाहिए। एक सुविचारित, व्यवस्थित वैज्ञानिक साक्षात्कार कार्य प्रणाली को निम्नलिखित चरणों या क्रमों में वर्गीकृत किया जा सकता है—

(1) साक्षात्कार की तैयारी : समस्या का पूर्ण ज्ञान, पथ-प्रदर्शिका निर्माण, व्यक्तियों का चुनाव, प्रारम्भिक विचारण, समय निर्धारण, अनुकूल दशाओं का निर्माण।

(2) साक्षात्कार प्रक्रिया के मुख्य भाग : सम्पर्क स्थापना, सहयोग का आग्रह, प्रश्न पूछना, नियन्त्रण निर्देशन प्रमापीकरण, समाप्ति, प्रतिवेदन की तैयारी।

(1) समस्या का पूर्ण ज्ञान—साक्षात्कारकर्त्ता को अपने अध्ययन विषय या समस्या के सभी पहलुओं का पूर्ण ज्ञान होना चाहिए। जो साक्षात्कारकर्त्ता समस्या की प्रवृत्ति उसके उद्देश्यों और उसके अध्ययन के उद्देश्य से अनभिज्ञ या अल्पभिज्ञ होता है वह उत्तरदाता द्वारा पूछे गये प्रति प्रश्नों के उत्तर या उसकी शंकाओं का समाधान नहीं प्रस्तुत कर सकता।

(2) साक्षात्कार पथ-प्रदर्शिका—पथ-प्रदर्शिका दो प्रकार की होती है—(1) अवलोकन पथ-प्रदर्शिका (Observation Guide) और (2) साक्षात्कार पथ-प्रदर्शिका (Interview Guide)। यदि अनुसन्धान पत्रकार पहले से ही एक सर्वाङ्गपूर्ण साक्षात्कार पथ-प्रदर्शिका बना लेता है तो वार्त्तालाप करते समय उसे अभीष्ट लक्ष्य तक पहुँचने में कठिनाई नहीं होती। इसमें साक्षात्कार के समय अपेक्षित सावधानियों और निर्देशों का भी उल्लेख रहता है। पथ-प्रदर्शिका में समस्या के विभिन्न पहलुओं की रूपरेखा, साक्षात्कार की पूर्ण योजना का विवरण और वार्त्तालाप को केन्द्रित करनेवाले विभिन्न विषयों का उल्लेख भी रहता है। अनुसन्धान विशेषज्ञों के अनुसार साक्षात्कार पथ-प्रदर्शिका से निम्नलिखित मुख्य लाभ होते हैं-

(क) साक्षात्कारकर्त्ता का ध्यान अध्ययन के मुख्य-मुख्य तत्त्वों की ओर केन्द्रित किये रहना।

(ख) एक अथवा अनेक साक्षात्कारों के द्वारा तुलनात्मक सामग्री प्राप्त करने में सहायता।

(ग) सामग्री के विशेषण के लिए अपेक्षित एक-सी इकाइयों को संकलित करने या पूर्वकल्पना की परीक्षा करने में सहयोग देना।

(घ) जीवन इतिहासों के गणनात्मक आधारों के अनुकूल विशिष्ट प्रकार के ठोस तथ्यों और विस्तृत सूचनाओं के संग्रह के लिए अभिप्रेरित रखना।

(3) व्यक्तियों का चुनाव- साक्षात्कार देनेवाले व्यक्तियों का चुनाव अध्ययन की समस्या और अध्ययन की पद्धति को भी ध्यान में रखकर किया जाना चाहिए। चुनाव ऐसे व्यक्तियों का ही किया जाना चाहिए जो विषय के जानकार हों और अधिक विश्वसनीय सूचनाएँ दे सकने की स्थिति में हों।

(4) प्रारम्भिक विचार- किसी भी प्रकार का साक्षात्कार प्रारम्भ करने के पूर्व साक्षात्कार के उद्देश्य और साक्षात्कारदाता की योग्यता, निवास-स्थान, व्यवसाय, स्वभाव, अवकाश का समय, दृष्टिकोण इत्यादि का भी पूर्वानुमान लगा लेना चाहिए। साक्षात्कारदाता से परिचय भी स्थापित करना आवश्यक हे। यह परिचय पत्र द्वारा या व्यक्तिगत रूप से भी हो सकता है। यदि विषय किसी समूह, समुदाय, वर्ग या संगठन से सम्बन्धित हो तो सबसे पहले उसके नेता से सम्पर्क करना चाहिए।

(5) समय निर्धारण- समय का निर्धारण साक्षात्कारदाता के परामर्श से ही पत्र, टेलीफ़ोन या व्यक्तिगत सम्पर्क द्वारा किया जाना चाहिए। समय के साथ ही स्थान का भी निर्धारण आवश्यक है। प्रथम सम्पर्क स्थापित करते समय परिचय-पत्र अवश्य देना चाहिए। समय तथा स्थान उस स्थिति में विशेष महत्त्व रखते हैं जब सूचनाएँ सबकी उपस्थिति में प्रत्येक समय देना सम्भव नहीं होता।

(6) अनुकूल दशाओं का निर्माण- साक्षात्कारकर्त्ता को कभी-कभी अपने अध्ययन के लिए साक्षात्कारदाता को अनुकूल दशाओं में भी लाना पड़ता है। इसके लिए साक्षात्कार कर्त्ता को सामान्य मनोवैज्ञानिक उपायों का व्यवहार करना चाहिए।

(7) सम्पर्क स्थापना- व्यवहारिक दृष्टि से सम्पर्क स्थापना को ही साक्षात्कार का प्रथम सोपान कहा जा सकता है। सम्पर्क सदैव निर्धारित समय और स्थान पर ही करना चाहिए। साक्षात्कारदाता से उपयुक्त अभिवादन के साथ मिलते हुए यदि परिचय-पत्र हो तो परिचय-पत्र अथवा मौखिक रूप से परिचय देना चाहिए। साक्षात्कार देनेवाले से इस प्रकार सम्पर्क में अपना उद्देश्य इस प्रकार स्पष्ट करना चाहिए कि उसके मन में किसी प्रकार की औपचारिकता या सन्देह शेष न रहे।

(8) साक्षात्कार का प्रारम्भ- साक्षात्कार के प्रारम्भ में कुछ कुशल-क्षेम-जैसा प्रारम्भिक वार्त्तालाप करने के पश्चात् अपने मूल विषय से सम्बन्धित प्रश्न पूछना चाहिए। किसी भी स्थिति में विवाद को बचाना चाहिए। बीच-बीच में कुछ उत्त्साहवर्द्धक वाक्य भी कहने चाहिए। कई बार साक्षात्कारकर्त्ता के मस्तिष्क को सन्तुलित बनाने और अनुभवों तथा विचारों को अप्रत्यक्ष रूप से स्मरण कराने में भी सहयोग देना चाहिए। साक्षात्कारदाता से व्यक्तिगत या रहस्यपूर्ण बातों से सम्बन्धित प्रश्न नहीं करना चाहिए।

(9) सूचनाओं का लेखन- साक्षात्कार के समय उत्तरदाता द्वारा दिये गये उत्तरों को लिखने के लिए टेप रिकार्डर का भी उपयोग किया जा सकता है किन्तु कुछ अध्ययनों की प्रकृति ऐसी भी हो सकती है जिसके कारण साक्षात्कार दाता अपनी बात को रिकॉर्ड कराने से इन्कार भी कर सकते हैं। ऐसी स्थिति में यही उचित होगा कि साक्षात्कारदाता की इच्छा का भी ध्यान रखा जाय। उत्तरों का लिखना भी दो स्थितियों में हो सकता है-

(क) **साक्षात्कार के समय लिखते रहना-** इसमें यह सुविधा रहती है कि उत्तरों को यथानुरूप लिखा जा सकता है किन्तु साक्षात्कार का स्वाभाविक प्रवाह बाधित हो सकता है।

(ख) **साक्षात्कार के पश्चात् लिखा जाय-** उत्तरों को साक्षात्कार के बाद भी लिखा जा सकता है। किन्तु इस स्थिति में यह भी सम्भव है कि कोई उत्तर विस्तृत हो जाय।

उपर्युक्त दोनों स्थितियों की कमियों या त्रुटियों से बचने के लिए उचित तो यही होगा कि साक्षात्कार विवरण को साथ-साथ संक्षिप्त रूप में सांकेतिक शब्दों में लिखते रहें। संकेत लिपि का ज्ञान अनुसन्धान पत्रकार के लिए सदैव लाभदायक और सुविधाजनक होता है।

(10) साक्षात्कार समापन- जब साक्षात्कारदाता सम्बन्धित प्रश्नों पर कुछ कहने की स्थिति में नहीं रह जाता, सभी प्रश्नों के उत्तर अपने बुद्धि-विवेक के अनुसार दे चुकता है तो स्वाभाविक रूप से उसके बोलने की गति मन्द हो जाती है। वह बीच-बीच में या तो विषयान्तर करके बोलने लगता है या रुक-रुककर कुछ कहता है। ऐसी स्थिति में साक्षात्कारकर्त्ता को स्वयं ही अपनी

ओर से वार्त्तालाप समाप्त करने का प्रयास करना चाहिए। यदि साक्षात्कार एक चरण में समाप्त होनेवाला न हो, तो आगे के साक्षात्कार के लिए साक्षात्कारदाता को उत्सुक बनाये रखने के लिए साक्षात्कार को ऐसे केन्द्र बिन्दु पर स्थगित करना चाहिए जिसमें आगे महत्त्वपूर्ण वार्त्ता के संकेत निहित हों। साक्षात्कारदाता से भी पूछ लेना चाहिए कि कोई बात कहने के लिए शेष तो नहीं रह गयी। यदि आवश्यक हो तो साक्षात्कारदाता द्वारा बताये गये विवरण को गोपनीय रखने का विश्वास दिलाते हुए कृतज्ञता ज्ञापन के साथ विदा लेनी चाहिए।

(11) साक्षात्कार प्रतिवेदन-साक्षात्कारकर्त्ता को अपने साक्षात्कार परिणामों को लिखने में आलस्य नहीं करना चाहिए। सबसे अच्छा यह होता है कि उसी दिन प्राप्त सूचनाओं का पुनः स्मरण (Recall) करके शीघ्रताशीघ्र ही लिख लिया जाय। प्रतिवेदन प्रत्येक स्थिति में वास्तविक और पक्षपातरहित होना चाहिए। प्रतिवेदन पर साक्षात्कारकर्त्ता के व्यक्त विचारों, मनोभावों और आदर्शों का प्रभाव कदापि नहीं होना चाहिए।

साक्षात्कार में सावधानी

साक्षात्कार और व्यक्तिगत सम्पर्क द्वारा समाचार की विशद जानकारी प्राप्त की जाती है। देखा जाता है कि सरकारी वक्तव्य, सार्वजनिक विज्ञप्तियाँ तथा मंचीय भाषणों द्वारा प्रायः एकपक्षीय तत्त्वों का विवरण प्रस्तुत किया जाता है। साक्षात्कार द्वारा पत्रकार समाचारों से सम्बद्ध अधिकारी से पक्ष-विपक्ष, गुण-दोष एवं जनमत के प्रभाव की ठोस बातें ज्ञात करता है। दूसरे शब्दों में भेंटवार्त्ता, सम्मेलन या साक्षात्कार द्वारा समाचार के 'क्यों' और 'कैसे' की गहरी जानकारी मिलती है, समाचार पूर्णता को प्राप्त होता है। पत्रकारिता की एक अमेरिकी संस्था ने साक्षात्कार तकनीक के लिए अपने छात्रों को निम्नलिखित सिद्धान्त बतलाया जिसे श्री के.पी. नारायणन् ने 'सम्पादन-कला' में उद्धृत किया है-

"जिस व्यक्ति से आपको साक्षात्कार करना हो उस व्यक्ति के बारे में किसी ऐसे व्यक्ति से, जो उसे जानता हो, जितनी भी मिल उसके उतनी जानकारी हासिल कर लीजिये। उसका नाम ठीक से उतारिये और उसका उच्चारण ठीक से कीजिये। फिर जिस विषय के सिलसिले में आप साक्षात्कार चाहते हों उस विषय के सम्बन्ध में जितनी हो सके उतनी जानकारी हासिल कीजिये। इस विषय के सम्बन्ध में किसी ऐसे व्यक्ति से पूछिये जो उसका जानकार हो और फिर किसी सन्दर्भ-ग्रन्थ में उस विषय पर जो लिखा हो उसे पढ़ लीजिये। इससे आप ठीक-ठीक प्रश्न पूछ सकेंगे और कोई बात छूट नहीं पायेगी।

आप स्वयं अधिक न बोलें। आपका प्रयोजन यह होना चाहिए कि जिस व्यक्ति से आप प्रश्न पूछते हैं, वह उनमें दिलचस्पी ले और बेझिझक उनके उत्तर दे। आपका काम सोचने का है, बोलने का नहीं। फिर चतुराई से प्रश्न पूछते जाइये। पूरी कथा ब्योरों और नाटकीय घटनाओं सहित मालूम कीजिये। समाप्ति से पूर्व तथ्यों का सरसरी तौर पर सत्यापन कर लीजिये।"

एक ही समस्या को लेकर विभिन्न स्थानों और विभिन्न स्थितियों से लोकमत, नेताओं के विचार को संकलित करके चर्चा-परिचर्चा का स्तम्भ शुरू होता है जिसका आधार साक्षात्कार ही है। कभी-कभी संवाददाताओं को सुनना पड़ता है कि 'मुझे अख़बारवालों पर भरोसा नहीं', 'मुझे कुछ नहीं कहना है', 'आपके अख़बार की नीति पसन्द नहीं' और 'फुरसत नहीं।' ऐसा सुनकर सतर्क, सयाना और विवेकी संवाददाता मनोवैज्ञानिक ढंग से सूचनाओं को प्राप्त कर लेने में

सफल होता है। बिना कुछ पूछे बहुभाषी मन्त्री या अधिकारीगण अपने प्रोपेगण्डा के निमित्त अधिक कहे जाते हैं, ऐसी अवस्था में संवाददाता नीर-क्षीर विवेकी होकर तथ्यों को ही समादृत करते हैं। मितभाषी और असयोगी प्रवृत्तिवाले पदाधिकारियों से आवश्यक सूचना-प्राप्ति के लिए शिष्टता एवं दृढ़ता का सम्बल लेना पड़ता है। भेंटवार्त्ताकार खुले दिमाग़ और आत्मीयता के वातावरण-निर्माण द्वारा अन्वेषक दृष्टि से अपने लक्ष्य को पाने में सफल रहता है।

•

प्रिण्ट पत्राकारिता

मानव एक विकासशील प्राणी है। सृष्टि के आरम्भ से वर्तमान समय तक मानव ने विकास के कई पड़ाव पार किये हैं। मानव सदैव ही प्रगतिगामी रहा है और उसकी प्रगति में संचार-प्रक्रिया का विशेष योगदान रहा है। मनुष्य ने सभ्यता की सीढ़ी चढ़ने में वैचारिक आदान-प्रदान के लिए भाषा का प्रयोग किया। संचार की अनिर्वायता के फलस्वरूप मानव ने विज्ञान की सहायता से संचार के अनेकानेक माध्यमों का आविष्कार किया। इसके पश्चात् अपेक्षाओं और आवश्यकताओं ने अपने रूप बदले और परिणामस्वरूप लेखन कला का जन्म हुआ। संचार में लेखन के प्रमाण सर्वप्रथम मेसोपोटामिया के अक्काड में मिले थे। इस भाषा को अक्काडियन कहते थे। इसका अधिक-से-अधिक उपयोग उत्तरी बेबीलोनिया में होता था। विश्व में अनेक स्थानों पर अपनी संस्कृति के अनुसार विभिन्न वर्णमालाओं का विकास हुआ। यूरोप में रोमन सम्राट् जूलियस सीजर (100-144 ई. पू.) ने राजकीय निर्देशों को दीवारों पर लिखवाने का कार्य प्रारम्भ किया। इस प्रकार की जानकारी को 'एक्टा डार्येना' (हर रोज़ की घटना) के नाम से जाना जाता था। इनमें प्रजा को निर्देश रहते थे कि उन्हें क्या करना चाहिए, कैसा आचरण करना चाहिए। यह समाचार-पत्र का पहला रूप था। भारत में इसके प्रमाण तीसरी सदी ई.पू. (लगभग 321 ई.पू.) मिलते हैं। चन्द्रगुप्त मौर्य ने अपने राज्य में गुप्तचर रखे थे, जो विभिन्न क्षेत्रों की रिपोर्ट लिखित रूप में भेजते थे। इसके उपरान्त सम्राट् अशोक ने अपने राज्य में शिलालेख स्तम्भ लगवाकर धर्म एवं अनुशासन की जानकारी देने की प्रथा प्रारम्भ की। सम्राट् अशोक के काल से लेकर औरंगजेब के समय तक जिन अभिलेखों अथवा रिपोर्टों का उल्लेख मिलता है, वे प्रायः हस्तलिखित अथवा शिलालेखों को उकेरकर तैयार की गयी हैं। इस प्रकार हस्तलिखित समाचार-पत्रों का प्रारम्भ हुआ। इसके बाद लिथोग्राफ़ी के आविष्कार ने मुद्रण के इतिहास में एक बड़ी क्रान्ति ला दी, क्योंकि इसके उपरान्त यान्त्रिक मुद्रण का आविष्कार हुआ। 10वीं शताब्दी में चीन में पाईशेन ने चलित टाइप द्वारा मुद्रण में विकास किया, जिसका श्रेय चीन एवं कोरिया को जाता है। 15वीं सदी (सन् 1450) में गुटेनबर्ग के इस प्रकार चलित टाइप द्वारा बाइबिल के मुद्रण का उल्लेख मिलता है।

पुस्तकों के प्रकाशनों में वृद्धि हुई। पुस्तकालयों की स्थापना ने ज्ञान के क्षेत्र में विस्तार किया, जो प्रायः कुलीन धनाढ्य लोगों की धरोहर बनकर रहा। 17वीं सदी में मुद्रण की तकनीक का उपयोग व्यावसायिक रूप में होने लगा। व्यावसायिक जानकारी में बुलेटिन निकलना प्रारम्भ हुआ। जर्मनी ने पहला समाचार-पत्र या बुलेटिन सन् 1609 में निकाला। इसका नाम था- 'आविस्ता रिलेशन आडर जैटूँगा।' कुछ विशेषज्ञों के अनुसार दुनिया में पहला समाचार-पत्र

1526 में हॉलैण्ड से प्रकाशित हुआ। धार्मिक प्रयासों के प्रकाशन से लेकर समाचार-पत्रों के मुद्रण तक का सफर शुरू हुआ। आरम्भ में मुद्रण की प्रक्रिया कठिन, आधिक समय लेनेवाली एवं अनाकर्षण थी। लेकिन 20वीं सदी तक मुद्रण की प्रक्रिया में आमूल परिवर्तन आया। आज एक साथ कम-से-कम समाय में अधिक-से-अधिक संख्या में विभिन्न रंगों द्वारा मुद्रण की तकनीक ने मुद्रित सामग्री में एक नया अध्याय प्रारम्भ कर दिया है। भारत में यान्त्रिक मुद्रण की पहल सन् 1498 ई. में हुई, जब पुर्तगालियों द्वारा पहला प्रिण्टिंग प्रेस भारत में लाया गया। इस प्रिण्टिंग प्रेस की स्थापना गोवा के सेण्ट पॉल में करने का उल्लेख मिलता है। 16वीं सदी के अन्त तक पश्चिमी घाट पर स्थित केरल के आस-पास मुद्रण का सबसे बड़ा केन्द्र बन गया। भारत में मुद्रण तकनीक का विकास प्रारम्भ में सन्तोषजनक नहीं था। मुद्रण के अवरोध का प्रमुख कारण रूढ़िवादी हिन्दू समाज था। उनके इस तर्क से सभी सहमत होंगे कि मुद्रण के लिए जिस स्याही का उपयोग होता था, वह पशुओं की चरबी से बनायी जाती थी। दूसरा कारण भारत में साक्षरता का प्रसार अत्यन्त कम था। इन दो कारणों ने मुद्रण की गति एवं विकास में अनेक अवरोध उत्पन्न किये। अधिकृत रूप में भारत का सर्वप्रथम् समाचार-पत्र जेम्स ऑगस्टस हिक्की ने सन् 1780 में 'बंगाल गज़ट' अथवा 'हिक्की गज़ट' नाम से निकाला। इसके बाद भी देश के अनेक शहरों से समाचार-पत्रों के प्रकाशन का सिलसिला शुरू हुआ। 30 मई, 1826 को हिन्दी का प्रथम साप्ताहिक 'उदन्त मार्तण्ड' पं. युगल किशोर शुक्ल ने प्रकाशित किया। देश को स्वतन्त्रता दिलाने में मुद्रित माध्यमों का विशेष योगदान रहा। समाचार-पत्रों ने एक ओर जहाँ अन्य देशों का ध्यान भारत के स्वतन्त्रता-आन्दोलन की गतिविधियों पर आकर्षित किया, वहीं दूसरी ओर उन्होंने ब्रिटिश शासन को भारतवासियों की भावनाओं से परिचित कराया। समाचार-पत्र संचार माध्यम का प्रमुख साधन बन गया। आज देश भर में लगभग 7131 समाचार-पत्रों के प्रकाशन का अनुमान है। इसके अलावा मासिक, पाक्षिक और साप्ताहिक पत्र-पत्रिकाएँ हैं जो देश की प्रमुख भाषाओं में देश के विभिन्न भागों से भी प्रकाशित होती हैं। एक आँकड़ों के अनुसार कुल प्रकाशनों की संख्या 65032 है। कुछ समाचार-पत्र जिला स्तर के हैं, परन्तु अधिकांश महानगरों, राज्यों तथा केन्द्र-शासित प्रदेशों की राजधानियों से प्रकाशित होते हैं। क्षेत्रीय भाषाओं के समाचार-पत्र देश के दूर-दराज़ के इलाकों में भी पहुँचते हैं।

प्रिण्ट पत्रकारिता का महत्त्व

मुद्रित सामग्री को पाठक अपनी सुविधा के अनुरूप पढ़ सकता है। हर व्यक्ति का अपना मानसिक स्तर होता है। अतएव मुद्रित सामग्री को पाठक अपने मानसिक स्तर के साथ पढ़ने की गति पर अपना नियन्त्रण रख सकता है। समझ में न आने पर उसे बार-बार पढ़ा जा सकता है। मुद्रित सामग्री का पाठक अपनी रुचि-अभिरुचि से प्रकाशित सामग्री छोड़कर भी पढ़ सकता है। मुद्रित समग्री में चिन्तन-मनन के भरपूर अवसर की सम्भावना है। परम्परागत साधन की तुलना में इस माध्यम की पहुँच का क्षेत्र कहीं बहुत अधिक है। राष्ट्रीय पाठक सर्वेक्षण (एन.आर.एस.) से पता चलता है कि प्रिण्ट मीडिया की पाठक संख्या में निरन्तर वृद्धि हो रही है। मुद्रण संचार-सारणी का काम करता है। पठनीय मुद्राक्षरों के माध्यम से मुद्रण बोलता है। उचित मुद्राक्षरों के चयन और उचित प्रदर्शनों के लिए आलेखीय कौशल की आवश्यकता होती है।

प्रिण्ट पत्रकारिता का मानव-जीवन में विशेष महत्त्व है। मुद्रित माध्यम जैसे समाचार-पत्र-पत्रिका, पुस्तकें, ग्रन्थ पुनः पढ़े जा सकते हैं और इनको अपनी आवश्यकतानुसार संग्रहित भी किया जा सकता है। प्रिण्ट पत्रकारिता, कला, मनोरंजन, खेल, साहित्य, सामाजिक, फ़िल्मजगत्, संगीत जगत् आदि विभिन्न क्षेत्रों से सम्बन्धित जानकारियाँ और विश्लेषण प्रस्तुत करते हैं। इसमें विभिन्न वर्गों की सन्तुलित, ज्ञानवर्द्धक, विकासशील, मानसिकता की सामग्री प्रकाशित होती है। पत्र-पत्रिकाओं की विशेष सामग्री सदैव पठनीय बनी रहती है।

मुद्रित माध्यम की ख़बरें अन्य संचार माध्यमों की ख़तरों से अधिक विश्वसनीय होती हैं। ये विस्तृत व्याख्या प्रस्तुत करते हैं।

एक शिक्षित और अर्द्ध-शिक्षित भारतीय या पाठक समाचार-पत्र क्रय कर सकता है और यदि वह क्रय नहीं कर पाता तो भी उसे सार्वजनिक पुस्तकालयों में या पड़ोसी के समाचार को पढ सकता है। जनमत की सशक्त और सांस्कृतिक चेतना में मुद्रित माध्यमों का अद्वितीय योगदान है। देश के स्वतन्त्रता संग्राम से लेकर आज तक की राजनीतिक, सामाजिक और शैक्षिक जन-चेतना के विकास में महत्त्वपूर्ण भूमिका अदा की है। पत्र-पत्रिकाओं में विचार-प्रधान, विश्लेषणात्मक और संरक्षित करने योग्य सामग्री उपलब्ध होती है। सावधि पत्र-पत्रिकाओं की सामग्री सदैव पठनीय बनी रहती है। पत्र-पत्रिकाएँ ज्ञानार्जन की सशक्त और विश्वसनीय माध्यम हैं। पत्र-पत्रिकाओं के प्रकार में साप्ताहिक, पाक्षिक, मासिक, त्रैमासिक, षड्मासिक, वार्षिक प्रकाशन सम्मिलित होती हैं। इनमें विशेष वर्गों की सन्तुलित सामग्री होती है जो केवल निश्चित समय तक ही नहीं अपितु उसके बाद भी पुनः पठनीय होती है।

प्रिण्ट मीडिया की पत्रकारिता

मुद्रित माध्यमों का विकास 15वीं शताब्दी में प्रेस की स्थापना के साथ आरम्भ हुआ। मुद्रित माध्यम द्वारा प्रिण्ट पत्रकारिता का जन्म हुआ। सूचना का संचार जब मुद्रित रूप में होता है तब उसे 'प्रिण्ट पत्रकारिता' कहा जाता है। प्रिण्ट पत्रकारिता में समाचार-पत्र, पत्रिकाएँ, पुस्तकें, न्यूज़लेटर, वॉल-न्यूज़ पेपर और जनसम्पर्क के काम आनेवाली गृह पत्रिकाएँ तथा अन्य मुद्रित प्रचार सामग्री आती हैं। आज सम्पूर्ण विश्व के प्रत्येक देश, प्रान्त और क्षेत्र में दैनिक, साप्ताहिक, पाक्षिक और मासिक पत्र-पत्रिकाएँ और दैनिक समाचार-पत्र प्रकाशित हो रहे हैं और प्रति वर्ष इसकी प्रसार संख्या में वृद्धि भी हो रही है। मानव गविविधियाँ मुद्रित माध्यमों में प्रकाशित की जाती है। मुद्रित माध्यमों के दो प्रमुख भाग है-

1. समाचार-पत्र
2. पत्र-पत्रिकाएँ एवं पुस्तकें

समाचार-पत्र

समाचार-पत्रों का विधिवत् आरम्भ छापाख़ाने के आविष्कार के साथ हुआ। ईसा से 59 वर्ष पहले जूलियस सीज़र ने रोम में सबसे पहला समाचार-पत्र **'एक्टा डियोर्ना पुली रोमानी'** नाम से निकाला था। इसी **'डियोर्ना'** शब्द से बाद में इटालियन शब्द **'जर्नल'** का उद्भव हुआ। रोम का यह प्रथम दैनिक समाचार-पत्र था। इसमें मुख्य रूप से शासकीय घोषणाएँ प्रकाशित होती थीं। तब भारत में लिखने के लिए भोजपत्रों एवं ताड़पत्रों को उपयोग में लाया जाता था। सन् 263 ई. में पेइचींग (पीकिंग) से 'चीनी-गज़ट' का प्रकाशन हुआ। लकड़ी के ठप्पों से छपाई का

काम भी सबसे पहले 5वीं तथा 6ठीं शताब्दी में चीन में शुरू हुआ। 19वीं सदी में चीन में पत्थर के टाइप बनाये गये, ताकि अधिक प्रतियाँ छापी जा सकें। पुरातात्त्विक विभाग के अनुसार चीन में 175 ई. में ठप्पे से मुद्रित ग्रन्थ के कुछ भाग आज भी विद्यमान हैं। 972 ई. में एक लाख तीस हज़ार पृष्ठों का त्रिपिटक ग्रन्थ छपा। पत्थर के टाइप से छपाई तो हुई, लेकिन यह प्रयोग टिकाऊ सिद्ध नहीं हुआ। 12वीं सदी में यूरोप में भी लकड़ी के ठप्पों से छपाई शुरू हो गयी थी। 14वीं सदी में इन्हीं ठप्पों से ताश के पत्ते छापे गये। 1314 ई. में चीन ने लकड़ी के अलग-अलग संकेत चिह्नों को बनाया। इन्हें जोड़कर कई प्रकार के सन्देश छापे जाने लगे। सर्वप्रथम अलग-अलग अक्षरों के धातु के टाइप 1490 में कोरिया (जर्मनी) ने बनाये और धातु टाइपों से पहली पुस्तक 1409 ई. में प्रेस में छपी। कोरिया से चीन होकर धातु-टाइप का आविष्कार यूरोप के देशों तक पहुँचा। तत्पश्चात् 1466 में फ्रान्स, 1477 में इंग्लैण्ड और 1544 में पुर्तगाल में इस कला का प्रचार हुआ। 1445 ई. से यूरोप के मैन्ज नगर में जोहान गुटेनबर्ग ने पहली बार इन टाइपों से एक पुस्तक छापी। 1458 ई. में इटली के मेसोफिनी ग्वेरा ने ताँबे पर जो खुदाई की, उससे छपाई की दूसरी विधियाँ विकसित हुई। 1474 ई. में विलियम केक्सटन ने इंग्लैण्ड में अपने छापख़ाने से कुछ पुस्तकें छापीं। इसके 26 साल बाद, यानी 1500 ई. तक पूरे यूरोप में सैकड़ों छापख़ाने स्थापित हुए। इतने सारे छापखाने के स्थापित होने के बाद इनसे समाचार-पत्रों का प्रकाशन एक स्वाभाविक प्रक्रिया के तहत होने लगा। 1561 ई. में **'न्यूज़ आउट ऑफ केण्ट'** अख़बार निकला तथा 1575 में **'न्यू न्यूज़'** अंग्रेज़ी का नियमित समाचार-पत्र सबसे पहले हालैण्ड के एम्सटर्डम से 1620 ई. में निकला। इसके बाद लन्दन से भी समाचार-पत्रों का प्रकाशन शुरू हुआ। 1621 में लन्दन में ओराण्ट (न्यूज़ फ्राम इटली, जर्मनी, हंगरी, स्पेन एण्ड फ्रान्स) तथा 23 मई 1622 को **'वीकली न्यूज़'** का प्रकाशन हुआ। यूरोप में 1609 में जर्मन भाषा में **'अविस्ता रिलेशन', 'आडर', 'जैटुंग' और 'स्ट्रासबर्ग रिलेशन'** नामक पत्रों का प्रकाशन शुरू हुआ। फ्रान्स का पहला समाचार-पत्र **'गज़ट द फ्रान्स'** 1631 में प्रकाशित हुआ। नीदरलैण्ड से **'न्यजाइण्टुग'** 1562 ई. में, जर्मनी से **'फ्रैंकफुर्टेर जर्नल'** सन् 1615 ई. में, बेल्जियम से **'गज़ट वैन गट'** 1676 ई. में, इंगलैण्ड से लन्दन गज़ट 1१ ई. में संयुक्त राष्ट्र अमेरिका से **'पब्लिक आकरेन्सेज़'** 1690 ई. में और **'डेली करेण्ट'** 11 मार्च, 1702 ई. में प्रकाशित हुआ। जिनेवा से सिनसिरी 1645 में तथा रूस से पहला समाचार-पत्र 1703 में प्रकाशित हुआ।

सन् 1860 से 1880 के बीस वर्षों के दौरान जो समाचार विश्व में शुरू हुए, उनमें से अधिकतर आज भी छप रहे हैं। इनमें **मैनिटोबा फ्री-प्रेस** (1874, कनाडा), **अलअहराम** (1876, मिस्र), **दि हिन्दु** (1878, मद्रास, भारत), **असाही शिम्बून** (1879, जापान) तथा **लास एंजेल्स टाइम्स** (1881, अमेरिका) शामिल हैं।

भारत का पहला समाचार-पत्र 29 जनवरी, 1780 को जेम्स आगस्टस हिक्की ने **'हिक्कीज गज़ट'** ('बंगाल-गज़ट') प्रकाशित किया। इसके पश्चात् भारतीय पत्रकारिता के आदि प्रवर्तक राजाराम मोहन राय ने 1818 ई. में **'बंगाल गज़ट'** और सन् 1821 ई. में **'संवाद कौमुदी'** बाँग्ला भाषा में प्रकाशित किया। इसके पश्चात् 30 मई, 1826 को कलकत्ता से पण्डित युगल किशोर शुक्ल के सम्पादकत्व में हिन्दी का पहला साप्ताहिक पत्र **'उदन्त मार्तण्ड'** प्रकाशित हुआ। इसके पश्चात् अनेक पत्र-पत्रिकाओं का प्रकाशन आरम्भ हुआ।

समाचार-पत्र : अर्थ एवं परिभाषाएँ-

आज के युग में प्रत्येक व्यक्ति समाचार-पत्रों को पढ़कर अपने जीवन के प्रत्येक दिन की शुरुआत करता है। बिना समाचार-पत्र हाथ में लिये उसके मन में किसी भी कार्य के प्रति जिज्ञासा उत्पन्न नहीं होती है। मानव प्रकृति का यह सिलसिला कोई नया कार्य नहीं है। यह क्रम प्राचीन समय से ही चलायमान् है। समाचार-पत्र वर्तमान इतिहास का प्रमुख प्रवक्ता होता है। वर्तमान इतिहास केवल महत्त्वपूर्ण तथ्यों तथा निर्णयों के आधार पर ही नहीं बनता बल्कि उस कार्य से बनता है जो आम जनता के हित में हो, जिसकी ओर जनता का ध्यान आकर्षित होता है एवं जिससे जनता की रुचि परिष्कृत होती है। समस्त महत्त्वपूर्ण घटनाओं का एक सन्तुलित और उचित खाका जनता के सम्मुख प्रस्तुत करना समाचार कहलाता है। सन् 1566में यूरोप के शहरों में युद्ध एवं व्यापार से सन्दर्भित हस्तलिखित पत्र श्रोतागण सुनते थे तो उसके लिए उन्हें एक 'गजेटा' (छोटा सिक्का) देना पड़ता था। इसी 'गजेटा' के नाम पर समाचार-पत्रों को 'गजेटा' कहा जाने लगा। सम्प्रति 'गज़ट' तो सूचना-पत्र तथा समाचार-पत्र का पर्याय हो चुका है। मुगलकाल में 'फ़रमान', 'दस्तक', 'परवाना', 'महँजार', 'एकाउण्टपेपर', तथा 'बिक्रीनामा' पत्र के विचित्र रूप प्रचलित थे। फ़ारसी के 'ख़बर' का बहुवचन 'अख़बार' है। बंगला में अख़बार को 'संवाद पत्र' और 'वार्त्तावह' कहा जाता था। मराठी में 'वृत्तपत्र' कहने की प्रथा है। वर्तमान और 'वर्तमान पत्र' का भी प्रयोग समाचार-पत्र के रूप में हुआ है। मुम्बई में सन्ध्या को प्रकाशित होनेवाला गुजराती का पत्र 'सांजवर्तमान' है। सार्वजनिक समाचारों और उन पर टिप्पणियों से युक्त नियमित तौर पर प्रकाशित पर्चे को ही समाचार-पत्र कहा जा सकता है जो पैसा देने पर सबको सुलभ हो। पत्र जन-हितकारिणी क्रिया-कलाप को बताता है तथा जनता के समक्ष उसे प्रस्तुत कर समाज में सौन्दर्य एवं शिवत्व का प्रसार करता है। समाचार-पत्र जनहित के मामलों में दैनिक कार्यकलापों की सूची तैयार करता है और ऐसे तथ्यों का विश्लेषण कर जनता के समक्ष प्रस्तुत करता है।

समाचार-पत्रों की निम्नलिखि परिभाषा है-

- "समाचार-पत्र एक अजिल्द धारावाहिक प्रकाशन है जो नियमित समय के अन्तराल में प्रकाशित होता है और जिसमें समाचारों को प्रमुखता दी जाती है। अधिकांश समाचार-पत्र दैनिक या साप्ताहिक होते हैं और कुछ अर्द्ध साप्ताहिक भी होते हैं। यदि प्रकाशन सजिल्द हो तो उसे समाचार-पत्र के बजाय पत्रिका कहा जाता है। समाचार-पत्र के लिए पृष्ठ संख्या और आकार का निर्माण निश्चित नहीं किया गया है।"

  एन्साइक्लोपीडिया ब्रिटानिका के अनुसार

- "समाचार-पत्र तात्कालिक घटनाओं के सम्बन्ध में सबसे सही ज्ञान और विवरण शीघ्रातिशीघ्र प्राप्त करके उसको पाठकों के समक्ष प्रस्तुत करता है।"

  एफ. विलियम्स के अनुसार

- "जिस काग़ज़ में समाचार, घटनाएँ, जानकारी आदि हों और जो बिक्री-हेतु नियत स्थान पर छापा जाता है उसे समाचार-पत्र कहते हैं। समाचार-पत्रों के अन्तर्गत केवल दैनिक समाचार-पत्र ही नहीं बल्कि साप्ताहिक, पाक्षिक, मासिक सभी तरह के पत्र सम्मिलित किये जाते हैं, लेकिन समाचार-पत्र का नाम आते ही दैनिक समाचार-पत्र का रूप ही समक्ष आता है।"

  -ब्रिटिश संसद् के अनुसार

- "पहले पहल समाचार-पत्रों का जन्म विशेष कर्मचारियों या संवाददाताओं द्वारा अधिकारियों के पास जानेवाली चिट्ठियों द्वारा हुआ। ये चिट्ठियाँ एक साथ जिल्द बाँधकर सार्वजनिक मिसल की भाँति रखी जाती थी, इसीलिए पहले नाम 'न्यूज़ बुक या समाचार ग्रन्थ' रखा गया। फिर जब एक संवाददाता अनेक अधिकारियों के पास समाचार चिट्ठियाँ भेजने लगा तब उसका नाम 'न्यूज़ पेपर' तथा आगे चलकर 'न्यूज़ शीट' पड़ा। इसके बाद धीरे-धीरे समाचार-पत्रों की उन्नति हुई और उसका नाम न्यूज़ पेपर पड़ा। हिन्दी ने इसी नाम को समाचार-पत्र के रूप में अपना लिया।"

पं. विष्णुदत्त शुक्ल

- इसी सन्दर्भ में पं. विष्णुदत्त शुक्ल ने मासिक समाचार-पत्र एवं पाक्षिक समाचार-पत्रों के अन्तर के सम्बन्ध में कहा कि, "साधारण व्यवहार में समाचार-पत्र उस पत्र को कहते हैं जो रोज़ाना या अधिक-से-अधिक हफ़्तावार प्रकाशित होता है और जिसमें प्रधानतया प्रचलित घटनाओं के समाचार या उन पर की गयी टीका-टीप्पणी आदि छपी रहती है। सप्ताह से अधिक अवधि में प्रकाशित होनेवाले पत्र समाचार-पत्र नहीं कहलाते, उन्हें मासिक, त्रैमासिक आदि नाम से पुकारा जाता है और उनमें समाचारों की अपेक्षा विशेष विषयों पर लिखे गये लेखों का बाहुल्य होता है। समाचार-पत्र और सप्ताह की अवधि से अधिक समय के बाद प्रकाशित होनेवाले पत्रों में यह अन्तर होता है कि समाचार-पत्रों का महत्त्व अधिकांश में अल्पकालिक होता है और उनका स्थायी।"
- "ऐसे परचे, जो निश्चित अवधि के बाद, जो सात दिन से अधिक न हों, प्रकाशित होते हैं, और जिनसे राजनीति या अन्य प्रकार के समाचार या उनके सम्बन्ध में लेख प्रकाशित होते हैं, समाचार-पत्र माने जायँगे चाहे उनमें विज्ञापन हों या न हों।"- ब्रिटिश पोस्ट के कार्यालय के नियमों के अनुसार)
- "कोई भी परचा समाचार-पत्र कहा जायगा, बशर्ते कि उसमें सार्वजनिक समाचार, सूचनाएँ या घटनाएँ छपी हों, अथवा उन समाचारों के सम्बन्ध में कोई टिका-टिप्पणी हो और वह एक निश्चित अवधि के बाद, जो 26 दिन से अधिक न हो, बिक्री के लिए प्रकाशित होता है।"

न्यूज़ पेपर लायबल रजिस्ट्रेशन ऐक्ट, इंगलैण्ड के अनुसार

समाचार-पत्रों के सम्बन्ध में प्रमुख मत

1.समाचार-पत्रों की महत्ता को दर्शाते हुए प्रमुख विद्वानों ने अपने मत इस प्रकार व्यक्त किये हैं : सत्य की विजय के लिए समाचार-पत्र ही अनिवार्य साधन हैं। "ऐसी कोई भी लड़ाई जिसका आधार आत्मबल हो, समाचार-पत्रों की सहायता के बिना नहीं चलायी जा सकती। अहिंसक उपायों से सत्य की विजय के लिए समाचार-पत्र एक महत्त्वपूर्ण और अनिवार्य साधन है।"

महात्मा गाँधी

2."किसी सम्पादक, पत्रकार या समाचार-पत्र का उत्तरदायित्व किसी देश के शासन के प्रति नहीं बल्कि उस देश के लोगों के प्रति होता है। हमारे-जैसे समाज में, जिनमें ऐसे लोग नहीं हैं जो अपने विचार आग्रहपूर्वक रख सकें या पर्याप्त शक्तिशाली जनमत नहीं है,

समाचार-पत्रों का दायित्व बढ़ जाता है और इसमें से प्रत्येक का दायित्व यह हो जाता है कि हम जनमत को प्रतिबिम्बित ही नहीं करें बल्कि उसके अग्रणी हों।'' *फ्रैंक मैरिस*

3. ''समाचार-पत्र सिर्फ़ ख़बरें ही नहीं होता है, उनका महत्त्व बताता है और लोगों को शिक्षित करता है, इसलिए इसे लोकगुरु कहा गया है। यह कार्य को इस प्रकार से करता है- (1) जनसाधारण को उनके कर्त्तव्यों का बोध कराकर, और (2) शासक वर्ग को समय-समय पर चेतावनी देकर अथवा उसकी पीठ ठोककर, जिस हद तक समाचार-पत्र निर्भीकता और प्रबुद्धता से कार्य कर पाता है, वह लोकगुरु की भूमिका अदा करता है।'' *अम्बिका प्रसार वाजपेयी*

4. ''शायद बर्क ने यह कहा था कि समाचार-पत्र चौथी रियासत है। उस समय यह बात अवश्य सत्य रही होगी, पर आज तो प्रेस ही एकमात्र रियासत है क्योंकि अन्य तीनों की शक्तियों को वह अकेले ही हज़म कर गयी है। राजा बोलते नहीं, धार्मिक अधिकारी को कुछ बोलना है ही नहीं और साधारण सभा के पास कुछ करने को है ही नहीं, यद्यपि वह कुछ कहा करते हैं। इस युग में बस समाचार-पत्रों की ही प्रभुसत्ता है। अमेरिका में वहाँ का राष्ट्रपति केवल चार वर्ष के लिए शासन करता है, पर समाचार-पत्र तो हमेशा ही शासन करते हैं।''

-ऑस्कर वाईल्ड

5. ''समाचार-पत्र केवल अरोचक समाचारों का संकलन नहीं होता वह किसी भी देश की सामाजिक, राजनीतिक, सांस्कृतिक गतिविधियों का उद्देश्यपूर्ण लेखा-जोखा होता है। आधुनिक समाचार-पत्र टुकड़े-टुकड़े इतिहास होता है। वह दैनिक जीवन की सशक्त रिपोर्ट होता है। आज का समाचार भविष्य के उद्देश्य से वर्तमान को इतिहास से सीखे गये पाठों की कसौटी पर कसता है। आज का समाचार उपन्यास के धारावाहिक प्रकाशन से अधिक रोचक और सार्थक होता है।'' *अरविन्द कुमार (भू. पू. सम्पादक 'माधुरी')*

समाचार-पत्रों का महत्त्व

हमारे दैनिक जीवन में समाचार-पत्रों का विशेष महत्त्व है। समाचार-पत्रों की महत्ता को निम्न रूप से विवेचित किया जा सकता है :

1. समाचार-पत्र वर्तमान युग का दर्पण है; साधारण जनता का शिक्षक है; जनता का विश्वविद्यालय है; जन-जागरण का सर्वश्रेष्ठ, सर्वप्रिय, सस्ता और सुलभ साधन है।

2. लोकतन्त्री राष्ट्रों में समाचार-पत्र को जनशक्ति का चतुर्थ स्तम्भ स्वीकार किया जाता है। यही जन-भावनाओं की अभिव्यक्ति का माध्यम है।

3. समाचार-पत्र वर्तमान युग की 'बेड टी' है। जिस प्रकार बिना 'बेड टी' के आज का सभ्य नागरिक बिस्तर से नीचे पैर नहीं रखता, उसी प्रकार मानसिक अल्पाहार के लिए समाचार-पत्र पढ़े बिना चैन नहीं आता। कुछ हथेलियों के माध्यम से आत्मदर्शन करते हैं, उसी प्रकार आज का शिक्षित नागरिक समाचार-पत्र रूपी दर्पण में दिव्य-दर्शन किये बिना सन्तुष्ट नहीं हो पाता। वर्तमान युग में समाचार-पत्र का इससे बढ़कर महत्त्व क्या होगा कि प्रातः काल उसके दर्शनों के अभाव में मनुष्य ऐसे तड़पता है, जैसे कि जल के बिना मछली।

4. भारतीय संस्कृति का उद्घोष है, ''वसुधैव कुटम्बकम्''। इसके कार्यान्वयन का सत्य प्रकट किया समाचार-पत्रों ने। समाचार-पत्र विश्व के समाचारों का संग्रह है, संसार की गतिविधि का आईना है। यह वसुधा के समाचारों को जन-जन तक पहुँचाना अपना लक्ष्य मानता है। इस

प्रकार समाचार-पत्र वर्तमान युग के ज्ञानवर्द्धन का माध्यम है, जनता का विश्वविद्यालय है। इसलिए आजकल लड़ाई का मैदान, कुरुक्षेत्र, मिस्र या ईरान कभी-कभी ही होता है, क्योंकि समाचार-पत्रों ने इनका स्थान ले लिया है। वे प्रतिदिन अपने नेताओं, राष्ट्र और राज्य की कटु आलोचना करते हुए अग्निवर्षा करने में नहीं चूकते।

5. समाचार-पत्र वर्तमान युग के लोकतान्त्रिक राष्ट्रों में जनहित और जनशक्ति का माध्यम है, राष्ट्र के कर्णधारों के बहरे कानों में जनता की आवाज़ फूँकनेवाला पाञ्चजन्य है। भारत में सूखा पीड़ितों की बेहाली, जन-असुरक्षा की घटनाओं, चोरी, डकैती, बलात्कार, हरिजनों पर हुए अत्याचारों तथा पीड़ित जनता की चीत्कार को आन्दोलित कर भारत के समाचार-पत्रों ने समय-समय पर सरकार को झकझोर डाला है।

6. समाचार-पत्र वर्तमान युग में जन-जागरण का प्रहरी है। एक सजग प्रहरी की भाँति समाचार-पत्र समाज पर कड़ी दृष्टि रखते हैं। वे हमें अपनी दिव्य दृष्टि एवं तीव्र सूझ-बूझ के माध्यम से उन आलमारियों तक ले जाते हैं जिनमें सरकारों, बड़े-बड़े औद्योगिक संस्थानों तथा स्वार्थी नेताओं की भयावनी योजनाएँ छिपी रहती हैं। अमेरिका के सुप्रसिद्ध 'वाटरगेट काण्ड, जापान के शक्तिशाली प्रधानमन्त्री काकुई तनाका के पतन, इंग्लैण्ड के मन्त्री प्राफ्यूमा के सेक्स काण्ड, फेयर सेक्स, पनडुब्बी, गन ख़रीद' में रिश्वत काण्डों के समाचारों का प्रकाशन समाचार-पत्रों द्वारा जन-जागरण के ज्वलन्त प्रमाण हैं। इसलिए विश्वविख्यात वीर नेपोलियन ने कहा था : "मै लाखों की अपेक्षा तीन विरोधी समाचार-पत्रों से अधिक भयभीत रहता हूँ।"

7. वर्तमान युग में समाचार-पत्र ही जनमत तैयार करने का सबसे सुलभ साधन है। प्रकाशित समाचारों, अग्रलेखों और सम्पादकीय टिप्पणियों में जनता की विचारधारा को मोड़ने और दृष्टिकोण को बदलने की महान् शक्ति होती है। ख़तरे की घण्टी बज़ाकर समाचार-पत्रों ने आपात्काल की ज़्यादातियों एवं संजय- राजनारायण-चरणसिंह की विभेदक नीतियों के प्रति क्षोभ उत्पन्न किया। रूस के अधिनायकवादी रवैये पर समाचार-पत्र की टिप्पणियाँ लिखकर जनता को सही बात समझाने की चेष्टा की है।

8. सामाजिक बुराइयाँ, धार्मिक प्रवञ्चना, राजनीति के छल-छद्म, राजकीय चक्रव्यूह, आर्थिक दुरवस्था तथा समाजद्रोही तत्त्वों के दुष्कृत्यों की पोल खोलने, उनसे बचने, सचेत रहने तथा विपत्ति पड़ने पर किसी ढंग से निकलने की शिक्षा देने का दायित्व भी आज का समाचार-पत्र ही करता है। कुरीतियों, कुप्रथाओं, कुसंस्कारों के बचाव में समाचार-पत्र वर्तमान युग की क़िलेबन्दियाँ हैं।

9. वर्तमान युग विज्ञापन का युग है। किसी वस्तु, भाव या विचार को विज्ञापन द्वारा प्रसिद्ध किया जा सकता है, इसे प्रधानता दिलायी जा सकती है। समाचार-पत्र विज्ञापन का एक बड़ा साधन है। इसमें प्रकाशित विज्ञापन पढ़े जाते हैं। ये विज्ञापन पाठक पर अपना प्रभाव छोड़ते हैं, इसीलिए व्यापारी वर्ग विज्ञापन के लिए समाचार-पत्रों का सहारा लेकर व्यापार की वृद्धि करते हैं। दूसरी ओर, अपने विचारों के प्रचार और प्रसार के लिए राजनीतिक, सामाजिक तथा धार्मिक संस्थाएँ अपने-अपने समाचार-पत्र निकलती हैं। समाचार-पत्र योग्य वर या वधू, काम के लिए उपयुक्त कर्मचारी, कार्यालय या निवास के लिए उचित स्थान की खोज का श्रेष्ठ एवं सरल साधन बन गये हैं।

10. वर्तमान नवोदित लेखकों, कवि-कवयित्री को प्रकाश में लाने का श्रेय भी समाचार-पत्रों को ही है। उनके लेखों का मानदण्ड जनता का हृदय है। अपरिचितों को जनता उनके लेखों के माध्यम से आँखों पर बैठाती है, उन्हें श्रद्धा-सुमन चढ़ाती है। यश के साथ-साथ समाचार-पत्र आय का साधन भी है, कवि-कवयित्री को अपनी प्रकाशित कविता के लिए दक्षिणा प्राप्त होती है।

11. इन सबसे बढ़कर समाचार-पत्र वर्तमान युग में करोड़ों लोगों की आजीविका का साधन है। समाचार-पत्रों के कार्यालय समितियों के कर्मचारी आदि असंख्य लोग समाचार-पत्रों द्वारा अपनी रोज़ी-रोटी चलाते हैं तथा धनोपार्जन करते हैं।

12. जनता को वैज्ञानिक उन्नति की जानकारी देने एवं उनके लाभ-हानि से परिचित कराने का श्रेय समाचार-पत्रों को ही है। वैज्ञानिक पत्रिकाओं का उद्देश्य तो मात्र यही है कि जनता वैज्ञानिक प्रयोगों और उनकी आश्चर्यजनक उपलब्धियों से परिचित रहे। जनता जानती है कि अब बड़ी-से-बड़ी बीमारी पर विज्ञान ने विजय प्राप्त कर ली है। तपेदिक, कैन्सर, हृदय या मस्तिष्क रोगों से अब मानव मरता नहीं। इसी प्रकार स्वास्थ्य-रक्षा के साधनों, उसके कार्यक्रमों तथ उपायों की विस्तृत जानकारी देकर समाचार-पत्र जनता का जागृत करते रहते हैं। वर्तमान युग में समाचार-पत्र के बिना जीवन अन्धकारपूर्ण है, मानव को बैलगाड़ी युग में धकेलने का प्रयास है। समाचार-पत्रों के बारे में किसी कवि ने ठीक ही कहा है :

इस अँधियारे विश्व में, दीपक हैं अख़बार।
सुपथ दिखावे आपको, आँख करत हैं चार।।

समाचार-पत्रों की विशेषताएँ

समाचार-पत्रों में जिन प्रमुख विशेषताओं का समावेश होता है, वे निम्न प्रकार हैं :

1. समाचार-पत्र सप्ताह में कम-से-कम एक बार प्रकाशित होता है।

2. समाचार-पत्र हस्तलिखित पत्रों से भिन्न होता है, इसे मशीनों के माध्यम से मुद्रित किया जाता है।

3. समाचार-पत्र उन सभी व्यक्तियों को सुलभ कराया जाय जो इसका मूल्य चुकाने के लिए तैयार रहते हैं।

4. समाचार-पत्र को साधारणतया साक्षर व्यक्तियों की रुचि को प्रभावित करने में सक्षम होना चाहिए।

5. तकनीकी विकास के परिप्रेक्ष्य में समाचार-पत्रों का प्रकाशन नियत समय पर सम्पन्न होना चाहिए।

6. समाचार-पत्र धार्मिक, राजनैतिक एवं व्यापारिक प्रकाशनों की अपेक्षा आम जनता की रुचि के अनुरूप होने चाहिए। उनमें तथ्यों की परिपूर्णता होना अत्यन्त आवश्यक है।

अमेरिकी दृष्टि से सप्ताह में एक बार प्रकाशित पत्र समाचार-पत्रों की श्रेणी में आ जाते हैं परन्तु भारत में ''समाचार-पत्रों में दैनिक, साप्ताहिक, पाक्षिक, मासिक एवं त्रैमासिक पत्र-पत्रिकाएँ आती हैं। ऐसे भी पत्र हैं जो आयुर्वेद, आदिवासी कल्याण, ज्योतिष से लेकर जीवन-रहस्य तक पर सामग्री छापते हैं।''

आज समाचार-पत्रों की प्रभुता स्वयंसिद्ध है। वेण्डेल फिलिप्स का कथन इसके महत्त्व को स्पष्ट करता है-

"आज का समाचार-पत्र एकबारगी जन वर्ग का माता-पिता, स्कूल-कॉलेज, शिक्षक, थियेटर, आदर्श और उदाहरण, परामर्शदाता और साथी हो गया है। मुझे समाचार-पत्र निकालने दो; फिर इस बात की मैं परवाह नहीं करता कि कौन धर्म का नियामक है और कौन क़ानून का निर्माता।"

समाचार-पत्र सामयिक सूचनाओं का ही वाहक नहीं है, अपितु यह जन-मन के दुःख-दर्द और भावनाओं की अभिव्यक्ति का साधन भी है। वास्तव में सबके सुख-दुःख को स्वर देनेवाला समाचार-पत्र ही है।

समाचार-पत्रों के कर्त्तव्य

समाचार-पत्रों की महत्ता के साथ-साथ उनके कर्त्तव्यों के बारे में जानकारी भी आवश्यक है। समाचार-पत्रों के कर्त्तव्यों में निम्न कार्य बताये गये हैं :

1. प्रतिदिन नवीनतम घटनाओं का सही-सही सुबोध ढंग से विवरण प्रकाशित करना।
2. विचारों के आदान-प्रदान का सफल माध्यम बनना।
3. अग्रलेखों, समाचारों, समीक्षाओं, स्तम्भ लेखों एवं विशेष लेखों द्वारा स्वस्थ जनमत का निर्माण करना।
4. समाजोपयोगी एवं स्वस्थ मनोरंजन के साधन उपलब्ध कराना।
5. आर्थिक, औद्योगिक और सांस्कृतिक विकास हेतु दिशा-निर्देश करना।
6. राष्ट्र की सुरक्षा के प्रति सतर्क रहना और राष्ट्रीय एकता को प्रोत्साहन देना।

प्रत्येक संवाद को बिना किसी पंक्तिभेद के जन-जन पहुँचा दिया, उसे राष्ट्रव्यापी बनाया।

1. घटनाओं का इस प्रकार प्रदर्शन हो कि उनका सत्य सामने आ जाय।
2. समाचार-पत्र विचार एवं आलोचना के रूप में कार्य करें।
3. वे समाज के वैधानिक क्षेत्रों का सत्य चित्र उपस्थित करें।
4. वे समाज के उद्‌देश्यों और मूल्यों का विवेचन करें।
5. प्रतिदिन के समाचारों का प्रकटीकरण ठीक रूप में हो।

समाचार-जगत् में 'सत्' वस्तु और 'चित्' पाठकों की जिज्ञासा का द्योतक है। पाठकों की जिज्ञासा के अनुरूप वस्तुस्थिति का विवरण देकर उन्हें सन्तुष्ट और आनन्दित करने का कार्य करते हैं।

भारतीय समाचार-पत्रों की वर्तमान स्थिति

वर्तमान समय में समाचार-पत्रों ने अत्यधिक प्रगति कर ली है। प्रारम्भ में समाचार-पत्रों की स्थिति अत्यधिक दयनीय थी और उनको बड़ी विकट कठिनाइयों का सामना करना पड़ता था। संचार के साधनों के अभाव के कारण एक स्थान से दूसरे स्थान पर समाचारों को प्रेषित करना अत्यधिक कठिन था। यदि इंग्लैण्ड से किसी समाचार को भारत में पहुँचना हो तो उसमें 5 सप्ताह का समय लग जाता था। प्राचीन समय में समाचार-पत्र अधिकांशतः साप्ताहिक हुआ करते थे। आज़ादी के बाद हमारे देश में प्रेस ने तीव्र गति से प्रगति की और उसका परिणाम

यह हुआ कि आज देश में कितने ही दैनिक (प्रातःकालीन एवं सान्ध्य), साप्ताहिक समाचार-पत्र प्रकाशित होते हैं और बढ़ती हुई देश की जनता को प्रतिदिन अपना मनपसन्द समाचार-पत्र घर सुलभता से प्राप्त हो जाता है।

आज हमारे देश में अनेक दैनिक समाचार-पत्र, वीडियो प्रदर्शन, टर्मिनल, कम्प्यूटर तथा फ़ोटो कम्पोजिंग व्यवस्था आदि साधनों के संयोजन से इलेक्टॉनिक पद्धति द्वारा मुद्रित किये जाते हैं। समाचार-पत्र दैनिक जीवन के अनिवार्य अंग हैं। यह प्रबुद्ध पाठकों के लिए ऐसा दर्पण है जिसकी सहायता से वे विश्व की गतिविधि, स्वराष्ट्र के उत्थान-पतन तथा क्षेत्र-विशेष की ज्वलन्त समस्याओं से सुपरिचित होते हैं। समाज का वास्तविक थर्मामीटर तो समाचार-पत्र ही है जिसमें सामाजिक वातावरण का तापमान परिलक्षित होता है। पत्रों की भाँति भविष्य में होनेवाली बहुत दूर-दूर की घटनाओं का आभास दे देते हैं।

मुद्रण कला के विकास के साथ ही समाचार-पत्र का क्षेत्र व्यापक हुआ। आज तो वह सर्वजन सुलभ ज्ञान-विज्ञान का संवाहक बन चुका है। इंग्लैण्ड के 'न्यूज़पेपर लायबल रजिस्ट्रेशन ऐक्ट' के अनुसार "कोई भी पर्चा समाचार-पत्र कहा जायेगा, बशर्ते कि उसमें सार्वजनिक, सूचनाएँ छपी हों, अथवा इन समाचारों के सम्बन्ध में कोई टीका-टिप्पणी हो और वह एक निश्चित अवधि के बाद, जो 23 दिन से अधिक भी न हो, बिक्री के लिए प्रकाशित होता हो।" भारतीय प्रेस ऐक्ट के अनुरूप समाचार-पत्र ऐसे नियतकालिक पत्र को कहते हैं जिसमें सार्वजनिक समाचार होते हैं या उनसे सम्बन्धित टिप्पणी प्राप्त होती है। "जिस काग़ज़ में सब लोगों के समाचार, जानकारियाँ, घटनाएँ हों और जो बिक्री के लिए नियत स्थान पर छापा जाता हो; समाचार कहलाता है।

प्रमुख समाचार-पत्र

दैनिक जागरण : दैनिक जागरण का प्रकाशन 1947 में **श्री पूर्णचन्द्र गुप्त** ने आरम्भ किया। इसके बाद **श्री नारेन्द्र मोहन** इसके सम्पादक रहें। इस समाचार-पत्र की विशेषता यह है कि इसमें शहर से लेकर गाँव के कोने-कोने तक की ख़बरों को अपने पत्र में प्रमुखता से स्थान दिया। जिस कारण इसके पाठक संख्या शहर के साथ-साथ गाँवों में भी निरन्तर बढ़ रही हैं। इस समय इसके विभिन्न संसकरण उत्तर प्रदेश, मध्य प्रदेश, नयी-दिल्ली, हरियाण, उत्तराखण्ड, बिहार, झारखण्ड, पंजाब, जम्बू-कश्मीर, हिमाचल प्रदेश एवं पश्चिम बंगाल से प्रकाशित हो रहें हैं। वर्तमान में इसके प्रबन्ध सम्पादक **महेन्द्र मोहन गुप्त** एवं सम्पादक **संजय गुप्त** हैं। यह समाचार पत्र हिन्दी में सर्वाधिक बिकनेवाला समाचार-पत्र भी माना जाता है।

दैनिक भास्कर : इस समाचार-पत्र का प्रकाशन 1858 में भोपाल से प्रारम्भ हुआ। इसके संस्थापक एवं सम्पादक काशीनाथ चतुर्वेदी थे। शुरू में इसके तीन संस्करण ग्वालियर, उज्जैन एवं झाँसी से प्रकाशित होते थे। अपने सम्पादकीय टिप्पणियों, सामयिक अग्रलेखों एवं तत्कालिक समस्याओं पर अच्छी पकड़ के कारण यह पत्र बहुत जल्दी लोगों के बीच लोकप्रिय हो गया। यह समाचार-पत्र जयपुर, जोधपुर, कोटा, सीकर, उदयपुर, बीकानेर, अल्वर, अजमेर, गंगानगर के अलावा गुजरात से दिल्ली भास्कर गुजराती में और मुम्बई से डी.एन.ए. नाम से भी प्रकाशित होता है। छत्तीसगढ़, रायपुर, बिलासपुर के अलावा हरियाणा के पानीपत, हिसार, फरीदाबाद से भी प्रकाशित हो रहा है। यह समाचार-पत्र मध्य प्रदेश के अलावा राजस्थान, चण्डीगढ़ और गुजरात में भी अपने संस्करण निकाल रहा है।

अमर उजाला : अमर उजाला का प्रकाशन 1948 में आगरा से डोरीलाल अग्रवाल एवं मुरारीलाल महेश्वरी ने संयुक्त रूप से किया। इसके संस्थापक सम्पादक श्री डोरीलाल अग्रवाल थे और यह शीघ्र ही पश्चिमी उत्तर प्रदेश का प्रमुख समाचार-पत्र बन गया। 1967 में इसका बरेली संस्करण आरम्भ हो गया। वर्तमान में यह समाचार-पत्र उत्तर प्रदेश एवं उत्तराखण्ड के लखनऊ, कानपुर, इलाहाबाद, आगरा, मुरादाबाद, मेरठ, अलीगढ़, बुलन्दशहर, मथुरा, नैनीताल, देहरादून इत्यादि शहरों के अलावा दिल्ली, चण्डीगढ़, पंजाब, हरियाणा, हिमाचल एवं जम्मू-काश्मीर से अपना संस्करण निकाल रहा है। इसके समूह सलाहकार श्री यशवन्त व्यास जी हैं।

दैनिक हिन्दुस्तान : इसका प्रकाशन दिल्ली से 12 अप्रैल, 1936 से आरम्भ हुआ। इसके प्रथम सम्पादक श्री सत्यदेव विद्यालंकार थे जो कि बाद में नवभारत टाइम्स में चले गये। इसके बाद श्री मुकुट बिहारी वर्मा, हरिकृष्ण त्रिवेदी, रतनलाल जोशी, चन्दूलाल चन्द्राकर, विनोद मिश्र सम्पादक रहे। यह हिन्दुस्तान टाइम्स लिमिटेड प्रकाशन समूह का प्रसिद्ध समाचार-पत्र था जिसे अपने पेजमेकिंग के लिए अखिल भारतीय पुरस्कार मिल चुका है। इस समय इस समाचार-पत्र के पाँच प्रदेशों में 18 संस्करण प्रकाशित हो रहे हैं। वर्तमान इसके प्रधान सम्पादक शशि शेखर हैं।

नवभारत टाइम्स : इस समाचार-पत्र का प्रकाशन 4 अप्रैल, 1947 में दिल्ली से आरम्भ हुआ। इसके प्रथम सम्पादक भी श्री सत्यदेव विद्यालंकार थे जो कि दैनिक हिन्दुस्तान के पूर्व सम्पादक थे। शुरुआत में यह नवभारत के नाम से निकला पर 29 जून, 1950 को श्री मातादीन भगेरिया जब इसके सम्पादक हुए तो इसका नाम बदलकर नवभारत टाइम्स कर दिया। इसके प्रमुख सम्पादकों में श्री अज्ञेय, श्री अक्षय कुमार जैन, श्री राजेन्द्र माथुर, श्री सुरेन्द्र प्रताप सिंह, श्री विनोद मिश्र रहे हैं। इसका प्रकाशन दिल्ली के अलावा मुम्बई, लखनऊ, पटना इत्यादि जगहों से होता है। टाइम्स ऑफ इण्डिया समूह के इस समाचार-पत्र को कई अखिल भारतीय पुरस्कार भी प्राप्त हो चुके हैं।

आज : इस समाचार-पत्र का प्रकाशन 5 सितम्बर, 1920 में बनारस से श्री शिवप्रसाद गुप्त के प्रयासों से श्रीप्रकाश जी के सम्पादकत्व में आरम्भ किया गया। इसके सम्पादकत्व में बाबूराव विष्णुराव पराड़कर, लक्ष्मीशंकर व्यास, रामकृष्ण रघुनाथ खाडिलकर, कमलापति त्रिपाठी, विद्याभास्कर रहे। 1924 से 1942 तक पराड़कर जी के सम्पादकत्व में आज समाचार-पत्र के माध्यम से हिन्दी पत्रकारिता को नयी दिशा गति एवं स्वरूप प्रदान किया गया। दिल्ली से बनारस तक अपना हिन्दी टेलीप्रिण्टर लगानेवाला यह पहला समाचार-पत्र था जो आज वर्तमान की बदलती तकनीक एवं पूँजीवादी व्यवस्था के कारण अपने बाद के समाचार पत्रों से काफ़ी पिछड़ गया। वराणसी के अलावा कानपुर, इलाहाबाद, गोरखपुर, पटना, राँची, आगरा, मुरादाबाद, मेरठ से भी इसके संस्करण प्रकाशित हो रहें हैं। वर्तमान में इसके सम्पादक श्री शार्दूल विक्रम गुप्त हैं।

पंजाब केसरी—इस समाचार-पत्र का प्रकाशन जालन्धर से 1964 से प्रारम्भ हुआ। इस पत्र के प्रथम सम्पादक लाला जगत नारायण थे जिनकी पंजाब की आतंकवादियों ने हत्या कर दी उसके बाद उनके पुत्र रमेश चन्द्र ने सम्पादक का दायित्व सँभाला लेकिन उर्गवादियों ने उनकी भी हत्या कर दी। अपनी निर्भीकता और निश्पक्षता के कारण यह पंजाब का सर्वाधिक लोकप्रिय समाचार-पत्र है।

राजस्थान पत्रिका—इस समाचार-पत्र का प्रकाशन जयपुर से 7 मार्च, 1956 से सायंकालीन दैनिक के रूप में कर्पूरचन्द्र कुलिश एवं विजय भण्डारी के सम्पादकत्व में आरम्भ हुआ। सन् 1961 से यह पूर्णकालिक दैनिक के रूप में प्रकाशित होने लगा। इसके आदि सम्पादक श्री कर्पूरचन्द्र कुलिश हैं। इस समाचार-पत्र ने अपने निर्भीक सम्पादकीयों, निश्पक्ष चिन्तन-धारा तथा विशिष्ट अग्रलेखों के लिए विशेष महत्त्व अर्जित किया है तथा राजस्थान के सर्वश्रेष्ठ दैनिक का स्थान प्राप्त किया है।

राजस्थान पत्रिका में प्रारम्भ में सहित्यिक एवं सांस्कृतिक गतिविधियों को पर्याप्त प्रोत्साहन दिया गया है। नगर परिक्रमा एवं मँझधार में स्तम्भ पर्याप्त पसन्द किये जाते हैं। इसका अंग्रेज़ी संस्करण सन् 1984 से तथा साप्ताहिक पत्र इतवारी पत्रिका सन् 1973 से प्रकाशित हुए थे जो कि अब बन्द है। राजस्थान पत्रिका जयपुर के अतिरिक्त जोधपुर, बीकानेर, अजमेर, बाँसवाड़ा, सीकर, गंगानगर, पाली, झुँझुनूँ, भीलवाड़ा, कोटा और उदयपुर के अतिरिक्त बंगलौर, कोलकाता, चेन्नई, अहमदाबाद, छत्तीसगढ़, दिल्ली और मुम्बई से भी प्रकाशित होती है। आरम्भ में हरियाणा पत्रिका के रूप में नव-निर्मित हरियाणा राज्य से भी प्रकाशन यात्रा करनेवाले इस पत्र ने अब झारखण्ड राज्य से भी अपना प्रकाशन आरम्भ कर दिया है।

नयी दुनिया—इस समाचार-पत्र का प्रकाशन इन्दौर में 5 जून, 1947 से सर्व श्री कृष्णकान्त मुद्गल तथा कृष्णकान्त व्यास के प्रयत्नों से आरम्भ हुआ। सान्ध्यकालीन दैनिक पत्र के रूप में आरम्भ होनेवाले इस पत्र के रायपुर और जबलपुर संस्करणों को सन् 1971 से बन्द कर दिया गया। इसके आदि सम्पादक श्री राहुल बारपुते उसके बाद राजेन्द्र माथुर थे। इसने भारतीय भाषाओं के बड़े समाचार-पत्रों के उत्कृष्ट मुद्रण के लिए सन् 1980 का द्वितीय पुरस्कार प्राप्त किया। आज यह मध्य प्रदेश का प्रमुख दैनिक है।

जनसत्ता दैनिक—इस समाचार-पत्र का प्रकाशन दिल्ली से सन् 1983 में आरम्भ हुआ। यह इण्डियन एक्सप्रेस प्रकाशन समूह का हिन्दी दैनिक है, जिसने अल्प समय में ही अपना अच्छा स्थान बना लिया है। इसके प्रथम सम्पादक श्री प्रभाष जोशी थे। वर्तमान में ओम थावनी इसके सम्पादक हैं।

इस दैनिक का महत्त्व इसमें प्रकाशित सटीक टिप्पणियों, सामयिक चिन्तन, अग्रलेख, साहित्य, कला, संस्कृति, खेलकूद और फ़िल्म-जगत्-जैसे स्थायी स्तम्भों के साथ उत्तम कार्टून्स के लिए है। यही नहीं, यह पत्र आरम्भ से ही सचित्र है तथा अपनी साज-सज्जा, आकर्षक ले-आउट, सरल भाषा के कारण पाठकों में अल्पकाल में ही लोकप्रिय हो गया है।

पत्रिका

पत्रिकाओं और नियतकालिक पत्रिकाओं का महत्त्वपूर्ण स्थान है और वे अपना कार्य अधिकाधिक उपयोगितापूर्वक करती रही है और भविष्य में भी करती रहेंगी। पत्रिकाएँ और नियतकालिक पत्रिकाएँ पत्रकारिता के अंग हैं और साक्षरता के विकास के साथ उनका भी उत्तरोत्तर विकास होता जायेगा। आर्थिक विकास और लोगों की जिज्ञासा के विकास के साथ ही उनका विकास होगा। पत्र-पत्रिकाओं में विभिन्न विषय भिन्न-भिन्न ढंग से प्रस्तुत किये जाते हैं। समाचार-पत्रों का सरोकार समाचारों और सार्वजनिक महत्त्व तथा रुचि की नवीनतम घटनाओं से होता है। समाचार-पत्र कार्यालय में समाचारों की जो बाढ़ आती है, उसमें से

समाचार-पत्र के सम्पादकीय कर्मचारी सावधानीपूर्वक ऐसे समाचार छाँट लेते हैं, जो उसके सीमित स्थान को देखते हुए प्रकाशित किये जा सकें। उन्हें बहुत-कुछ काट देना पड़ता है, क्योंकि सारे समाचार प्रकाशित नहीं किये जा सकते। सामग्री, सर्वाधिक महत्त्वपूर्ण विषयों को दृष्टिगत रखते हुए न्यूनतम आवश्यक मात्रा तक घटानी होती है। समाचार-पत्र का कार्य है, नवीनतम समाचार प्रकाशित करना। समाचार का भी मनुष्यों की तरह ही भूत, वर्तमान और भविष्य होता है। उनका मनुष्य-मात्र से गहरा सम्बन्ध होता है और वे मनुष्यों पर प्रभाव डालते हैं। पत्रिकाओं का कार्य है घटना के सम्पूर्ण इतिहास का उद्घाटन करना जिसमें उसके भूत, वर्तमान और भविष्य का समावेश हो।

चन्द्र पर मानव के अवतरण का समाचार सम्पूर्ण संसार में अविलम्ब प्रकाशित हुआ। तथापि, पत्रिकाओं ने इस समाचार को बाद में लिया और बिलकुल प्रारम्भ से आज तक चन्द्र पर विजय प्राप्त करने के मानव के प्रयास की सम्पूर्ण कथा बतायी और यह भी बताया कि मानव की इस चन्द्र यात्रा का उसके भविष्य पर क्या प्रभाव होगा। सामान्य पत्रिका कहा जा सकता है जो सामान्य पाठकों को पसन्द आती है। कुछ पत्रिकाएँ ऐसी होती हैं जो विशिष्ट विषयों में रुचि रखनेवाले पाठकों को पसन्द आती हैं। भारत में दोनों ही प्रकार की पत्रिकाओं का विकास हुआ है तथापि यह विकास उस गति से नहीं हुआ जितनी आशा थी। साक्षरता के विकास और आर्थिक स्थितियों में सुधार तथा विभिन्न विषयों में जनरुचि के विकास को दृष्टिगत रखते हुए पत्रिकाओं में अधिकाधिक प्रसार हो रहा है। आज पत्रिकाओं की विषय-सूची भी लोकतन्त्रीकरण हुआ है। पहले चूँकि साक्षरता का प्रसार अधिक नहीं था और देश परतन्त्र था, पत्रिकाएँ समाज के एक विशिष्ट वर्ग की बौद्धिक आवश्यकताओं को ही पूरा करती थीं। अब बढ़ती हुई साक्षरता और उद्योगों के विकास के साथ विभिन्न अभिरुचियों और आवश्यकताओं की पूर्ति करना ज़रूरी हो गया है। इसका स्वाभाविक परिणाम यह हुआ कि विभिन्न विषयों, की साज-सज्जा, विभिन्न ढंग से प्रस्तुतीकरण तथा विभिन्न रूप-रंग की पत्रिकाएँ हमारे सामने हैं। हिन्दी तथा प्रादेशिक भाषाओं की पत्रिकाओं के विकास की सम्भावना बहुत बढ़ गयी है। यदि हम किसी पत्रिका की विषय-सूची की विश्लेषण करें तो हमें पत्रिका के निजीपन का बोध हो जायगा और हम जान लेंगे कि सम्पादन किस वर्ग के पाठकों की आवश्यकताओं की पूर्ति करता है। सम्पादन ऐसी सामग्री की तलाश में रहता है जो उसके पाठकों को पसन्द आये, किन्तु इसके साथ ही वह उनमें नयी अभिरुचि उत्पन्न करने का भी प्रयास करता हैं। अनेक पत्रिकाएँ और उनके सम्पादक नये-नये क्षेत्रों का अन्वेषण कर रहे हैं और अपने-अपने पाठकों को नये-नये विषय दे रहे हैं। पत्रिका-सम्पादन की परम्परागत और रूढ़िगत पद्धति समाप्त होती जा रही है और पत्रिकाओं में नये-नये विचारों का समावेश किया जा रहा है। सम्पादक को अपने प्रत्येक अंक में ऐसी सामग्री देनी होती है, जो पाठकों को पसन्द आये। पत्रिका की लोकप्रियता बनाये रखने के लिए पत्रिका के सम्पादक को कल्पनाशील और उद्यमी होना चाहिए। साप्ताहिक पत्रिका की कालावधि सात दिन की और मासिक पत्रिका की कालावधि तीस दिन की होती है। कोई भी व्यक्ति कल का समाचार-पत्र आज अपने कमरे में देखना नहीं चाहता, किन्तु साप्ताहिक पत्रिका सात दिन तक और मासिक पत्रिका तीस दिन है। यह कारण नियतकालिक पत्रिकाओं के लिए लाभदायी है। पत्रिका के संवाददाता के पास अधिक समय होता है और समाचार ढूँढ़कर फिर लोगों को बताना पड़ता हैं कि समाचार के पीछे कौन-सा समाचार है। उसके पास स्थिति

का अच्छी तरह से व्याख्या विभिन्न प्रकार से कर सकता है। पत्रिका के लिए जो संवाद-लेखन किया जाता है उसे गहरा, स्पष्ट और प्रामाणिक होना चाहिए, जिससे कि प्रचलित घटनाओं में निहित प्रवृत्ति का पता चले। पत्रिका के लिए संवाद-लेखन का कार्य अधिक आकर्षक होता है क्योंकि उसकी सामग्री का महत्त्व उतनी जल्दी नहीं घटता जितनी जल्दी समाचार-पत्र की सामग्री का। पत्रिकाओं में कई विषयों पर सचित्र विशेष लेख प्रकाशित होते हैं। लघुकथाएँ भी लोकप्रिय होती हैं। अच्छी लघु कथाएँ बहुतेरे पाठकों द्वारा पढ़ी जाती हैं। पत्रिका को इस बात का ध्यान रखना चाहिए कि पत्रिका में प्रकाशित होती है, पत्रिका के पाठकों की संख्या अधिक हो सकती है। समाचार-पत्रों की तरह पत्रिकाओं को पाठक सरसरी तौर पर देखकर फेंक नहीं देते। उन्हें आराम के साथ पढ़ा जाता है। पत्रिकाओं की सामग्री और उनका रूप-रंग आकर्षक होना चाहिए।

पत्रिकाओं के उप-सम्पादक को एक लाभ यह होता है कि उसके लिए समय काफ़ी होता है। पत्रिका की 'डमी' कई सप्ताह पहले से तैयार कर ली जाती है। उसमें समय के साथ होड़ नहीं करनी पड़ती। सम्पादक के पास इतना समय होता है कि प्रत्येक लेख या रूपक को सावधानीपूर्वक देख सके। लेखों को काटा जा सकता है, छोटा किया जा सकता है, समायोजित किया जा सकता है और फिर से लिखा जा सकता है। चित्र अत्यन्त उपयोगी होते हैं और पत्रिका को आकर्षक बना देते हैं। पत्रिका में पत्र शिल्पियों को अपनी सम्पूर्ण कला के प्रदर्शन के लिए काफ़ी समय प्राप्त होता है। कई पत्रिकाओं का रूप-रंग भी आकर्षक होता है और उनमें प्रकाशित सामग्री भी उत्कृष्ट होती है।

यहाँ प्रमुख रूप से समाचार-पत्रों और पत्रिकाओं की पत्रकारिता के विभिन्न आयामों का विवरण दिया जा रहा है। समाचार-पत्रों और पत्रिकाओं में एक सुव्यवस्थित सांगठनिक ढाँचा होता है, जिसममें हर व्यक्ति/ विभाग के कार्य बँटे हुए होते हैं।

कुछ प्रमुख पत्रिकाओं का उल्लेख निम्नलिखित है--

धर्मयुग—इस पत्रिका का प्रकाशन बम्बई से (वर्तमान में मुम्बई) टाइम्स ऑफ इण्डिया समूह ने 1950 में किया इसके प्रथम सम्पादक इलाचन्द्र जोशी थे। बाद में श्री हेमचन्द्र जोशी और सत्यकाम, विद्यालंकार हुए। अपने समय में धर्मयुग भारत की सर्वश्रेष्ठ हिन्दी पत्रिका रही जिसने पत्रकारिता को नयी दिशा प्रदान की। अपने साहित्यिक और सांस्कृतिक लेखों के अलावा इस पत्रिका का कार्टून कोना ढब्बू जी बहुत प्रसिद्ध हुआ। इसके प्रमुख सम्पादकों में डॉ. धर्मवीर भारती का नाम उल्लेखनीय है। पत्रिका के अन्तिम सम्पादक विश्वनाथ थे।

दिनमान—टाइम्स ऑफ इण्डिया द्वारा प्रकाशित 'दिनमान' समाचार साप्ताहिक का प्रकाशन दिल्ली से 21 फरवरी, 1965 को आरम्भ हुआ। इसके प्रथम सम्पादक थे सच्चिदानन्द वात्स्यायन 'अज्ञेय'। अज्ञेय जी ने इसे ऐसा स्वरूप प्रदान किया जो हिन्दी में प्रकाशित किसी भी साप्ताहिक से भिन्न था। उनके कार्यकाल में 'दिनमान' में सुप्रसिद्ध पत्र टाइम्स अथवा 'न्यूज़ वीक' से मेल खाता था। उनके कार्यकाल में 'दिनमान' ने हिन्दी पत्रकारिता जगत् में अपना विशिष्ट स्थान बना लिया। अज्ञेय जी के अलग हो जाने पर रघुवीर सहाय इसके सम्पादक रहे। 'दिनमान' की प्रसार संख्या बहुत अधिक नहीं रही है। किन्तु आज वह अपने ढंग का हिन्दी में एकमात्र साप्ताहिक माना जाता है।

रविवार—आनन्द बाज़ार पत्रिका, लिमिटेड ने सन् 1977 में कलकत्ता से रविवार साप्ताहिक का प्रकाशन किया। साप्ताहिक पत्रों में इस पत्र ने शीघ्र ही लोकप्रियता प्राप्त कर अपना महत्त्वपूर्ण स्थान बनाया। सुरेन्द्र प्रताप सिंह इसके प्रथम सम्पादक रहे हैं। बाद में इस पत्रिका के सम्पादक उदयन शर्मा थे।

पराग -: यह बच्चों की लोकप्रिय मासिक पत्रिका रही है। इसका प्रकाशन टाइम्स ऑफ इण्डिया ने बम्बई से मार्च, 1958 में किया। आजकल यह दिल्ली से प्रकाशित हो रही है। पराग के प्रथम सम्पादक सत्यकाम विद्यालंकार थे। बाद में इसके सम्पादक आनन्द प्रकाश जैन ने मार्च 1960 से इसे ऐतिहासिक महत्त्व का बना दिया। आनन्द जी के प्रयत्नों से पराग में बाल एकांकी, शिशु गीतों का प्रकाशन किया गया। इस प्रकार बाल साहित्य में पराग को नयी दिशा प्राप्त हुई। कन्हैयालाल नन्दन के सम्पादक में 'पराग' ने अपने उत्कृष्ट विशेषांक प्रकाशित किये हैं। वर्तमान में डॉ. हरिकृष्णन देवसरे इसके सम्पादक हैं।

माधुरी—यह टाइम्स ऑफ इण्डिया समूह द्वारा बम्बई से प्रकाशित फ़िल्म पत्रिका है। इसका प्रकाशन 20 जनवरी, 1964 से प्रारम्भ हुआ। इसका उद्देश्य फ़िल्म क्षेत्र में नयी चेतना लाना और पाठकों को फ़िल्मी दुनिया की गतिविधियों से परिचित कराना था। इस पत्रिका ने समान्तर का नामकरण कर उसकी परम्परा फ़िल्मों से चलायी। यह पत्रिका फ़िल्म पत्रिका होत हुए भी सेक्स पत्रिका कभी नहीं बनी और न फ़िल्मी गॉशिप पत्रिका। इस कारण इसे बच्चे से लेकर बूढ़े तक पढ़ते हैं। फ़िल्मों की सही जानकारी देने के लिए माधुरी ने अनेक बार फ़िल्म विषयक लेखमाला प्रस्तुत की। माधुरी ने व्यावसायिक फ़िल्मों को भारतीय संस्कृति के अनुकूल बनाया। इसका श्रेय इस पत्रिका के भूतपूर्व सम्पादक अरविन्द कुमार को है। बाद में इसके सम्पादक श्री विनोद तिवारी रहे। अब यह पाक्षिक रूप से प्रकाशित हो रही थी लेकिन बह अन्य पत्रिकाओं की भाँति इसे भी बन्द कर दिया गया है।

कादम्बिनी—हिन्दुस्तान टाइम्स लिमिटेड इसे दिल्ली से प्रकाशित कर रही है। यह मासिक पत्रिका है तथा साहित्यिक जगत् में अपना महत्त्वपूर्ण स्थान रखती है। इसका प्रकाशन प्रयाग से नवम्बर, 1960 में हुआ था। प्रारम्भ में इसके सम्पादक बालकृष्ण राव थे। फिर सन् 1962 में रामानन्द दोशी हुए। दोशी जी ने बड़ी निष्ठा के साथ इस पत्रिका के स्वरूप को उभारा और इसे स्तरीय पत्रिका बनाया। सन् 1972 से राजेन्द्र अवस्थी सम्पादक रहे। उनके बाद मृणाल पाण्डे सम्पादक बनाया गया । 'कदम्बिनी' का स्तम्भ शब्द सामर्थ्य बढ़ाइये और काल-चिन्तन पाठकों द्वारा विशेष सराहे गये हैं। इसके अतिरिक्त समय के हस्ताक्षर, तनाव से मुक्ति, विधि-विधान, बुद्धि विलास, वचन वीथी, गोष्ठी प्रवेश, नयी कृतियाँ, चलते-चलते, चौराहे पर, क्षणिकाएँ, हंसिकाएँ आदि इसके स्थायी स्थायी स्तम्भ हैं।

सारिका—टाइम्स ऑफ इण्डिया प्रकाशन ने बम्बई से सन् 1970 में सारिका (मासिक) प्रकाशित की। इसके सर्वप्रथम सम्पादक रतनलाल जोशी थे, उनके बाद चन्द्रगुप्त विद्यालंकार तथा मोहन राकेश, महेन्द्र कुलश्रेष्ठ सारिका के सम्पादक रहे। सन् 1967 से 1978 तक श्री कमलेश्वर ने सम्पादक का भार सँभाला। कमलेश्वर के सम्पादक में सारिका ने साहित्यिक पत्रकारिता को एक नयी दिशा व चेतना प्रदान की। कमलेश्वर के बाद पत्रिका के दिल्ली आ जाने के बाद कन्हैयालाल नन्दन अप्रैल, 1982 तक सारिका के सम्पादक रहे। कालान्तर में

अवध नारायण मुद्गल सम्पादक का कार्य भार देखते रहे हैं। अब यह बन्द हो गयी है।

नन्दन—हिन्दुस्तान टाइम्स प्रकाशन, नयी दिल्ली से नन्दन आजकल जयप्रकाश भारती के सम्पादन में सन् 1964 निकल रहा है। नन्दन के भूतपूर्व सम्पादक थे राजेन्द्र अवस्थी। प्रसिद्ध कृतिकारों, कहानीकारों और लेखकों को बाल-साहित्य लिखने की प्रेरणा देनेवाला यह पत्र बाल-साहित्यकारों का अपना पत्र है। परी कथाओं के विशेषांक भी नन्दन से निकले हैं जिसका अपना महत्त्व है। इसने हिन्दी के अलावा भारतीय भाषाओं के रचनाकारों को भी स्थान दिया है। एलबम, आप कितने बुद्धिमान् हैं, तेनालीराम, चटपट, ज्ञान पहेली, चीटू नीटू, पत्र मिला, पुरस्कृत कथा चित्र, पहेली शीर्षक बताइये, बच्चों का अख़बार इसके मुख्य स्थायी स्तम्भ हैं। विदेशों में रहनेवाले भारतीय बच्चों में यह सर्वाधिक लोकप्रिय पत्रिका है।

समाचार पत्र का संगठन तन्त्र

एक समाचार-पत्र संगठन को निम्नलिखित विभागों में बाँटा गया है-

1. सम्पादकीय विभाग--संगठनात्मक ढाँचे में सर्वाधिक महत्त्वपूर्ण विभाग सम्पादकीय विभाग होता है। सम्पादकीय विभाग समाचार-पत्र कार्यालय का मेरुदण्ड होता हैं, क्योंकि समाचार-पत्र में जो सामग्री संकलित करता है उसकी समस्त ज़िम्मेदारी सम्पादकीय विभाग की होती है, उसी की देखरेख में समाचार तैयार किया जाता है। विभिन्न स्रोतों ई-मेल, इण्टरनेट, फैक्स, समाचार समितियों तथा संवादताओं द्वारा समाचार कक्ष में आता है। इसी कक्ष में समाचार को छपने के लिए चयन किया जाता है। समाचारों को पढ़ने योग्य बनाने के अलावा समाचार पर अपना दृष्टिकोण सम्पादकीय विभाग में दिया जाता है। इसका मुखिया सम्पादक होता है। यह अपने मनानुसार अपने सहयोगियों के कार्यों का निरीक्षण करता है। विभाग में खेल डेस्क, आर्थिक डेस्क, सम्पादकीय डेस्क, फ़ीचर डेस्क, महानगर डेस्क मुख्य रूप से होते हैं। फ़ीचर डेस्क पर लेख, फ़ीचर, कहानी, कवित, व्यंग्य इत्यादि सामग्री का चयन करके पढ़ने योग्य बनाया जाता है। स्रोतों से प्राप्त समाचार की त्रुटियों को दूर कर उसका विश्लेषण करके सुनियोजित तरीक़े से पढ़ने योग्य बनाने की ज़िम्मेदारी सम्पादकीय विभाग की होती है। इस सम्पादकीय विभाग का कार्य बौद्धिक सामग्री (समाचार/विचार) को पाठकों के समक्ष इस ढंग से प्रस्तुत करना होता है, जिससे वह अधिकांश पाठक वर्ग की रुचियों से मेल खाये। उत्पादन विभाग छपाई तथा उससे जुड़े अन्य कार्यकलापों को देखता है, जबकि व्यवसाय विभाग समाचार-पत्रों/पत्रिकाओं के वितरण, उनके लिए विज्ञापन जुटाने आदि का कार्य करता है।

इस विभाग का मुखिया प्रधान सम्पादक होता है। सम्पादक समाचार-पत्र में सम्पादकीय लिखने का महत्त्वपूर्ण कार्य करता है। सम्पादकीय विभिन्न विषयों पर लिखी जाती है, इसलिये सम्पादक विभिन्न विषयों पर एक से अधिक सम्पादकीय सहयोगियों को सम्पादकीय लिखने की ज़िम्मेदारी सौंप सकता है। हस्ताक्षरित सम्पादकीय केवल सम्पादक ही लिखता है, इसके नीचे सम्पादक का हस्ताक्षर या उसका नाम होता है। सम्पादक की सहायता व समाचार की उत्कृष्ट प्रस्तुति के लिए स्थानीय सम्पादक, समाचार सम्पादक, सहायक सम्पादक, मुख्य उप सम्पादक और उपसम्पादक होते हैं। सम्पादक सामूहिक भावना से एक टीम वर्क के द्वारा अपने समाचार-पत्र का सफल सुव्यवस्थित संचालन करता है। सम्पादकीय विभाग विभिन्न सोत्रो से प्राप्त समाचारो का एकत्र करके उसका चयन एवं सम्पादन करता है। समाचारो की प्रमुखता

के आधार पर उस पर अपना व्यक्तिगत दृष्टिकोण भी प्रस्तुत करता हैं।

समाचार-पत्र की रूप-सज्जा की ज़िम्मेदारी विभाग की होती है। अमुख समाचार को अमुख पृष्ठ पर प्रस्तुत करना पृष्ठ-प्रभारी के अधिकार की बात है। समाचार-पत्र में पाठकों के प्रति आकर्षण पैदा करना भी पृष्ठ-प्रभारी का काम है। समाचार के साथ फ़ोटो एवं ग्राफ़िक्स भी पृष्ठ-प्रभारी की सोच के अनुसार प्रस्तुत होता है।

सम्पादकीय विभाग का संगठन इस प्रकार है-

सम्पादक

सम्पादन करनेवाले व्यक्ति को सम्पादक कहते हैं। प्रेस और पुस्तक पंजीकरण अधिनियम 1867 के अन्तर्गत सम्पादक वही होता है जो समाचार-पत्र में प्रकाशित होनेवाली सामग्री के चयन पर नियन्त्रण रखता हो। कुल मिलाकर यही कहा जा सकता है कि चयनित सामग्री को जनहित में पठनीय बनानेवाले व्यक्ति को सम्पादक कहते हैं। सम्पादक ही क़ानून के दायरे में हर तरह के समाचार के प्रति उत्तरदायी होता है। क्योंकि धारा 5(1) के अनुसार प्रत्येक समाचार-पत्र की प्रत्येक प्रति पर सम्पादक का नाम प्रकाशित होता है भारतीय दण्ड संहिता की धारा 124(क) के अन्तर्गत राजद्रोह, धारा 153(क) के अन्तर्गत समूहों के बीच शत्रुता व असौहार्द, धारा 171(छ) के अन्तर्गत चुनाव के समय झूठी ख़बर, धारा 292 के अन्तर्गत अश्लील सामग्री को प्रकाशित करके, धारा 295 के अन्तर्गत धार्मिक भावनाओं को आहत कराने एवं धारा 499 के अन्तर्गत मानहानि का मुक़दमा सम्पादक के ख़िलाफ़ दर्ज़ करने का प्रावधान है।

सम्पादक के कार्य

- **निरीक्षण**

1. विभाग के पत्रकारों की कार्यक्षमता का निरीक्षण एवं मूल्यांकन करना।
2. पत्र की नीति के अनुसार समाचार, लेख इत्यादि के लिए स्थान का अवलोकन करना।
3. पत्र की नीति के अनुसार समाचार की भाषा का अवलोकन करना।
4. समाचार की स्पष्टता, सार्थकता, सारगर्भित पर ध्यान देना।
5. यथासमय पर पृष्ठ कार्य एवं प्रकाशन का अवलोकन करना।
6. पत्र के प्रसार-सम्बन्धी योजना का अवलोकन करना।

- **निर्देशन**

1. नियुक्ति एवं स्थानान्तरण।
2. अनुशासनात्मक।
3. समाचार, फ़ीचर, फ़ोटो एवं लेखों की व्यवस्था।
4. आकस्मिक ड्यूटी लगाना।
5. क़ानूनी उलझनों से अपने कर्मियों को बचाने हेतु।
6. विज्ञापन से सम्बन्धित आदेश देना।
7. सुन्दर प्रस्तुतीकरण के सम्बन्धित आदेश।

• **परीक्षण**

1. समाचार-पत्र एवं पत्रिका का परीक्षण करके अशुद्धियों एवं भ्रान्तियों को दूर करना।

2. समाचार-पत्र एवं पत्रिका का अवलोकन करके बेहतरी के लिए अपने सहकर्मियों को परातर्का देना।

3. फ़ीचर, लेख एवं साक्षात्कार का अवलोकन करके मत देना।

4. तुलनात्मक दृष्टि का प्रयोग करना।

5. पाठकों की रुचि का अवलोकन करके लेखक, विषय विशेषज्ञों, नेताओं की सूची बनाना।

6. तत्कालीन घटना का अवलोकन करके सम्पादकीय लिखवाना।

• **नियन्त्रण**

1. सहकर्मियों पर नियन्त्रण।
2. घटनाओं पर नियन्त्रण।
3. भाषा पर नियन्त्रण।
4. चित्रों पर नियन्त्रण।
5. समाचारों पर नियन्त्रण।
6. प्रिण्टिंग पर नियन्त्रण।
7. विज्ञापनों पर नियन्त्रण।

• **रचनात्मकता**

1. राष्ट्रीय एवं अन्तरराष्ट्रीय मुद्दे की गहराई से प्रकल्प एवं विकल्प की तलाश करना।

2. समाचार की प्रस्तुति एवं स्वरूप निर्माण कार्य को अंजाम देना।

3. पृष्ठ-सज्जा, चित्र, ग्राफ़िक्स, नक्शे, कार्टून इत्यादि का सन्तुलन के अलावा पत्र-पत्रिका की कलात्मकता भी रचनात्मकता के क्षेत्र में आती है।

4. श्रेष्ठ लेखकों को पत्र एवं पत्रिका से जोड़कर उनके रचनात्मक दृष्टिकोण से पाठकों को परिचित कराना।

5. आवश्यकता पड़ने पर अपने दृष्टिकोण से पाठकों को परिचित कराना।

6. सम्पादकीय टिप्पणी लिखना।

सम्पादक दूरद्रष्टा होता है। इसे त्रिकालदर्शी भी माना गया है। प्रखरता एवं दक्षता के अलावा लम्बे अनुभवों के आधार पर ही सम्पादक बनाया जाता है। जैसे इसके कर्त्तव्यों की चर्चा की गयी ठीक वैसे ही इसके उत्तरदायित्वों की चर्चा करना भी आवश्यक है। सम्पादक राष्ट्र, समाज, सरकार, पाठक एवं स्वामी के प्रति उत्तरदायी होता है।

स्थानीय सम्पादक

अमर उजाला, राष्ट्रीय सहारा, नयी दुनिया, प्रभात ख़बर, दैनिक जागरण, दैनिक भास्कर, हिन्दुस्तान, नवभारत टाइम्स, जनसत्ता-जैसे समाचार-पत्रों के स्थानीय संस्करण प्रकाशित होते हैं। सम्पादकीय पृष्ठ, फ़ीचर, रविवारीय परिशिष्ट इत्यादि सभी संस्करणों में एक-जैसे ही होते

हैं अन्तर तो केवल समाचारों में होता है। सम्पादक सभी समाचारों से भलीभाँति अवगत नहीं हो सकता इसलिए स्थानीय समाचारों की गुणवत्ता का ध्यान रखने के लिए समाचार-पत्र समूहों के स्वामियों ने स्थानीय समाचारों को प्रमुखता से छापना स्थानीय सम्पादक नियुक्त कर रखा है। इसके अलावा विशिष्ट मुद्दों पर सम्पादक को सलाह भी देता है।

संयुक्त सम्पादक

स्थानीय सम्पादक के बाद सम्पादकीय विभाग में संयुक्त सम्पादक आता है। सम्पादक द्वारा स्थायी व अस्थायी रूप से सौंपे गये कार्य का पालन करना संयुक्त सम्पादक का प्रमुख कार्य होता है। इसके अलावा अपने कनिष्ठ सहयोगियों की ड्यटी एवं अवकाश लगाना भी संयुक्त सम्पादक के कर्त्तव्यों में आता है। सम्पादकीय विभाग का अन्य विभागों से सामंजस्य स्थापित करना भी इसी का कार्य है। सम्पादक की अनुपस्थिति में यह सम्पादक के कार्य भी करता है। सम्पादकीय विभाग में तालमेल रखना उसका परम कर्त्तव्य है।

सहायक सम्पादक

सहायक सम्पादक वैचारिक लेख, अग्रलेख, सम्पादक के नाम पत्र इत्यादि की सामग्री का चयन करके इन्हें प्रकाशन योग्य बनाता है। पत्र समूह की क्षमता के अनुसार सम्पादक नियुक्त किये जाते हैं। विचारपक्ष की सामग्री का प्रबन्ध करना सहायक सम्पादक का प्रथम कार्य माना जाता है। देश के चर्चित विषय विशेषज्ञ एवं लेखकों से सम्पर्क रखना इसका दूसरा कर्त्तव्य है। इन्हीं से आवश्यकता पड़ने पर लेख इत्यादि लिखवाता है। इनको पढ़ता है। अपना ज्ञान बढ़ाता है। रविवार के दिन छपनेवाले परिशिष्टों का प्रभारी होता है। इसलिए इस परिशिष्ट में प्रकाशनार्थ कहानी, कविता, व्यंग्य लेख इत्यादि आते हैं। इन सबका अवलोकन करके छापने योग्य सामग्री का चयन करता है। इसलिए सहायक सम्पादक को संयुक्त सम्पादक की अपेक्षा आउटलुक की गहरी समझ हो जाती है। आवश्यकता पड़ने पर विषय से सम्बन्धी लेख इत्यादि भी मंगा लेता है। कुल मिलाकर यही कहना उचित होगा कि सहायक सम्पादक कल्पनाशील एवं सर्जनशीलता के साथ-साथ कलात्मक भी हो जाता है।

समाचार सम्पादक

समाचार देश का हो या विदेश का या फिर दूर-दराज का, वे राजनीतिक, सामाजिक, धर्मिक, आर्थिक, रोज़गार आदि अनेक प्रकार के हो सकते हैं। इनको पत्र-पत्रिका की नीति के अनुसार छपने योग्य बनाने के लिए सम्पादकीय विभाग में एक व्यक्ति नियुक्त किया जाता है जिसे हमें समाचार सम्पादक के नाम से जानते हैं। इसके अधीन कई उपसम्पादक होते हैं। इनके कार्य का बँटवारा करना भी समाचार संपादक का कार्य है। उप-सम्पादकों एवं मुख्य उपसम्पादकों के बीच सामञ्जस्य बनाये रखना इसकी तीसरा कर्म है। चौथा कर्म ड्यूटी से सम्बन्ध रखता है। पाँचवाँ कर्म इसका परामर्श का माना गया है। देश-विदेश के संवाददाताओं से सम्पर्क बनाये रखना एवं उन्हें निर्देश देना भी समाचार सम्पादक के अधिकार क्षेत्र की बात है। इनके कार्य-शैली की व्याख्या करना भी समाचार सम्पादक का कार्य है। कार्टून एवं फ़ोटो इत्यादि भी इसी के निर्देश पर छपते हैं। अपने अधीनस्थ सहयोगियों की पदोन्नति भी समाचार सम्पादक की कलम से होती है।

मुख्य उप-सम्पादक

पृष्ठ-प्रभारी को ही मुख्य उप-सम्पादक कहा जाता है। तीसरा नाम इसका शिफ्ट इंचार्ज होता है। समाचारों या चयन करके उनकी गुणवत्ता के आधार पर पृष्ठ में स्थान देता है। शीर्षक, उप-शीर्षक, फ्लैग, आमुख इत्यादि की जाँच करना। परामर्श लेना व देना। समाचार-पत्र की एकरूपता बनाये रखना। इसके भी अनेक सहयोगी होते हैं। उनको विश्वास में रखना भी मुख्य उप-सम्पादक का कार्य है। अपने सहयोगियों को उनकी इच्छानुसार कार्य देना भी इसी के अधिकार क्षेत्र की बात मानी जाती है। समाचार सम्पादक की अनुपस्थिति में इसकी ज़िम्मेदारी अधिक बढ़ जाती है।

उप-सम्पादक

समाचार में जो गुणवत्ता आती है उप-सम्पादक की निरीक्षण व परीक्षण का कमाल है। हालाँकि यह कार्य एक टीम वर्क का है फिर भी श्रेय टीम के मुखिया को ही जाता है। इसलिए यह एक प्रतिभाशाली एवं अपने कार्य में दक्ष होना चाहिए। सम्पादकीय विभाग में उप-सम्पादक विषयानुसार कई होते हैं यानी साहित्य सम्पादक, खेल सम्पादक, फ़िल्म सम्पादक, रोज़गार सम्पादक, व्यापार सम्पादक आदि। वर्तनी की अशुद्धि के प्रति उत्तरदायी इसी को माना जाता है। एजेन्सियों से आये समाचारों में से अपने पृष्ठ के अनुरूप समाचार तैयार करना एएवं अनुवाद करना इसका दूसरा कार्य है। समाचार को छपने योग्य बनाना उप-सम्पादक का मुख्य कार्य माना जाता है।

खेल सम्पादक-यह समाचार-पत्र के खेल-विभाग का प्रमुख होता है। उसका कार्य खेल तथा इसी प्रकार की अन्य गतिविधियों के समाचारों और प्रतिक्रियाओं का निश्चय करना और एक या एक से अधिक संवाददाताओं या उपसंवाददाताओं के कार्यों का निरीक्षण करना है। वह समाचार की सीमा तथा खेल समाचारों के प्रस्तुतीकरण के लिए उत्तरदायी होता है।

वाणिज्य सम्पादक-यह समाचार-पत्र के फ़िल्म-विभाग का प्रधान होता है। वाणिज्य, वित्त, व्यापार और उद्योग से सम्बन्धित समाचारों तथा विचारों का चुनाव करता है तथा उन प्रतिक्रियाएँ व्यक्त करता है। वह एक या एक से अधिक संवाददाताओं या संवाददाताओं के मध्य कार्य का बँटवारा करता है तथा उनका निरीक्षण करता है।

फ़िल्म सम्पादक-यह समाचार-पत्र के फ़िल्म-विभाग का प्रधान होता है। यह फ़िल्म तथा रंगमंच से सम्बद्ध समाचारों तथा विचारों का चुनाव करता है और समाचार-पत्र में फ़िल्मों तथा रंगमंच के लिए निर्धारित स्थान या पृष्ठ का मुखिया होता है। वह एक या अधिक पत्रकारों के काम का निरीक्षण करता है।

पत्रिका सम्पादक-यह साहित्यिक विभाग का प्रमुख होता है। वह साहित्यिक सामग्री का चयन करता और रविवारीय पृष्ठ का मुखिया होता है। वह एक या अधिक पत्रकारों के काम का निरीक्षण करता है।

संवाददाता

समाचार-पत्र में संवाददाता का पद अत्यन्त महत्त्वपूर्ण है, यह कहने की आवश्यकता नहीं। जहाँ भी वह जाता है, उसकी आवभगत होती है, लोग उसे तरह-तरह से उपकृत करते रहते हैं, सिर्फ़ इसलिए कि उनका नाम भी समाचारों में चला जाय। इस तरह की आवभगत उन्हें अक्सर

गर्वीला बना देती है। निष्पक्ष और बेलौसी पत्रकारिता एक संवाददाता का प्रमुख गुण होना चाहिए। उसमें जो सामने है, उसकी तह तक जा सकने, ख़बरों को सूँघने की क्षमता होनी चाहिए। दूर-दराज से समाचारों को लानेवाले व्यक्ति को पत्रकारिता की भाषा में संवाददाता कहा जाता है। संवाददाता स्थानीय भी होता है और बाहरी भी। बाहरी से हमारा मतलब है देश के दूर-दराजों से समाचार एकत्र करके पत्र के मुख्य कार्यालय को फैक्स, ई-मेल इत्यादि के द्वारा समाचार भेजता है। हिन्दी में इसे समाचारदाता तथा अंग्रेज़ी में रिपोर्टर कहा जाता है। सुविधा की दृष्टि से संवाददाता निम्न होते हैं-

मुख्य संवाददाता-मुख्य संवाददाता समाचार-पत्र के मुख्यालय अर्थात् जहाँ से समाचार-पत्र प्रकाशित हो रहा है वहाँ नियुक्त होता है। इसके नेतृत्व में अनेक संवाददाता यथा-नगर संवाददाता तथा अन्य 'बीट' संवाददाता होते हैं। मुख्य संवाददाता को कार्यालय संवाददाता भी कहा जाता है। मुख्य संवाददाता का कार्य शहर भर में हो रही गतिविधियों पर नज़र रखना और कवरेज की योजना तैयार करना होता है। उसे महत्त्वपूर्ण कवरेज भी करनी होती है। यह अपने नगर/ज़िले की नब्ज़ पर नज़र रखता है। उसे अपने सम्पर्क सूत्र ऐसे रखने होते हैं, जो समय पड़ने पर उसे सूचना दे सके।

नगर संवाददाता-यह संवाददाता नगर की विभिन्न गतिविधियों पर नज़र रखता है, तथा कवरेज के लिए तत्पर रहता है। उसे भी अपने सम्पर्क सूत्र विकसित करने होते हैं, तथा उनके निरन्तर सम्पर्क में रहना होता है। परम्परागत स्रोतों के अलावा उसे समाचार के लिए अन्य स्रोत भी विकसित करने होते हैं।

विशेष संवाददाता-समाचार-पत्र में विशेष संवाददाता को सहायक सम्पादक, समाचार सम्पादक एवं अग्रलेख लेखक के समकक्ष माना जाता है। विशेष संवाददाता, विशेष अवसरों के लिए ही होता है। उसे विशेष अवसरों पर ही कवरेज करनी होती है। यह पद समाचार-पत्रों में पूर्वसृजित या स्थायी भी हो सकता है, लेकिन अधिकांशतः विशेष अवसरों पर सम्पादकीय विभाग के किसी वरिष्ठ सदस्य को यह ज़िम्मेदारी सौंपी जाती है।

'बीट' संवाददाता-नगर संवाददाता के अलावा अन्य संवाददाताओं की 'बीट' बँटी होती है, अर्थात् उनका कार्यक्षेत्र पूर्व-निर्धारित होता है। इनमें अपराध संवाददाता, राजनीति संवाददाता, खेल संवाददाता, आर्थिक संवाददाता, साहित्य एवं सांस्कृतिक संवाददाता, शैक्षणिक संवाददाता आदि प्रमुख हैं। इन सभी को अपने-अपने क्षेत्रों पर नज़र रखनी होती है तथा समय-समय पर कवरेज करनी होती है। उन सभी संवाददाताओं को जिन्हें कार्यों का बँटवारा नहीं किया गया है, समय-समय पर मुख्य संवाददाता द्वारा दिये गये कवरेज के कार्य करने होते हैं।

विदेश संवाददाता-अनेक समाचार-पत्र, समाचार एजेन्सियों, आकाशवाणी और दूरदर्शन तथा अब कई निजी चैनलों ने भी विदेशों के प्रमुख शहरों में अपने संवाददाता नियुक्त कर रखे हैं, जहाँ से वे अपने देश के पाठकों की रुचि को ध्यान में रखते हुए ख़बरों का सम्प्रेषण करते हैं। रिपोर्टिंग के पेशे में यह पद सबसे महत्त्व का है और किसी वरिष्ठ व अनुभवी संवाददाता को ही यह ज़िम्मेदारी सौंपी जाती है। विदेश संवाददाता को न सिर्फ़ विशेष रूप से विदेश मामलों, अपने देश के 'सरोकार' की ख़बरों और राजनीतिक ख़बरों पर देना पड़ता है। विदेश के समाचार माध्यमों में उसके देश से सम्बन्धित क्या ख़बरें प्रकाशित/प्रसारित हो रही हैं, या फिर

अन्तरराष्ट्रीय स्तर पर कौन से समाचार प्रमुखता पा रहे हैं, इन सब बातों पर उसे नज़र रखना और समय-समय पर तात्कालिक और दीर्घकालिक महत्त्व की ख़बरें भेजना होता है। विदेश मामलों की जानकारी रखनी होती है, बल्कि इस बात का ख्याल भी रखना होता है, कि उसके द्वारा भेजे गये समाचार का दुष्परिणाम दोनों देशों के आपसी सम्बन्धों पर न पड़े।

ग्रामीण संवाददाता—समाचार संगठनों में रिपोर्टिंग नेटवर्क का एक बड़ा हिस्सा उन संवाददाताओं पर आधारित है, जो समाचार-पत्र के मुख्यालय पर नहीं बल्कि छोटे नगरों, उपनगरों, विकासखण्डों और गाँवों में स्थित हैं, जहाँ से रिपोर्टिंग का कार्य करते हैं। मुख्यालय के बाहर के प्रमुख नगरों में जहाँ समाचार-पत्र का मुख्यालय नहीं हैं, लेकिन पत्र के व्यवसाय की दृष्टि से तथा समाचारों की दृष्टि से महत्त्वपूर्ण हैं, समाचार-पत्रों ने अपने ब्यूरो कार्यालय खोल रखे हैं। वहाँ एक या एक से अधिक संवाददाता नियुक्त होते हैं। साथ ही साथ समाचार सम्प्रेषण की आधुनिक सुविधाएँ, विज्ञापन संग्रह और समाचार-पत्र के वितरण के लिए कर्मचारी नियुक्त हैं। ये समाचार-पत्र के स्थायी कर्मचारी होते हैं, जबकि संवाददाताओं में ब्यूरो प्रमुख स्थायी व अन्य पत्रकार स्थायी/अस्थायी या अंशकालिक हो सकते हैं।

छोटे नगरों, उपनगरों व क़स्बों में आमतौर पर किसी स्थानीय व्यक्ति को जो पत्रकारिता की समझ रखता हो, समाचार-पत्र अपना 'स्ट्रिंगर', 'लाइनर' या 'रिटेनर' बना देते हैं। ये अंशकालिक पत्रकार होते हैं, जिन्हें उनकी प्रकाशित ख़बरों के आधार पर या एक निश्चित मासिक धनराशि और प्रकाशित सामग्री के आधार पर भुगतान किया जाता है। 'स्ट्रिंगर', 'लाइनर' और 'रिटेनर' अंग्रेज़ी के शब्द हैं, जिनके लिए हिन्दी में अंशकालिक शब्द का इस्तेमाल किया जाता है। स्ट्रिंगर, 'स्ट्रिंग' शब्द से बना है। इसका अर्थ होता है, धागा या तार, लाइनर शब्द लाइन या पंक्ति से बना है। अपने अख़बार से सूत्र जुड़ा रखने के लिए कुछ धनराशि देना स्ट्रिंगर हुआ, छपी लाइनों के आधार पर भुगतान करना लाइनर हुआ। रिटेनर वह, जिसे समाचार-पत्र ने 'रिटेन' किया हुआ है अर्थात् रखा हुआ है। इसके लिए भी एक निश्चित मानदेय का भुगतान समाचार-पत्र करता है।

अग्रलेख लेखक-वह व्यक्ति जो समाचार-पत्र के लिए नियमित रूप से अग्रलेख लिखता है उसे लीडर राइटर कहा जाता है। यह समीक्षा, प्रतिक्रिया व आलोचना से सम्बद्ध समाचार भी लिखता है।

प्रूफ रीडर

जो व्यक्ति प्रेस कॉपी को पढ़ता है उसे कॉपी होल्डर कहते हैं। इसके अनुसार जो प्रूफ संशोधन करता है वह प्रूफ रीडर होता है। भाषा के विद्वान् व्यक्ति को ही प्रूफ रीडिंग का कार्य सौंपा जाता है। कम्पोज़ होकर पढ़ने के लिए जो प्रूफ मिलता है वह प्रथम प्रूफ होता है। प्रूफ रीडर अशुद्धियों पर विशेष प्रकार के मानक निशान लगाता है। कम्पोज़ीटर उक्त निशानों को पढ़कर अशुद्धियों को ठीक करके प्रूफ देता है। दुबारा प्रूफ रीडर पढ़कर अशुद्धियाँ ठीक करने के पश्चात् फाइनल प्रूफ निकालता है। इसे 'नेरो' प्रूफ भी कहते हैं। यही प्रूफ पत्र में छपने योग्य माना जाता है। आयोग ने प्रूफ रीडर को पत्रकारों के समकक्ष रखने का सुझाव दिया था पर पत्र मालिकों ने स्वीकार नहीं किया। अतः अखिल भारतीय श्रमजीवी पत्रकार संघ के माध्यम से सर्वोच्च न्यायालय ने आयोग के सुझाव पर अपना निर्णय प्रूफ रीडरों के पक्ष में सुनाया। जब से प्रूफ रीडर को पत्रकार के समकक्ष माना जाता है।

कार्टूनिस्ट-यह कार्टूनों के माध्यम से सामाजिक, राजनीतिक एवं सांस्कृतिक घटनाएँ समाचार-पत्रों में प्रस्तुत करता है। कार्टून के माध्यम से पाठकों के दिल को जीतना कार्टूनिस्ट का प्रथम गुण माना जाता है।

री-राइट मैन-यह टेलीविज़न के माध्यम से समाचार प्राप्त करता है और संवाददाताओं के टेलीफ़ोन से प्राप्त होनेवाले समाचारों को भी लेखनीबद्ध करता है। यद्यपि री-राइट मैन पत्र-कार्यालय में ही बैठकर विभिन्न संस्थाओं से समाचार प्राप्त करता है लेकिन उन्हें लिखते समय इस प्रकार से प्रस्तुत करता है जैसे कि वह स्वयं उक्त स्थान पर मौजूद था।

समाचार छायाकार-समारोह, संगोष्ठियों, घटनाओं एवं दुर्घटना इत्यादि के फ़ोटो लाकर समाचार-पत्र को देना समाचार छायाकार का मुख्य कार्य है। फ़ोटो के माध्यम से उस घटना को समाचार-पत्र में प्रस्तुत करना ही पत्रकार का काम है।

कलाकार-समाचार-पत्र में प्रकाशन के लिए ड्राइंग, लेआउट, नक्शे आदि के चित्र तैयार करता है।

पुस्तकालयाध्यक्ष-यह समाचारों, लेखों, घटनाओं तथा महत्त्वपूर्ण व्यक्तियों की जीवनियों आदि को एकत्र करके रखता है जिनका उपयोग समाचारों की पृष्ठभूमि तैयार करने के लिए किया जाता है।

फ़ोटो सम्पादन विभाग-

चित्र समाचार-पत्र को आकर्षक तथा विश्वसनीय बनाते हैं। समाचार-पत्रों की पूर्णता की दृष्टि से फ़ोटोग्राफ़ों का विशेष महत्त्व होता है। एक घटनाक्रम के कई फ़ोटोग्राफ़ उपलब्ध होते हैं। इनमें से सर्वाधिक सटीक एक या कभी-कभी दो फ़ोटोग्राफ़ों का चयन किया जाता है। फ़ोटोग्राफ़ घटना की व्याख्या करने अथवा उसके महत्त्वपूर्ण बिन्दु को स्पष्ट करने में सहायक होता है। फ़ोटोफ़ीचर के चयन में विषय की सामयिकता, उपलब्ध फ़ोटोग्राफ़ों का सिलसिलेवार होना और आकर्षक तथा स्पष्ट होना। फ़ोटो के प्रभावशाली रूप में समाचार-पत्र में छपने के लिए उसका उचित तथा व्यवस्थित तथा सारगर्भित सम्पादन करना अत्यन्त महत्त्वपूर्ण होता है। फ़ोटो का शीर्षक निर्धारण फ़ोटो सम्पादक की करता है। जिससे चित्रों को नया अर्थ मिलता है एवं उसकी उपयोगिता तथा सार्थकता में बढ़ोत्तरी होती है। फ़ोटो सम्पादन विभाग के अन्तर्गत फ़ोटो पत्रकार, फ़ोटो सम्पादक, फ़ोटो लाइब्रेरी एवं फ़ोटो तकनीकी विभाग रहते हैं।

फ़ोटो पत्रकार-समाचार-पत्र के लिए फ़ोटोग्राफ़ी का कार्य करनेवाले व्यक्ति को फ़ोटो पत्रकार कहा जाता है। फ़ोटो पत्रकारों के लिए अपने छायाचित्रों के लिए जुगाड़ बनाना या उनको अपने मनमाफिक बनाना ग़लत है। उनका कर्त्तव्य है कि वे अपनी तस्वीरों में सिर्फ़ यथास्थिति को सच्चाई के साथ दिखायें। फ़ोटो पत्रकार अपने पेशे के महत्त्व व दायित्त्व को समझते हुए पूर्ण समर्पण के साथ अपने छायाचित्रों द्वारा अख़बार या पत्रिका के माध्यम से समाज को जागरूक करने में महत्त्वपूर्ण भूमिका निभाते हैं।

फ़ोटो पत्रकार दो रूपों में कार्य करते हैं-

1. नियोजित फ़ोटो पत्रकार
2. स्वतन्त्र फ़ोटो पत्रकार

नियोजित फ़ोटो पत्रकार-इस श्रेणी में वे लोग सम्मिलित किये जाते हैं जो किसी समाचार/पत्रिका संगठन में प्रेस-छायाकार की नौकरी करते हैं। संगठन के नियमों के अनुरूप

उन्हें कार्य करना होता है तथा समाचार-पत्र कार्यालय द्वारा उनकी दैनिक गतिविधियों का निर्धारण किया जाता है। इस श्रेणी में वे व्यक्ति आते हैं जो स्वतन्त्र रूप से छायांकन का कार्य करते हैं। उनका समाचार-पत्र/पत्रिकाओं से अनुबन्ध होता है और चयनित फ़ोटोग्राफ़ों के आधार पर उनके मानदेय का निर्धारण होता है।

फ़ोटो सम्पादक -समाचार-पत्र कार्यालय में फ़ोटोग्राफ़ को काट-छाँटकर प्रकाशन के लिए तैयार करनेवाले व्यक्ति को फ़ोटो सम्पादक कहा जाता है। फ़ोटो सम्पादक का कार्य सैकड़ों शब्दों के साथ विवरण लिखना नहीं बल्कि फ़ोटो से ही स्पष्टता व्यक्त करना है। फ़ोटो सम्पादक को निडर और संवेदनशील होना चाहिए। अपराध, विसंगतियों आदि के फ़ोटोग्राफ़ का प्रकाशन करते समय उसे सशंकित या भयभीत नहीं होना चाहिए। सामान्य फ़ोटोग्राफ़ और भावप्रद फ़ोटोग्राफ़ के बीच अन्तर करने उसे आना चाहिए। पाठकों के रुचि को ध्यान में रखते हुए फ़ोटोग्राफ़ का चयन करना चाहिए। जिससे वह पाठकों को पसन्द आये। फ़ोटो सम्पादक को फ़ोटोग्राफ़ की तकनीकी बारीकियों जैसे- उभार, रंग संयोजन, स्पष्टता, सम्बद्धता आदि गुणों का ज्ञान होना आवश्यक है।

फ़ोटो सम्पादक के कार्य

- सहयोगी फ़ोटोग्राफ़रों को कार्य सौंपना व आवश्यक चित्र के बारे में आवश्यक दिशा-निर्देश देना।
- समाचार से सम्बन्धित उपयुक्त फ़ोटोग्राफ़ का चयन करना।
- फ़ोटो के आकार एवं शीर्षक का निर्धारण करना।
- समाचार-पत्र के फ़ोटोग्राफ़ी सम्बन्धी उपकरणों जैसे- कैमरा, फोकस, स्टैण्ड, लैब-उपकरण आदि की जानकारी रखना।

फ़ोटो लाइब्रेरी-हर समाचार-पत्र की अपनी फ़ोटो लाइब्रेरी होती है। उसमें महत्त्वपूर्ण फ़ोटोग्राफ़ों का संचयन होता है। फ़ोटो-सम्पादन इस लाइब्रेरी का मुख्य कर्त्ता-धर्त्ता होता है। महत्त्वपूर्ण व्यक्तियों, प्रमुख शासनाध्यक्षों, महापुरुषों, अन्तरराष्ट्रीय-राष्ट्रीय स्तर पर कुख्यात पराधियों व आतंकवादियों, महत्त्वपूर्ण स्थलों व घटनाओं के फ़ोटोग्राफ़ इसमें संरक्षित रखे जाते हैं जो सम्बन्धित समाचारों के प्रकाशन के समय काम आते हैं। जैसे गाँधी जयन्ती के अवसर पर गाँधी जी की लाइब्रेरी में संरक्षित फ़ोटो जारी कर दी जाती है। इसे 'फाइल फ़ोटो' कहते हैं। समस्त फ़ोटोग्राफ़ों की सूची बनाकर उन्हें व्यवस्थित क्रम में रखा जाता है। इसे फ़ोटोग्राफ़ों की कैटलागिंग कहते हैं। इससे आवश्यकता पड़ने पर वांछित फ़ोटोग्राफ़ तुरन्त प्राप्त करने में सुविधा रहती है।

सूचना प्रौद्योगिकी की प्रगति से अब फ़ोटोग्राफ़ों का संग्रहण आसान हो गया है। कम्प्यूटर की हाई डिस्क में या कॉम्पैक्ट डिस्क में लोखों फ़ोटोग्राफ़ सुरक्षित रखे जा सकते हैं। इसके अतिरिक्त माइक्रो फ़िल्म बनाकर भी फ़ोटो का संग्रहण किया जाता है।

फ़ोटो सम्पादन तकनीकी-फ़ोटो सम्पादन की तकनीकी में फ़ोटोग्राफ़ का चयन, शीर्षक निर्धारण, स्थान संयोजन, उभार व्यवस्थित करना आदि कार्य शामिल होते हैं। समाचार-पत्र में स्थान की समस्या होती है। फ़ोटोग्राफ़ों का एक सीमा तक ही उपयोग किया जा सकता है। अनेक उपलब्ध फ़ोटोग्राफ़ों में से उपयुक्त का चयन करना होता है। यह फ़ोटो सम्पादक के

कौशल और विवेक पर निर्भर करता है कि वह सही फ़ोटोग्राफ़ का चयन करे। समाचारों के साथ वही चित्र सही होते हैं जो समाचार के भाव को पूर्णतया स्पष्ट कर दें। फ़ोटो-फ़ीचर के लिए भाव-प्रधान चित्रों का चयन करना चाहिए।

फ़ोटो सम्पादक को यह पता होना चाहिए कि फ़ोटोग्राफ़ के लिए कितनी जगह का इस्तेमाल करना है। बड़ी ख़बरों के साथ तो विस्तारित (5x7" के) फ़ोटोग्राफ़ स्वीकार्य होते हैं लेकिन छोटे समाचार के साथ फ़ोटो का आकार भी समानुपातिक रूप से छोटा होना चाहिए। टेबलॉयड समाचार-पत्रों में तो दो कॉलम से ज़्यादा की फ़ोटो सम्भव ही नहीं होती अतः 2x3" या 3x4' की फ़ोटो ही लगायी जा सकती है।

फ़ोटोग्राफ़ का स्थान भी सही होना चाहिए। चित्र की ओर देखता प्रतीत होना चाहिए। बाहर की तरफ देखता चित्र बेढंगा लगता है। नीचे की ओर लगा चित्र ऊपर देखता हो तथा ऊपर लगा चित्र नीचे देखता हो तो सही रहता है। अन्दर की ओर देखते फ़ोटो को अन्तिम कॉलमों में नहीं लगाना चाहिए।

फ़ोटो सम्पादन की प्रक्रिया दो तरीक़े से होती है।

1. लम्बवत् सम्पादन (Vertical editing)
2. ऊर्ध्वाधर सम्पादन (Horizontal editing)

सर्वप्रथम लम्बवत् सम्पादन किया जाता है। सम्पादन मुख्य चित्र के पास धीरे-धीरे आस-पास के अर्थहीन चित्रों को हटाते हुए पहुँचता है। जैसे किसी लोकप्रिय व्यक्ति के साथ कई लोग खड़े हैं तो फ़ोटो सम्पादक उनमें से अनुपयोगी व्यक्तियों को हटाकर मुख्य व्यक्ति का ही फ़ोटोग्राफ़ चयनित करेगा। इसके बाद ऊर्ध्वाधर या आड़ी छँटायी की जाती है। पूर्व की ही भाँति दोनों ओर छँटायी करते-करते सम्पादक मूल विषय के नजदीक तक आता है। इसमें यह ध्यान रखा जाता है कि चित्र वर्गाकार न बन जाय।

फ़ोटो क्रॉपिंग-फ़ोटो क्रॉपिंग को हिन्दी में कर्तन कहते हैं। इसमें प्रकाशन के लिए चुने गये चित्र को लम्बवत् व ऊर्ध्वाधर काँट-छाँटकर प्रकाशन योग्य बनाया जाता है। फ़ोटो क्रॉपिंग सम्पादन की मूल प्रक्रिया है।

कैप्शन-फ़ोटोग्राफ़ के साथ जो परिचयात्मक विवरण होता है उसे कैप्शन कहते हैं। चयनित फ़ोटो का शीर्षक देना भी चयन के समान ही महत्त्वपूर्ण होता है। फ़ोटो कैप्शन सटीक और संक्षिप्त होना चाहिए। फ़ोटो के प्रभाव की अभिव्यक्ति करता शीर्षक सर्वाधिक सफल माना जाता है। हर चित्र के साथ उसका कैप्शन होना ज़रूरी है। कैप्शन फ़ोटो के नीचे लगाना चाहिए क्योंकि ऊपर लगा कैप्शन फ़ोटो के महत्त्व को कम करता है।

प्रकाशकीय निर्देश-चित्र के पीछे सम्पादक प्रकाशन-सम्बन्धी निर्देश लिखता है। चित्र जिस आकार में प्रकाशित होना है उसका स्पष्ट निर्देश पीछे दे दिया जाता है। चित्र का आकार तय करने के लिए रेखागणित के विकर्ण सिद्धान्त का प्रयोग किया जाता है। इसमें चित्र के पीछे दो विपरीत कोनों को मिलती हुई एक रेखा खींची जाती है। आधार की रेखा को बढ़ाकर वांछित कॉलम की लम्बाई तक ले जाता है और उस बिन्दु से एक लम्बवत् रेखा खींचकर उसे कर्ण में मिला देते हैं। वह उस चित्र की चौड़ाई होती है।

फ़ोटो सम्पादन और कम्प्यूटर-आजकल कम्प्यूटर पर फ़ोटो सम्पादन का चलन बढ़ रहा है। इसमें प्रिण्ट को स्कैन करके कम्प्यूटर पर सम्पादन कार्य होता है। नेगेटिव को भी नेगेटिव स्कैनर की सहायता से स्कैन करके सम्पादन किया जा सकता है। डिजिटल कैमरे की खिंची फ़ोटो के सम्पादन के लिए उसकी फ्लॉपी या मेमोरी-स्टिक का प्रयोग किया जाता है। कम्प्यूटर के चलते दो चित्रों को मिलाना आसान और त्रुटिहीन हो गया है।

विज्ञापन विभाग-किसी भी समाचार-पत्र की अर्थ-व्यवस्था में विज्ञापन विभाग का अति महत्त्वपूर्ण स्थान होता है। संस्थान एवं इससे जुड़े प्रबन्ध तन्त्र, कर्मचारी एवं पत्रकारों की आर्थिक खुशहाली इसी विभाग के लाभकारी संचालन पर निर्भर होती है। वर्तमान में किसी भी समाचार-पत्र का सतत प्रकाशन विज्ञापन के बिना असम्भव है। विज्ञापन प्राप्ति का प्रमुख आधार अख़बार की प्रसार संख्या होती है। हर बड़े और छोटे समाचार-पत्रों में अनिवार्य रूप से एक विज्ञापन विभाग होता है। पत्रकारिता के व्यावसायिक रूप धारण करने से समाचार-पत्रों में अधिक-से-अधिक विज्ञापन छापकर लाख कमाने की होड़ लगी है। एक आदर्श अख़बार में 60 फीसदी सम्पादकीय सामग्री और 40 फीसदी विज्ञापन सामग्री होती है। परन्तु कुछ अख़बार अधिक लाभ कमाने की लालसा में 40 फीसदी से भी अधिक विज्ञापन छापते हैं। विज्ञापन जहाँ एक ओर सूचनाएँ प्रदान करते हैं वहीं दूसरी ओर समाचार-पत्र की कीमत में भी महत्त्वपूर्ण भूमिका अदा करते हैं। किसी वस्तु या संस्था के गुणों, उपयोगों, कार्यों, लाभों, पता आदि का प्रचार करना और इसकी सूचना लोगों तक पहुँचाना ही विज्ञापन का उद्देश्य होता है। समाचार-पत्रों पर मिलनेवाले विज्ञापन का मुख्य स्रोत केन्द्र तथा राज्य सरकारें, विभिन्न विज्ञापन एजेन्सियाँ और विभिन्न शैक्षणिक एवं औद्योगिक संस्थाएँ होती हैं।

विज्ञापन के प्रकार-विज्ञापन मुख्य रूप से चार प्रकार के होते हैं–

1. **राष्ट्रीय विज्ञापन**- ऐसे विज्ञापन केन्द्र सरकार के विभिन्न मन्त्रालय, औद्योगिक एवं बहुराष्ट्रीय कम्पनियाँ जारी करती हैं। ऐसे विज्ञापन सरकारी उपक्रमों या अन्य संस्थाओं द्वारा अपने उत्पाद, इसकी गुणवत्ता के बारे में देश भर में फैले उपभोक्ताओं को जानकारी देते हैं। इसके अतिरिक्त राष्ट्रहित, चेतावनी एवं जन-कल्याण सम्बन्धी विज्ञापन भी राष्ट्रीय विज्ञापन के अन्तर्गत आते हैं।

2. **राजकीय विज्ञापन**-ऐसे विज्ञापन जो राज्य सरकार द्वारा जारी किये जाते हैं। राजकीय विज्ञापन कहलाते हैं। यह मुख्य रूप से राज्य की योजनाओं एवं सूचनाओं से सम्बन्धित होते हैं।

3. **वर्गीकृत विज्ञापन**-ये बिना चित्रों के विज्ञापन होते हैं तथा इन्हें एक साथ एक या दो पेजों पर प्रकाशित किया जाता है। इसमें एक ही प्रकार के टाइप या शब्द होते हैं। इसके अन्तर्गत वैवाहिक, रिक्त पदों एवं टेण्डर सम्बन्धी सूचनाएँ होती हैं।

4. **संस्थागत विज्ञापन**-संस्थागत विज्ञापन के अन्तर्गत किसी संस्था की प्रतिस्ठा व उसके छवि निर्माण में वृद्धि के लिए विज्ञापन प्रकाशित किया जाता है। विभिन्न औद्योगिक एवं बहुराष्ट्रीय कम्पनियों के उत्पादों के विज्ञापन एवं विभिन्न शैक्षणिक संस्थाओं के विज्ञापन इसी के अन्तर्गत आते हैं–

विज्ञापन विभाग का प्रभारी एक विज्ञापन प्रबन्धक होता है, जिसके अन्तर्गत मर्केटिंग विभाग, इण्टीरियर विभाग, रिकवरी विभाग तथा रचनात्मक विभाग कार्य करते हैं। इन विभागों की संरचना व संगठन इस प्रकार है।

मार्केटिंग विभाग-मार्केटिंग विभाग का प्रभारी एक सहायक प्रबन्धक अधिकारी होता है। जिसके अन्तर्गत विभिन्न मार्केटिंग एक्जीक्यूटिव एवं प्रतिनिधि होते हैं जो फील्ड में जाकर विज्ञापन एकत्र करते हैं।

इण्टीरियल ऑपरेशन विभाग-इसका प्रभारी भी एक सहायक प्रबन्धक है, जब कोई विज्ञापन समाचार-पत्र के विज्ञापन विभाग को मिलता है तो उसे किसी श्रेणी में विभाजित होकर अनेक विभागीय प्रक्रियाओं जैसे- दिन, पेज नम्बर, कौन-सा कलर या टाइप के साईज आदि के निर्धारण की प्रक्रिया से गुज़रना पड़ता है। यह विभाग यही कार्य करता है।

रिकवरी-इस विभाग का प्रभारी बकाया भुगतान पर नज़र रखते हैं, अपने सहयोगियों द्वारा विज्ञापनदाताओं एवं विज्ञापन एजेन्सियों से बकाया करते हैं।

रचनात्मक विभाग-यह विभाग नयी-नयी डिजाइनों एवं स्लोगन के साथ विज्ञापनदाता को विज्ञापन देने का सुझाव देता है। विज्ञापनदाता भी इनसे इनकी सेवाएँ श्रम में माँगते हैं।

प्रसार विभाग-किसी भी समाचार-पत्र की प्रसार संख्या ही समाज में उसके प्रभाव एवं महत्त्व को दर्शाती है। बिना प्रभावी प्रसार के कोई भी बड़ा विज्ञापनदाता राष्ट्रीय या राज्य स्तरीय विज्ञापन किसी समाचार-पत्र को नहीं देगा। फलस्वरूप अख़बार की आर्थिक स्थिति मुद्रण नहीं होगी। इसीलिए विज्ञापन एजेन्सियाँ अपने ग्राहकों को बताती है कि अमुक अख़बार के कई संस्करण हैं व इसके पाठकों की संख्या इतने लाख व करोड़ में है। आपका विज्ञापन व सम्बन्धित सूचना इतने राज्यों में इतने पाठकों तक पहुँचेगी। इसी से प्रभावित होकर विज्ञापनदाता अख़बारों को बड़ा व महँगा विज्ञापन देते हैं। सभी समाचार-पत्र अधिक से अधिक लाभ एवं विज्ञापन प्राप्त करने के लिए अपनी प्रसार संख्या में वृद्धि के लिए नये-नये तरीक़े अपनाते हैं। समाचार-पत्रों के प्रसार संख्या का आंकलन एक संस्था 'आडिट ब्यूरो ऑफ सर्कुलेशन' करती है तथा उन्हें प्रसार-पत्र जारी करती है।

प्रसार विभाग का संगठन-इस विभाग का प्रभारी महाप्रबन्धक या प्रबन्धक स्तर का एक व्यक्ति होता है जिसके अन्तर्गत मार्केटिंग एक्जीक्यूटिव, क्लर्क एक रिकवरी स्टाफ काम करता है। प्रसार विभाग के कर्मचारियों की संख्या समाचार-पत्र के प्रसार एवं आकार के हिसाब से होती है। वरिष्ठता एवं अनुभव के अनुसार इसका वेतन होता है। प्रबन्धक अपने सहयोगियों के जरिये एजेण्टों को और अख़बार लेने के लिए प्रोत्साहित करता है। वह अनेक कार्य समाचार-पत्र की प्रसार संख्या में वृद्धि के लिए करता है। प्रसार बढ़ाने हेतु ये नयी-नयी स्कीमें पाठकों में लागू करवाता है।

प्रशासनिक विभाग-समाचार-पत्र उद्योग में अनेक विभागों में अनुशासन के साथ सामञ्जस्य बैठाने के लिए एक प्रशासनिक विभाग भी सदैव सक्रिय रूप से कार्य करता है जिसे वर्तमान में बड़े समाचार-पत्र समूहों ने ह्यूमन रिसोर्स डेवलपमेण्ट (एच.आर.डी0) विभाग के रूप में परिवर्तित कर दिया है। इस विभाग का मुख्य कार्य वैयक्तिक, कर्मचारियों की नियुक्ति, उपस्थिति, बोनस, तनख्वाह, मेडिकल खर्च एवं हर विभाग पर अनुशासनात्मक पैनल नज़र रखना है। संस्था की छवि किसी कर्मचारी के क्रिया-कलाप से धूमिल न हो इस पर यह पूरी सतर्कता बरतता है। संस्थान की आकर्षक साज-सज्जा, कम्प्यूटरों की उपलब्धता एवं कर्मचारियों के बारे में गोपनीय रिपोर्ट भी यह विभाग समाचार-पत्र समूह के प्रबन्धक निदेशक को देता है।

एच0आर0डी0 विभाग समय-समय पर लाभकारी योजनाएँ, जैसे- बोनस, मेडिकल खर्च एवं कुछ छुट्टियों पर काम करनेवाले कर्मचारियों को नगद भुगतान की सुविधा को क्रियान्वित करवाता है जिससे कि कर्मचारी एवं प्रबन्धन के बीच एक मैत्रीपूर्ण एवं सहयोगात्मक सम्बन्ध बना रहे।

एच0आर0डी0विभाग का संगठन

एच0 आर0 डी0 आफिसर-समाचार-पत्र कार्यालय में एक ऐसा अधिकारी होता है जो कर्मचारी हितों एवं प्रबन्ध हितों दोनों में सामञ्जस्य हेतु योजनाएँ बनाता है जिसे एच0 आर0 डी0 आफिसर कहते हैं। इसके अन्तर्गत वरिष्ठ सहायक, रिकॉर्ड कीपर एवं सैलरी मेकर कार्य करते हैं।

वरिष्ठ सहायक अधिकारी-वरिष्ठ सहायक अधिकारी एच.आर.डी. आफिसर के अधीन कार्य करता है। वह विभिन्न विभागों की सुविधाओं एवं आवश्यकताओं की जानकारी एच.आर. डी. आफिसर को देता है।

रिकार्ड कीपर - यह एक लिपिक होता है जो प्रतिदिन शाम को उपस्थिति रजिस्टर देखकर कम्प्यूटर में उसको अंकित करता है। किस कर्मचारी की कितनी मेडिकल व सी0एल0 छुट्टियाँ बाकी हैं व किसने, कब और कितनी छुट्टियाँ ली हैं। इन सबका रिकॉर्ड कम्प्यूटर पर दर्ज़ रखता है।

सैलरी मेकर - रिकॉर्ड कीपर से विभिन्न कर्मचारियों की छुट्टियों के बारे में जानकारी लेकर सैलरी मेकर उनकी तनख्वाह बनाने का कार्य करता है।

मुद्रण विभाग-मुद्रण विभाग समाचार-पत्र के कार्यालय में स्थित होता है, परन्तु कहीं-कहीं पर पर्याप्त स्थान न होने के कारण यह प्रेस से दूर भी स्थापित किया जाता है। सम्पादकीय एवं विज्ञापन विभाग की प्रक्रियाओं के बाद समाचार अन्तिम रूप से समाचार-पत्र के रूप में प्रकाशित होने के लिए मुद्रण विभाग के पास भेजा जाता है। आधुनिक मुद्रण तकनीक के माध्यम से समाचार को रंगीन एवं आकर्षक स्वरूप प्रदान किया गया है। मुद्रण के क्षेत्र में समाचार-पत्र उद्योग में क्रान्तिकारी परिवर्तन हुए हैं। पहले ट्रेडल मशीन से अख़बार निकाला जाता था परन्तु वर्तमान में आधुनिक मुद्रण मशीन ऑफसेट पर समाचार-पत्र निकाला जाता है। पाठकों को ख़बरों के प्रति आकर्षित करने में मुद्रण विभाग महत्त्वपूर्ण भूमिका निभाता है। इस विभाग का प्रमुख अधिकारी, प्रोडक्शन प्रबन्धक होता है जिसके अन्तर्गत फ़ोटो कम्पोज़िंग, प्रिण्टिंग एवं प्रोसेज विभाग कार्य करते हैं। वह प्रति दिन अपनी तीनों विभागों को आवश्यक दिशा-निर्देश देता है एवं उसकी समीक्षा भी करता है। मुद्रण से सम्बन्धित सभी सामग्री जैसे- काग़ज़, इंक, फ़ोटो फ़िल्म आदि की आपूर्ति की ज़िम्मेदारी प्रबन्धक की ही होती है।इसके साथ ही मशीन के तकनीकी में बदलाव मुद्रण मशीनों की देख-रेख व नयी मुद्रण मशीनों को मँगाने की ज़िम्मेदारी प्रोडक्शन प्रबन्धक की होती है।

मुद्रण विभाग का संगठन-

फ़ोटो कम्पोज़िंग निम्न भागों में विभाजित है-

1. स्कैनर प्रभारी-
2. ले आउट प्रभारी

3. पेजमेकर प्रभारी

4. डी0टी0पी0 प्रभारी

प्रिण्टिंग

1. प्रिण्टर

2. मशीन मैन

3. इंक मैन

4. हेल्पर

प्रोसेस विभाग

1. कैमरा मैन

2. प्लेट मैन

3. पेस्टर

समाचार सम्पादन

समाचार-पत्र सामाजिक चेतना का सशक्त माध्यम होता है। किसी घटना अथवा तथ्य का सूक्ष्म पर्यवेक्षण कर उसको जीवन्त अभिव्यक्त करना ही समाचार-लेखन कहलाता है। समाज के लोग क्या सोचते हैं, क्या जानना चाहते हैं एवं विभिन्न तथ्यों के बारे में उनका क्या दृष्टिकोण है यह सब समाचार द्वारा ही अभिव्यक्त होता है।

समाचार घटनाप्रद एवं तथ्यप्रद होते हैं। इनकी सत्यता एवं विश्वसनीयता बहुत आवश्यक है। नवीनता एवं सामयिकता समाचारों में प्राणों का काम करती है। समाचार को कसौटी पर कसना ही सम्पादन है। पत्र-पत्रिकाएँ जनमत का कार्य करती हैं। पाठक आरोप/प्रत्यारोप की जाँच-पड़ताल करना चाहता है। पक्ष-विपक्ष को जानना चाहता है। समाचारों को निष्पक्षता प्रदान करना ही सम्पादन का उद्‌देश्य है। भारतीय क़ानून के तहत सम्पादन करना सम्पादक की कुशलता का परिचायक है। सम्पादन का महत्त्वपूर्ण कार्य इस प्रकार है-

1. भाषागत अशुद्धियों को दूर करना।
2. समाचार-पत्र एवं पत्रिका के अनुरूप सामग्री तय करना।
3. क़ानूनी झमेले से बचना।
4. आकर्षकता प्रदान करना।
5. सम्यक् दृष्टि से प्रस्तुति।
6. तथ्यात्मक दोष दूर करना।
7. पठन सामग्री का चयन करना।

वरिष्ठ पत्रकार राधेश्याम शर्मा के अनुसार- ''सम्पादन किसी भी समाचार, लेख या अन्य पठनीय सामाग्री को भाषा, भाव, पठनीयता और प्रभावोत्पादकता की दृष्टि से संवारने का कार्य है ताकि पाठक को इस प्रकार तैयार सामग्री मिले कि वह उसे आसानी से समझ सके तथा उसका सारतत्त्व बिना किसी परेशानी के उसके ध्यान में तुरन्त साहित्यिक सामग्री के अलावा

विज्ञान, अर्थशास्त्र, इतिहास, समाजशास्त्र, भूगोल, राजनीतिशास्त्र इत्यादि विषयों की पुस्तक एवं अन्य पठनीय सामग्री भी ज़रूरी है ताकि आवश्यक सामग्री निकालकर मक्खन की तरह सार-तत्त्व पेश किया जा सके।''

सामाजिक न्याय सन्देश के सम्पादक मोहनदास नैमिषराय के अनुसार-''किसी भी पत्र-पत्रिका की सफलता इस बात पर निर्भर करती है कि उसका सम्पादन कौन है, उस सम्पादक के कितने सामाजिक सरोकार हैं? कभी-कभी ख़बर छपने के बाद एक जाति के लोग दूसरी जाति के लोगों पर हमला बोल देते हैं। इसलिए सम्पादन करते समय उसे निष्पक्ष होकर सम्पादन करना चाहिए। समाज और पत्रिकारिता के बीच रिश्तों की समझ के अलावा बाज़ार की समझ, पाठकों की रुचि आदि विषयों की रुचि रखनेवाले व्यक्ति का सम्पादन उच्चकोटि का होगा।''

जब समाचार विभिन्न स्रोतों से डेस्क पर पहुँचते हैं तो उप-सम्पादक उनको पढ़ता है। महिला, बाल, श्रमिक, ग्राम, कृषि, पशु-पक्षी, मनोरंजन, साहित्य, संस्कृति, संगीत, नाटक, फ़िल्म के अलावा चोरी-डकैती, लूट-मार, बलात्कार, दुर्घटना, अपहरण, आदि विषयों के आधार पर अलग-अलग दृष्टि रखता है। तथ्य एवं विचार के आधार पर उपर्युक्त समाचारों को महत्त्व देता है। समाचार-पत्रों में नेता झूठे-साँचे विचार देकर अपनी राजनीति चमकाते हैं। पत्रकारिता में तथ्य सम्बन्धी विचारों को प्रमुखता दी जाती है। समाचार हमेशा घटना के घटते क्रम में लिखा जाता है। समाचार के महत्त्वपूर्ण अंश को 'आमुख' बनाया जाता है। सत्य एवं तथ्य के आधार पर समाचार को विश्वसनीय एवं पठनीय बनाना ही सम्पादन का मूल उद्देश्य है।

समाचारों का सम्पादन करते समय सबसे पहले यह देखा जाता है कि वे कितने वस्तुनिष्ठ हैं, जनसामान्य के लिए कितने सार्थक हैं। बुलेटिनों में उन्हीं समाचारों का चयन किया जाता है जो न विवादास्पद हों और न ऐसा होने की सम्भावना ही रखते हों। समाचार लिखने का ढंग ऐसा होना ज़रूरी है कि इसका आशय एवं अर्थ सभी के लिए एक ही हो। समाचार-पत्रों के विपरीत इलेक्ट्रॉनिक माध्यमों में अपुष्ट या अटकलों पर आधारित कोई समाचार नहीं दिया जा सकता। इस दृष्टि से उनका उत्तरदायित्व बहुत अधिक है। बुलेटिनों का स्वरूप निर्धारित है। पहले मुख्य समाचार, फिर विस्तृत ब्यौरा और अन्त में मुख्य समाचारों की पुनरावृत्ति से पूर्व मौसम की जानकारी।

सभी समाचारों के मूलतत्त्व कौन, क्या, कहाँ, कब, क्यों, और कैसे की जिज्ञासा का समाधान वांछनीय है। अन्यथा समाचार पूर्ण नहीं होंगे। उन्हें स्पष्ट रूप से बताना आवश्यक है कि कोई घटना कब, कैसे, क्यों और कहाँ तथा उसका परिणाम क्या हुआ। अब यह सम्पादक या संवाददाता पर निर्भर करता है कि वह समाचार किस कोण से आरम्भ कर कहाँ समाप्त करे।

समाचार-लेखन-समाचार लेखन एक महत्त्वपूर्ण कार्य होता है जिसके लिए कला-कौशल की आवश्यकता होती है। सत्यता, स्पष्टता के साथ-साथ संक्षिप्तता भी समाचार के लिए एक आवश्यक अर्हता है। समाचार-लेखन को प्रभावशाली ढंग से प्रस्तुत करने के लिए लेखक को विविध विषयों की जानकारी, भाषा पर अधिकार और सर्जनात्मकता आदि गुणों से परिपूर्ण होना चाहिए, तभी वह रोचक एवं उत्सुकतापूर्ण समाचार-लेखन में सफल हो सकेगा। समाचार के लिए चार **सकारो** (सामयिकता, सत्यता, स्पष्टता तथा संक्षेपण) और छह ककारों (क्या, कहाँ,

कब, कौन, कैसे, क्यों) का विशेष महत्त्व है। प्रसिद्ध पाश्चात्य विद्वान् रुडियार्ड किपलिंग ने इन्हे 5-डब्ल्यू और 1-एच (What, Where, When, Who, Why and How) के रूप में उल्लेखित किया है। समाचार के विभिन्न प्रभागों शीर्षक, सूत्रोल्लेख, आमुख, व्याख्या, निष्कर्ष आदि का एक निश्चित क्रम होता है, जिसकी प्रस्तुति अत्यन्त व्यवस्थित होती है। इस कारण समाचार लेखन को विज्ञान भी माना जाता है। एक अच्छे समाचार में सूचना (Information), उद्देश्य (Intention), प्रक्रिया (Method), पृष्ठभूमि (Background) , एवं प्रबन्ध (Administration) और पारस्परिक संचार (Inter Communication) होना अनिवार्य है। समाचार-लेखन को क्रमबद्ध, साहित्यिक एवं कलात्मक रूप में लिखने के लिए उसकी वस्तुनिष्ठता, सामाजिक सरोकार, क़ानूनी सरोकार, राष्ट्रहित एवं जनहित को ध्यान में रखना अत्यन्त आवश्यक होता है।

समाचार लेखन की प्रक्रिया

समाचार लेखन प्रक्रिया में निम्नलिखित प्रक्रियाएँ अपनायी जाती हैं-

1. समाचार गठन-इस क्षेत्र में समाचार कथा एवं शिल्पविधान आता है। समाचार का पहले आमुख लिखा जाता है जिसे समाचार-पत्र कार्यालयों में इण्ट्रो के नाम से जानते हैं। इसे समाचार का मुखड़ा भी कहते हैं। यह समाचार का प्राण कहलाता है। क्या, कब, कहाँ और कौन-सी जिज्ञासा-पूर्ति एक विशिष्ट आमुख की माँग है। पाठक की जिज्ञासा केवल उक्त चार ककारों से शान्त नहीं होती बल्कि क्यों और कैसे का उत्तर भी जानना चाहता है। यानी प्रथम चार ककारों की पूर्ति आमूख में तथा शेष दो ककारों की जिज्ञासा समाचारों के कलेवर में देखने को मिलेगी। समाचार की शुरुआत तिथि से की जाती है। यानी नयी दिल्ली, 22 मई, पटना।

2. समाचार की प्रस्तुति-वर्तमान समय में समाचार सम्पादन के क्षेत्र में प्रस्तुति का बहुत अच्छा प्रभाव पड़ता है। समाचार-कथा प्रतिनिधित्व करनेवाले शीर्षक के अतिरिक्त उप-शीर्षक, क्रॉसर, बुलेट, हाइलाइट एवं प्लैग का प्रयोग बेहतर तरीक़े से किया जाता है। सम्पादन के क्षेत्र में प्रस्तुतीकरण का बहुत महत्त्व है। पत्रकारिता की इस तकनीक से पठन सामग्री में आकर्षकता पैदा होती है, जिससे व्यावसायिकता पर सीधा-साधा प्रभाव पड़ता है। यानी पाठक की पहली नज़र पत्र की कलात्मकता पर पड़ती है जिससे वह समाचार-पत्र को ख़रीदने के लिए विवश हो जाता है। कलात्मकता लाने के लिए विभिन्न प्रकार के टाइप प्वाइण्ट, चित्र आदि का प्रयोग किया जाता है। सुविधा की दृष्टि से प्रस्तुतीकरण की तीन बातें बहुत महत्त्वपूर्ण हैं-

1. शिल्पगत : समाचार-कथा का एक निर्धारित शिल्पविधान है। इसमें परिणाम, निष्कर्ष एवं सारांश पहले लिखा जाता है। परिणाम से समाचार-कथा का आमुख तैयार होता है, जिसे अंग्रेज़ी में इण्ट्रो कहते हैं। इसके बाद समाचार-कथा का निष्कर्ष एवं सारांश लिखा जाता है।

दरअसल समाचार का मुख्य तत्त्व निकालने के लिए उप-सम्पादक एक बार समाचार-कथा को सरसरी नज़र से पढ़ता है। मुख्य तत्त्व का पता हो जाने पर अण्डर लाइन कर लेता। अक्सर मुख्य तत्त्व समाचार-कथा के प्रारम्भ में या अन्त में मिलेगा। इससे उप-सम्पादक को दो बातों का ज्ञान भली-भाँति हो जाता है। पहला तो यह कि कथा में कितना बिखराव एवं कसावट है तथा दूसरा यह कि पुनर्लेखन की आवश्यकता है या नहीं। इसके बाद शीर्षक एवं उप-शीर्षक, क्रॉसर, बुलेट आदि की ज़रूरत होती है। ये सब बातें शिल्प विधान के अन्तर्गत आती हैं।

2. भाषागत : शब्द हैं तो भाषा बन सकती है और कथा भी। यूँ कहिये कि तथ्यों, विचारों और भावनाओं की अभिव्यक्ति भाषा के द्वारा ही सम्भव है। स्पष्टता, छोटे वाक्य, वर्तनी की एकरूपता, शब्दों का मानकीकरण आदि बातें भाषागत विधान की श्रेणी में आती हैं। साहित्य की यह तकनीक एक-दो दिन में नहीं आतीं इसके लिए अभ्यास ज़रूरी है। अभ्यास ही व्यक्ति को साहित्यकार, पत्रकार एवं कवि बनाता है।

3. दृश्यगत : पत्रकारिता में घटना को शब्दों में अंकित करने के अलावा दृश्य के रूप में प्रस्तुत करने का प्रावधान है। यह समाचार-पत्रों-पत्रिकाओं में कलात्मक और आकर्षकता लाने के लिए पत्रकारिता में घटना को शब्दों में अंकित करने के अलावा दृश्य रूप देना बहुत आवश्यक है। कलात्मकता ही पाठक को पत्र-पत्रिका ख़रीदने के लिए मज़बूर कर देती है। दृश्य रूप में घटना का फ़ोटो, कार्टून, नक्शा, बॉक्स एवं ग्राफ़िक्स आदि आते हैं।

सम्पादकीय

सम्पादकीय का अर्थ है किसी भी घटना, गतिविधि अथवा विषय पर समाचार-पत्र की राय। इसलिए सम्पादकीय की पहली आवश्यकता है निश्पक्षता, निर्भीकता और निर्लिप्तता। किसी मसले पर गहराई से अध्ययन करने के बाद अपनी राय की अभिव्यक्ति ही सम्पादकीय है। विभिन्न विषयों पर सम्पादकीय लिखने के लिए अनुभवी एवं वरिष्ठ लोगों की एक टीम होती है जो राजनीतिक, आर्थिक मामले, अन्तरराष्ट्रीय मामलात, सामाजिक विषय इत्यादि पर सम्पादकीय लिखने का कार्य करते हैं।

विषय-क्षेत्र– सम्पादकीय का विषय सामान्यतः नवीनतम घटना, गतिविधि अथवा ज्वलन्त प्रश्न ही होता है। यह पूर्व निर्धारित नहीं किया जा सकता कि अमुक विषय पर ही सम्पादकीय लिखा जायगा। जैसे-जैसे अख़बार बड़ा होता जाता है और साधन बढ़ते जाते हैं अक्सर सम्पादकी लेखों की संख्या भी बढ़ती है। सम्पादकीय की संख्या एक से चार तक भी हो सकती है। ऐसी स्थिति में यह निर्धारित कर लिया जाता है कि एक सम्पादकीय ज्वलन्त घटना पर एक अन्तरराष्ट्रीय विषय पर, एक राष्ट्रीय परिप्रेक्ष्य में तथा एक प्रादेशिक अथवा स्थानीय। इस रूपरेखा के बाद एक सीमा में ही सम्पादकीय के विषय खोजते हैं। अत्यधिक महत्त्वपूर्ण घटना पर सम्पादकीय अपने निर्धारित पृष्ठ की बजाय मुख पृष्ठ पर भी लिखा जाता है। इसका अर्थ है विषय की अत्यधिक महत्ता। ऐसे अवसरों पर हस्ताक्षरित सम्पादकीय भी लिखे जाते हैं, जिनसे सम्पादकीय की गरिमा बढ़ती है। सम्पादकीय लेखों या अग्रलेखों और सम्पादकीय टिप्पणियों के बिना समाचार-पत्र का व्यक्तित्व भी अधूरा रहेगा। अतः वे पाठकों की नज़र में भी कुछ ओछे अधूरे साबित होंगे। सम्पादकीय लेख अकसर राष्ट्रीय समस्याओं, सामाजिक एवं आर्थिक प्रश्नों, अन्तरराष्ट्रीय स्थिति, ज्वलन्त मुद्दों और जनता को प्रभावित करनेवाली विभिन्न समस्याओं एवं घटनाओं पर लिखे जाते हैं। वर्तमान समय में लेख के विषयों का चयन करते समय इस बात का ध्यान रखना आवश्यक होता है कि पाठकों की रुचि किस विषय में अपेक्षाकृत अधिक होगी। तात्कालिक घटनाओं, आकस्मिक विपदाओं तथा सुखद घटनाओं से प्रभावित विषय पर भी सम्पादकीय लिखी जाती है।

भाषा सामग्री– सम्पादकीय लेख गम्भीर चिन्तन, तथ्यात्मक अन्वेषण के उपरान्त शालीन परन्तु यथासम्भव प्रभावशाली भाषा एवं शैली में पाठकों को सम्बोधित करके लिखे जाते हैं।

सरकार, किसी नेता, दल या व्यक्ति-समूह को सम्बोधित करके लिखे जानेवाले अग्रलेखों का पाठकों पर अच्छा असर नहीं पड़ता। असल में समाचार-पत्रों तथा अग्रलेखों की उपयोगिता पाठकों को प्रबुद्ध जानकार एवं जागरूक बनाने में निहित है। अग्रलेख अनावश्यक रूप से लम्बे नहीं होने चाहिए और न उन्हें समाचार का विकल्प बनाना ठीक होता है।

स्थान एवं संरचना– सम्पादकीय पृष्ठ प्रत्येक पत्र-पत्रिका में निश्चित होता है।। उसे पत्रिकाओं के आरम्भ में और दैनिक समाचार-पत्रों के मध्य में रहने की परम्परा है। सम्पादकीय के स्थान में फेर-बदल अत्यन्त आवश्यक होने पर ही की जाता है। सम्पादकीय पृष्ठ की समाग्री या उसी संरचना की संसार भर में प्रायः एक समान परम्परा है। पत्रिकाएँ अक्सर एक विषय पर और दैनिक पत्र प्रत्येक अंक में एक, दो या तीन विषयों पर सम्पादकीय लेख अथवा टिप्पणियाँ प्रकाशित करते हैं। छोटे अग्रलेख सम्पादकीय टिप्पणी कहलाते हैं। सम्पादकीय लेख (या अग्रलेख) सम्पादकीय पृष्ठ का सबसे महत्त्वपूर्ण अंग होता है जिसके साथ सम्पादक का सीधा सम्बन्ध होता है। यों तो समाचार-पत्र में जो कुछ छपता है, उन सभी के लिए सम्पादक ज़िम्मेदार होता है, पर सम्पादकीय लेख तो अक्षरशः सम्पादक और समाचार-पत्र के विचारों तथा नीति का दर्पण होता है। यह सम्भव है कि अमुक सम्पादकीय लेख स्वयं सम्पादक की कलम से न निकला हो। आधुनिक युग का सम्पादक सप्ताह में एक अग्रलेख भी लिख दे तो उउसके सम्पादकत्व में कमी नहीं आती। सभी बड़े पत्रों में अग्रलेख लिखने के लिए एकाधिक व्यक्ति सह सम्पादक के रूप में नियुक्त रहते हैं। इतना अवश्य है कि वे सम्पादक के परामर्श के बिना कभी कुछ नहीं लिखते, क्योंकि वे जो कुछ भी लिखते हैं, उनके लिए ज़िम्मेदार सम्पादक ही समझा जाता है, समाचार-पत्रों के कार्यालय में अग्रलेख-लेखन बहुत गौरवपूर्ण कार्य समझा जाता है, इसलिए कार्यालय के वरिष्ठतम पत्रकार ही इस काम के उपयुक्त समझे जाते हैं।

अच्छी सम्पादकीय

पुस्तक के अलावा समाचार-पत्र-पत्रिकाओं की नीति के अनुसार समाचार से सम्बन्धित तथ्य, समाचार की पृष्ठभूमि, समाचार का दूरगामी प्रभाव, घटनाओं के कारण की व्याख्या, आलोचना, प्रशंसा, मार्गदर्शन, चेतावनी एवं सुझाव पर सम्पादक द्वारा लिखे गये विचार सम्पादकीय कहे जाते हैं। यह अक्सर पुस्तक एवं पत्रिका के प्रारम्भ में तथा समाचार-पत्रों के बीच में पढ़ने को मिलता है। सम्पादक अपने कार्य में अधिक व्यस्त होने के कारण सहायक सम्पादक भी लिखते हैं। सम्पादकीय ही सम्पादक की प्रतिलिपि ही नहीं बल्कि समाचार-पत्र की झाँकी भी है।

किसी समाचार-पत्र में सम्पादकीय लिखने का कार्य सम्पादक अथवा विषय विशेषज्ञ करते हैं। जो सम्पादकीय विभाग में सहायक सम्पादक के रूप में नियुक्त होते हैं। विश्वसनीयता, निष्पक्षता, महत्त्वपूर्ण समसामयिक घटना अथवा विशेष समाचार संक्षिप्त टिप्पणी एवं रोचकता ही एक अच्छी सम्पादकीय के गुण हैं। यह अक्सर तीन भागों में विभाजित होती है। पहले भाग में विषय की भूमिका, दूसरे में विश्लेषण एवं तीसरे में सम्पादक का विचार होता है।

समाचार-पत्रों में अक्सर सम्पादकीय लिखने से पहले सहायक सम्पादकों की एक बैठक होती है। इसमें विषय का चयन होता है। चयन के बाद खुलकर चर्चा होती है। फिर सम्पादकीय लिखी जाती है। लिखी सम्पादकीय का अवलोकन मुख्य सम्पादक करता है। उसमें यथोचित

संशोधन करके कम्पोज़िंग के लिए भेज देता है। अच्छी सम्पादकीय लिखने में सम्पादक को निम्नलिखित बिन्दुओं का प्रयोग करना चाहिए-

- नयी जानकारी के आधार पर अपने निष्कर्षों पर पुनर्विचार करने को सदा तत्पर रहे
- जीवन की जनतन्त्रीय विचारधारा में उसकी आस्था हो और अपने विचारों में वह सदा दृढ़ रहे।

1. सम्पादकीय लेखक को सम्पादकीय में तथ्यों को विश्वसनीयता व ईमानदारी से प्रस्तुत करना चाहिए।

2. वर्णित तथ्यों से निष्कर्ष निकालने से सदैव निष्पक्ष रहें।

3. व्यक्तिगत स्वार्थों से दूर रहें और कभी भी भ्रष्टाचार में लिप्त न हों।

4. सम्पादकीय लेखक को नियमित रूप से अपने निष्कर्षों पर पुनर्विचार करते रहना चाहिए।

5. वह अपने विचारों पर दृढ़ रहने का साहस दिखा सके और जो उसके अन्तःकरण के ख़िलाफ़ हो उसे लिखना या प्रकाशित नहीं करना चाहिए।

6. उसे अपने सहयोगियों की सहायता करनी चाहिए। उसे इस बात का स्मरण होना चाहिए कि सहयोगियों की प्रतिष्ठा में ही उसकी अपनी और समाचार-पत्र की प्रतिष्ठा निहित है।

सम्पादकीय की शैली-सम्पादकीय हमेशा आधुनिक शैली में लिखी जाती है। इसमें साहित्यिक पुट का होना आवश्यक है पर ऐसी साहित्यिक भाषा भी न हो जो समझ में न आये। क्योंकि कम व उच्च शिक्षित दोनों ही तरह के व्यक्ति समाचार-पत्र पढ़ते हैं। सम्पादकीय का सार स्पष्ट होना चाहिए। वाक्यों में ऐसे शब्दों का प्रयोग न कीजिये जिन्हें आम पाठक समझ न सके। सम्पादकीय में जो भी लिखा जाय वह तर्कसंगत हो। सम्पादकीय हमेशा तीन खण्डों में लिखी जाती है- तीर की तरह पाठक के दिल को बारी-बारी से चीरती हो। इसको सीमित लोग ही पढ़ते हैं। वे जानना चाहते हैं कि विभिन्न मामले, नीति एवं निर्णयों पर देश के बुद्धिजीवियों की क्या राय है?

सम्पादकीय लेखन की प्रक्रिया

समाचार-पत्र कार्यालयों में सम्पादकीय लिखने का कार्य प्रायः मुख्य सम्पादक करता है। प्रतिदिन निश्चित समय पर वह अपने सहयोगी अग्रलेख-लेखकों की बैठक बुलाता है। उनसे उस दिन के घटनाचक्र के विषय में विचार-विनिमय करता है और फिर यह निश्चित करता है कि अमुक घटना-विकास के बारे में हमारे समाचार-पत्र को क्या विचार-दिशा अपनानी चाहिए और उसके बाद अपने सहयोगियों को उनकी रुचि और योग्यता के अनुसार विषय बाँट देता है कि अमुक-अमुक विषय पर अमुक-अमुक व्यक्ति अग्रलेख लिखेगा। पुस्तकालय में रखे सन्दर्भ-ग्रन्थों और समाचार-पत्रों की विषयवार संचित कतरनों की सहायता से वह उस विषय के सम्बन्ध में अधिकतम और नवीनतम जानकारी हासिल करता है। साथ ही ताजा समाचारों पर भी पैनी नज़र डालता है क्योंकि घटना-प्रवाह इतनी तेज़ी से परिवर्तित होता है कि लिखते-लिखते ही अकस्मात् सारा लिखा हुआ असंगत और कालातीत बन सकता है। फिर जो कुछ लिखना होता है, उसकी रुपरेखा वह अपने मस्तिष्क में तैयार करता है और उसके बाद लिखना प्रारम्भ करता है। पहले विषय-प्रवेश, फिर उसका क्रमिक विस्तार और अन्त में निष्कर्ष

लिखकर सम्पादकीय लिखने की प्रक्रिया पूर्ण होती है।

सम्पादकीय का महत्त्व– सम्पादकीय का समाचार-पत्र में विशेष महत्त्व होता है। सम्पादकीय पृष्ठ ने केवल सम्पादक के व्यक्तित्व का द्योतक होता है, प्रत्युत समस्त समाचार-पत्र के व्यक्तित्व की झाँकी प्रस्तुत करता है। सम्पादकीय पृष्ठ पत्र की अन्तरात्मा है, वह उसकी अन्तरात्मा की आवाज़ है। इसलिए कोई भी समाचार-पत्र बिना सम्पादकीय पृष्ठ के नहीं निकलता। पाठक प्रत्येक समाचार-पत्र का अलग व्यक्तित्व और विशेषता देखना चाहता है, जो उसे अन्य समाचार-पत्र से अलग करती हो, जिस विशेषता के आधार पर वह उस पत्र की पहचान नियत कर सके। यह विशेषता समाचार-पत्र के विचारों में, उसके दृष्टिकोण में परिलक्षित होती है, किन्तु बिना सम्पादकीय पृष्ठ के समाचार-पत्र के विचारों का पता नहीं लगता। यदि समाचार-पत्र के कुछ विशिष्ट विचार हों, उन विचारों में दृढ़ता हो और बारम्बार उन्हीं विचारों का समर्थन हो तो पाठक उन विचारों से असहमत होते हुए भी उस समाचार का मन में आदर करता है। सम्पादकीय पृष्ठ का एक ही लक्ष्य है- वह यह कि सामान्य पाठकों से अधिक प्रबुद्ध पाठकों को वह अपनी विशिष्ट सुविचारित पाठ्य सामग्री से प्रभावित करे। केवल ख़बरें छापने से और उन ख़बरों के सम्बन्ध में अपनी ओर से कोई टिप्पणी या कोई विचार ने देने से सुविज्ञ पाठकों की दृष्टि में पत्र का महत्त्व घट जाता है। सम्पादकीय के माध्यम से किसी घटना का सही परिप्रेक्ष्य में विश्लेषण और अपनी विचारपूर्ण टिप्पणियों प्रस्तुत करता है। प्रतिक्षण परिवर्तनशील वर्तमान को स्पष्ट करना और भविष्य को बुद्धिमत्ता का इंगित करना सम्पादकीय द्वारा ही सम्भव हो पाता है।

फ़ीचर

समाचार जनसंचार के क्षेत्र में मुद्रित माध्यम है। मुद्रित माध्यम में लिखित 'शब्द' की महत्ता प्रतिष्ठापित की जाती है। इस शब्द माध्यम से लेखक अपनी संवेदनाओं और अनुभूतियों की पूर्ति के लिए प्रयत्नशील हो जाता है तथा उन्हें दूसरों के साथ बाँट लेने का प्रयास भी करता है। समाचार-पत्रों में समाचार तो प्रमुखता रखते ही हैं इसके अतिरिक्त भी समाचार-पत्र के व्यक्तित्व की प्रतिष्ठापना के लिए 'फ़ीचर' एक आवश्यकता ही नहीं, अपितु अपरिहार्य समझा जाता है। समाचार माध्यम या न्यूज़ मीडिया में फ़ीचर ने अपना विशिष्ट स्थान बनाया है। फ़ीचर का सम्पादकीय पृष्ठ के साथ गहरा सम्बन्ध है।

फ़ीचर आधुनिक युग की पत्रकारिता की ऐसी परिपक्व विधा है, जिसके बिना कोई भी समाचार-पत्र अपूर्ण ही कहा जायगा। फ़ीचर मनोरंजक ढंग से समाचार की वर्तमान भूमि पर खड़ी हुई अतीत और भविष्य की बातों की तह तक पहुँचता है, घटनाओं और व्यक्तियों के वर्तमान, भूत एवं भविष्य के परिवेश के स्वरूप का प्रतिपादन करता है तथा अपने में निहित ज़िज्ञासा वृत्ति, सहानुभूति, आशंका, विनोद, संत्रास और आश्चर्य का उद्दीपन कर अपने पाठकों की रुचि-परिष्करण का कार्य करता है। 'फ़ीचर' को 'प्रासंगिक लेख' या 'रूपक' भी कहते हैं। समाचार-पत्रों के लिए समसामयिक घटनाओं के आधार पर 'फ़ीचर' लिखे जाते हैं।

फ़ीचर : अर्थ एवं परिभाषा

फ़ीचर अंग्रेज़ी भाषा का गृहीत वह शब्द है जिसका अर्थ हिन्दी में 'आकृति', 'नख--शिख', 'रूपरेखा', 'लक्ष्मण', 'विशेषता' और 'व्यक्तित्व' रूप में प्रचलित किये गये। 'फ़ीचर' एक ऐसा

आलेख होता है जिसमें समाचार के पीछे समाचार और उसका विश्लेषण मात्र सूचनात्मक न होकर नवीनतम जानकारियों का स्वानुभूतिमूलक रूप में प्रस्तुत किया जाता है-अपनी मार्मिकता, व्याख्यापरकता, सत्यान्वेषण एवं मनोरंजकता के साथ। 'फ़ीचर' में फ़ीचर की नवीनता के पीछे लेखक की अपनी विज्ञता, निज व्यक्तिपरकता तथा शैली-शिल्प की गुणवत्ता का समन्वय रहता है। फ़ीचर का अर्थ एक ऐसी लेखन-प्रक्रिया से सम्बन्धित है जो समाचार के तल में समाचार से अधिक मानवीय संवेदनशील एवं मानवतावादी व्यापक दृष्टि के साथ पाठकीय मनोरंजन की व्यवस्था है।

"फ़ीचर एक ऐसा सर्जनात्मक तथा कुछ-कुछ स्वानुभूतिमूलक लेख है, जिसका गठन किसी घटना, स्थिति अथवा जीवन के किसी पक्ष के सम्बन्ध में पाठक का मूलतः मनोरंजन करने और सूचना देने के उद्देश्य से किया गया हो।" *-डी.आर. विलियमसन*

"फ़ीचर किसी भावना के इर्द-गिर्द चक्कर काटता है। समाचार को ऐसा रूप दिया जाता है कि वह और आकर्षक बने, पाठक का ध्यान खींचे और सामान्य पाठक की भावनाओं को छू जाय।" *-एल्मो स्कॉट वाटसन*

"फ़ीचर की कुंजी मनोभाव है। फ़ीचर में क्रोध का प्रदर्शन, दया, हास्य-व्यंग्य का भाव प्रकट हो सकता है। उसमें घृणा भी प्रदर्शित हो सकती है। फ़ीचर में कुछ-न-कुछ प्रकट होना चाहिए क्योंकि फ़ीचर का बाँकपन उसमें निहित भावुकता है।" *-ब्रियॉन निकोल्स*

"फ़ीचर का जाल समाचार से बड़ा होता है। फ़ीचर लेख पठनीय अनुभव प्रस्तुत करता है। उसमें सूचना को महत्त्व भी नहीं दिया जाता, जितना शैली-लालित्य और विनोद को।"

-विलियम एल. रिवर्स

"फ़ीचर समाचार को आच्छादित कर लेता है। खोजी और व्याख्यात्मक समाचारों पर भी फ़ीचर छा जाता है। समाचार-पत्रों में भी समाचार की तुलना में फ़ीचर को अधिक महत्त्व दिया जाता है।" *-कर्टिस डी. मैक्डेगल*

"फ़ीचर लेख से छोटा, गद्य-काव्य की शैली में लिखी गयी ऐसी रचना होती है जिसमें भाषा के चुटीलेपन तथा विषय की विशिष्टता के कारण ऐसी सामग्री पाठक को मिल पाती है, जिसे पढ़कर पाठक का ज्ञानवर्द्धन और मनोरंजन होता है।" *-मधुकर गंगाधर*

"सर्जनात्मक और कुछ-न-कुछ स्वानुभूतिमूलक आलेख को फ़ीचर कहते हैं।"

-जितेन्द्र गुप्त

"फ़ीचर समाचारात्मक निबन्धरूपक है और वह विभिन्न क्षेत्रों की नवीनतम हलचलों का शब्द-चित्र होता है। यह आधुनिकता का अनिवार्य आग्रह है।" *-विवेकराय*

"फ़ीचर में उस तथ्य को उभारा जाता है, जो महत्त्व का होते हुए भी स्पष्ट नहीं होता और उसका प्रस्तुतीकरण ही फ़ीचर के व्यक्तित्व, उसकी शक्ति और उसके औचित्य का बोध देता है।" *-डी.एस. मेहता*

"फ़ीचर (लेखक) पाठक को स्वस्थ तथा गम्भीर मनोरंजन देता है इसका प्रभाव क्षणिक या अस्थायी नहीं होता। यह पाठक के मन तथा विचारों को एक झटका देता है, उसे एक विशेष ढंग से सोचने-विचारने का अवसर भी प्रदान करता है।" *-विश्वनाथ सिंह*

"फ़ीचर वही अच्छे कहे जा सकते हैं, जो गोपनीय का विगोपन करते हैं और जिनमें किसी आन्दोलन का सशक्त समर्थन करने का दम होता है।" -*विश्वम्भरनाथ कुमार*

"समाचार-पत्रों की संरचना में फ़ीचर उस सामग्री का अविच्छिन्न अंग है, जो किसी समाचार-पत्र को वैशिष्ट्य प्रदान करता है।" -*मनोहर प्रभाकर*

"फ़ीचर किसी विषय की पार्श्वभूमि में समाचार के पीछे समाचार का विश्लेषण-चर्चा तथा स्पष्टीकरण प्रस्तुत करता है अन्वेशण करता है तथा विषयवस्तु की अनावृत विश्वसनीय साक्ष्य से अपनी उपपक्तियाँ करता है। फ़ीचर मात्र समाचार नहीं है, वह तथ्यपरक ऐसा आलेख है जो पाठक को तर्क के स्थान पर संवेदना से जोड़ती है क्योंकि लेखकीय कल्पनाशीलता और सर्जनात्मक कौशल अपनी मनोरंजक शैली में निहित होता है।"

फ़ीचर का स्वरूप

फ़ीचर आज सर्वाधिक पाठ्कीय माँगवाली विधा है जिसमें तथ्यों और सत्य को कल्पना द्वारा जीवन्त बनाया जाता है। इसके साथ ही इसमें निहित लेखक का सर्जनात्मक कौशल ही से आद्यन्त रुचिकर एवं मनोरंजक बनाता है। अस्तु, फ़ीचर के स्वरूप का उल्लेख निम्नलिखित बिन्दुओं के आधार पर किया जा सकता है।

1. **मनोरंजक सृजनात्मकता-** समाचार सदैव अकाल्पनिक, तथ्याधारित एवं विस्मरणीय होते हैं। फ़ीचर लेखक किसी समाचार में कल्पना के संयोग से कथावृत्त जोड़कर मनोरंजक तत्त्वों का समावेश करके फ़ीचर तैयार करता है और ऐसा करते समय समाचार के लघुकाय कलेवर में वह समाचारिकता अथवा समाचारत्व की तथ्यपरकता ग्रहण करके अपनी भावात्मक, संवेदनशील अपितु काल्पनिक बुद्धि के बल पर पाठक के समक्ष ऐसी सामग्री उपलब्ध करा देता है जो सूचनात्मक, तथ्यात्मक, मनोरंजनात्मक होने के साथ-साथ आकर्षक भी होती है। इस दृष्टि से फ़ीचर की आयु समाचार की अपेक्षा अधिक दीर्घ होती है।

2. **मानवीय संवेदनशीलता-** फ़ीचर की सर्जना में लेखक अपने पाण्डित्य का प्रदर्शन न करके पाठक वर्ग का ध्यान रखते हुए विचारणीय बिन्दुओं, शब्द-कौशल, जीवन के मार्मिक प्रसंगादि इस प्रकार चयन करता है जिसमें मानवीय पक्ष, हार्दिकता, संवेदनशील वृत्तियों को जगाने के साथ सहज तथ्य का उल्लेख इस प्रकार हो जाता है जो पाठकीय अभिरुचि, उसकी ग्राह्यता तथा स्वीकृति पाने में सफल हो। फ़ीचर लेखक का मूल उद्देश्य पाठक के मनोरंजन की पूर्ति हेतु ही किसी बहाने से घटना या विषय के तथ्य एवं सत्य को पाठक तक पहुँचाने के लिए जहाँ कल्पनाशीलता का आश्रय ग्रहण करता है, वहीं वह कुछ क्षणों के लिए भी मानवीय संवेदनशीलता के स्वरूप को स्थायी बनाने का प्रयास भी करता है।

3. **निरीक्षणात्मक जिज्ञासु-वृत्ति-** फ़ीचर लेखक आचारिक आधार पर तत्काल फ़ीचर तैयार करने के लिए यन्त्रवत् कार्यारम्भ करने के लिए बाध्य होता है तथा उसे तात्कालिक स्तर पर उपलब्ध समयावधि में ही अपना दायित्व निर्वाह करना होता है। इसीलिए वह तथ्यात्मक सामग्री जुटाने के साथ अपनी स्मरणशक्ति, कल्पना और नवीन तथ्य के परिपार्श्व में अपने स्वाध्याय के साथ निरीक्षणात्मक एवं जिज्ञासु-वृत्ति समाहित करके उत्तम ढंग से फीच तैयार करता है। इस सन्दर्भ से यह भी उल्लेखनीय है कि तथ्य और सत्य विषयक सूचनाओं के लिए फ़ीचर लेखक विविध संस्थाओं के प्रतिवेदन को सूक्ष्म निरीक्षणात्मक जिज्ञासु-वृत्ति के अनुरूप

टटोलने के लिए बाध्य होता है और इसी वृत्ति के कारण कभी-कभी अज्ञात सामग्री के संकलन के साथ ही अत्यन्त मार्मिक एवं प्रभावशली फ़ीचर की सृष्टि कर लेना उसके लिए सहज हो जाता है।

4. पाठक के प्रति पारस्परिकता- फ़ीचर मूलतः अपने पाठक वर्ग के लिए ही लिखा जाता है और यह पाठक वर्ग विशिष्ट नहीं होता है क्योंकि पाठकों का सर्वाधिक विस्तारवाला वर्ग सामान्य ही है। अतः लेखक इस सामान्य वर्ग के सामाजिक, राजनीतिक, पारिवारिक व्यवहार तथा शिक्षण एवं सभ्यता के तत्कालीन प्रभावों के विकसित परिवर्तनशीलता और नवीनता को प्रश्रय देकर पाठकीय रुचि, पत्र अथवा पत्रिका की नीति के साथ सामञ्जस्य और पाठक-लेखक के मध्य पारस्परिकता की सघनता बनाये रखने का प्रयास बड़ी सफलता के साथ पूरी करता है। सामाजिकता और आर्थिक एवं पारिवारिक स्तर पर पाठक की चिन्ता विशम परिस्थितियों में भी किये बिना फ़ीचर लेखक रह ही नहीं सकता। पाठकीय रुचि, पत्र की निजी लोकप्रियता के साथ-साथ पाठक एवं लेखक की पारस्परिकता ही फ़ीचर के प्रति पाठकीय विश्वसनीयता बढ़ा देती है। लेखक तभी सफल होता है जब पाठक उसके साथ अपनी पारस्परिकता की स्थिति स्वीकार कर लेता है और फ़ीचर लेखक द्वारा व्यक्त भावों, विचारों अथवा फ़ीचर में निहित सिद्धान्तों को अपने ऊपर थोपा हुआ नहीं मानता।

इसके साथ ही उसे पाठकीय पारस्परिकता में विषय-चयन से लेकर शब्द-चयन तक की दीर्घसूत्री व्यवस्था इस प्रकार करना अनिवार्य हो जाती है ताकि तत्कालीनता एवं प्रासंगिकता की उपस्थिति में भी वह पाठक के साथ और निकट सम्पर्क घोषित कर सके।

फ़ीचर का उद्देश्य

फ़ीचर सोद्देश्य तात्कालिक रचना है लेकिन उसका प्रभाव बासी नहीं होता और न समाचार की भाँति महत्त्वहीन होता है। किसी भी समाचार-पत्र या पत्रिका की फ़ीचर प्रकाशन की व्यवस्था के कारण एक-तिहाई पाठकवर्ग पत्र या पत्रिका के ग्राहक बनते ही हैं। सामान्यतः फ़ीचर के तीन उद्देश्य होते हैं-

1. ज्ञानवर्द्धन- किसी भी समाचार-पत्र में समाचार का प्रकाशन सूचनात्मक ही होता है, परन्तु डी.एस. मेहता के शब्दों में, ''फ़ीचर समाचार को नव-अभ्यास ही नहीं देता, उसकी परीक्षा और शल्य-क्रिया भी कर डालता है।'' तब समाचार के छह ककारों में से केवल एक ककार, 'क्या' ही सम्पूर्ति फ़ीचर में होती है लेकिन समाचार में निहित समाचार के सत्य और तथ्य का प्रामाणिक और रोचक ढंग से प्रस्तुत करते जाने का अर्थ ज्ञानवर्द्धन से ही होता है। फ़ीचर लेखक सामान्य समाचार तक पहुँचे पाठक-वर्ग को समाचार की गहनता में छिपे समाचार देकर ज्ञान-वृद्धि करता है। समाचार तो मात्र सम्पादित किये जाकर मुद्रित करा दिये जाते हैं, लेकिन फ़ीचर के लिए तथ्य एवं सत्य की खोजकर पाठक के ज्ञान की वृद्धि के लिए फ़ीचर लेकक के श्रम की सार्थकता सिद्ध करना ही महत्त्वपूर्ण उद्देश्यपूर्ति होती है।

2. मार्गदर्शन- समाचार के साथ सम्पादकीय पढ़ना अधिसंख्य पाठकों में प्रचलन से बाहर है। सभी पाठक समाचार और सम्पादकीय साथ-साथ नहीं पढ़ते हैं। लेकिन समाचार के साथ सम्पादकीय पढ़ने से पाठक-वर्ग के समक्ष एक दिशा-निर्देशन का मार्ग सम्भव हो जाता है।

फ़ीचर लेखक उस समाचार के तल पर जाकर उससे सम्बन्धित तथ्य एवं सत्य ग्रहण कर फ़ीचर के रूप में मनोरंजनात्मक ढंग से अन्य स्तर पर प्रस्तुत करता है तो पाठक- वर्ग में सोचने-समझने के लिए मार्गदर्शन के उद्‌देश्य की अभिपूर्ति भी करता है। मनोरंजनात्मक ढंग से लिखा जाकर भी फ़ीचर मत-प्रतिपादन करने के स्थान पर पाठक-वर्ग की मार्ग निदेर्शन की प्रक्रिया मार्गदर्शक सिद्ध होती है।

3. मनोरंजन- समाचार का मूल कार्य सूचना देना है या फिर किसी सामयिक घटना का सही एवं पक्षपातरहित तथ्यपूर्ण विवरण देना भी है। मात्र इतने से ही किसी समाचार-पत्र की भूमिका पूरी नहीं हो जाती है। इसीलिए किसी भी समाचार-पत्र के लिए कुछ अन्य ऐसे स्तम्भ भी लिखने एवं लिखाने आवश्यक एवं अनिवार्य हो जाते हैं, जो जन-सामान्य की अभिरुचि के प्रेरक हों, पाठक वर्ग की संख्या सन्तुलित रख सकें तथा जन-सामान्य का मनोरंजन कर सकें। इन्हीं स्थायी स्तम्भों में से फ़ीचर एक ऐसा स्तम्भ है, जो जन-सामान्य या पाठक को अपनी मनोरंजनात्मक, रमणीय कथा-वृत्तियों के कारण विनोद का साधन बन जाता है। स्थायी स्तम्भों में हास्य-व्यंग्य का स्तम्भ-लेखन मनोरंजन की सृष्टि करता है। लेकिन फ़ीचर का रूप व्यंग्यपरकता में अछूता, स्थिति-विशेष का सरल अपितु तिक्त स्पर्श करनेवाला, हास्यास्पद स्थिति से बचाकर स्वस्थ मनोरंजन की ओर अपने पाठक को आकर्षित करने में सर्वथा उपयुक्त रहता है।

अतः यह कहा जा सकता है कि फ़ीचर का स्थायी स्तम्भ जहाँ ज्ञानवर्द्धक एवं मार्गदर्शक भूमिका निर्वाह करता है, वहीं वह अपने पाठकों को मनोरंजन सामग्री भी उपलब्ध कराता है, क्योंकि वह जन-अभिरुचि की भिन्नता के निकश पर अपनी लोकप्रियता, हृदयग्राह्यता, कृशांग किन्तु कथा-वृत्तिपरकता के साथ-साथ रमणीय भावाभिव्यक्ति के रूप में पाठक वर्ग के लिए मनोरंजक उपलब्धि बन जाता है। इस प्रकार मनोरंजन का संस्पर्श देकर अपने पाठकों की मनोवैज्ञानिक संस्थितियों में विनोद-वृत्ति का अंकुरण कर उन्हें अपने स्थायी फ़ीचर कॉलम के प्रति आकर्षित एवं प्रतीक्षारत बनाता है।

फ़ीचर के तत्त्व

फ़ीचर में तीन प्रमुख तत्त्व होते हैं-

1. सृजनालात्मकता- फ़ीचर लेखक विषयवस्तु का निश्चय कर लेता है तब तत्काल ही वह विषयवस्तु के अनुरूप अपने भावों-अनुभावों आदि के आधार पर तत्सम्बन्धी कल्पनाएँ प्रस्तुत करता है। यह कल्पना लेखक की हार्दिकता से सम्पन्न होती है भले ही उसकी विषयवस्तु का गहन अध्ययन उसके पास पहले से नहीं हो। उसका ध्येय पाठक को कुछ ऐसी बातें पढ़ने के लिए आकृष्ट करने में हैं कि वे कुछ नयापन अनुभव करें और यह बिना कल्पना के असम्भव है।

2. विचार- फ़ीचर लेखक का यत्न सदैव तथ्यों के आधार पर अपनी बात कहना है। यद्यपि तथ्य मात्र सूचनात्मक या 'इन्फोर्मेटिव' अथवा समाचारिक ही होता है और अपनी वस्तु या विचार की पुष्टि के लिए ही होता है। फ़ीचर की यह अपरिहार्यता है कि अपनी वस्तु या विचार के लिए तथ्य को पुष्टि एवं समर्थन के निमित्त प्रस्तुत करे। तथ्य की प्रस्तुति निबन्धात्मक गरिष्ठता लिये हुए न होकर अपने पाठक का ध्यान रखते हुए मनोरंजक, सरस,

भावात्मक, कथावृत्त में गतिशीलता लानेवाली होनी आवश्यक है। तथ्य या विचार के स्तर पर लेखक अपने भावों, अनुभावों, मनोवेगों की ऐसी पुनर्सर्जना करता है जो उसके सूक्ष्मातिसूक्ष्म निरीक्षणात्मक विवेक से पुष्ट होती है क्योंकि यह दृष्टि ही उसके पाठक को बाँधती है और फ़ीचर पढ़ने के लिए बाध्य करती है।

3. लेखन कला- फ़ीचर का तीसरा तत्त्व लेखक के व्यक्तित्व का परिचायक होता है। लेखक की कल्पना-प्रसूत वस्तु-चेतना की अभिव्यक्ति में भाषा और शब्द-चयन उसकी सहज अभिव्यक्ति बनकर आते हैं। तर्क-वितर्क, मत-विमत, स्वमत, पर-मत आदि के प्रतिपादन में न पड़कर अपनी वस्तु या विचार को लेखक कल्पना का पुट देकर आकर्षक, मनोरंजन से सिक्त कर, सरल एवं रोचक शब्दावली में प्रभावपूर्ण ढंग से प्रस्तुत करता है। लेखक पाठकों की समस्या को पाठक के ही प्रश्न एवं समाधान और पाठक की लोक व्यंग्य-चेतना के परिप्रेक्ष्य में शब्द देने की सजग चेष्टा करता है। यही कारण है कि फ़ीचर लेखन एक कला है और जो कला सैद्धान्तिक और व्यावहारिक न होकर प्रस्तुतीकरण की है जिसमें कल्पना के सूत्रों में तथ्य और सत्य में समाचारत्व को विश्लेषित करने में शब्द-सामर्थ्य की अद्भुत सम्प्रेषणीयता विद्यमान रहती है।

फ़ीचर के गुण—फ़ीचर के निम्नलिखित गुण होते हैं-

समाचार नवीन जानकारी दे सकता है। इसी नवीनता के कारण सामान्य पाठक उसे पढ़ना चाहता है। पर फ़ीचर में समाचार और समस्या आदि के रहस्यों की विशेष जानकारी के साथ आत्मीयता, भावना और विवेचना का समावेश उसका आकर्षण बढ़ाता है तभी पाठकों की सन्तुष्टि का विस्तार करता है। अतः फ़ीचर के सामान्य गुण निम्नलिखित रूप में प्रस्तुत किये जा सकते हैं-

1. समाचार में निहित समाचारिकता
2. मोहकता एवं कल्पनाशीलता
3. तथ्यों का आकर्षक रूप
4. विश्वसनीय साक्ष्य-प्रस्तुति
5. व्यक्तियों की विशेष जानकारी
6. सरस व्यंग्यात्मकता
7. तर्कसंगत दृष्टिकोण
8. भावात्मक प्रतिक्रिया
9. गतिशील शैली
10. मनोरंजकता
11. क्रियात्मक महत्त्व की प्रासंगिकता
12. विचित्रता
13. व्यापकता-विस्तार
14. मानवीय अभिरुचि का विस्तार
15. प्रभावी तथ्य
16. ज्ञान एवं भावना-शक्ति का विकास
17. संक्षिप्तता
18. प्रचलित शब्दावली

एल्मो स्कॉट वॉटसन के अनुसार फ़ीचर में निम्नांकित गुण होते हैं-

समाचार का आकर्षक रूप, पाठकीय संवेदना का स्पर्श, मनोरंजक जानकारी

जार्ज ए. हंग ने फ़ीचर के निम्नांकित गुण बतायें हैं-

मानव-प्रकृति एवं परिस्थिति का विश्लेषण, अनुभव की भागीदारी

डॉ. एस. मेहता के अनुसार फ़ीचर के गुण हैं-

तथ्य या तथ्यों का उकेरन, व्यक्तित्व का प्रस्तुतीकरण, व्यक्ति-शक्ति एवं उसके औचित्य का प्रतिपादन, अध्ययन-अनुसन्धान से तथ्यात्मक परिवेश का विस्तार, शिक्षा एवं मार्गदर्शन

फ़ीचर के प्रकार

प्रत्येक समाचार-पत्र आज मुद्रित माध्यम की प्रतिस्पर्द्धा में है। इसलिए प्रत्येक समाचार-पत्र योजनाबद्ध ढंग से प्रकाशित किया जाता है तथा उसमें प्रतिस्पर्द्धी स्तर पर फ़ीचर आयोजना की जाती है। विषय विविधता और विषयों की पारस्परिक प्रभाववादी दृष्टियों ने फ़ीचर के विविध भेदों के आधार पर अपनी विशिष्टता स्पष्ट की है। इसी कारण फ़ीचर के विविध प्रकारों का उल्लेख यहाँ किया जा रहा है-

1. मानव रुचि आधारित फ़ीचर– मानवीय पहलू पर लिखे फ़ीचर आज विशेष लोकप्रिय हो रहे हैं। विलियम रिवर्स के अनुसार 'मानवीय रुचि के फ़ीचर वे हैं जिससे पाठक भावनात्मक रूप से जुड़ा हो।' मानवीय रुचि के अनुकूल लिखे गये फ़ीचर भावप्रधान होते हैं, जो कारुणिक, मार्मिक तथा अनुभूतिपूर्ण हो सकते हैं। ये फ़ीचर पाठक की संवेदनाओं को उद्दीप्त करते हैं। वस्तुतः यह क्षेत्र अत्यन्त व्यापक एवं विस्वशत है तथा अपराध, प्रेम, रोमान्स, फैशन, स्वास्थ्य, मानवीय समस्याएँ आदि विषयों पर लिखे गये फ़ीचर काफी लोकप्रिय हो सकते हैं।

2. व्यक्तित्वपरक फ़ीचर–प्रत्येक युग में ऐसे महान् पुरुष ने जन्म लिया है, जिन्होंने क्षेत्र विशेष में महत्त्वपूर्ण उपलब्धियाँ प्राप्त की है। साहित्य, संगीत, चित्रकला, खेल-जगत्, राजनीति, विज्ञान आदि क्षेत्रों में समाज को नेतृत्व प्रदान करनेवाले व्यक्तियों पर विशेष अवसरों पर लिखे गये लेख 'व्यक्तित्व फ़ीचर' की कोटि में आते हैं।

3. समाचार फ़ीचर– ऐसे फ़ीचर का मूल भाव समाचार ही होता है। ये फ़ीचर कथात्मक गठन के कारण पूर्ण लोकपियता अर्जित करते हैं। घटित घटना का पूर्ण विवेचन-विश्लेषण इसके अन्तर्गत किया जाता है।

4. वैज्ञानिक फ़ीचर–वैज्ञानिक फ़ीचर से तात्पर्य है वैज्ञानिक विषयों से जुड़े फ़ीचर को सरल भाषा में इस तरह लिखा जाये कि सामान्य पाठक भी उसे समझ सके।

5. पर्यटन फ़ीचर–अनेक लोग विभिन्न जगहों पर पर्यटन करते हैं। वह अपने-अपने यात्रा-वृत्तान्त को आकर्षक ढंग से फ़ीचर के रूप में व्यक्त करते हैं जिसे पढ़कर उन स्थलों पर न जानेवालों को भी आनन्द आता है और वह स्वयं को वहाँ पाते हैं। ऐसे फ़ीचर पर्यटन या यात्रा फ़ीचर कहलाते हैं।

6. ऐतिहासिक फ़ीचर–अतीत की घटनाओं के प्रति मनुष्य के हृदय में स्वाभाविक उत्सुकता रहती है। ऐतिहासिक व्यक्तियों, घटनाओं और स्मारकों आदि पर भावपूर्ण ऐतिहासिक फ़ीचर लिखे जाते हैं।

7. व्यंग्यात्मक फ़ीचर– सामाजिक, राजनैतिक परिवेश में घटित होनेवाली घटनाओं पर व्यंग्य करते हुए सरस और चुटीली भाषा में हास्य का पुट देकर लिखे गये फ़ीचर इस कोटि में आते हैं। इनके पीछे एक विशेष लक्ष्य या उद्देश्य रहता है। ये व्यंग्य मात्र छींटाकशी या चरित्र हनन क प्रयास न होकर सामाजिक, राजनैतिक जीवन में शुद्धता हेतु किये जाते हैं।

8. चित्रात्मक फ़ीचर– चित्रों के माध्यम से अपनी बात कहने की प्रवृत्ति आज पाठकों में काफ़ी लोकप्रिय हो रही है। ऐसे फ़ीचरों में चित्र या फ़ोटो अपनी बात कहते हैं। के0पी0 नारायणन के शब्दों में 'चित्रात्मक फ़ीचर का विकास हो रहा है और इसके लिखने का ढंग भी

बदल रहा है। इस तरह के फ़ीचर में चित्रों के नीचे एक या दा पंक्तियाँ लिख दी जाती हैं। चित्रों का चयन इस प्रकार किया जाता है कि वह अपनी पूरी बात कह देते हैं।

9. सांस्कृतिक और त्योहारों पर फ़ीचर– इस श्रेणी में सांस्कृतिक कार्यक्रमों और त्योहारों से सम्बन्धित फ़ीचर लिखे जाते हैं। इस तरह के फ़ीचर में सांस्कृतिक पुट होता है।

10. यात्रा फ़ीचर– यात्रा फ़ीचर के विभिन्न रूप होते हैं। सैलानियों को दर्शनीय स्थलों के प्रति लुभाने एवं कई जानकारी देने हेतु लिखे गये फ़ीचर यात्रा फ़ीचर कहलाते हैं। इनको यात्रा-वृत्तान्त भी कहा जाता है। फ़ीचर के इन प्रकारों के अतिरिक्त और भी बहुत-से प्रकार होते हैं जैसे- राजनैतिक फ़ीचर, क्रीड़ा-जगत् सम्बन्धी फ़ीचर, पौराणिक फ़ीचर, पारिवारिक फ़ीचर, औद्योगिक फ़ीचर इत्यादि।

फ़ीचर की विशेषताएँ

- एक अच्छे फ़ीचर को नवीनतम जानकारी से परिपूर्ण और भावप्रधान होना चाहिए।
- फ़ीचर को ज़रूरत से ज़्यादा नाटकीय नहीं बनाना चाहिए।
- फ़ीचर में नवीनता, सम्मोहनता, काव्यात्मकता, विश्वसनीयता एवं प्रमाणिकता का गुण होना चाहिए।
- फ़ीचर पाठकों की मानसिक योग्यता एवं शैक्षिक पृष्ठभूमि को ध्यान में रखते हुए लिखा जाना चाहिए।
- फ़ीचर लेखक को अपनी निश्पक्ष राय फ़ीचर में प्रकट करनी चाहिए ताकि पाठकों को अपनी बात मनवाने की बाध्यता उत्पन्न की जा सके।
- फ़ीचर सीधी तरह के वाक्यों से प्रस्तुत करें। घुमा-फिराकर बात लिखने से फ़ीचर का आकर्षण समाप्त हो जाता है।
- फ़ीचर में कल्पना का प्रयोग करने की पूरी स्वतन्त्रता है, लेकिन कल्पना ऐसी होनी चाहिए जो उसकी प्राणशक्ति में वृद्धि करे।
- फ़ीचर में विषय से सम्बद्ध सभी पक्षों का सन्तुलित वर्णन हो।
- फ़ीचर की भाषा सरल व स्पष्ट होनी चाहिए। कम शब्दों में अधिकतम भाव व्यंजना फ़ीचर के ढाँचे में चार चाँद ही नहीं लगाती बल्कि भाषा की प्रेषणीयता में तीखापन व सरसता का समावेश भी करती है।
- प्रसिद्ध व्यक्तियों, कथनों, उदाहरणों, लोकोक्तियों और मुहावरों का यथास्थान प्रयोग करना चाहिए।
- रोज़ की घटनाओं को भी फ़ीचर में यथास्थान प्रयोग किया जाना चाहिए।
- समय-विशेष पर लिखे फ़ीचर पाठकों को आकर्षित करते हैं। जैसे छुट्टियों में सैर सपाटे पर लिखे फ़ीचर पसन्द किये जाते हैं।
- फ़ीचर में कहीं भी जबरदस्ती के आरोप-प्रत्यारोप से बचना चाहिए।
- यदि फ़ीचर के साथ सम्बन्धित चित्र, कार्टून या फ़ोटो लगाने से फ़ीचर की ख़ूबसूरती और भी बढ़ जाती है।
- फ़ीचर में यदि किसी व्यक्ति या घटना विशेष का उदाहरण दिया गया है तो उसकी संक्षिप्त जानकारी प्रदान करनी चाहिए।

- मानवीय या संवेदनात्मक फ़ीचर लिखते समय पक्षपात नहीं करना चाहिए। फ़ीचर की प्रमुख विशेषता है संवेदना। फ़ीचर पाठक की भावनाओं पर जितना अधिक प्रभाव डालने की शक्ति रखेगा, वहीं पाठक को सन्तुष्ट करेगा।
- फ़ीचर-लेखन की विशेषता है कि इसमें विविधता के दर्शन होते हैं। इसमें तथ्य रंगीन और सजीव होते हैं। चुटीली तथा प्रभावोत्पादक भाषा पृष्ठभूमि प्रतिपादन और भावनात्मक प्रस्तुतीकरण का आधार होती है।

फ़ीचर लेखक की योग्यताएँ

फ़ीचर लेखक अधिक विमर्शक होता है और वह शाश्वत समाचार की क्षण भंगुरता को लाँघनेवाला होता है। फ़ीचर में लेखन के अनुभव शैली, लालित्य और विनोद के भी दर्शन होते हैं। फ़ीचर लेखन श्रम साध्य कार्य है। इसके लिए प्रतिभा, परिश्रम और अनुभव की विशेष आवश्यकता है। अच्छे फ़ीचर लेखक में निम्न विशेषताएँ होनी चाहिए-

- फ़ीचर लेखक का भाषा पर पूर्ण अधिकार होना चाहिए। यदि भाषा लेखक के इशारे पर थिरकती रहेगी तो फ़ीचर में लालित्य और सरलता का समावेश हो सकेगा।
- फ़ीचर को प्रभावकारी तथा मनोरंजक बनाने के लिए आवश्यक है कि फ़ीचर लेखक के पास कवि का हृदय, समीक्षक-जैसा प्रौढ़ चिन्तन, वैज्ञानिक की-सी तार्किकता, समाजबोध, इतिहासबोध तथा युगद्रष्टा की भाँति भविष्य को परखने की शक्ति हो।
- फ़ीचर लेखक का ज्ञान बहुआयामी होना चाहिए। धर्म, दर्शन, संस्कृति, समाज, इतिहास आदि का ज्ञान फ़ीचर को पूर्ण तथा तर्कसंगत बनाता है।
- एक अच्छे फ़ीचर-लेखन में तर्कसंगत दृष्टिकोण के अलावा विषय की गहनता, आकर्षकता, व्यापकता, विचित्रता का होना अति आवश्यक है।
- फ़ीचर को प्रभावकारी एवं मनोरंजनात्मक बनाने के लिए लेखक के पास इतिहास-बोध, वैज्ञानिकता की तार्किकता के अलावा समाजबोध का ज्ञान भी होना चाहिए।
- आधुनिक फ़ीचर कला में चित्रकला और फ़ोटोग्राफ़ी का विशेष स्थान है। अतः फ़ीचर लेखक को रेखांकन तथा छाया-चित्रों की गहरी पकड़ भी होनी चाहिए जिससे कि वह फ़ीचर के अनुरूप चित्र प्रस्तुत कर सके।
- फ़ीचर लेखक को परिवेश के प्रति सजग तथा समसामयिक परिस्थितियों के प्रति जागरूक भी होना चाहिए। ताकि वह उन विविध विषयों को अपनी सूक्ष्म दृष्टि से देख सके, जिन पर रोचक फ़ीचर लिखे जा सकते हों।
- फ़ीचर लेखक को अपनी आन्तरिक प्रवृत्ति, ज्ञान और अनुभव पर विश्वास होना चाहिए। उसे अपनी आँखों, अपने कानों पर विश्वास रखते हुए भावों, अनुभूतियों, मनोवेगों एवं निरीक्षण शक्ति का सहारा लेकर फ़ीचर तैयार करना चाहिए।

फ़ीचर-लेखन-प्रक्रिया

फ़ीचर लिखना एक कला है। फ़ीचर की ताज़गी व नयापन ही पाठक को पढ़ने के लिए अपनी ओर खींचता है। जिस विषय पर फ़ीचर लिखना है उस विषय से सम्बन्धित सम्पूर्ण जानकारी हासिल करनी चाहिए। हो सके तो उससे सम्बन्धित व्यक्ति से साक्षात्कार भी करना चाहिए। विषय से सम्बन्धित समय-समय पर पत्र-पत्रिकाओं में प्रकाशित कतरनें विषयानुसार फाइल में एकत्र रखनी चाहिए। सरकारी व विभागीय रिपोर्टों की विस्तृत जानकारी जुटाने का

प्रयत्न करना चाहिए। यही रिपोर्टें फ़ीचर को विश्वसनीय बनाती हैं।

विषय चयन—विषय है, ज़रूरत है अपनी रुचि-अनुसार विषय का चयन करने की। विषय ऐसा हो जिसके तथ्य आसानी से उपलब्ध हो सकें। नवीन विषय के फ़ीचर न सिर्फ़ पठनीय ही होते हैं बल्कि संग्रहणीय भी बन जाते हैं।

शीर्षक— शीर्षक अल्प शब्दों का वह समुच्चय है, जिसमें सम्पूर्ण फ़ीचर का मूल कथ्य या भाव हमारे समक्ष प्रकट हो जाता है। शीर्षक स्वयं में सम्पूर्ण फ़ीचर की विषयवस्तु को सँजोये रखता है। सामयिकता अच्छे फ़ीचर का प्रमुख गुण है। शीर्षक का नयापन उसकी ताज़गी एवं आकर्षक फ़ीचर के सौन्दर्य की अभिव्यक्ति में विशेष सहायक होता है। शीर्षक पाठकों का ध्यान आकृष्ट करने, रुचि बढ़ाने और सम्मति द्वारा परोक्ष रूप से लोकमत को प्रभावित करने में महत्त्वपूर्ण भूमिका अदा करता है। शीर्षक बनाते समय फ़ीचर के महत्त्व पर विशेष ध्यान दिया जाता है। फ़ीचर के शीर्षक कई प्रकार के होते हैं जैसे-

एक शब्द का शीर्षक, प्रश्नवाचक शीर्षक, आश्चर्यबोध शीर्षक, तुलनात्मक शीर्षक, समाचारी शीर्षक, सामान्य शीर्षक, भावनात्मक शीर्षक, सनसनीखेज़ शीर्षक, लम्बे शीर्षक।

प्रस्तावना— प्रस्तावना, भूमिका, आमुख या 'इण्ट्रो' फ़ीचर का प्राण है। यह फ़ीचर का सार तत्त्व होता है। आमुख की नाटकीयता, मनोरंजकता, भावनात्मकता अथवा आलंकारिकता अनायास ही फ़ीचर में सजीवता का संचार कर देती है। पाठक की जिज्ञासा वृत्ति को जागृत करनेवाले, प्रथम पंक्ति में ही पाठकों को आकृष्ट कर लेनेवाले तथा फ़ीचर के मूल उद्देश्य को स्पष्ट करनेवाले इण्ट्रो ही श्रेष्ठ तथा स्तरीय माने जाते हैं। प्रस्तावना में पाठक को फ़ीचर का संक्षिप्त परिचय दिया जाता है ताकि पाठक आगे के फ़ीचर को पढ़ने के लिए प्रेरित हो सके।

विश्लेषण— विश्लेषण में फ़ीचर की मूल संवदेना विद्यमान होती है। इसी विश्लेषण से विचारों के ताने-बाने बुने जाते हैं। लेखक विभिन्न परिच्छेदों में लयबद्ध रूप से अपनी बात कहता है। लेखक को अपने विचार कथा के अनुरूप ही केन्द्रित करके आगे बढ़ना चाहिए। विषय को अधिक प्रामाणिक करनेवाले तथ्यों व विचारों का ही आकलन, संकलन विश्लेषण में अच्छी तरह से करना चाहिए।

निष्कर्ष— निष्कर्ष फ़ीचर का अन्तिम रूप होता है। इसे उपसंहार भी कहा जाता है। इसमें लेखक किसी नतीज़े पर पहुँचकर पाठक की सम्पूर्ण जिज्ञासाओं को समाप्त कर देता है या दिशा देकर अपनी बात का अन्त कर देता है। फ़ीचर का समीक्षात्मक अंश निष्कर्ष कहा जाता है। यह हमेश प्रभावोत्पादक होना चाहिए।

चित्रांकन— फ़ीचर के साथ विषय-वस्तु के अनुसार नक्शे, चित्र, रेखाचित्र एवं कार्टून लगाये जाते हैं। ये सभी फ़ीचर में रोचकता, आकर्षकता एवं प्रभावोत्पादकता को बढ़ाते हैं। वर्तमान में इनका प्रयोग फ़ीचर के साथ प्रचुर मात्रा में हो रहा है। अतः यह आवश्यक है कि लेखक पत्रकार एवं सम्पादक को फ़ोटोग्राफ़ी की सामान्य जानकारी होनी चाहिए कि आवश्यकता पड़ने पर उक्त सामग्री तैयार करवा सके।

समाचार सम्पादन प्रक्रिया

प्रिण्ट पत्रिकारिता में समाचार को कथा (News Story) कहा जाता है। समाचार को कहानी के रूप में मनोरंजक, भावात्मक एवं दिलचस्प बनाकर प्रस्तुत किया जाता है। कोई भी

समाचार सुसंगत, संक्षिप्त एवं सुव्यवस्थित ढंग से लिखने के लिए सर्वप्रथम विभिन्न स्रोतो से प्राप्त समाचारों को संकलित किया जाता है। तत्पश्चात् उसका शीर्षक, आमुख, सम्पादकीय और पृष्ठ-सज्जा का कार्य किया जाता है। समाचार-लेखन की प्रक्रिया निम्नलिखित चरणों में पूर्ण की जाती है। समाचार-लेखन एक महत्त्वपूर्ण कार्य होता है जिसके लिए कला-कौशल की आवश्यकता होती है। सत्यता, स्पष्टता के साथ-साथ संक्षिप्तता भी समाचार के लिए एक आवश्यक अर्हता है। समाचार चाहे किसी भी विषय या क्षेत्र से सम्बन्धित हो उसमें छह ककारों (क्या, कहाँ, कब, कौन, कैसे, क्यों) की सूचना मिलनी चाहिए। समाचार सम्पादक की मेज पर आया संवाद चोहे विज्ञप्ति के रूप में आया हो या टेलीप्रिण्टर पर संवाद समिति से, वह समाचार कक्ष के लिए कच्चा माल ही है। संवाद भले ही बड़े सलीके और सटीक ढंग से लिखा गया हो, उसे जाँचना, उसका शीर्षक और आमुख लिखना, स्थान निर्धारित करना समाचार-कक्ष का ही काम है। समाचार सम्पादन प्रक्रिया निम्नांकित बिन्दुओं के अन्तर्गत सम्पन्न होती है-

1. तथ्यों का संकलन
2. समाचार चयन
3. समाचार शीर्षक
4. क्रॉसर (उपशीर्षक)
5. आमुख लेखन (इण्ट्रो)
6. समाचार की पटकथा (बॉडी ऑफ द न्यूज़)
7. विश्लेषण
8. व्याख्या
9. समाचार-सूत्र का उल्लेख
10. संक्षिप्तीकरण
11. समाचार की भाषा
12. निष्कर्ष

1. समाचार संकलन-समाचार-लेखन की प्रक्रिया में सर्वप्रथम विभिन्न समाचार स्रोतों के माध्यम से तथ्यों का संकलन किया जाता है। तथ्य संकलन में नूतनता, सत्यता, रहस्यात्मकता, मानवीय संवेदना, जनरुचि आदि का ध्यान रखा जाता है। प्रत्याशित एवं अप्रत्याशित समाचार, पूर्वानुमानित स्रोतों, समाचार समितियों, प्रेस-रिलीज, साक्षात्कार, भेंटवार्त्ता, पत्रकार-सम्मेलन आदि स्रोतों द्वारा समाचार संकलित किये जाते हैं।

2. समाचार चयन—उप-सम्पादक के सामने दो प्रकार के समाचार आते हैं घटित एवं सम्भावित। सम्पादन के समय सम्भावित घटना की बजाय घटित होनेवाली घटना के समाचार को अधिक महत्त्व देना चाहिए। सम्भावित घटना हट सकती है। घटना सामाजिक, सांस्कृतिक, आर्थिक एवं राजनीति में उथल-पुथल पैदा करनेवाली को सकती है। तथ्य एवं विचार से समाचार की परख करनी चाहिए। तथ्य ही समाचार का प्राण है। तथ्य ही पाठकों में आकर्षण पैदा करता है।

रचनात्मक, प्रेरणात्मक एवं विकासात्मक समाचारों को ही पत्र में स्थान देना चाहिए। अश्लील तस्वीरों का सम्पादन कदापि नहीं करना चाहिए। दलित समाचारों को भी महत्त्व देना

चाहिए। क्योंकि पत्रकारिता लोकतन्त्र का चौथा स्तम्भ होती है, और दर्पण भी। स्वच्छंद पत्रकारिता के लिए यह सब वाज़िब है। कार्यपालिका, न्यायपालिका एवं विधायिका सरकार के अंग होते हैं। इनकी गतिविधियों की जानकारी के लिए पाठक हमेशा तत्पर रहता है। वह जानना चाहता है अमुक विधायक का व्यक्तित्व कैसा है। वह देश और समाज के प्रति कितना ईमानदार है और कितना भ्रष्टाचारी? न्यायालयों में कितना न्याय मिलता है? कार्यपालिका अपना निर्वाह करने में कितनी सक्षम सिद्ध हो रही है? आदि बातों से मन शान्त होता है और आक्रोश भी।

3. समाचार शीर्षक-समाचार के शीर्षक में समाचार का प्राणतत्त्व निहित होता है। समाचार का सार, घटना का परिणाम तथा स्थिति शीर्षक में निहित होती है। शीर्षक लिखने के लिए लेखक को अत्यन्त सचेत, सजग और मुद्रण तकनीक का ज्ञाता होना चाहिए। शीर्षक ऐसा होना चाहिए जो इच्छित कॉलम में शब्दशः समा जाय। शीर्षक का उद्देश्य पाठक को संक्षिप्त में समाचार की जानकारी देना है। शीर्षक के कुछ प्रमुख उद्देश्य इस प्रकार है-

1. समाचार के मूल भाव की अभिव्यक्ति करना,
2. पाठक को रुचि अनुसार चयन का अवसर देना,
3. समाचार को आकर्षक बनाना,
4. प्रभावपूर्ण पृष्ठ-सज्जा करना,
5. समाचार-पत्र के क्रय के लिए ग्राहक को प्रभावित करना।

एक अच्छा समाचार लेखक एक ऐसा शीर्षक तैयार करता है, जो आकर्षक होने के साथ-साथ उत्प्रेरक एवं विश्वसनीय लगे। शीर्षक लिखने के लिए निम्नलिखित बिन्दुओं को ध्यान में रखना चाहिए।

- शीर्षक में समाचार का मूल भाव निहित होना चाहिए।
- शीर्षक में 'विशेषण' अथवा 'अभिमत' प्रकट न हो। सम्मति होने पर, पक्षपात न दिखायी पड़े।
- शीर्षक-आमुख में तारतम्य हो।
- शीर्षक पढ़कर सरलता से तत्त्व-बोध हो जाये।
- संक्षिप्तता, सार्थकता, रोचकता तथा स्पष्टता होनी चाहिए।
- शीर्षक भूतकाल में न लिखा जाय।
- शीर्षक द्व्यर्थक न हो।
- शीर्षक में मात्र सुविख्यात व्यक्ति के 'नाम' या 'उपनाम' का प्रयोग हो।
- शीर्षक के आश्रित उपवाक्यों को किसी संयोजक के द्वारा न जोड़कर, अर्द्धविराम का योग किया जाय। जैसे-दोबारा गिरफ़्तारी अवैध, अभियुक्त को छोड़ने का आदेश।
- अक्रर्मक क्रिया का प्रयोग यथासम्भव कम हो।
- शब्दों, विचारों को पुनः न दोहराया जाय।
- रोचकता एवं उत्कण्ठा निहित हो।
- यदि समाचार के दो या तीन शीर्षक देने हों तो ध्यान रहे कि वह यथासम्भव स्वतन्त्र हों, किन्तु गठन तारतम्यतापूर्ण हो, पढ़ने पर दोनों परस्पर विरोधी न लगें।
- यथासम्भव संख्या को अंकों के स्थान पर शब्दों में लिखा जाय।

शीर्षक संरचना-समाचार-पत्रों में शीर्षक तैयार करने के लिए निम्नलिखित प्रक्रिया अपनायी जाती है—

1. क्रास लाइन-समाचार-पत्र के एक कॉलम या मध्य भाग में रखे गये, केवल एक पंक्ति के लघु शीर्षक को क्रास लाइन शीर्षक के नाम से जाना जाता है। इसे 'की' लाइन भी कहते हैं।

2. ड्राप लाइन-इसमें दो या कभी-कभी तीन पंक्तियाँ होती हैं। जिन्हें बायीं ओर से दायी ओर बढ़ाकर; एक के बाद एक शब्द लिखे जाते हैं। देखने में यह विधि सीढ़ीनुमा प्रतीत होती है। इसे 'स्टेप हर्ड' के नाम से भी पहचाना जाता है। सम्प्रति, इसका उपयोग मात्र स्थान भरने के लिए रह गया है।

3. विलोम सोपानी-यह सम्प्रति प्रयुक्त होनेवाली बहुप्रचलित पद्धति है। इसमें भी बायीं से दायीं ओर लिखा जाता है किन्तु प्रत्येक अगली पंक्ति पहली के प्रथम अक्षर के समानान्तर शुरू होती है, किन्तु दाहिनी और समान्तर न रहकर छोटी हो जाती है। इसे 'विलोम सोपानी' शीर्षक कहते हैं।

4. पूर्ण पाती-इस शीर्षक में एक कॉलम के अन्दर समा जानेवाले शब्द, एक ही पंक्ति में रखना चाहिए-

5. फ्लश लेफ्ट-इसमें भी पंक्ति बायीं ओर से प्रारम्भ होती है किन्तु दूसरी-तीसरी का कोई निश्चित क्रस नहीं होता-

6. विलोम स्तूपी-इस शीर्षक में पहली पंक्ति पूरे कॉलम की चौड़ाई में तथा दूसरी एवं तीसरी पंक्ति में, क्रमवार दोनों ओर स्थान छोड़ा जाता है।

7. हैंगिंग इण्डेन्शन-इस शीर्षक में पहली पंक्ति पूरे कॉलम की चौड़ाई में तथा दूसरी एवं तीसरी पंक्ति में, क्रमवार बायीं ओर स्थान छोड़ा जाता है।

8. स्क्वायर इण्डेन्शन-पूरे कॉलम में फैले तीन या चार पंक्तियोंवाले शीर्षक को स्क्वायर इण्डेन्शन कहते हैं।

9. कटि शीर्षक-इस शीर्षक में पहली और तीसरी पंक्ति समानान्तर होती है, किन्तु मध्य पंक्ति दोनों ओर से छोटी।

10. कपाली शीर्षक-मुख्य शीर्षक के ऊपर छोटे टाइप में दिये जानेवाले शीर्षक को कपाली शीर्षक कहा जाता है। इसके नीचे सीधा रूल डाल दिया जाता है।

11. पताका शीर्षक-नामपट्टी के नीचे पूरी चौड़ाई में सबसे मोटे टाइप में दिया जानेवाला शीर्षक पताका (बैनर) या स्ट्रीमर शीर्षक कहलाता है।

12. गगन रेखा-इसका प्रयोग विशेष स्थिति में होता है। समाचार-पत्र के नामपट्ट के ऊपर सर्वाधिक मोटे टाइप में लिखा जाता है।

13. डेक-डेक एक पूर्ण एवं स्पष्ट शीर्षक होता है, जो एक से अधिक पंक्तियों में हो सकता है। एक ही टाइप में तीन-चार पंक्तियों तक का डेक माना जाता है, जैसे-

14. डबल डेक-यदि दो-दो पंक्तियों में दो प्रकार के शीर्षक दिये गये हैं तो यह दो डेक या डबल डेक शीर्षक कहलायेगा। जैसे-

15. उद्धरण शीर्षक-प्रमुख अथवा विशिष्ट व्यक्तियों के वक्तव्य के नाम के साथ प्रस्तुति किया जाता है।

16. क्रॉसर (उपशीर्षक)-क्रॉसर एक तरह से उपशीर्षक होते हैं। इनका प्रयोग तभी किया जाता है, जब समाचार में एक मुख्य बात के अतिरिक्त कुछ अन्य ऐसी बातें भी होती हैं, जिन्हें पाठकों को पढ़ाना ज़रूरी होता है। कभी-कभी शीर्षकों से अधिक महत्त्वपूर्ण 'क्रॉसर' यानी उपशीर्षक होते हैं। इन्हें मुख्य शीर्षक के ठीक नीचे या फिर समाचार के बीच में रंगीन पट्टी के रूप में प्रस्तुत किया जाता है। डबल कॉलम से लेकर सभी स्तर के समाचारों में 'क्रॉसर' लगाना आवश्यक होता है।

17. आमुख (इण्ट्रो) : अंग्रेज़ी के 'Introduction' का लघु रूप 'Intro` है। पत्रकारिता में इसे लीड भी कहा जाता है। इसे उर्दू में **'मुखड़ा'** और हिन्दी में **'आमुख'** कहा जाता है। इण्ट्रो समाचार का प्राण है। समाचार के सारांश को आमुख कहते हैं। दूसरे शब्दों में आमुख का अर्थ प्रस्तावना एवं भूमिका से भी लगाया जाता है। लेकिन समाचार में इसे शीर्षक के रूप में प्रयोग कहते हैं। यही आमुख पाठकों में समाचार पढ़ने की जिज्ञासा पैदा करता है। यानी पाठक इसे पढ़कर सम्पूर्ण समाचार पढ़ने लगता है। समाचार में उत्सुकता बढ़ाना इसका पहला काम है। कुल मिलाकर यही कहना उचित है कि समाचार का आकर्षण बिन्दु 'आमुख' है। आमुख लिखना एक कला है। समाचार के अनुकूल आमुख लिखना चाहिए। आमुख ऐसा होना चाहिए जिसको समझने में अधिक समय न लगे। क्योंकि समाचार-पत्र को पानेवाला भी पढ़ता है और फैक्ट्री का श्रमिक भी।

आमुख-लेखन—इसके लिए निम्नस्थ प्रक्रियाएँ अपनायी जाती हैं-

1. संवाद के कब, क्या, कहाँ, कैसे, कौन और किसका की खोज।
2. आमुख में समाहित किये जानेवाले तथ्यों का निर्णय।
3. समाचार के मूल-तत्त्व का चयन।
4. मूल-तत्त्व एवं महत्त्वपूर्ण सूचनाओं की संक्षेप में प्रस्तुति।
5. आमुख की पूर्णता एवं सुस्पष्टता की जाँच।

सामान्यतः आमुख तथ्यात्मक और भावात्मक दो रूपों में बनते हैं। संवेदनशीलता की प्रबलता से भावात्मक, नहीं तो साधारणतः तथ्यात्मक आमुख लिखा जाता है। समाचारों की प्रकृति के अनुसार निम्नवत् रूप में आमुख प्रस्तुत होते हैं-

1. सारांश आमुख (Summary Lead)- समाचार का मूलभाव संक्षेप में प्रस्तुत किया जाता है।

2. कैप्सूल लीड (Capsule Lead)-कैप्सूल लीड ऐतिहासिक महत्त्व की समाचार-कथा में दी जाती है जिसका निश्चित स्वरूप होता है और आकार संक्षिप्त होता है।

3. विस्तृत आमुख (Comprehensive Lead)- प्रमुख घटना से सम्बद्ध सभी बातों को लिखा जाता है। कभी-कभी दो-तीन अनुच्छेदों का प्रयोग हो जाता है।

4. सरल वक्तव्य लीड (Simple Statement Lead)-सरल वक्तव्य लीड में विभिन्न तथ्यों को बड़ी सरलता से प्रस्तुत किया जाता है।

5. दुर्घटना आमुख (Accident Lead)- दुर्घटना-सम्बन्धी आमुख में व्यक्तियों का नाम और अन्य विवरण सविस्तार लिखा जाता है।

6. पंच आमुख (Punch Lead)-इस लीड में किसी तथ्य अथवा घटना के एक बिन्दु को केन्द्रित कर विशेष तरजीह दी जाती है। इसमें संवाद के सर्वाधिक महत्त्वपूर्ण घटना-क्रम को क्रमशः लिखा जाता है।

7. आश्चर्यजनक आमुख (Astonisher Lead)- बिना विस्मयादिबोधक चिह्न का प्रयोग किये ही आश्चर्यजनक तथ्यों की प्रस्तुति होती है।

नाटकीय लीड (Dramatic Lead)-नाटकीय लीड में रोचक एवं आकर्षक नाटकीय प्रभाव का समावेश होता है। जैसे-

8. कथात्मक लीड (Narrative Lead) -यह लीड कथात्मक शैली से प्रभावित होती है। इसमें संवाददाता अपनी कल्पनाशक्ति व सृजनात्मक कला का प्रयोग करता है।

9. कार्टरिज आमुख (Cartridge Lead)-यह अत्यन्त संक्षिप्त लीड होती है जिसमें केवल एक ही घटना लिखी जाती है। बड़ी घटना को पैने स्वर एवं सीधे वाक्य में लिखा जाता है। इसका प्रथम अनुच्छेद प्रायः शीर्षक सदृश प्रतीत होता है।

10. उद्धरण आमुख (Quote Lead)-सभी सभाओं और गोष्ठियों में व्यक्त विचारों को समाचार का रूप देने के लिए इस प्रकार की लीड का प्रयोग किया जाता है। इसमें किसी उद्धरण, घोषणा व भाषण के किसी अंश से शुरुआत करके समाचार लिखा जाता है।

11. आलंकारिक आमुख (Figurative Lead)- काव्यमय आलंकारिक शब्दावली का प्रयोग होता है।

12. सूक्ति आमुख (Epigram Lead)- सार्वभौम सत्य की सूक्ति आमुख के रूप में रखते हैं।

मुख्य उप-सम्पादक पूरे समाचार को पढ़कर जिस अंश को महत्त्वपूर्ण और प्रभावशाली समझता है उसको इण्ट्रो में स्थान देता है। समाचार समितियाँ और संवाददाता अपने-अपने ढंग से इण्ट्रो बनाकर भेजते हैं। इण्ट्रो समाचार का प्राण है।

इण्ट्रो समाचार के अनुकूल तथा यथासम्भव संक्षिप्त होना चाहिए। उसमें अधिक से अधिक चालीस शब्द हेराल्ड ईवान्स के अनुसार, "जिस आमुख को समझने के लिए सावधानीपूर्वक पढ़ने की आवश्यकता पड़े, उसे सफल आमुख नहीं कहा जा सकता है।" जितने प्रकार के समाचार उतने ही प्रकार के 'इण्ट्रो' होते हैं, अतः इण्ट्रो का वर्गीकरण करना आसान काम नहीं है। सामान्य रूप से इसके दो रूप माने जा सकते हैं- भावनात्मक और तथ्यात्मक। भावनात्मक इण्ट्रो वह है जिसमें घटनाचक्र और विचारप्रधान समाचारों का दोहन कर निष्कर्ष निकालने अथवा उसके लिए प्रेरणा देने की चेष्टा की जाय। तथ्यात्मक इण्ट्रो उसे कहा जाता है, जिसमें घटना-चक्र को ही बिना लाग-लपेट के महत्त्व दिया जाता है।

समाचार की पटकथा एवं विश्लेषण-आमुख लेखन के उपरान्त शेष समाचार की रचना की जाती है। समाचार कथा का विस्तार क्रमबद्ध रूप से करने के लिए घटना एवं तथ्यों को समायोजित कर विशेष दृष्टिकोण से उसे अनुच्छेदित किया जाता है, यह प्रक्रिया निम्न प्रकार से पूर्ण की जाती है-

बॉडी आफ द न्यूज़-किसी समाचार के लिए 'बॉडी ऑफ द न्यूज़' यानी समाचार का मुख्य शरीर बहुत अहम् स्थान रखता है। समाचार में यह बहुत स्थान घेरता है। इसी में समाचार से जुड़ी हर बात प्रस्तुत की जाती है। कुशल संवाददाता अपने समाचार के शीर्षक, क्रासर और इण्ट्रो

में कही गयी बातों को क्रमानुसार प्रस्तुत करता हुआ आगे बढ़ता है। बहुत-से संवाददाता 'बॉडी ऑफ द न्यूज़' को व्याख्या का क्षेत्र मानकर छोटी-से-छोटी बात को भी यहाँ विस्तार देने का उपक्रम करने लगते हैं। सच तो यह है कि ऐसे समाचार, जिसमें समाचार को जबरन खींचा जाता हुआ लगता है, अधिक पठनीय नहीं होते। इसलिए किसी समाचार को तैयार करते समय इस बात की सावधानी बरतीनी चाहिए कि कोई भी बात इस तरह से प्रस्तुत न की जाये कि वह जबरन लिखी गयी लगे। बॉडी ऑफ द न्यूज़ में बरती गयी असावधानी पूरे समाचार का स्वरूप ही बिगाड़कर रख देती है। यह समाचार के गठन की सबसे महत्त्वपूर्ण कड़ी होने के कारण सधी हुई प्रस्तुति माँगती है और यह तभी सम्भव है जब संवाददाता समाचार के अनावश्यक विस्तार से बचते हुए अपनी बात 'दो टूक' ढंग से लिख दे। 'बॉडी ऑफ द न्यूज़' के सर्वाधिक महत्त्वपूर्ण पक्ष के रूप में 'भाषायी प्रवाह' की बात आती है। यहाँ संवाददाता को समाचार के सम्बन्ध में मिली सभी जानकारियों को बिना अटके धारा-प्रवाह ढंग से प्रस्तुत करना होता है। इसके लिए जहाँ समाचार के घटनाक्रम को इस तरह प्रस्तुत करने की ज़िम्मेदारी होती है कि पाठक या दर्शक अनावश्यक 'कनफ्यूज़न' यानी 'भ्रम' से बचा रहे और उसे वह सब कुछ सरलता से सम्प्रेषित हो जाये, जो संवाददाता बताना चाहता है।

बॉडी ऑफ द न्यूज़ को समाचार के शरीर का 'उदर' भी कहा जाता है। यहाँ संवाददाता को समाचार से जुड़े हर पक्ष को पचाना यानी खपाना होता है। इसलिए ज़रूरी है कि संवाददाता एक ही समाचार से जुड़े हर पक्ष-हर पहलू को समाचार की आवश्यकतानुसार प्रस्तुत करे। इसके लिए कई रास्ते अपनाये जाते हैं, मसलन-अति महत्त्वपूर्ण बात से कम महत्त्वपूर्ण बात की ओर, पहली घटना से अन्तिम घटना की ओर, वर्तमान घटना से पूर्व में घटी घटना की ओर, बहुदिशीय आँखों देखा हाल या फिर और कुछ। संवाददाता को बॉडी ऑफ द न्यूज़ तैयार करते समय इस बात का पूरा ध्यान रखना होता है कि समाचार पूरी तरह गढ़ा हुआ और अनावश्यक विस्तार से बचा रहे, ताकि सम्पादकीय डेस्क पर वह काट-छाँट से बचा रहे और यदि काट-छाँट हो भी जाये तो समाचार की मूल भावना को कोई हानि न पहुँचे।

इनसेट- जब किसी समाचार-पत्र में किसी विशेष तथ्य को जो कि अति महत्त्वपूर्ण, रोचक, रोमांचक, अपवाद अथवा जनहित में हो उसे अलग से छापा जाय तो उसे 'इनसेट' कहते हैं। यह पचास से सौ शब्दों का एक घेरे में बन्द वह समचार होता है, जो पाठक को अलग से आकर्षित करता है।

कुम्भ मेले की सुरक्षा-व्यवस्था

(मुख्य समाचार)

मेले में मिले बम तो कैसे करें निष्क्रिय

(क्रॉसर)

पुलिसकर्मियों को बम डिटेक्शन एवं डिस्ट्राय स्क्वॉड ने दिया प्रशिक्षण

(इनसेट)

बॉक्स-समाचार-पत्र में रंगीन पृष्ठों को फ़ोटो और रंगीन बॉक्स की सहायता से आकर्षक बनाने का उपक्रम किया जाता है। बॉक्स में प्रकाशित हुए समाचार रुचिकर ढंग से पढ़े जाते हैं। इसी कारण रोचक-रोमांचक या फिर अति महत्त्वपूर्ण, कुछ अजूबा, लीक से हटकर वक्तव्य और घटनाओं आदि को बॉक्स में रखा जाता है। बाक्स में रखी जानेवाली ख़बरों को भी इस ढंग से लिखना या प्रस्तुत करना पड़ता है कि वह लोगों को रुचिकर लगे और बात सभी को सहजता से सम्प्रेषित की जा सके। बॉक्स में रखी जानेवाली सजावटी और आलंकारिक भी हो सकती है किन्तु सम्प्रेषणीयता का ध्यान रखना आवश्यक होता है।

डेंगू का कहर जारी

कई मरीजों की स्थिति बनी है गम्भीर

जागरण संवाददाता, इलाहाबाद—*डेंगू के मच्छरों का कहर जारी है। पीड़ितों की संख्या में लगातार इज़ाफा हो रहा है जबकि जो भर्ती हैं उनकी स्थिति चिन्ताजनक बनी हुई है। डेंगू का मर्ज़ एडीज मच्छर के काटने से होता है। इससे बचाव के लिए चिकित्सक पूरा तन ढकने व सोते समय मच्छरदानी का प्रयोग करने की सलाह देते हैं, ताकि एक मच्छर दूसरे व्यक्ति को न काट सकें परन्तु सरकारी अस्पतालों में ही मच्छरदानी की व्यवस्था नहीं है। इससे वार्ड में भर्ती डेंगू के मरीजों से मर्ज़ के सामान्य मरीज़ों में फैलने का ख़तरा है।*

कटसीन-'कटसीन' का प्रयोग अधिकतर साक्षात्कार, साक्षात्कार से सम्बन्धित ख़बरें या विचारोत्तेजक लेखों में होता है। इसमें साक्षात्कार के दौरान कही बातों का कुछ अंश या विचारों में शामिल ऐसी बातें, जिन्हें अपने पाठकों को पढ़ाना आवश्यक हो, को अलग से एक छोटे से घेरे में कर प्रस्तुत किया जाता है। महत्त्वपूर्ण यह है कि जो अंश या पैरा या पंक्तियाँ अलग से प्रस्तुत होती हैं, वे मुख्य साक्षात्कार, समाचार या आलेख में शामिल होती हैं। कटसीन का सर्वाधिक उपयोग सम्पादकीय पृष्ठ पर प्रकाशित लेखों में या विचार और फ़ीचर के पृष्ठों पर किया जाता है।

ग्राफ़िक्स-पाठकों व दर्शकों तक किसी तथ्य को कम समय, कम शब्दों के साथ क्रमवार जोड़कर आकर्षक रूप में सम्प्रेषित करने में ग्राफ़िक्स का प्रयोग किया जाता है। कम्प्यूटर की नयी-नयी तकनीकियों के प्रयोग में ग्राफ़िक्स को नया आयाम प्रदान किया है। वर्तमान समय में चित्र, कार्टून, तालिकाये व ग्राफ़ को एक साथ ग्राफ़िक में शामिल किया जाता है। संवाददाताओं को कम्प्यूटर से ग्राफ़िक्स प्रयोग करने की जानकारी होना आवश्यक है।

साइड स्टोरी-अख़बारी भाषा में 'साइड स्टोरी' का अर्थ होता है कि मुख्य समाचार के साथ जुड़े हुए पहलुओं पर तैयार समाचार। 'साइड स्टोरी' में मुख्य समाचार के प्रमुख को पाठकों व दर्शकों के समक्ष तथ्यात्मक जानकारियों के साथ प्रस्तुत करना होता है। यह प्रयत्न किया जाता है कि पाठक व दर्शक मुख्य समाचार के पक्ष और विपक्ष दोनों से पूरी तरह परिचित हो जायें। 'साइड स्टोरी' में समाचार को विस्तृत रूप में प्रस्तुत किया जाता है। किसी भी बड़ी घटना के लिए 'साइड स्टोरी' देना आवश्यक होता है। समाचार-पत्र में मुख्य पृष्ठ के प्रमुख समाचारों की

'साइड स्टोरी' भीतर के पन्नों पर विस्तार से प्रकाशित की जाती है।

समाचार सूत्र का उल्लेख-समाचार-पत्र में शीर्षक लेखन के उपरान्त समाचार का स्रोत उद्धृत किया जाता है। यह स्रोत समाचार समिति, न्यूज़ ब्यूरो, विशेष प्रतिनिधि अथवा व्यक्तिगत संवाददाता के रूप में होता है। इसे क्रेडिट लाइन भी कहा जाता है। क्रेडिट लाइन में समाचार-स्रोत का नाम और उसका स्थान जहाँ से वह प्रेषित किया गया है, लिखा जाता है। विशिष्ट समाचार में समाचार लेखक का नाम भी लिखा जाता है जिसे **बाईलाइन** कहते हैं। यह निर्णय सम्पादक लेता है कि किसी समाचार के साथ बाईलाइन लिखी जायेगी अथवा नहीं।

8. संक्षिप्तीकरण-समाचार-लेखन में संक्षिप्तीकरण बहुत ही आवश्यक होता है। समाचार को संक्षेप कर उसमें छह ककारों का उल्लेख कर लिखा जाना चाहिए। समाचार संक्षेपण की प्रक्रिया में मूल विषय या घटना से सम्बन्धित मुख्य बातों का उल्लेख करना चाहिए। अनावश्यक विवरण को नहीं लिखना चाहिए। संक्षेपण करते वक्त इस बात का ध्यान रखना होता है कि भाषा या वक्तव्य में विचारों की पुनरावृत्ति न हो, कर्मवाच्य और नकारात्मक वाक्यों का प्रयोग भी न किया जाये। विचारों के स्पष्टीकरण में क्रमबद्धता होनी चाहिए। विशेषण, सर्वनाम आदि का प्रयोग यथासम्भव स्थान पर ही किया जाना चाहिए।

9. समाचार की भाषा-समाचार की अभिव्यक्ति का माध्यम भाषा है। समाचार चाहे मुद्रित हो या दृश्य-श्रव्य, उन्हें अभिव्यक्त करने का सर्वाधिक समर्थ और एकमात्र माध्यम भाषा ही है। समाचार-पत्र का उपयोग समाज के सभी वर्ग करते हैं। समाचार-पत्र के पाठकों में मज़दूर से लेकर उद्योगपति तक होते हैं। यद्यपि प्रत्येक समाचार-पत्र का अपना विशिष्ट लक्षित पाठक वर्ग होता है जिसके अनुरूप उसकी भाषा सामग्री तय होती है, फिर भी इतना तो तय है कि समाचार-पत्र में प्रयुक्त होनेवाली भाषा एक व्यापक पाठक समुदाय को लक्षित करके गढ़ी जाती है। समाचार का लक्ष्य चूँकि प्रत्येक वर्ग के जनसमुदाय तक सूचना पहुँचाना होता है इसलिए समाचारों की भाषा जनसामान्य को आसानी से समझ में आ जानेवाली होनी चाहिए। सहज सुबोध भाषा में प्रस्तुत किये जानेवाले समाचारों में ही अधिकतर लोग रुचि लेते हैं किन्तु इसका अभिप्राय यह नहीं है कि भाषा एकदम बाज़ारू या फूहड़ स्तर की हो।

लक्षित पाठक वर्ग के अनुसार भी पत्रों की भाषा के स्तर में भी अन्तर रहना स्वाभाविक है। साहित्यिक, खेल, आर्थिक विषयों के आधार पर भी भाषा परिवर्तित होती है।

कुल मिलाकर यह तय है कि समाचारों की भाषा सहज होनी चाहिए। वाक्य छोटे एवं सरल हों। अंग्रेज़ी समाचारों में बड़े-बड़े संयुक्त, मिश्रित तथा उलझे हुए वाक्य-गठन की परम्परा है किन्तु हिन्दी के आम पाठक और श्रोता कम-से-कम शब्दों में सहज ढंग से सारी बात जानना चाहते हैं। इसी प्रकार समाचारों में लाक्षणिक या आलंकारिक शैली का प्रयोग भी अभीष्ट नहीं है।

10. फालोअप व फीडबैक-समाचारों की प्रस्तुति की अन्तिम कड़ी फालोअप व फीडबैक होती हैं। किसी समाचार के बाद उसके असर, सामाजिक प्रभाव, लोगों की प्रतिक्रिया व शासन-प्रशासन की कार्यवाही आदि के समाचार को प्रकाशित करना 'फालोअप' कहलाता है। किसी घटना-दुर्घटना, निर्णय या विवाद के बाद के घटनाक्रम को 'फालोअप' के नाम से प्रस्तुत किया जाता है। किसी समाचार के प्रकाशित या प्रसारित होने के बाद उससे सम्बन्धित पक्ष,

उसके जानकार या फिर सामान्य पाठक से और अधिक जानकारी मिलने व समाचार के प्रभाव की ख़बरों को फीडबैक में प्रकाशित किया जाता है।

11. निष्कर्ष-समाचार प्रेषक या संवाददाता किसी तथ्य अथवा घटना से सम्बन्धित टिप्पणी आवश्यकतानुसार निष्कर्ष के रूप में समाचार के अन्त में प्रकाशित करते हैं। निष्कर्ष में आगामी प्रभावों या सम्भावनाओं का उल्लेख किया जाता है।

मुद्रण एवं पृष्ठ सज्जा

मुद्रण की पृष्ठभूमि

पुस्तकों का इतिहास प्रागैतिहासिक काल से प्रारम्भ होता है। भारत, चीन, जापान और कोरिया में भोजपत्र, रेशम, चर्मपत्र, पपाइरस आदि पर उत्कीर्ण अथवा सुलिखित प्रलेख-प्रयोजन प्रचलन में था। बेबिलोनिया और निनवे में लगभग 5,500 वर्षों पूर्व पत्थर अथवा लकड़ी पर खुदे प्रतीकों को गीली मिट्टी पर दबाकर-सुखाकर फलकाकृति में मूल की अनुलिपियाँ तैयार की जाती थीं। मिस्त्री लोग नरकट-सदृश पौधे 'पपाइरस' से एक प्रकार का काग़ज़ बनाते थे। इस प्रकार मिस्रवासियों ने ही पुस्तकों के कच्चे माल की खोज की। रोमन में पपाइरस के काग़ज़ के अतिरिक्त मेमने, बकरी के बच्चे अथवा गाय के बछड़े की शोधित खाल का भी प्रचलन था। इन वस्तुओं पर 'नरकट' अथवा 'पर' की लेखनी बनाकर सँकरे स्तम्भों पर लिपिबद्ध किया जाता था। चीन के वासी रेशमी वस्त्रों के बेलनाकार गोलों का प्रयोग करते थे। वे लकड़ी के फलकों का प्रयोग करते थे और उन्हें मिट्टी अथवा धातु की मुहर से छापते भी थे। भारत में उत्कीर्ण अथवा लिपिबद्ध भोजपत्रों को धागों अथवा वस्त्र के टुकड़ों से बाँधकर रखा जाता था। भोजपत्रों की बेलनाकार और बँधी हुई पुस्तकें मिस्र, रोम, भारत और चीन में 300 ई० तक चलीं। उसके बाद पुस्तकों का एक नया रूप सामने आया। लुन नामक एक चीनी ने 105 ई० में काग़ज़ का आविष्कार किया। लुन ने छाछटी अथवा लिनन के कपड़े की धज्जियों से गूदा तैयार किया और लकड़ी के साँचे पर काग़ज़ के ताव ढाले। लकड़ी के उत्कीर्ण ब्लॉकों से छापने का काम, चीन, जापान और कोरिया में प्रारम्भ हुआ।

विश्व की प्राचीनतम पुस्तक 'Diamond Sutra' (हीरक सूत्र) को माना गया है। यह पुस्तक 868 ई० में चीन में लकड़ी के ब्लॉकों की सहायता से प्रकाशित हुई थी। लकड़ी के उत्कीर्ण एकमात्र ब्लॉक से मुद्रित किया गया था। वह लकड़ी 'इंककोटेड' थी। इस प्रकार काग़ज़ को हाथ से दबाकर मुद्रण-कार्य को अन्तिम रूप दिया गया। इस मुद्रण-पद्धति से उभरे अक्षरों को 'लेटर प्रेस प्रिण्टिंग' का नाम दिया गया। 'डॉयमण्ड सूत्र' 'Diamond Sutra' (हीरक सूत्र) एक 16 फुट लम्बे काग़ज़ के रोल पर मुद्रित किया गया था। 'डॉयमण्ड सूत्र' बौद्धों के धर्मग्रन्थों का एक संवर्ग है। वर्तमान में, यह ग्रन्थ लन्दन-स्थित 'ब्रिटिश म्यूज़ियम' में रखा हुआ है। लकड़ी के ब्लॉकों से छापना महँगा और अत्यधिक पेचीदा काम था। 1040 ई० में पी शेंग नामक चीनी ने मिट्टी के अक्षर ढाले, फिर उन्हें पकाये। उन अक्षरों को जोड़कर कई पुस्तकें तैयार की गयीं। 1403 ई० में लकड़ी अथवा धातु पर उत्कीर्ण अक्षर भी प्रचलन में आ गये। स्थानान्तरणीय अक्षरों में प्रथम पुस्तक कोरियो में छपी। यूरोप में स्थानान्तरणीय अक्षरों में पहली पुस्तक वर्ष 1453 से 1455 के लगभग जर्मनी के जोहान गुटेनबर्ग ने प्रकाशित की थी। वह पुस्तक लैटिन-भाषा में बाइबिल थी, जिसे '42 पंक्ति बाइबिल' 'पुस्तक के प्रत्येक स्तम्भ में 42 पंक्तियाँ

होने के कारण कहते थे।' 13वीं शताब्दी में चीन के पी शेंग ने कड़ी मिट्टी और धातु से टाइप का निर्माण किया। चीन ही के एक अन्य व्यक्ति वांग चुंग ने 1314 ई0 में ठोस लकड़ी से टाइप-निर्माण किया। 1403 ई0 में कोरिया के एक राजा ने (Tai Tsung) एक कारख़ाना लगाया। उस कारख़ाने में काँस्य-टाइप ढालने का काम होता था। 1409 ई0 में काँस्य-टाइपों की सहायता से एक पुस्तक प्रकाशित हुई। वह पुस्तक 15 अगस्त, 1456 ई0 में पूर्व तैयार हो चुकी थी। उसकी लगभग 200 प्रतियाँ हस्त-निर्मित काग़ज़ पर तथा कुछ लेख्यचर्म पर भी प्रकाशित हुईं। जोहान फुस्त और पीटर स्कॉफर ने रंगीन मुद्रण-पद्धति का 1457 ई0 मेञ्ज (जर्मनी) ने आविष्कार किया।

1790 ई0 में निकलसन ने 'बेलनीय मुद्रण' के सिद्धान्त का आविष्कार किया। 1800 ई0 में स्टैनप ने लौह मुद्रण-यन्त्र का निर्माण किया। आगे चलकर, मशीनों को चलाने के लिए भापशक्ति का प्रयोग होने लगा। 1812 ई0 में जर्मनी के फ्रेडरिक कोनिग ने भापशक्ति से चलनेवाले मुद्रण-यन्त्र का आविष्कार किया। 1886 ई0 में मर्जेन्थलर द्वारा लाइनोटाइप मशीन का आविष्कार किया गया। इससे टाइप-व्यवस्था यन्त्रीकृत हो गयी। रेप्स और डॉग्यूरे द्वारा छायांकन का विकास होने पर, चित्रों के छपने में आश्चर्यजनक प्रगति हुई। निक्षारण, भीगे कोलोडियन ने नेगेटिव बनाना, हाफटोन स्क्रीन-युक्त आदि तकनीकियों से पुस्तकों में लाइन और सतत टोनवाले चित्र देना बहुत सरल हो गया। मुद्रण-कला में सुलिखित और सज्जित अभिकल्पों का स्थान ज्यामितीय सरलता और सफ़ाई ने ले लिया। इस तरह टाइपों की पठनीयता बढ़ गयी। पुस्तकों के सभी अवयवों का अभिकल्प सामान्य अभिकल्प के सिद्धान्तों के आधार पर हुआ। मानक लिपि, सुलेख-कला और दशमलव की गणित-पद्धति का विकास भारत में ही हुआ। भारतीयों ने ज्योतिष, गणित, भौतिकी, रसायन, राजनीति आदि अनेक विषयों का गहन अध्ययन किया तथा विश्व-प्रसिद्ध अनेक धर्म-ग्रन्थों आदि का प्रणयन किया। उन पुस्तकों की अनुलिपि बनाने की क्रिया के आविष्कार की कोई आवश्यकता नहीं समझी गयी क्योंकि तब सारी शैक्षिक गतिविधियाँ आश्रमों तक सीमित रहती थीं।

भारत में मुद्रण की आधुनिक पद्धति का प्रारम्भ गोवा में 1556 ई0 में हुआ था। 1557 ई0 में भारत की प्रथम पुस्तक मुद्रित हुई। पुस्तक का नाम था, 'दाउत्रिनाक्रिस्टा'। इस दृष्टि से भारत-संयुक्त राज्य अमेरिका से एक शताब्दी आगे रहा। 1577 ई0 में कोचीन में मलयालम् और तमिल भाषा के टाइप पहली बार ढाले गये, जिसका श्रेय स्पेन के निवासी 'ले ब्रदर' को जाता है। पंचानन कर्मकार और भारतीय भाषाप्रेमी विदेशी युवक विल्किन्स ने हिन्दी और बाँग्ला भाषा के टाइप तैयार किये। इस तरह से 1802 ई0 में हिन्दी की प्रथम पुस्तकें एक साथ मुद्रित हुईं। वे तीनों पुस्तकें हैं- 'मर्सिया', 'सिंहासन बत्तीसी' और 'माधवानल'। 18वीं शताब्दी के अन्त में जन-सामान्य के बीच मुद्रण-कला का प्रसार हुआ। भारत में सामान्य पुस्तकों का मुद्रण आरम्भ हो गया। प्रारम्भ में, धर्म-ग्रन्थ, जासूसी कहानियाँ, जादू-टोना तथा धार्मिक, ऐतिहासिक और लोक-कथाओं के नायकों के इतिवृत्तों तक मुद्रण सीमित था। मुद्रण-स्तर भी निम्नकोटि का था। विज्ञान-तकनीकी तथा साहित्य-विषयों पर पुस्तकें नहीं थीं। प्रथम विश्व-युद्ध के पश्चात् पुस्तकों की आवरण-सज्जा में सुधार हुआ। स्वर्णाक्षरों की लिखाई तथा रेशम और चमड़े की ज़िल्द बाँधना भी प्रारम्भ हुआ। इसके पश्चात् पुस्तकों का मुद्रण तीर्व गति से होने लगा।

मुद्रण विभाग का संगठन

कम्पोज़िंग– मुद्रण-कार्य में कम्पोज़िंग का विशेष महत्त्व होता है। मुद्रण के लिए प्रथम प्रक्रिया कम्पोज़िंग ही होती है। मुद्रण के लिए समाचार को टाइप के रूप में परिवर्तित करने की प्रक्रिया को कम्पोज़िंग कहा जाता है। समाचार-कक्ष से समाचार, लेखादि कम्पोज़िंग कक्ष में भेज दिये जाते हैं। समाचार में लिखे गये अक्षरों के टाइप को उसी क्रम में इस प्रकार व्यवस्थित करना कि वे मुद्रण के लिए भेजे जा सके कम्पोज़िंग विभाग का कार्य होता है। अशुद्धियों को दूर करना और छपने की प्लेट बनने तक का सारा काम कम्पोज़िंग विभाग में किया जाता है। कम्पोज़िंग दो प्रकार से की जाती है।

हैण्ड कम्पोज़िंग– हाथ से कम्पोज़िंग करने की कला को 'हैण्ड कम्पोज़िंग' कहा गया। कम्पोज़िंग करने के लिए कम्पोज़िंग-कक्ष में चौकोर लकड़ी के कई ख़ानेदार बने होते हैं। प्रत्येक केस में अलग-अलग अक्षर, मात्रा, नुक्ता, विरामादि चिह्नों के लिए अलग-अलग खाने होते हैं। कम्पोज़िंग करनेवाले व्यक्ति को **कम्पोज़िटर** कहा जाता है। कॉपी के अनुसार कम्पोज़िटर को जिस अक्षर, मात्रा, नुक़्ता अथवा विरामादि चिह्नों को कम्पोज़ करना होता है, उसे वह सम्बद्ध खानों से उठाकर बायें हाथ पर रखे स्टिक पर व्यवस्थित करता जाता है। इस प्रक्रियान्तर्गत समाचार, लेखादि की अन्तिम पंक्ति कम्पोज़िंग हो जाने के बाद कम्पोज़िटर कम्पोज़्ड मैटर को 'गैली' में रखता है, जो लम्बी ट्रेनुमा होती है।

मशीन कम्पोज़िंग– इस पद्धति से कम्पोज़ करने के लिए तीन यान्त्रिक विधियाँ हैं, वे नीचे दी गयी है :

1. लाइनोटाइप कम्पोज़िंग– 'लाइनोटाइप कम्पोज़िंग' मशीन का आविष्कार जर्मनी में हुआ था। जर्मन के ऑट्मर मर्जेन्थलर नामक व्यक्ति ने इस मीन का आविष्कार 1886 ई0 में किया था। इस मशीन का नाम 'ब्लोअर मशीन' रखा गया था। चूँकि यह मशीन हवा की धौंकनी से चलती थी इसलिए इसका नाम 'ब्लोअर मशीन' पड़ा। कुछ समय बाद इस मशीन का नाम **'लाइनोटाइप'** पड़ गया। लाइनोटाइप कम्पोज़िंग मशीन आसानी से तैयार नहीं हो गयी। इसके लिए ऑट्मर मर्जेन्थलर को अनेक प्रयास करने पड़े। ऑट्मर ने निर्माण की प्रथम प्रक्रियान्तर्गत मशीन के तरह-तरह के ख़ाक़े तैयार किये; पसन्द न आने पर उन्हें नष्ट भी कर दिये। लाइनोटाइप कम्पोज़िंग मशीन द्वारा अक्षर-अक्षर मिलाकर शब्द, फिर वाक्य तैयार किये जाते हैं। तैयार वाक्य धातु के होते हैं। उन्हें **स्लग** नाम दिया गया है। 'स्लग' का आकार-प्रकार भिन्न होता है। आपको यदि समाचार-पत्र-प्रकाशन करने के लिए कम्पोज़िंग करानी है तो सम्बद्ध समाचार-पत्र के आकार के अनुसार 'स्लग' का आकार तैयार किया जाता है। पुस्तक मुद्रण कराने के लिए 'स्लग' का आकार-प्रकार सम्बद्ध पुस्तक के आकार-प्रकार के अनुसार बनाया जाता है। इस मशीन में एक की-बोर्ड होता है। मशीन पर काम करनेवाला व्यक्ति 'की-बोर्ड' पर प्रकाशनार्थ सामग्री की माँग के अनुसार बटन को दबाता है। बटन दबने के बाद 'मैग्जिन' से एक **मैट्रिक्स** निकलती है। प्रत्येक मैट्रिक्स में उभार लिए हुए छोटे-छोटे दाँतें होते हैं। प्रत्येक मैट्रिक्स के लिए मैग्जिन में अलग से एक खाना होता है। यही कारण है कि इनके दाँते होते हैं। प्रत्येक मैट्रिक्स के लिए मैग्जिन में अलग से एक खाना होता है। यही कारण है कि इन दाँतों की सहायता से सभी मैट्रिक्स अपने-अपने निर्धारित खानों में जाकर गिरते हैं।

इस मशीन में कम्पोज़िंग बॉक्स होता है। कम्पोज़िंग बॉक्स पर एक रिबन लगातार घूमती रहती है। मैग्जिन से निकलनेवाली मैट्रिक्स इस रिबन पर आकर गिरती है। प्रत्येक शब्द के मध्य का अन्तराल कितना होना चाहिए, इसके लिए टाँकों का प्रयोग किया जाता है। स्वचालित विधि से पंक्तियों के आकार-प्रकार को सुव्यवस्थित किया जाता है। जैसे ही एक पंक्ति की कम्पोज़िंग हो जाती है, मशीन पर काम करनेवाला व्यक्ति हैण्डिल खींच देता है जिससे पंक्ति वहाँ से अलग होकर ढलाईवाले हिस्से में पहुँच जाती है, जो पिघले हुए धातु होते हैं, वे छिद्रों की पंक्ति में भर जाते हैं फिर जमकर ठोस हो जाते हैं। जो पंक्ति ढली होती है, वह इस मशीन के सामने आ जाती है और मैट्रिक्स ऊपर चली जाती है। उसके बाद मैट्रिक्स मैग्जिन में जाकर अपने-अपने निर्धारित खानों में बँट जाती है।

2. मानोटाइप कम्पोज़िंग— 1887 ई0 में 'मोनोटाइप कम्पोज़िंग' मेरिट पद्धति-का आविष्कार संयुक्त राज्य अमेरिका में हुआ, जिसका श्रेय संयुक्त राज्य अमेरिकी युवक टॉलबर्ट लैन्स्टन को जाता है। वैसे देखा-समझा जाय तो ज्ञात होगा कि इसका आधारमूलक सिद्धान्त लाइनोटाइप कम्पोज़िंग-पद्धति से मिलता-जुलता हैं अब 'मोनोटाइप कम्पोज़िंग' मशीन की प्रकृति-प्रवृत्ति को समझें। 'मोनोटाइप कम्पोज़िंग' मशीन में दो अलग-अगल हिस्से होते हैं। पहला हिस्सा है—की-बोर्ड मशीन। यह काग़ज़ के टेप में निर्धारित आकार-प्रकार में छिद्र करती है। इनमें से प्रत्येक अकार-प्रकार एक निश्चित अक्षर प्रस्तुत करता है। दूसरे हिस्से का नाम है 'Caster Machine' (ढलाई करनेवाली मशीन)। मैट्रिक्स छिद्रवाले भागों से उठकर इस हिस्से में आते हैं। उसके बाद इस हिस्से से अक्षर टाइमों में ढलकर अपने निर्धारित आकार-प्रकार में निकलते हैं और Automatic Method के अन्तर्गत शब्द और वाक्यों का रूप ले लेते हैं। उसी के साथ किस शब्द के मध्य कितना अन्तराल होना चाहिए, स्वतः निर्धारित होता जाता है।

3. फ़ोटो कम्पोज़िंग— 'फ़ोटो कम्पोज़िंग' **पद्धति का आविष्कार विलियम सी0 ह्यूबनर ने 1939 ई0 में संयुक्त राज्य अमेरिका में किया।** यह पद्धति आधुनिक पद्धति के अन्तर्गत आती है। उसके बाद से विभिन्न देशों के व्यक्तियों ने इस मशीन को सुधरे रूप में प्रस्तुत किया। यह विद्युत चालित एक फ़ोटोग्राफ़ी मशीन होती है।

इस कम्पोज़िंग मशीन में मुख्य रूप से पाँच भाग होते हैं—

1. की-बोर्ड यूनिट
2. फ़ोटो यूनिट
3. टेप एडिटर
4. करेक्टर (संशोधक)
5. कम्पोज़र

इस मशीन पर काम करनेवाला व्यक्ति प्रकाश्य-सामग्री को एक की-बोर्ड पर टंकित करता है और टेप पर वांछित प्रतिरूपोंवाला छेद होता जाता है। एक से अधिक छेदवाले टेप पर ही फ़ोटो यूनिट को सम्प्रेषित किये जा सकते हैं। ये एक ऐसे भाग में पहुँचते हैं, जो एक बड़े आकार का बन्द भाग होता है। उसके बाद छिदे हुए प्रतिरूप काग़ज़ अथवा फ़िल्म पर टाइप का उभार लक्षित होने लगता है। यदि उसमें कोई वांछित संशोधन हो तो उसके लिए उसे करेक्टरवाले भाग में पहुँचाया जाता है। जिस अक्षर, मात्रा, शब्द अथवा वाक्य का संशोधन करना होता है, उस स्थान पर संशोधित पंक्ति जुड़ जाती है। पाँचवाँ भाग 'कम्पोज़र' कम महत्त्वपूर्ण नहीं है। इस भाग के अन्तर्गत फ़िल्म की नेगेटिव से पूरे पृष्ठ का 'मेकअप' तैयार किया जाता

हैं। इस मशीन से पुस्तक से लेकर बड़े आकार-प्रकार के समाचार-पत्र-पत्रिकाओं की सामग्री कम्पोज़ होती है। 4 प्वॉइण्ट से लेकर 216 प्वॉइण्ट तक किसी भी टाइप को घटाया-बढ़ाया जा सकता है। अब तो इस कम्पोज़िंग-पद्धति के अन्तर्गत 'मेमोरी' की भी व्यवस्था कर दी गयी है। इसमें प्रत्येक अक्षर को कम्प्यूटर विधिवाली मेमोरी को दिये गये निर्देश के अनुसार सूक्ष्म भागों से जोड़ दिया जाता है तत्पश्चात् विद्युत्-तरंगों की सहायता से नेगेटिव स्क्रीन पर 'प्रोजेक्ट' किया जाता है। स्क्रीन के आगे एक कैमरा अपना काम करता रहता है। इससे अतीव तीव्र गति से आते हुए अक्षरों के चित्रों की फ़ोटो तैयार हो जाती है। अन्तिम प्रक्रिया के परिणामस्वरूप जो फ़िल्म तैयार होती है, उससे मुद्रण की प्लेटें तैयार होती हैं। फ़ोटो कम्पोज़िंग-पद्धति से कम्पोज़्ड सामग्री कम समय में आकर्षक ढंग से उभरकर सामने आती हैं।

आधुनिक मुद्रण—मुद्रणालय में कम्प्यूटर के प्रवेश के बाद स्थिति में काफ़ी परिवर्तन आया है यद्यपि आज सम्पादकीय विभाग में काम करनेवाले सदस्य के पास कम्प्यूटर की सुविधा नहीं भी होती है। यद्यपि कुछ समाचार-पत्रों के सम्पादकीय विभाग में काम करनेवाले उप सम्पादकों के पास कम्प्यूटर होते हैं। जो नेटवर्किंग के द्वारा आपस में जुड़े रहते हैं और इनका कम्पोज़ डाटा भी एक मुख्य कम्प्यूटर में (सर्वर) एकत्रित होता जाता है, जिसे नेटवर्क के किसी भी सिस्टम में देखा जा सकता है। अब सम्पादक, उप सम्पादक, रिपोर्टर अपने कम्प्यूटर पर स्वयं ही पाण्डुलिपि को टाइप करते हैं, उसकी अशुद्धियों को दूर कर अपना कम्पोज़ डाटा कम्पोज़िंग विभाग को दे देते हैं, जहाँ पेजमेकर पर पेज बनाना ही कम्पोज़िंग विभाग का मुख्य कार्य होता है। पेजमेकर साफ़्टवेयर में यह सुविधा होती है कि आप पाण्डुलिपि को किसी भी भाषा में जिसके फाण्ट यदि सिस्टम में उपलब्ध हैं और आपरेटर उस फाण्ट में टाइप करना जानता है तो पाण्डुलिपि को पकड़कर कम्प्यूटर के की-बोर्ड के ज़रिये कम्पोज़ कर सकता है। पेजमेकर में फाण्ट भी साइज लाइनों के बीच का स्पेस जिसको लोडिंग कहते हैं शब्दों के बीच के स्पेस को सुविधानुसार कम ज़्यादा किया जा सकता है। इसके अलावा पेज की साज-सज्जा को लेकर सभी प्रकार की सुविधाएँ पेजमेकर साफ़्टवेयर में उपलब्ध हैं। मसलन बाक्स बनाना, गोला बनाना, रिबर्स में कोई मैटर को देना, इटैलिक करना, बोल्ड करना-जैसी अनेक सुविधाएँ होती है। पेजमेकर किसी भी प्रकार के प्रकाशन के लिए उपयुक्त साफ़्टवेयर है। इसमें जब हम कोई भी नयी फ़ाइल बनाते हैं तो पेजसेट अप के द्वारा पेज का आकार, बार्डर, कॉलम की साइज, दो कॉलम के बीच की खाली जगह को विभिन्न प्रकार के कम्प्यूटर कमाण्ड के द्वारा आसानी से तैयार कर लेते हैं। पेजमेकर में ऐसी भी व्यवस्था होती है कि टाइप किये हुए किसी भी मैटर को एक जगह से काटकर दूसरी जगह पर ले जाया जा सकता है। पैरा भी कहीं से भी काट सकते हैं यानी पेजमेकर में एडिट नाम से एक सुविधा होती है जिसमें कटिंग, पेस्टिंग प्रतिलिपि आदि की सुविधाएँ होती हैं, जिसके द्वारा किसी पैराग्राफ़ का पहला शब्द ड्राप लेटर में सुसज्जित किया जा सकता है।

पृष्ठ-सज्जा

प्रारम्भिक समाचार-पत्र में साज-सज्जा का कोई विशेष महत्त्व नहीं होता था। उस समय साज-सज्जा को न केवल गौण माना जाता था वरन् समाचारों को ठीक-ठीक आकलन के मार्ग में भारी बाधक माना जाता था। आज स्थिति पूरी तरह बदल चुकी है। वर्तमान परिवेश में केवल समाचारों को संगृहीत करके प्रकाशित कर देना पर्याप्त नहीं है। आज समाचारों और सम्पादकीय क्षमता का मूल्यांकन बहुत-कुछ साज-सज्जा पर निर्भर करता है। समाचारों का अच्छे-से-अच्छा

संकलन पाठक को तब तक आकर्षित नहीं करता जब तक कि वह उचित साज-सज्जा के साथ प्रकाशित ने किया जाये। समचारों को अधिक-से-अधिक प्रभावशाली और आकर्षक ढंग से प्रस्तुत करने में पृष्ठ-सज्जा का विशेष महत्त्व होता है। समाचारों का संकलन और साज-सज्जा दोनों एक-दूसरे के पूरक हैं और दोनों को सफल प्रभावशाली होने के लिए एक-दूसरे पर निर्भर रहना पड़ता है।

पृष्ठ-सज्जा के उद्देश्य-

- समाचार-पत्र को व्यावसायिकता प्रदान करती है।
- रंग-योजना के द्वारा समाचार-पत्र में आकर्षण उत्पन्न करना।
- शीर्षक, उप-शीर्षक, फ्लैग, कार्टून, चित्र, बुलेट, हाइलाइट्स इत्यादि के माध्यम से 'इण्ट्री-प्वॉइण्ट' को बढ़ाना ताकि समाचार की पठनीयता बढ़ सके।
- 'डॉट पर इंच' (डी.पी.आई.) के आलोक में पृष्ठ सन्तुलन को बनाये रखना अर्थात् पृष्ठ के आधा ऊपर और आधा नीचे का भाग सन्तुलित हो।
- समाचार-पत्र में एकरूपता और विषमता के द्वारा साम्य स्थापित करना।
- अन्य प्रतिस्पर्धी समाचार-पत्र की तुलना में आकर्षण उत्पन्न करना।
- समाचार-पत्र में जीवंतता और सजीवता उत्पन्न करना।
- पृष्ठ-सज्जा का विशेष 'ब्राण्ड' स्थापित का लोकप्रियता हासिल करना।

पृष्ठ सज्जा के मूलभूत सिद्धान्त-

- किन महत्त्वपूर्ण समचारों को उभारना है और किन पर अधिक बल देना है।
- सत्यनिष्ठ समाचारों को क्रमबद्धता के साथ आकर्षक रूप में छापना।
- पृष्ठ निर्माण में सन्तुलन और स्पष्टता बनाये रखना।
- समाचारों को अत्यधिक प्रभावशाली और आकर्षक ढंग से पाठकों के समक्ष प्रस्तुत करना।

समाचार-पत्र में असली महत्त्व होता है समाचार और विचार का। समाचार-पत्र में सभी प्रकार के समाचार होते हैं। उन्हें एक ही स्थान पर किस प्रकार दिया जाय कि वे पाठक को आकर्षित करने के साथ उसी तृप्ति भी कर सकें, यही समाचार-पत्र की सफलता है। यह कार्य प्रभावशाली साज-सज्जा के माध्यम से किया जाता है। पृष्ठ-सज्जा का कार्य तब आरम्भ होता है जब कम्पोजिंग विभाग से सभी प्रूफ़ों की अशुद्धियाँ शुद्ध करके उनके ब्रोमाइड मुख्य उपसम्पादक के पास पहुँच जाते हैं। विज्ञापन के बाद समाचारों के लिए कितना स्थान बचता है। विज्ञापन विभाग से समाचार सम्पादक के पास डमी भेज दी जाती है जिससे अनुमान लगाया जाता है कि किस समाचार को कितना स्थान दिया जा सकता है और समाचारों को किस प्रकार डिसप्ले किया जा सकता है। समाचार-पत्र में समाचार का महत्त्व तो है ही, साथ ही, चित्र का भी ख़ास महत्त्व है। चित्र अपने-आप में एक समाचार होता है। मेकअप का जटिलता के साथ-साथ व्यावहारिक अनुभव साध्य भी है। क्योंकि समाचार-पत्र के स्थायी स्तम्भों जैसे हर समाचार-पत्र के प्रथम पृष्ठ के प्रथम कॉलम में बाज़ार भाव, मौसम, कार्टून आदि के साथ किसी प्रकार की छेड़छाड़ अथवा उसके स्थान में किसी भी स्थिति में परिवर्तन नहीं किया जा सकता। इसी प्रकार विज्ञापन विभाग द्वारा विज्ञापन के लिए जो स्थान निर्धारित कर दिया जाता है उसमें

भी किसी प्रकार का फेरबदल सम्भव नहीं है। विज्ञापन विभाग से डमी आने का समय निश्चित होता है। क्योंकि डमी आने के बाद ही यह पता चलता है कि समाचारों के लिए कितना स्थान शेष बचता है। यदि डमी समय पर नहीं आयेगी तो यह स्पष्ट नहीं हो पायेगा कि समाचारों के लिए कितना स्थान है। डमी आने के बाद ही समाचार सम्पादक न्यूज़ ब्यूरो, लोकल रिपोर्टिंग को सूचित करता है कि 'आज' कितनी सामग्री दी जानी है, साथ ही, मुख्य उप-सम्पादक और उप-सम्पादकों को बताता है कि एजेन्सियों से कितनी ख़बरें लेती हैं। यह भी ध्यान रखा जाता है कि जो समाचार एजेन्सियों से कितनी ख़बरें लेती हैं। यह भी ध्यान रखा जाता है कि जो समाचार एजेन्सी से लिया जा रहा है वह बाहर के संवाददाता ने भेजा है या नहीं। न्यूज़ ब्यूरो, लोकल रिपोर्टिंग, पीटीएस और एजेन्सी सभी से समाचार आ जाते हैं तब पृष्ठ-सज्जा का कार्य आरम्भ होता है।

पृष्ठ-सज्जा निम्नलिखित तीन चरणों में पूर्ण की जाती है-

1. डिज़ाइन (Design)—समाचार-पत्र पत्र के पृष्ठ की सम्पूर्ण आकृति एवं संरचना डिज़ाइन कहलाती है। समाचार-पत्र में कितने पृष्ठ होंगे, किस पृष्ठ पर कौन-सी सामग्री दी जायेगी, पत्र की नामपट्टिका किस आकार-प्रकार की होगी, शीर्षकों और कलेवर के लिए कौन से टाइप का उपयोग होगा, समाचारों के शेषांक (टूट) दूसरे पृष्ठ पर जायँ अथवा उन्हें उसी पृष्ठ पर दिया जायगा। प्रथम पृष्ठ पर विज्ञापन दिये जायँगे या नहीं आदि समाचार-पत्र की डिज़ाइन के अन्तर्गत आते हैं। समाचार-पत्र का निर्माण डिज़ाइन द्वारा ही सम्भव है। हिन्दुस्तान, दैनिक जागरण, अमर उजाला, राष्ट्रीय सहारा, दैनिक भास्कर, नवभारत, स्वतन्त्र भारत, प्रभात ख़बर, नयी दुनिया, नव ज्योति सण्ट्रीनल, सन्मार्ग इत्यादि हिन्दी समाचार-पत्रों का रूप-विन्यास 52x42 इंच का ही होता है। नवभारत टाइम्स की लम्बाई तो उतनी ही रखी है पर चौड़ाई घटा दी गयी है। छोटे समाचार-पत्र 26x21 इंच के आकार में छप रहे हैं। इसी क्षेत्रफल से समाचार-पत्र में कॉलम संख्या निश्चित की जाती है। अक्सर बड़े समाचार-पत्र में आठ कॉलम बनाये जाते हैं। जो पत्रकारिता में श्रेष्ठ माने जाते हैं। प्रत्येक कॉलम की चौड़ाई 1.75 इंच निर्धारित की गयी है। छह कॉलमवाले समाचार-पत्र में कॉलम की चौड़ाई बढ़ा दी जाती है।

2. मेकअप (Make-up)—जब समाचार-पत्र के पृष्ठ पर जानेवाले सभी समाचार, सम्पादकीय, लेख, ब्लाक, कार्टून व विज्ञापन आदि तैयार हो जाते हैं तब उन्हें पृष्ठ पर एक साथ सुव्यवस्थित किया जाता है। इसी प्रक्रिया को 'मेकअप' कहा जाता है।

3. ले-आउट (Lay-out)—ले-आउट द्वारा पृष्ठ का स्वाभाविक निर्माण किया जाता है। सम्पादकीय विभाग डमी बनाकर कम्पोज़िंग विभाग को देता है। जिसके अनुसार ही पृष्ठ का निर्माण किया जाता है। पत्र का नाम, समाचार, लेख, कार्टून, विज्ञापन, एवं ब्लॉक आदि किस स्थान पर देने हैं, शीर्षक के टाइप कैसे होंगे, समाचार की प्रथम व द्वितीय लीड कौन-सी होगी तथा किस प्रकार से उन्हें प्रस्तुत किया जायगा, आदि सभी विवरण डमी में अंकित होता है।

ले-आउट निर्माण की प्रक्रिया निम्नलिखित चरणों में पूर्ण की जाती है-

- **मूल कॉपी**—समाचार-पत्र में प्रकाशित होनेवाली समाचार कथा, सम्पादकीय एवं समस्त सामग्री को व्यवस्थित एवं विन्यसित करके मूल कॉपी तैयार की जाती है।
- **शीर्षक**—शीर्षक मूल की प्रमुख व्याख्या करता है और ऐसी स्थिति में ले-आउट बनाते समय यह निर्दिष्ट कर दिया जाता है कि शीर्षक का स्वरूप क्या रहेगा। कभी-कभी पहले कॉलम

को ही खाली छोड़कर शीर्षक आरम्भ करते हैं या दूसरे या तीसरे कॉलम में ही शीर्षक आरम्भ होता है तो कभी दायें से बायें हाशिये को छूता शीर्षक भी हो सकता है। वास्तव में रचना या कॉपी के महत्त्व के अनुसार शीर्षक के टाइप और प्वॉइण्ट (फेस) में भिन्नता लायी जाती है। कभी-कभी अधिक प्रभावी शीर्षक के लिए उसके ऊपर या नीचे रूल डाली जाती है। शीर्षक मूल कॉपी के प्रति एक आकर्षक द्वारा का काम करता है जिससे चलकर पाठक पूरे मनोयोग से विषय सामग्री के पढ़ने के लिए तत्पर होता है।

- **पट्टी**— कॉपी (टेक्स्ट) को उभारने के लिए पट्टी का प्रयोग किया जाता है। पट्टी सामान्यतः सादी होती है लेकिन ऑर्डर्स डेकोरेटिव अथवा ऑर्नामेण्टल होते हैं। प्रत्येक समाचार-पत्र अपने ले-आउट में भिन्न प्रकार की पट्टियाँ, बॉर्डर्स या बॉक्स प्रयोग करते हैं और उनका आकार भी भिन्न और कॉपी के अनुसार बदलता रह सकता है। कट ऑफ पट्टिका का प्रयोग आज अधिक किया जाता है। बॉर्डर्स, पट्टियाँ आदि से पृष्ठ-सज्जा का काम लेते हुए भी पृष्ठ की सामग्री का बैलेन्स बनाये रखना ही ले-आउट की सबसे बड़ी उपलब्धि है। विशेषांक या परिशिष्टों में विशेष प्रकार के सजावटी बॉर्डर्स या पट्टियाँ प्रयोग की जाती हैं।

- **छायाचित्र**— आज की आधुनिक वैज्ञानिक प्रगति ने कम्प्यूटर स्कैनर की व्यवस्था उपलब्ध करा दी है, जिसने छायाचित्र की स्कैन-प्रक्रिया उपलब्ध करा दी, वहीं उसकी रंगीन मुद्रण की व्यवस्था भी आफसेट मुद्रण-प्रक्रिया ने सहज बना दी है। आजकल डिज़िटल कैमरा प्रयोग ने और भी सुविधाजनक प्रक्रिया उपस्थित कर दी है। डिज़िटल कैमरे से सीधे ही प्रेस का कैमरा विभाग छायाचित्र अपने स्क्रीन पर स्थानान्तरित कर लेता है। सम्पादक अपनी कॉपी के साथ छायाचित्रों का सामञ्जस्य अपने सोच और कलात्मक दृष्टि के अनुसार करता है।

- **कला-कर्म**— कला-कर्म के अन्तर्गत कार्टून, नक्शे, रेखांकन, ग्राफ़्स और चार्ट्स आदि आते हैं। छायाचित्र तो पत्र में विशेष प्रभाव और आकर्षण के निमित्त प्रकाशित किये जाते हैं लेकिन यह कला-कर्म जिसमें कम्प्यूटर पर बहुत-कुछ तैयार कराया जा सकता है, वह पत्र के किसी भी पृष्ठ पर एक भिन्न दृष्टिकोण उपलब्ध कराता है। यही कारण है कि समाचार-जगत् की स्पर्द्धा में बने रहने के लिए सम्पादक को अपने दैनन्दिन के ले-आउट में ऐसे कला-कर्म को स्थान देना अनिवार्य हो जाता है। यह अनिवार्य नहीं है कि बहुरंगी ही हो लेकिन इतना अवश्य ही ध्यान रखना होता है कि उपयुक्त आकार हो तथा बिना स्कैन के ही उसे सीधे स्क्रीन पर तैयार कराया जा सके अथवा लाइन आर्ट अथवा रेखांकन कला के रूप में ही तैयार करा लिया जाय। इस प्रकार के कलाकर्म के लिए सम्पादक को अपने कलाकार को स्वयं निर्देश देकर उसकी क्षमताओं के अनुरूप ही अपने पृष्ठ की ले-आउट का काम कराने में अपना कौशल ही कार्य रूप में परिणत कराना होता हैं।

- **रंग योजना**—समाचार-पत्र के पृष्ठ की पृष्ठभूमि रंगीन हो या ऑफसेट तकनीक काली स्क्रीन भी दी जा सकती है। कुछ श्वेत-श्याम चित्रों के नीचे भी स्क्रीन देकर उसका प्रभाव बढ़ाया जा सकता है। सम्पादन कला का सर्वाधिक निर्णायक क्षण रंग योजना का निश्चय होता है। रंग योजना का उद्देश्य भी समग्र रूपेण पत्र के विशिष्ट पृष्ठों की सुन्दरता और आकर्षण में वृद्धि करना है। ध्यान रखना है कि समस्त सज्जा का आधार काग़ज़ होता है और जैसा काग़ज़ होगा उसी के अनुसार चित्र सज्जा या रंग सज्जा निर्धारित होती है। रंगीन चित्र तैयार करने के साथ-साथ उसकी छपाई भी काफ़ी महँगी होती है। अतः चित्रों का चयन करते समय पत्रिका

की अर्थव्यवस्था पर भी ध्यान देना होगा। चित्रों के अनावश्यक प्रयोग से बचना चाहिए। कई बार उपलब्ध फ़ोटो का मुद्रित प्रभाव अच्छा नहीं आता तो उसकी मदद से रेखाचित्र बनवाया जा सकता है। कई विषयों के काल्पनिक रेखाचित्र या कार्टून बनाकर उन्हें रचना के साथ छापने से विषय का प्रभाव कई गुना बढ़ जाता है। किसी पत्रिका के कला विभाग का पत्रिका को लोकप्रिय बनाने में काफ़ी हाथ होता है। अब तो रेखाचित्र या इलस्ट्रेशन और चित्र कम्प्यूटर पर भी बनने लगे हैं। इससे पत्रिका का मुद्रण बहुत जल्दी हो जाता है।

• **चित्र**—समाचार-पत्र को आकर्षक और उपयोगी बनाने में चित्र महत्त्वपूर्ण भूमिका निभाते हैं और प्रथम पृष्ठ ही इसके लिए सबसे उपयुक्त जगह है। यूँ तो अख़बार के हर पृष्ठ पर एक या एक से अधिक चित्र देने का प्रयत्न किया जाता है, लेकिन प्रथम पृष्ठ पर एक चित्र तो अवश्य ही दिया जाता है। यह चित्र किसी महत्त्वपूर्ण समाचार से सम्बन्धित अथवा महत्त्वपूर्ण व्यक्ति के भाषण वक्तव्य से सम्बन्धित हो सकता हैं। चित्र वह सब कहने में सक्षम होता है जिसका वर्णन शब्दों में सम्भव नहीं हो पाता। समाचार-पत्र में फ़ोटोग्राफ़र अथवा विभिन्न समाचार समितियों द्वारा चित्रों का संकलन किया जाता है। अधिकांशतः उन्हीं चित्रों का प्रयोग किया जाता है जो सजीव एवं गतिशील हों और समाचार से सम्बन्धित सही तस्वीर पेश करते हैं। चित्रों का चयन करते समय मानवीय संवेदनाओं का ध्यान रखना बेहद आवश्यक होता है। चित्रों का चयन सम्पादक एवं मुख्य सम्पादक करते हैं और यह निर्णय लेते हैं कि किस समाचार के साथ कौन-सा चित्र छापना है। चित्र का चयन करने के बाद उसे जितने कॉलम का बनवाना होता है उस पर लिखकर स्कैनिंग में भेज दिया जाता है। पृष्ठ-सज्जा के समय उसे स्थान के अनुसार छोटा या बड़ा किया जा सकता है। कम्प्यूटर में इस प्रकार की अनेक सुविधाएँ होती हैं जिससे चित्र उभरकर आते हैं।

• **कार्टून**—समाचार-पत्रों में कार्टून द्वारा गम्भीर और संवेदनशील मुद्दों पर बिना शब्दों के विरोध प्रकट किया जाता है। कार्टून माध्यम से समाज और मानव-जीवन के तालमेल को हास्यात्मक ढंग से प्रदर्शित किया जाता है। कुछ समाचार-पत्र प्रतिदिन प्रथम पृष्ठ पर कार्टून छापते हैं क्योंकि कार्टून से पृष्ठ की सुन्दरता और आकर्षण बढ़ जाता है। टाइम्स ऑफ इण्डिया, हिन्दुस्तान टाइम्स एवं दैनिक जागरण आदि समाचार-पत्रों में भी कार्टून को प्रमुखता से प्रथम पृष्ठ पर छापा जाता है।

• **विज्ञापन**—वर्तमान परिवेश में विज्ञापना का प्रचलन दिनों-दिन बढ़ता ही जा रहा है। विज्ञापन का उद्देश्य विभिन्न उत्पादों का स्मरण कराना और आकर्षक ढंग से ग्राहकों को लुभाना होता है। उपभोक्ताओं को भी विज्ञापन द्वारा विभिन्न नवीन उत्पादों और उसकी क़ीमत की जानकारी मिलती है। समाचार-पत्रों में विज्ञापन का विशेष महत्त्व होता है। समाचार-पत्रों को आर्थिक रूप से सुदृढ़ बनाने एवं लोकप्रियता दिलाने में विज्ञापन महत्त्वपूर्ण भूमिका निभाता है। विज्ञापनों में प्रयुक्त होनेवाली शब्दावली एवं छवियाँ उपभोक्ता को आकर्षित करती है। विज्ञापन में रचनात्मकता एवं व्यावसायिकता का सन्तुलन होता है। शीर्षक मुद्रित विज्ञापन का सबसे महत्त्वपूर्ण भाग होता है। यही भाग पाठक को अपनी ओर आकर्षित होता है। पाठक के मन में जिज्ञासा उत्पन्न होता और बिक्री सन्देश को गतिशील बनाता है। विज्ञापन का कार्य मुख्य रूप से ध्यानार्कषण करना, रुचि पैदा करना, इच्छा जागृत करना, विश्वसनीयता बढ़ाना तथा विज्ञापित वस्तु की स्पष्ट छवि बनाकर उपभोक्ताओं को सकारात्मक रूप से प्रेरित करना होता

है। इसलिए विज्ञापनों को आकर्षक और रोचक बनाना महत्त्वपूर्ण हो जाता है। जिससे उपभोक्ता का ध्यान विज्ञापन की ओर आकर्षित हो सके। समाचार-पत्रों में विज्ञापन प्रकाशित करने के उसके लेखन एवं चित्रित सामग्री का विशेष महत्त्व है। विज्ञापन लेखन में शब्दों का उचित ताल-मेल, शैली, रूप-रेखा, सही चित्र, समय-सीमा की पाबन्दी-जैसी बातों का ध्यान रखना पड़ता है। विज्ञापन लिखते समय शब्दों से मोहक और रोचक वाक्य बनाये जाते हैं। इसके बाद लुभावना नारा गढ़ा जाता है जो उपभोक्ता को आकर्षित करता है। विज्ञापन में 'चित्रित सामग्री' द्वारा जीवन्त उदाहरण प्रस्तुत किया जाता है। समाचार-पत्रों में विज्ञापनों को प्रायः चार भागों में 1. स्थानीय विज्ञापन 2. प्रान्तीय विज्ञापन 3. राष्ट्रीय विज्ञापन 4. अन्तरराष्ट्रीय विज्ञापन। महत्त्व और आकार के आधार पर विज्ञापनों को समाचार-पत्र में प्रकाशित किया जाता है।

- **पृष्ठ-संयोजन**– वर्तमान समय में पृष्ठ निर्माण का कार्य कम्प्यूटर द्वारा किया जाता है।

डमी– समाचारों के प्रस्तुतीकरण के लिए डमी बनाने से काफ़ी सुविधा हो जाती है। डमी बनाने से यह सुविधा हो जाती है कि पृष्ठ पर कितने समाचार लेने हैं, समाचारों के शीर्षक एक लाइन में लेने हैं या दो में, विज्ञापन के बाद पृष्ठ पर कितनी जगह बचती है, चित्र कितने कॉलम में लिया जायगा, किस समाचार को पट्टी बनाना है, किसे लीड आदि के साथ यह निर्धारित करना होता है कि प्रथम पृष्ठ पर कौन-कौन-से समाचार लेने हैं कौन से नहीं। स्थानीय संवाददाताओं, विशेष संवाददाताओं व एजेन्सियों के कौन-से समाचार लेने हैं आदि बातें स्पष्ट होनी चाहिए। इससे पृष्ठ निर्माण में तो सुविधा होती ही है समाचारों का भी पता चल जाता है कि कौन-सा समाचार कहाँ जायगा।

प्रथम पृष्ठ—प्रथम पृष्ठ समाचार-पत्र का महत्त्वपूर्ण पृष्ठ माना जाता है। इसे पत्र का मुखड़ा भी कहते हैं। पाठक की नज़र दूर से ही इसी पृष्ठ पर पड़ती है। व्यावसायिकता भी इसी पृष्ठ पर निर्भर करती है। इसीलिए सम्पादक मण्डल भी इसी पृष्ठ पर अन्य पृष्ठों की अपेक्षा अधिक श्रम लगाता है। समाचार-पत्र का यह पृष्ठ अन्त में तैयार किया जाता है क्योंकि समाचार देर तक आते रहते हैं। उनमें कोई महत्त्वपूर्ण समाचार भी हो सकता है। अकसर रात की पाली में यह पृष्ठ तैयार किया जाता है। इसी पृष्ठ के ऊपर समाचार-पत्र का नाम अंकित होता है। जिसे 'लोगो' भी कहते हैं। यह लोगो पत्र का मत्था होता है। यह अकसर पत्र के बीचों-बीच मोटे टाइपों में अंकित होता है। लेकिन 'पंजाब केसरी' समाचार-पत्र का 'लोगो' दायीं तरफ़ होता है। लोगो के नीचे प्रकाशन का स्थान, संस्करण का नाम, तिथि, पृष्ठ संख्या एवं मूल्य छपा होता है। इसी के साथ अन्दर के महत्त्वपूर्ण समाचारों की विण्डो भी बनायी जाती है। आजकल लोगों के अगल-बगल में विज्ञापन एवं विशिष्ट व्यक्तियों के चित्र भी दिये जाने लगे हैं।

पत्र की प्रथम ख़बर बायीं ओर तथा द्वितीय ख़बर दायीं तरफ़ छापी जाती है। इन्हीं ख़बरों के साथ दो या तीन कॉलमों का आकर्षक एवं विशेष चित्र भी छापा जाता है। ऐसा करने से समाचार-पत्र की सुन्दरता बढ़ती है। अकसर चार 'डेकों' में समाचारों को रखा जाता है। दूसरे डेक में समाचार मुड़ता है इसलिए चित्र दूसरे डेक में कदापि नहीं रखना चाहिए। पूरे पृष्ठ पर यदि दो चित्र देने आवश्यक हों तो एक चित्र फोल्ड से पहले तथा दूसरा फोल्ड के बाद रखना चाहिए। समाचार का बीचवाला भाग बॉक्स, कार्टून एवं स्क्रीन डालकर भी आकर्षक बनाया जा

सकता है। प्रथम पृष्ठ के समाचारों में 70 से 72 प्वॉइण्टवाला शीर्षक प्रयोग किया जाता है। ऐसा शीर्षक छह से आठ कॉलमवाले समाचारों में प्रयोग किया जाता है। यह शीर्षक विशेष घटना के समाचार के लिए ही प्रयोग किया जाता है। इसे पताका शीर्षक भी कहा जाता है। तीन-चार कॉलमवाली प्रथम एवं द्वितीय ख़बर में 48 से 56 प्वॉइण्ट के शीर्षक प्रयुक्त होते हैं। 40 से 50 प्वॉइण्टवाले शीर्षक चार से छह कॉलमवाले समाचारों में प्रयोग किये जाते हैं। इन्हें बॉटम, लटकन एवं एंकर नामों से पुकारा जाता है।

जन-जीवन को प्रभावित करनेवाला समाचार इस पृष्ठ पर रखा जाता है। इस प्रकार के सामाचार को दो भागों में भी छापा जाता है यानी कुछ भाग प्रथम पृष्ठ पर तथा कुछ भाग पत्र के अन्दरवाले पृष्ठ पर छापा जाता है। प्रथम पृष्ठ पर पाँच-छह समाचारों को ही स्थान दिया जाता है। पृष्ठ के दायीं तरफ़ एक कॉलम में विश्व की संक्षिप्त घटना, मौसम एवं सोने-चाँदी के भाव अंकित होते हैं। कुल मिलाकर वर्तमान में यही होड़ लगी है कि प्रथम पृष्ठ को किस प्रकार अधिक से अधिक सजाया जा सकता है।

सम्पादकीय पृष्ठ—इस पृष्ठ में विषय विशेषज्ञों के विचार आलेख के रूप में पाठक पढ़ता है। इसलिए इसे विचार पृष्ठ भी कहा जाता है। यही समाचार-पत्र का एकमात्र पृष्ठ होता है जहाँ लेखक एवं पाठक आमने-सामने होते हैं। इसी पृष्ठ से सम्पादकीय विभाग को प्रतिपुष्टि प्राप्त होती है। पत्र की नीति का भी इसी पृष्ठ से खुलासा होता है। सर्वेक्षणों ने इस पृष्ठ की पठनीयता मात्र ती प्रतिशत आँकी है। पृष्ठ महत्त्वपूर्ण होते हुए भी इसके प्रति पाठकों की उदासीनता बनी रहती है।

इसी पृष्ठ पर दो सम्पादकीय होते हैं जिनका निर्धारण एक बजे की सम्पादकीय विभाग की मीटिंग में तय होता है। दो आलेख होते हैं जो किसी विशेष घटना से सम्बन्ध रखते हैं। सम्पादक के नाम पत्र पाठकों के दूसरे नम्बर के आलेख के बाद छपते हैं। यह सभी सामग्री 12 प्वॉइण्ट में छपती हैं। प्रत्येक आलेख में इण्ट्रो 14 से 16 प्वॉइण्ट में दिया जाता है। आलेख की महत्त्वपूर्ण बातों को आलेख के अन्दर बॉक्स बनाकर छापा जाता है।

तीसरा पृष्ठ—समाचार-पत्र का तीसरा पृष्ठ स्थानीय समाचारों से सजाया जाता है। जहाँ से समाचार प्रकाशित होता है उस स्थान के समाचार इस पृष्ठ पर दिये जाते हैं। स्थानीय लोग अपने स्थानीय समाचारों को पढ़ने के लिए तत्पर रहते हैं। उनकी नज़र प्रथम पृष्ठ के बाद तीसरे पृष्ठ पर ही जाती है। समाचार-पत्र भी इसकी वजह से अधिक बिकता हैं। समस्यापूर्ण समाचारों को चित्रों सहित इसी पृष्ठ पर छापा जाता है।

साहित्यिक पृष्ठ—समाचार-पत्रों में एक साहित्यिक पृष्ठ भी होता है। इस पृष्ठ में पुस्तक समीक्षा, कविता, कहानी या लेखक के व्यक्तित्व एवं कृतित्व पर लेख छापा जाता है।

छठा पृष्ठ—समाचार-पत्र का छठा पृष्ठ प्रादेशिक समाचारोंवाला पृष्ठ होता है। कुछ समाचार-पत्रों में इस पृष्ठ पर खेल समाचार प्रकाशित होते हैं। पाँचवाँ पृष्ठ भी समाचारों से भरा होता है। इस पर भी समाचारों को चित्रों के माध्यम से सजाया जाता है।

आर्थिक पृष्ठ—ऐसा कहा जाता है कि आर्थिक पृष्ठ समाचार-पत्र का बोझिल पृष्ठ है। पर सच यह है कि यह बोझिल नहीं है। हाँ इतना ज़रूर है कि समाचार की प्रकृति बदल जाता है। आजकल आर्थिक समाचारों के पाठक भी बढ़ रहे हैं। देश की अर्थव्यवस्था से सम्बन्ध होने के नाते इस पृष्ठ का अपना अलग महत्त्व है। यहद आर्थिक समाचार बोझिल होते तो

समाचार-पत्र इन्हें स्थान ही न देते। आकर्षक शीषकों एवं चित्रों से इस पृष्ठ को भी सजाया जाता है। खेल संवाददाता की तरह आर्थिक संवाददाता भी समाचार लाते हैं।

खेल पृष्ठ– समाचार-पत्र में खेल पृष्ठ का महत्त्वपूर्ण स्थान है। अधिकतर पत्रों में अन्तिम पृष्ठ पर खेल सम्बन्धी समाचार दिये जाते हैं। कई पत्रों में तो खेल के दो पृष्ठ जाते हैं और खेल विशेषज्ञ के कॉलम भी। इस पृष्ठ की छपाई भी रंगीन होती है। जिन समाचारों को उभारना होता है उन्हें भी महत्त्व दिया जाता है। साथ ही प्रथम पृष्ठ पर भी सिंगल कॉलम में खेल की ख़बर होती है जिसको विस्तृत ख़बर पृष्ठ पर होती है।

अन्तिम पृष्ठ– पाठक समाचार का पहला और अन्तिम पृष्ठ विक्रेता से एकदम देख लेता है। क्योंकि पत्र का पहला एवं अन्तिम पृष्ठ चित्ताकर्षक होता है। जो महत्त्वपूर्ण ख़बरें प्रथम पृष्ठ पूरी नहीं छप पाती उनको इस पृष्ठ पर छापा जाता था। लेकिन अब ऐसा नहीं हो रहा है। इस पृष्ठ पर विशेष फ़ीचर छपते हैं, चित्र छपते हैं। अन्तिम पृष्ठ भी अब आकर्षक बनाया जाने लगा है। हीरो-हीरोइन की रंगीन तस्वीरों ने इस पृष्ठ की सुन्दरता और बढ़ा दी है। युवा पीढ़ी इसे देखे बिना रह नहीं सकती। देश में 14 से 16 पृष्ठों का समाचार-पत्र छपता है। उपर्युक्त पृष्ठों के अलावा फ़ीचर पृष्ठ, राष्ट्रीय एवं अन्तरराष्ट्रीय पृष्ठ भी छपते हैं। सभी का अपना अलग-अलग महत्त्व है।

- **प्रूफ़ संशोधन**–समाचार-पत्र, पत्रिकाओं और पुस्तक प्रकाशन में प्रूफरीडर की अहम् भूमिका होती है। किसी भी छपनेवाले मैटर की जब तक अच्छी प्रूफ़-रीडिंग नहीं होगी, तब तक अच्छी छपाई भी बेकार साबित होगी। अशुद्धियों के छपने से पाठक की दृष्टि में प्रकाशन की विश्वसनीयता, उपयोगिता और सम्मान में कमी आ जाती है। इसलिए प्रकाशकों द्वारा अशुद्धियों को दूर करने के लिए प्रूफ़रीडर की व्यवस्था की जाती है। वर्किंग जर्नलिस्ट ऐक्ट के तहत प्रूफ़रीडर को भी पत्रकार माना गया है। अतः उससे पत्रकारोचित कर्त्तव्य, ज्ञान, क्षमता और दक्षता की भी अपेक्षा की जाती है। प्रूफ़ लेने का मुख्य उद्देश्य यह जानना होता है कि कम्पोज़िंग शुद्ध हुई है या नहीं, प्रूफ़ मशीन या प्रिण्टिंग मशीन पर कम्पोज़ सामग्री की प्रतिलिपि ली जाती है। प्रतिलिपि लेने की इस क्रिया को प्रूफ़ उठाना या इस प्रकार प्राप्त प्रतिलिपि को 'प्रूफ़' कहते हैं। प्रूफ़ कम्पोज़ सामग्री की मूल प्रति के साथ प्रूफ़रीडर के पास भेजा जाता है। जहाँ प्रूफ़रीडर निर्धारित संकेत चिह्नों से त्रुटियों को चिह्नित करके अशुद्धियों को सुधारने का आवश्यक निर्देश देता है। प्रूफ़ पढ़ने के बाद ही अशुद्धियाँ ज्ञात हाती हैं। प्रूफ़रीडर को कम्पोज़िंग का ज्ञान भी होना चाहिए जिससे वह जान सके कि कहाँ, स्पेस, मार्जिन, पैरा, इण्डेण्ट आदि देने की ज़रूरत है।

प्रूफ़रीडर का सम्बन्ध तीन विभागों से मुख्य रूप से होता है-

1. सम्पादकीय विभाग
2. विज्ञापन विभाग
3. कम्पोज़िंग विभाग

अतः प्रूफ़रीडर से अपेक्षा की जाती है कि उसे इन तीनों विभागों की कार्य प्रणाली और उद्देश्यों की पूर्ण जानकारी हो। प्रूफ़ तीन प्रकार के होते हैं-

1. गेली प्रूफ़ (Galley Proof)– कम्पोज़िटर कम्पोज़ किये गये मैटर को गेली में रखता है। गेली मैटर से लिए गये प्रूफ को गेली प्रूफ कहते हैं।

2. पेज प्रूफ (Page Proof)— गेली के मैटर को पेज के रूप में मेकअप करने और उस पर पृष्ठ संख्या डालने के बाद लिए गये प्रूफ को पेज प्रूफ कहते हैं।

3. फर्मा प्रूफ़ (Form Proof)— पेजों की छपाई की दृष्टि से यथास्थान फर्मा में रखने के पश्चात् लिए गये प्रूफ को फर्मा प्रूफ़ कहते हैं।

प्रूफ़रीडर को प्रूफ़ पढ़ते समय निम्न बातों को ध्यान में रखना चाहिए-

- प्रूफ पढ़ते समय मन को एकाग्र रखा जाय।
- प्रूफ़ साफ़ पढ़े अगर प्रूफ़ साफ नहीं है तो दूसरा प्रूफ़ मँगवा लें।
- फोलियो, हेडिंग और पेज नम्बर अच्छी तरह जाँच लें।
- पेज या फर्मा रिवाइज़ करने से पहले गेली प्रूफ़ से मिला लें।
- रिवीज़न होशियारी से करें। यह जाँच लें कि पेज के ऊपर या नीचे की लाइन कहीं छूट तो नहीं गयी है। यह भी जाँच लें कि क्वैरी ठीक हो गयी है या नहीं।
- अधिक ग़लतियाँ रहने पर एक बार पढ़कर, सुधार करवाकर दूसरा प्रूफ़ मंगवा लें।
- रिवाइज करते समय यह ध्यान रखें कि करेक्शन में कोई डबल तो नहीं लग गया और कोई बग़ैर मार्क किया हुआ टाइप तो नहीं बदल गया।
- फुटनोट के नम्बर की जाँच करके यह देख लें कि फुटनोट उसी पेज में जा रहा है जिसमें कि फुटनोट नम्बर है।
- भाषा-व्याकरण-सम्बन्धी भूलों को शुद्ध करने के लिए मूल लेखक पर निर्भर न रह जायँ।
- स्वीकृत शब्द ही अपनाये जायँ। कहीं, 'संबंध' कहीं 'सम्बन्ध' कहीं 'लिए' तो कहीं 'लिये' इस प्रकार की मनमानी वर्जित है।
- यदि एक कॉलम का मैटर दूसरे कॉलम में या एक पृष्ठ का मैटर दूसरे पृष्ठ में मेकअप किया गया है तो कॉलम या पृष्ठ की प्रथम पंक्ति से क्रमबद्धता को सुनिश्चित कर लिया जाय।
- विराम, अर्द्ध विराम, प्रश्नबोधक, आश्चर्यबोधक आदि चिह्नों के शुद्ध प्रयोग पर ध्यान दिया जाय।
- तालिकाओं के प्रूफ़ पढ़ते समय कॉलमों के शीर्षकों पर भी ध्यान दिया जाय। तालिकाओं, संख्याओं में विराम चिह्नों का उचित प्रयोग भी देखा जाय। इससे संख्याओं को पढ़ने, जोड़ने या घटाने में सुविधा होती है।
- प्रूफ़ पढ़ते समय शुद्धता के लिए दिये गये निर्देश चिह्नों को मिला लिया जाय।
- टाइप फेस के शुद्ध प्रयोग पर ध्यान दिया जाय।
- हर पंक्ति के बाद लगातार एक ही अक्षर आये तो उसे बदल देना चाहिए।
- शब्दों की शुद्धता के समान ही, वाक्यों, विरामादि चिह्नों की शुद्धता भी देखी जाय।
- अंकों की रीडिंग सावधानी से करनी चाहिए। संख्या बड़ी हो तो उसे शब्दों में भी लिख सकते हैं। अन्यथा एक शून्य इधर-उधर होने से हज़ारों-लाखों का अन्तर हो सकता है।
- वाक्स-रचना, पैराग्राफ़ का आगे-पीछे हो जाना आदि का भी प्रूफ़रीडर को ध्यान रखना चाहिए।

फ़ोटो पत्रकारिता

फ़ोटोग्राफ़ी दो शब्द व फ़ोटोग्राफ़ी के मेल से बना है। ग्रीक भाषा में 'फ़ोटोज' का अर्थ है प्रकाश और ग्राफ़ी का अर्थ है लिखना। अर्थात् प्रकाश के माध्यम से लिखना। फ़ोटोग्राफ़ी में कला, विज्ञान, इतिहास, रसायनशास्त्र, कई विषयों का मेल है। वर्तमान में मनुष्य के यादों, भावनाओं, क्रार्यों, क्रियाकलापों, फ़ोटोग्राफ़ी को सजोकर रखती है। कला, विज्ञान, चिकित्सा, मनोरंजन, अनुसन्धान, अन्तरिक्ष, जनसम्पर्क इत्यादि के साथ पत्रकारिता में भी उसका महत्त्वपूर्ण योगदान है। यह कहा जा सकता है कि दैनिक समाचार-पत्रों एवं टेलीविज़न में घटनाओं को विश्वसनीय प्रभावशाली बनाने में फ़ोटो पत्रकारिता का महत्त्वपूर्ण योगदान है।

फ़ोटो पत्रकारिता वस्तुतः फ़ोटो रिपोर्टिंग है। समाचार को फ़ोटो के माध्यम से सच्चाई के साथ पाठकों तक पहुँचाना ही फ़ोटो पत्रकारिता है। यही कारण है कि इसकी विश्वसनीयता रिपोर्ट से भी ज़्यादा मानी जाती है। इसलिए फ़ोटो पत्रकारों का यह दायित्व है कि वे पाठक को अच्छी फ़ोटो के साथ ख़बर को जोड़कर सामयिक समस्या पर जनमत तैयार करने में भी मदद करें।

सिर्फ़ ख़बर में रहनेवालों के समूह या चेहरों की फ़ोटो लेना ही अब फ़ोटो पत्रकारिता नहीं रही है। आज के फ़ोटो पत्रकार के लिए शिक्षित होना तथा नयी तकनीकों के साथ काम करना अति आवश्यक हो गया है।

आज फ़ोटो कवरेज़ इतना अधिक ज़रूरी हो गया है कि कोई भी पाठक या अख़बार बिना फ़ोटो के चल सकने की सोच भी नहीं सकता है। दरअसल फ़ोटो अख़बार या पत्रिका में खिड़की का काम करता है। जैसे आप किसी अच्छे मकान की कल्पना बिना खिड़की के नहीं कर सकते, वैसे ही आप किसी अच्छे अख़बार या पत्रिका की कल्पना फ़ोटो के बिना नहीं कर सकते।

गत वर्षों में फ़ोटो पत्रकारिता एक सशक्त और इतिहास को उसके सम्पूर्ण घटनाक्रम तथा असर के साथ क़ैद करनेवाला माध्यम बन गया है। सच्चाई यह है कि इतिहास के लिए वह एक अमूल्य देन बन गया है।

आप एक अच्छी फ़ोटो से पाठक को कई हज़ार शब्दों के बराबर सन्देश दे सकते हैं। क्योंकि एक अच्छी तस्वीर अपने में ही पूर्ण ख़बर होती है, इसलिए आज वह फ़ोटो अच्छी है जो समय से अलग हटकर होती है और यह फ़ोटो बिना परिचय के खुद ही बोलती है।

वर्तमान में फ़ोटो पत्रकारों पर पहले की अपेक्षा ज़्यादा दबाव रहता है, क्योंकि आज की दुनिया बहुत छोटी हो गयी है और समाचार काफ़ी तेज़ी से फैलते हैं। पाठकों में भी 'विजुअल' देखने की तीव्र लालसा रहती है। साथ ही अख़बारों में भी काफ़ी प्रतिस्पर्धा बढ़ गयी है, जिस

कारण हमें अपने फ़ोटो को जल्द-से-जल्द अख़बारों तक पहुँचाना होता है।

फ़ोटो पत्रकारिता ने संघर्ष करते हुए नयी मंजिलें तलाशी हैं। आज का फ़ोटो पत्रकार सिर्फ़ संवाददाताओं का पिछलग्गू होकर ही नहीं रह गया है। उसे अपने-आप ही ख़बर को पहचानकर अपने फ़ोटो द्वारा इसे पाठकों तक पहुँचाना होता है।

एक अच्छे फ़ोटो पत्रकार को ख़बरों की पूर्ण जानकारी रखनी होती हैं। उसे अपने आसपास तथा दुनिया के माहौल से पूर्ण परिचित रहकर कार्य करना चाहिए। उसे अपने कार्य के लिए किसी दूसरे पर आधारित नहीं रहना है, तभी वह अपने पेशे के साथ न्याय कर पायेगा। फ़ोटो पत्रकार के लिए थोड़ा-बहुत लिखना भी अति आवश्यक हो गया है। इसीलिए इनके लिए शैक्षणिक योग्यता भी महत्त्वपूर्ण हो गयी है। क्योंकि आज छायाचित्रों की माँग इतनी अधिक हो गयी है कि जब तक आप कम से कम अपने चित्रों के परिचय (कैप्शन) न लिख सकें, तब तक आप अपने कार्य के साथ न्याय नहीं कर सकेंगे। यही नहीं, ज़रूरत पड़ने पर आपको अपने चित्रों के साथ फ़ोटो फ़ीचर भी बनाना आना चाहिए।

फ़ोटो पत्रकारिता कर रहे फ़ोटो पत्रकार को फ़ोटोग्राफ़ी की सभी शाखाओं की जानकारी होना भी ज़रूरी है, क्योंकि फ़ोटो पत्रकार को अपराध से लेकर खेल या मॉडलिंग आदि सभी विधाओं के चित्रों को अच्छे रूप में पाठकों तक पहुँचाना होता है तथा उसे विपरीत परिस्थिति में भी अपने कार्य को पूर्ण करना होता है।

फ़ोटोग्राफ़ी का पुराना फॉर्मूला 'ग़लती कर, करके सुधार' अपना अर्थ खो चुका है। क्योंकि आज की दुनिया में तकनीकी में जो उन्नति हुई है, ख़ासकर फ़ोटोग्राफ़ी की दुनिया में जो अब कम्प्यूटर की तरह से ही आधुनिक उपकरणों का एक विशाल क्षेत्र हो गया है, उसमें फ़ोटो पत्रकारों को लगातार इस विषय में नयी-से-नयी जानकारी प्राप्त करते रहना तथा इसके विकास पर लगातार नज़र रखना ज़रूरी हो गया है। तभी उसके लिए आगे बढ़ना सम्भव होगा।

रोमांच और श्रम-आज फ़ोटो पत्रकारिता बहुत अधिक रोमांचक, कौशलपूर्ण एवं श्रमसाध्य हो गयी है। आज यदि हम चाहें तो भी अच्छी फ़ोटो लेने के लिए हमें जोख़िम से बचना मुश्किल ही है, क्योंकि जब तक हम आगे बढ़कर जोख़िम लेते हुए चित्र नहीं लेंगे, तब तक हम एक अच्छे न्यूज़ फ़ोटो से वंचित रहेंगे। उदाहरण के लिए दंगों या लड़ाई में संवाददाता का ख़बर बनाने के लिए घटनास्थल पर होना इतना ज़रूरी नहीं है। यदि वह घटनास्थल पर है भी तब वह पीछे रहकर ख़बर बना सकता है। परन्तु फ़ोटो पत्रकार के लिए बिना घटनास्थल पर पहुँचे तथा 'लाइन ऑफ ऐक्शन' पर जोख़िम लिये अच्छी फ़ोटो बनाना नामुमकिन है। एक अच्छे फ़ोटो पत्रकार को किसी भी कवरेज़ पर जाने से पहले उस कवरेज़ के विषय में गहन जानकारी होना बहुत ज़रूरी है, क्योंकि यदि आपको पहले से उस विषय की जानकारी होगी तो आप एक अच्छी तस्वीर के लिए पूर्ण तैयारी के साथ कार्य कर सकेंगे। जैसे यदि आप किसी राजनीतिक सम्मेलन को कवर करने जाते हैं तो आपके लिए उस दल-विशेष के नेताओं और उनकी गतिविधियों की जानकारी आवश्यक है। इससे आप नेताओं के कार्यकलापों की बेहतर कवरेज़ कर सकेंगे। उदाहरणार्थ कांग्रेस कार्यसमिति में जिन दिनों अर्जुन सिंह के पत्रों का मसला था तो अपने कवरेज़ को अर्जुन सिंह पर केन्द्रित करके ही फ़ोटो पत्रकार एक अच्छी न्यूज़ फ़ोटो प्राप्त कर सकता था। ऐसे ही कोई दंगा कवर करते वक़्त यदि आपको दंगे का कारण, कोई

इमारत या मूर्ति का पता हो तो आप उससे सम्बन्धित चित्र लेकर पाठक को बेहतर जानकारी दे सकते हैं।

विश्लेषण-फ़ोटो पत्रकार के लिए निरन्तर ख़बरों को प्राप्त करने के साथ-साथ उसे जानने और समझने की भी आवश्यकता है, क्योंकि एक अच्छे फ़ोटो पत्रकार के लिए छोटी-से-छोटी घटना में से अच्छे फ़ोटो की सम्भावना तलाशना ही सबसे अधिक योग्यता का परिचायक है।

ललक और हर समय सतर्कता—एक अच्छे फ़ोटो पत्रकार के लिए हर वक़्त अच्छी तस्वीरों को प्राप्त करने की ललक होना बहुत आवश्यक है। इसके लिए उसे हर समय अपने कैमरे को अपने साथ रखना चाहिए क्योंकि आपको कब और कहाँ अच्छी तस्वीर मिल जाय यह जानना बहुत कठिन है। यदि आप बिना कैमरे के हों और आपको अच्छी तस्वीर छोड़नी पड़े तो इसका मलाल कई दिनों तक बना रहेगा। इसलिए एक अच्छे फ़ोटो पत्रकार के लिए कैमरे का साथ होना शर्म नहीं बल्कि गर्व की बात होनी चाहिए। वैसे भी दुनिया भर के फ़ोटोग्राफ़र को अच्छी तस्वीरें अप्रत्याशित समय या जगह पर ही मिलती रही हैं।

एक अच्छी तस्वीर, जो हमारे एसाइनमेण्ट से अलग भी हो तो उसे कैमरे में क़ैद करने की लालसा को रोकना नामुमकिन है और उस निर्णायक क्षण पर शटर को गिराना, फ़ोटोग्राफ़ी के विश्वविख्यात हेनरी कारट्रियर ब्रेसन के शब्दों में और कुछ नहीं बल्कि अच्छे फ़ोटोग्राफ़रां की 'सहज क्रिया' (रिफ्लेक्स एक्शन) है। ऐसे ही क्षणों में कभी-कभी आपके जीवन के श्रेष्ठतम छायाचित्रों का निर्माण हो जाता है जबकि छायांकन के समय शायद आप ऐसा महसूस भी न कर पाये हों।

यही नहीं, फ़ोटो पत्रकार को हर वक़्त और हर जगह अपनी पैनी नज़र डालते रहने की आदत होनी चाहिए, क्योंकि एक छोटी-से-छोटी वस्तु या घटना जो दूसरों की नज़र में साधारण है वह आपके कैमरे में क़ैद होकर अगले दिन तहलका मचा सकती है।

इसके अतिरिक्त प्रत्येक एसाइनमेण्ट पर बहुत अधिक सजग रहने की आदत डालनी चाहिए। ऐसा नहीं कि आपने शुरू में फ़ोटो ले ली और फिर इधर-उधर ध्यान लगा लिया क्योंकि कभी भी कुछ भी हो सकता है जो कल के अख़बारों के लिए महत्त्वपूर्ण हो सकता है। इसका सबसे बड़ा उदाहरण राजीव गाँधी की श्रीलंका यात्रा के दौरान देखने को मिला जब कोलम्बो हवाई अड्डे पर उनके विदाई समारोह में एक श्रीलंकाई नौसैनिक द्वारा उन पर राइफ़ल के बट से वार किया गया, सिर्फ़ चन्द सजग फ़ोटो पत्रकारों द्वारा ही अपने कैमरे में क़ैद किया जा सका। इसी तस्वीर के कारण ही बाद में श्रीलंका के राष्ट्रपति को अपनी बात "नौसैनिक ने वार नहीं किया, वह चक्कर खाकर गिर गया" बदलनी पड़ी तथा संसार को इस हमले का सही चित्रण मिला। ऐसे ही एक बार जब हमारे राष्ट्रपति राजीव गाँधी की समाधि वीरभूमि पर खड़े होने की चेष्टा में गिर पड़े तो भी सजग फ़ोटो पत्रकारों ने यह फ़ोटो ले ली, जो अगले दिन अख़बारों का मुख्य फ़ोटो बनी।

फ़ोटो पत्रकार लोग एक अन्तरराष्ट्रीय भाषा में बात करते हैं और यह भाषा तस्वीरें हैं। फ़ोटो पत्रकार अपनी तस्वीरों के द्वारा संसार के किसी भी भाग में और किसी भी भाषा के लोगों द्वारा जाने और समझे जाते हैं क्योंकि उनकी ली हुई तस्वीरें अपने आप में ही बोलती हैं।

यदि हम फ़ोटो पत्रकारिता में सिर्फ़ अच्छी नौकरी की आशा में आना चाहते हैं तो शायद

हम सफल नहीं हो सकते या इसके साथ न्याय नहीं कर सकते। हमें फ़ोटो पत्रकार बनने के लिए नौकरी के स्थान पर मिशन समझकर इसे अपनाना होगा क्योंकि नौकरी तो आप समय की सीमा में बँधकर करते हैं, परन्तु मिशन में कोई बन्धन नहीं चलता। इसलिए जब तक आप इसमें पूर्णतः भावनात्मक रूप से नहीं जुड़ेंगे तब तक आप फ़ोटो पत्रकार के रूप में स्थापित नहीं हो सकते।

फ़ोटो पत्रकारों के लिए अपने छायाचित्रों के लिए जुगाड़ बनाना या उनको अपने मनमाफ़िक बनाना ग़लत है। उन्हें तो अपनी तस्वीरों में सिर्फ़ यथास्थिति को सच्चाई के साथ दिखाना चाहिए।

फ़ोटो पत्रकारों को अपने पेशे के महत्त्व व दायित्व को समझते हुए पूर्ण समर्पण के साथ अपने छायाचित्रों द्वारा अपने अख़बार या पत्रिका के माध्यम से एक सशक्त समाज बनाने में भी मदद करनी चाहिए, क्योंकि जीवन नश्वर है परन्तु आपकी ली हुई तस्वीरें अमर हैं। ये सदा आपके विषय में बोलती रहेंगी।

उद्भव और विकास-फ़ोटोग्राफ़ी के उद्भव में 12वीं शती के अरब वैज्ञानिक अलहाजेन का महत्त्वपूर्ण योगदान है। इन्होंने यान्त्रिक आँख अर्थात् कैमरे का बुनियादी सिद्धान्त प्रस्तुत किया था। जिसके आधार पर 1553 में बेटिस्टा पोर्टा ने पहला कैमरा बनाया। हालाँकि वह बहुत अनगढ़ था और किसी चपटे तल पर दृश्य का छोटा-सा प्रतिबिम्ब बनाता था किन्तु शुरुआत होना बहुत महत्त्वपूर्ण होता है। फिर कैमरे द्वारा बने प्रतिबिम्ब को स्थायी बनाने के लिए अनेक रसायनशास्त्री प्रयास करने लगे। 16वीं शती में जोर्जूस फेबीसिएन्स ने पाया कि प्रकाश के सम्पर्क में आने से चाँदी के लवण श्याम वर्ण में परिवर्तित हो जाते हैं। यहीं से प्रारम्भ हुई फ़ोटोग्राफ़ी की विकास-यात्रा। फ्रान्स के नेपजी और मोण्डे डांगुरी स्थायी नेगेटिव बनाने के परीक्षण में जुटे रहे। अन्त में डांगुरी को सफलता मिली और डांगुरी-टाइप-प्लेट तैयार हुई। लेकिन धातु की प्लेट पर संवेदनशील रसायन लगाकर तैयार की गयी इस फ़ोटो प्लेट की प्रकाश-संवेदनशीलता बहुत कम थी। 1835 ई. में ब्रिटेनवासी विलियम टेलबोट ने तीव्र प्रकाश-संवेदनशील फ़ोटो पेपर का निर्माण किया। 1840 ई. में अनेक परीक्षणों के पश्चात् काग़ज़ पर फ़ोटो बनाने का कार्य सुगम और सुनिश्चित हो गया। इसीलिए हेनरी फॉक्स टेलबोट को फ़ोटोग्राफ़ी का आविष्कारक माना जाता है। 1889 में अमेरिका के जार्ज ईस्टमैन ने लचीली और पारदर्शक फ़ोटोग्राफ़िक फ़िल्म बनायी जो बहुत कुछ आजकल की फ़िल्म रील के समान थी। इस फ़िल्म से नेगेटिव से पॉज़िटिव फ़ोटो बनाना आसान हो गया। फिर फ़ोटो को हू-ब-हू छापने की 'हाफटोन पद्धति' विकसित हुई।

जैसे-जैसे फ़ोटो की छपाई बेहतर होती गयी उसकी छपाई शीघ्र और सस्ती होती गयी। चूँकि चाक्षुष इन्द्रियबोध सर्वाधिक प्रभावी होता है इसलिए पत्रकारिता में भी फ़ोटो की माँग बढ़ने लगी। चूँकि किसी भी घटना के वर्णन की अपेक्षा उसकी फ़ोटो लगाने से अधिक विश्वसनीयता उत्पन्न होती है। स्टीफन एच. हार्गिन के प्रयोगों के फलस्वरूप हेनरी जे. न्यूटन का सुप्रसिद्ध छायाचित्र 'झोंपड़ियों का शहर' 4 मार्च, 1880 में 'न्यूयार्क ग्राफ़िक' में छपा था।

इसके बाद पत्र-पत्रिकाओं की सजावट पर ध्यान दिया जाने लगा। फ़ोटो समाचार-पत्रों में घटनाओं को प्रभावी और विश्वसनीय बनाने के अपूर्व साधन बन गये। वास्तव में फ़ोटो उन

सभी घटनाओं और दुर्घटनाओं का साक्षी होता है जो कैमरे के माध्यम से पकड़ लिया जाता है। फ़ोटोग्राफ़र जान का जोख़िम उठाकर भी घटनाओं का चित्र लेता है। इसलिए धीरे-धीरे छायाचित्र की माँग बढ़ती गयी। परिणामस्वरूप संवाद-समितियों की तरह अख़बार के लिए फ़ोटो मुहैया करनेवाले संगठनों यानी फ़ोटो-सिण्डिकेट का जन्म हुआ। 20वीं शती के दूसरे दशक संगठनों यानी फ़ोटो-सिण्डिकेट का जन्म हुआ। 20वीं शती के दूसरे दशक में 'न्यूयार्क-टाइम्स' के 'वाइल्ड वर्ल्ड' 'हर्स्टस इण्टरनेशनल न्यूज़ फ़ोटोज', ए.सी.एम.ई., यू.पी. आदि फ़ोटो-सिंडिकेट शुरू हुए। 1926 ई. में 'एसोशिएट प्रेस' समाचार-सेवा प्रारम्भ की थी 1935 ई. में फ़ोटो की ज़बर्दस्त माँग के कारण फ़ोटो सेवा शुरू कर दी थी। द्वितीय विश्वयुद्ध के समय ये अधिक लोकप्रिय हुई।

भारत में फ़ोटो पत्रकारिता का विकास काफ़ी धीमी गति से हुआ है। पिछले चार दशकों से ही फ़ोटो पत्रकारिता की अस्मिता की पहचान होनी शुरू हुई। इससे पूर्व तक फ़ोटो पत्रकारिता की गुंजाइश सीमित थी। आमतौर पर किसी राजनैतिक अवसर पर राजनेताओं की फ़ोटो खींच लेना, पुरस्कार वितरण, खेलकूद आदि में श्वेत-श्याम फ़ोटो ले लेना ही फ़ोटो पत्रकारिता का अर्थ था। इस तरह फ़ोटो पत्रकार का कार्यक्षेत्र अत्यन्त सीमित था इसलिए इसकी महत्ता और प्रभावक्षेत्र का अनुमान लगाना लगभग असम्भव था। साथ ही समाचार-पत्र के लिए फ़ोटो लगाना लगभग 'विलास' (Luxury) के समान था। जबकि आज स्थिति बदल गयी है। आज फ़ोटो छापना समाचार-पत्रों की अनिवार्यता हो गयी है। छायाचित्रों के प्रति बढ़ती जागरूकता और आफसेट की छपाई तथा दैनिकों और पत्र-पत्रिकाओं की संख्या में वृद्धि के कारण छायाचित्रों की माँग तीव्रता से बढ़ी है। अब भारतीय समाचार-पत्रों में कई फ़ोटो पत्रकारों (Photo Journalist) की नियुक्ति की जाने लगी है। साथ ही उन कई फ़ोटो पत्रकारों के 'प्रमुख' के रूप में 'फ़ोटो सम्पादक' (Photo Editor) भी होने लगे हैं। श्री रघुराय के अनुसार, ''पाठकों में चाक्षुष चेतना (Visual Awareness) बढ़ने के कारण फ़ोटो पत्रकारिता के अवसर बढ़े हैं और उनकी निपुणता, वैचारिकता एवं साहसिकता के कारण समाचार-चित्रों की महत्ता को पहचाना जाने लगा है। आपातूकाल के पश्चात् फ़ोटो का समावेश काफ़ी बढ़ा। लेकिन वास्तविक विकास खाड़ी युद्ध के पश्चात् हुआ। जब केवल संजाल भारतीय घरों में छा गया तब प्रिण्ट मीडिया को अपने स्वरूप में बदलाव लाना अनिवार्य हो गया क्योंकि पाठक जो समाचार मुद्रित रूप में पढ़ता था वे ही घटनाएँ सजीव रूप में टेलीविज़न चैनलों पर दिखायी जाने लगीं। समाचार-पत्र की पाठक संख्या में गिरावट आने लगी। परिणामस्वरूप प्रिण्ट मीडिया अधिक-से-अधिक अब छवि-प्रमुख होता जा रहा है। श्वेत-श्याम के साथ-साथ रंगीन फ़ोटो प्रचलन काफ़ी तेज़ी से बढ़ा है। प्रत्येक प्रमुख समाचार की फ़ोटो छापने की प्रवृत्ति बढ़ रही है, यहाँ तक कि सम्पादकीय पृष्ठ पर भी फ़ोटो छापी जाने लगी है। फ़ोटो की संख्याओं में वृद्धि, फ़ोटो फ़ीचर का प्रचलन आदि परिवर्तनों के कारण भारतीय फ़ोटो पत्रकार की माँग में बहुत तेज़ी आयी है। इसके अतिरिक्त स्वतन्त्र फ़ोटोग्राफ़रों की भी उपस्थिति अनुभव की जा सकती है।

आज कागद लेखी की अपेक्षा आँखिन देखी की बढ़ती प्रवृत्ति ने फ़ोटो पत्रकारिता को अत्यन्त महत्त्वपूर्ण बना दिया है।

'तहलका डॉट कॉम' द्वारा राजनेताओं की करतूतों का पर्दाफाश फ़ोटो के जरिये ही किया गया। अमेरिका के वर्ल्ड ट्रेड सेण्टर की तबाही की भयावहता का चित्र द्वारा ही अनुभव किया

गया। जिसे हज़ारों शब्द भी शायद अभिव्यक्त नहीं कर सकते थे। इसी तरह भुज में आये भूकम्प से मची तबाही को चित्रों ने ज़्यादा अनुभूत कराया। लेकिन इस तरह के प्रभावशाली चित्रों को हासिल करना आसान कार्य नहीं है। कई बार तो जान का जोख़िम भी रहता है। इसका हाल का उदाहरण स्व. प्रदीप भाटिया हैं जो हिन्दुस्तान टाइम्स के फ़ोटो जर्नलिस्ट थे और जम्मू कश्मीर कवर करते हुए आतंकवादी हमलों का शिकार हो गये। फ़ोटोग्राफ़र को बहुत जोख़िम में काम करना पड़ता है। संवाददाता की कलम झूठ बोल सकती है किन्तु चित्र को झुठलाना असम्भव है। कैमरे की गवाही को झुठलाना कठिन है इसलिए फ़ोटोग्राफ़र से सभी भयभीत रहते हैं। उसे अक्सर पुलिस, नेता लोगों का कोपभाजन बनना पड़ता है। उस पर हमला होता है, कैमरा छीन लिया जाता है, फ़िल्म निकालकर नष्ट कर दी जाती है। संवाददाता की रपट का खण्डन हो सकता है लेकिन फ़ोटोग्राफ़र चित्र प्रत्यक्ष प्रमाण है। फ़ोटोग्राफ़ी उसी को चित्रित करती है जिसका अस्तित्व हो। फ़ोटोग्राफी सिर्फ़ सद्यः वर्तमान को रिकार्ड कर सकती है। यह इसकी कमज़ोरी भी है और शक्ति भी। कमज़ोरी इसलिए कि अगर वह क्षण जिसे फ़ोटोग्राफ़र अपने कैमरे में क़ैद करना चाहता है चूक गया तो फिर वह अवसर पुनः नहीं आयेगा। किसी कारणवश किसी घटना को अपनी फ़िल्म पर रिकार्ड नहीं कर सकता तो फिर वह क्षण नहीं आयेगा। यदि कैमरे ने उस घटना की तस्वीर खींच ली होती तो वह घटना एक ऐतिहासिक दस्तावेज़ बन जाती। यह कैमरे का ही करिश्मा है कि वे लोग जो अब हमारे साथ नहीं हैं, उन्हें हम उसी रूप में देख सकते हैं, जिस रूप में वे कभी इस धरती पर विद्यमान थे।

फ़ोटो सम्पादन-एक चित्र लेख, फ़ीचर, समाचार के अर्थ को अधिक स्पष्ट करता है। उस घटना का दृश्यात्मक आयाम प्रस्तुत करता है। फ़ोटो जितनी सहज होगी उतना ही बेहतर उसका प्रभाव पड़ेगा। लेकिन ऐसे सहज क्षणों को पकड़ पाना बेहद मुश्किल कार्य होता है। इसके लिए मामिक क्षणों की पहचान आवश्यक है। एक फ़ोटो पत्रकार को विदित होना चाहिए कि किस कोण तथा किस दृष्टि से किस कैमरे की फ़िल्म का उपयोग करे। उसमें सही तथा निर्णयात्मक क्षण को पकड़ने की क्षमता होनी चाहिए। पूर्वानुमान सर्वाधिक महत्त्वपूर्ण है। जब ये फ़ोटो समाचार-पत्र, टी.वी. में लिये जाते हैं। तो उसे फ़ोटो सम्पादन (Photo Editing) की प्रक्रिया से गुज़रना होता है। फ़ोटो सम्पादन द्वारा प्रभावी सम्प्रेषण किया जाता है। इस प्रकार फाटो सम्पादन भी एक कला होती है जिसके मुख्य तथ्य निम्नलिखित हैं-

1. फ़ोटो चयन (Photo Selection)-फ़ोटो चयन एक बहुत ही महत्त्वपूर्ण और जटिल कार्य है। क्योंकि यदि फ़ोटो का चयन समाचार कथ्य के अनुरूप नहीं हुआ तो महत्त्वपूर्ण स्थान व्यर्थ ही चला जायगा। यदि फ़ोटो से समाचार कथ्य बेहतर सम्प्रेषित नहीं होता तो उस फ़ोटो को स्वीकार नहीं करना चाहिए। वहीं दूसरी ओर कुछ चित्र ऐसे होते हैं जो बिना कथ्य के भी सब कुछ कह जाते हैं।

अनुभवी फ़ोटो सम्पादक फ़ोटो के बेहतर प्रयोग के लिए उचित मार्गदर्शन उपलब्ध करा सकता है। छोटे समाचार-पत्रों में जहाँ फ़ोटो समपादक नहीं होते हैं वहाँ फ़ोटोग्रफर से ही यह कार्य कराया जाता है। वैसे प्रायः समाचार सम्पादक अथवा कॉपी सम्पादक ही यह कार्य सम्पन्न करता है।

समाचार फ़ोटो के चयन की शर्त प्रत्येक समाचार-पत्र में अलग-अलग होती है। कुछ समाचार-पत्रों में फ़ोटोग्राफ़र ही फ़ोटो चयन का निर्णय करते हैं लेकिन बड़े समाचार-पत्रों में फ़ोटो सम्पादक ही यह निर्णय करता है।

2. फ़ोटो कतरना (Cropping)--फ़ोटोग्राफ़ के अवांछित भाग को कतरने की प्रक्रिया को क्रोपिंग (Cropping) कहा जाता है। पहले कोई भी फ़ोटो या तो पूरी ही चुनी जाती थी अथवा पूरी छोड़ दी जाती थी। किन्तु आजकल किसी भी फ़ोटो का प्रासंगिक हिस्सा चुन लिया जाता है, शेष को क्रोपिंग के जरिये छोड़ दिया जाता है।

3. दीर्घीकरण (Enlarging)--इसे 'ब्लोइंग-अप' करना भी कहते हैं। कई बार कुछ फ़ोटोग्राफ़ मूलतः बहुत छोटी होती हैं लेकिन वे बहुत प्रासंगिक होती हैं। इसलिए उन्हे मूलाकार से बड़ा करने की आवश्यकता पड़ती है।

4. लघुकरण (Reducing)--कई फ़ोटोग्राफ़ मूलतः बड़ी होती हैं लेकिन उनकी प्रासंगिकता इतनी नहीं होती अथवा समाचार-पत्र में स्थान की कमी होती है इसलिए इन फ़ोटो को छोटा करना होता है।

5. आकार देना(Sizing)--फ़ोटो के आकार का निर्णय उसके महत्त्व के अनुसार होना चाहिए न कि स्थान की उपलब्धता के अनुसार। प्रायः समाचार-पत्र सम्पादक उपलब्ध स्थान के अनुसार ही फ़ोटो को छोटा करने की कोशिश करता है जिससे फ़ोटो का प्रभाव कम हो जाता है। यह सामान्य समझ की बात है कि एक बड़े ग्रुप की फ़ोटो तीन-चार कॉलम में होनी चाहिए, जबकि 2 कॉलम में इसे निपटा दिया जाता है। कुशल फ़ोटो सम्पादक जानते हैं कि फ़ोटो को छोटा करने से उसका प्रभाव समाप्त हो जाता है। वैसे तो किसी भी फ़ोटो के आकार को तय करना बहुत महत्त्वपूर्ण कार्य है लेकिन जब एक ही समाचार में अनेक फ़ोटो लगानी होती हैं तब स्थान, अनुपात आदि का भी ध्यान रखना होता है।

6. परिष्कार करना (Retouching)--इस प्रक्रिया द्वारा फ़ोटो को अन्तिम स्वरूप दिया जाता है। इससे कुछ फ़ोटो पहले से बेहतर स्वरूप पा जाती हैं। एयरब्रश, पेस्टिंग, पेन्सिल आदि से यह कार्य किया जाता है।

7. पुनर्निमाण (Reproduction)--इस प्रक्रिया में चरण हैं-

(a) धातु अंकन (Metal engraining)

(b) प्लास्टिक प्लेट (Plastic plates)

(c) वेलोक्स/स्क्रीन पॉजिटिव (Veloxe/Screened Positives)

(d) विण्डोज और फ़ोटो नेगेटिव (Windows and photo Positives)

8. सन्निवेशन करना(Inserting)--जहाँ कोई नक्शा आदि फ़ोटो में सनिर्विष्ट किया जाता है। अथवा घटनास्थल की फ़ोटो के साथ प्रभावित व्यक्ति की फ़ोटो बीच में जोड़ना ।

9. समूहीकरण (Grouping)--जहाँ दो या तीन से अधिक चित्र एक दूसरे पर ओवरलेप (Overlap) करते हैं।

10. समावेशीकरण (Clubbing)--इसके अन्तर्गत भी दो से अधिक फ़ोटो को कलात्मक शैली में एक-दूसरे से ऐसे जोड़ा जाता है कि एक फ़ोटो अंशतः दूसरे के ऊपर आती है। ग्राफ़िक्स की मदद से कलात्मक प्रयोग किये जाते हैं।

फ़ोटो शीर्षक (Caption)--यदि फ़ोटो समाचार कथा (News Story) के साथ है तो शीर्षक लिखना अपेक्षाकृत आसान होता है किन्तु यदि केवल फ़ोटो ही है तो उस स्थिति में फ़ोटो शीर्षक

लिखना अधिक कौशल का कार्य है। क्योंकि वहाँ फ़ोटो की थीम (Theme) को अभिव्यक्ति देनेवाला शीर्षक अपेक्षित होता है, तो जाहिर-सी बात है उसमें व्यापकता आती है। फ़ोटोग्राफ़िक छवि को फ़ोटो शीर्षक एक दिशा देता है। शीर्षक का प्राथमिक लक्ष्य है कि उसे पढ़ने के बाद पाठक उसी तरह प्रतिक्रिया दे जैसा कि फ़ोटोग्राफ़र और फ़ोटो सम्पादक चाहते हैं।

सबसे पहले पाठक फ़ोटो में निहित छवियों को देखता है फिर भागों पर दृष्टि डालता है और फिर वह शीर्षक पढ़ता हैं। शीर्षक में कौन, क्या, कहाँ, कब, क्यों और कैसे के उत्तर मिलने चाहिए। शीर्षक पढ़ने से पाठक के मन के भ्रम की स्थिति दूर होती है और उसे फ़ोटो के सही अर्थ पता चलते हैं।

आदर्श शीर्षक स्पष्ट और संक्षिप्त होता है। हालाँकि यह संक्षिप्त वक्तव्य होता है न कि पूरा समाचार, फिर भी इसमें पाठक की उत्सुकता को शान्त करने लायक सूचना तो होनी ही चाहिए। सामान्यतः समाचाररहित फ़ोटो के शीर्षक दो-तीन पंक्तियों के होते हैं। यदि फ़ोटो समाचार के साथ है तो शीर्षक को फ़ोटो-सम्बन्धी सूचना ही देनी चाहिए, न कि पूरी समाचार कथा कहने लगे। समाचार कथा के नितान्त विपरीत भी न हो। शीर्षक कटी-छँटी फ़ोटो के आधार पर ही निर्मित होना चाहिए न कि मूल फ़ोटो के आधार पर।

फ़ोटो शीर्षक लिखते समय निम्नलिखित बातों का ध्यान रखना चाहिए-

1. शीर्षक में वर्तमान काल का प्रयोग हो ताकि समाचार की नवीनता और तात्कालिकता का पता चल सके।

2. फ़ोटो की सही पहचान करनी चाहिए।

3. शीर्षक के टाइप की शैली बॉडी के टाइप से भिन्न होनी चाहिए।

4. फ़ोटो खींचने और फ़ोटो प्रकाशित होने में कई बार समय लग जाता है। इसलिए शीर्षक में समाचार सम्बन्धी नवीनता (Update) होनी चाहिए।

5. यदि फ़ोटो विशिष्ट (Exclusive) है तो क्रेडिट लाइन में फ़ोटोग्राफ़र का नाम होना चाहिए।

6. फ़ोटो का शीर्षक पूरी घटना को नहीं, बल्कि फ़ोटो में दर्शित सूचना को ही अभिव्यक्त करे।

फ़ोटो शीर्षक के प्रकार - फ़ोटो शीर्षक को मोटे तौर पर दो प्रकार के शीर्षक में बाँटा जा सकता है।

प्रकार्यात्मक (Functional)- 1. शीर्षक विहिप (Null Caption)-जब फ़ोटो स्वयं सब-कुछ सम्प्रेषित कर देती है तब उस फ़ोटो में कोई शीर्षक अपेक्षित नहीं होता। जैसे कई बार सचिन तेन्दुलकर को ऐक्शन में दिखा दिया जाता है। उस फ़ोटो में यह बताने की आवश्यकता नहीं रह जाती कि यह कौन है और क्या कर रहा है।

2. परिचयात्मक शीर्षक-जहाँ पाठक को फ़ोटो में किसी व्यक्ति या स्थान की पहचान या अभिज्ञान कराना ही लक्ष्य होता है।

3. यान्त्रिक शीर्षक (Mechanical Caption)-जब फ़ोटो केवल समाचार को ही विस्तार देती है। उदाहरणार्थ अटल बिहारी वाजपेयी की जार्ज बुश से मुलाक़ात को दर्शाती फ़ोटो।

4. विचारप्रधान शीर्षक (Commentary Caption)-इस तरह के शीर्षकों में विचार शामिल होते हैं। इस तरह के शीर्षक फ़ीचर, लेख सम्बन्धी फ़ोटो के होते हैं।

5. सृजनात्मक शीर्षक (Creative Caption)-इस प्रकार का शीर्षक सृजनात्मक शैली में लिखा जाता है। ये शीर्षक फ़ीचर और अन्य सृजनात्मक लेखन के साथ जुड़ी फ़ोटो के होते हैं।

6. संचयी शीर्षक (Cumulative Caption)-इस तरह के शीर्षक फ़ोटोफ़ीचर में होते हैं जहाँ फ़ोटो की श्रंखला होती है। सब फ़ोटो की क्रम संख्या होती है जिनके अनुसार शीर्षक होते हैं।

7. व्याख्यात्मक शीर्षक (ExplEinatory Caption)-जब फ़ोटो बिना किसी समाचार के होती है तब फ़ोटो की पृष्ठभूमि भी समझानी पड़ती है। इस तरह के शीर्षक अपेक्षाकृत लम्बे होते हैं।

8. व्यंग्य शीर्षक (Satirical Caption)-जब शीर्षक में व्यंग्य निहित होता है। इस तरह के शीर्षक फ़ीचर, कॉलम अथवा कार्टून-जैसे फ़ोटो पर होता है।

संरचनात्मक शीर्षक (Structural Caption)-जहाँ तक संरचनात्मक शीर्षक की बात है, यह दो प्रकार से लिखा जाता है।

1. क्षैतिज-क्षैतिज शीर्षक चित्र के नीचे लिखा जाता है। इस तरह का शीर्षक उतने ही कॉलम तक लिखा जाता है जितने कॉलम तक चित्र का विस्तार होता है। यह शीर्षक लेखन की परम्परागत शैली है।

2. उर्ध्वस्थ- फ़ोटो पत्रकारिता की नवीनतम शीर्षक लेखन शैली है। इस शैली के अन्तर्गत चित्र के दायीं ओर ऊपर से नीचे लिखा जाता है। प्रायः डेढ़ से ढाई कॉलम के चित्र में इसका प्रयोग किया जाता है। भारत में अंग्रेज़ी समाचार-पत्रों में यह ज़्यादा प्रयुक्त होता है। हिन्दी तथा अन्य भाषायी पत्रों में यह ज़्यादा सफल नहीं है।

फ़ोटो-फ़ीचर पत्र-पत्रिकाओं में कोई भी फ़ीचर बिना फ़ोटो के नहीं जाता है। ऐसा बहुत ही कम होता है जब कोई फ़ीचर बिना किसी फ़ोटो के हो। इस प्रकार फ़ोटो किसी भी फ़ीचर का अन्तरंग हिस्सा होता है। किन्तु 'फ़ोटो-फ़ीचर' एक बिलकुल ही पृथक् संकल्पना है। जब किसी फ़ीचर में संख्या और गुणवत्ता दोनों ही दृष्टियों से फ़ोटो ही अधिक प्रभावी हो तो वह फ़ीचर 'फ़ोटो-फ़ीचर' कहलाता है। फ़ोटो-फ़ीचर में फ़ोटो लिखित से अधिक स्थान लेते हैं। इसमें दृश्यात्मक संसार लिखित संचार से अधिक होता है।

नक्शा-समाचार-पत्र में दिये जानेवाले नक्शे स्पष्ट, सांकेतिक और विषयानुकूल होने चाहिए। साहसिक यात्रा, युद्ध स्थल, प्राकृतिक विपदाओं से ग्रसित क्षेत्र आदि के नक्शे समाचार को और रोचक बना देते हैं।

प्रमुख प्रकाशन गृह और उनकी पत्रिकाएँ

1. बेनट कॉलमेन एण्ड कम्पनी लि. (पब्लिक लि.)

टाइम्स ऑफ इण्डिया (अंग्रेज़ी दैनिक, 1838), इकोनोमिक टाइम्स (अंग्रेज़ी दैनिक, 1961), नवभारत टाइम्स (हिन्दी दैनिक, 1950), महाराष्ट्र टाइम्स (मराठी दैनिक, 1972), सान्ध्य टाइम्स (हिन्दी दैनिक 1970), धर्मयुग (हिन्दी पाक्षिक, 1957), टाइम्स ऑफ इण्डिया (गुजराती दैनिक, 1989)।

2. इण्डियन एक्सप्रेस (प्रा.लि. कम्पनी)

लोकसत्ता (मराठी दैनिक, 1948), इण्डियन एक्सप्रेस (अंग्रेज़ी दैनिक, 1953), फाइनेंशियल एक्सप्रेस (अंग्रेज़ी दैनिक, 1977), लोकप्रभा (मराठी साप्ताहिक, 1974), जनसत्ता (हिन्दी दैनिक, 1983), समकालीन (गुजराती दैनिक, 1983), स्क्रीन (अंग्रेज़ी साप्ताहिक, 1950), दिनमानी (तमिल दैनिक, 1957)।

3. आनन्द बाज़ार पत्रिका (प्रा.लि.)

आनन्द बाज़ार पत्रिका (बंगाली दैनिक, 1920), बिजनेस स्टैण्डर्ड (अंग्रेज़ी दैनिक, 1976), टेलीग्राफ़ (अंग्रेज़ी दैनिक, 1980), संडे (अंग्रेज़ी साप्ताहिक, 1979), आनन्द मेला (बंगाली पाक्षिक, 1975), आनन्द कोष (बंगाली पाक्षिक, 1985), स्पोर्ट्स वर्ल्ड (अंग्रेज़ी साप्ताहिक, 1978), बिजनेस वर्ल्ड (अंग्रेज़ी पाक्षिक, 1981)।

पत्रकारिता सम्बन्धी क़ानून

भारतीय प्रेस आयोग

(Indian Press Commission)

भारत सरकार द्वारा दो प्रेस आयोगों का गठन किया गया। प्रथम प्रेस आयोग जस्टिस सी. एस. राजाध्यक्ष की अध्यक्षता में 22 सितम्बर, 1952 को बना। इस आयोग के दस सदस्य रहे- डी.सी.पी. रामास्वामी अय्यर, आचार्य नरेन्द्रदेव, डॉ. जाकिर हुसैन, डॉ. वी.के.आर.वी. राव, पी. एच. पटवर्द्धन, त्रिभुवन नारायण सिंह, जयपाल सिंह, जे. नटराजन, ए.आर. भट्ट और एम. चेलापति रात इसके प्रथम सचिव मुरारीलाल चावला थे, किन्तु उनके निधन हो जाने पर स. गोपालन सचिव नियुक्त हुए। इस आयोग की रिपोर्ट 14 जुलाई, 1954 को प्रस्तुत की गयी। द्वितीय प्रेस आयोग का गठन 29 मई, 1978 को जस्टिस पी.के. गोस्वामी की अध्यक्षता में हुआ। किन्तु इस बीच लोकसभा चुनावों के बाद नयी सरकार बनी, तब 14 जनवरी, 1980 को अध्यक्ष सहित इसके सदस्यों ने इस्तीफा दे दिया। 21 अप्रैल, 1980 को जस्टिस के.के. मैथ्यू की अध्यक्षता में आयोग का पुनर्गठन किया गया, जिसकी रिपोर्ट 15 अप्रैल, 1982 में सरकार को प्रस्तुत की गयी। इस आयोग क सदस्य रहे- जस्टिस शिशिर कुमार मुखर्जी पत्रकार पी.वी. गाडगिल, कौमी आवाज़ लखनऊ के सम्पादक ईशरत अली सिद्दीकी, पत्रकार राजेन्द्र माथुर पत्रकार गिरिलाल जैन पत्रकार रणतीर सिंह भूतपूर्व केन्द्रीय राज्य मन्त्री के आर. गणेश, अधिवक्ता मदन भाटिया अर्थशास्त्री प्रो. एच.के. परांजपे और उपन्यासकार श्रीमती अमृता प्रीतम। कुछ सदस्यों के हटने से प्रेमचन्द्र वर्मा और जस्टिस ए.एन. मुल्ला भी सदस्य हुए।

प्रथम प्रेस आयोग की सिफारिशें–

1. आयोग की महत्त्वपूर्ण सिफारिश रही कि प्रेस स्वतन्त्रता और उसके विकास को प्रोत्साहित करने की दृष्टि से भारत में प्रेस परिषद् की स्थापना की जाय।
2. देश में प्रेस से सम्बन्ध तथ्यों व आँकड़ों को एकत्रित कर प्रतिवर्ष प्रतिवेदन प्रस्तुत करने पर प्रेस रजिस्ट्रार की नियुक्ति की जाय।
3. आर्थिक दृष्टि से पिछड़े तथा नये प्रकाशित पत्रों के विकास को सुनिश्चित करने पृष्ठानुसार मूल्य का नियम लागू किया जाय। यह भी सुनिश्चित किया गया कि विज्ञापन, मुद्रण के लिए निर्धारित स्थान से सप्ताह भर में चालीस प्रतिशत से अधिक नहीं होना चाहिए।

4. विज्ञापनों में आचार संहिता बनाने हेतु विज्ञापन परिषद् बनायी जाय।
5. प्रत्येक समाचार-पत्रों का लेखा सम्पूर्ण विवरण के साथ अलग-अलग रखा जाय। यदि एक ही पत्र के अनेक संस्करण प्रकाशित किये जाते हों तो प्रत्येक संस्करण का आय व्यय का विवरण भी अलग अलग ही तैयार किया जायगा।
6. जिला स्तर पर समाचार-पत्रों के प्रकाशन को प्रोत्साहित किया जाय, जिससे देश में अधिक संख्या में समाचार-पत्रों का प्रकाशन हों।
7. अख़बारी काग़ज़ बेंचने का कार्य राज्य व्यापार निगम के माध्यम से किया जाय।
8. समाचार समितियाँ सरकारी नियन्त्रण से मुक्त हो।
9. प्रेस की सुविधाएँ केन्द्रों तथा राज्यों की राजधानियों में बढ़ायी जानी चाहिए।
10. समाचार-पत्रों संस्थानों को अपने यहाँ कार्यरत पत्रकारों के लिए देश के विभिन्न भागों में भ्रमण की विशेष सुविधाएँ प्रदान की जानी चाहिए।
11. पत्रकारों के कल्याण हेतु उद्योगों पर लागू किये जानेवाले नियम यहाँ भी लागू हों। कार्य के घण्टे का निर्धारण एवं नियमित वेतन की व्यवस्था की जानी चाहिए।
12. सार्वजनिक कार्यों पर उन्मुक्त विचार-विमर्श हेतु विचार विभिन्नता को प्रोत्साहन देना होगा। प्रेस रजिस्ट्रार को देखना होगा कि एकाधिकार की प्रवृत्ति को रोकने पत्रों के प्रसार पर सूक्ष्म रूप से ध्यान दें। यदि वह समझे कि क्षेत्र विशेष में एकाधिकारवाद बढ़ता जा रहा है, तो इसकी सूचना प्रेस परिषद् को दी जानी चाहिए।
13. आयोग ने विभिन्न क़ानूनों में संशोधन के प्रस्ताव भी रखें। इनमें प्रेस एण्ड रजिस्ट्रेशन ऑफ बुक्स ऐक्ट विज्ञापन क़ानून, भारतीय जाप्ता दीवानी और भारतीय जाप्ता फौजदारी, समुद्रीय चुंगी और तार क़ानून आदि उल्लेखनीय हैं।
14. पत्रकारों के लिए आचार-संहिता निर्मित हो।
15. आयोग का यह भी सुझाव रहा कि प्रेस उद्योग पर से अन्य उद्योगों के मालिकों का नियन्त्रण तथा प्रभाव कम से कम किया जाय। आयोग की रिपोर्ट में बताया गया कि 330 दैनिक पत्रों में से पाँच बड़े घराने 29 समाचार-पत्रों को नियन्त्रित करते हैं, जो समाचार-पत्रों के प्रसार संख्या का 31.2 प्रतिशत है तथा 15 घराने 64 समाचार-पत्रों को नियन्त्रित करते हैं, जो प्रसार संख्या का 50.1 प्रतिशत है। ये पत्र आर्थिक तथा तकनीकी दृष्टि से तो उन्नत है ही, साथ ही अख़बारी काग़ज़ विज्ञापन तथा वित्तीय स्रोत आदि में भी काफ़ी आगे है।
16. आयोग ने यह महत्त्वपूर्ण सुझाव भी दिया कि कर्मचारियों पर प्रशासनिक, नियन्त्रण के समस्त अधिकार सम्पादक में निहित करने की सिफारिश करते हुए सम्पादकीय विभाग में नियुक्ति के समय सम्पादक की राय अवश्य शामिल हो। समस्त कर्मचारियों में सम्पादकीय नेतृत्व के प्रति आस्था बने।

मंजूर सिफारिशें—

भारत सरकार ने प्रथम प्रेस आयोग की कुछ मुख्य सिफारिशों को स्वीकृति दी, जो निम्न

(क) समाचार-पत्रों के रजिस्ट्रार पद जुलाई, 1956 में स्थापित किया गया। प्रेस से सम्बन्धित आँकड़े एकत्र करने का दायित्व आर.एन.आई. पर ही है। 1957 से प्रेस रजिस्ट्रार के माध्यम से अख़बारी काग़ज़ का आबण्टन होने लगा।

(ख) प्रेस की स्वतन्त्रता और समाचार-पत्रों एवं समाचार समितियों के स्तर को बनाये रखने और उनमें सुधार करने की दृष्टि से 4 जुलाई, 1966 को प्रेस परिषद् का गठन भी किया गया।

(ग) श्रमजीवी पत्र क़ानून (1955) 20 दिसम्बर, 1955 से लागू किया गया। इस क़ानून के अन्तर्गत पत्रकारों के वेतन कार्य के घण्टे तथा अन्य सेवा शर्तों का नियमन किया गया। इसमें कुछ मुख्य संशोधन 1962 में हुए।

(घ) पृष्ठानुसार मूल्य नियम सरकार द्वारा 1956 में लागू हुआ। इस नियम के विरुद्ध पूना से प्रकाशित सकल समूह के पत्रों की ओर से 1960 में सर्वोच्च न्यायालय के समक्ष याचिका प्रस्तुत की गयी। इस याचिका को स्वीकार करते हुए न्यायालय ने 25 सितम्बर, 1961 को सरकार के इस आदेश को अमान्य ठहराया। अतः सरकार ने इस क़ानून को वापिस ले लिया।

(ङ) प्रेस सलाहकार समिति का गठन 22 सितम्बर, 1962 को किया गया। इसका मुख्यतः ध्येय प्रेस और सरकार के मध्य समान रुचि के विषयों पर सौहार्दपूर्ण सम्बन्ध बनाना था। दो वर्ष के बाद सितम्बर, 1964 में समिति समाप्त हो गयीं।

(च) छोटे समाचार-पत्रों के विकास तथा उनकी स्थिति, जाँच के लिए सरकार ने श्री आर.आर. दिवाकर की अध्यक्षता में एक जाँच समिति गठित की। इस समिति ने पृष्ठानुसार मूल्य नियम लागू किये जाने पुनः सिफारिश की तथा लघु समाचार-पत्रों के विकास तथा उत्पादन स्तर में वृद्धि को प्रोत्साहन देने के लिए राज्यों के पृथक् वार्षिक पुरस्कार प्रारम्भ करने का सुझाव समिति ने दिया। यह सिफारिश भी की सजावटी विज्ञापनों का पचास प्रतिशत भाग लघु समाचार-पत्रों को दिया जाना चाहिए।

(छ) समाचार-पत्रों तथा समाचार समितियों की वित्तीय स्थिति के लिए तथ्यान्वेषण समिति की 14 अप्रैल, 1972 को नियुक्ति की गयी जिसने अपनी रिपोर्ट 14 जनवरी, 1975 को प्रस्तुत की।

द्वितीय प्रेस आयोग की सिफॉरिशें

प्रेस की भूमिका- आयोग प्रेस से अपेक्षा करता है कि उसे न तो सरकार का अविचारित विरोध करना चाहिए और न उसका अन्ध समर्थन। आयोग का मानना है कि लोकतान्त्रिक तथा विकासशील राष्ट्र शत्रु पूर्ण हो और न ही मित्रतापूर्ण। प्रेस को रचनात्मक आलोचना का कार्य करना चाहिए। साम्प्रदायिक सद्भाव क़ायम करने के लिए राष्ट्रीय जीवन धारा में विभिन्न वर्गों के सहयोग से निर्माण की ओर बढ़ने ताकि सामाजिक धार्मिक चेतना के स्वस्थ विकास आदि क्षेत्रों में प्रेस की महत्त्वपूर्ण तथा सार्थक भूमिका के सन्दर्भ में भी आयोग ने सुझाव दिये।

1. प्रेस परिषद्- आयोग ने प्रेस परिषद् को दण्डात्मक शक्ति प्रदान करने की सिफारिश की है। आयोग का मानना है कि किसी समाचार-पत्र के प्रति परिषद् की तीन बार विपरीत टिप्पणी होती है तो उस पर प्रतिबन्ध लगाये जायँ। ये टिप्पणियाँ निन्दा, चेतावनी, भर्त्सना अथवा सेन्सर रूप में हो सकती हैं। परिषद् को यह शक्ति प्रदान करने पर ज़रूरी है कि प्रेस परिषद् का अध्यक्ष न्यायिक पृष्ठभूमि का हो।
2. विकास पत्रकारिता- आयोग की मान्यता है कि अंग्रेज़ी के अतिरिक्त अन्य क्षेत्रीय भाषाओं के समाचार-पत्रों में विशेषकर बंगाली, कन्नड़, मलयालम में विकासात्मक विषयों तथा सामाजिक आर्थिक समस्याओं पर काफ़ी लिखा जाता है। आयोग ने इस प्रवृत्ति को प्रोत्साहित करने की सलाह दी। विकासात्मक रिपोर्टिंग के साथ-साथ आयोग ने सामाजिक-आर्थिक समस्योन्मुखी अनुसन्धानपरक रिपोर्टिंग की प्रवृत्ति को भी स्वागत योग्य बताया।
3. विदेश नीति और सुरक्षा- राष्ट्रीय संकट के समय प्रेस अत्यन्त ही सशक्त ढंग से अपनी भूमिका का निर्वाह और जनता में विश्वास क़ायम रखने की प्रेरक शक्ति बन सकता है। आयोग का मानना है कि सत्ताधारी दल की या सरकार की विदेश नीति का मात्र समर्थन ही हमारा अभष्ट नहीं है। विदेश नीति के किसी भी मसले पर समाचार-पत्र सरकारी रुख से भिन्न मत रखने को स्वतन्त्र है और इसे अन्तरराष्ट्रीय नहीं कहा जा सकता। आयोग ने सुरक्षा सम्बन्धी संवेदनशीलन मामलों पर प्रेस से पूर्ण उत्तरदायित्व तथा आत्म नियन्त्रण की अपेक्षा की है, जिनके प्रकाशन अथवा टिप्पणी से शत्रु राष्ट्रों को युद्ध के समय लाभ होने की सम्भावना हो।
4. समाचार-पत्र विकास आयोग- आयोग ने छोटे एवं मध्यम समाचार-पत्रों के विकास की दृष्टि से समाचार-पत्र विकास आयोग के गठन का सुझाव दिया। प्रस्तावित समाचार-पत्र विकास आयोग छोटे तथा मध्यम दर्ज़े के पत्रों को सस्ती दरों पर दूर मुद्रक सेवाएँ उपलब्ध कराने, देश के आन्तरिक भागों में स्थित समाचार-पत्रों को अख़बारी काग़ज़ उपलब्ध कराने, समाचार समितियों के दूरमुद्रक सम्पर्क, दूरदराज़ समाचार-पत्रों के कम्पोज़ एवं मुद्रण तकनीक के विकास में सहयोग करेगा। इस प्रकार छोटे एवं मध्यम समाचार-पत्रों को आत्मनिर्भर बनने एवं उनके विकास की दिशा में समाचार-पत्र विकास आयोग की महत्त्वपूर्ण भूमिका हो सकती है। समाचार-पत्रों को निजी ही रखने की बात आयोग ने स्वीकार की है।
5. प्रेस पर दबाव- आयोग का मानना है कि पत्रकार जगत् स्वयं इतना योग्य एवं सामर्थ्यवान् हो कि ऐसे वाह्य एवं आन्तरिक दबावों व अवरोधों से अपनी रक्षा कर सके, जिससे उसकी स्वतन्त्रता में किसी भी प्रकार की कमी होने की आशंका हो। स्वयं पत्रकारों का आत्मबल इतना अधिक होना चाहिए कि वे न रह जाय आयोग का यह मानना भी है कि विभिन्न राजनीतिक दलों तथा ट्रेड यूनियन्स को अपने राजनैतिक स्वार्थों एवं उद्‌देश्यों के लिए अपने समर्थकों का प्रयोग पत्रों के कर्मचारियों के ख़िलाफ़ अथवा पत्र का प्रकाशन छिपाने या रोकने के लिए नहीं करना चाहिए।

6. संविधान और क़ानून में संशोधन- आयोग ने प्रेस क़ानूनों में कुछ संशोधन के प्रस्ताव भी दिये-

अ- सरकारी गोपनीयता क़ानून- प्रेस आयोग का मानना है कि सरकारी गोपनीयता अधिनियम में ऐसा संशोधन किया जाय, जिससे समाचार-पत्रों को राज्य के कार्यों की जानकारी प्राप्त करने का पूरा अधिकार मिल सके तथा जनता राज्य के कार्यों से भली-भाँति परिचित हो सके। इस क़ानून में सरकार ने 14 मई, 1986 को राज्यसभा में घोषणा करते हुए संशोधन को आवश्यक नहीं माना। चूँकि यह क़ानून प्रेस की आज़ादी में बाधा नहीं है।

ब- अभिव्यक्ति की स्वतन्त्रता- संविधान के अनुच्छेद 19 (1) ए के अनुसार भारतीय नागरिकों का वाक् एवं अभिव्यक्ति की स्वतन्त्रता मिली है। प्रेस की स्वतन्त्रता भी इसी में निहित है। प्रेस को अलग से स्वतन्त्रता दिये जाने का प्रावधान नहीं है और द्वितीय प्रेस आयोग भी इसकी आवश्यकता महसूस नहीं करता। आयोग ने पूर्व सेन्सरशिप के सन्दर्भ में माना कि इस अधिकार का उपयोग राष्ट्रीय हित में अत्यधिक आवश्यकता पड़ने पर तभी हो, जबकि स्थिति को पूर्व सेन्सरशिप के बिना सुलझाया न जा सके।

स- सूचना के स्रोत के प्रकट न करने का अधिकार- आयोग यह मानता है कि पत्रकार को अपने स्रोत का उल्लेख सामान्य परिस्थितियों में नहीं करना चाहिए, किन्तु उसे इसकी पूर्ण स्वतन्त्रता नहीं दी जा सकती तथा आवश्यकता पड़ने पर ऐसे स्रोत की जानकारी देने के लिए बाध्य किया जा सकता है, किन्तु गिरिलाल जैन, राजेन्द्र माथुर, एस.के. मुखर्जी, एच. के. परांजपे, इशरत अली सिद्दीकी ने इस पर अपनी असहमति जतायी। उनका यह मानना था कि पत्रकार को अपने स्रोत की जानकारी न देने का पूरा अधिकार मिलना चाहिए। राष्ट्रीय सुरक्षा अथवा अपराध सम्बन्धी गतिविधियों को रोकने जैसे विशेष परिस्थितियों में ही पत्रकार अपने स्रोत का उद्घाटन न्यायाधीश को विश्वास में लेकर कर सकता है।

द- मानहानि- आयोग ने विधि आयोग की 42वीं रिपोर्ट में दिये सुझावों का समर्थन करते हुए ब्रिटेन के मानहानि क़ानून 1952 की धारा 6 को भी आवश्यक संशोधन सहित भारत में लागू करने का सुझाव दिया है।

इ- अदालत की मानहानि- आयोग ने अदालत की मानहानि क़ानून की धारा 2(सी) के उपलब्ध तथा फ़ौज़दारी अवमानना की परिभाषा को परिवर्तित करने का सुझाव दिया है।

ई- संसद् के विशेषाधिकार- आयोग ने संसद् तथा विधानसभा के लिए यथाशीघ्र विशेषाधिकारों का निश्चित नियम बनाने की आवश्यकता बतायी। आयोग की राय में विशेषाधिकार का सामान्य अर्थ जनता में भ्रान्ति रूप से प्रचलित है। विशेषाधिकार का अर्थ प्रायः यह लिया जाता है, कि सदस्य विशेषाधिकार प्राप्त श्रेणी के हैं। आयोग का मानना है कि विशेषाधिकारों शब्द के स्थान पर संसद्

तथा विधानसभा एवं उनके सदस्यों के "अधिकार तथा सुविधाएँ" का प्रयोग किया जाय।

प्रेस एवं पुस्तक पंजीकरण अधिनियम- आयोग ने इस अधिनियम में कई सुझाव संशोधन हेतु दिये। आयोग ने "रजिस्ट्रार आफ न्यूज़पेपर फॉर इण्डिया" के स्थान 'प्रेस रजिस्ट्रार' शब्द को यथोचित माना है।

7. पृष्ठानुसार मूल्य एवं विज्ञापन समाचार अनुपात- प्रेस आयोग ने समाचार-पत्रों के पृष्ठों तथा मूल्य उचित अनुपात लागू करने के लिए संविधान में संशोधन करने का सुझाव दिया है। पृष्ठानुसार मूल्य लागू करने के लिए आयोग ने समाचार-पत्रों को आर्थिक व्यवस्था के अध्ययन के आधार पर विशेषज्ञों की समिति गठित करने का सुझाव दिया। निश्चित आकार के अनुरूप पृष्ठों की संख्या तय करके न्यूनतम मूल्य निर्धारित करने की सिफारिश आयोग ने की है। इन्ही उद्‌देश्यों की पूर्ति के लिए आयोग ने समाचार और विज्ञापनों के मध्य भी निश्चित अनुपात क़ायम रखने का विचार रखा है। यह अनुपात बड़े समाचार-पत्रों के लिए 60:40, मध्यम समाचार-पत्रों के लिए 50:50 और छोटे समाचार-पत्रों के लिए 40:60 का रखा गया है।

8. उद्योगों से मुक्ति तथा न्यायाधिकारियों की नियुक्ति- आयोग का सबसे महत्त्वपूर्ण एवं विवादास्पद प्रस्ताव समाचार-पत्रों को अन्य उद्योगों से अलग रखने का है। सर्वप्रथम एक लाख या उससे अधिक की प्रसार संख्यावाले समाचार-पत्रों के स्वामित्व को अन्य व्यावसायिक हितों से अलग कर दिया जाय। आयोग की दृष्टि से समाचार-पत्र प्रकाशन के दस प्रतिशत से अधिक हित अन्य व्यवसायों में निहित नहीं होने चाहिए। न ही वह प्रत्यक्ष अथवा अप्रत्यक्ष रूप से अन्य व्यावसायिक हितों द्वारा नियन्त्रण हों।

9. विदेशी धन की बात- आयोग ने समाचार-पत्र घराने पर से विदेशी धन के प्रभाव को समाप्त करने के लिए आवश्यक क़दम उठाने की भी सिफारिशें की है।

10. चित्रकथाएँ तथा भविष्यवाणियाँ- भारतीय समाचार-पत्रों में प्रकाशित चित्र कथाओं के स्वरूप पर आयोग ने अप्रसन्नता व्यक्त की है। आयोग ने सुझाव दिया है कि चूँकि अपराध एवं जासूसी प्रवृत्ति की चित्र कथाएँ हमारे सांस्कृतिक चिन्तन एवं परम्पराओं के सर्वथा प्रतिकूल है, अतः इनका स्वरूप इस प्रकार निर्धारित किया जाय कि ये हमारे सांस्कृतिक जीवन को सुरुचिपूर्ण ढंग से प्रतिबिम्बित करते हुए स्वस्थ मनोरंजन को प्रोत्साहित करे। आयोग ने यह सुझाव भी दिया कि पत्र-पत्रिकाओं में ज्योतिष के आधार पर भविष्यवाणी एवं राशिफल के प्रकाशन को भी बन्द कर दिया जाय। चूँकि इस तरह के स्तम्भ अन्धविश्वास एवं भाग्यवादिता को उकसाते हैं।

11. विज्ञापन नीति तथा विज्ञापनों में नारी- आयोग ने सरकार को निश्चित विज्ञापन नीति तय करने का सुझाव दिया हैं। दृश्य एवं श्रव्य प्रचार निदेशालय का विभाजन कर देना चाहिए तथा सरकारी विज्ञापन का भार स्वायत्तशासी संगठन के अनुरूप ही राज्य सरकारों को भी ऐसे संगठन गठित करने चाहिए। आयोग ने व्यावसायिक

विज्ञापनों में महिलाओं की छवि के दुरुपयोग को गम्भीरता से लेते हुए सेक्स तथा सिनेमा की पत्रिकाओं को रियायती मूल्य पर अख़बारी काग़ज़ नहीं देने की भी सिफारिश की।

12. समाचार समिति- आयोग ने स्थानीय आवश्यकताओं की पूर्ति हेतु अधिक से अधिक समाचार समितियों का गठन करने की सिफारिश की है, ताकि इनके द्वारा समाचार-पत्रों को समाचार एवं टिप्पणियाँ व्यापक एवं विभिन्न आयोगों में दी जा सके। इनके माध्यम से फ़ोटो, नक्शें आदि भी भेजे जा सकें। आयोग इन समितियों से अपेक्षा करता है कि वे ग्रामीण जीवन तथा उनकी समस्याओं से जुड़कर उन्हें राष्ट्र के समक्ष प्रस्तुत करें तथा अज्ञात एवं अनछुए स्थानों के समाचारों को समुचित स्थान दे। आयोग ने सुझाव दिया कि हिन्दी सहित सभी भारतीय भाषाओं की एक प्रथम श्रेणी की संवाद समिति का गठन अविलम्ब होना चाहिए। आयोग की सिफारिशों पर यू.एन.आई. ने 1 मई, 1982 से हिन्दी समाचार समिति यूनिवार्त्ता और पी.टी. आई. ने 18 अप्रैल, 1986 से भाषा प्रारम्भ कर दी। सरकार ने भी 14 मई, 86 को घोषणा में संवाद समितियों के कामकाज में सहयोग देने की बात कही।

13. पत्र सूचना कार्यालय का पुनर्गठन- पत्र सूचना कार्यालय का स्वरूप सूचना एवं समाचार कार्यालय के रूप में परिवर्तित कर देना चाहिए, जो रात-दिन काम करते रहे। इसकी सेवाएँ जिला एवं ग्रामीण स्तर के क्षेत्रों के प्रकाशित होनेवाले समाचार-पत्रों को बराबर मिलती रहें। एक ऐसी सलाहकार समिति का गठन किया जाय जो इसकी सेवाओं का उपयोग एवं मूल्यांकन करती रहे।

पूर्व सूचना एवं प्रसारण मन्त्र श्री वी.एन. गाडगिल ने 14 मई, 1986 को राज्यसभा में एक घोषणा करते हुए कहा कि सरकार ने द्वितीय प्रेस आयोग की 278 सिफारिशों को सिद्धान्ततः स्वीकार किया है। शेष अन्य सिफारिशों को प्रक्रिया के तहत कार्यवाही के लिए सम्बन्धित संस्थानों/संगठनों को आगे बढ़ाया गया है। इनमें से 48 सिफारिशों को नामंजूर किया गया है।

भारतीय प्रेस परिषद्

भारत में प्रेस परिषद् की स्थापना प्रथम प्रेस आयोग की संस्तुतियों के आधार पर की गयी। इस आयोग ने 1954 की अपनी रिपोर्ट में महत्त्वपूर्ण सिफारिश की थी कि प्रेस की स्वतन्त्रता की रक्षा समाचारों के प्रस्तुतिकरण में वस्तुनिष्ठता समाचार-पत्रों के विकास को प्रोत्साहित करने और वाह्य दबावों से उसकी रक्षा के लिए प्रेस परिषद् निर्मित की जाय। इस सिफारिश पर जून 1956 में संसद् में एक विधेयक प्रस्तुत किया गया। किन्तु लोकसभा के भंग होने से इसे अमल में नहीं लाया जा सका। थोड़े समय पश्चात् 30 सितम्बर, 1964 को एक समिति को यह कार्य सौंपा गया, फलस्वरूप 12 नवम्बर, 1965 को भारतीय प्रेस परिषद् का विधेयक पारित हो गया। 4 जुलाई, 1966 को प्रथम भारतीय प्रेस परिषद् की स्थापना की जो 13 दिसम्बर, 1975 तक कार्य करती रही। इसका पुनर्गठन 6 अप्रैल, 1977 को तत्कालीन सूचना व प्रसारण मन्त्री श्री लालकृष्ण आडवानी ने किया और 1978 में यह परिषद् पुनः काम करने लगी।

प्रेस परिषद् के उद्देश्य-

(1) भारतीय पत्रों को मिलनेवाली विदेशी सहायता का मूल्यांकन करना।

(2) पत्रकारों के बीच सहयोग व सामञ्जस्य की स्थापना करना।

(3) पत्रकारिता व्यवसाय से जुड़े व्यक्तियों में जनसेवा तथा उत्तरदायित्व की भावना।

(4) जनरुचि एवं महत्त्वपूर्ण समाचारों के प्रेषण में आनेवाले अवरोधों की रोकथाम करना।

(5) पत्रकारों के उच्च स्तर के अनुरूप आचार संहिता तैयार करना। विकसित करना।

(6) अख़बारी कारोबार में एकाधिकार को रोकना।

(7) प्रेस की स्वतन्त्रता की रक्षा करना।

परिषद् का स्वरूप

प्रेस परिषद् में 28 सदस्य होते हैं, जो इस प्रकार होते हैं-

(1) समाचार-पत्र प्रबन्ध कार्य से समाचार-पत्रों के स्वामी से छः सदस्य होंगे।

(2) तीन सदस्य शिक्षा और विज्ञान क़ानून, साहित्य, संस्कृति, आदि क्षेत्रों में से होते हैं।

(3) एक सदस्य समाचार समितियों से सम्बन्ध व्यक्तियों में से।

(4) श्रमजीवी पत्रकार में से 13 सदस्य होते हैं, जिनमें से 6 समाचार-पत्र के सम्पादक तथा शेष सम्पादकों से भिन्न श्रमजीवी पत्रकार हैं।

पाँच संसद् सदस्यों में से चुने जाते हैं, जिनमें से तीन का मनोनयन लोकसभा अध्यक्ष द्वारा तथा दो का राज्यसभा द्वारा होता है।

प्रेस परिषद् की शक्तियाँ

प्रेस परिषद् की वस्तुगत स्थिति न्यायालय की तरह होती है। इसके समक्ष पीड़ित पक्ष समाचार-पत्रों के ख़िलाफ़ अपनी शिकायतें प्रस्तुत कर सकता है। प्रेस परिषद् को दण्डात्मक अधिकार प्राप्त नहीं है। अतः वह अपने निर्णयों की अनुपालन के लिए किसी को क़ानूनी रूप से बाध्य नहीं कर सकती, किन्तु नैतिक नियन्त्रण के ज़रिये वह पत्रकारिता की स्वस्थ परम्पराओं के विकास में मुख्य भूमिका निर्वहन करता है। प्रेस परिषद् की शक्तियाँ निम्नानुसार हैं-

(क) न्यायालय में विचाराधीन किसी भी मामले में परिषद् विचार नहीं कर सकती तथा परिषद् के निर्णयों को किसी भी न्यायालय में प्रश्नगत नहीं किया जा सकता है।

(ख) यदि किसी समाचार-पत्र समाचार एजेन्सी, सम्पादक या किसी श्रमजीवी पत्रकार ने लोकरुचि के स्तर का अविवर्तन या कोई वृत्तिक अवचार किया है तो प्रेस परिषद् सम्बद्ध समाचार एजेन्सी सम्पादक को सुनवायी का अवसर देने के बाद उसकी उस रीति से जाँच करेगी जो इस अधिनियम के अधीन बनाये गये विनियमों द्वारा उपबन्धित हैं। यथास्थिति परिषद् उस समाचार-पत्रकार को चेतावनी दे सकेगी। उसकी भर्त्सना कर सकेगी या उसकी निन्दा कर सकेगी अथवा उस सम्पादक या पत्रकार के आचरण का अनुमोदन कर सकेगी।

(ग) यदि परिषद् की यह राय रहती है कि लोकहित में ऐसा करना आवश्यक था तो वह किसी समाचार-पत्र से यह अपेक्षा करेगी कि वह समाचार-पत्र या समाचार एजेन्सी सम्पादक या उसमें कार्य करनेवाले पत्रकार के विरुद्ध इस धारा के अधीन किसी जाँच से सम्बन्धित

सामग्री, जिनके अन्तर्गत उस समाचार पत्र, समाचार एजेन्सी, सम्पादक या पत्रकार का नाम भी है, उसमें ऐसी रीति से, जैसी परिषद् ठीक समझे प्रकाशित करे।

परिषद् अपने कार्य को सफलतापूर्वक सम्पादित कर सके, अतः उसे निम्न शक्तियाँ भी हैं।

1. इस अधिनियम के अधीन जाँच करने के लिए परिषद् को निम्नलिखित बातों के बारे में सम्पूर्ण भारत में वही शक्तियाँ प्राप्त होंगी, जो वाद का विचारण करते समय नागरिकों-न्यायालयों में दीवानी प्रक्रिया संहिता 1908 के अधीन है।

अर्थात्-

1. शपथ पर साक्ष्य का लिया जाना।

2. व्यक्तियों के सम्मन भेजना और हाजिर कराना तथा शपथ पर परीक्षा करना।

3. परिषद् अपने उद्देश्यों को या अपने कृत्यों का पालन करने के लिए आवश्यक समझती है तो वह अपने किसी विनिश्चय में या रिपोर्ट में किसी प्राधिकरण के जिसके अनतर्गत सरकार भी है, आचरण के सम्बन्ध में ऐसा मत प्रकट कर सकेगी, जो ठीक समझे।

4. साक्षियों के दस्तावेजों की परीक्षा के लिए आयोग बैठना।

5. किसी न्यायालय या कार्यालय के किसी लोक अभिलेख या उसकी प्रतिलिपियों की अध्यपेक्षा करना।

भारतीय संविधान और प्रेस

भारतीय संविधान की विशेषताएँ-

(संघीय प्रणाली, मौलिक अधिकार तथा नीति सिद्धान्त)

किसी भी लोकतान्त्रिक राष्ट्र में संविधान और उसके क़ानून का प्रभाव चतुर्थ सत्ता के रूप में प्रतिष्ठित प्रेस के कार्यों पर भी परिलक्षित होता है। भारत में प्रेस का उद्भव एवं प्रारम्भिक विकास ही ब्रितानिया सरकार के नियन्त्रण में हुआ है, जिससे प्रेस पर शुरू से ही नियमों-अधिनियमों का संत्रस बराबर बना रहा है। स्वतन्त्र भारत में प्रेस पर किसी प्रकार की बाधाएँ विशेष तौर पर तो नहीं लादी गयी, अपितु संवैधानिक अपेक्षा के अनुरूप वाक् एवं अभिव्यक्ति की स्वतन्त्रता को व्यापक दर्जा मिला है। सुप्रसिद्ध विधिवेत्ता एवं स्वतन्त्रता संग्राम सेनानी डा. सच्चिदानन्द सिन्हा की अध्यक्षता में संविधान सभा का गठन 1946 में किया गया। बाद में संविधान सभा में अध्यक्ष डा. राजेन्द्र प्रसाद हुए और फरवरी, 1948 में संविधान का मसौदा प्रकाशित हुआ। 26 दिसम्बर, 1949 को संविधान अन्तिम रूप से स्वीकार हो गया और 26 जनवरी, 1950 से लागू हो गया।

भारत के संविधान में इसके उद्देश्यों को प्रारम्भ में ही उसके लोकतान्त्रिक मूल्यों के प्रति आस्था एवं निष्ठा के साथ स्पष्ट किया गया है-

"हम भारत के लोग, भारत को एक सम्पूर्ण प्रभुत्व सम्पन्न लोकतान्त्रिक गणराज्य बनाने के लिए तथा उसके समस्त नागरिकों को सामाजिक, आर्थिक और राजनीतिक न्याय, विचार, अभिव्यक्ति, विश्वास, धर्म और उपासना की स्वतन्त्रता, गरिमा और राष्ट्र की एकता सुनिश्चित करनेवाली बन्धुता बढ़ाने के लिए, दृढ़ संकल्प होकर अपनी इस संविधान सभा में आज तारीख

26 नवम्बर, 1949 (मिती मार्गशीर्ष शुक्ल सप्तमी, संवत् दो हज़ार छह विक्रमी) को एतद्द्वारा इस संविधान को अंगीकृत अधिनियमित और आत्मर्पित करते हैं।"

भारतीय संविधान के उपरोक्त महत्त्वपूर्ण भाग हमारे संविधान की समस्त विधि-विधानों की विशेषताओं को व्याख्यायित करता है। प्रत्येक पत्रकार के लिए यह उसके कर्त्तव्यों और अधिकारों का भी बोध कराता है। हमारा संविधान ब्रिटेन की संसदीय प्रणाली की तरह ही है, पर थोड़ा भिन्न इसीलिए कि ब्रिटेन में संसद् सर्वोच्च होती है। ब्रिटिश पार्लियामेण्ट में पारित विधानों को किसी भी न्यायालय में चुनौती नहीं दी जा सकती, किन्तु भारत में न्यायालयों को, पार्लियामेण्ट में पारित क़ानूनों की संवैधानिकता पर सुनवायी का अधिकार है। इसीलिये हमारे देश में संसद् की अपेक्षा संविधान सर्वोच्च है।

संविधान में प्रस्तावना है, भाग 1 से भाग 22 तक, जिसमें 1 से 395 धाराएँ, एक से दस अनुसूचियाँ और एक परिशिष्ट है। संविधान की प्रस्तावना में उद्‌देश्यों को व्यक्त किया गया है, जिसमें सामाजिक, आर्थिक व राजनीतिक न्याय, विचार अभिव्यक्ति, धर्म, विश्वास और उपासना की स्वतन्त्रता, प्रतिष्ठा और अवसर की समता तथा व्यक्ति की गरिमा राष्ट्र की एकता तथा बन्धुता बढ़ाने की बात है। धारा-1 में स्पष्ट है कि भारत राज्यों का संघ होगा। धारा-2 के अनुसार इसके राज्यों तथा केन्द्रशासित प्रदेशों का उल्लेख प्रथम अनुसूची में होगा। भाग-2 में संघ और राज्यों के बीच सम्बन्धों पर धाराएँ हैं। जिसमें संघ सरकार को सातवीं पहली सूची (संघ सूची) में वर्णित विषयों पर विधि बनने की अनन्य शक्ति प्राप्त है। तीसरी सूची (समवर्ती सूची) में वर्णित विषयों पर क़ानून बनाने का अधिकार संघ और राज्य दोनों सरकारों को प्राप्त है। यह धारा 246 में दर्शाया गया है। ऐसे विषय जिनका उल्लेख समवर्ती सूची या राज्य सूची में विलोपित है, उन पर विधि का अधिकार केवल संघ सरकार को प्राप्त है। जहाँ संघ और राज्य सरकारों के बीच किसी क़ानून पर मतभेद होगा, वहाँ संघ सरकार के द्वारा निर्मित क़ानून ही मान्य समझे जायँगें। धारा 254 में इसका प्रावधान निहित है। संविधान में नागरिकता का अधिकार ऐसे प्रत्येक व्यक्ति को प्रदान किया गया है, जो भारत में जन्मा हो या जो संविधान लागू होने के पाँच वर्ष पहले से भारत में रह रहा हो। भाग-3 के अनुसार नागरिकों को धारा 12-35 के अन्तर्गत सात मूल अधिकार प्रदान किये गये हैं, जो इस प्रकार हैं-

1. समता का अधिकार
2. स्वातन्त्र्य अधिकार
3. शोषण के विरुद्ध अधिकार
4. धर्म की स्वतन्त्रता का अधिकार
5. संस्कृति एवं शिक्षा-सम्बन्धी अधिकार
6. सम्पत्ति का अधिकार
7. संवैधानिक उपचार का अधिकार

संविधान के 16वें संशोधन से मूल अधिकारों के प्रयोग पर कुछ बाधाएँ भी लगायी हैं। भाग-4 में राज्य के नीति निर्देशक तत्त्वों को धारा 36 से 51 में वर्णित किया गया है। इसके अन्तर्गत ऐसे अनेक विषय हैं, जिन्हें राज्य पूरा करने का प्रयास करेगा। यद्यपि मूल अधिकारों की भाँति उपर्युक्त विषयों को न्यायालय की सहायता से लागू नहीं कराया जा सकता है, किन्तु देश में आधारभूत अवश्य है।

भाग-5 धारा 52 के अनुसार भारत का एक राष्ट्रपति होगा, जिसमें उसकी कार्यपालिका शक्ति धारा 53 के रूप में दी गयी है। धारा 54 राष्ट्रपति का निर्वाचन ऐसे निर्वाचकगण के सदस्य करेंगे, जिसमें संसद् के दोनों सदनों के निर्वाचित सदस्य और राज्यों की विधानसभाओं के निर्वाचित सदस्य होंगे। राष्ट्रपति पाँच वर्ष की अवधि के लिए होगा, किन्तु धारा 57 के परिप्रेक्ष्य में वह दुबारा भी चुना जा सकेगा। प्रधानमन्त्री की नियुक्ति राष्ट्रपति द्वारा की जायेगी और अन्य मन्त्रियों की नियुक्ति राष्ट्रपति प्रधानमन्त्री की सलाह पर करेगा। उपराष्ट्रपति का चुनाव एक निर्वाचक मण्डल के द्वारा किया जा सकेगा, जिसमें संसद् के दोनों सभाओं के सदस्य सम्मिलित होंगें। उपराष्ट्रपति पाँच वर्ष के लिए होगा तथा वह राज्यसभा का पदेन सभापति होगा। धारा 79 के अनुसार संघ की एक संसद् होगी, जो राष्ट्रपति और दो सदनों से मिलकर बनेगी। जिनके नाम राज्यसभा और लोकसभा होंगे। राज्यसभा में राज्यों और संघशासित प्रदेशों का प्रतिनिधित्व करनेवाले अधिक-से-अधिक 238 सदस्य और राष्ट्रपति द्वारा नामजद 12 सदस्य होंगे। धारा 81 के अनुरूप लोकसभा में राज्यों के प्रादेशिक चुनाव क्षेत्रों से प्रत्यक्ष चुनाव द्वारा निर्वाचित अधिक-से-अधिक 500 सदस्य और संघ शासित प्रदेशों का प्रतिनिधित्व करनेवाले 25 सदस्य होंगे। धारा 83 की (1) के अनुसार राज्यसभा का विघटन नहीं होगा, किन्तु उसके सदस्यों में से यथासम्भव निकटतम एक तिहाई सदस्य संसद् द्वारा विधि द्वारा इस निमित्त किये गये उपबन्धों के अनुसार प्रत्येक दूसरे साल की समाप्ति पर सेवा निवृत होते रहेंगे। लोकसभा यदि पहले ही विघटित नहीं की जाती है तो अपने प्रथम अधिवेशन के लिए नियत तारीख से 5 वर्ष तक बनी रहेगी, इससे अधिक नहीं। इस अवधि की समाप्ति के बाद वह अपने आप भंग हो जायेगी। किन्तु यदि देश में आपात्कालीन स्थिति हो तो लोकसभा का एक वर्ष का कार्यकाल बढ़ाया जा सकता है। संसद् के सहायता के लिए लोकलेखा समिति, प्राकलन समिति, लोक उपक्रम समिति, सरकारी आश्वासनों सम्बन्धी समिति, नियुक्ति की जाती है। संविधान 124(1) के अनुसार भारत का एक उच्चतम न्यायालय होगा, जिसमें भारत का मुख्य न्यायाधीश और कुछ अन्य न्यायाधीश होंगे। संसद् द्वारा न्यायाधीशों की संख्या बढ़ायी जा सकती है। अमेरिका में अध्यक्षीय शासन-प्रणाली में विधानमण्डल, कार्यपालिका और न्यायपालिका एक-दूसरे से स्वतन्त्र संगठन के रूप में कार्य करते हैं। किन्तु भारत-जैसी संसदीय शासन-प्रणाली में कार्यपालिका, विधानमण्डल के अधीन होती है। केवल न्यायपालिका ही एक स्वतन्त्र निकाय के रूप में कार्य करती है। सर्वोच्च न्यायालय के मुख्य न्यायाधीश के परामर्श से राष्ट्रपति उच्चतम न्यायालय के न्यायाधीशों की नियुक्ति करते हैं। उच्चतम न्यायालय को मूल और अपीली दोनों क्षेत्राधिकार प्राप्त हैं।

राष्ट्रपति महान्यायवादी नियुक्त करेगा। इसके लिए योग्यताएँ उच्चतम न्यायालय के न्यायाधीश नियुक्त होने के लिए अपेक्षित सभी योग्यताएँ होंगी। क़ानूनी मामलों में भारत सरकार को परामर्श देने में महान्यायवादी परामर्श देगा। उसे संसद् की दोनों सभाओं में भाषण देने और उनकी कार्यवाही में भाग लेने का अधिकार होगा और वह किसी भी संसदीय समिति का सदस्य भी बन सकेगा। लेकिन उसे संसद् में या संसदीय समिति में वोट देने का अधिकार नहीं होगा। धारा 148(1) में वर्णित है कि भारत का एक नियन्त्रक एवं महालेखा परीक्षक संघ सरकार और राज्य सरकार के हिसाब-किताब की सामान्य जाँच करता है। धारा 324 में निर्वाचित आयोग के बारे में स्पष्ट है कि निर्वाचन आयोग संसद् और राज्य विधानसभाओं के

सदस्यों के निर्वाचन तथा राष्ट्रपति व उपराष्ट्रपति पद के निर्वाचन करायेगा तथा इन निर्वाचनों से सम्बन्धित सभी विषयों की देखरेख करेगा। निर्वाचन आयोग में मुख्य निर्वाचन आयुक्त और समय-समय पर राष्ट्रपति द्वारा नियुक्त अन्य निर्वाचन आयुक्त हो सकते हैं। मुख्य निर्वाचन आयुक्त उसी प्रकार और उन्ही कारणों से पद से हटाया जा सकेगा, जैसे और जिन कारणों से सर्वोच्च न्यायालय के किसी न्यायाधीश को हटाने का प्रावधान है। धारा 155 और 156 में वर्णित है कि राज्य का राज्यपाल राज्य का कार्यपालिका प्रमुख है। धारा 163 के अनुसार राज्यपाल की मदद के लिए एक मन्त्रिपरिषद् होगी जिसका सर्वोच्च अंग मुख्यमन्त्री होगा। मुख्यमन्त्री की नियुक्ति राज्यपाल करेगा और अन्य मन्त्रियों की नियुक्ति मुख्यमन्त्री के परामर्श पर की जा सकेगी। धारा 214 और 216 के अनुसार प्रत्येक राज्य में एक उच्च न्यायालय होगा, जिसमें एक मुख्य न्यायाधीश और उतने न्यायाधीश होंगे, जितने राष्ट्रपति नियुक्त करे। सरकार को परामर्श देने के लिए प्रत्येक राज्य में एक महाधिवक्ता होगा। धारा 368 में कहा गया है कि संविधान में संशोधन लानेवाला विधेयक संसद् की दोनों सभाओं में प्रत्येक सभा के कुल सदस्यों के कम-से-कम दो-तिहाई बहुमत से पास होना चाहिए। संविधान में 10 अनुसूचियाँ हैं, जिसमें विविध विषयों पर प्रकाश डाला गया है।

संविधान संशोधन

संविधान में समय-समय पर संशोधन एवं परिवर्तन होते रहे हैं जिसके बारे में पत्रकारों को जानकारी रखनी चाहिए। संविधान में दिये गये मूल अधिकारों, राज्य के निदेशक तत्त्वों, कार्यपालिका, राष्ट्रपति, उपराष्ट्रपति संसद् आदि के सम्बन्ध में अवश्य ज्ञान होना चाहिए। संघीय सूची क्या है? राज्य सूची के विषय और सम्बन्धी सूची के विषयों पर पत्रकारों को समझ रखनी चाहिए। संविधान में 1951 से 58 तक 45 संशोधन किये जा चुके हैं। 44 वें संशोधन में धारा 52 के अनतर्गत नये अनुच्छेद 361(ए) जोड़कर प्रेस द्वारा बिना दुर्भावाना के संसद् तथा राज्य विधानमण्डलों की कार्यवाहियों के प्रकाशन के लिए संवैधानिक संरक्षण की व्यवस्था की गयी है। इस संरक्षण के पश्चात् संसद् तथा राज्य विधानमण्डलों की कार्यवाहियों की रिपोर्टिंग पर सेन्सरशिप लगाने का निषेध किया गया है।

प्रेस स्वातन्त्र्य- संविधान में निहित अधिकार और बाधाएँ

स्वतन्त्रता से पूर्व भारत में प्रेस की स्वतन्त्रता के लिए पत्रकारों ने एक लम्बी लड़ाई लड़ी है। स्वतन्त्रा प्रेस की माँग के लिए जनता ने संघर्ष किया है, क्योंकि लोकतान्त्रिक प्रणालीवाले देशों के लिए प्रेस की स्वतन्त्रता की अपनी विशिष्ट भूमिका होती है। पं. जवाहरलाल नेहरू ने कहा था, "व्यापक अर्थ में समाचार-पत्रों की स्वतन्त्रता केवल एक नारा नहीं है, किन्तु जनतान्त्रिक प्रक्रिया भी एक आवश्यक विशेषता है। मैं दबे हुए या नियन्त्रित समाचार-पत्रों के बजाय स्वतन्त्रता के दुरुपयोग के सभी ख़तरों से युक्त पूर्णतः स्वतन्त्र समाचार-पत्र अधिक पसन्द करूँगा।" विचार स्वतन्त्र्य की भावना निहित अधिकारों के विवेचन में ही प्रतिबिम्बित है। संविधान में 19 से 22 अनुच्छेदों तक स्वतन्त्रता के निहित अधिकारों के विवेचन दिया गया है। संविधान में 19वाँ अनुच्छेद विशेष रूप से वर्णित है, जिसमें संविधान द्वारा प्रदत्त स्वतन्त्रता में वाक् एवं अभिव्यक्ति की स्वतन्त्रता को निहित किया गया है। अमेरिका संविधान में प्रेस को दी गयी गारण्टी में कहा गया है कि कांग्रेस (अमेरिकी संसद्) अभिव्यक्ति या प्रेस की स्वतन्त्रता के संकुचन हेतु कोई क़ानून नहीं बनायेगी। भारत में प्रेस की स्वतन्त्रता को पृथक्

रूप से दिये जाने की माँग लम्बे समय से हो रही है, यह विवादित विषय है। भारतीय नागरिकों को निम्न प्रकार की स्वतन्त्रता मौलिक अधिकार के रूप में है-

1. भारत के क्षेत्र में निर्बाध आवागमन की स्वतन्त्रता।
2. वाक् एवं अभिव्यक्ति की स्वतन्त्रता।
3. कोई भी व्यवसाय व्यापार उपजीविका या कारोबार की स्वतन्त्रता।
4. संगठन एवं संघ के गठन की स्वतन्त्रता।
5. भारतीय क्षेत्र में किसी भी स्थान पर रहने और बसने की स्वतन्त्रता।
6. हथियारों के बिना शान्तिपूर्वक एकत्रित होने की स्वतन्त्रता।

डा. भीमराव अंबेडकर ने प्रेस की स्वतन्त्रता के सन्दर्भ में राय व्यक्त की थी कि प्रेस को कोई विशेष अधिकार नहीं, जो नागरिक को व्यक्तिगत रूप से प्राप्त नहीं हैं। समाचार-पत्र का सम्पादक एवं प्रेस का प्रबन्धक भी नागरिक है और जब यह समाचार-पत्र अपने विचार प्रकट करते हैं, तो वे अभिव्यक्ति स्वातन्त्र्य का प्रयोग करते हैं। इसलिए मेरे विचार से प्रेस की स्वतन्त्रता अथवा मुद्रण की स्वतन्त्रता का विशेष उल्लेख करना आवश्यक नहीं है। अमेरिका के संविधान में 'वचन और प्रेस' से अधिक व्यापक भारतीय संविधान में 'वाक् और अभिव्यक्ति' को उल्लेखित किया गया। अभिव्यक्ति शब्द में व्यापकता है, जिसके अर्न्तगत न केवल बोला हुआ और लिखा हुआ शब्द ही सम्मिलित है। वरन् और भी सभी प्रकार के विचारों या भावनाओं का संचार भी सम्मिलित है। जैसे चित्रांकन, नाट्य प्रदर्शन, चलचित्र और मुद्रित आदि। द्वितीय प्रेस आयोग ने भी प्रेस स्वातन्त्र्य का पृथक् प्रावधान उपयोगी नहीं है, क्योंकि यह अवधारणा वैसे भी अनुच्छेद 19(1) (ए) में पूरी तरह व्यापक है।

(1) आपातकालीन अधिकार

(2) प्रेस स्वतन्त्रता की बाधाएँ

प्रेस क़ानून

पत्रकार समाज का एक सजग प्रहरी होता है। इसीलिए उसके ऊपर सामाजिक दायित्व को निभाने की ज़िम्मेदारी सामाजिक संस्थाओं और व्यक्तियों से कहीं अधिक है। इन्हीं सामाजिक दायित्वों का बोध तथा उसे मर्यादित करने क लिए भी क़ानून की ज़रूरत होती है। शासन-व्यवस्था के संचालन एवं सामाजिक व राजनैतिक जीवन में सन्तुलन एवं सामञ्जस्य क़ायम करने के लिए भी क़ानून निर्मित किये जाते हैं। चूँकि ये गहरे रूप से नागरिकों में कर्त्तव्य एवं दायित्व बोध कराने में भूमिका निभाते हैं। प्रेस को उत्तरदायित्वों के प्रति सचेत करने एवं उसकी स्वतन्त्रता, उच्छृंखलता में परिवर्तित न हो जाये, इसीलिए भी सरकार क़ानून बनाती है। प्रेस सम्बन्धी क़ानूनों की जानकारी पत्रकारिता के प्रत्येक विद्यार्थी, समाचार-पत्रों में कार्यरत पत्रकार तथा मीडिया से जुड़े प्रबन्धकों के लिए आवश्यक है।

भारत में पत्रकारिता के आरम्भिक प्रयासों के साथ ही उसके अस्तित्व और स्वतन्त्रता का संघर्ष युग प्रारम्भ हो गया था। ब्रिटिश शासन के दौर में अभिव्यक्ति प्रयासों के साथ ही उसके अस्तित्व और स्वतन्त्रता का संघर्ष युग प्रारम्भ हो गया। ब्रिटिश शासन के दौर में अभिव्यक्ति पर अनेक प्रहार हो रहे थे। प्रेस का विशेष तौर पर भाषायी प्रेस का दमन करने तत्कालीन सरकार

न पूरी शक्ति लगा रखी थी। यही कारण है कि मस्तिष्क और आत्मा की स्वाधीनता के नाम र जेम्स हिक्की द्वारा 29 जनवरी, 1780 में 'बंगाल गज़ट' या 'कलकत्ता जर्नल एडवाइजर' नामक साप्ताहिक पत्र शुरू किया। हिक्की के इस पत्र में ब्रिटिश गवर्नर जनरल वारेन हेस्टिंग्स, उनकी पत्नी और चीफ जस्टिस के ख़िलाफ़ आपत्तिजनक लेख थे, अतः हिक्की जेल में बन्द कर दिये गये।

भारत में प्रेस के कार्यों को बाधित करने की दृष्टि से 13 मई, 1799 को सर्वप्रथम लॉर्ड वेलेजली ने विशेष नियम लागू किये, जो इस तरह हैं-

1. सरकार द्वारा मनोनित अधिकारी के निरीक्षण के पूर्व पत्र का प्रकाशन नहीं किया जाये।

2. प्रत्येक समाचार-पत्र के मुद्रक के लिए पत्र के अन्त में अपना नाम प्रकाशित करना अनिवार्य होगा।

3. सम्पादक तथा संचालक के लिए यह आवश्यक होगा कि वे अपने नाम और पते की सूचना सरकार के सचिव को देगा।

4. रविवार को पत्र का प्रकाशन किया जायें

इन नियमों का उल्लंघन करने पर सम्बन्धित व्यक्ति को तुरन्त यूरोप भेज दिया जायगा। उस समय इसका विशेष प्रतिरोध नहीं हुआ, परन्तु कलकत्ता से प्रकाशित 'द मार्निंग पोस्ट', ओरियण्टल स्टार, इण्डियन गज़ट, द टेलीग्राफ़, द कलकत्ता कूरियर, एशियाटिक मिरर तथा अन्य स्थानों से प्रकाशित होनेवाले पत्रों ने सेक्रेटरी के पास अपना रजिस्ट्रेशन करा लिया। 22 मई, 1801 में भूमिगत प्रकाशन प्रारम्भ हुआ।

18वीं शती तक प्रेस क़ानून मुख्य रूप से तो ही थे, लेकिन सरकार समाचार-पत्रों पर संक्षिप्त कार्यवाही करती थी। छोटी-मोटी सज़ाएँ और पत्रों के सम्पादकों और मालिकों को देश निकाले की सज़ाएँ होती थी। 1823 में वारेन हेस्टिंग्स के आर्डिनेन्स में लाइसेन्स अनिवार्य कर दिये गये। 1835 में लाइसेन्स नियमों की जगह मेटकाफ ऐक्ट बनाया गया। जिसमें लाइसेन्स प्रणाली समाप्त कर प्रत्येक समाचार-पत्र के लिए प्रकाशन स्थल की घोषणा आवश्यक की गयी। लॉर्ड केनिंग के 1857 में पुनः लाइसेन्स आवश्यक कर दिये। 1860 में भारतीय दण्ड संहिता अस्तित्व में आयी, यद्यपि प्रेस से सीधा सम्बन्ध न होते हुए भी मानहानि, अश्लीलता आदि से बचना आदि क़ानून इसमें सम्मिलित किये गये। बाद में इसमें अनेक धाराएँ राष्ट्रीय को हानि पहुँचाने, धार्मिक भावना का ठेस पहुँचाने की जोड़ी गयी। 1867 में प्रेस ऐक्ट बना, जो 1881 में यह समाप्त हो गया। 1884 में सरकारी गोपनीयता क़ानून वाइसराय लॉर्ड डफरिन के काल में आया। 1908 में समाचार-पत्र अधिनियम (भड़काना) बताया गया 1910 में इण्डियन प्रेस ऐक्ट लागू हुआ। यह भी हिंसा और अपराधों के विरुद्ध था। 1914 में प्रथम विश्वयुद्ध प्रारम्भ होने पर अनेक संशोधन 1913 के आपराधिक क़ानून में किये गये। सन् 1921 की बनायी गयी समिति की सिफ़ारिशों को लागू कर पूर्व के बनायें गये प्रेस क़ानून को समाप्त कर नये संशोधन के साथ शासकीय गोपनीयता क़ानून 1923 बनाया गया। यह क़ानून गुप्त सूचनाओं की देश के बाहर जाने से रोकने तथा किसी प्रकार की तोड़-फोड़ आदि ख़तरे से बचने के लिए पारित किया गया। सन् 1930 में पुनः एक अध्यादेश प्रेस पर नियन्त्रण के लिए लागू किया गया। यह क़ानून स्वतन्त्रता हेतु सविनय अवज्ञा आन्दोलन को दबाने के लिए लाया गया। यह

अध्यादेश इण्डियन प्रेस ऑर्डिनेन्स के रूप में था, जो बाद में परिवर्तित होकर आपात्काल अधिकार अधिनियम, 1931 हो गया। इस ऐक्ट के तहत जमानत राशि जमा किये बिना प्रेस नहीं चलाया जा सकता था। इसका उल्लंघन करने पर प्रेस जप्त हो जाता था तथा समाचार-पत्र सम्बन्धी घोषणा भी रद्द किया जा सकता था। इस ऐक्ट से समाचार-पत्रों के प्रकाशन पर काफ़ी गहरा असर पड़ा। अनेक समाचार-पत्र बन्द हो गये।

2 अप्रैल, 1932 में विदेश सम्बन्ध अधिनियम पारित हुआ। यह अधिनियम ऐसे प्रकाशनों पर रोक लगाने तथा दण्डित करने के लिए बना, जिससे हमारे विदेशी राष्ट्रों से मैत्री में ग़लत प्रभाव पड़ता हो। सन् 1934 में भारतीय राज्य सुरक्षा अधिनियम लागू हुआ। ये अधिनियम वस्तुतः प्रेस की स्वतन्त्रता पर अंकुश रखने की दृष्टि से बने। बाद में 1931 के कुछ उपधाराओं में संशोधन कर आपत्तिजनक सामग्री अधिनियम, 1951 के रूप में आया। इससे पूर्व जब 1947 में राष्ट्र स्वतन्त्र हुआ तो भारतीय संविधान में 19(1) में प्रेस की स्वतन्त्रता को उल्लिखित करने का प्रयास किया गया। आपत्तिजनक सामग्री अधिनियम 1951 को समाप्त करने के बाद आपराधिक क़ानून संशोधन अधिनियम 1961 लाया गया, जिसमें राज्य की सुरक्षा एवं जन हित में प्रेस अभिव्यक्ति की स्वतन्त्रता को केन्द्रित किया गया। 26 अक्टूबर, 1962 में आपातकाल लगने पर भारत रक्षा अधिनियम 1962 लागू हुआ, जिसका उद्देश्य आपत्तिजनक प्रकाशन, राष्ट्रीय सुरक्षा तथा जन एवं सैन्य कार्यवाहियों की सुरक्षा की दृष्टि से था। यहाँ प्रेस से रक्षाधन जमा कराने तथा उसे जब्त करने का अधिकार केन्द्रीय सरकार को प्राप्त हो गया था। प्रेस स्वतन्त्रता एवं देश में समाचार-पत्रों की स्थिति में सुधार करने की दृष्टि से प्रेस आयोग की सिफारिशों पर प्रेस कौंसिल ऐक्ट 1965 के तहत 1966 में प्रेस परिषद् की स्थापना हुई। प्रेस परिषद् को समाचार-पत्रों की आचार-संहिता बनाने का अधिकार मिला। 1962 भारत रक्षा अधिनियम समाप्त होन पर उसकी जगह स्थायी रूप से नागरिक सुरक्षा अधिनियम बनाया गया। यह क़ानून भी आपत्तिजनक सामग्री के लिए था। 1971 पुनः आपातकाल लगने पर भारत रक्षा अधिनियम 1971 कड़े रूप में लागू हुआ। जिसमें सेन्सरशिप आदेश 26 जून, 75 लाया गया। आपत्तिजनक सामग्री प्रकाशन ही रोकथाम हेतु राष्ट्रपति द्वारा लाया गया अध्यादेश 1975 जारी हुआ। 1978 में प्रेस परिषद् की दूसरी समिति बनी, जिसे द्वितीय प्रेस आयोग का नाम दिया गया।

प्रेस क़ानून

आज़ादी के पूर्व भारत में प्रेस क़ानून

सन् 1795 में प्रेस सेन्सरशिप पहली बार लागू की गयी। 'मद्रास गज़ट' को कहा गया कि वह प्रकाशन के पूर्व सभी सरकारी आदेशों को मिलिट्री सेक्रेट्री के सम्मुख प्रस्तुत करे। प्री-सेन्सरशिप (प्रकाशन-पूर्व निगरानी), डाक विभाग से मिलनेवाली सुविधाओं पर रोक और देश निकाला तीन ऐसे प्रतिबन्ध थे, जो सरकारी आदेशों की अवहेलना करनेवाले पत्रों/सम्पादकों पर लागू किये जाते थे। 1795 में ही वेलेस्ली ने समाचार-पत्रों में मुद्रक, प्रकाशक और सम्पादक का नाम प्रकाशित करना अनिवार्य कर दिया।

एडम्स रेग्यूलेषन्स के नाम जाना जानेवाला पहला प्रेस से सम्बन्धित क़ानून 18 दिसम्बर 1823 को तत्कालीन गवर्नर जनरल जेम्स एडम्स ने लागू किया। यह क़ानून बाक़ायदा कोर्ट

ऑफ डाइरेक्टर के अनुमोदन से जारी किया गया था। इस क़ानून के अन्तर्गत किसी भी प्रकार के बौद्धिक लेख, विक्रय-सम्बन्धी विज्ञापन, विनिमय दर, वस्तुओं के मूल्य तथा अन्य व्यावसायिक जानकारियों के अतिरिक्त कुछ भी प्रकाशित/मुद्रित करने के लिए गवर्नर-जनरल-इन-काउन्सिल से लाइसेन्स प्राप्त करना अनिवार्य था। लाइसेन्स पर सरकार के मुख्य सचिव के हस्ताक्षर होते थे। इसके तहत लाइसेन्स के आवेदन में मुद्रक, प्रकाशक, स्वामी के नाम, उनके घर के पते, प्रेस का पता, समाचार-पत्र/पत्रिका/पैम्फलेट/पुस्तक का नाम देना आवश्यक था। इनमें से किसी भी सूचना के भविष्य में परिवर्तित होने की स्थिति में दुबारा लाइसेन्स के लिए आवेदन करना होता था। गवर्नर अपने विवेक से किसी भी लाइसेन्स को रद्द कर सकता था या नये लाइसेन्स के लिए आवेदन करने को कह सकता था। बिना लाइसेन्स सामग्री प्रकाशित करने पर रू.400/- ज़ुर्माना और ज़ुर्माना अदा न करने पर अधिकतम चार माह की क़ैद का इस क़ानून में प्रावधान था। लाइसेन्सधारी प्रेस में छपी समस्त सामग्री के प्रथम एवं अन्तिम पृष्ठ पर मुद्रक का नाम, छपने का स्थान आदि विवरण भी प्रकाशित करने होते थे। इसके अलावा प्रकाशित सामग्री की एक प्रति स्थानीय मजिस्ट्रेट को भुगतान के आधार पर उपलब्ध करानी होती थी। इस प्रकार के रेग्यूलेशन्स बम्बई में 1825 में और मद्रास में 1827 में लागू किये गये।

1835 में मेटकॉफ ऐक्ट बना। इसके द्वारा लाइसेन्स की प्रथा समाप्त कर दी गयी। नैतिक दायरे में रहते हुए किसी सार्वजनिक विषय पर अपने विचार व्यक्त करने के लिए प्रेस स्वतन्त्रा हो गया। लॉर्ड केनिंग ने 1857 के अधिनियम के द्वारा लाइसेन्स को पुनर्प्रभावी कर दिया।

1860 में भारतीय दण्ड संहिता (आई.पी.सी.) बनी। हालाँकि इसका प्रेस से कोई सीधा सम्बन्ध नहीं था, लेकिन सामान्य मानहानि, सार्वजनिक अश्लीलता आदि से सबन्धित विभिन्न धाराओं के अन्तर्गत प्रेस भी आता था। इनमें से अधिकतर धाराएँ कुछ संशोधनों के साथ आज भी लागू हैं। ये हैं सेक्शन 124ए, सेक्शन 153 ए व 153 बी, सेक्शन 292, 293 तथा सेक्शन 295 ए। प्रेस एवं रजिस्ट्रेशन ऑफ बुक्स ऐक्ट 1867 में प्रभावी हुआ, जो कुछ संशोधनों के साथ आज भी जारी है।

एडम्स रेग्यूलेषन्स दरअसल 1878 के 'वर्नाकुलर प्रेस ऐक्ट' की पूर्व-पीठिका था। एडम्स प्रतिबन्धों के चलते भारतीय स्वामित्ववाले अनेक पत्रों ने अगले सात वर्षों तक राजनीतिक पत्रकारिता से परहेज किया। लेकिन रूढ़िवादी हिन्दूवाद का प्रचार करनेवाले भारतीय समाचार-पत्रों को इस क़ानून के दायरे से मुक्त रखा गया। इस क़ानून के विरोध में राजा राम मोहन राय ने मिरातुल अख़बार का प्रकाशन बन्द कर दिया और संवाद कौमुदी से अपना नाता तोड़ लिया। इस क़ानून ने भारतीय पत्रकारों/पत्रों और विदेशी पत्रकारों/पत्रों के बीच विभाजन की गहरी रेखा खींच दी।

वर्नाकुलर प्रेस ऐक्ट 1878 में बना। 1876 में लॉर्ड लिटन वाइसराय बना। अगले वर्ष भारतीय भाषाओं के समाचार-पत्रों पर बेहतर नियन्त्रण के लिए वर्नाकुलर प्रेस बिल गवर्नर जनरल की काउन्सिल में पेश किया गया, जिसे Act IX of 1878 के रूप में पास किया गया। ब्रिटिश सरकार इसके माध्यम से "भारतीय भाषाओं के समाचार-पत्रों की भड़काऊ भाषा और उनके द्वारा किये जा रहे दुर्भावना और भयदोहन के कार्यों को रोकने के लिए किया गया।"

यह बिल हालाँकि सर एलेक्जेण्डर अबुर्थनॉट द्वारा प्रस्तुत किया गया था परन्तु इसके विवाद में नहीं आया बंगाल के तत्कालीन लेफ़्टिनेण्ट गवर्नर सर एशले हेडेन।

वर्नाकुलर प्रेस ऐक्ट विस्तृत एवं कठोर था। इसमें व्यवस्था थी कि डिस्ट्रिक्ट मजिस्ट्रेट या पुलिस कमिश्नर मुद्रक और प्रकाशक को बुलाकर किसी सामग्री-विशेष का प्रकाशन न करने के आश्वासन का बाण्ड भरवा सकता था। साथ ही उससे जमानत धनराशि भी माँगी जा सकती थी, और क़ानून का उल्लंघन करने पर जमानत जब्त करने के साथ-साथ प्रिण्टिंग प्रेस, टाइप्स और छपी हुई सामग्री को जब्त किया जा सकता था। लॉर्ड लिटन का यह ऐक्ट अत्यन्त व्यापक और कठोर था, जिसे विरोध के कारण 1881 में समाप्त कर दिया गया।

1884 में वाइसराय लॉर्ड डफरिन के कार्यकाल में बने शासकीय गोपनीयता क़ानून या ऑफिशियल सीक्रेट्स ऐक्ट का उद्देश्य उन समाचार-पत्रों के ख़िलाफ़ कार्रवाई करना था जो गुप्त सरकारी दस्तावेज प्रकाशित करते थे। बाद में इसकी जगह शासकीय गोपनीयता क़ानून 1923 आया, जो आज भी लागू है। इसका असर प्रेस पर बहुत अधिक पड़ा क्योंकि इसमें गोपनीय सरकारी दस्तावेज़ों को प्रकाशित/प्रसारित करने, कुछ सरकारी कार्यालयों में प्रवेश तथा तोड़-फोड़ और देश की रक्षा से सम्बन्धित कुछ प्रतिबन्ध हैं।

1908 में लागू समाचार-पत्र (अपराधों को भड़काना) अधिनियम में मजिस्ट्रेट को यह अधिकार दिया गया कि यदि कोई समाचार-पत्र हत्या, हिंसा या अन्य कोई भी कृत्य या अपराध के लिए प्रोत्साहित करता या कोई भड़काऊ सामग्री प्रकाशित करता है या विस्फोटक सामग्री अधिनियम के तहत कोई अपराध करता है तो वह प्रेस को जब्त कर ले। इसके बाद इसे और व्यापक बनाने के लिए इण्डियन प्रेस ऐक्ट 1910 लागू किया गया। इसमें प्रेस को जमानत राशि जमा कराने और इस अधिनियम में वर्णित समाचारों के प्रकाशन पर यह राशि जब्त कर लेने का शासन को अधिकार दिया गया। प्रेस क़ानून समापन एवं संशोधन अधिनियम, 1922 द्वारा उपर्युक्त 1908 और 1910 के क़ानून समाप्त कर दिये गये और कहा गया कि 1910 के अधिनियम में वर्णित विद्रोहपूर्ण प्रकाशनों की जब्ती आदि विषयक प्रावधान प्रेस एण्ड रजिस्ट्रेशन ऑफ बुक्स ऐक्ट, समुद्र तटकर अधिनियम और डाकघर अधिनियम में उचित संशोधन करके किये जा सकते हैं।

1931 में सविनय अवज्ञा आन्दोलन के समय ब्रिटिश सरकार ने प्रेस पर नियन्त्रण के लिए एक और अध्यादेश जारी किया। इसका उद्देश्य अस्थायी था लेकिन बाद में इसके प्रावधानों का समावेश प्रेस (आपात्काल) अधिकार अधिनियम 1931 में कर लिया गया।

आज़ादी के बाद भारत में प्रेस क़ानून

स्वतन्त्रता के बाद भारत के प्रेस क़ानूनों के पुनरीक्षण के लिए एक प्रेस क़ानून जाँच समिति नियुक्त की गयी। इसकी सिफ़ारिश पर पुनरीक्षित प्रेस (आपत्तिजनक सामग्री) अधिनियम 1951 बना, जिसे 1957 में समाप्त कर दिया गया। 1952 में गठित प्रथम प्रेस आयोग की रिपोर्ट 1954 में आयी। 1955 में श्रमजीवी पत्रकार अधिनियम और 1956 में संसद् की कार्रवाई (प्रकाशन का संरक्षण) अधिनियम प्रभाव में आया। इसे फिरोज़ गाँधी ऐक्ट भी कहा जाता है। भारत में चूँकि पहले से प्रेस को निर्बाध रूप से सदनों की कवरेज़ करने के सम्बन्ध में कोई दिशा-निर्देश मौजूद नहीं था और अधिकांशतः ब्रिटेन के 'हाउस आफ कॉमन्स' की प्रेस

कवरेज़ के लिए निर्धारित मान्यताओं पर नियमों के अनुसार यहाँ भी प्रेस सदन की कार्रवाई की रिपोर्टिंग करता था, इसलिए इस क़ानून को लाया गया। इससे प्रेस को सदनों की कार्रवाई को प्रकाशित करने का क़ानूनी अधिकार प्राप्त हो गया। लेकिन, यह क़ानून संसद् और उन्हीं कुछ विधानमण्डलों की कार्रवाई के सम्बन्ध में ही प्रभावी हुआ, जिन्होंने इसे पारित किया। 1956 में ही कॉपी राइट ऐक्ट भी बना। इसी वर्ष समाचार-पत्र (मूल्य और पृष्ठ) अधिनियम 1956 आया। केन्द्र सरकार ने दैनिक समाचार-पत्र (मूल्य और पृष्ठ) आदेश 1960 जारी किया, जिसके अनुसार कोई भी समाचार-पत्र मूल्य बढ़ाये बिना अतिरिक्त पृष्ठ नहीं छाप सकता था, परन्तु 1962 में सर्वोच्च न्यायालय ने इसे संविधान की धारा 19(1)(ए) के द्वारा प्रदत्त अभिव्यक्ति की स्वतन्त्रता में हस्तक्षेप माना तब सरकार ने इस क़ानून को समाप्त हो जाने दिया।

पत्राकारिता की पारिभाषिक शब्दावली

पत्रकारिता की विकसित भाषा जहाँ निरन्तर नए शब्दों को जन्म दे रही है, वहीं पुराने शब्दों को भी नए अर्थ मिल रहे हैं। पत्रकारिता के छात्रों एवं नवोदित पत्रकारों को इन शब्दों के सही अर्थ का ज्ञान होना अनिवार्य है, इसी बात को ध्यान में रखते हुए प्रिण्ट पत्रकारिता में काम आनेवाली कुछ महत्त्वपूर्ण शब्दों की परिभषिक शब्दावली यहाँ दी जा रही है।

(A)

Abc : यह लेखाकारों (चार्टर्ड एकाउंटेंड्स) का एक स्वतन्त्र संगठन है, इसका नाम 'ऑडिट ब्यूरो ऑफ सर्कुलेशन' है। यह अखबारों और पत्रिकाओं के ऑडिट के बाद उनकी विक्री और प्रसार संख्या को प्रमाणित करने का काम करता है। उसके द्वारा प्रस्तुत आंकड़े विश्वसनीय माने जाते हैं। इन आंकड़ों का विशेष महत्त्व इसलिए है कि इन्हीं के आधार पर उनकी विज्ञापन दरें और उनको आवंटित होनेवाले न्यूजप्रिण्ट की मात्रा तय की जाती है।

Accreditation (मान्यता) : किसी व्यक्ति या संगठन को कुछ विशेष मानकों के आधार पर और नियमों के अन्तर्गत दी जानेवाली मान्यता (संसद, विधानसभा या अन्य महत्त्वपूर्ण स्थानों में प्रवेश के लिए आवश्यक है कि पत्रकार अक्रेडिटेड हो)।

Add (समाचार कथा से जोड़ा जानेवाला अंश) : नए पैराग्राफ से शुरू की गई कॉपी, जिसे मुख्य समाचार कथा में जोड़ने के लिए लिखा जाए। अक्सर संवाददाता द्वारा खबर देने के बाद उसमें कोई नया या लिखने से छूट गया अंश जोड़ने के लिए 'एड' कॉपी दी जाती है।

Advance (अग्रिम समाचार कथा) : (1) संवाददाता द्वारा प्रकाशन की तिथि से कुछ दिन पहले उपलब्ध कराई गई समाचार कथा। ऐसी कथाएं प्रायः फीचर जैसी होती हैं, जिनका तत्काल प्रकाशन जरूरी नहीं होता।

(2) बाद में होनेवाली किसी घटना, जैसी-मन्त्रिमंडल की बैठक या किसी प्रमुख राष्ट्रनेता के भाषण के सम्बन्ध में तैयार और अग्रिम रूप से दी गई समाचार कथा। इनका रूप अक्सर कर्टेन रेजर जैसा होता है।

Advertising (विज्ञापित करना) : उत्पाद या सेवा के बारे में ग्राहक को अवगत कराने और उसे प्राप्त करने या खरीदने के लिए प्रेरित करने के उद्देश्य से की जानेवाली कार्यवाही।

Advertising Agencies (विज्ञापन का व्यवसाय करनेवाली एजेंसियां) : विज्ञापन तैयार करने और उन्हें अपनी व्यावसायिक जिम्मेदारी पर प्रकाशित /प्रचारित करानेवाले विशेषज्ञ संगठन या एजेंसियां।

Advertising Code (विज्ञापन की आचार संहिता) : विज्ञापनदाताओं, विज्ञापन एजेंसियों और विज्ञापन का प्रकाशन-प्रसारण करनेवाले संचार माध्यमों द्वारा विज्ञापनों के मामले में अपनाई जानेवाली आचार संहिता। यह आचार संहिता भारतीय विज्ञापन परिषद द्वारा लागू की गई है।

Advertorial (छद्म विज्ञापन) : पत्र-पत्रिकाओं में प्रचार के उद्देश्य से प्रकाशित ऐसा विज्ञापन, जो लेख या फीचर जैसा प्रतीत हो।

AM : (1) यह मुद्राक्षर की चौड़ाई नापने का माध्यम है। एक इंच में छह 'एम' होते हैं। ध्यान रहे, मुद्राक्षर की ऊंचाई 'प्वाइंट' से नापी जाती है। एक इंच में 72 प्वाइंट होते हैं, इसलिए एक 'एम' बारह प्वाइंट के बराबर होता है। 'पाइका' नाम का टाइम एक एम (12 प्वाइंट) चौड़ा और एक एम ऊंचा होता है।

(2) सामान्य शब्दावली में रात्रि में बारह के बाद का समय ए.एम. कहलाता है, किन्तु पत्रकारिता की शब्दावली में इसका प्रयोग एक विशिष्ट अर्थ में होता है। जो समाचार पत्र प्रातःकालीन होते हैं, अर्थात जिनका मूल संस्करण सवेरे प्रकाशित होता है, वे 'ए.एम' कहलाते हैं, जैसे 'दैनिक जागरण, दैनिक भाष्कर, अमर उजाला आदि। संध्याकालीन पत्र, जैसे 'सांध्य टाइम्स' 'इवनिंग न्यूज' आदि 'पी.एम.' कहलाते हैं।

Associated Press (अमेरिका की प्रमुख समाचार एजेंसी) : यह विश्व की प्रसिद्ध समाचार एजेंसी 'एसोसिएटेड प्रेस' का संक्षिप्त रूप है जो दुनिया की तीन सबसे प्रमुख समाचार एजेंसियों में से एक है। विश्वसनीयता के लिहाज से एएफपी और रायटर्स के बाद ही इसका नंबर आता है। समाचारों के अलावा यह फीचर और लेख तथा विशेष घटनाओं से सम्बन्धित चित्र भी जारी करती है।

Angle (दृष्टिकोण या नजरिया) : वह नजरिया या दृष्टिकोण जिससे समाचार का लेखन किया जाता है। इसी कारण एक ही समाचार अलग-अलग समाचार पत्रों में विभिन्न 'ऐंगिल' से छपता है अथवा समाचार कथा या सूचना की एक विशेष पहलू, नजरिया या दृष्टिकोण के साथ प्रस्तुति।

Anchor (बॉटम स्टोरी/उद्घोषक) : इस शब्द के कई अर्थ हैं। (1) समाचारपत्र में पृष्ठ के सबसे नीचे तीन, चार या पांच कालम में लगाई जानेवाली समाचार कथा को 'एंकर' या 'बॉटम स्टोरी' (लटकन) कहा जाता है। यह पूरे पृष्ठ की सज्जा की संतुति करता है।

(2) 'एंकर' शब्द का प्रयोग टेलीविजन या रेडियो बुलेटिन को सुनाने या पढ़नेवाले व्यक्ति के लिए भी किया जाता है, जिसे हिंदी में 'उद्घोषक' या 'समाचार वाचक' कहते हैं और जिसके लिए अंग्रेजी में पूरा पदनाम 'एंकर परसन' है।

Art : आर्ट का अर्थ है कला। पत्रकारिता शब्दावली में इसका आशय समाचार-पत्र या पत्रिका के कला पक्ष से है। पत्र-पत्रिकाओं में छपनेवाले फोटो, रेखाचित्र, सज्जित शीर्षक आदि या किसी पृष्ठ या पूरे अंक की रूप-सज्जा कलापक्ष के अन्तर्गत आती है।

Article (लेख) : किसी विषय पर तैयार मुकम्मल लेख, जो हमेशा वास्तविक तथ्यों पर आधारित और विश्लेषणात्मक होता है। साहित्यिक अर्थ में आर्टिकल निबन्ध के आकार-प्रकार की लघु गद्य रचना है। किसी पत्र-पत्रिका में प्रकाशित निबन्ध रचना को सामान्यतः आर्टिकल कहते हैं।

Assignment Boock : समाचार सम्पादक की मेज पर एक विवरण-पुस्तिका रहती है जिसमें वह संवाददाता को निर्देश लिखता है कि किस समाचारदाता या संवाददाता को कब, किस सभा में जाकर कौन सा समाचार लाना है।

Assignment : सम्पादक या समाचार सम्पादक की ओर से रिपोर्टरों आदि को जो निर्देश दिया जाता है, उसे एसाइनमेंट कहते हैं।

Assignment Man : वह संवाददाता जो समाचार सम्पादक के निर्देश के अनुसार कार्य करने के लिए उपलब्ध होता है। बाकी रिपोर्टर अपने बीट पर ही काम करते हैं।

Auto Function : कम्प्यूटर को कापी के प्वांइट साइज, कालम चौड़ाई और हाशिया छोड़ने जैसे काम खुद करने का स्थायी निर्देश या कमांड।वाल

B

Banner (पूरे पेज की चौड़ाई में दिया गया शीर्षक) : प्रथम पृष्ठ पर पूरे पृष्ठ की चौड़ाई का जो सबसे बड़ा शीर्षक होता है उसे 'बैनर' कहते हैं। यह शीर्षक सामान्यतः एक पंक्ति का होता है। किन्तु कभी-कभी दो पंक्तियों का भी होता है। ऐसे महाशीर्षक को 'स्ट्रीमर' या 'रब्बन' भी कहते हैं। किसी भीतरी पृष्ठ के महाशीर्ष को बैनर नहीं, बल्कि बाइंडर कहते हैं।

Box : रूल का वह घेरा या 'बॉक्स', जिसमें विशेष महत्त्व देने के लिए समाचार सामग्री छापी जाती है। बॉक्स समाचार का बड़ा महत्त्व है। बॉक्स में दी जानेवाली खबर एक कॉलम या दो, तीन, चार अथवा और अधिक कॉलम में भी हो सकती है। आमतौर पर समाचार को विशेष महत्त्व देने के लिए बॉक्स में प्रस्तुत किया जाता है, समाचार पत्रों में बॉक्स में प्रकशित समाचार रूचिकर ढंग से पढ़े जाते हैं। इसी कारण रंगीन पृष्ठों को फोटो और रंगीन बॉक्स की सहायता से आकर्षक बनाया जाता है।

Bureau : **(1)** देश की राजधानी या प्रदेश की राजधानी या किसी बड़े नगर में समाचार समिति तथा समाचार-पत्र का समाचार संग्रह केन्द्र।

(2) वरिष्ठ संवाददाताओं की टोली, जो ज्यादा महत्त्वपूर्ण और व्यापक विषयों से सम्बन्धित समाचार अखबार/पत्रिका को उपलब्ध कराते हैं। ये समाचार स्थानीय खबरों से अधिक अहमियत के होते हैं।

Brochure : फ्रेंच शब्द, छोटी पुस्तिका के लिए प्रयोग किया जाता है; जो किसी विषय के सार रूप में लिखी होती है, या किसी विशेष अवसर पर, विषय से सम्बन्धित जानकारी संक्षिप्त रूप से देने के लिए लिखी जाती है।

BBC (ब्रिटेन का जाना-माना रेडियो और टीवी समाचार चैनल) : यह ब्रिटेन का एक स्वायत्त निगम है, जो समाचारों के प्रति अपने वस्तुपरक और संतुलित दृष्टिकोण के कारण विश्वसनीय माना जाता है। इसको इसी कारण अन्तरराष्ट्रीय स्तर पर विशेष सम्मान और महत्त्व प्राप्त है। इसका पूरा नाम 'ब्रिटिश ब्रॉडकास्टिंग कॉरपोरेशन' है।

Beat (संवाददाता का विषयानुसार कार्यक्षेत्र) : समाचार संग्रह या रिपोर्टिंग के लिए संवाददाता के जिम्मे किया गया खास विषय या क्षेत्र। उदाहरण के लिए-क्राइम रिपोर्टर के

जिम्मे पुलिस, अपराध और दुर्घटनाओं से सम्बन्धित समाचार रहते हैं। किसी संवाददाता को क्राइम बीट की जिम्मेदारी दी जा सकती है तो किसी दूसरे को शिक्षा अथवा स्वास्थ्य की। संवाददाता प्रायः अपनी बीट को ही कवर करते हैं, जब तक कि सम्पादक या चीफ रिपोर्टर उसे कोई अन्य बीट कवर करने का निर्देशन न दें।

Below The Line Advertising (विज्ञापन को प्रभावी बनाने की शैली) विज्ञापन के अतिरिक्त एक खास वर्ग समूह में किसी उत्पाद को लोकप्रिय बनाने या उसकी ओर ध्यान आकर्षित करने के लिए प्रयोग में लाए जानेवाले तरीके। इनमें मुफ्त उपहार, छूट की योजनएं, व्यापार मेले और प्रदर्शनियां तथा बिक्री बढ़ानेवाले साहित्य शामिल है।

Bias (पूर्वाग्रह) : आजकल मीडिया पर किसी विशेष दल या व्यक्ति का पक्ष लेने का आरोप लगता है जैसे - खाड़ी युद्ध के समय अमेरिका द्वारा पूर्वाग्रह से ग्रसित होकर खबरें दी जाती थी। समाचार के तथ्यों के साथ अपने पूर्वाग्रह या विशेष धारणा को शामिल करने को बॉयस' कहते हैं।

Blowup (ब्लोअप) : किसी फोटो या तस्वीर के एक खास भाग की बारीकियों को उभारने के लिए उसके सामान्य आकार से बड़ा करके छापने की प्रक्रिया

Body (शीर्षक के बाद की साम्रगी) : समाचारपत्र या पत्रिका में प्रकाशित सामग्री को मोटे तौर पर दो भागों में बांटा जा सकता है :

एक शीर्षक और दो, इबारत या टेक्स्ट। शीर्षक को छोड़कर बाकी पठनीय सामग्री 'बॉडी मैटर' कहलाती है।

Body Type (बॉडी टाइप) : पत्र-पत्रिका में छपी हुई खबर के अक्षरों की बनावट का आकार।

Bold (काला) : टाइप फेस की दो शक्ले होती हैं- काला (बोल्ड/ब्लैक) और सफेद (व्हाइट/लाइट)। 'बोल्ड' या 'बोल्ड फेस' की बनावट बाले टाइप फेस का इस्तेमाल मुख्य रूप से शीर्षक के लिए किया जाता है।

Baloon : व्यंग्य-चित्रों में एक गुब्बारे जैसा रेखांकन होता है जिसमें किसी पात्र के मुख से निकले हुए शब्द लिखे रहते हैं। इसी गुब्बारे को पत्रकारिता की भाषा में बैलून कहते हैं।

Back : समाचार के ऊपर एक से अधिक शीर्षक लगाए जाते हैं तब इन शीर्षकों में से प्रत्येक को 'बैक' कहते हैं। जिस प्रकार डबल डेकर बस होती है उसी प्रकार दो डेकवाले या दोमंजिले शीर्षक भी होते हैं। कभी-कभी शीर्षक तिमंजिले और चौमंजिले भी होते हैं। इन्ही मंजिलों को 'बैक' या 'डेक' कहते हैं।

Bed : छपाई की पुरानी मशीन के जिस भाग पर फर्मा रखा और कसा जाता था उसे बेड कहते हैं।

Big-Room : समाचार-पत्र का सम्पादकीय कक्ष, जहां पर सम्पादक आदि साथ-साथ बैठते हैं, बिग रूम कहलाता है। सम्पादक का कमरा प्रायः अलग ही होता है।

Binder : समाचार-पत्र के किसी भीतरी पृष्ठ के महाशीर्ष को बाइंडर कहते हैं। यह पृष्ठ की चौड़ाई का जो सबसे बड़ा शीर्षक होता है

Brief (संक्षिप्त) : (1) ऐसा समाचार, जो एक पैराग्राफ का हो। कभी-कभी यह दो या तीन पैराग्राफ का भी हो सकता है।

(2) समाचार कथा को लिखने से पहले संवाददाता या पत्रकार को बताए गए खास या मुख्य बिंदु।

Bringup (खबर के किसी खास बिंदु को इंट्रो में शामिल करना) : खबर के बीच या अन्त में दी गई किसी विशेष सूचना या जानकारी को वहा से उठाकर शुरूआती हिस्से में शामिल करने के लिए उपसम्पादक या कॉपी एडिटर को दिया जानेवाला निर्देश।

Broadsheet (पूरे आकार का अखबार) : पूरे आकार के दैनिक या साप्ताहिक पत्र। इनका आकार 22ľ15 इंच होता है। वस्तुतः सभी दैनिक पत्र बड़े आकारवाले कागज पर छपते हैं, इसलिए उन्हें, 'ब्रॉडशीट' कहा जाता है। कुछ साप्ताहिक भी अब यूरोप के पत्रों की देखादेखी इसी आकार में प्रकाशित हो रहे हैं, जैसे 'सहारा समय'।

Byline : समाचार के शीर्ष भाग में अंकित संवाददाता के स्वालिखित नाम या हस्ताक्षर को बाई लाइन कहते हैं।

C

Campaign (अभियान) : किसी उपभोक्ता वस्तु या उत्पाद की बिक्री को बढ़ावा देने के उद्देश्य से एक निश्चित समय सीमा में चलाया जानेवाला विज्ञापन अभियान। इस प्रकार का अभियान समाचारपत्र कभी-कभी अपने लिए विज्ञापन हासिल करने या अपनी बिक्री बढ़ाने के मकसद से भी चलाते हैं।

Caption (चित्र का परिचयात्मक विवरण) : इसका सामान्य अर्थ शीर्षक है, किन्तु समाचार-पत्र इसका प्रयोग विशेष रूप से चित्र-शीर्षक और चित्र-परिचय के लिए करते हैं। चित्र के ऊपर या नीचे दिया जानेवाला शीर्षक। चित्र के नीचे उसके परिचय के रूप में दी जानेवाली पंक्तियां भी 'कैप्शन' ही कहलाती हैं। इसी में छायाकार या चित्रकार का नाम भी शमिल रहता है।

Caption Story (चित्र परिचय कथा) : ऐसे चित्र या रेखाचित्र का विवरण देनेवाली पंक्तियाँ, जिनके सम्बन्ध में कोई समाचार न दिया जा रहा हो और उस चित्र के परिचय में ही घटना का हवाला भी दे दिया गया हो।

Carricature (परिहासात्मक चित्र) : जब किसी घटना, नीति-निर्णय या घोषणा से जुड़े व्यक्ति के प्रति व्यंग और परिहास के उद्देश्य से चित्रांकन किया जाता है तो उसे 'कैरिकेचर' कहते हैं।

Carry Forward (सामग्री के शेष भाग को आगे के पन्नों पर ले जाना) : स्थानाभाव के कारण समाचार या फीचर आदि की शेष पाठ्यसामग्री को अगले पृष्ठ पर ले जाना 'कैरी फॉरवर्ड' कहलाता है। इसके लिए एक और शब्द 'कैरीओवर' (Carryover) भी प्रचलित है।

Cartograph (समाचार से सम्बन्धित आंकड़ो को दर्शानेवाला ग्राफ) : समाचार, लेख या फीचर की बारीकियों को प्रकट करने और पाठकों की सुविधा के लिए एक नजर में आंकड़े प्रस्तुत करने के लिए साथ में छापे जानेवाले ग्राफ या तालिकानुमा चित्र को 'कार्टोग्राफ' कहते हैं।

Catchline : समाचार की संकेत पंक्ति। इसमें एक या दो शब्द होते हैं जो किसी समाचार की पांडुलिपि के प्रथम और बाद के पृष्ठों पर सबसे ऊपर दाहिनी ओर लिखे जाते हैं। इनके साथ पृष्ठ-संख्या भी लिखी जाती है। यह पंक्ति समाचार की पहचान का कार्य करती है, जिससे कि एक समाचार दूसरे समाचार के साा मिल न जाए।

Certain Razer Story (परिप्रेक्ष्य समाचार)-उन समाचारों को कहते हैं जो बाद में आनेवाले मूल समाचारों की भूमिका प्रस्तुत करते हैं। इससे यह मालूम होता है कि आगे आनेवाले समाचारों की विषय-वस्तु क्या होगी। उसकी रूपरेखा इन समाचारों के रूप में दी जाती है। जैसे किसी दल द्वारा किसी घटना विशेष या मुद्दे को लेकर आन्दोलन आदि छेड़ने की घोषणा।

Chief Sub Edtior (प्रधान, उप सम्पादक)-प्रधान उप सम्पादक, समाचार-पत्र या पत्रिका का वास्तुकार होता है। सम्पूर्ण समाचार या लेख उसके पास ही आते हैं। वही निर्णय करता है कि कौन-सा समाचार या लेख पत्र-पत्रिका में प्रकाशित होगा, कौन-सा नहीं। किस समाचार या लेख को कितना काटना है, या बढ़ाना है और किस समाचार या लेख को किस उप सम्पादक द्वारा तैयार करवाना है। इसके साथ कौन-सा चित्र या स्कैच भी देना है या नहीं देना।

Circulation (प्रसार या वितरण)- पत्र-पत्रिका के कार्यालय का एक महत्त्वपूर्ण विभाग प्रसार विभाग होता है। यह विभाग पत्र-पत्रिका के प्रसार सम्बन्धी समस्त क्रिया-कलापों का निष्पादन करता है। यह विभाग पत्र की प्रसार संख्या बढ़ाने का प्रयत्न करता है और पत्र के शीघ्र वितरण का प्रबन्ध करता है। यह विभाग बड़े शहरों में वितरण डिपो व एजेन्सियों की व्यवस्था करता है।

Circulation Manager (प्रसार व्यवस्थापक)-यह प्रसार विभाग का प्रमुख होता है। यह प्रसार सम्बन्धी समस्त क्रिया-कलापों की निगरानी करता है। पत्र की प्रसार संख्या बढ़ाने और पत्र के शीघ्र नियमित वितरण की व्यवस्था करता है। इसका सम्पादन कार्य से सम्बन्ध नहीं होता है और इसके कर्मचारी वितरण विभाग के अन्तर्गत आते हैं। यही पत्र-पत्रिका के वितरण सम्बन्धी आंकड़े प्रस्तुत करता है। हॉकर व बिक्री एजेण्ट नियुक्त करता है।

Circulation Number (प्रसार संख्या)-पत्र-पत्रिका की वितरण की संख्या अर्थात् पत्र की कुल कितनी प्रतियां वितरित होती हैं। कुल मुद्रित एवं वितरित प्रतियों की संख्या को प्रसार संख्या कहते हैं। प्रसार संख्या वह संख्या है जो पत्र कितना बिकता है, यह बताती है। मुद्रित संख्या पत्र की कितनी प्रतियां छापी गई हैं, वह संख्या है।

Column (कॉलम) : (1) समाचारपत्र के पृष्ठ की खड़ी काट अर्थात आठ हिस्सों में विभाजित पृष्ठ का एक हिस्सा या खाना। वह खंभे जैसे आकार को होता है, इसलिए इसको कॉलम (स्तम्भ) कहते हैं। इसका प्रयोग दो अर्थों में होता है। इसका अर्थ होता है एक कॉलम चौड़ा और एक इंच गहरा या ऊंचा विज्ञापन। आजकल इंचके स्थान पर सेंटीमीटर का प्रयोग होता है, इसलिए विज्ञापन के स्थान को नापने का पैमाना अब 'कॉलम इंच' नही बल्कि 'कॉलम सेंटीमीटर' बन गया है। एक इंच में लगभग ढाई सेंटीमीटर होते हैं।

Columnist (स्तम्भकार/स्तम्भ लेखक) : पत्र-पत्रिका में राजनीतिक, सामाजिक या पाठकों की रूचि के अन्य विषयों पर नियमित रूप से लेख या टिप्पणी लिखनेवाला पत्रकार या लेखक, जिसे स्तम्भकार या स्तम्भ लेखक कहते हैं।

Coverage (समाचार संग्रह की कार्यवाही) : इसके दो अर्थ होते हैं- किसी घटना का पूरा विवरण प्राप्त करना तथा प्रभाव-क्षेत्र या व्याप्ति। जैसे, इस समाचार-पत्र का कवरेज बहुत व्यापक है अर्थात इस समाचार-पत्र की पहुंच, व्याप्ति या प्रभाव-क्षेत्र बहुत विस्तृत है।

(2) किसी कार्यक्रम या घटना का समाचार लेने के लिए संवाददाता द्वारा की जानेवाली गतिविधि। किसी घटना या विषय पर तैयार की गई कुल खबरों को भी उसके 'कवरेज' के तौर पर ही व्यक्त किया जाता है।

Cover Line (कवर लाइन) : पाठकों को आकर्षित करने के लिए पत्र-पत्रिका के आवरण पृष्ठ पर भीतर के पन्नों की सामग्री के बारे में दी जानेवाली संक्षिप्त जानकारी। इसकी 'विंडो' भी कहते हैं।

Cover Mount (आवरण उपहार) : पत्र-पत्रिकाओं के आवरण के साथ उपहारस्वरूप दी जानेवाली कोई निःशुल्क वस्तु। इन दिनों विशेषे रूप से पत्रिकाओं ने इस तरीके को अपनाया हुआ है। इस प्रकार के आयोजन से पत्रिका को बिक्रि का लाभ होता है और मुफ्त बांटे जानेवाले उत्पाद को प्रचार का फायदा मिल जाता है।

Cover Story (आवरण कथा या आमुख कथा) : पत्रिकाएं अपने हर अंक में एक विशेष लेख या समाचार कथा प्रकाशित करती हैं और इसका उल्लेख अपने आवरण पृष्ठ पर करती हैं। इसी को आवरण कथा या आमुख कथा कहते हैं।

Credit (रचनाकार की बाइलाइन) : किसी तस्वीर, चित्र या कलाकृति पर उसके रचनाकार के नाम का उल्लेख। इसे 'क्रेडिट लाइन' भी कहा जाता है। इसका अर्थ है सूत्रोल्लेख, अर्थात वह पंक्ति जिसमें समाचार के सूत्र का उल्लेख किया जाता है। जैसे प्रे.ट्र., वार्ता, भाषा या फिर संवाददाता या विशेष संवाददाता का नाम या फिर संवाद देने या विश्लेषण करनेवाले का नाम।

Copy (संवाददाता द्वारा तैयार समाचार की प्रति) : किसी न्यूज स्टोरी की प्रति, जिसे कागज या कम्प्यूटर पर लिखकर प्रकाशन अथवा प्रसारण के लिए दिया गया हो। यह पांडुलिपि का पर्यायवाची है। कम्पोजन के लिए जो लिखित अथवा संशोधित समाचार, संवाद या लेख प्रेस में भेजा जाता है उसके एक-एक पृष्ठ या पूरी पांडुलिपि को कॉपी कहते हैं।

Copy Desk (मुख्य डेस्क जहां सम्पादन सम्बन्धी कार्य और पत्र-पत्रिका की रूपरेखा तैयार की जाती है) : वह डेस्क या विभाग, जहां उपसम्पादक या कॉपी सम्पादक सम्पादकीय सामग्री का सम्पादन करके उसे छपने और प्रस्तुति योग्य बनाते हैं। यहां से यह सामग्री सीधे पेज पर लगाने के लिए भेज दी जाती है। यहीं पर पत्र या पत्रिका की रूपरेखा भी तैयार की जाती है।

Copy Editor (उपसम्पादक का आधुनिक पदनाम) : लिखित सामग्री को अन्तिम रूप से जांचकर प्रकाशन के लिए भेजनेवाला व्यक्ति। सामग्री की प्रामाणिकता, व्याकरण और उसके आकार आदि की जिम्मेदारी उसी पर होती है।

Copy Flow (समाचार कॉपी का प्रवाह) : समाचार कक्ष या समाचार डेस्क के पास समाचार कथाओं के प्रवाह की गति और माध्यम।

Copy Reader (त्रुटियां सुधारनेवाला व्यक्ति) : पत्र-पत्रिका में प्रकाशित होनेवाली सामग्री में भूल-चूक, व्याकरण सम्बन्धी गलतियों और शाब्दिक त्रुटियों को सुधारनेवाला व्यक्ति।

Copyright (सामग्री के पुनर्प्रकाशन या पुनर्प्रयोग पर कानूनी प्रतिबन्ध) : किसी मौलिक साहित्यिक या कलात्मक रचना को पुनः छापने, प्रकाशित करने या जनता के बीच प्रदर्शित करने का विशेषाधिकार। अब कई देशों में कम्प्यूटर कार्यक्रमों तथा अन्य इलेक्ट्रॉनिक माध्यमों के जरिए जमा की गई सूचना को भी इसी परिभाषा में शामिल कर लिया गया है।

Construction Of Reality (वास्तविक प्रतीत होनेवाली रचना का सृजन) : पत्रकारिता पाठ्क्रम का विषय, जिसके अन्तर्गत यह पढ़ाया जाता है कि संचार माध्यमों द्वारा प्रस्तुत कोई विवरण सही तौर पर 'वास्तविक' नहीं होता, वरन वह वास्तविक लगनेवाली व्याख्या या विवरण होता है। मीडिया विद्धानों के अनुसार संचार माध्यम पूरे समाज के लिए 'वास्तविकता की रचना में' अहम भूमिका निभाते हैं।

Correspondent (संवाददाता) : (1) इस शब्द का प्रयोग आमतौर पर उन संवाददाताओं के लिए होता है, जो पत्र-पत्रिकाओं/रेडियो/टेलीविजन चैनल के मुख्यालय से दूर किसी अन्य शहर में या विदेश में रहकर संवाद संकलन का काम करते हैं। यह पद उन संवाददाताओं के लिए भी प्रयुक्त होता है, जो विशेष बीट, जैसे- शिक्षा, सुरक्षा, स्वास्थ्य, परिवहन आदि की खबरें लाने का काम करते हैं।

(2) यह शब्द पूरक पदनाम के रूप में भी इस्तेमाल होता है, जैसे- स्पेशल कॉरेस्पॉन्डेंट, पॉलिटिकल कॉरेस्पॉन्डेंट या विशेष संवाददाता, आर्थिक संवाददाता, राजनीतिक संवाददाता आदि।

Compogeter : कम्पोजिटर वह व्यक्ति होता है जो किसी पांडलिपि को कम्पोज करता है, अर्थात उसे मुद्रणाक्षरों में संयोजित करता है। यह काम हाथ से भी होता है, और मशीन से भी और कम्प्यूटर से भी। विशेष रूप से हाथ से कम्पोजन करनेवाले व्यक्ति को ही कम्पोजिटर कहते हैं। मशीन से कम्पोजन करनेवाला व्यक्ति 'ऑपरेटर' कहलाता है।

Crop : पत्रकारित में इसका अर्थ है काटना, कतरना। विशेषतः किसी प्रकाशनीय चित्र को इधर-उधर से काटर वांछित आकार प्रदान करना क्रॉप कहलाता है।

Cross Line : एक पंक्ति के लघु शीर्षक को क्रॉस हेड या क्रॉस लाइन कहते हैं। यह शीर्षक विशेष रूप से एक कॉलम का होता है और सामान्य समाचारों से थोड़े ही बड़े आकार मुद्राक्षर में होता है।

Cub : 'कब' का सामान्य अर्थ है सिंह का बच्चा, किन्तु पत्रकारिता में इसका प्रयोग नव या नौसिखिया समाचारदाता के लिए किया जाता है।

Cut : समाचार-पत्र में समाचारों के बीच छपनेवाले चित्र को पत्रकारिता की शब्दावली में 'कट' कहते हैं। इसका एक दूसरा अर्थ होता है- किसी समाचार को काट-छांटकर छोटा करना।

Cut Line : किसी चित्र के ऊपर लिखा गया संक्षिप्त शीर्षक, जो अकसर कुछ मोटे टाइप में होता है। कुछ समाचार-पत्रों में चित्र के नीचे लिखी जानेवाली पंक्ति या पंक्तियों को कट लाइन कहा जाता है। चित्र के ऊपर लिखे जानेवाले छोटे शीर्षक को कैप्शन कहते हैं।

D

Dateline (घटना स्थल और तारीख) : किसी समाचार के कथा के शुरू में उस घटना का स्थान और साथ में उस दिन की तारीख। हर समाचार इसी के साथ शुरू होता है। यदि घटना का स्थान आम लोगों के लिए सुपरिचित नहीं है तो उसे स्पष्ट करने के लिए कोष्ठक में उसके जिले या राज्य अथवा देश का नाम दिया जाता है। अब इंटरनेट और दूसरे बेहद तेज संचार माध्यमों के आ जाने के बाद कुछ समाचारपत्रों ने समाचार कथाओं के आरंभ में तारीख लिखना बंद कर दिया है।

DAVP (दृश्य एवं श्रव्य प्रचार निदेशालय) : हिंदी में इसे दृश्य एवं श्रव्य प्रसार निदेशालय के नाम से जाना जाता है। विभिन्न सरकारोंए अर्धसरकारी और स्वायत्त संस्थानों की ओर से विज्ञापन देने और प्रचार करने का काम केंद्र सरकार की यही एजेंसी करती है। इसके द्वारा दिए जानेवाले विज्ञापनों की दरें व्यावसायिक विज्ञापनों की तुलना में काफी कम होती है। 'डीएवीपी' मुख्य रूप से वर्गीकृत और बड़े विज्ञपनों की सामग्री की योजना बनाने और उसे तैयार करने का काम भी करता है। इसके बाद विभिन्न संचार माध्यमों को इस विज्ञापन सामग्री को प्रकाशित/प्रसारित करने के लिए भेजता है। डीएवीपी का एक और महत्त्वपूर्ण काम देश की विज्ञापन एजेंसियों को मान्यता प्रदान करने का भी है।

DC (डबल कॉलम) : अखबार की रोजमर्रा की भाषा में किसी भी दो कॉलमवाले शीर्षक, चित्र या समाचार को संक्षेम में 'डीसी' कहा जाता है।

Deadline (डेडलाइन) : वह समय सीमा, जिसके भीतर समाचारपत्र/पत्रिका के लिए संवाददाता को प्रकाशन या प्रसारण हेतु खबर पूरी करके सौंप देनी चाहिए। डेडलाइन अलग-अलग उद्‌देश्यों के लिए अलग-अलग होती है। संस्करण के मुताबिक हर पेज के लिए अलग डेडलाइन हो सकती है और इसी प्रकार डेस्क या कम्प्यूटर पर कॉपी भेजने, प्रिण्टर को तैयार सामग्री को पेज बनाने के लिए भेजने और फिर उस पेज को छापने के लिए भेजने की भी डेडलाइन निर्धारित रहती है। इसका आशय उस अन्तिम क्षण से होता है जिसके बाद किसी संस्करण-विशेष्ज्ञ के लिए कोई समाचार प्रेस में न भेजा जा सकता है, न लिया जा सकता है।

Delete (मिटाना) : किसी शब्द, पंक्ति या अंश को मिटाने/हटाने के लिए प्रूफ रीडर द्वारा संकेत के रूप में मार्क किया जानेवाला D अक्षर। अब कम्प्यूटर पर काम की शुरुआत के बाद इसका प्रचलन खत्म हो रहा है।

Design (पृष्ठ का खाका) : समाचार/पत्रिका के विभिन्न पृष्ठों का उनके स्वभाव के मुताबिक बनाया गया विशेष खाका। ऐसे किसी लेख या विशेष समाचार को प्रस्तुत करने के लिए भी उसका अलग लेआउट डिजाइन किया जा सकता है।

किसी समाचारपत्र/पत्रिका के पूरे खाके को भी अलग से डिजाइन किया जाता है। इसमें टाइप फेस/फॉन्ट, रूलिंग, कॉलमों का आकार, उनके बीच की दूरी और विभिन्न चित्र या ग्राफिक्स आदि की योजना भी शामिल रहती है।

Desk (डेस्क) : समाचारपत्र/पत्रिका के सम्पादकीय कार्यालय में विभागों का वर्गीकरण आमतौर पर डेस्क से ही पहचाना जाता है, जैसे- मेन डेस्क, न्यूज डेस्क, कॉमर्स डेस्क, खेल डेस्क,

सिटी डेस्क, रिपोर्टिंग डेस्क आदि। इसी प्रकार आर्ट डेस्क, फीचर डेस्क भी अलग विभाग की पहचान कराते हैं।

Diary (डायरी) : संवाददाताओं द्वारा जुटाई जानेवाली खबरों की तिथिवार सूची या विवरणवाला रजिस्टर।

Display (प्रदर्शन विज्ञापन)-वह विज्ञापन जो प्रमुख रूप से अपनी बात जोरदार ढंग से कहने के लिए, अपनी वस्तुओं, उत्पादन व उपलब्धि का प्रचार आदि करने के लिए, चित्रों, स्केचों, नारों आदि के माध्यम से आकर्षक ढंग से पत्र में सशुल्क प्रकाशन को दिया जाता है।

Drop Head : सीढ़ीनुमा शीर्षक को 'ड्रॉप हेड' कहते हैं। इसमें प्रत्येक पंक्ति दाहिनी ओर खिसकती जाती है।

Dummy (डमी) : समाचार सम्पादक और मुख्य उप-सम्पादक आपस में सलाह करके कागज पर किसी पत्र-पत्रिका के पृष्ठ या पृष्ठों का जो कच्चा रूप तैयार करते हैं उसे 'डमी' कहते हैं। इसमें इस बात का संकेत अंकित होता है कि कौन-कौन समाचार, चित्र इत्यादि कहां छपने हैं और कितने स्थान में। दैनिकों में यह छोटे आकार के कागज पर सांकेतिक शब्दों और रेखाओं से तैयार किया जाता है, जबकि पत्रिकाओं में अक्सर पूरे आकार के पृष्ठ पर प्रकाशनीय सामग्री के प्रूफ की कतरनें चिपका दी जाती हैं।

Dummy Run (डमी रन) : नया समाचारपत्र अथवा पत्रिका शुरू किए जाने से पहले तय डिजाइन और योजना के मुताबिक उसका प्रतिरूप तैयार करके, हर दृष्टि से आकलन के उद्देश्य से उसकी सीमित प्रतियां छापी जाती हैं। ये प्रतियां किसी भी हालत में बिक्री के लिए नहीं होतीं और इनका उद्देश्य पत्र-पत्रिका के वास्तविक प्रकाशन से पूर्व उसके रूप-आकार एवं संभावनाओं का आकलन होता है।

E

Ear Panel (ईयर पैनल) : समाचारपत्र के मुख्यपृष्ठ के सबसे ऊपर उसके नाम या टाइटल के दाएं और बाएं बॉक्स के रूप में प्रकाशित की जानेवाली सूचनाएं या विज्ञापन। समाचार-पत्र के प्रथम पृष्ठ पर समाचार-पत्र की नाम-पट्टिका के साथ एक या दोनों ओर जो छोटे चौखटेनुमा विज्ञापन छपते हैं उन्हें 'पैनल' या 'ईयर्स' कहते हैं। कुछ पत्र इस स्थान पर नियमित रूप से विज्ञापन ही छापते हैं। इनको 'ईयर पीस' (Ear Piece) या आम बोलचाल में 'ईयर' भी कहा जाता है।

Edit (सम्पादन) : किसी लेख, समाचार सामग्री या प्रकाशन सामग्री को जांचना, छोटा करना, सुधारना-संवारना या उसका पुनर्लेखन करना।

Editing (सम्पादन का कार्य) : पत्रकारिता का यह सबसे प्रमुख और जिम्मेदारी का काम है। जैसे स्वर्णकार अपनी सम्पादन कला से सोने-चांदी के टुकड़े को सुन्दर और आकर्षक आभूषण में बदल देता है, वैसे ही उपयुक्त सम्पादन से कोई भी लेख, फीचर या समाचार पाठक के लिए रुचि और जिज्ञासा का विषय बन जाता है।

Edition (संस्करण) : समाचारपत्र की वे प्रतियां, जो किसी क्षेत्र विशेष के पाठकों के लिए तैयार की गई हों।

Editor (सम्पादक) : किसी भी समाचारपत्र या रेडियो या टीवी समाचार चैनल के सम्पादकीय विभाग का मुखिया, जो समाचार और सम्पादन से सम्बन्धित गतिधियों का उत्तरदायित्व वहन करता है। अमेरिकी पत्रों के ढांचे और कार्य विधि को देखते हुए भारत में भी अब सम्पादक के साथ 'कार्यकारी', 'स्थानीय' और 'प्रबन्ध' आदि विशेषण जोड़े जाने लगे हैं। काम की प्रकृति के अनुसार इनकी नियुक्ति की जाती है।

Editor In Chief (प्रमुख सम्पादक)- बड़े समाचार पत्र-पत्रिकाओं में प्रमुख सम्पादक की व्यवस्था होती है जो सभी सम्पादकों व उप सम्पादकों का नेतृत्व करता है और सम्पादकीय तथा पत्र की नीतियों का निर्धारण करना है। वही पत्र के अन्य विभागों का निरीक्षण के लिए उत्तरदायी होती है।

Editorial (सम्पादकीय) : किसी विशेष घटना अथवा विषय पर समाचारपत्र/पत्रिका के सम्पादकीय कार्यों के विभिन्न कार्यों के प्रबन्धन के लिए अलग-अलग विभागों की व्यवस्था, जैसे समाचार विभाग, फीचर विभाग, लेख विभाग, खेल विभाग, व्यवसाय विभाग आदि।

Editorial Column (सम्पादकीय स्तम्भ) : किसी पत्र या व्यक्ति विशेष की नीति अथवा राय का प्रतिनिधिव्त करनेवाला लेख। आमतौर पर सम्पादकीय स्तम्भी लिखने का काम स्वयम सम्पादक या सहायक सम्पादक करते हैं।

Editorial Copy (सम्पादकीय सामग्री) : किसी प्रकाशन संस्थान में विज्ञापन के अतिरिक्त तमाम सामग्री इसी के अन्तर्गत आती है।

Editorializing (सम्पादित करना) : समाचार कथा में लेखक की टिप्पणी या विमर्श को शामिल करने की प्रक्रिया, लेकिन ये अंश वस्तुपरक होने चाहिए। अघोषित नियम यह है कि इस प्रकार की टिप्पणी या राय समाचार विश्लेषण, सम्पादकीय स्तम्भ या लेखों में हीं दी जानी चाहिए।

Embargo : जब किसी पूर्व-प्रदत्त समाचार के प्रकाशन के लिए कोई तिथि निर्धारित की जाती है या उसे न छापने का आदेश दिया जाता है तब उस आदेश को 'एंबर्गो' कहते हैं।

EM (एम) : मुद्रण विज्ञान में प्रयुक्त होनेवाली इकाई, जैसे- एक कॉलम का मानक आकार 11 'एम' होता है। यदि हमें कोई चित्र या समाचार आधे कॉलम में छापना है तो हम उसे तकनीकी भाषा में 5.5 एम में छापने के लिए कहेंगे।

F

Font : अक्षरों का 'फेस' या चेहरा और आकार।

Face (टाइप या अक्षर की बनावट) : मुद्राक्षर का वह भाग जो स्याही के सम्पर्क में आता है अर्थात छपता है, फेस कहलाता है। मुद्राक्षर के भिन्न-भिन्न नमूने भी फेस कहलाते हैं, जैसे - 'श्री फेस का टाइप'।

Feature Story (फीचर या आलेख) : इसका आशय उस लेख से होता है जो मात्र तात्त्विक एवं तथ्यपरक न होकर मानवी संवेदनशीलता से परिपूर्ण होता है। इसके लिए रूप-लेख, पत्रिका-लेख, साहित्यिक लेख आदि अनेक शब्दों का प्रयोग होता है। रेडियो-पत्रिकारिता में 'फीचर' के लिए 'रूपक' शब्द चलता है।

Filler (संक्षिप्त समाचार) : जो खबर किसी कॉलम में खाली रह गए स्थान को भरने के उद्देश्य से इस्तेमाल की जाती है, वह 'फिलर' कहलाती है। इसे 'ब्रीफ' या 'डैश न्यूज' भी कहते हैं।

Five W's and H (समाचार रचना के छह बुनियादी सूत्र) : समाचार रचना के छह बुनियादी सूत्र हैं- क्या (What), कब (When), कहाँ (Where), कौन (Who), क्यों (Why), और कैसे (How)। कोई भी समाचार लिखने के समय आवश्यक है कि संवाददात इन सभी छह सूत्रों को ध्यान में रखे और उनसे सम्बन्धित सूचना का अपनी खबर में समावेश करे।

Flag Heading (मुख्य शीर्षक के ऊपर दिया जानेवाला छोटा या ध्वज शीर्षक) : किसी मुख्य शीर्षक के ऊपर दिया जानेवाला छोटा शीर्षक 'फ्लैग' या ध्वज शीर्षक कहलाता है। कई बार इस शीर्षक से घटना अथवा विषय का समाचार से सम्बन्ध बताने का काम लिया जाता है।

Flagship (ध्वज वाहक या सबसे महत्त्वपूर्ण प्रकाशन) : समाचारपत्र समूह का सर्वाधिक प्रसारवाला या प्रतिष्ठित माना जानेवाला समाचारपत्र 'फ्लैगशिप पेपर' या 'फ्लैगशिप पब्लिकशन' कहलाता है।

Flash (अप्रत्याशित या चौंका देनेवाला समाचार) : यह शब्द तेज रोशनी के कारण व्यक्ति के चौंकने की क्रिया के अर्थ में ही मीडिया में भी प्रयुक्त होता है। ऐसा समाचार, जो किसी ऐसी घटना या दुर्घटना की सूचना दे, जिसकी संभावना तक न हो और जो चौंकानेवाला हो, वह 'फ्लैश' की श्रेणी में आता है। उदाहरण के लिए- कारगिल में भारतीय चौकियों पर पाकिस्तानी सैनिकों का कब्जा अथवा इन्दिरा गांधी की उन्हीं के अंगरक्षकों द्वारा हत्या आदि। फ्लैश सूचना लगभग एक दर्जन शब्दों मे दी जाती है।

Flier (समाचार की विशेष प्रस्तुति) : जब किसी समाचार को एक विशेष या असाधारण स्थान दिया जाता है तो उसको 'फ्लायर' कहते हैं। अंग्रेजी में इसके लिए एक और समानार्थी शब्द 'Flyer' भी है। कई बार जब कोई समाचार अखबारी दृष्टि से बहुत महत्त्वपूर्ण न होते हुए भी पाठकों के लिए रोचक और दिलचस्प होता है और लीड के रूप में ली जानेवाली खबर खास अहमियतवाली नहीं होती तो ऐसी स्थिति में एक दिलचस्प खबर को पेज पर सबसे ऊपर बाक्स के रूप में प्रस्तुत किया जात है। इस प्रकार प्रस्तुत किए गए समाचार को 'फ्लायर' कहा जाता है।

Fourth Estate (लोकतन्त्र का चौथा स्तम्भ) : मीडिया को लोकतन्त्र के 'चौथे स्तम्भ' के रूप में पहचाना जाता है। उसके अन्य तीन स्तम्भ हैं- विधायिका (संसद/विधानसभा), न्यायपालिका और कार्यपालिका। बताते हैं कि मीडिया को यह नाम इंग्लैंड के एक विद्वान सांसद एडमंड बुर्के (1729-1797) के भाषण से मिला; हालांकि एडमंड के समय में तीन अन्य स्तम्भ थे- चर्च, महारानी और संसद।

Flag : मुखपुष्ठ पर पत्र का नाम अर्थात नाम-पट्टिका।

Files (पुरानी प्रतियां) : समाचारपत्र/पत्रिका की जो प्रतियां रिकॉर्ड के लिए सुरक्षित रखी जाती हैं, उन्हें 'फाइल्स' कहा जाता है। इसके अलावा समाचारों या लेखों की कतरनों अथवा 'कटिंग्स' की फाइल भी रखी जाती है।

Follow Copy (हूबहू छापने का निर्देश) : मुद्रक को दिया गया यह निर्देश कि वह दी गई सामग्री या कॉपी को 'ज्यों का त्यों' छापे (भले ही उसमें त्रुटियां हों)।

Followup (अनुगामी समाचार) : एक ज्यादा दिन पहले छपी समाचार कथा से जुड़े घटनाक्रम के बारे में नई जानकारी देनेवाला समाचार।

Fototype (अक्षर की बनावट और आकार) : एक खास बनावट और आकारवाले अक्षर फॉन्ट कहलाते हैं। एक फॉन्ट में वर्णमाला के सभी अक्षर और व्याकरण के चिन्ह, 0 से 9 तक के अंक तथा सामान्य रूप से प्रयोग में आनेवाले संकेत चिन्ह जैसे सम्बोधन सूचक चिन्ह (!) आदि शामिल रहते हैं।

आलेख-लिखाई, लेख, पत्र, तहरीर।

आवरण-पत्रिका का मुखपृष्ठ किसी पुस्तक, पत्र-पत्रिका की सजावट के लिए उसके ऊपर चढ़ाया गया पत्र।

G

Gag Orders (अभिव्यक्ति पर प्रतिबन्ध) : बोलने, लिखने या प्रकाशित/प्रसारित करने पर कानूनी पाबंदी।

Galley (गैली) : तीन ओर उठे हुए किनारोंवाली धातु की ट्रे, जिसमें कम्पोज किया मैटर रखा और उसका प्रूफ उठाया जाता था।

Galley Boy (प्रेस सहायक) : प्रेस का प्रशिक्षु कर्मचारी, जो प्रायः गैली से प्रूफ उठाने और खाली या भरी हुई गैलियों को व्यवस्थित तरीके से रखने का काम करता है।

Galley Press (प्रूफ उठाने की मशीन) : प्रूफ छापने के लिए इस मशीन का प्रयोग होता है। यह ठोस धातु से बनी सपाट परत होती है, जिस पर स्याही का एक रोलर लगा रहता है। गैली ट्रे को धातु की इस परत पर रख देते हैं ओर उस ट्रे पर कागज रखकर रालर को घुमाते हैं। इससे टाइप की छाप कागज पर आ जाती है। यह सारी प्रक्रिया हाथ से ही की जाती है; कोई मोटर नहीं होती।

Galley Proof (गैली प्रेस से ली गई छाप) : गैली में रखे मैटर की ऊपर बताए गए तरीके से ली गई छाप। इस प्रूफ को पढ़कर भूल-चूक सुधारी जाती है और उसके बाद ही उसे छापने के लिए दिया जाता है।

Geo-stationary Orbit (भू-स्थैतिक कक्षा) : संचार उपग्रह को अन्तरिक्ष में स्थापित करने के लिए निर्धारित विशेष कक्षा या स्थिति। यह स्थिति पृथ्वी की परिक्रमा से तालमेल को ध्यान में रखकर तय की जाती है। इसी की वजह से उपग्रह स्थिर प्रतीत होता है और संचार का विश्वसनीय सम्पर्क सूत्र बना रहता है। वस्तुतः इस व्यवस्था में उपग्रह और पृथ्वी की परिक्रमा की गति पूरी तरह समान रहीत है और इसीलिए इसका 'जियो-स्टेशनरी' कहा जाता है।

Global Village (दुनिया एक गांव) : दुनिया को एक गांव के रूप में देखने की परिकल्पना पहली बार मार्शल मैकलुहन ने की थी। मीडिया दार्शनिक मैकलुहन ने संचार की आधुनिकतम तकनीकों के विश्व पर प्रभाव को परिकल्पित और विश्लेषित करते हुए कहा

था: 'संचार की नई टेक्नोलॉजी एक-दूसरे से हजारों मील दूर देशों में रह रहे, अलग-अलग संस्कृतियों में पले-ढले व्यक्तियों को दुनिया भर की घटनाओं के उनके बिल्कुल पड़ोस में होने का आभास कराएगी। इसका एक आवश्यक परिणाम यह होगा कि दुनिया भर के लोग एक वक्त पर एक ही तरह की विचार श्रृंखला से जुड़ जाएंगे।' मैकलुहन ने अपनी इसी अवधारणा को 'दुनिया एक गांव' नाम दिया था, जो आज सचमुच सही साबित हो रही है।

Globalisation (वैश्वीकरण) : बाजारवाद (उपभोक्तावाद) के जरिए पूंजीवाद के विस्तार को हासिल करने का नया मंत्र। वैश्वीकरण ऐसा सिद्धांत या सूत्र है, जिसमें अभी तक अनछुए क्षेत्रों और उनके निवासियों तक पूंजी के जरिए नई तकनीकों के साथ पहुंचकर, उन्हें उपभोक्ता वर्ग में शामिल करने का पूंजीवादी लक्ष्य रखा गया है।

Glossy (चिकना-चमकीला कागज) : साधारण कागज की तुलना में ग्लॉसी कागज काफी महंगा होता है। इस कागज पर आमतौर से महंगी पत्रिकाएं छापी जाती हैं। इन पत्रिकाओं को 'ग्लॉसी पत्रिका' कहा जाता है।

Graphics (चित्रित आलेख/लेख चित्र) : लेख या समाचार सामग्री के मुख्य बिंदुओं को प्रमुखता के साथ प्रस्तुत करने और पृष्ठ की साज-सज्जा बढ़ाने के लिए प्रकाशित किए जानेवाले चित्र, दृश्य, चिन्ह, नक्शे, तालिका, ग्राफ और खास डिजाइन में तैयार शीर्षक आदि सभी चित्रात्मक प्रस्तुतियां ग्राफिक्स के अन्तर्गत आती हैं। समाचारपत्रों की प्रतिस्पर्द्धा और बाजारवाद के बढ़ते प्रभाव के फलस्वरूप ग्राफिक्स के प्रयोग में काफी इजाफा हुआ है। इसका एक कारण यह भी है कि कम्प्यूटर तकनीक के आने से ग्राफिक्स बनाने में बहुत सुविधा हो गई है।

Green Pruf : वे प्रूफ जिनमें अशुद्धियाँ हों।

Grid (पृष्ठ का कंकाल रूप) : अखबार के पूरे पृष्ठ के आकार के बराबर का कागज, जिसका इस्तेमाल डिजाइनर पेज का लेआउट तैयार करने के लिए करता है। इस कागज पर हल्की रेखाओं के रूप में पेज का पूरा खाका बना रहता है, अर्थात यह कागज लंबाकार में आठ कॉलमों में और आड़ी तरफ से ऊपर से नीचे तक पंक्तियों में बंटा रहता है।

Gutter (दो कॉलमों के बीच का खाली स्थान) : समाचारपत्र/पत्रिकाओं में हर कॉलम के बीच में खाली स्थान की यह पतली रेखा रहती है। इस अन्तराल या खाली स्थान 'गटर' को अपने लेआउट के मुताबिक समाचारपत्र कम-ज्यादा भी कर लेते हैं।

Gutter Press (सनसनीखेज समाचारपत्र/पत्रिका) : यह विशेषण उप पत्र-पत्रिकाओं के लिए इस्तेमाल किया जाता है, जो सनसनीखेज पत्रकारिता करते हैं। ऐसी पत्रकारिता का एकमात्र उद्देश्य सनसनी फैलाकर अपनी प्रसार संख्या को बढ़ाना होता है।

H

Hack (भोंपू या आफत) : 'हैक' शब्द पत्रकारों की हंसी उड़ाने या उनका मजाक बनाने के लिए होता है।

Hair Line (बहुत महीन रूल) : पत्र-पत्रिका में बॉक्स बनाने या किसी अन्य उद्देश्य से खींची जानेवाली बहुत महीन रूल 'हेयर लाइन' कहलाती है।

Halftone (चित्र की प्रतिच्छाया बनाने की तकनीक) : किसी चित्र को छापने के लिए उसके बिंदुओं के पुनर्निमाण की तकनीक 'हाफटोन' कहलाती है।

Hammer (एक या दो शब्द का उपशीर्षक) : मुख्य शीर्षक के ऊपर उससे करीब आधी या और छोटी लंबाई का उपशीर्षक, जो हमेशा बाईं ओर ही लगाया जाता है।

Handbill (पैंफलेट या पर्चा) : किसी उत्पाद के विज्ञापन या किसी आवश्यक घोषणा या किसी घटना के बारे में आम लोगों तक संदेश पहुंचाने के लिए बांटा जानेवाला पर्चा। आमतौर पर यह एक ही कागज पर एक या दोनों ओर छापा जाता है। सिनेमा, सरकस, सार्वजिनक सभा आदि का छोटा विज्ञापन इसी के द्वारा किया जाता है।

Handouts (विज्ञप्ति) : मीडिया में प्रकाशन/प्रसारण के लिए किसी संगठन, संस्थान जनप्रतिनिधि या जनसम्पर्क अधिकारी अथवा एजेंसी द्वारा भेजी जानेवाली सामग्री।

Handset (हाथ से कम्पोजिंग का तरीका) : कम्प्यूटर और लाइनोटाइप के आविष्कार से पहले कम्पोजिंग का काम एक-एक अक्षर को हाथ से चुनकर किया जाता था, जिसे 'हैंडसेट' कहा जाता है। लेटर प्रेस विधि में 'हैंडसेटिंग' ही की जाती है।।

Hanging Indent (हैंगिंग इंडेंट) : खबर के मजमून या इबारत प्रस्तुति की एक विशेष शैली। इसमें प्रायः इबारत की पहली पंक्ति की लंबाई सामान्य रखी जाती है, जबकि शेष पंक्तियां बांई ओर थोड़ी खाली जगह छोड़कर (इंडेंट करके) कम्पोज की जाती है।

Hard Copy (कागज पर छपी कॉपी) : आजकल आमतौर पर समाचार लिखने-पढ़ने का काम कम्प्यूटर पर होता है, लेकिन जो कॉपी कागज पर मुद्रित रूप में होती है, उसे 'हार्ड कॉपी' कहा जाता है।

Hard News (नई घटना पर आधारित खबर) : किसी ताजा घटना से सम्बन्धित समाचार, जिसका पाठक वर्ग पर व्यापक प्रभाव पड़नेवाला हो। यह खबर ठोस सूचनाओं और जानकारियों पर आधारित होती है। इसमें किसी भी प्रकार की टिप्पणी या विश्लेषण नहीं किया जाता है।

Hard News Formula (ठोस खबर का सूत्र) : सामान्यतः खबर बनाने के लिए एक ही सूत्र या नुस्खा लागू होता है। इसके लिए 6 प्रश्नों का उत्तर देने की ज़रूरत पड़ती है। ये प्रश्न हैं- क्या? कहां? कौन? क्यों, और कैसे?

Head line (शीर्षक) : समाचार कथा या लेख का सारांश, जो बड़े या मोटे टाइप में सबसे ऊपर दिया जाता है। इस शीर्षक को 'सूर्खी' भी कहते हैं।

Head line Copy : उप-सम्पादक मुद्रण के लिए समाचार की हेड लाॅन त ।यार कर उसे एक कॉपी विन्हित कर देता है। इसे 'हेड लाईन' कॉपी कहा जाता है।

Head Rule : वह रूल जो पृष्ठ के ऊपर क्षैतिज, इसलिए डाली जाती है कि नीचे का मैट तारीख और संख्या आदि से अलग रहे।

Head Chart : समाचार-पत्र कार्यालायों में एक चार्ट होता है जिसमें एक विभिन्न आकारों की टाइपों की लाइनों के नमूने (टाइपोग्राफी का मुद्रण रूप) होते हैं जिन्हें देखकर उप-सम्पादक समाचार-पत्र के लिए शीर्षक (हेड लाईन) तैयार करता है। यह 'हैड चार्ट' कहलाता है।

Hicky Jems Augustus (भारत का पहला समाचारपत्र प्रकाशक) : हिकी ने 29 जनवरी 1780 को 'बंगाल गजट' के नाम से भारत में पहला समाचारपत्र शुरू किया। लेकिन कुछ समय बाद ही उसका प्रकाशन बन्द करना पड़ा क्योंकि यह समाचार पत्र ईस्ट इंडिया कम्पनी के उच्चाधिकारियों और न्यायाधिशों की कारगुजारियों का उजागर करता था ।

Hoax (खबरों में धोखाधड़ी करके प्रसार वृद्धि) : पत्र-पत्रिका द्वारा पाठकों या मीडिया उपभोक्ताओं को गलत सूचनाओं के जरिए धोखा कर प्रसार संख्या बढ़ाने का तरीका। फरवरी 2002 में गोधरा कांड के उपरांत गुजरात के दैनिक 'संदेश' नामक समाचारपत्र ने निहायत की गैरजिम्मेदाराना, भड़काऊ और पाठकों को धोखा देनेवाली खबरों को प्रकाशन किया। बाद में आईएनएस की ओर से भेजी गई एक जांच टीम के सामने दैनिक 'संदेश' ने यह कबूल किया कि उसने अपनी प्रसार संख्या को बढ़ाने के लिए यह जाल बुना था। दैनिक 'संदेश' की एकतरफा और अपराधपूर्ण कारगुजारी के कारण सैकड़ों मासूम लोगों को हताहत होना पड़ा, लेकिन शायद उस ओर ध्यान देने और उनके प्रति संवेदना महसूस करने की कोई आवश्यकता इस पत्र के प्रबन्धकों को महसूस नहीं हुई। लेकिन ऐसा पहली बार नहीं हुआ है। इससे पहले 1990 में अयोध्या में बाबरी मस्जिद पर चढ़ाई के लिए गए कथित कारसेवकों को गैरकानूनी कार्रवाई से रोकने के लिए मुलायम सिंह सरकार द्वारा उठाए गए प्रशासनिक कदमों को बेहद गलत संदर्भ देकर उत्तर प्रदेश के अखबारों ने छापा। यहां तक कि मरनेवालों की संख्या सैकड़ों में होने के मनगढ़ंत आंकड़े भी छापने में संकोच नहीं किया। बेशक गुजरात के दैनिक 'संदेश' और उत्तर प्रदेश के इन समाचारपत्रों को तात्कालिक तौर पर व्यावसायिक लाभ तो हुआ लेकिन अन्ततः साख और अविश्वसनीयता की एक अपूरणीय क्षति भी उन्होंने उठाई।

Holding (पेज या पूरे संस्करण को रोके रखना) : किसी विशेष समाचार कथा को लेने के लिए पेज को और इस प्रकार पूरे संस्करण को डेडलाइन के बाद भी कुछ समय के लिए रोकना।

Holdover (स्थानाभाव में रुकी हुई सामग्री) : मीडिया के कागजात में हमेशा एक निरंतरता बनी रहती है। ज्यादा महत्त्व की और नई खबरें पुराने और कम महत्त्व के समाचारों को पीछे धकेलती रहती हैं। यह स्वाभाविक प्रक्रिया है। इसके दौरान जगह होने पर किसी और दिन छाप लिया जाता है या पुराने और निरर्थक होने पर नष्ट कर दिया जाता है।

Hologram (सूचना दृश्य) : होलोग्राम नई तकनीक की देन है। यह एक चित्र जैसा होता है, जिसमें सूचना व आंकड़े जमा रहते हैं। इसका उपयोग अपने उत्पाद को नकल से बचाने और विज्ञापन के लिए भी किया जाता है।

Home Service Book (घरेलू पत्रिका) : रहन-सहन और घरेलू उपयोगिता के उद्देश्य से प्रकाशित पत्रिकाएं, जैस-गृहशोभा, बागवानी, घरेलू साज-सज्जा आदि।

Horizontal Makeup (अनुप्रस्थ लेआउट) : समाचार में लेआउट के दो मुख्य प्रकारर हैं। पहला, लंबाकार (वर्टिकल) लेआउट और दूसरा, अनुप्रस्थ (हॉरिजॉन्टल) या आड़ा लेआउट। इसमें शीर्षक को कई कॉलमों में फैलाकर टेक्स्ट या मजमून की लंबाई छोटी रखी जाती है। कुछ लोगों का मानना है कि वर्टिकल की तुलना में 'हॉरिजॉन्टल' लेआउट ज्यादा अच्छा लगता है।

Hot Metal (छपाई की पुरानी विधि) : यह पुरानी मुद्रण पद्धिति है, जिसमें धातु को पिघलाकर छपने के लिए पेज तैयार किए जाते थे। अब इसका स्थान फिल्म सेट टाइप ने ले लिया है। इसको ब्रोमाइड की तरह पेस्ट कर दिया जाता है।

Hot Type (मशीन से कम्पोजिंग की विधि) : लेटर प्रेस के युग में हाथ की कम्पोजिंग (हैंडसेटिंग) महंगी होने के साथ-साथ समय भी बहुत लेती थी, इसलिए 'हॉट टाइप' नकनीक ईजाद की गई। इसमें मशीन पिघली हुई धातु को ढालकर, एक पूरी लाइन कम्पोजिंग करके खुद ही ट्रे में लगाती जाती थी। इस तरीके से हैंड कम्पोजिंग की कई परेशानियों से छुटकारा पाने में सफलता मिली थी। छापने के बाद न तो टाइप को छांटकर अलग करना पड़ता था और न सुरक्षित रखना पड़ता था, वरन वापस मशीन में डाल दिया जाता था, तो उसे पुनः नए अक्षरों में ढाल देती थी। इस प्रणाली में पहले 'मोनोटाइप' और बाद में 'लाइनोटाइप' का आविष्कार हुआ। मोनोटाइप मशीन एक-एक अक्षर को ढालती थी, जबकि लाइनोटाइप एम पूरी लाइन को।

House (मीडिया समूह या संस्थान) : मीडिया के किसी एक या कई क्षेत्रों में सक्रिय संस्थान, जो एक साथ कई संस्करण अथवा कई पत्र-पत्रिकाएं प्रकाशित करता या चैनल चलाता है। उदाहरण के लिए- 'टाइम्स ऑफ इंडिया' प्रकाशन समूह, 'हिंदुस्तान टाइम्स' प्रकाशन समूह तथा 'अमर उजाला' एवं 'जागरण पत्र समूह' आदि।

Houhse Journal (कम्पनी के लिए प्रकाशित पत्र) : कम्पनी द्वारा प्रकाशित ऐसी पत्र-पत्रिका, जिसकी सामग्री का चयन उसके व्यवसाय को बढ़ाने के उद्देश्य से किया गया हो। ये पत्रिकाएं मुख्यतः कम्पनी के लोगों में वितरित करने के लिए होती हैं और बाहर के कुछ लोगों के लिए भी। स्टाफ में वितरित की जानेवाली पत्रिकाओं में कम्पनी की गतिविधियां, योजनाएं और कर्मचारियों के हित से जुड़ी जानकारियां प्रकाशित की जाती हैं।

जो पत्रिकाएं बाहर वितरित की जाती हैं, उनमें बड़े ग्राहकों, सामान्य उपभोक्ताओं, वितरकों और एजेंटों की दिलचस्पीवाली सामग्री दी जाती है। इसमें कम्पनी के नए उत्पादों, उसके विस्तार और विकास, तकनीकी आधुनिकीकरण आदि से सम्बन्धित सूचनात्मक सामग्री शामिल है, जो कम्पनी की छवि और व्यवसाय के विस्तार के लिए दी जाती है।

Human Interest (मानवीय समाचार कथा) : 'हार्ड न्यूज' के विपरीत 'ह्यूमन इंटरेस्ट' ऐसी समाचार कथा होती है, जिसका खबर के लिहाज से कम, लेकिन भावनाओं, संवेदनाओं और वैचारिक दृष्टि से अधिक महत्त्व होता है। भूकम्प या रेल दुर्घटनाओं जैसी त्रासदियों और दंगों आदि के मौके पर पाठक के मन को छू लेनेवाली अनेक मानवी समाचार कथाएं संवाददाता की निगाह से गुजरती हैं। जरूरत होती है उन्हें सटीक शब्दों और अच्छी भाषा में प्रस्तुत करने की।

I

Intro (परिचय)- यह अंग्रेजी शब्द 'इन्ट्रोडक्शन' का संक्षिप्त रूप है। प्रमुख समाचार एवं विस्तृत समाचार का घटनाचक्र संक्षिप्त में समाचार के प्रारम्भ में एक या एक से अधिक कॉलमों में सार रूप में इन्ट्रो में रहता है। समाचार की हेड लाइन के बाद समाचार का जो पहला पैरा होता है, वही इन्ट्रो कहलाता है। इन्ट्रो से किसी भी समाचार का सूक्ष्म परिचय या मुख्य

जानकारी मिलती है। 'इन्ट्रो' समाचार का प्राण होता है। दो-चार पंक्तियों के इन्ट्रो में ही पूरे समाचार का सार आ जाता है। इन्ट्रो के बाद ही समाचार के मुख्य-मुख्य अंशों को निश्चित प्रकार से सामने लाया जाता है। मोटे तौर से इन्ट्रो के दो रूप होते हैं: (1) भावात्मक, (2) तथ्यात्मक। तथ्यात्मक इन्ट्रो में बिना किसी लाग-लपेट के घटनाचक्र प्रस्तुत किया जाता है। घटनाचक्र और विचारों के साथ भावना जागृत करता हुआ समाचार भावात्मक इन्ट्रो कहलाता है। 'इन्ट्रो' के अन्य प्रकार हैं : (1) सार (समरी) इन्ट्रो, (2) आलंकारिक या कलर इन्ट्रो, (3) सामान्य इन्ट्रो, (4) कोटेशन इन्ट्रो, (5) प्रशनवाचक इन्ट्रो, (6) संवाद (डायलाग) इन्ट्रो, (7) विवरणात्मक या वर्णनात्मक इन्ट्रो, (8) बुलेट इन्ट्रो (9) सूक्ष्मतम (स्टाकारी) इन्ट्रो।

Interviw (भेंटवार्ता)- यह समाचार प्राप्त करने का एक स्रोत है। किसी बड़े नेता, अध्यक्ष, मुख्यमन्त्री, प्रधानमन्त्री, सरकारी अधिकारी या संगठन के प्रमुख, कवि, लेखक, संस्था आदि प्रमुख लोगों से व्यक्गित रूप से मिलकर प्रश्नों या बातचीत से संवाददाता जो भी जानकारी प्राप्त करना चाहता है, प्राप्त करता हैं।

Indepth Reporting (गहरी खोजबीन के बाद समाचार लेखन) : किसी घटना या मुद्दे के बारे में गहरी छानबीन या विस्तृत अध्ययन के बाद समाचार लेखन 'इनडैप्थ रिपोर्टिंग' कहलाता है।

Indian Newspaper Society (समाचारपत्रों का राष्ट्रीय संगठन) : यह समाचारपत्रों का देश में सबसे बड़ा संगठन है, जिसके बड़े, मध्यम और छोटे लगभग 750 पत्र और पत्रिकाएं तथा करीब इतनी ही विज्ञापन एजेंसियां सदस्य हैं। यह संगठन स्वयं विभिन्न अन्तरराष्ट्रीय संगठनों का सदस्य है। इसी स्थापना 1939 में 'इंडियन एंड ईस्टर्न न्यूजपेपर सोसाइटी' के नाम से हुई थी। बाद में इसके नाम में संशोधन कर 'ईस्टर्न' शब्द हटा दिया गया।

INFA (एक प्रमुख न्यूज फीचर एजेंसी) : इसका पूरा नाम 'इंडियन न्यूज फीचर एजेंसी' है। यह समाचारपत्र/पत्रिकाओं को मुख्य रूप से लेख ओर फीचर उपलब्ध कराती हैं। इसकी स्थापना एक प्रमुख पत्रकार दुर्गादास ने की थी।

INSAT (समाचार कथा के बीच में जोड़ने के लिए दिया गया संक्षिप्त अंश) : पहले ही दिए जा चुके किसी समाचार से सम्बन्धित कोई नई सूचना या चूक के कारण रह गई जानकारी को एक नए पैराग्राफ के रूप में जोड़े जाने के लिए भेजा गया अंश 'इनसर्ट' कहलाता हैं।

Inset (तस्वीर के भीतर तस्वीर) : कई बार स्थान की कमी के कारण या विशेष प्रभाव पैदा करने के लिए अथवा दो चित्रों में सम्बन्ध स्थापित करने के लिए बड़ी तस्वीर के भीतर छोटी तस्वीर छाप देते हैं, जैसे-किसी दुर्घटना के चित्र के कोने में एक घायल व्यक्ति की तस्वीर या धर्मशाला में श्रोताओं की भीड़ के चित्र के एक कोने में उपदेश सुनानेवाले की तस्वीर।

Inside Story (कच्चा चिट्ठा) : किसी संगठन, संस्थान, कम्पनी आदि के बारे में गहरी खोज के बाद संवेदनशील और नाजुक तथ्यों का रहस्योद्घाटन। इस प्रकार का समाचार रिपोर्टर के अपने तथ्यान्वेषण के आधार पर भी लिखा जा सकता है या किसी सूत्र के हवाले से भी।

Inverted Pyramid (विलोम स्तूपी प्रणाली)- समाचार के अन्तिम निष्कर्ष को पहले 'इन्ट्रो' में दे देते हैं, फिर समाचार को विस्तार से देते हैं। इस प्रकार से समाचार देने की प्रणाली 'इनवरटेड पिरामिड' कहलाती है।

J

Journalist Aticat (पत्रकारिता-शिष्टाचार)-पत्रकार पर विश्वास कर जिस व्यक्ति या संस्था ने कोई खबर दी है, उसका नाम नहीं बताना, सूचना स्रोत को गुप्त रखना, गलत बातों का तुरन्त स्वेच्छा से खण्डन प्रकाशित करना आदि जर्नलिस्टिक एटीकेट की श्रेणी में आते हैं।

Journalism Reviews (पत्रकारिता कार्य का आकलन) : कुछ प्रकाशन ऐसी भी हैं, जो समाचारपत्र-पत्रिका के कार्यस्तर का आकलन और विश्लेषण करते हैं। उनका यह कार्य पत्रकारिता के आकलन की श्रेणी में आता है।

Jump (समाचार के शेषांश को अन्य ले जाना) : किसी लंबी समाचार कथा के बचे हुए भाग को स्थानाभाव के कारण जब किसी अन्य पृष्ठ पर ले जाते हैं तो उस मैटर या स्टोरी को 'जंप' करना कहते हैं।

Jump Line (शेषांक सूचक पंक्ति) : किसी समाचार के बचे भाग को अन्य पृष्ठ पर ले जाने की स्थिति में पाठक की जानकारी के लए एक सूचनात्मक पंक्ति देना आवश्यक होता है। उदाहरण के लिए- यदि किसी समाचार का बचा हुआ भाग पृष्ठ एक सी पृष्ठ पांच पर ले जाया गया है तो हमें इस प्रकार की दो पंक्तियां बनानी होंगी। पहली होगी, 'शेष समाचार पृष्ठ 5 पर देखें'। यह पंक्ति पृष्ठ एक पर अधूरे रह गए समाचार के अन्त में लिखी जाएगी। दूसरी पंक्ति होगी, 'पृष्ठ एक के समाचार का शेष्ज्ञ भाग'। इस पंक्ति को पेज पांच पर लगाए गए समाचार के शेष भाग ऊपर लिखा जाएगा।

Justify (निर्धारित पैमाने के भीतर टाइपसेटिंग) : मुद्रण से पहले टाइपसेटिंग या कम्पोजिंग का सारा कार्य अक्षरों और व्याकरण चिन्हों को निर्धारित मानक के मुताबिक दूरी बनाए रखकर किया जाता है। इस क्रिया को 'जस्टीफिकेशन' कहते हैं और यह प्रक्रिया 'जस्टिफाई' करना कहलाती है।

K

Kill -समाचार या लेख का सम्पाद या कम्पोज करते समय पूरी सामग्री को या अनावश्यक भाग के काटने को किल कहते हैं। कई बार बाद में ज्ञात होने पर कि समाचार सत्य से परे है, अन्तिम समय में हटा दिए जाते हैं।

L

Layout (पेज की साज-सज्जा) : पहले यह काम मुख्य उपसम्पादक द्वारा किया जाता था। वह फोरमैन या कम्पेजीटर को खबरों और चित्रों को लगाने के स्थान और क्रम आदि का खाका कागज पर बनाकर दे देता था, लेकिन अब कम्प्यूटर के मौनीटर पर पेज बनाए जाने लगे हैं और पेज की डिजाइनिंग का ज्यादातर काम मॉनीटर पर पेज बनाए जाने लगे हैं और पेज की डिजाइनिंग का ज्यादातर काम उपसम्पादकों की जिम्मेदारी में शामिल हो गया है।

Lead (मुख्य या पहला समाचार) : समाचारपत्र के मुखपृष्ठ की मुख्य खबर 'लीड' कहलाती है। अन्य पृष्ठों की पहली खबर को भी 'पेज लीड' के नाम से जाना जाता है।

इलेक्ट्रॉनिक मीडिया में भी प्रसारित की जानेवाली पहली खबर 'लीड' ही कहलाती है। कहीं-कहीं लीड शब्द का प्रयोग इंट्रो के अर्थ में किया जाता है।

Lean Period (पठनीय खबरों के अभाव का समय) : बीच-बीच में ऐसा दौर भी आता है, जब संचार माध्यमों के पास आम रूचिवाली खबरों का अकाल हो जाता है। ऐसे समय में मीडियाकर्मी 'एडवांस' में तैयार फीचर आदि का उपयोग करके अपने पाठकों-श्रोताओं की जिज्ञासा को तृप्त करते हैं और उनकी रूचि को बनाए रखते हैं।

Letter Press (धातु के अक्षरों से मुद्रण की प्रणाली) : सीसा धातु या लेड से उलटी आकृति मे ढाले गए अक्षरों को चुनकर (कम्पोजिंग करके) बनाए गए पेज या फॉर्म पर स्याही लगाकर ली जानेवाली छाप की विधि। इस विधि के आविष्कारक जर्मनी के मेज शहर में जोहान गुटेनबर्ग (1398-1468) थे। उन्होंने ही सबसे पहले इस विचार की कल्पना की कि उलटे अक्षरों को बनाकर, यदि उन पर स्याही लगाकर छाप ली जाए तो इस तरीके से आसानी से कागज या कपड़े पर चाहे जितने इंप्रेशन (छाप) लिए जा सकते हैं। उनही इस खोज ने दुनिया में शिक्षा और ज्ञान के क्षेत्र में क्रान्ति ला दी। इन अक्षरों से की जानेवाली छपाई का ही 'लेटर प्रेस प्रिंटिंग' नाम पड़ा। अब कम्प्यूटर तकनीक की खोज के बाद छपाई की इस विधि को इस्तेमाल खत्म होता जा रहा है।

Linotype (पूरी पंक्ति ढालनेवाली मशीन) : यह उस मशीन का व्यावसायिक नाम है, जो लेटर प्रेस प्रणाली के लिए तेज गति से कम्पोजिंग का काम निपटाने के लिए बनाई गई थी। कम्पोजिंग के लिए की-बोर्ड से जो अक्षर लिखे जाते थे, उन्हें यह मशीन तत्काल सीसा धातु से ढालकर पूरी पंक्ति के रूप में ट्रे में चुनकर लगाती जाती थी। अब इन मशीनों का उत्पादन बंद हो चुका है।

M

Magazine (पत्रिका) : एक नियमित अन्तराल से प्रकाशित होनेवाले सभी प्रकाशन पत्रिका की श्रेणी में आते हैं। पत्रिकाएं समाचार विचार पर भी केन्द्रित हो सकती हैं और किसी एक खास विषय पर भी। पिछले लगभग दो दशक की अवधि में पकिाओं की प्रसार संख्या और लेकप्रियता में उल्लेखनीय कमी आई है और इसका कारण है दैनिक पत्रों द्वारा अधिकाधिक फीचर व लेखों का प्रकाशन और साथ ही ऐसी सामग्री का समावेश, जो पहले पत्रिकाओं तक ही सीमित रहती थी। कुछ दैनिक तो अपने साप्ताहिक परिशिष्ट पत्रिका के आकार में ही निकालने लगे हैं।

Makeup (पृष्ठ संयोजन और सज्जा) : 'मेकअप' का अर्थ है पत्र या पत्रिका का भौतिक स्वरूप। अच्छी, सुसम्पादित और पसंदीदा पठन सामग्री के साथ-साथ यह भी उतना ही जरूरी है कि इस सामग्री की प्रस्तुति और साज-सज्जा आकर्षक ढंग से की जाए। यह सारा काम 'मेकअप' के अन्तर्गत आता है। अच्छा 'मेकअप' अच्छी सूझबूझ और परिश्रम की मांग करता है इसके लिए अच्छा लेआउट तैयार करना होता है और समाचार कथाओं व लेखों के साथ-साथ 'इनफोग्राफ' से सम्बन्धित घटनाओं की तस्वीरें, तालिकाएं, नक्शे आदि लेने होते हैं।

Mast (पत्र-पत्रिका का टाइटल) : इसका पूरा नाम 'मास्टहेड' है। हिंदी में इसको मत्था (माथा) कहते हैं। वस्तुतः यह शब्द मनुष्य के शरीर की बनावट के आधार पर प्रयोग में लिया गया है। शरीर का प्रमुख और पहचानवाला भाग चेहरा और सिरा होता है। उसी तरह पत्र-पत्रिका का चेहरा और सिर वह है, जहां उसका नाम और उससे जुड़ी जरूरी सूचनाएं दी जाती हैं। पहलै पन्ने पर सबसे ऊपर पत्र या पत्रिका का नाम और उसके साथ उस अंक का विवरण, तारीख, मूल्य, संस्करण आदि की जानकारी दी गई होती है। इसी को 'मास्टहेड' के नाम से जाना जाता है। आरंभिक काल में समाचारपत्र का केवल नाम पहले पृष्ठ पर दिया जाता था। तब इस स्थान को 'फ्लैग' कहते थे, जबकि उसके प्रकाशन स्थान और स्वामित्व आदि का विवरण प्रायः सम्पादकीय पन्ने पर दिया जाता था तथा इस स्थान का नाम 'मास्टहेड' होता था, लेकिन अब 'फ्लैग' या 'मास्टहेड' प्रथम पृष्ठ पर समाहित हो गए हैं और प्रकाशन सम्बन्धी शेष विवरण 'प्रिण्ट लाइन' नामक एक अन्य स्थायी स्तम्भ में दिया जाता है। इसको प्रकाशित करना कानूनी तौर पर अनिवार्य होता है। भारतीय पत्रों में यह स्तम्भ अन्तिम पन्ने पर छापा जाता है।

Mass Communication (जनसंचार)- किसी भी सूचना या विचार को विभिन्न माध्यमों (तार, टेलीफोन, रेडियो, टेलीविजन आदि) द्वारा जन-समुदाय तक पहुँचाना जन-संचार कहलाता है।

Media Imperialism (मीडिया साम्राज्यवाद) : दुनिया के सूचना प्रवाह पर पश्चिमी मीडिया का पूरी तरह वर्चस्व है। वह कुल सूचनाओं के लगभग 87 प्रतिशत पर अपना एकाधिकार कायम किए हुए है। इस एकाधिकार को तोड़ने के लिए और विश्व की सूचना संचार व्यवस्था में संतुलित व न्यायपूर्ण लोकतान्त्रिक व्यवहार लागू करने के लिए यूनेस्को द्वारा गठित सीन मैकब्राइड आयोग ने पिछली सदी के आठवें दशक में एक विस्तृत रिपोर्ट तैयार की थी। इस रिपोर्ट मे 82 सुझाव दिए गए थे और संचार माध्यमों पर पश्चिमी देशों के एकाधिकारवाद और साम्राज्यवाद पर असंतोष के साथ-साथ गंभीर चिंता व्यक्त की गई थी। यह रिपोर्ट मंजूर तो कर ली गई, लेकिन इस यथार्थवादी दृष्टिकोण के कटु सत्य से अमेरिका इतना नाराज हुआ कि उसने तत्काल अपनी ओर से यूनेस्को को दी जानेवाली आर्थिक सहायता बंद कर दी और वह अभी तक बंद है।

Media Reach (विज्ञापन की पहुंच) : एक विज्ञापन लाखों पाठकों-श्रोताओं तक पहुंच सकता है और यह भी संभव है कि उसी पहुंच कुछ सौ लोगों तक सीमित रह जाएं। उदाहरण के लिए- टेलीविजन के किसी लोकप्रिय चैनल पर प्रसारित विज्ञापन एक साथ लाखों घरों तक अपनी पहुंच बना सकता है, जबकि एक अलोकप्रिय या सीमित प्रसार संख्यावाले पत्र में प्रकाशित विज्ञापन के पाठकों की संख्या कुछ सो तक ही सिमट सकती है। इस पहुंच को ही 'मीडिया रीच' के नाम से जाना जाता है।

Managing Editor (प्रबन्ध सम्पादक)-बड़े समाचार पत्र-पत्रिकाओं में सम्पादक के अलावा एक प्रबन्ध सम्पादक होता है। इसका प्रमुख कार्य पत्र-पत्रिका के लिए आवश्यक सामग्री की व्यवस्था करना होता है। यह सम्पादक अन्य कर्मचारियों के कार्यों का विवेचन व निरीक्षण भी करता है। यह सम्पादकीय विभाग के अलावा अन्य विभागों-विज्ञापन व वितरण को नियन्त्रण भी करता है।

Manuscript (पांडुलिपि/हस्तलिखित प्रति) : किसी लेख या पुस्तक की हस्तलिखित अथवा टाइप की हुई प्रति। कागज के आविष्कार से पहले लेखन का कार्य ऐसे वृक्षों के पत्तों पर किया जाता था, जो लंबे समय तक खराब नहीं होते थे, जैसे- भोजपत्र। इन पर लिखने के लिए खास तरीके से स्याही बनाई जाती थी। ऐसी अनेक पांडुलिपियां आज भी विभिन्न संग्राहालयों में सुरक्षित हैं।

Mug Shot (केवल चेहरे की तस्वीर) : किसी तस्वीर को काटकर या कम्प्यूटर के फोटोशॉप साफ्टवेयर पर इस प्रकार क्रॉप किया जाए कि उसमें केवल चेहरा ही दिखाई दे तो उसको 'मग शॉट' कहते हैं।

N

News (समाचार) : न्यूज शब्द North (उत्तर), East (पूर्व), West (पश्चिम), और South (दक्षिण) से मिलकर बना हैं, जिसका अर्थ है चहुओर की जानकारियां। समाचार का कच्चा माल सूचना या संदेश है। सूचना के साथ ज्ञान और अनुभव का संयोग होने पर वह समाचार का रूप ले लेती है। समाचार के अनेक रूप और श्रेणियां हैं। इनमें प्रमुख हैं : (1) नगर या महानगर समाचार (CityèMetro News), (2) अपराध समाचार (Crime News), (3) विलंबित समाचार (Delayed News), (4) वित्तीय/अर्थ समाचार (EconomicèFinancial News), (5) सरकारी समाचार (Government News) (6) चटपटी/चर्चित खबर (Hot News), (7) अन्तरराष्ट्रीय समाचार (International News), (8) नई खबर (Late News), (9) राष्ट्रीय समाचार (National News), (10) सामाजिक समाचार (Social News), (11) तात्कालिक समाचार (Spot News), (12) प्रांतीय समाचार (State News)। सूचना क्रान्ति के बाद समाचार की पहुंच अब लगभग हर तबके के व्यक्ति तक हो गई है।

News Agency (समाचार एजेंसी) : समाचारों का संकलन, सम्पादन और फिर उन्हें अपने ग्राहकों तक पहुचाने का काम करनेवाला संगठन या कम्पनी समाचार एजेंसी कहलाती है। इनके द्वारा अपनी सामग्री तार प्रणाली द्वारा भेजी जाती है, जो ग्राहक के टेलीप्रिण्टर (अब कम्प्यूटर) पर क्रीड होती चलती है। उनके ग्राहकों में समाचारपत्र/पत्रिका, रेडियो, टीवी के अलावा सरकार के विभिन्न विभाग और उनके बड़ी निजी कम्पनियां भी होती हैं।

Nnews Components (समाचार के घटक) : संचार माध्यम से जुड़े हर व्यक्ति को मालूम है कि एक मुकम्मल समाचार के लिए सामान्यतः छह प्रश्नों के उत्तर देने होते हैं। इनमें पांच हैं- ह्वाट, ह्वेन, ह्वेयर, ह्वाई, और हू तथा छठा है हाऊ। लेकिन यह नुस्ख मुख्यतः अपराध से जुड़े समाचारों पर ही लागू होता है, हर खबर पर नहीं।

News Desk (समाचार डेस्क) : अलग-अलग देशों में इसके अलग-अलग अर्थ हैं। अपने यहां 'न्यूज डेस्क' और 'मुख्य डेस्क' को एक ही माना जाता है, जबकि अमेरिका में 'न्यूज डेस्क' का मतलब 'रिपोर्टिंग डेस्क' या संवाददाता कक्ष से है।

News Flash (अप्रत्याशित खबर) : चौंकानेवाली खबर, जिसे सामान्य कार्यक्रम को रोककर थोड़े से शब्दों में जारी किया जाता है, जैसे- 'प्रधानमंत्री इन्दिरा गांधी की उनके अंगरक्षकों द्वारा हत्या' या 'राजधानी एक्सप्रेस के दो डिब्बे पुल से नदी में गिरे, 50 मरे'। सामान्य तौर पर केवल 'फ्लैश' शब्द का ही इस्तेमाल किया जाता है और उसी से समझ में आ जाता है कि कोई बड़ी खबर हमारे इंतजार में हैं।

News Instinct (समाचार की सूझबूझ) : हर पत्रका के लिए समाचार की पकड़ या उसके महत्त्व को तत्काल बूझ लेने की क्षमता आवश्यक है। इसी गुण या क्षमता के आधार पर पत्रकार की सफलता और उन्नति निर्भर करती है।

News Judgement (समाचार की समझ) : पत्रकारिता का यह मूल तत्व है। रिपोर्टिंग से लेकर समाचार की प्रस्तुति तक हर फैसले का आधार समाचार की समझ पर ही निर्भर करता है। किस खबर का क्या और कितना महत्त्व है, देश और दुनिया पर उसका कितना व्यापक और दूरगामी प्रभाव होगा, आदि बातें एक अच्छे पत्रकार की समझ में पलक झपकते आ जानी चाहिए और उसी के मुताबिक उसे खबर की प्रमुखता या महत्त्व निर्धारित करना चाहिए।

News Source (समाचार का स्रोत) : हर संवाददाता का कोई न कोई समाचार स्रोत होता है। वस्तुतः यह स्रोत ही उसके काम की रीढ़ है। उसकी रिपोर्टिंग की गाड़ी इसी सोर्स रूपी पहिए पर दौड़ती है। इसीलिए संवाददाता को यह छूट मिली हुई है कि वह किसी भी आदेश या कोर्ट के निर्देश के बावजूद अपने सोर्स का नाम या उसकी पहचान बनाने से इनकार कर सकता है। 'न्यूज सोर्स' बहुत ही विश्वसनीय, सूचनाओं और जानकारियों के मामले में बेहद सजग और उत्तरदायित्व को समझनेवाला व्यक्ति होता है। संवाददाता उस पर पूरा भरोसा करता है और उसके कहने पर बड़े से बड़ा जोखिम उठा लेता है।

News Value (समाचार की अहमियत) : हर घटना से जुड़े समाचार की अपनी अलग अहमियत होती है। इसकी सही-सही पहचान ही पत्रकार की योग्यता का पैमाना है। इस अहमियत का निर्धारण घटना की गम्भीरता, व्यापकता, उसके परिणाम के विस्तार, उसके महत्त्व, सामयिकता, सामाजिक प्रभाव, मानवीय रुचि आदि कारकों पर निर्भर करती है।

O

Off The Record (खबर में इस्तेमाल के लिए नहीं) : ऐसी बात, जो संवाददाता को स्वयं तक सीमित रखने के लिए बताई गई हो और बताते समय यह भी कह दिया गया हो कि वह 'ऑफ द रिकॉर्ड' है अर्थात समाचार में या सार्वजनिक तौर पर उसका उपयोग नहीं किया जाना चाहिए। परस्पर विश्वास या सम्बन्धों के कारण कई बार संवाददाता को उसका सूत्र ऐसे रहस्य या गोपनीय बातें बता देता है, जिन्हें सार्वजनिक नहीं किया जा सकता या जिनको खबर में शामिल करना उस व्यक्ति अथवा समाज के हित में नहीं होता।

Offset (मुद्रण की एक विशेष तकनीक) : 'ऑफसेट' तकनीक से छापनेवाली मशीन ऑफसेट प्रिंटिंग मशीन कहलाई। इस मशीन के आविष्कार ने छपाई की सुन्दरता, गुणवत्ता और रफ्तार में एक तरह की क्रान्ति ला दी। ऑफसेट छपाई धातु की प्लेट पर उतारे अक्स से की जाती है। यह एक प्रकार ही 'लिथोग्राफी' तकनीक ही है।

Ombudsman (पाठक प्रहरी) : पाठकों द्वारा समाचारों के बारे में भेदभाव या पक्षपात की शिकायतों के निवारण के लिए किसी प्रतिष्ठित बुद्धिजीवी को 'पाठक प्रहरी' नियुक्त किया जानेवाला यह 'ओमबड्समैन' समाचारपत्र द्वारा समाचारों के प्रकाशन या लेखन के मामले में पाठकों की शिकायतों की सुनवाई करके एक पंच जैसी भूमिका निभाता है। भारत में पहली बार 'टाइम्स ऑफ इंडिया' की ओर से 'ओमबड्समैन' की नियुक्ति की गई।

Over Banner (मास्टहेड से भी ऊपर शीर्षक) : कभी-कभी इतनी बड़ी घटना भी हो जाती है कि अखबार उसका शीर्षक अपने नाम (मास्टहेड) से भी ऊपर छापना उचित समझता है। जब 'यूरी गैगरिन' ने पहली बार चंद्रमा पर कदम रखा था तो इस ऐतिहासिक घटना के शीर्षक को कई पत्रों ने 'मास्टहेड' से ऊपर छापा था।

P

Padding (समाचार में जोड़) : कई बार ऐसी स्थिति आती है, जब पत्र-पत्रिका की पूर्वनिर्धारित योजना को पूरा करने के लिए कोई समाचार कथा छोटी पड़ जाती है। ऐसे मौके पर सम्बन्धित संवाददाता या डेस्क को पेज मेकअप के लिए जरूरी पंक्तियों की संख्या तैयार करने के लिए कहा जाता है, ताकि उनकी 'पैडिंग' की जा सके।

Page Facsimile Transmission (इलेक्ट्रॉनिक संकेट से पेज भेजने का तरीका) : सूचना प्रौद्योगिकी के क्षेत्र में हुई क्रान्ति के बाद जो अनेक उपलब्धियां हासिल हुई हैं, यह प्रणाली उन्हीं में से एक है। तैयार पेजों को इस तकनीक से सैअेलाइट या तार द्वारा किसी भी दूरी पर अपने अन्य केंद्र को छपने या अन्य उपयोग के लिए भेजा जा सकता है।

Page Rate (पूरे पेज के विाापन की दर) : विज्ञापनों की स्थान, प्रकृति और प्रस्तुति के आधार पर कई श्रेणियां होती हैं। जो विज्ञापन पूरे पृष्ठ पर छापा जाता है, वह 'डिस्प्ले एड' या सजावटी विज्ञापन की श्रेणी में आता है। इसकी दरें पृष्ठ के मुताबिक अलग-अलग होती हैं। अन्तिम पृष्ठ पर प्रकाशित विज्ञपन के लिए अतिरिक्त शुल्क लिया जाता है। इसी प्रकार जो विज्ञापन दाएं पृष्ठ पर छपने हैं, उनकी दरें बाएं पृष्ठ की तुलना में अधिक होती हैं। वांछित या विज्ञापनदाता द्वारा निर्दिष्ट पृष्ठ पर छापे जानेवाले विज्ञापन के लिए भी अतिरिक्त शुल्क लिया जाता है।

Pagination (पृष्ठ संख्या निर्धारित) : पृष्ठ संख्या के निर्धारण का काम विज्ञापन और प्रसार विभाग आपसी तालमेल से करते हैं। विज्ञापन विभाग उस दिन के विज्ञापनों के लिए आवश्यक स्थान का हिसाब लगाता है और प्रसार विभाग न्यूजप्रिण्ट का। उसके बाद उस दिन के अखबार का 'पेजीनेशन' सम्पादकीय विभाग को भेज दिया जाता है, ताकि विज्ञापनों के अलावा उपलब्ध स्थान के अनुसार वह सामग्री तैयार कर सके।

Paid Circulation (कुल बिक्री) : एजेंटों और न्येज स्टेंड के जरिए बिकनेवाली और स्थायी ग्राहकों को भेजी जानेवाली प्रतियों की कुल संख्या 'पेड सर्कुलेशन' कहलाती है। 'पेड सर्कुलेशन' और 'सर्कुलेशन' में काफी फर्क होता है और ऑडिट के समय एबीसी को इसकी जानकारी देनी होती है।

Paparazzi (ताकझांकवाले प्रेस फोटोग्राफर) : यह शब्द इटैलियन भाषा का है। यह ऐसे छायाकारों के लिए प्रयुक्त होता है, जो किसी हस्ती की गतिविधि की ताकझांक या चोरी-छिपे उसका पीछा करने में लगे रहते हैं। कोई फोटो हाथ लग जाए तो उसे वे मुंहमांगी कीमत पर पत्र-पत्रिकाओं को बेच लेते हैं। इसकी सबसे बड़ी मिसाल ब्रिटेन के शाही परिवार की युवरानी डायना के साथ 1997 में हुआ हादसा है, जिसमें वह इन छायाकारों के कैमरों से बचने के लिए भगते हुए दुर्घटना का शिकार होकर मौत के मुंह में चली गई।

Paragraph Indent (नए पैरे के लिए स्थान छोड़ना) : नए पैराग्राफ की पहली पंक्ति की शुरूआत थोड़ा (1 एम) स्थान खाली छोड़कर की जाती है। स्थान छोड़ने की यह क्रिया 'इंडेंट' कहलाती है।

Pasteup (प्लेट बनाने के लिए तैयार पेज) : ऑफसेट छपाई के लिए ब्रोमाइड और चित्रों को लगाकर पेज तैयार करने के बाद फिल्म बनाने के लिए कैमरे पर भेज दिया जाता है। इसके बाद फिल्म से प्लेट बनाकर उसे मशीन पर छपाई के लिए कस दिया जाता है।

Peg (खबर को सामयिक बनाने का सूत्र या मर्म) : खबर को सामयिक बनाने के लिए काफी सूझबूझ की जरूरत होती है। यह भी सही है कि सामयिक प्रतीत होने पर ही पाठक या रोता को समाचार आकर्षित करता है, क्योंकि तभी वह उससे तादात्म्य स्थापित कर पाता है। दीवाली या ईद पर पानी की सप्लाई में कमी के मामले को यदि त्यौहार के साथ जोड़कर खबर का रूप दिया जाए तो सहज ही ऐसा समाचार सभी की रुचि का विषय बन जाता है।

Periodical (सावधिक पत्र-पत्रिका) : यह शब्द सामान्यतः उन प्रकाशनों के लिए इस्तेमाल किया जाता है, जो रोज प्रकाशित न होकर एक निश्चित अन्तराल के बाद छपते हैं। इस श्रेणी में द्विसाप्ताहिक, द्विमासिक, मासिक, त्रैमासिक, वार्षिक आदि सभी प्रकाशन आते हैं।

Personal Column (निजी स्तम्भ लेख) : प्रमुख पत्रकार किसी पत्र-पत्रिकाओं में अपने नाम से नियमित कॉलम (स्तम्भ लेख) देते हैं। उदाहरण के लिए-प्रेम शंकर झा (आउटलुक), कुलदीम नायर (इंडियन एक्सप्रेस), शेखर गुप्ता (इंडियन एक्सप्रेस), प्रभाष जोशी (जनसत्ता), खुशवंत सिंह (हिंदुस्तान टाइम्स) में नियमित रूप से हर सप्ताह अपना कॉलम देते हैं।

Photo Division (फोटो प्रभाग) : फोटोग्राफी की गतिविधियों से सम्बन्धित देश का सबसे बड़ा केंद्र, जो सूचना एवं प्रसारण मंत्रालय के अधीन कार्य करता है। यह केंद्र देश की प्रमुख घटनाओं और आर्थिक-सामाजिक गतिविधियों से जुड़े नेगेटिव और चित्रों को सुरक्षित रखने का काम भी करता है।

Photographer (छायाकार) : पत्र-पत्रिकाओं में प्रकाशन के लिए विभिन्न घटनाओं और व्यक्तियों के चित्र लेनेवाला व्यक्ति, जिसे मीडिया की भाषा में फोटो पत्रकार भी कहा जाता है। अपने काम की विशिष्टता और विश्वसनीयता की बदौलत अनेक फोटो पत्रकारों ने इस क्षेत्र में खासा नाम कमाया है।

Photo Journalism (फोटो पत्रकारिता) : पत्र-पत्रिकाओं के लिए अच्छी 'फोटा पत्रकारिता' का भी उतना ही महत्त्व है, जितना विश्वसनीय संवाददाता और पत्रकार का। एक चित्र किसी भी बड़ी और महत्त्वपूर्ण घटना के बारे में विस्तृत और सजीव जानकारी दे सकता है। वह चित्रित रूप में समाचार ही होता है। टेलीविजन समाचारों का तो असली संवाददाता कैमरामैन ही होता है। 'फोटो पत्रकारिता' के लिए समाचारों के प्रति वैसी ही समझ और सूझबूझ की आवश्यकता होती है, जैसी रिपोर्टिंग के लिए। इस विषय का तकनीकी ज्ञान प्राप्त करने के लिए अलग से प्रशिक्षण लेना उचित है।

Photosetting (फोटो कम्पोजिंग) : कम्पोजिंग की इस तकनीक में तस्वीर या फोटो के रूप में अक्षरों की सेटिंग की जाती है, इसीलिए इसे 'फोटोसेटिंग' नाम मिला है। फोटोसेटिंग करके उसका फिल्म या कागज पर प्रिण्ट ले लिया जाता है। इसे 'कोल्ड टाइप कम्पोजिंग' और 'फोटोटाइप सेटिंग' भी कहते हैं।

Photostet (फोटोकॉपी करनेवाली मशीन) : इस शब्द का प्रयोग अक्सर किसी दस्तावेज की फोटोप्रति के पर्याप्त के रूप में किया जाता है। फोटोकॉपी करनेवाली मशीन को 'फोटोस्टेट' कहते हैं।

Pica (मुद्रण के पैमाने की एक यूनिट) : मुद्रण व्यवसाय में 'पाइका' शब्द का प्रयोग होता है। एक 'पाइका' 12 पॉइंट के बराबर होता है।

Picture Editor (चित्र सम्पादक) : चित्रों के संग्रह, देखरेख और क्वालिटी नियंत्रण के काम की निगरानी करनेवाला व्यक्ति।

Pix (पिक्चर का संक्षिप्त रूप) : मीडिया की शब्दावली में यह शब्द बहुतायत से इस्तेमाल में आता है और इसीलिए बोलचाल में संक्षिप्त तौर पर इसे 'पिक्स' या 'पिक' (Pic) कहते हैं।

Plagiarism (उड़ाई या चुराई हुई सामग्री) : किसी अन्य व्यक्ति द्वारा लिखी या प्रस्तुत की हुई सामग्री का बिना उसका हवाला दिए उपयोग करना, जिससे ऐसा लगे कि वह खुद की लिखी हुई है।

Planning Meeting (तैयारी बैठक) : पत्र-पत्रिका के आनेवाले अंकों की तैयारी के लिए समाचार व लेख सामग्री पर विचार-विमर्श हेतु की जानेवाली बैठक है।

Point (टाइपोग्राफी की माप) : छपे हुए अक्षरों की माप 'पॉइंट' के रूप में की जाती है। एक इंच में 72 पॉइंट और एक सेंटीमीटर में 28.35 पॉइंट होते हैं।

Portfolio (एक संस्थान से प्रकाशित पत्रिकाएं) : कई प्रकाशन संस्थान अनेक पत्र-पत्रिकाओं का प्रकाशन करते हैं। ऐसे संस्थानों में 'टाइम्स ऑफ इंडिया', 'हिंदुस्तान टाइम्स' और 'इंडिया टुडे' का नाम लिया जा सकता है।

Position (विज्ञापन प्रस्तुति का स्थान) : यह शब्द विज्ञापन विभाग के ही प्रयोग में अधिक आता है। विज्ञापन की दरें उसे दी गई पोजीशन के आधार पर तय होती हैं। विज्ञापनदाता पहले से तयशुदा पोजीशन में ही विज्ञापन छापने के लिए कह देता है और उसी के मुताबिक दर से भुगतान करता है।

Positive (चित्र की छवि) : कोई भी चित्र पहले नेगेटिव रूप में लिया जाता है और फिर उससे उसकी 'पॉजिटिव' छवि-साफ, सुस्पष्ट और हूबहू नकल तैयार की जाती है।

Prasar Bharati (प्रसार भारती) : आकाशवाणी (ऑल इंडिया रेडियो) और दूरदर्शन के प्रसारण को संतुलित ढंग से संचालित करने के उद्देश्य से 1997 में गठित स्वायत्त संगठन, जिसे अंग्रेजी में 'ब्रॉडकास्टिंग कॉरपोरेशन ऑफ इंडिया' नाम दिया गया है। इस संगठन का असल मकसद रेडियो और दूरदर्शन को सरकार के नियंत्रण से मुक्त करना था।

Pre-date (अगली तारीख में प्रकाशन) : काफी दूरदराज के इलाकों में भेजे जानेवाले समाचारपत्रों के मुखपृष्ठ पर एक दिन बाद की तारीख डालकर उन्हें नए संस्करण के रूप में छाप दिया जाता है। अंग्रेजी में इस संस्करण को 'लेट सिटी एडिशन' कहते हैं।

Press (मीडिया के पर्याय के रूप में प्रचलित शब्द) : इस शब्द का सीधा अर्थ तो कागज या किसी अन्य वस्तु पर अक्षरों या तस्वीरों को स्याही लगी सतह पर दबाकर (प्रेस) छापनेवाली मशीन है, लेकिन इसका इस्तेमाल मीडिया के पर्यायवाची शब्द के रूप में प्रचलित हो गया है।

Press Information Bureau (पत्र सूचना कार्यालय)-समाचार-पत्रों के लिए सूचनाएँ और समाचार देनेवाला सरकार या किसी संस्था विशेष का कार्यालय अथवा विभाग। पत्र-सूचना कार्यालय, समाचार-पत्रों एवं पत्रकारों को अधिकृत सूचनाएँ समय-समय पर देता है। यह कार्यालय संवाददाताओं, फोटोग्राफरों आदि को मान्यता प्रदान करता है। यह अखबारों के माध्यम से जनात की राय और विभिन्न समस्याओं की जानकारी प्राप्त कर सरकार की नीतियों, कार्यक्रमों और उपलब्धियों का प्रचार करना है।

Journalist (पत्रकार)-पत्रकारिता से सम्बन्धित वे सभी व्यक्ति (संवाददाता, सम्पादक आदि) जो समाचारों का संग्रह, संकलन और सम्पादन करते हैं, समाचार या फीचर तैयार करते हैं, समीक्षा करते हैं और पत्र-पत्रिका का सम्पादन करते हैं, समीक्षा करते हैं और पत्र-पत्रिका का सम्पादन करते हैं, उन्हें प्रकाशित करते हैं, पत्रकार कहलाते हैं। द वाच कास्त के अनुसार "पत्रकार वह व्यक्ति है जो थोड़े-थोड़े समय के अन्तर पर प्रकाशित अपनी रचनाओं से जनमत को एक निश्चित दिशा में प्रभावित करना चाहता है।"

ऑक्सफोर्ड डिक्शनरी के अनुसार- "किसी पत्र का सम्पादन करके या उसके लिए कुछ लिखकर जो अपनी जीविका चलाता है, उसे पत्रकार कहते हैं।"

पत्रकार आचार-संहिता-पत्रकारिता को पवित्र और निष्पक्ष रखने तथा इसे निरंकुशता एवं कर्तव्यहीनता से बचाने के लिए पत्रकार नीति-नियम बनाते हैं, जिनका पालन पत्रकार अपना कर्तव्य समझता है। इन नियमों के कोड को पत्रकार 'अचार संहिता' कहते हैं।

Press Gallery (पत्रकार-कक्ष)-किसी विशेष समारोह, विशेष अवसर, अधिवेशन, संसद, विधानसभाओं आदि में पत्रकारों के लिए समाचार संकलन हेतु जो स्थान नियत होता है, उस स्थान या कक्ष को पत्रकार-कक्ष कहते हैं।

पत्रकार संगठन-पत्रकारों के हितों की रक्षा के लिए आपसी मैत्री व सहयोग, आचार संहिता बनाने, पत्रकारिता को उन्नत करने आदि कार्यों के लिए बनाए गए संगठन पत्रकार संगठन कहलाते हैं।

Press Conference (पत्रकार वार्ता)-पत्रकार सम्मेलन, समाचार पाने का एक महत्त्वपूर्ण स्रोत है। विभिन्न संस्थान, संगठन, उच्च अधिकारी, नेता, मंन्त्री एवं कोई भी व्यक्ति, उच्च अधिकारी, नेता, मंत्री एवं कोई भी व्यक्ति अपना दृष्टिकोण प्रस्तुत करने के लिए या ताजा घटनाओं, कार्यकलापों की जानकारी देने के लिए पत्रकारों को आमन्त्रित करते हैं। उनके समक्ष औपचारिक घोषणा करते हैं पत्रकार उनसे सीधे प्रश्न पूछते हैं और आयोजक उत्तर देते हैं। इसके निमन्त्रण-पत्र में यह स्पष्ट उल्लेख होता है कि पत्रकारों को कौन सम्बोधित करेंगे तथा इसमें आयोजक व पत्रकारों के अतिरिक्त अन्य भाग नहीं लेते हैं। पत्रकार कोई भी प्रश्न पूछने को स्वतन्त्र है। सम्बोधन करनेवाला या तो उत्तर देता है अथवा उत्तर नहीं देना चाहे तो मौन रहता है। उसे बाध्य नहीं किया जा सकता कि वह उत्तर दे।

Press Council of India (भारतीय प्रेस परिषद) : यह एक स्वायत्त अर्धन्यायिक संस्था है। इसका कार्यकाल 3 वर्ष का होता है और उसके बाद नई समिति का गठन किया जाता है। इसमें कुल 28 सदस्य होते हैं। इनमें से 20 सदस्य समाचारपत्रों से, 3 लोकसभा से, 2 राज्यसभा से और एक-एक सदस्य साहित्य अकादमी, बार काउंसिल और विश्वविद्यालय

अनुदान आयोग से लिया जाता है। इसका अध्यक्ष परंपरागत रूप से सर्वोच्च न्यायालय के निवर्तमान न्यायाधीश को बनाया जाता है। प्रेस परिषद पत्रकारिता की आचार संहिता या उसकी निष्पक्षता के उल्लंघन से सम्बन्धित शिकायतों पर विधिसम्मत व्यवस्था देती है और उसका निर्णय अन्तिम होता है, जिसे किसी भी न्यायालय में चुनौती नहीं दी जा सकती। प्रेस काउंसिल की स्थापना मीडिया की स्वतन्त्रता और निष्पक्षता बनाए रखने तथा पत्र-पत्रिकाओं और समाचार एजेंसियों की गुणवत्ता में सुधार के उद्देश्य से 1965 में बनाए गए एक कानून के अन्तर्गत की गई थी। इसने 4 जुलाई 1966 से विधिवत काम शुरू किया।

Press Institute Of India (भारतीय प्रेस संस्थान) : इस संस्थान की स्थापना पत्रकारिता के चहुंमुखी विकास के उद्देश्य से 1963 में की गई थी। साधनों की कमी के बावजूद 'भारतीय प्रेस संस्थान' ने अपने उद्देश्य को पूरा करने की दिशा में महत्त्वपूर्ण उपलब्धियां हासिल की हैं। संस्थान की ओर से कई नियमित प्रकाशन भी किए जाते हैं। इनमें प्रकाशन के लिए ऐसी सामग्री का चयन किया जाता है, जो एक ओर तो मीडिया सम्बन्धी ज्ञान को बढ़ावा दे और दूसरी ओर, इन चुनिंदा विषयो पर प्रशिक्षु पत्रकारों को लेखन के लिए प्रोत्साहन दिया जाता है। 'ग्रासरूट्स' और 'विदुर' इस संस्थान के ऐसे ही प्रशंसित प्रकाशन हैं। उसने पत्रकारिता प्रशिक्षण के लिए महानगरों के अलावा ग्रामीण क्षेत्रों में भी प्रशिक्षण कार्यशालाओं का लगातार आयोजन किया है। संस्थान अब तक कई हजार सम्पादकीय और समाचार प्रबन्धन से जुड़े व्यक्तियों का प्रशिक्षण देने का कार्य कर चुका है। यहां प्रशिक्षण प्राप्त करनेवालों में भारत के अलावा पाकिस्तान, बांग्लादेश, श्रीलंका तथा एशिया के अन्य देशों के नागरिक भी शामिल हैं।

Press Proof (छपाई से पहले लिया जानेवाला प्रूफ) : मुद्रण प्रक्रिया में कई स्तरों पर भूल और चूक की संभावना बनी रहती है। इसलिए छपाई का काम शुरू होने तक बार-बार विभिन्न स्तरों पर यह जांच करना जरूरी होता है कि कम्पोजिंग/रीडिंग/लेआउट आदि की कोई भूल तो नहीं रह गई है। इसी उद्देश्य से 'प्रेस प्रूफ' देखा जाता है।

Press Release (प्रेस विज्ञप्ति) : मीडिया द्वारा कवरेज के लिए राजनीतिक और सामाजिक संगठन, व्यावसायिक और औद्योगिक प्रतिष्ठान एवं सामाजिक तथा विभिन्न क्षेत्रों में सक्रिय व्यक्तियों द्वारा विज्ञप्ति जारी की जाती है। यह विज्ञप्ति उनकी ओर से मीडिया कार्यालयों को समय-समय पर प्रेषित की जाती है, जिसे वे जनहित में होने पर प्रकाशित-प्रसारित कर देते हैं।

Printer Devils–छपाई की गलतियों को अंग्रेजी में प्रिन्टर्स डेविल कहते हैं।

Printer Line–प्रत्येक समाचार-पत्र या पत्रिका में सम्पादक, प्रकाशक और मुद्रक का नाम प्रकाशित किया जाना अनिवार्य है, इस विवरण को मुद्रण रेखा या 'प्रिण्ट लाइन' अथवा प्रेस लाइन भी कहते हैं।

Proof Press (प्रूफ छापनेवाली मशीन) : लेटर प्रेस के जमाने में 'प्रूफ प्रेस' का बहुतायत से प्रयोग होता था। इसमें एक प्लेट रहती है और उसके ऊपर उठे हुए दो किनारों पर एक रोलर घूमता है, प्लेट पर कम्पोज किया हुआ मैटर रखकर उस मैटर पर एक छोटे रोलर से स्याही लगाई जाती है और फिर उस मैटर पर कागज रखकर रोलर रस पर घुमाने से प्रूफ तैयार हो जाता है।

Proof Reader (त्रुटि सुधारक) : कम्प्यूटर तकनीक आने के बाद 'प्रूफ रीडर' की भूमिका कम हो गई है, लेकिन लेटर प्रेस से छपाई के मामले में 'प्रूफ रीडर' की अहमियत आज भी बरकरार है। प्रकाशन सामग्री के शुद्ध रूप में छपने का दारोमदार उसी पर रहता है।

Proof Reader's Marks (प्रूफ रीडिंग के चिन्ह) : प्रूफ में संशोधन या सुधार करने के लिए कई चिन्ह निर्धारित हैं। इन चिन्हों का अर्थ जानना रीडर के साथ-साथ कम्पोजीटर के लिए भी आवश्यक है।

PTI (प्रेस ट्रस्ट ऑफ इण्डिया) : देश की सबसे ज्यादा ग्राहकों और सबसे विस्तृत नेटवर्कवाली समाचार एजेंसी। इसकी शुरुआत 1949 में 'इंडियन एंड ईस्टर्न न्यूजपेपर सोसाइटी' ने पहली स्वदेशी समाचार एजेंसी के रूप में की। पीटीआई का नेटवर्क आज भारत ही नहीं, एशिया में भी सबसे बड़ा है। यह नेटवर्क 40 देशों की राजधानियों तक फैला हुआ। इसके अतिरिक्त पीटीआई पहले से ही फोटोग्राफी सेवा भी चला रही है, जिसके तहत घटना प्रधान सामयिक चित्र तत्परता से उपलब्ध कराए जाते हैं।

Public Relation (जनसम्पर्क)-सामान्य अर्थ में किसी एक व्यक्ति का दूसरे अथवा व्यक्तियों के साथ सम्पर्क करना जन-सम्पर्क है। विद्वानों ने इसकी परिभाषा इस प्रकार की है: विलियम रिवर्स ने अपनी पुस्तक 'द मास मीडिया' में लिखा है, ''जनसम्पर्क एक द्विमुखी प्रक्रिया है, जिसके अन्तर्गत एक ओर तो सुनियोजित ढंग से जनमत को प्रभावित करने और उसे अपने अनुकूल अनाए रखने के लिए कार्य किया जाता है और दूसरी ओर सम्बन्धित संगठन से सम्बन्ध में जनमत का निर्धारण करके संगठन की रीति-नीति में आवश्यक परिवर्तन का सुझाव दिया जाता है।'' अमेरिका के एक जनसम्पर्क विशेषज्ञ सी. डब्ल्यू प्लेट्स का मत है कि जन-सम्पर्क से अभिप्राय प्रबन्धक वर्ग द्वारा किए जानेवाले उस कार्य से है जिसके अन्तर्गत- (1) किसी विषय के सम्बन्ध में जनरुचि एक जन-व्यवहार का विश्लेषण करना है,

(2) जनता को अपने संगठन की नीति और कार्यक्रम को समझाना है, (3) संगठन के प्रति जनता में सद्‌भावना व रुचि उत्पन्न करने के लिए कार्यक्रम बनाकर उसे पूरा करना है। इस प्रकार जन-सम्पर्क प्रशासन अथवा प्रबन्धक वर्ग की बात जनता तक और जनता की बात प्रशासन अथवा प्रबन्धक वर्ग तक पहुँचने की एक प्रक्रिया है।

Publisher (प्रकाशक) : पत्र-पत्रिका, पुस्तक आदि को छपवाकर प्रकट करनेवाला।

Publications Division (प्रकाशन विभाग)-सरकार का यह विभाग पुस्तकें, पत्र-पत्रिकाएँ, चित्र व सामयिक प्रकाशन प्रस्तुत करता है। यह विभाग प्रमुख व्यक्तियों के भाषण व लेखों को संगृहीत व संरक्षित रखने का भी काम करता है।

प्रत्याशित समाचार-कुछ समाचार ऐसे होते हैं जिनके बारे में पहले से ही जानकारी होती है कि क्या होनेवाला है, क्या घटना घटनेवाली है। ऐसे समाचार संकलन करने के लिए पहले से ही संवाददाता समाचार संकलन के लिए भेज दिए जाते हैं। जैसे कोई अधिवेशन या सम्मेलन, सभा, विभिन्न संस्थाओं की बैठकों की कार्यवाही, विधानसभा या संसद की कार्यवाही, चुनाव परिणाम, इन्टरव्यू, प्रेस कॉफ्रेंस, उत्सव, खेलकूद, नाटक, खेल व सांस्कृतिक गतिविधियाँ, किसी नेता के आगमन के समाचार भी पूर्व निश्चित होते हैं।

Pullout (परिशिष्ट) : समाचार की मूल प्रति से अलग एक परिशिष्ट के रूप में प्रकाशित पृष्ठ, जिसे अंग्रेजी में 'पुलआउट' कहा ताजा है, क्योंकि इसे अखबार से अलग किया जा सकता

है। ये परिशिष्ट किसी विशेष अवसर के उपलक्ष्य में भी प्रकाशित किए जाते हैं और विज्ञापनदाताओं के आग्रह पर भी।

Pulp Magazine (लुगदी पत्रिकाएं) : घटिया, सनसनीखेज सामग्री छापनेवाली ऐसी पत्रिकाएं, जिन्हें थोड़े-बहुत पैसे कमाने और अपना दबदबा कायम करने के लिए कुछ लोग प्रकाशित करते हैं। अक्सर ये सस्ते कागज पर छपी होती हैं और कम कीमत पर बेची जाती हैं। कुछ साप्ताहिक अखबार भी इसी श्रेणी में रखे जा सकते हैं।

Pyramid (पिरामिड शैली में शीर्षक) : कोई शीर्षक जब इस प्रकार बनाया जाए कि उसकी ऊपर की पंक्ति सबसे छोटी, उसके बाद की बड़ी और निचली या अंतिम पंक्ति सबसे बड़ी हो तो वह पिरामिड (शीर्षक) कहलाता है।

Q

Quad, Quadrat (अक्षरों के मध्य खाली स्थान) : लेटर प्रेस के लिए कम्पोजिंग के दौरान अक्षरों के बीच खाली छोड़ने के लिए उसी फॉन्ट और आकार के जो टाइप बीच-बीच में लगाए जाते थे, उन्हीं को 'क्वैड' कहते थे। इनकी ऊंचाई अक्षरों से कुछ कम रखी जाती थी, ताकि प्रिंटिंग के दौरान उनकी छाप न आ सके।

Qualified Circulation (प्रमाणित प्रसार संख्या) : समाचारपत्र-पत्रिकाओं के संदर्भ में प्रसार संख्या की विश्वसनीयता का विशेष महत्त्व है। इसी पर उनकी विज्ञापन दरें निर्भर करती हैं और उनको मिलनेवाले कागज के कोटे की मात्रा भी उसी के आधार पर तय की जाती है। प्रसार संख्या का निर्धारण 'एबीसी' द्वारा किया जाता है और वही सबका मान्य होता है। इसी प्रमाण पर निर्भर करके विज्ञापनदाता इन प्रकाशनों को विज्ञापन देने की पत्रता तय करते हैं।

R

Rate Card (विज्ञापन दर सूची) : सुन्दर, सजीले तरीके से चिकने कागज पर छपा हुआ 'रेट कार्ड' आमतौर पर एक लघु पुस्तिका के रूप में होता है। इसमें सप्ताह के विभिन्न दिन और उन दिनों छपनेवाले अलग-अलग परिशिष्टों के अनुसार विज्ञापन के लिए उपलब्ध कराए जानेवाले स्थान और उसकी दरें दी जाती हैं। रेट कार्ड में अन्य बहुत सी जानकारियां भी शामिल रहती हैं, जैसे-पत्र या पत्रिका के कालम का आकार, उसकी प्रसार संख्या, उसके विभिन्न संस्करणों का विस्तृत विवरण और अलग-अलग दिन प्रकाशित होनेवाली विशेष अंक आदि।

Reach (संचार माध्यम की पहुँच) : 'रीच' शब्द से उस पाठक या श्रोता वर्ग का अर्थ मिलता है, जिस तक समाचारपत्र-पत्रिका या रेडियो-टीवी चैनल की पहुँच है। विज्ञापनकर्मियों के लिए इस शब्द का अर्थ किसी विज्ञापन की पहुँच के संदर्भ में लिया जाता है और इसके आधार पर विज्ञापन अभियान के सकारात्मक नतीजों का आकलन किया जाता है।

Readability (पठनीयता) : (1) पत्रकारिता की दृष्टि से इस शब्द का काफी गूढ़ और व्यापक अर्थ है। किसी समाचार की पठनीयता ही वह पैमाना है, जिसके आधार पर उसके प्रकाशन और आकार तथा प्रमुखता का निर्धारण किया जाता है। इसी प्रकार किसी पत्र या पत्रिका

की पठनीयता ही वह मानक होता है, जिससे उसकी लोकप्रियता और विश्वसनीयता तय होती है।

Rreader Interest (पाठकीय हित) : कोई भी समाचार या विज्ञापन प्रकाशित करने से पहले यह बात भी आचार संहिता के अन्तर्गत आती है कि वह सामग्री हर दृष्टि से पाठक के हित में हो। कई बार व्यावसायिक प्रलोभन और हित को ध्यान में रखकर कुछ कम्पनियां ऐसे विज्ञापन या अन्य प्रचार सामग्री प्रकाशित-प्रसारित कराने की चेष्टा में रहती हैं, जो अन्ततोगत्वा पाठक के लिए धोखा और नुकसान का कारण बन सकती है। ऐसी कुछ घटनाएं सामान्य विज्ञापनों के अलावा वैवाहिक विज्ञापनों के संदर्भ में सामने आ चुकी हैं। इसीलिए अब पत्र-पत्रिकाएं ऐसे विज्ञापनों के साथ यह चेतावनी भी छापने लगी हैं कि पाठक विज्ञापन में प्रकाशित विवरण पर पूरा भरोसा करने की बजाय स्वयं उसकी जांच-पड़ताल भी कर लें।

Readership (पाठकीय औसत) : पत्र या पत्रिका के एक अंक को औसतन जितने लोग पढ़ते हैं, वही उसकी 'रीडरशिप' का मानक होता है। मोटैतौर पर यह माना जाता है कि समाचारपत्र की एक प्रति को कम से कम पांच व्यक्ति पढ़ते हैं। इस प्रकार उस पत्र की प्रसार संख्या में पांच का गुणा करके उसके पाठकीय औसत का आंकड़ा निकाला जा सकता है। इस आंकड़े के आधार पर ही उस प्रकाशन की विज्ञापन दरें भी तय होती हैं और समाज में उसकी पहुंच का पता चलता है।

Reel (न्यूजप्रिण्ट का रोल) : सभी पत्र-पत्रिकाएं अधिकतर अखबारी कागज (न्यूजप्रिण्ट) पर छपती हैं और यह कागज विशाल गोलों (रील या रोज) के रूप में आता है। रील को किसी छपाई मशीन पर फिट कर दिया जाता है, जो उसी रफ्तार के साथ घूमता है, जिससे कि मशीन अखबार को छापती है।

Reflong (संस्करण में संशोधन) : समाचारपत्र को तैयार करके छपने के लिए ाीज देने के बाद विशेष महत्त्व का समाचार आ जाने अथवा किसी मूल को सुधारने के लिए पेज में किए जानेवाले परिवर्तन को 'रिफ्लांग' कहते हैं। रिफ्लांग का अधिकार रात्रि सम्पादक या रात्रि प्रभारी को ही होता है। यहां तक कि वह विशेष परिस्थिति होने पर छपाई बीच में रुकवाकर रिफ्लांग के उस संस्करण को छापने के लिए निर्देश दे सकता है।

Registrar of Newspapers For India (भारत के समाचारपत्र पंजीयक) : सार्वजनिक उद्‌देश्य के लिए नियमित आधार पर प्रकाशित किए जानेवाले किसी भी पत्र या पत्रिका के लिए कानूनी तौर पर यह अनिवार्य है कि वह उस पत्र-पत्रिका के नाम का पंजीकरण समाचारपत्र पंजीयक (आरएनआई) से कराए। इसके लिए उसे एक आवेदनपत्र के रूप में पूरी सूचना और विवरण रजिस्ट्रार के कार्यालय में प्रस्तुत करना होता है। रजिस्ट्रार कार्यालय पंजीकरण करने से पहले यह भी देखता है कि कहीं वह नाम पहले से ही उपयोग में तो नहीं आ रहा है। उसके बाद प्रकाशक को यह अधिकार दिया जाता है कि अपने जनपद के जिलाधीश कार्यालय को पूर्वसूचना देने के बाद वह पत्र-पत्रिका का प्रकाशन शुरू कर सकता है।

भारत में समाचारपत्र पंजीयक कार्यालय की स्थापना 1956 में की गई थी। यह कार्यालय देश के तमाम समाचारपत्र और पत्रिकाओं का पंजीकरण करता है और उसका पूरा

रिकॉर्ड अपने पास रखता है। उसकी जिम्मेदारी यह भी है कि वह पत्र-पत्रिका के प्रकाशन की नियमितता की जांच करता रहे। इसके लिए हर पत्र-पत्रिका को अपने हर संस्करण के नमूना अंक 'आरएनआई' के कार्यालय में नियमित रूप से पहुँचाना होता है। साथ ही इस कार्यालय की जिम्मेदारी पत्र-पत्रिका की प्रसार संख्या जांचने की भी होती है। समाचारपत्र रजिस्ट्रार ही न्यूजप्रिण्ट आवंटन की नीति तय करता है और अपनी सालाना रिपोर्ट के जरिए देश में पत्र-पत्रिकाओं के प्रसार के रुझान आदि की विस्तृत जानकारी उपलब्ध कराता है।

Rehash (समाचार कथा को नया स्वरूप देना) : कई बार संवाददाता की समाचार कथा में तथ्यों का प्रस्तुतीकरण क्रमानुसार नहीं होता या फिर उसमें कुछ विसंगतियां रह जाती हैं। ऐसी स्थिति में उपसम्पादक या कॉपी एडिटर को उस कथा को 'रीहैश' करना होता है। इसके अन्तर्गत वह उसका इंट्रो और बॉडी आदि कथा की आवश्यकता के अनुरूप बदल देता है और उसे अधिक पठनीय और सहज सम्प्रेषणीय बना देता है।

Replate (पेज का पुनर्संयोजन) : नवीनतम समाचार को शामिल करने या पेज बनाने के दौरान छूट गई किसी भूल को सुधारने के लिए की जानेवाली कार्रवाई को 'रीप्लेट' कहते हैं।

Resolution (चित्र की गुणवत्ता) : पत्र-पत्रिकाओं में छपनेवाले चित्रों का चुनाव करते समय उसकी गुणवत्ता को जांचना-परखना आवश्यक होता है। कई बार तस्वीर में कैद मुद्राएं छापने योग्य होने के बावजूद खराब गुणवत्ता के कारण उन्हें छाप पाना संभव नहीं हो पाता। गुणवत्ता को ही 'रिजोल्यूशन' कहते हैं। इसमें चित्र का मुख्य फोकस, रोशनी, विभिन्न स्थितियों का सामंजस्य आदि बहुत सी बातें शामिल होती हैं।

Reuters (अन्तरराष्ट्रीय समाचार एजेंसी रायटर) : रायटर दुनिया की तीन प्रमुख समाचार एजेंसियों में से एक हैं। इसकी स्थापना पॉल जूलियस रायटर ने 1840 में की थी। इसका पहला कार्यालय लंदन में स्थापित किया गया। दूसरे महायुद्ध के बाद दुनिया की सूचना व संचार व्यवस्था पर जिन चार समाचार एजेंसियों ने अपना वर्चस्व स्थापित किया, उनमें रायटर के अलावा यूपीआई, एपी और एएफपी भी थीं। बाद में पूपीआई व्यावसायिक दबावों और प्रतिस्पर्धा का सामना न कर सकी और समाप्त हो गई बाकी तीन एजेंसियां आज भी अपना प्रभुत्व कायम किए हुए हैं और दुनिया भर के समाचारों के 87 प्रतिशत पर उन्हीं का कब्जा है।

Review (परिशिष्ट)-बचा हुआ अंश, किसी पुस्तक या लेख का वह भाग, जिसे यथास्थान न दिया जा सका हो और जिसके बिना वह अपूर्ण रह जाता हो, पुस्तक की उपयोगिता बढ़ाने के लिए अवशिष्ट विषयों की पूर्ति। पत्र-पत्रिका में नियमित सामग्री का अलग से देना।

Rush (महत्त्वपूर्ण खबर) : समाचार एजेंसियां अपनी खबर के ऊपर रश, प्रायरिटी अथवा अरजेंट लिखकर उसके महत्त्व की ओर ध्यान दिलाती हैं। इनमें 'रश' से अधिक महत्त्व 'प्रायरिटी' और उससे महत्त्व 'अरजेंट' समाचार का होता है।

S

Satellite Printing (उपग्रह के जरिए मुद्रण) : उपग्रह संचार प्रणाली के प्रादुर्भाव के बाद प्रकाशन संस्थानों के लिए यह संभव हो गया कि वे अपने पत्रों के संस्करण दूरदराज के

क्षेत्रों से भी शुरू कर सकें। अब वे अपने मुख्यालय पर सारे पेज तैयार करते हैं और फिर मॉडम के जरिए उन्हें अपने विभिन्न केंद्रों को भेज देते हैं, जहां आवश्यकतानुसार उनमें न्यूनाधिक फेरबदल करके स्थानीय संस्करण के रूप में छाप दिया जाता है।

Scoop (स्कूप न्यूज)- विशेष मह व का समाचार, जो किसी संवाददाता ने खोज निकाला हो तथा अपने पत्र को सबसे पहले दिया हो। यह समाचार घटना घटने के पूर्व अनुमानों पर आधारित होता है।

Schedule (समय सारणी) : हर समाचारपत्र/पत्रिका में प्रत्येक काम के लिए एक समय तक करता है। अन्तिम समाचार कब तक देना है, उसका फाइनल प्रूफ कितने बजे तक मिलना है, पेज तैयार होने का आखिरी समय क्या है और इसी तरह तैयार होने के बाद प्रॉसेस करके पेज कितने बजे तक रॉटरी विभाग में पहुँचेगा और किस समय उसकी छपाई शुरू होगी आदि सारे काम एक निश्चित 'शेड्यूल' अर्थात समय सारणी के अनुसार किए जाते हैं। ऐसे हर काम के अन्तिम समय को 'डेडलाइन' कहते हैं।

Seal (संस्करण का पहचान-चिन्ह) : बहुत से समाचारपत्र अपने संस्करणें की अलग पहचान के लिए उन पर विशेष चिन्ह लगा देते हैं। जैसे प्रभात या डाक संस्करण के लिए *, नगर संस्करण के लिए ** और महानगर संस्करण के लिए *** आदि। इन चिन्हों को 'सील' कहते हैं।

Ssections (विषय आधारित परिशिष्ट) : पाठक की रुचि के विस्तार को ध्यान में रखते हुए पत्र-पत्रिकाएं अलग-अलग विषय पर विशेष रूप से देखा जाता है।

See Copy (मूल कॉपी से मिलाना) : प्रूफ में रह गई किसी बड़ी त्रुटि या छूट को ठीक करने के लिए मूल कॉपी से मिलाने का निर्देश।

Sequence (समाचार का तारतम्य) : (1) डेस्क पर दी गई खबर का तारतम्य 'सीक्वेंस' कहलाता है। जरूरत पड़ने पर कॉपी एडिटर या उपसम्पादक इस तारतम्य को बदल भी देता है।

(2) संवाददाता से मिलनेवाली कॉपी के पेज के पृष्ठों को तारतम्य भी 'सीक्वेंस' कहलाता है, जैसे- पहले के बाद तीसरे या चौथे पृष्ठ का मिलना। उस समय भी कॉपी का सीक्वेंस ठी करने की जरूरत पड़ती है। कहलाता है, जैसे- पहले के बाद तीसरे या चौथे पृष्ठ का मिलना। उस समय भी कॉपी का सीक्वेंस ठी करने की जरूरत पड़ती है।

Single Rule (एकहरा रूल) : कॉलम के बीच में अथवा बॉक्स बनाने के लिए इस्तेमाल किया जानेवाला रूल कहलाता है।

Sister Paper (सहयोगी पत्र) : कुछ प्रकाशन समूह कई पत्र-पत्रिकाओं का प्रकाशन करते हैं। इस प्रकार एक ही समूह के पत्र परस्पर 'सिस्टर पेपर' या सहयोगी पत्र कहलाते हैं। उदाहरण के लिए हिंदुस्तान टाइम्स का दैनिक हिंदुस्तान और टाइम्स ऑफ इंडिया का नवभारत टाइम्स एवं इकोनॉमिक टाइम्स सिस्टर पेपर हैं।

Slug (पहचान शब्द) : हर समाचार कथा के लिए एक पहचान शब्द दिया जाता है ताकि उस समाचार की विभिन्न कॉपियां या पन्ने किसी दूसरी खबर के साथ गड्डमड्ड हो जाने की

स्थिति में उन्हें पहचान कर अलग किया जा सके। इस पहचान शब्द को 'कैच लाइन' या 'कैच वर्ड' भी कहते हैं।

Snap (किसी बड़ी खबर की पूर्व सूचना) : समाचार एजेंसियां अक्सर कोई खबर जारी करने से थोड़ी देर पहले 'स्नैप' के रूप में उसकी सूचना दे देती हैं और इस प्रकार अखबार में बैठे मुख्य उपसम्पादक को सतर्क कर देती हैं। 'स्नैप' और 'फ्लैश' में अन्तर यह है कि फ्लैश ऐसी खबर की पूर्व सूचना के रूप में दिया जाता है, जो एकदम चौकानेवालाी और अप्रत्याशित हो, जबकि स्नैप उस समाचार की पूर्व सूचना होता है, जिसका पहले ही तय कार्यक्रम हो या फिर जो बड़ी घटना होने पर भी असामान्य न हो। उदाहरण के लिए-राजधानी एक्सप्रेस की मालगाड़ी से भिड़ंत या श्रीपेरुंबुदूर में आतंकवारियों द्वारा राजीव गांधी की हत्या सम्बन्धी समाचार की पूर्व सूचना फ्लैस के रूप में दी जाएगी, जबकि अमेरिकी राष्ट्रपति या चीन के प्रधानमंत्री के निधरित कार्यक्रम के मुताबिक दिल्ल पहुंचने के समाचार की संक्षिप्त सूचना को 'स्नैप' कहा जाता है।

Soft News (रोचक खबर) : कुछ खबरें रोंगटे खड़े कर देनेवाली घटनाओं से सम्बन्धित होती हैं, जबकि कुछ अन्य सीधी-सपाट या रूटीन समाचार के रूप में सामने आती हैं। 'ट्रेन से कटकर 12 मरे', 'सम्पत्ति विवाद में भई की हत्या' आदि समाचार दर्दनाक घटनाओं से जुड़े हैं, जबकि 'शहर में पानी की सप्लाई मे सुधार होगा' एक रूटीन खबर है और 'रन फॉर फन में सुष्मिता सेन भी भाग लेंगी' एक रोचक या 'सॉफ्ट' खबर है। रोचक खबरों की श्रेणी में फिल्म के अलावा स्वास्थ्य, मेले, उत्सव आदि के समाचार भी आते हैं।

Split Page (परिशिष्ट का पहला पृष्ठ) : यदि कोई समाचारपत्र दो हिस्सों में निकलता है जैसे दैनिक हिंदुस्तान के साथ 'हिंदुस्तान सिटी', नवभारत टाइम्स के साथ 'हेलो दिल्ली', टाइम्स ऑफ इंडिया के साथ 'डेल्ही टाइम्स' या हिंदुस्तान टाइम्स के साथ 'एचटी सिटी' तो इस दूसरे हिस्से या परिशिष्ट के पहले पृष्ठ को 'स्प्लिट पेज' कहा जाता है।

Split Run (एक ही समाचारपत्र के दो या अधिक संस्करण) : किसी समाचारपत्र के अनुसार कुछ फेरबदल के साथ जब अलग प्रकाशित किया जाता है तो वह 'स्प्लिट रन' कहलाता है।

Spot News (हादसे की खबर) : दुर्घटना या आग लगना आदि ऐसी घटनाएं हैं, जो एक हादसे के रूप में सामने आती हैं। इनको मीडिया की शब्दावली में 'स्पॉट न्यूज' कहते हैं।

Stop Press (छपते-छपते) : समाचार पत्र को तैयार करके छपने के लिए भेज देने के बाद कई बार ऐसी मह वपूर्ण खबर आ जाती है कि उसे लेना जरूरी होता है, इसके लिए छपाई मशीन को ⁄कवाकर वह समाचार लेने की अनिवार्यता भी हो जाती है। इसी को 'स्टॉप प्रेस' कहा जाता है।

Strap (उपशीर्षक) : यह शब्द अमेरिकी शब्दावली का है और भारतीय मीडिया में कम प्रचलित है। 'स्ट्रैप' का अर्थ मुख्य शीर्षक के बाद छोटे अक्षरों में दिया जानेवाला उपशीर्षक है।

Sub Editor (सब एडीटर)- समाचार-पत्र या पत्रिका के सम्पादकीय विभाग में कार्यरत व्यक्तियों को कहा जाता है। कार्यालय में आनेवालो समाचारों या लेखों की जाँच करने का

काम और उनकी काया, उपयोगिता, मह व, भाषा और शैली पर अपने निर्णय का प्रयोग कर समाचार तैयार करते हैं। उनके महत्त्व के अनुसार पत्र-पत्रिका में स्थान निर्धारित करते हैं, उपयुक्त शीर्षक कम्पोज टाइप का निर्देश देते हैं। उप-सम्पादक डेस्क एडीटर के अधीन काम करते हैं।

Sub Head (उपशीर्षक) : 'सब हेड' और 'स्ट्रैप' पर्यायवाची हैं। दोनों का अर्थ उपशीर्षक ही होता है। फिर भी अगर और बारीकी से परिभाषित करें तो जो उपशीर्षक समाचार के बीच में पाठकीय दिलचस्पी बढ़ाने और एकांगिता को तोड़ने के लिए इस्तेमाल किया जाता है, वब 'सब हेड' या 'सब हेडिंग' कहलाता है।

Syndicate (फीचर एवं लेख एजेंसियां) : पत्र-पत्रिकाओं को समाचारों के अलावा अन्य सामग्री की भी आवश्यकता होती है, जैसे राजनीतिक, आर्थिक, सामाजिक, वैज्ञानिक या सामयिक विषयों पर लेख, मानवीय रुचि की विशेष कथाएं, स्वास्थ्य, विज्ञान, खेलकूद आदि पर लेख, साक्षात्कार और समाचार विश्लेषण आदि। इन आवश्यकताओं की पूर्ति फीचर सिंडीकेट करते हैं। फीचर सिंडीकेट ऐसे दूरदर्शी और सक्षम पत्रकारों द्वारा संचालित किए जाते हैं, जो पाठकों की जिज्ञासा, पत्र-पत्रिकाओं की आवश्यकता और विषय की सामयिकता को समझते हैं। विदेशों में फीचर सिंडिकेट व्यवसाय बड़े पैमाने पर प्रचलित है। सिंडिकेट लेखकों, कलाकारों, समीक्षकों और छायाकारों से सम्पर्क रखता है और उनसे जनरुचि की सामग्री जुटाकर समाचारपत्र-पत्रिकाओं को एक साथ जारी करता है। एक ही लेख, समीक्षा या चित्र तमाम अखबारों को भेजा जाता है। फीचर पत्रकारिता वर्तमान मीडिया व्यवसाय में अपना महत्त्वपूर्ण स्थान बना चकी है।

विश्व में सबसे बड़ां फीचर सिंडीकेट 'किंग फीचर सिंडीकेट' है। 'कॉमिक स्ट्रिप' भेजनेवाले सिंडीकेट आय की दृष्टि से सबसे आगे हैं। प्रायः सभी पत्र-पत्रिकाएं इन 'चित्र कथाओं' प्रकाशन करती हैं और आमतौर पर हर वर्ग का पाठक उन्हें रुचि से पढ़ता है। अब अलग-अलग विषय पर विशेष सामग्री देनेवाले फीचर सिंडीकेटों का प्रचलन बढ़ा है। खेल, वाणिज्य, स्वास्थय और महिला तथा बाल जगत पर केन्द्रित सिंडीकेट संचालित किए जा रहे हें। इसी तरह पाक-कला, बच्चों की देखभाल, फैशन, कार्टून, सुखी परिवार के लिए परामर्श कानूनी सलाह, साहित्य और नाटक जैसे विविध विषयों पर भी फीचर सेवाएं उपलब्ध कराई जा रही हैं।

T

Tabloid (छोटे आकार के पत्र) : प्रातःकालीन समाचारपत्रों के प्रकाशन के बाद दोपहर और शाम के समय इन पत्रों से लगभग आधे आकार में निकलनेवाले पत्र 'टेबलॉयड' कहलाते हैं। मुंबई का 'महानगर' और 'मिड डे', दिल्ली का 'इवनिंग न्यूज' और 'सांध्य टाइम्स' और साप्ताहिक 'ब्लिट्ज' आदि टेबलॉयड की श्रेणी में आते हैं।

Tass (सोवियत संघ की समाचार एजेंसी) : सोवियत संघ के विखंडित होने से पहले वहां एक केंद्रीय समाचार एजेंसी कार्यकरता थी, जिसका नियंत्रण पूरी तरह सरकार के हाथ में रहता था। सोवियत संघ के साथ ही इस एजेंसी का अस्तित्व भी अब समाप्त हो गया है।

Tele Printer (दूरमुद्रक)-इस माध्यम से तार द्वारा भेजे गए सन्देश पंच होकर टाइप राइटर मशीन में स्वतः ही टाइप होते रहते हैं और इसी प्रकार टाइपराइटर द्वारा टाइप किए हुए सन्देश पंच होकर दूसरे केन्द्रो में स्वतः टाइप होते रहते हैं।

Telex -टेलीप्रिन्टर सेवा, टेलीप्रिन्टर का एक्सचेंज-जिसे यन्त्र से टेलीप्रिन्टर द्वारा सूचना या समाचार भेजे जाते हैं और ग्रहण किए जाते हैं।

Trim (खबर का संक्षिप्तीकरण) : 'ट्रिम' शब्द को परिभाषित करने के लिए 'सम्पादन' ही उपयुक्त पद है।

Two-step Flow Theory (समाचार/सूचना प्रवाह का सिद्धांत) : समाचार या सूचना के प्रवाह या प्रसारण के सम्बन्ध में सिद्धांत यह है कि वह हमेशा द्विआयामीय अथवा द्विसोपानीय होता है अर्थात कोई भी सूचना या समाचार मीडिया के जरिए पहले एक सीमित पाठक/श्रोता समूह तक पहुंचाया जाता है, जिसे वह समूह पुनः एक या अनेक व्यक्तियों तक पहुंचाता है।

U

Update (समाचार में नई जानकारी जोड़ना) : समाचार छपने के लिए दे चुकने के बाद भी कई बार संवाददाता को उस खबर से सम्बन्धित नई जनाकारियां जोड़ने की आवश्यकता हो जाती है, जैसे-बस दुर्घटना में घायल यात्री की इलाज के दौरान अस्पताल में मृत्यू, लूट और हत्या की वारदात के लिए जिम्मेदार अभियुक्त को गिरफ्तार करने में पुलिस की असफलता या आतंकवादी हमले की घटना के बाद उसके लिए जिम्मेदार व्यक्ति की मुठभेड़ में मौत आदि। जाहिर है, बाद के घटनाक्रम को शामिल किए बिना खबर अधूरी ही रहेगी। ऐसी किसी भी सूचना को शामिल करने की कार्रवाई को 'स्टोरी अपडेट' करना कहते हैं।

UPI (अन्तरराष्ट्रीय समाचार एजेंसी) : इस समाचार एजेंसी का पूरा नाम 'यूनाइटेड प्रेस इंटरनेशनल' है। इसकी गणना एपी, एएफपी और रायटर की श्रेणी में हो तो नहीं होती है, लेकिन यह भी अन्तरराष्ट्रीय समाचारों को प्रसारित करनेवाली एजेंसियों में अपना प्रमुख स्थान रखती है।

V

Vernacular Press (भाषायी पत्र-पत्रिकाएं) : अंग्रेजी पत्र-पत्रिकाओं के अलावा जो कुछ भी अन्य भाषाओं में प्रकाशित होती है, वह सब 'वर्नाकुलर प्रेस' की श्रेणी में आता है। वस्तुतः वर्नाकुलर शब्द का अर्थ देशज या स्थानीय बोली से है। इस परिभाषा के अनुसार अंग्रेजी के अलावा सभी क्षेत्रीय भाषाओं में प्रकाशित पत्र-पत्रिकाओं को वर्नाकुलर प्रेस की श्रेणी में रखा जाता है।

Vertical Makeup (ऊर्ध्वाधर पृष्ठ सज्जा) : पृष्ठ सज्जा की इस शैली में समाचारों की प्रस्तुति एक, दो, तीन या चार कॉलमों में ऊपर से नीचे की ओर की जाती है। इस प्रकार पृष्ठ का रूपाकार लंबवत रहता है। टाइम्स ऑफ इंडिया, स्टेट्समैन इसी शैली के लेआउट को अपनाते हैं।

W

Wall newspaper (दीवार पर पढ़ा जानेवाला अखबार) : संचार तन्त्र के विकसित रूप से पहले आवश्यक सूचनाओं को कागज पर हाथ से लिखकर दीवार पर लगा दिया जाता था, जिसे पढ़कर लोग उपयोगी सूचनाएं प्राप्त करते थे। आमतौर पर यह तरीका राजसत्ताओं

द्वारा प्रयोग में लाया जाता था। इसका प्रचलन इटली व यूरोप के कुछ अन्य देशों में भी था। उन्हीं दिनों और उससे पहले भारत में यह काम मुनादी के जरिए होता था, जिसमें हरकारा, डुग्गी या ढोल पीटकर लोगों को एक मजमे के रूप में जमा करता था और फिर उन्हें राजसत्ता द्वारा जारी की गई सूचना उपलब्ध करा देता था। मुगल शासकों के यहां इस काम के लिए नियमित रूप से वाकियानवीस, वाकियानिगार, हरकारा आदि रखे जाते थे। ये लोग संवाद सूत्र के रूप में काम करते थे अर्थात एक ओर तो राज्य की सूचनाओं को जनता तक पहुंचाते थे और दूसरी ओर, राज्य के भीतर होनेवाले षड्यंत्रों, बगावत की योजनाओं आदि की सूचना सत्ता तक पहुंचाने का काम भी करते थे।

Waste Copies (खराब प्रतियां) : छपाई मशीन पर प्लेट लगाने के बाद कागज और स्याही समायोजन के दौरान काफी प्रतियां खराब हो जाती हैं। इन्हीं को 'वेस्ट कॉपीज' कहते हैं।

Watchdog (निगहबान या निगरानी रखनेवाला) : प्रेस को लोकतान्त्रिक व्यवस्था में नगहबान या निगाह रखनेवाला कहा जाता है, क्योंकि वह अन्याय, अनुचित कार्यों, भ्रष्टाचार और नियमों के उल्लंघन के खिलाफ आवाज उठाकर बुराइयों और हानियों से समाज और शासन व्यवस्था की रक्षा करता है।

Y

Yellow Journalism (पीत पत्रकारिता) : 'पीत पत्रकारिता' से आशय ऐसे गैरजिम्मेदाराना पत्रकारिता कार्य से है, जिसमें तथ्यों का निर्वाह किए बिना व्यक्ति की निजता, चरित्र और वैयक्तिकता पर हमला किया जाए और ऐसा करने का उद्देश्य अपने पत्र या पत्रिका की प्रसार संख्या को बढ़ाना हो। 'येलो जर्नलिज्म' या पीत पत्रकारिता शब्द का प्रचलन 1890 में न्यूयार्क मे विलियम रेंडॉल्फ हार्स्ट के 'न्यूयार्क जर्नल' और पुलित्जर के 'न्यूयार्क वर्ल्ड' के बीच छिड़े प्रसार युद्ध से हुआ। इस युद्ध के दौरान अपने पाठकों को आकर्षित करने के लिए 'न्यूयार्क वर्ल्ड' प्रतिदिन 'येलो किड' नाम से एक रोचक चित्र कथा पीली स्याही से छापता था। यह चित्र कथा बेहद लोकप्रिय हुई और इसने 'न्यूयार्क वर्ल्ड' की प्रसार संख्या बढ़ान में भी महत्त्वपूर्ण भूमिका निभाई। पुलित्जर ने इस जंग को जीतने के लिए देश के श्रेष्ठ चित्रकारों, कार्टूनिस्टों और लेखकों (इनमें एंब्रॉस और मार्क ट्वेन जैसे साहित्यकार भी थे) को भारी-भरकम वेतन पर नियुक्त किया। इस युद्ध में असली मुकाबले का मौका दिया अमेरिका और स्पेन के बीच छिड़ी लड़ाई ने। पुलित्जर इस लड़ाई के समाचार अमेरिकी राष्ट्रवाद की भावना को हवा देते हुए इतने विस्तार और बारीकियों के साथ पेश करते थे कि लोगों को उनमें भारी दिलचस्पी के साथ-साथ मनोवैज्ञानिक जुड़ाव महसूस होने लगा। इस लड़ाई में अमेरिकी राष्ट्रवाद तो जीत गया, लेकिन हर्स्ट और पुलित्जर के मुकाबले का अन्तिम फैसला नहीं हो पया। आज पत्र-पत्रिकाएं प्रसार संख्या बढ़ाने के लिए अक्सर सस्ते हथकंडे अपनाती हैं और इसलिए 'येलो जर्नलिज्म' को हेय दृष्टि से देखा जाता है।

Common Abbreviations in the field of Media

ABC	:	Audit Bureau of Circulation
ACL	:	Access Control List
ADBS	:	Advance Data Broadcast System
AFP	:	Agency France-Press (News Agency Of France)
AI	:	Artificial Intelligence
AIBD	:	Asia Pacific Institute Of Broadcasting Development
AINEC	:	All India Newspaper Editors Conference
ALGOL	:	Algebraic Oriented Language
ARPANET	:	Advanced Research Project Agency Network
ASCII	:	American Standard Code For Information Interchange
ASP	:	Application Service Provider
AT & T	:	American Telegraphic and Telephone Company Ltd.
ATM	:	Adobe Type Manager
AVRC	:	Audio-Visual Research Center
BBC	:	British Broadcasting Corporation
BBS	:	Bulletin Board Service
BIT	:	Binary Digit
BPS	:	Bytes Per Second
B SKY B	:	British Sky Broadcasting
C & W	:	Cable & Wireless
CAPES	:	Computer-aided Paperless Examination system
CBA	:	Commonwealth Broadcasting Association
CBFC	:	Central Board of Film Certification
CD	:	Compact Disc
C-DAC	:	Center for the Development of Advanced Computing
CDMA	:	Code Division Multiple Access (WLL Mobile Phone Technology)
CLIP	:	Caller Line Identification Programme
CNC	:	Computerized Numerical Control
CNN	:	Cable News Network

COMSAT	:	Communication Satellite Corporation
DAVP	:	Directorate of Advertising and Visual Publicity
DFP	:	Directorate of Field Publicity
DMA	:	Direct Memory Access
DSB	:	Digital Satellite Broadcast
DSL	:	Digital Subscriber Line
DSNG	:	Direct Satellite News Gathering
DSP	:	Digital Signal Processing
DTH	:	Direct-to-Home Service
DTP	:	Desk Top Publishing
DTS	:	Digital Theatre System
DVD	:	Digital VersatileèVideo Disc
DVI	:	Digital Video Interactive
DVS	:	Desktop Video Conferencing Software
E-Mail	:	Electronic Mailing
EDI	:	Electronic Data Interchange
EDMS	:	Electronic Document Management System
EDORAM	:	Extended Data Out RAM
EMRC	:	Educational Media Research Center
EOS	:	Electronic Online System International
EPROM	:	Erasable Programmable Read Only Memory
EPS	:	Encapsulated Post Script
ERNET	:	Educational and Research Network
EUTELSAT	:	European Telecommunication Satellite
EVR	:	Electro-Video Recording
FAQ	:	Frequently Asked Questions
FBW	:	Fly-by-wire
FTP	:	File Transfer Protocal
FM	:	Frequency Modulation
FOSDIC	:	Film Optical Sensing Device For Input to Computers
FTII	:	Film & Television Institute Of India
GEDIS	:	Gateway Electronic Data Interchange Services
GPS	:	Global Positioning System
GPSS	:	Gateway Packet Switching System
GSLV	:	Geo-Synchronous Satellite Launch Vehicle
GSM	:	Global System for Mobile Communication
HDML	:	Hyper Device Mark-up Language
HF	:	High Frequency
Hi-Fi	:	High Fidelity
HTML	:	Hyper Text Mark-up Language

http	:	Hyper Text Transfer Protocol
HVNET	:	High Speed V-Sat Network
IIS	:	Indian Information Service
IMAP	:	Internet Mail Access Protocol
INFA	:	Indian News and Feature Agency
INTELSAT	:	International Telecommunication Satellite
IP	:	Internet Protocol
ISDN	:	Integrated Services Digital Network
ITU	:	International Telecom Union
JPEG	:	Joint Photographic Expert Group
LAN	:	Local Area Network
Lips	:	Language Independent Programme subtitles
LIS	:	Land Information System
MLP	:	Multiple Line Printer
MODEM	:	Modulator-Demodulator
MOSFET	:	Metal Oxide Semi Conductor Field Effect Transistor
MPEG	:	Motion Picture Experts Group
NASSCOM	:	National Association of Software & Service Companies
NC	:	Network Computer
NMS	:	Network Management System
OCR	:	Optical Character Recognition
ODI	:	Open Data Linked Interface
OOP	:	Object Oriented Programme
PCM	:	Pulse Code Modulation
PIB	:	Press Information Bureau
PIM	:	Personal Information Management
PIXEL	:	Picture Element
PROLOG	:	Programming Logic
PSLV	:	Polar Satellite Launch Vehicle
PTI	:	Press Trust of India
ROM	:	Read Only Memory
SASER	:	Sound Amplification by stimulated Emission of Radiation
SCSI	:	Small Computer System Interface
SET	:	Secured Electronic Transmission
SITE	:	Satellite Instructional Television Experiment
SLV	:	Satellite Launch Vehicle
SMTP	:	Simple Mail Transfer Protocol
SNA	:	System Network Architecture
STAR (TV)	:	Satellite Television Asian Region
TCP	:	Transfer Call ProtocolèTransmission Control Protocol

TDMA	:	Time Division Multiple Access
UHF	:	Ultra High Frequency
UNI	:	United News of India
URL	:	Uniform Resource Locator
USP	:	Unique Selling Proposition
VAN	:	Virtual Area Network
VCR	:	Video Cassette Recorder
VHF	:	Very High Frequency
VHS	:	Video Home System
VPI	:	Virtual Private Internet
VRML	:	Virtual Reality Modeling Language
V-Sat	:	Very Small Aperture Terminal
VTR	:	Video Tape Recorder
WAIS	:	Wide Area Information Service
WAN	:	Wide Area Network
WIMP	:	Windows, Icons, Menus, Pointers
WLL	:	Wireless in Local Loop
WWW	:	World Wide Web

सन्दर्भ ग्रन्थ-सूची

प्रो0 रमेश जैन : सम्पादन, पृष्ठ सज्जा और मुद्रण,मंगल दीप पब्लिकेशन्स, जयपुर, संस्करण 2003

डॉ0 विजय कुलश्रेष्ठ : संचार माध्यम तकनीक और लेखन, श्याम प्रकाशन, जयपुर, संस्करण 2006

डॉ0 विजय कुलश्रेष्ठ : मुद्रित माध्यम तकनीक और लेखन, श्याम प्रकाशन जयपुर, संस्करण 2006

नवल जायसवाल : फोटो पत्रकारिता, सामयिक प्रकाशन नई दिल्ली, संस्करण 2008

डॉ0 अजय कुमार सिंह : मीडिया की बदलती भाषा, लोकभारती प्रकाशन इलाहाबाद, संस्करण 2012

पं. अम्बिका प्रसाद वाजपेयी : समाचार पत्रों का इतिहास बनारस, ज्ञान मण्डल लिमिटेड, संस्करण 2010

सुधीश पचौरी : नये जन-संचार माध्यम और हिन्दी, राजकमल प्रकाशन- नई दिल्ली, संस्करण 2002

सुधीश पचौरी : टेलीविज़न समीक्षा सिद्धान्त और व्यवहार, वाणी प्रकाशन, नई दिल्ली, संस्करण 2010

प्रो0 हरि मोहन : सूचना प्रौद्योगिकी और जन माध्यम तक्षशिला प्रकाशन- नई दिल्ली, संस्करण 2008

प्रो0 हरि मोहन : आधुनिक जनसंचार और हिन्दी, तक्षशिला प्रकाशन- नई दिल्ली, संस्करण 2008

जगदीश प्रसाद चतुर्वेदी : पत्रकारिता के छह दशक, साहित्य संगम इलाहाबाद, संस्करण 2009

जगदीश प्रसाद चतुर्वेदी : हिन्दी पत्रकारिता का इतिहास, प्रभात प्रकाशन दिल्ली, संस्करण 2009

डॉ0 बलबीर कुन्दरा : जनसंचार बदलते परिप्रेक्ष्य में, तक्षशिला प्रकाशन, नई दिल्ली, संस्करण 2009

डॉ0 कृष्ण बिहारी मिश्र : हिन्दी पत्रकारिता, भारतीय ज्ञानपीठ, नई दिल्ली, संस्करण 2000

डॉ0 अर्जुन तिवारी : हिन्दी पत्रकारिता का वृहद इतिहास, वाणी प्रकाशन नई दिल्ली, संस्करण 2010

डॉ0 अर्जुन तिवारी : सम्पूर्ण पत्रकारिता, विश्वविद्यालय प्रकाशन, वाराणसी, संस्करण 2005

डॉ0 मुश्ताक अली : प्रयोजनमुलक हिन्दी और आधुनिक पत्रकारिता, साहित्य संगम, इलाहाबाद, संस्करण 2004

श्री आलोक मेहता : भारत में पत्रकारिता, नेशनल बुक ट्रस्ट, नई दिल्ली, संस्करण 2006
अरविन्द मोहन : मीडिया, श्रव्य माध्यम लेखन, वाग्देवी प्रकाशन, बीकानेर, संस्करण 2006
रामचन्द्र वर्मा : अच्छी हिन्दी, लोकभारती प्रकाशन इलाहाबाद, संस्करण 2008
सच्चिदानन्द सिन्हा : भूमण्डलीकरण की चुनौतियां, वाणी प्रकाशन, : नई दिल्ली, संस्करण 2010
डॉ0 मीरा रानी बल : राष्ट्रीय नवजागरण और हिन्दी पत्रकारिता, वाणी : प्रकाशन, नई दिल्ली, संस्करण 2005
जगदीश्वर चतुर्वेदी, सुधा सिंह : भूमंडलीकरण और ग्लोबल मीडिया, अनामिका पब्लिशर्स एंड डिस्ट्रीब्यूटर्स (प्रा0 लि0) नई दिल्ली, संस्करण 2008
जगदीश्वर चतुर्वेदी, सुधा सिंह : डिटिजल युग में मास कल्चर और विज्ञापन, अनामिका पब्लिशर्स एंड डिस्ट्रीब्यूटर्स (प्रा0लि0) नई दिल्ली, संस्करण 2009
टी.डी.एस. आलोक : इलेक्ट्रॉनिक मीडिया, अनामिका पब्लिशर्स एंड डिस्ट्रीब्यूटर्स (प्रा0 लि0) नई दिल्ली, संस्करण 2009
अच्युतानंद मिश्र : हिन्दी के प्रमुख समाचारपत्र और पत्रिकायें (भाग 1,2), सामायिक प्राकाशन नई दिल्ली संस्करण 2010
राधेश्याम शर्मा : जनसंचार, हरियाणा साहित्य अकादमी, संस्करण 2008
डॉ0 पृथ्वी नाथ पाण्डेय : मीडिया दृष्टि और सन्दर्भ,शेखर प्रकाशन इलाहाबाद, संस्करण 2006
डॉ0 ठाकुरदत्त शर्मा : हिन्दी पत्रकारिता एवं जनसंचार,वाणी प्रकाशन, संस्करण 2010
डॉ0 वेदप्रताप वैदिक : हिन्दी पत्रकारिता के विविध आयाम, नेशनल पब्लिशिंग हाउस, नई दिल्ली, संस्करण 2009
हर्षदेव : सामयिक मीडिया शब्दकोश, सामयिक प्रकाशन नई दिल्ली, संस्करण 2008

English :

1. Dr. R.R. : Bhatnagar The Rise & Growth of Hindi Journalism
2. B.D. Pande. : Modern Journalism, Mass Communication and media Management, Anamika Publishers & Distributors (P) Ltd., New Delhi.
3. J.V. Vilanilam : Growth and Development of Mass Communication
4. J. Morris : Reader in Public Opinion and Communication
5. D.S. Mehta : Mass Communication & Journalism in India
6. B.S.K.S. Chopra : Business Environment in India

समाचार-पत्र :

उदन्तमार्तण्ड, बंगदूत, भारतमित्र, सारसुधानिधि, उचितवक्ता, हिन्दी प्रदीप, हिन्दुस्तान, ग्वालियर गजट, बनारस अखबार, सुधाकर, ब्राह्मण, स्वदेश, आज, दैनिक जागरण, अमर उजाला, हिन्दुस्तान, दैनिक भास्कर, नवभारत टाइम्स, आई नेक्स्ट इत्यादि।

पत्रिकाएँ :

कविवचन सुधा, बालाबोधिनी, सरस्वती, दिनमान, हंस, धर्मयुग, आउटलुक, इंडिया टुडे, राष्ट्रभाषा संदेश, नन्दन पराग, सरससलिल, परमिता इत्यादि।

न्यूज चैनल :

दूरदर्शन, डी.डी. न्यूज, आज तक, स्टार न्यूज, जी न्यूज, सहारा समय, आई. बी.एन.7, एन. डी. टी.वी., स्टार प्लस, जी.टी.वी., सोनी टी.वी., 9 एक्स एम, ई.टी.सी., एम.टी.वी., इनाडू टी.वी. इत्यादि।

वेबसाइट : हिन्दी सम्बन्धी बेबसाइट

- www.webdunia.com (भारत की पहली हिन्दी वेबसाइट)
- www.dainikjagran.com(दैनिक जागरण समाचार-पत्र की साइट)
- www.hindibhasha.com (हिन्दी भाषा से सम्बन्धित साइट)

ब्लॉग

- www.rajbhasha.nic.in
- www.bhadas.blogspot.com
- www.hindimedia.blogspot.coom
- www.udaysahaymakinghews.blogspot.com
- www.mantrafoundation.blogspot.com

●●●